D0876427

SCHLAGLICHTER DER DEUTSCHEN GESCHICHTE

SCHLAGLICHTER DER DEUTSCHEN GESCHICHTE

von Dr. Helmut M. Müller

in Zusammenarbeit mit
Professor Dr. Karl Friedrich Krieger,
Professor Dr. Hanna Vollrath
und der Fachredaktion Geschichte
des Bibliographischen Instituts

Bibliographisches Institut Mannheim/Wien/Zürich
Meyers Lexikonverlag

Redaktionelle Leitung: Werner Digel
Redaktion: Klaus M. Lange, Mathias Münter,
Jutta Wedemeyer, Eleonore Zimmer

CIP-Kurztitelaufnahme der Deutschen Bibliothek

Müller, Helmut M.:
Schlaglichter der deutschen Geschichte/von Helmut
M. Müller. In Zusammenarbeit mit Karl-Friedrich Krieger,
Hanna Vollrath u. d. Fachred. Geschichte d. Bibliograph.
Inst. – Mannheim; Wien; Zürich:
Bibliographisches Institut, 1986.
 ISBN 3-411-02700-2

Satz: Bibliographisches Institut (Siemens DIACOS) und
Mannheimer Morgen Großdruckerei und Verlag GmbH (Digiset 40 T 30)
Druck und Einband: Klambt-Druck GmbH, Speyer
Printed in Germany
ISBN 3-411-02700-2

Vorwort

Das vorliegende Buch »Schlaglichter der deutschen Geschichte« möchte ein geschichtliches Nachschlagewerk für jedermann sein, ein Handbuch zum täglichen Gebrauch. Es will zuverlässige Auskunft geben auf mannigfache Fragen, die interessierte Bürger und insbesondere die junge Generation immer wieder an die deutsche Geschichte stellen. Es will zudem mithelfen, lückenhaftes Wissen wieder aufzufrischen und fehlende Geschichtskenntnisse zu erwerben. Besonderes geschichtliches Vorwissen wird nicht vorausgesetzt.

Die »Schlaglichter der deutschen Geschichte« befassen sich mit der deutschen Geschichte insgesamt. Sie beginnen mit der römisch-germanischen Vorgeschichte der Deutschen und beschließen den Weg durch die Geschichte mit dem 40. Jahrestag des Kriegsendes, das zugleich mit der Kapitulation der deutschen Wehrmacht die Befreiung von der nationalsozialistischen Gewaltherrschaft in Deutschland und Europa gebracht hat, mit dem von der Presse als »sperriger Gedenktag« bezeichneten 8. Mai 1985.

Wieder also eine deutsche Geschichte, obwohl doch bereits zahllose ein- und mehrbändige Werke über diesen Stoff vorliegen? Auf diese berechtigte Frage kann eine klare Antwort gegeben werden: Die »Schlaglichter der deutschen Geschichte« unterscheiden sich grundsätzlich von diesen geschichtlichen Gesamtdarstellungen. Sie wollen auf eine neuartige Weise die deutsche Geschichte in ihren verschiedenen Epochen und Entwicklungsphasen den Menschen unserer Tage nahebringen, die Problematik vergangener Zeiten und das Verhalten unserer Vorfahren in unterschiedlich schwierigen Situationen verständlicher machen. In den fünfzehn Kapiteln dieses Buches, die jeweils einem Zeitabschnitt gewidmet sind, wird zwar ein chronologischer Grundrahmen vorgegeben, innerhalb der Kapitel jedoch wird der Stoff nicht in einer fortlaufenden Erzählung ausgebreitet, sondern durch die sogenannten »Schlaglichter« aufgeschlüsselt, die dem geschichtlichen Ablauf entsprechend in einen Zusammenhang gebracht sind. Ein Schlaglicht wird geworfen auf: herausragende Persönlichkeiten, Menschen, die in ihrer Zeit eine führende Rolle gespielt, die ihr ihren unverwechselbaren Stempel aufgedrückt haben; auf Ereignisse und Entwicklungen, die ihre Epoche geprägt haben; auf Begriffe, die schon für die Zeitgenossen zu Schlagworten wurden oder die erst aus späterer Sicht historisch bedeutsam erscheinen und in denen sich charakteristische geistige, politische, gesellschaftliche Strömungen widerspiegeln.

Über ein solches »Schlaglicht« kann der Leser auf einleuchtende Weise Zugang zum Verständnis geschichtlicher Vorgänge finden, ohne daß er sich durch eine Gesamtdarstellung der deutschen Geschichte durcharbeiten muß.

Jedem von uns begegnen bei vielen Gelegenheiten – in Gesprächen, beim Zeitunglesen, in Rundfunk- und Fernsehsendungen – irgendwelche Namen, Begriffe, Schlagworte aus der Geschichte, die man nicht immer sofort erklären und in den richtigen Zusammenhang bringen kann. Wem fällt schon auf Anhieb eine zutreffende Definition ein, wenn Stichworte wie Limes – Pippinsche Schenkung – Canossa – Prager Fenstersturz – Polnische Teilungen – Hambacher Fest – Julikrise – Locarno – Harzburger Front – Nürnberger Gesetze – Atlantik-Charta – Marshallplan – Hallsteindoktrin auftauchen? Wer kann so-

5

fort Namen wie Chlodwig – Rudolf von Habsburg – Johannes Hus – Wallenstein – Metternich – Friedrich List – Rosa Luxemburg – Heinrich Brüning richtig einordnen? Im »Schlaglicher«-Buch findet man alle diese Namen und Begriffe – und viele mehr – verständlich erläutert in übersichtlich knappen, aber ausreichend kommentierten Texten, viele von ihnen durch Bilddokumente, Kartenskizzen oder graphische Darstellungen zusätzlich veranschaulicht. Der Zugang ist über das ausführliche Inhaltsverzeichnis ebenso möglich wie über das Register: Der Leser findet das ihn interessierende Schlagwort aus der Geschichte an seinem Standort im jeweiligen Epochenkapitel, wo es in den geschichtlichen Zusammenhang eingepaßt ist, so beispielsweise das Schlaglicht »Dolchstoßlegende« im Kapitel »Weimarer Republik«. Hier ist es sinngemäß den Schlaglichtern »Versailler Vertrag« und »Kriegsschuldartikel« nachgeordnet und steht vor »Freikorps« und »Kapp-Putsch«. Wer also, um sich über die »Dolchstoßlegende« näher zu informieren, unser Buch aufgeschlagen hat, kann sich durch Weiterlesen der benachbarten Textbeiträge einen Überblick über die geschichtliche Situation und die besondere Problematik der

Epoche verschaffen. Er wird also über die Information zur »Dolchstoßlegende« in die problembehaftete Geschichte der Weimarer Republik eingeführt.

Jedem Kapitel ist eine kurze, die Hauptmerkmale der jeweiligen Epoche aufzeigende Einführung vorangestellt. Den Abschluß jedes Kapitels bildet eine »Datenseite«, auf der die wesentlichen Ereignisse und die maßgeblichen Akteure des Zeitabschnittes in einer Zeittafel aufgeführt sind. Einführung, »Schlaglichter«-Texte, Illustrationen und Datenseite zusammen geben ein anschauliches Bild der Epoche.

Die nach den Kapiteln aufgegliederte Bibliographie am Schluß des Buches will Interessenten einige Hinweise auf allgemein zugängliche weiterführende Literatur geben. Das Register enthält alle im Buch vorkommenden Personennamen mit Lebensdaten, Erläuterungen und Textverweisen.

Der Verlag ist zu besonderem Dank verpflichtet Frau Prof. Dr. H. Vollrath, die das Kapitel 2 verfaßte, Herrn Prof. Dr. K.-F. Krieger, dem Verfasser des 3. Kapitels, Frau J. Wedemeyer, die das 4. Kapitel schrieb, und Herrn M. Münter, der wesentliche Teile des Kapitels 15 erarbeitete.

Mannheim, im März 1986

BIBLIOGRAPHISCHES INSTITUT

Inhaltsverzeichnis

Inhaltsverzeichnis

Inhaltsverzeichnis

Kapitel 14:
Vom Mauerbau zum
Grundvertrag (1961–1972)

Kapitel 15:
Deutsch-deutsche
Verantwortung (1972-1985)

Kapitel 1: Von der römisch-germanischen Zeit bis zur Teilung des Frankenreiches 843/870

Einführung

Die Zeit von den ersten Begegnungen germanischer Stämme mit dem die Welt beherrschenden Römischen Reich bis zu den Teilungen des Frankenreiches der Karolinger ist noch keine deutsche Geschichte. Es ist zwar mehrfach der Versuch gemacht worden, diese Jahrhunderte für die deutsche Geschichte zu vereinnahmen, die großen Gestalten dieser unruhigen Zeiten, wie Arminius, Theoderich, Chlodwig, Karl der Große, als deutsche Nationalhelden zu deklarieren, so vor allem in der romantisch-nationalistischen Geschichtsschreibung des 19. Jahrhunderts und, diese fortsetzend und ins Maßlos-Gigantische steigernd, in der rassistisch-großgermanischen Ideologie des Nationalsozialismus. Diese Versuche sind jedoch kläglich gescheitert.

In diesem Zeitraum „europäischer Vorgeschichte" wurden schon Weichen für den Gesamtverlauf der deutschen wie der europäischen Geschichte gestellt. Solche epochemachenden Ereignisse – wenn sie auch den Zeitgenossen nicht immer so erschienen – waren unter anderem die Schlacht im Teutoburger Wald 9 n. Chr., durch die dem weiteren Ausgreifen des Römischen Reiches in den germanischen Raum ein Ende gesetzt wurde, die Schlacht auf den Katalaunischen Feldern 451, in der ein römisch-germanisches Heer die Expansion der Hunnen vom Osten her beendete, und die Schlacht bei Tours und Poitiers 732, in der der fränkische Hausmeier Karl Martell dem Vormarsch der arabisch-islamischen Eroberer von der Iberischen Halbinsel her Einhalt gebot. Die Ergebnisse dieser Schlachten waren für die ethnische, zum Teil auch für die religiöse Formung Europas tatsächlich von weitreichender Bedeutung, wenn man auch heute mit gutem Grund die

Geschichte nicht mehr in erster Linie unter dem Gesichtspunkt militärischer oder sonstiger machtpolitischer Hauptereignisse betrachtet. Andere grundlegende Entscheidungen der europäischen Geschichte waren z. B. das mit der kirchlichen Königssalbung Pippins des Jüngeren 751 und der Pippinschen Schenkung 754 eingeleitete und in der Kaiserkrönung Karls des Großen im Jahre 800 gipfelnde Bündnis zwischen Papsttum und fränkischem, später deutschem Königtum, das dem ganzen Mittelalter seinen Stempel aufdrückte, und die schrittweise Trennung zwischen West- und Ostfränkischem Reich, die im 10. Jahrhundert Frankreich und Deutschland entstehen ließ. Viele Entwicklungen werden hingegen nicht in einmaligen Ereignissen faßbar.

Das betrifft auch eine der bedeutsamsten Epochengrenzen der europäischen Geschichte: den Übergang von der Antike zum Mittelalter. Der im Grunde recht farblose Begriff „Mittelalter" wurde von den Humanisten des 15. Jahrhunderts geprägt, die ihre eigene Gegenwart als neues Zeitalter verstanden, sich dabei aber auf die klassische und frühchristliche Antike beriefen und die dazwischenliegenden Jahrhunderte als eine Zeit des Verfalls und der Barbarei auffaßten, wenn man auch in den deutschen Humanistenkreisen die Glanzzeit des mittelalterlichen Kaisertums durchaus zu würdigen wußte.

Die sich aus dem dreigliedrigen Periodenschema ergebende Frage nach der Abgrenzung der Epochen voneinander hat insbesondere im Hinblick auf die Zeitenwende von der Antike zum Frühmittelalter zu einer bis heute nicht abgeschlossenen Diskussion geführt. Als Epochengrenzen wurden z. B. der Sieg

Konstantins des Großen über Licinius 324, der seine Alleinherrschaft begründete, der Einbruch der Hunnen 375, der die eigentliche Völkerwanderung einleitete, das Ende des weströmischen Kaisertums 476, der Langobardeneinfall in Italien 568, ja sogar die Kaisererhebung Karls des Großen 800 vorgeschlagen, doch keines dieser Ereignisse hat für sich allein ein neues Zeitalter heraufgeführt, so daß man statt dessen eine längere Übergangszeit annimmt: die Völkerwanderungszeit vom 4. bis 6. Jahrhundert.

Der Einbruch der Germanen in das Römische Reich, veranlaßt durch das Vordringen der Hunnen nach Westen, sprengte machtpolitisch gesehen im 5. Jahrhundert die Einheit der westlichen Reichshälfte, wenngleich die Germanenreiche wichtige Elemente der römischen Verwaltung übernahmen und auch im Bereich der Kultureinrichtungen (vor allem im Weiterbestehen des antiken Städtewesens) sich noch sehr lange große Unterschiede zwischen den Gebieten unter ehemals römischer Herrschaft und den zu keiner Zeit vom Römischen Reich beherrschten Ländern erhielten. Auch die Bewahrung und Ausbreitung des christlichen Erbes der Antike war ein bedeutender Faktor der Kontinuität. Andererseits gaben germanische Rechtsvorstellungen der mittelalterlichen Kirche ein charakteristisches Gepräge. Aus der Auffassung, daß die Errichtung von Kirchen und Klöstern auf eigenem Grund und Boden den Grundherrn auch zum Herrn der Kirche mache, erwuchs das sogenannte Eigenkirchenwesen, das die alte bischöfliche Kirchenverfassung gefährdete und schließlich im Hochmittelalter von reformerischen Kräften in der Kirche bekämpft wurde.

Die Doppelfunktion von Herrschaft und Schutz bestimmte auch das Verhältnis zwischen dem Papsttum und dem fränkischen Königtum, als letzteres das byzantinische Kaisertum als Schutzmacht der Päpste und des entstehenden Kirchenstaats abgelöst hatte und dies auch mit der Annahme des Kaisertitels dokumentierte. Lateinische und griechische Christenheit gingen zunehmend getrennte Wege, was sich schon früher abzeichnete, aber erst 1054 zur förmlichen Kirchenspaltung führte. Im Abendland blieben Papst und Kaiser während des ganzen Mittelalters die führenden Gewalten, wobei in den ersten Jahrhunderten die weltliche Macht faktisch die Vorherrschaft ausübte.

Der „Staat" des frühen Mittelalters war ein aristokratischer Personenverband, der von dem aus dem ständigen Heerführertum der Wanderungszeit hervorgegangenen Königtum (Heerkönigtum) geführt wurde und gekennzeichnet ist durch das Nebeneinander von königlichen und adligen Herrschaftsrechten sowie die geringe institutionelle Ausgestaltung. Mögen auch dem Königtum noch Vorstellungen von einem der Königssippe zugeschriebenen „Königsheil" anhaften, so hat doch erst die Verchristlichung der Königsidee, die in der Salbung zum Ausdruck gebrachte christliche Überhöhung dem mittelalterlichen Königtum zu einer gewaltigen Machtsteigerung verholfen, die der regierenden Dynastie den Vorrang vor allen anderen Adelssippen gab. Die Kirche, die die Königswürde als ein von Gott verliehenes Amt verstand, wurde so zu einer Stütze der weltlichen Gewalt.

Die Vorrangstellung des Adels in der Gesellschaft des Mittelalters beruhte wesentlich auf seiner wirtschaftlichen Macht, auf Grundbesitz. Für die agrarisch bestimmte Wirtschaftsstruktur des Fränkischen Reiches war die Grundherrschaft – die Herrschaft über das Land und die darauf hausenden Leute – die bestimmende Organisationsform, in der sich germanische und spätantik-provinzialrömische Elemente mischten. Seit der frühen Karolingerzeit fand der Adel in steigendem Maße seine Bindung an den Herrscher im Lehnswesen. Der Gefolgschaftstreue und dem Gehorsam, die der Lehnsmann zu leisten hatte, stand als Gegenleistung des Herrn das Lehen (Benefizium) gegenüber.

Die nichtadeligen Freien gerieten im Laufe des 9. Jahrhunderts trotz königlicher Schutzgesetze zunehmend in Abhängigkeit von den Großen, häufig auch durch freiwilligen Eintritt in eine Grundherrschaft, die ihnen Schutz bot und die Abwälzung öffentlicher Lasten (wie Heerfolge) ermöglichte; innerhalb des Bauernstandes wurden durch den Aufstieg von Hörigen, Unfreien und durch das Absinken freier Bauern die Unterschiede von Freiheit und Unfreiheit in ihren mannigfachen Abstufungen allmählich eingeebnet, so daß sich ein relativ einheitlicher abhängiger Bauernstand entwickelte.

1.1 Germanen

Die Bezeichnung Germanen wird auf eine Vielzahl von Völkern und Stämmen in Nord- und Mitteleuropa, die der sogenannten indo-germanischen Sprachfamilie angehören, angewendet. Der Name, dessen Bedeutung unklar ist, wurde ursprünglich von den Kelten für benachbarte nichtkeltische Stämme gebraucht und von den Römern aus Cäsars Berichten übernommen. Er bezieht sich im wesentlichen auf rechtsrheinisch wohnende Völker und Stämme, die sich in ihrer Sprache, ihrer Religion, ihren Sitten und Gebräuchen von den benachbarten Kultur- und Sprachgruppen unterschieden.

Im südlichen Teil Skandinaviens einschließlich Dänemarks sowie im anschließenden norddeutschen Gebiet bildete sich seit Beginn der Bronzezeit (um die Mitte des 2. Jahrtausends v. Chr.) ein zusammenhängender Kulturkreis, der sich, wohl bedingt durch eine Klimaverschlechterung, bis etwa 450 v. Chr. nach Süden bis an die deutsche Mittelgebirgsschwelle, nach Westen bis in die nördlichen Niederlande und nach Osten bis zur unteren Weichsel ausbreitete. Im 2. Jahrhundert v. Chr. setzte eine neue Wanderbewegung ein, in deren Verlauf die Germanen immer häufiger mit den Römern in Berührung kamen (▷ 1.2).

Die Bildung von Stämmen bei den Germanen ist ein sehr schwieriges Forschungsproblem. Heute ist man der Ansicht, daß es schon früh Siedlungsverbände gab, die sich durch gemeinsame Sprache, Abstammung, Königssippe, Götterverehrung, Sitten und Traditionen einander zugehörig und von ihren Nachbarn unterschieden fühlten, daß sie jedoch großen Veränderungen unterworfen waren. Diese Instabilität zeigt sich gerade in den Wanderungen bis hin zur sogenannten Völkerwanderung des 4. bis 6. Jahrhunderts, bei denen keine geschlossenen Stammesverbände, sondern kleinere Gruppen unterschiedlicher Zusammensetzung zu neuen Siedlungsgebieten aufbrachen (▷ 1.7).

Die Geschichtswissenschaft hat die Germanen in die Großgruppen der West-, Ost- und Nordgermanen eingeteilt. Westgermanen nennt man alle jene Völkerschaften, die in den ersten Jahrhunderten unserer Zeitrechnung zwischen Rhein und Elbe, zwischen

Das Kunsthandwerk der Germanen war bereits hochentwickelt. Erhalten sind überwiegend reichverzierte Metallarbeiten.
Oben: Zierbeschlag aus Warna (um 400).
Unten: Adlerfibel aus San Marino (um 500)

Nordseeküste und Donau wohnten. Sie sind wieder nach ihren Siedlungsgebieten eingeteilt worden in die a) Rhein-Weser-Germanen, zu denen u. a. die Bataver, Ubier, Tenkterer, Brukterer und Sugambrer gehörten; im wesentlichen aus diesen Stämmen hat sich im 3. Jahrhundert der Großverband der *Franken* (▷ 1.10) gebildet; b) die Nordsee-Germanen, zu denen die Angeln, Friesen und Sachsen zählten. Teile der Sachsen, Angeln und Jüten haben im 5. Jahrhundert Britannien erobert; c) die Elb-Germanen, unter denen die Cherusker, Chatten, Markomannen, Sweben und Semnonen die bekanntesten Stämme waren. Während die Cherusker später zusammen mit anderen Stämmen in dem Großverband der Sachsen aufgingen, wurden die Chatten vermutlich die Vorväter der späteren Hessen. Aus den Hermunduren entstand im wesentlichen der Stamm der Thüringer. Aus Sweben und anderen Gruppen bildete sich der Großstamm der Alemannen heraus, der vornehmlich im südwestdeutschen Raum und linksrheinisch im heutigen Elsaß siedelte.

Zu den Ostgermanen gehörten u. a. die Goten, deren Urheimat Skandinavien war. Sie waren weichselaufwärts bis nach Südrußland gezogen und teilten sich dort in zwei später als Ost- und Westgoten bezeichnete Hauptgruppen (▷ 1.7). Die um 100 v. Chr. im Gebiet zwischen Oder, Warthe und Weichsel ansässigen Burgunder, die im 4. Jahrhundert am Mittelrhein erschienen, und die Vandalen, die hauptsächlich in Schlesien siedelten, werden ebenfalls zu den Ostgermanen gerechnet, ferner die Langobarden, die im 2. Jahrhundert in Ungarn siedelten, vorher aber weiter nördlich mit den Markomannen und den Cheruskern in Fühlung gestanden hatten und deshalb auch oft den Elb-Germanen zugerechnet werden.

Nordgermanen sind im wesentlichen die in Skandinavien und Dänemark gebliebenen Völker, von denen einige erst Jahrhunderte später als Normannen oder Wikinger im mitteleuropäischen Raum auftauchten.

Die gesellschaftliche Gliederung der Germanen läßt als Grundprinzip eine starke patriarchalische Autorität und als wichtigste gesellschaftliche Einheit den Sippenverband erkennen, der zugleich Siedlungsgemeinschaft war. Die Bedeutung der Sippe ging jedoch seit der Völkerwanderungszeit zurück. Soziale Unterschiede sind schon in *Tacitus' „Germania"* (▷ 1.5) bezeugt. Neben den Freien, die die wehrfähige Bevölkerung der Bauern und Handwerker bildeten, gab es Halbfreie (Unterworfene und Freigelassene) und Sklaven (Kriegsgefangene, unfrei Geborene und in Schuldknechtschaft Geratene). Viele Stämme hatten auch Könige, die die mit dem Götterkult zusammenhängenden Aufgaben zu erfüllen hatten. Dieses „Sakralkönigtum" wurde wahrscheinlich im Zuge der Wanderungen von einem oft erblich werdenden Heerkönigtum erfolgreicher Heerführer abgelöst, die eine persönliche Gefolgschaft um sich scharten. Auf dem Gefolgschaftswesen beruhte später die Vasallität, ein wichtiges Element des mittelalterlichen *Lehnswesens* (▷ 1.22).

1.2 Germanen und Römisches Reich

Schon 113 v. Chr. waren die wohl durch eine Sturmflut aus ihrer Heimat Jütland vertriebenen Kimbern, Teutonen und andere Gruppen in das Gebiet des Römischen Reiches eingedrungen, das damals bis in die südlichen Alpen reichte, und hatten mehrfach römische Heere besiegt, waren aber 102 bei Aquae Sextiae (Aix-en-Provence) und 101 bei Vercellae (Vercelli) von Gajus Marius vernichtend geschlagen worden. Um 71 v. Chr. überschritt der swebische Heerkönig Ariovist mit zahlreichen Gefolgsleuten aus verschiedenen Stämmen den Oberrhein; sie siedelten sich westlich des Oberrheins an, bis Cäsar sie nach seinem Sieg über Ariovist bei Mülhausen im Elsaß (58 v. Chr.) wieder zurückdrängte. Bald gab es jedoch auch Bündnisse zwischen Rom und Germanenfürsten bzw. -stämmen. So ließen sich 38 v. Chr. die Ubier im Einvernehmen mit dem römischen Feldherrn Marcus Vipsanius Agrippa auf dem linken Rheinufer nieder; ihr Hauptort Oppidum Ubiorum entwickelte sich zum Zentrum der römischen Militär- und Zivilverwaltung in Germanien (50 n. Chr. Colonia Agrippinensis = Köln).

Eine germanische Abordnung – erkennbar an dem seitlich geknoteten Haar (sogenannter Swebenknoten) – bei Kaiser Trajan in Rom. Relief auf der Trajanssäule

Den Plan, die Reichsgrenze bis zur Elbe vorzuschieben, gab Kaiser Augustus nach der Niederlage des Varus gegen den Cheruskerfürsten *Arminius* (▷ 1.3) im Teutoburger Wald 9 n. Chr. auf. Im römischen, also im wesentlichen linksrheinischen Germanien, das um 90 in die Provinzen Ober- und Niedergermanien mit den Hauptstädten Mogontiacum (Mainz) und Colonia Agrippinensis geteilt und durch den *Limes* (▷ 1.4) gesichert wurde, entwickelte sich ein blühendes Städtewesen; römische Techniken wie die Ziegel-, Keramik- und Glasherstellung wurden übernommen, wobei die einheimischen Baumeister und Handwerker am römischen Vorbild orientierte, aber durchaus eigenständige Kulturformen schufen. Auch wurde ein weiträumiges Straßennetz ausgebaut; römische Landgüter mit großzügig angelegten Villen und neuen Anbaumethoden (z. B. Einführung des Weinbaus) veränderten das Landschaftsbild.

Auch auf das freie Germanien wirkte sich die Nachbarschaft zum Römischen Reich aus, nicht zuletzt dadurch, daß immer mehr Germanen ins römische Heer eintraten und so die militärische Schlagkraft und hochentwickelte Verwaltungsorganisation des Reiches kennenlernten. Das war für Rom allerdings nicht unproblematisch, wie etwa das Beispiel des Batavers Civilis zeigt, der 69/70 als Kohortenpräfekt im niederrheinischen Heer die Thronwirren nach dem Tod Neros zur Bildung eines gallisch-germanischen Reiches zu nutzen versuchte und sogar römische Truppen zum Abfall bewog.

Trotz einiger kriegerischer Auseinandersetzungen blieben die Verhältnisse am Limes relativ stabil, bis nach 150 die Abwanderung der Goten von der Weichselmündung zum Schwarzen Meer erneut umfangreiche Bevölkerungsverschiebungen auslöste, die auch als erste Völkerwanderung bezeichnet werden. Dadurch wurde Rom u. a. zur Abwehr der über die Donau vorgedrungenen Markomannen (Markomannenkriege Mark Aurels 166–175 und 177–180), um 260 zur Zurückverlegung der von den Alemannen bedrohten obergermanischen Grenze an den Rhein und um 270 zur Aufgabe der von den Goten überrannten Provinz Dakien gezwungen. Die Kernländer des Römischen Reiches blieben jedoch bis zur (zweiten) *Völkerwanderung* (▷ 1.7) ab 375 nahezu unangefochten.

Obwohl die Römer gegenüber den Germanen zunehmend in die Defensive gerieten, kann man ihr Verhältnis nicht als grundsätzlich feindlich bezeichnen. Viele im Römischen Reich lebende Germanen wurden romanisiert, ja in der Spätantike stiegen etliche in hohe Verwaltungs- und Kommandostellen auf. Die Ansiedlung germanischer Stämme auf Reichsgebiet war zwar in der Völkerwanderungszeit oft nur die nachträgliche Legitimierung vollzogener Tatsachen, aber die germanischen Bundesgenossen leisteten andererseits einen bedeutenden Beitrag zum Schutz der Reichsgrenzen.

1.3 Arminius

Geboren im Jahre 18 (oder 16) v. Chr. als Sohn des Cheruskerfürsten Segimer – die Cherusker siedelten zwischen Weser und Elbe –, kam Arminius zusammen mit seinem Bruder Flavus (beide Namen sind nur in der lateinischen Form bekannt) als Kind zur Erziehung und militärischen Ausbildung nach Rom. In den Germanenfeldzügen des Tiberi-

Grabstein des römischen Centurio Marcus Caelius, der unter Varus fiel, vielleicht im Teutoburger Wald 9 n. Chr.

us befehligte er 4–6 n. Chr. die germanischen Hilfstruppen, wofür er mit dem römischen Bürgerrecht und der Ritterwürde ausgezeichnet wurde. Nach der Rückkehr zu seinem Stamm stellte er sich jedoch an die Spitze einer Verschwörung gegen den römischen Statthalter Publius Quinctilius Varus, der das römische Verwaltungs-, Steuer- und Rechtssystem im rechtsrheinischen Germanien einzuführen versuchte. Obwohl Varus von dem romfreundlichen Cherusker Segestes gewarnt wurde, ließ er sich im Herbst des Jahres 9 im Teutoburger Wald (die Lage des Ortes ist umstritten) mit drei Legionen in einen Hinterhalt locken und verlor sein ganzes Heer (etwa 20 000 Mann); er selbst beging Selbstmord. Allerdings gelang es Arminius nicht, einen allgemeinen Aufstand der Germanen gegen Rom auszulösen. Die politischen Gegensätze und persönlichen Feindschaften blieben bestehen; Arminius wurde im Jahre 19 (oder 21) von Verwandten ermordet. Wenn auch seine weitergehenden Pläne scheiterten, so ist doch das Urteil des Tacitus, er sei ohne Zweifel der Befreier Germaniens, insofern gerechtfertigt, als infolge der Varusschlacht das freie Germanien endgültig außerhalb des römischen Machtbereichs verblieb.

Der Limes in Deutschland

1.4 Limes

Seit Kaiser Augustus begannen die Römer mit dem planmäßigen Ausbau einer Verteidigungsstellung an Rhein und Donau unter Einbeziehung des südwestlichen Germanien rechts des Rheins, das sie Dekumatland (Zehntland) nannten. Im 2. Jahrhundert bestand der römisch-germanische Limes im Gesamtverlauf aus vier Hauptabschnitten: 1. der niedergermanische Limes links des Rheins bis nördlich von Neuwied, 2. der obergermanische Limes von Rheinbrohl nach Osten und den Taunus miteinbeziehend nach Süden am Ostrand der Wetterau bis zum Main bei Miltenberg und weiter südlich bis Lorch, 3. der rätische Limes von Lorch nordöstlich bis etwa Gunzenhausen und weiter südöstlich durch das Altmühltal bis zur Donau westlich von Regensburg, 4. die Donaugrenze flußabwärts bis nach Ungarn.

Der obergermanische Limes, zuerst aus Wall und Graben bestehend, wurde nach und nach durch Palisaden verstärkt. Steinerne Wachttürme, untereinander in Sichtweite, wurden zur Beobachtung des Grenzgebiets errichtet, weiter rückwärts entstanden Kastelle, etwa im Abstand von 15 km. Der rätische Limes war zusätzlich teilweise mit einer Steinmauer verstärkt, die aber nie vollendet worden ist. Hin-

ter den Befestigungen des Limes wurde ein Straßensystem angelegt. Aus den Römerlagern an den wichtigsten Flußübergängen von Rhein und Donau entstanden die ersten römisch-germanischen Städte. Xanten, Köln, Bonn, Koblenz, Mainz, Worms, Regensburg und Passau und viele andere deutsche Städte gehen so auf römische Ursprünge zurück.

Durch den Limes wurde die Ausbreitung der Germanenstämme nach Westen und Süden aufgehalten, gleichzeitig aber ermöglichte er ein friedliches Nebeneinanderleben und einen lebhaften Handelsverkehr. Erst als um 260 Alemannen das Dekumatland besetzten, mußten die Römer den obergermanisch-rätischen Limes aufgeben. Reste der Limes-Anlagen sind noch heute in Südwestdeutschland zu sehen.

1.5 Tacitus' „Germania"

Der römische Schriftsteller und Geschichtsschreiber Publius Cornelius Tacitus (geboren um 55, gestorben um 120) veröffentlichte etwa im Jahre 98 die Schrift „De origine et situ Germanorum" („Über den Ursprung und die Gebiete der Germanen"). Im ersten Teil schildert er allgemein Land und Leute, im zweiten Teil charakterisiert er einzelne Stämme und beschreibt ihren Wohnsitz. Seine Kenntnisse bezog Tacitus jedoch nicht aus eigener Anschauung, sondern hauptsächlich aus literarischen Quellen. Da aus der Antike keine andere selbständige volkskundliche Schrift überliefert ist, lassen sich die Gründe für die Entstehung der „Germania" nur vermuten. Vielleicht reizte den Autor einfach der Stoff, der ihm die Gelegenheit bot, der Dekadenz der römischen Sitten ein positives Gegenbild entgegenzusetzen. So rühmt er an den Germanen ihre einfache Lebensweise, ihr sittenstrenges Familienleben, ihre geradlinige, von Arglist und Treulosigkeit weit entfernte Wesensart, ihre kriegerische Tapferkeit und ihr Freiheitsstreben. Dieses Germanenbild ist sicher idealisiert, doch Tacitus tadelt auch die Schwächen der Germanen, z. B. ihre Trägheit in Friedenszeiten, ihre Neigung zu unmäßigem Biergenuß, ihre ruinöse Leidenschaft für das Würfelspiel. Dennoch ist er davon überzeugt, daß bei den Germanen gute Sitten mehr vermögen als anderswo (d. h. bei den Römern) gute Gesetze.

Grabstein des jungen Mädchens Rignedrudis mit christlichen Symbolen (6. Jh., gefunden bei Köln)

1.6 Germanen und Christentum

Im römischen Germanien gab es in der Zeit vor Konstantin dem Großen schon Christen. Mindestens in Köln gab es auch bereits eine Bischofskirche; der erste nachweisbare Bischof Maternus nahm 313 und 314 an Synoden in Rom und Arles teil. Die von Konstantin und seinem damaligen Mitkaiser Licinius 313 im Mailänder „Toleranzedikt" zugesicherte Bekenntnisfreiheit stand am Anfang einer Entwicklung, die 391 in der Durchsetzung des Christentums als römischer Reichsreligion durch Theodosius I. gipfelte. Damit war jedoch die Ausbreitung des christlichen Glaubens bei den feindlichen Germanen zunächst weitgehend blockiert.

Bei diesen fand er schließlich in Gestalt des sogenannten Arianismus Eingang. Die Lehre des alexandrinischen Priesters Arius beruhte auf der Auffassung, Christus sei das aus dem Nichts geschaffene bevorzugte Geschöpf des Vaters. Sie wurde 325 durch das von Kaiser Konstantin geleitete erste ökumenische Konzil von Nizäa verworfen, das die Wesens-gleichheit von Vater und Sohn als verbindli-chen Glaubenssatz formulierte. Trotzdem ge-lang es den Arianern unter Konstantins Sohn Konstantius, ihre Lehre weithin durchzuset-zen, bis das zweite ökumenische Konzil von Konstantinopel (381) sie erneut verurteilte. Durch den Westgoten Wulfila (Ulfilas), der 341 von dem arianischen Bischof Eusebius von Nikomedia zum Bischof der Goten ge-weiht wurde und die Bibel ins Gotische über-setzte, gelangte das arianische Christentum zu den Westgoten, deren Massenbekehrung frei-lich erst nach ihrem Übertritt auf römisches Reichsgebiet (376) einsetzte, und von ihnen im Laufe des 5. Jahrhunderts zu anderen ost-germanischen Stämmen, darunter den Ostgo-ten, Vandalen und Langobarden. Auch die Burgunder und die in Spanien angesiedelten Sweben bekannten sich zeitweise zum Aria-nismus. Für die germanischen Reichsgrün-dungen auf römischem Boden erwies sich dies als Nachteil, weil die Gegensätze zwi-schen den Eroberern und der eingesessenen katholischen Bevölkerung durch den religiö-sen Unterschied noch vertieft wurden. Erst die Entscheidung des Frankenkönigs *Chlod-wig* (▷ 1.11) für die katholische Religion sei-ner galloromanischen Untertanen (wohl 498) führte einen grundlegenden Wandel herbei. Der Arianismus erlosch mit dem Untergang des Vandalen- und des Ostgotenreichs (534 bzw. 553) und mit dem Übertritt der Westgo-ten, Sweben und Langobarden zum Katholi-zismus (Ende des 6./Anfang des 7. Jahrhun-derts). Bei der Christianisierung der noch heidnischen Germanen übernahm im 7. Jahr-hundert die iroschottische Kirche, im 8. Jahr-hundert die selbst noch junge angelsächsische Kirche (▷ 1.13) die Führung.

1.7 Völkerwanderung

Als eigentliche große (germanische) Völker-wanderung gelten die – im folgenden nur in wenigen Grundzügen skizzierten – Wande-rungsbewegungen, die durch den Einbruch der *Hunnen* (▷ 1.8) in Europa nach 370 ausge-löst wurden. Während die Hunnen 375 das Gotenreich in der heutigen Ukraine zerstör-ten (wozu auch eine innergotische Krise bei-trug), wich der größere Teil der Goten unter Frithigern über die Donau auf römisches Ge-biet aus und wurde 376 von Kaiser Valens in Moesien (im heutigen Bulgarien) angesiedelt; doch ein Aufstand dieser Goten führte 378 zur Schlacht bei Adrianopel, in der Valens fiel. Kaiser Theodosius der Große schloß 382 mit ihnen Frieden. Unter Alarich, der 395 zum König erhoben wurde, fiel der später „Westgoten" genannte Teil 401 in Italien ein und plünderte 410 Rom. Nach Alarichs baldi-gem Tod wandten sich die Westgoten Südgal-lien zu und errichteten nunmehr als Verbün-dete Roms ein Reich mit der Hauptstadt To-losa (Toulouse), das sich allmählich bis nach Spanien ausdehnte. Im Kampf gegen die Franken 507 fast ganz auf Spanien be-schränkt, erlagen sie 711 dem Ansturm der Araber.

Die mit dem Westgoteneinfall in Italien zu-sammenhängende Schwächung der Rhein-grenze begünstigte die Westwanderung der Sweben, Vandalen, Burgunder und Alanen (ein Stamm iranischer Herkunft), die ab 406 Gallien überrannten und 409 großenteils nach Spanien abwanderten; die Burgunder erhielten durch einen Bündnisvertrag mit Rom 413 das Gebiet um Worms, nach einer schweren Niederlage gegen die Hunnen (436; Hintergrund der Nibelungensage) die Sapau-dia (Savoyen) als Siedlungsgebiet. Während die Sweben, von den Westgoten nach Nord-westspanien abgedrängt, dort bis um 585 ein eigenständiges Reich behaupteten, setzten die Vandalen und Alanen unter Geiserich 429 nach Nordafrika über, das sie bis 439 (Fall Karthagos) eroberten. 455 wurde Rom erneut heimgesucht, dieses Mal von Geiserichs Truppen. Auf Grund innerer Schwierigkeiten und der Überlegenheit des Oström isch-By-zantinischen Reiches unter Kaiser Justinian dem Großen brach das Vandalenreich nach der Niederlage Gelimers gegen den byzanti-nischen Feldherrn Belisar 534 zusammen. Der Unterwerfung vieler Germanenstämme bzw. Teilstämme durch die Hunnen setzte der Sieg eines römisch-germanischen Heeres un-ter dem Reichsfeldherrn Aetius 451 auf den Katalaunischen Feldern (bei Troyes) und endgültig der Tod des Hunnenkönigs Attila 453 ein Ende. Der Niedergang des Weströmi-schen Reiches wurde dadurch jedoch nicht aufgehalten. Der Skire Odoaker (Odowakar), der von den die Mehrheit des römischen Hee-res stellenden germanischen Truppen 476 zum König ausgerufen wurde, beseitigte das bereits machtlose weströmische Kaisertum, wurde selbst jedoch 493 in seiner Hauptstadt Ravenna von dem Ostgoten *Theoderich* (▷ 1.9) ermordet. Die Herrschaft der Ostgoten endete mit der Eroberung Italiens durch den byzantinischen Feldherrn Narses (553). Doch schon 568 fielen neue Eroberer, die *Langobarden* (▷ 1.15), unter König Alboin in Oberitalien ein und schufen ein Reich mit dem Zentrum Pavia, das erst 774 Karl der Große vernichtete. Die einzige dauerhafte germanische Reichsgründung war die der *Franken* (▷ 1.10). – Karte S. 24.

1.8 Hunnen

Die Hunnen waren ein innerasiatisches Turkvolk, dessen Angehörige als Reiternomaden lebten. Nach jahrhundertelangen Kämpfen mit den chinesischen Nachbarn begannen Teile dieses Volkes etwa um die Zeitenwende nach Westen zu wandern und stießen in den Steppen Zentralasiens über den Aralsee und das Kaspische Meer bis in den Raum nördlich des Schwarzen Meers vor. Nach ihrem Sieg über die Ostgoten 375 beherrschten sie die bisher unter gotischer Botmäßigkeit stehenden Stämme und zwangen sie, soweit diese nicht ausweichen konnten, ihrem Heereszug nach Westen anzuschließen. Sie verlagerten den Schwerpunkt ihrer Herrschaft nach Pannonien, ins heutige Ungarische Tiefland, von wo aus sie mit ihren germanischen und sonstigen Gefolgsleuten Beutezüge unternahmen. Vom oströmischen Kaiser erzwangen sie hohe Tributzahlungen. Der weströmische Oberbefehlshaber Aetius, der in seiner Jugend als Geisel bei den Hunnen gelebt hatte, betrieb hingegen lange eine hunnenfreundliche Politik, vor allem im Interesse seiner Kämpfe gegen die Germanen in Gallien, an denen hunnische Hilfstruppen beteiligt waren.

Der Hunnenkönig Attila (in der Nibelungensage Etzel), der 445 seinen Bruder ermordet hatte und seitdem allein regierte, führte sein Reich zum Höhepunkt seiner Geltung. Als er jedoch, nachdem er sich mit Westrom verfeindet hatte, 451 Gallien verwüstete, trat seinem hunnisch-germanischen Heer auf den Katalaunischen Feldern (in der Gegend von Troyes) Aetius ebenfalls mit zahlreichen Ger-

manen, darunter Franken, Burgunder und besonders Westgoten, entgegen und besiegte den Hunnenkönig. 452 fiel Attila in Italien ein, doch einer kaiserlichen Gesandtschaft unter Führung von Papst Leo I., dem Großen, gelang es, ihn zum Rückzug zu bewegen. Nach dem überraschenden Tod Attilas 453 in der Hochzeitsnacht mit einer ostgermanischen Königstochter (Ursprung der Kriemhildsage) zerfiel das Hunnenreich rasch; die seiner Herrschaft unterworfenen Germanen lösten sich wieder aus der Abhängigkeit.

1.9 Theoderich der Große

Die Ostgoten hatten nach ihrer Befreiung von der hunnischen Herrschaft Wohnsitze in Pannonien zugewiesen bekommen, zogen aber bald südwärts bis nach Makedonien und Westthrakien. Der oströmische Kaiser Zenon sah sich 483 gezwungen, den mächtigen Ostgotenführer Theoderich aus dem Fürstengeschlecht der Amaler als Magister militum (Heermeister) anzuerkennen. Theoderich, etwa 453 geboren, war als Geisel in Konstantinopel aufgewachsen und nach seiner Rückkehr 471 schon zu Lebzeiten seines Vaters zum König erhoben worden. 488 sandte Zenon Theoderich nach Italien, um die Herrschaft Odoakers zu zerschlagen, der ebenfalls in kaiserlichem Dienst gestanden hatte, aber 476 als Führer germanischer Söldnertruppen den letzten weströmischen Kaiser Romulus Augustulus abgesetzt hatte. Nach jahrelangen Kämpfen, u. a. um Odoakers Hauptstadt Ra-

Goldmedaillon mit der Büste Theoderichs

venna (die „Rabenschlacht" der Sage um
Dietrich von Bern), einigte sich der Ostgoten-
könig zum Schein mit seinem Rivalen auf eine gemeinsame Herrschaft, doch kurz darauf
ermordete er Odoaker (493) und war nunmehr alleiniger Herrscher in Italien, nominell
freilich unter der Oberhoheit des Kaisers,
dessen Stellvertreter er für die romanische
Bevölkerung seines Reiches war.

Theoderich behielt die spätantike römische
Verwaltung im wesentlichen bei und zog zum
Teil römische Ratgeber an seinen Hof in Ravenna, darunter die Gelehrten Cassiodor (er
schrieb u. a. eine Geschichte der Goten) und
Boethius, der allerdings 524 als angeblicher
Verschwörer gegen die Ostgotenherrschaft
hingerichtet wurde (im Gefängnis verfaßte er
das im Mittelalter weit verbreitete „Trostbuch
der Philosophie"). Romanen und Goten blieben im übrigen durch ein Heiratsverbot sowie
durch die unterschiedlichen Glaubensrich-

tungen und Rechtsstellungen getrennt; der
Kriegsdienst oblag nur den Goten.

Außenpolitisch verstand es Theoderich, offene Konflikte mit dem Kaiser zu vermeiden
und zu den anderen germanischen Fürsten
freundschaftliche Beziehungen anzuknüpfen,
die er durch Heiratsverbindungen mit den
Herrscherfamilien der Westgoten, Vandalen,
Burgunder und Franken zu festigen suchte; er
selbst nahm eine Schwester des Frankenkönigs Chlodwig zur Frau. Bei seiner Bündnispolitik erlebte er jedoch auch Rückschläge,
vor allem infolge des fränkischen Expan-
sionsstrebens auf Kosten der Westgoten, der
Burgunder und der unter ostgotischem
Schutz stehenden Alemannen.

Als Theoderich 526 starb, blieb seine Herrschaft den Menschen als eine Zeit des Friedens und der Gerechtigkeit in Erinnerung,
doch sein Lebenswerk hatte keinen Bestand.
Seine Tochter Amalasuntha (Amalaswintha),

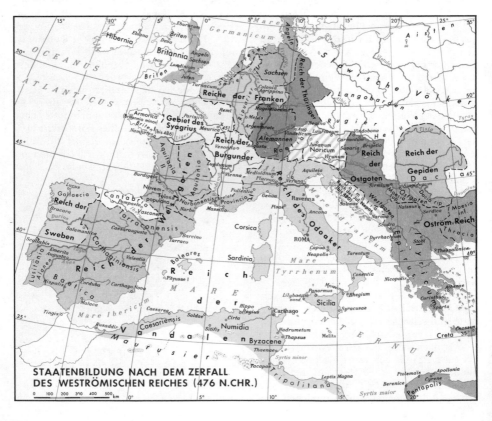

STAATENBILDUNG NACH DEM ZERFALL
DES WESTRÖMISCHEN REICHES (476 N.CHR.)

Der Palast Theoderichs des Großen in Ravenna. Mosaik in der Basilika Sant' Apollinare Nuovo in Ravenna

Regentin für ihren unmündigen Sohn, fiel 535 einem Mordanschlag ihres Vetters und Mitregenten Theodahad zum Opfer. Die letzten Ostgotenkönige, Witigis (536–540), Totila (541–552) und Teja (552–553), unterlagen den Feldherren Kaiser Justinians, Belisar und Narses. Die Reste der Goten gingen später in der italischen Bevölkerung auf.

1.10 Franken

Aus mehreren im Niederrheingebiet ansässigen westgermanischen Stämmen (▷ 1.1) bildete sich der Großverband der Franken (dieser Name taucht um die Mitte des 3. Jahrhunderts zum erstenmal auf). Allmählich drangen sie nach Westen auf römisches Gebiet vor und traten teilweise in römische Dienste; am bekanntesten ist der unter Kaiser Theodosius I. zum Magister militum aufgestiegene Offizier Arbogast, der jedoch 394 wegen Erhebung eines Gegenkaisers und Unterstützung heidnischer Bestrebungen gestürzt wurde. Um die Mitte des 5. Jahrhunderts besaßen die fränkischen Fürsten als angesiedelte Verbündete Roms (Föderaten) etwa das Gebiet des heutigen Belgien, das Mosel- und Rheingebiet, nach dem Untergang des Weströmischen Reiches (476) unterwarfen sie das nördliche Gallien bis zur Loire, das sich noch bis 486/87 als Restbestand des Reiches hielt. Die durch *Chlodwig* (▷ 1.11) eingeleitete Großmachtbildung wurde zum wichtigsten

politischen Faktor des beginnenden Mittelalters. Da es seit dem 6. Jahrhundert keine religiösen Barrieren zwischen den fränkischen Eroberern und der eingesessenen galloromanischen Bevölkerung mehr gab, kam es zu einer allmählichen Verschmelzung. Dabei behielt in den westlichen Landesteilen das romanische Element ein stärkeres Gewicht, während in den östlichen Gebieten das germanische überwog. Nach und nach bildete sich eine Sprachgrenze heraus; das erste überlieferte Dokument dieser Entwicklung sind die in altfranzösischer und althochdeutscher Sprache abgefaßten Straßburger Eide von 842 (▷ 1.23).

1.11 Chlodwig

Geboren um 466, wurde der Merowinger Chlodwig wohl 482 Nachfolger seines Vaters Childerich als Teilkönig der salischen Franken. Zentrum seines Herrschaftsbereichs war Tournai. Im Laufe seiner Regierung unterwarf und beseitigte er durch List und Gewalt alle anderen fränkischen Gaukönige (zuletzt um 510 den in Köln residierenden rheinfränkischen König), nachdem er bereits 486/87 durch seinen Sieg über den letzten römischen Statthalter in Gallien, Syagrius, bei Soissons den noch römischen Teil Galliens zwischen Somme und Loire gewonnen hatte. Zwischen 496 und 507 eroberte er den südwestgallischen Teil des Westgotenreichs (Aquitanien) bis auf Septimanien (um Narbonne), dazu das linksrheinische Gebiet der Alemannen. Nur das Eingreifen Theoderichs des Großen hinderte ihn an noch weitergehender Expansion.

Mit seiner Eroberungspolitik durchkreuzte Chlodwig das Konzept des Ostgotenkönigs, das auf eine Verständigung der germanischen Reiche mit gemeinsamer Gegnerschaft gegen Byzanz zielte. Dem Kaiser hingegen kam der fränkisch-ostgotische Gegensatz gelegen; 508 ließ er Chlodwig einen Königsornat überreichen und ehrte ihn mit dem Konsultitel.

Wohl 498 hatte der Frankenkönig in Reims durch Bischof Remigius die Taufe empfangen. Diese Entscheidung für das katholische Christentum, an der Chlodwigs burgundische Gemahlin Chlothilde (Chrodechilde) bedeutenden Anteil hatte, erwies sich als zukunftweisender Entschluß. Außenpolitisch wurde dadurch der Gegensatz zu den arianischen Germanenreichen vertieft, doch im Innern gewann Chlodwig die Unterstützung der galloromanischen Geistlichkeit, vor allem der Bischöfe, bei der Konsolidierung seiner Herrschaft in den neu eroberten Gebieten. Die allmählich entstehende fränkische Reichskirche wurde zu einer der wichtigsten Klammern der Reichseinheit. Der inneren Ordnung dienten auch einerseits die Übernahme des römischen Verwaltungssystems und andererseits die erste Aufzeichnung des fränkischen Volksrechts, der Lex Salica. 511 starb Chlodwig in seiner neuen Residenzstadt Paris. – Abb. S. 28.

1.12 Merowinger

Das Königsgeschlecht der Merowinger stammte der Überlieferung zufolge von einem Kleinkönig der salischen Franken mit Namen Merowech ab. Die Sage führte Merowechs Herkunft auf ein Meerungeheuer und damit auf halbgöttlichen Ursprung zurück. Wurden der Königssippe schon von daher magische Kräfte zugeschrieben, so steigerte sich ihr Ansehen noch, als *Chlodwig* (▷ 1.11) durch erfolgreiche Kriegszüge ein fränkisches Großreich errichtete und damit das „Heil" seiner Sippe glänzend bestätigte. Trotz der Taufe Chlodwigs blieben diese heidnischen Vorstellungen das tragende Element des merowingischen Königtums. Die „Geblütsheiligkeit" des Königsgeschlechts, die das Bestehen und Wohlergehen des Volkes sicherte, kam bei den Merowingern auch äußerlich zum Ausdruck, z.B. durch das lange Haar; bezeichnenderweise wurde die Absetzung des letzten

Merowingers 751 durch die symbolische Handlung des Haarscherens vollzogen.

Da das „Königsheil" sich auf alle Träger königlichen Blutes vererbte, waren beim Tode Chlodwigs 511 seine vier Söhne ohne Unterschied nachfolgeberechtigt. Das bedeutete, daß das Fränkische Reich geteilt werden mußte, was jedoch nicht unbedingt eine getrennte Entwicklung der Reichsteile zur Folge hatte. Tatsächlich kam es auf dem Erbweg mehrmals zu einer Reichseinigung. Außerdem setzten Chlodwigs Söhne zunächst die Machtpolitik nach außen fort, indem sie unter anderem 531 das Thüringerreich und bis 534 das Burgunderreich eroberten. Allerdings überwogen auf die Dauer die Nachteile der Teilungspraxis beträchtlich, denn die Herrschaftsteilungen waren eine Quelle ständiger Streitigkeiten. Nach dem Tode Dagoberts I. 638/39 verlor das merowingische Königtum, in blutigen Familienfehden geschwächt, seine Macht mehr und mehr an den Adel, an dessen Spitze die Hausmeier traten. Aus den Teilungen gingen zwei weitgehend selbständige Reichsteile hervor: im Westen Neustrien mit dem Zentrum Paris, das meist mit Burgund zusammen regiert wurde, und im Osten Austrien mit dem Königssitz Reims bzw. später Metz. Die Herausbildung eines westlichen und eines östlichen Schwerpunkts kam bei der endgültigen Teilung des Fränkischen Reiches unter den Karolingern erneut zur Geltung.

Trotz der Machtlosigkeit der Merowinger war die Grundlage ihres Königtums Mitte des 8. Jahrhunderts noch so stark, daß die Karolinger nur dadurch das Königtum von ihnen übernehmen konnten, daß sie an die Stelle des ererbten Königsheils den christlich geprägten Amtsgedanken setzten.

1.13 Winfrid-Bonifatius

Die Missionierung der noch heidnischen Germanen im fränkischen Reichsverband machte im 6. und 7. Jahrhundert nur mühsame Fortschritte. Das begann sich um 700 zu ändern, als mit Unterstützung der karolingischen Hausmeier eine Reihe von Missionaren zu den Hessen, Thüringern, Alemannen und Baiern, aber auch zu den Friesen und Sachsen gingen. Sie kamen zum Teil aus dem Fränkischen Reich, zum Teil waren sie Angelsachsen wie der Friesenmissionar Willibrord und dessen Schüler Winfrid (Wynfrith), der später als „Apostel der Deutschen" bezeichnet wurde.

Der 672/673 in Wessex geborene Mönch Winfrid verließ 716, iroschottischer und angelsächsischer Tradition folgend, England, um sich in der Form der „peregrinatio", der Heimatlosigkeit um Christi willen, der Mission zu widmen. Bei seinem ersten Romaufenthalt beauftragte ihn der Papst am 15. Mai 719 mit der Germanenmission und verlieh ihm den Namen des Heiligen dieses Tages: Bonifatius. Bonifatius wirkte zunächst in Thüringen und Friesland, dann auch in Hessen, wo er 723/724 die berühmte Donareiche von Geismar fällte. Er gründete nicht nur Klöster, darunter Fritzlar und Fulda, sondern machte sich auch um die Bistumsorganisation in Bayern (Passau, Regensburg, Freising, Eichstätt), Hessen (Büraburg bzw. Fritzlar) und Thüringen (Erfurt) verdient. 722 wurde er vom Papst zum Bischof geweiht, 732 erhielt er das Pallium als Zeichen der Erzbischofswürde. Wohl 746 übernahm er das Bistum Mainz (das eigentliche Erzbistum Mainz begründete jedoch erst sein Schüler und Nachfolger Lullus). Im Alter von 80 Jahren kehrte Bonifatius zur Friesenmission zurück, während der er am 5. Juni 754 bei Dokkum den Märtyrertod fand. Seine Gebeine ruhen im Dom von Fulda. – Abb. S. 29.

1.14 Die ersten Karolinger

Die Karolinger sind aus einer Verbindung der austrischen Adelsgeschlechter der Arnulfinger und der Pippiniden hervorgegangen. Sie waren im Maas-Mosel-Raum begütert. Die Vormachtstellung begründete der austrische Hausmeier Pippin (der Mittlere), der 687 durch seinen Sieg über den neustrischen Hausmeier bei Tertry das Fränkische Reich wieder vereinte und anstelle des schwachen Merowingerkönigs, der weiterhin in Neustrien residierte, die Regierung führte. Pippins Sohn Karl erkämpfte sich nach seinem Tod (714) die Regentschaft über das Gesamtreich. 732 schlug er mit einem fränkischen Heer die Araber, die das Westgotenreich vernichtet hatten und nach Südgallien vorgedrungen waren, bei Poitiers und drängte sie

endgültig über die Pyrenäen zurück. Dieser Sieg hatte für die weitere Geschichte Europas entscheidende Bedeutung. Man hat Karl später den Beinamen Martell (Hammer) gegeben. In zahlreichen Kämpfen stellte er – mit unterschiedlichem Erfolg – die Autorität der Reichsgewalt in den sich verselbständigenden Reichsteilen (Aquitanien, Burgund, Provence, Alemannien, Thüringen, Bayern, Friesland) wieder her. Auch unterstützte er die angelsächsische Mission (▷ 1.13), in der er ebenfalls eine Stärkung der Reichsgewalt sah. Als 737 der Merowinger Theuderich IV. starb, setzte Karl Martell keinen neuen König ein, nahm selber jedoch nicht den Königstitel an. Wie ein König aber teilte er bei seinem Tod 741 das Fränkische Reich unter seine Söhne und ließ sich in Saint-Denis, der Grablege der Merowinger, beisetzen.

Karls Söhne Karlmann und Pippin (der Jüngere) regierten in Austrien und Neustrien, wobei Aquitanien und Bayern relativ selbständige Herzogtümer blieben. 743 setzten sie wieder einen merowingischen König, Childerich III., ein. Bereits 747 zog sich Karlmann ins Kloster zurück, während sein Bruder als Alleinherrscher eine höchst bedeutsame politische Neuorientierung vollzog: 750 ließ er Papst Zacharias die Frage vorlegen, ob es gut sei, daß es im Fränkischen Reich Könige ohne königliche Gewalt gebe. Als der Papst antwortete, es sei besser, der tatsächliche Herrscher heiße König, „damit die naturgemäße Ordnung nicht gestört werde", verbannte Pippin 751 Childerich III. ins Kloster und ließ sich von den fränkischen Großen in Soissons zum König erheben. Hinzu kam jedoch eine kirchliche Salbung, die dem neuen karolingischen Königtum eine dem germanisch geprägten Königtum der Merowinger bewußt entgegengesetzte christliche Legitimation verlieh und das für das ganze Mittelalter folgenreiche Bündnis zwischen dem Papsttum und dem fränkischen Königtum (bzw. später dem auf die deutschen Könige übergehenden Kaisertum) begründete. Für den Papst bedeutete die neue Konstellation zunächst in erster Linie einen Rückhalt gegen die *Langobarden* (▷ 1.15), die Pippin erfolgreich bekämpfte. Die den Langobarden abgenommenen Gebiete übertrug er dem Papst als Besitz der Kirche. Diese sogenannte *Pippinsche Schenkung* (▷ 1.16) begründete den Kirchenstaat.

*Die Taufe Chlodwigs.
Elfenbeinrelief aus
dem 9. Jh.*

1.15 Langobarden

Die Langobarden, die nach eigener Überlieferung aus Gotland oder Schonen stammten, hatten ihre Wohnsitze lange Zeit an der unteren Elbe. Ein Teil von ihnen gründete in Pannonien (Ungarn) um 166 ein erstes Reich (▷ 1.1). Um 490 besetzten die Langobarden das bisherige Gebiet der Rugier nördlich von Noricum (Ostalpen) und breiteten sich später nach Südosten aus. Trotz eines entscheidenden Sieges über die Gepiden (567) überließen sie ihr pannonisches Siedlungsgebiet den Awaren, zogen 568 unter ihrem König Alboin nach Oberitalien und gründeten ein Reich mit der Hauptstadt Pavia (in der nach ihnen benannten Lombardei). Dieses konnte sich für zwei Jahrhunderte konsolidieren, nicht zuletzt infolge des Übertritts der arianischen Langobarden zum Katholizismus (um 600). Die noch verbliebenen byzantinischen Herrschaftsgebiete gingen allmählich bis auf Reste in Istrien und Venetien, an der Südspitze Italiens sowie das Gebiet um Rom und den Exarchat Ravenna in langobardischen Besitz über. Unter den Königen Liutprand (712–744) und Aistulf (749–756) erreichte das Langobardenreich seine größte Ausdehnung. Nach der Eroberung Ravennas 751 sah sich der Papst in Rom unmittelbar bedroht, so daß er den Frankenkönig Pippin zu Hilfe rief, der den langobardischen Ausdehnungsdrang stoppte (▷ 1.16). Erneute Übergriffe der Langobarden auf päpstliches Gebiet beendete Pippins Sohn und Nachfolger *Karl der Große*

(▷ 1.17) endgültig, indem er 774 die Langobarden unterwarf und sich selbst ihre Königskrone aufsetzte. Nur die langobardischen Herzogtümer Benevent und Spoleto in Süditalien konnten ihre Selbständigkeit bis ins 11. Jahrhundert bewahren.

1.16 Pippinsche Schenkung/ Kirchenstaat

Das durch die kirchliche Sanktionierung der Königserhebung Pippins 751 angebahnte Bündnis zwischen dem Papsttum und dem Fränkischen Reich (▷ 1.14) festigte sich, als Papst Stephan II. nach seinem Hilfeersuchen gegen den Langobardenkönig Aistulf auf Einladung Pippins ins Frankenreich reiste und 754 ein feierliches Schutzversprechen des Königs erhielt. Er salbte Pippin und seine Söhne erneut und verlieh ihnen den Titel „patricius Romanorum", während der Frankenkönig die Übergabe der von den Langobarden eroberten Gebiete in Mittelitalien an den Papst versprach. Der Umfang dieser sogenannten Pippinschen Schenkung ist umstritten; nach zwei erfolgreichen Feldzügen gegen Aistulf erhielt der Papst 756 jedenfalls den Dukat von Rom und den Exarchat von Ravenna, ferner die sogenannte Pentapolis, ein Gebiet in Mittelitalien um fünf Städte zwischen Rimini und Ancona. Aus diesen im einzelnen nicht genau abgrenzbaren Gebieten ist der Kirchenstaat entstanden. Die formale Oberhoheit des byzantinischen Kaisers blieb zunächst noch bestehen, doch als tatsächlicher Schutzherr des Papsttums war der fränkische König an dessen Stelle getreten.

Karl der Große (▷ 1.17) hat die Schenkung seines Vaters 774 ausdrücklich bestätigt und den Kirchenstaat unter fränkischen Schutz gestellt. Diese Schutzverpflichtung hat die Politik der deutschen Kaiser und Könige im Mittelalter, die sich als Nachfolger des Frankenkaisers betrachteten und den Schutz des Kirchenstaates, des „Patrimonium Petri", zu ihren vornehmsten Aufgaben zählten, entscheidend geprägt. Die *Italienpolitik* der deutschen Könige (▷ 2.7) führte jedoch im Mittelalter auch zum Zusammenstoß zwischen den beiden höchsten Gewalten der damaligen Welt, dem Kaisertum und dem Papsttum, um die Vorherrschaft in der Weltordnung.

1.17 Karl der Große

Karl wurde als Sohn des fränkischen Hausmeiers und späteren Königs Pippin des Jüngeren (▷ 1.14) im Jahre 747 geboren. Nach dem Tode seines Vaters (768) teilte er die Herrschaft mit seinem jüngeren Bruder Karlmann. Karl isolierte seinen Bruder politisch durch ein Bündnis mit dem Langobardenkönig Desiderius und stellte, als Karlmann 771 starb, die Reichseinheit wieder her. Erst als Desiderius Papst Hadrian I. zwingen wollte, die mit ihrer Mutter an den langobardischen Hof geflohenen Söhne Karlmanns zu fränkischen Königen zu salben, unternahm Karl auf Ersuchen des Papstes eine Heerfahrt nach Italien, besiegte 774 Desiderius und setzte sich selbst die Königskrone der Langobarden auf. Seitdem nannte er sich „rex Francorum et Langobardorum". 778 gliederte er auch das bis dahin weitgehend selbständige Bayern in sein Reich und verbannte den Stammesherzog Tassilo III. 788 in ein Kloster. Die Sachsen hingegen konnten erst in einem über dreißig Jahre dauernden Krieg unterworfen werden (▷ 1.18). Auch in andere Richtungen sicherte und erweiterte Karl sein Reich.

Anläßlich eines Aufenthaltes in Rom wurde er am Weihnachtstage 800 von Papst Leo III. zum Kaiser der Römer gekrönt (▷ 1.19). Dieser Schritt bedeutete eine Herausforderung für das byzantinische Kaisertum, dem gegenüber Karl von Anfang an die Gleichberechtigung beanspruchte.

Bonifatius spendet die Taufe und erleidet das Martyrium. Miniatur aus dem 9. Jh.

Im Innern seines riesigen Reiches bemühte sich Karl um die Vereinheitlichung der Reichsverwaltung, die nach der Abschaffung der Stammesherzogtümer weitgehend einem Dienstadel, den Grafen, übertragen wurde. Unter diesen haben die mit Sonderrechten als militärische Befehlshaber und Gerichtsherren ausgestatteten Markgrafen besondere Bedeutung erlangt, die in den neueingerichteten, gefährdeten Grenzmarken eingesetzt wurden. Die rechtliche Eigenständigkeit der Stämme blieb jedoch erhalten; Karl ordnete die Aufzeichnung der Stammesrechte an. Er schuf aber mit seinen Kapitularien auch eine einheitliche Reichsgesetzgebung (▷ 1.20).

Die führenden Adelsfamilien gewann er durch die Übertragung von Ämtern und Lehen (▷ 1.22), so daß man schon in dieser Zeit von einer Reichsaristokratie sprechen kann. Eine auf lange Sicht zuverlässigere Verfechterin des Reichsgedankens aber wurde die Reichskirche, die Karl durch den Ausbau der Bistumsorganisation, durch Schenkungen, Festigung des Zehntgebots und durch seine Sorge für innere Reformen des kirchlichen

29

Reiterstatuette Karls des Großen aus dem 9. Jh.

und klösterlichen Lebens förderte, aber auch stärker in den Dienst des Reiches stellte.

An seinem Hof versammelte Karl die bedeutendsten Gelehrten der Zeit. Die von diesem Kreis ausgehenden geistigen Impulse führten zu einem Aufschwung von Bildung, Wissenschaft und Kunstpflege; wegen der Rückgriffe auf antike und spätantik-christliche Traditionen wurde hierfür der Begriff „karolingische Renaissance" geprägt.

Karl führte auf vielen Gebieten ältere Ansätze fort. Schon seine Zeitgenossen verliehen ihm zu Recht den ehrenden Beinamen „der Große". Seine Nachfolge regelte er 806 altem fränkischem Brauch gemäß im Sinne einer Herrschaftsteilung. Da die beiden älteren Söhne jedoch vorzeitig starben, erhob er 813 in Aachen seinen einzigen legitimen Erben Ludwig (den Frommen) zum Mitkaiser. Am 28. Januar 814 starb Karl der Große in seiner Lieblingspfalz *Aachen* (▷ 1.21).

1.18 Sachsenkriege

Über dreißig Jahre, von 772 bis 804, dauerten die kriegerischen, nach kurzen Friedenszeiten immer wieder neu ausbrechenden, blutigen Auseinandersetzungen *Karls des Großen* (▷ 1.17) mit den heidnischen Sachsen, die das weite Gebiet zwischen Nordsee und Harz,

zwischen Rhein und Elbe bewohnten. Dem Stil des kirchlich geprägten Mittelalters entsprechend mußten die Sachsen als Angehörige des Fränkischen Reiches Christen werden. Daß sie jedoch zur Taufe gezwungen wurden, war ungewöhnlich und erregte Kritik. Die Zerstörung der Irminsul, eines Heiligtums der Sachsen – ein säulenartiger Holzstamm, der wohl die das Himmelsgewölbe tragende Weltsäule darstellen sollte –, rief 772 den erbitterten Widerstand des ganzen Volkes hervor. An ihrer Spitze stand der westfälische Adlige Widukind. Während nach und nach Teile des sächsischen Adels auf die fränkische Seite überwechselten und sich taufen ließen, setzte Widukind den Widerstand fort. Selbst so drakonische Strafmaßnahmen Karls wie die Hinrichtung einer großen Zahl Aufständischer 782 bei Verden an der Aller vermochten den Widerstand der Sachsen nicht zu brechen. Während Widukind 785 aufgab und zum christlichen Glauben übertrat, kam es noch bis 804 zu immer wieder aufflackernden Unruhen.

Trotz aller Brutalität des Vorgehens in der kriegerischen Auseinandersetzung suchte Karl die Versöhnung zwischen Franken und Sachsen, die in dem 802 aufgezeichneten sächsischen Volksrecht (Lex Saxonum) zum Ausdruck kam. Der Aufbau einer kirchlichen Organisation mit der Einrichtung von Bistümern in Bremen, Minden, Verden, Münster, Osnabrück und Paderborn festigte und vertiefte allmählich auch die Christianisierung des sächsischen Volkes. Wenig mehr als ein Jahrhundert später ging aus dem Stamm der Sachsen die Dynastie hervor, unter deren Herrschaft das ostfränkische Reich sich zum deutschen Reich entwickelte.

1.19 Kaiserkrönung

Den Anstoß zur Begründung des Kaisertums Karls des Großen gaben innerrömische Wirren, die den Frankenkönig zum Eingreifen zwangen: Papst Leo III. wurde 799 von einer Adelsopposition in Rom abgesetzt, doch er floh zu Karl nach Paderborn und erbat seinen Schutz. Aber auch Leos Gegner wandten sich an den König, so daß dieser in eine schwierige Lage geriet: Durfte er als Patricius Romanorum in dem Konflikt entscheiden, obwohl der daran beteiligte Papst keiner weltlichen

Gerichtsbarkeit unterlag? Da Byzanz als Ordnungsmacht in Italien längst ausgefallen war und zudem Kaiserin Irene, die ihren eigenen Sohn beseitigt hatte, im Westen nicht als rechtmäßige Herrscherin galt, dürfte der Gedanke an ein neues Kaisertum nahegelegen haben, aber wann er sich zu einem konkreten Plan verdichtete, läßt sich nicht entscheiden. Im Herbst 800 reiste Karl nach Rom. Nachdem sich der Papst durch einen Reinigungseid von den Anklagen seiner Gegner befreit hatte, setzte er Karl während des Weihnachtsgottesdienstes in der Basilika von Sankt Peter eine Krone auf und erwies ihm nach römisch-byzantinischem Brauch die Proskynese (Kniefall), während das anwesende römische Volk durch Akklamation (Zuruf) den Krönungsakt bestätigte. Damit wurde bewußt an die römische Tradition angeknüpft („renova-

Grabmal des Sachsen Widukind in Enger (11. Jh.)

tio imperii"), die Karl jedoch in einem christlich-universalen Sinne verstand.

Der fränkische Adlige Einhard, Lehrer an der Hofschule in Aachen, hat in seinem Werk über das Leben Karls des Großen, „Vita Caroli Magni" – es ist die erste überlieferte Biographie eines mittelalterlichen Herrschers –, die Krönungsszene beschrieben und dazu bemerkt, Karl hätte die Kirche nicht betreten, wenn er gewußt hätte, was Papst Leo beabsichtigte. Hierüber sind viele Vermutungen angestellt worden. Die einleuchtendste Interpretation ist wohl die, daß Karl die zentrale Rolle, die sich der Papst selbst bei der Krönung zugewiesen hatte, und das Auftreten der Römer als „Reichsvolk" nicht akzeptieren wollte.

Nach der Kaiserkrönung kehrte Karl ins Frankenreich zurück. Der Titel „Imperator" mußte auf den Widerstand des byzantinischen Kaisers treffen, der sich als einziger legitimer Kaiser verstand. Karl betonte hingegen stets seine Ranggleichheit mit dem byzantinischen Kaiser, mit dem es erst 812 zum Ausgleich kam. – Abb. S. 32.

1.20 Das Frankenreich Karls des Großen

Als *Karl der Große* (▷ 1.17) im Jahre 814 starb, hinterließ er seinem Nachfolger ein riesiges, weitgehend gefestigtes Reich; dessen gefährdete Grenzen waren durch sogenannte Grenzmarken gegen Einfälle der benachbarten kriegerischen Völker militärisch abgesichert, in denen die Markgrafen mit Sonderbefugnissen ausgestattet waren. Im Südwesten des fränkischen Herrschaftsgebietes, im Süden der Pyrenäen, war als Schutzwall gegen die Araber die „Spanische Mark" eingerichtet worden. Im Südosten hatte Karl nach Siegen über die asiatischen Awaren die „Pannonische Mark" zwischen Raab und Donau geschaffen, der sich südwestlich die bis nach Dalmatien reichende „Mark Friaul" anschloß. Weiter nördlich bildeten nach der Unterwerfung der Sachsen Elbe und Saale die Ostgrenze des Reiches gegenüber den Slawenvölkern. Hier wurde als östliches Vorfeld die „Sorbische Mark" errichtet. Gegen die immer häufiger die Küstengebiete an Nord- und Ostsee verheerenden Wikingerraubzüge (▷ 2.4) entstand an der Eidergrenze die „Dänische Mark". Eine ähnliche Schutzfunktion übernahm an der Nordwestgrenze die „Bretonische Mark".

Um das Riesenreich überhaupt einigermaßen verwalten zu können, wurden die schon aus der merowingischen Zeit stammenden Grafschaften auch auf die nichtfränkischen Gebiete ausgedehnt. Die Grafen als vom König eingesetzte Amtsträger waren militärische Befehlshaber und Richter, sie hatten die Polizeigewalt und die Aufsicht über das Verkehrswesen und die Märkte, sie erhoben Abgaben und Bannbußen und führten die Königsgesetze, die sogenannten Kapitularien, aus. Ihre Amtsführung ließ Karl von Zeit zu Zeit durch königliche Kontrolleure, die „Königsboten", überprüfen. Doch schon unter Ludwig dem Frommen wandelte sich das Grafenamt zu einem Lehen (▷ 1.22), das bald sogar erblich wurde, so daß der gräfliche Dienstadel sich zu einem Geburtsadel entwickelte und die

Der Apostel Petrus überreicht Papst Leo III. die Stola und Karl dem Großen die Fahne Roms. Mosaik aus dem 9. Jh.

Grafschaften der unmittelbaren Königsherrschaft entglitten. Die Rivalität der großen Adelsfamilien untereinander und gegenüber dem Königtum, der die Karolinger selbst ihren Aufstieg verdankten, konnte also nur von starken Herrscherpersönlichkeiten wie Karl dem Großen vorübergehend zurückgedrängt werden, doch sie blieb ein beherrschendes Element der mittelalterlichen Geschichte.

Das Zentrum von Königsherrschaft und Reichsverwaltung bildete der umherziehende königliche Hof, an dem es seit langem feste Hofämter gab, vor allem die vier Hausämter Truchseß (Seneschall), Marschall, Kämmerer und Mundschenk, denen die Versorgung des Hofes, die Verwaltung der Domänen und des königlichen Schatzes sowie militärische und sonstige Aufgaben oblagen. Der Pfalzgraf war Beisitzer, dann auch Stellvertreter des Königs im Königsgericht. Die am Hof tätigen Geistlichen bildeten seit Pippin dem Jüngeren die Hofkapelle, die nicht nur religiöse, sondern auch diplomatische Aufgaben wahrnahm und die Reichskanzlei führte. Daneben hatte der König persönliche Freunde und Ratgeber in seiner Umgebung, die er auch mit politischen und diplomatischen Missionen betrauen konnte. Die Ausstrahlung und Wirksamkeit dieses Zentrums hing jedoch dem personenbezogenen Charakter der mittelalterlichen Herrschaft entsprechend von der Autorität des Königs ab.

1.21 Kaiserpfalz/Aachen

Karl der Große (▷ 1.17) besaß, wie alle mittelalterlichen Herrscher, keine feste Residenz. Er zog mit seinem Gefolge, zu dem auch die Familie gehörte, von Pfalz zu Pfalz, um seine herrscherlichen Amtshandlungen auszuführen. Diese Pfalzen waren große und leistungsstarke bäuerliche Güter, königliche Musterhöfe, die den König bzw. Kaiser mit seinem gesamten Gefolge während eines kürzeren oder längeren Aufenthaltes wirtschaftlich versorgten, beherbergten und den Raum für seine Amtshandlungen, auch für Festlichkeiten und für Versammlungen der weltlichen und kirchlichen Würdenträger des Reiches zur Verfügung stellten. Hier stellte er Urkunden aus und hielt Gerichtstage ab, hier empfing er auch Gesandte fremder Mächte.

Der Thron Karls des Großen in der Aachener Pfalzkapelle

Karls Lieblingspfalz wurde Aachen. Dort war in der Mitte des 8. Jahrhunderts ein königliches Hofgut entstanden, das Karl, der seit 794/95 mit kurzen Unterbrechungen fast ständig in Aachen weilte – nicht zuletzt wegen der warmen Quellen –, mit prachtvollen Bauten ausstatten, zur Kaiserpfalz ausbauen ließ. Die nach dem Vorbild byzantinischer Zentralbauten gestaltete achteckige Pfalzkapelle mit dem aus Marmorplatten bestehenden Thronsitz des Kaisers im Obergeschoß bildet noch heute den Mittelpunkt des altehrwürdigen Aachener Münsters, in dem Karl der Große und Otto III. beigesetzt sind. Das benachbarte Rathaus steht auf dem Fundament der alten fränkischen Königshalle.

1.22 Lehnswesen und Grundherrschaft

Das Mittelalter kannte keinen Staat im modernen, abstrakten Sinne. Der mittelalterliche

„Staat" war ein „Personenverband", er beruhte auf dem persönlichen Verhältnis zwischen dem Herrscher und dem von ihm in unterschiedlicher Weise und vielfachen Abstufungen abhängigen Volk. Mächtig war, wer Grund und Boden besaß. Im Fränkischen Reich war der mächtigste Grundherr der König. Neben ihm gab es eine dünne Führungsschicht von Grundherren, meist schwerttragende Angehörige des Hochadels; auch die stark aristokratisch geprägte Kirche besaß viele Ländereien.

Der Großgrundbesitz von König, Adel und Kirche war grundherrschaftlich organisiert. Kennzeichnend für die Grundherrschaft waren die sogenannten Fronhofsverbände (Villikationen). Sie bestanden aus einem vom Grundherrn betriebenen zentralen Fronhof (manchmal auch mit Nebenhöfen) und den von Unfreien verschiedenster Abstufung selbständig bewirtschafteten Bauerngütern. Diese Unfreien, die man zusammenfassend Hintersassen oder Grundholde nennt, waren dem Grundherrn zu Abgaben und Arbeitsleistungen (Fronen) verpflichtet und unterstanden seiner Gerichtsbarkeit.

Der König als größter Grundherr verpflichtete sich Gefolgsleute aus dem hohen Adel des Landes, indem er ihnen Landbesitz aus Königsgut zur Leihe übertrug, später auch Ämter und Rechte. So entstand das Lehnswesen aus der Verschmelzung von Landleihe und persönlicher Treue und Gefolgschaft, der soge-

Schema der Lehnspyramide

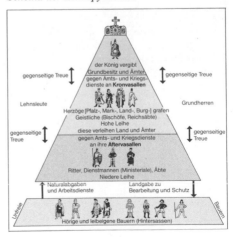

33

nannten Vasallität. Der Lehnsvertrag wurde auf Gegenseitigkeit abgeschlossen, meist symbolisch dadurch, daß der Lehnsmann, der Belehnte, seine gefalteten Hände in die des Lehnsherrn legte. Der Lehnsmann verpflichtete sich zu Dienst und Treue, der Lehnsherr übergab das Lehen und versprach Schutz und Treue. Der Lehnsvertrag endete erst mit dem Tod eines der Partner, doch auch Untreue des einen entband den anderen seiner Treuepflicht.

Die Großen des Reiches standen damit als königliche Vasallen in einem Abhängigkeitsverhältnis zum Herrscher, aber sie waren auch einerseits als Amtsträger, als Grafen, Markgrafen, Pfalzgrafen und Königsboten, andererseits als Besitzer eigener Grundherrschaften (Allodialgüter) mit großer Machtfülle ausgestattet. Sie selbst konnten sich durch Vergabe von Land, Rechten und Ämtern Untervasallen schaffen und damit einen eigenen Machtapparat aufbauen. So setzte sich trotz der Bindung des Lehens an die persönlichen Elemente Treue und Vasallität seit dem 9. Jahrhundert die faktische Erblichkeit der Lehen durch. Wegen der zentralen Rolle von Grundherrschaft und Lehnswesen hat man der Gesellschaftsform des Mittelalters den Namen „Feudalismus" gegeben (Lehen heißt lateinisch feudum).

1.23 Reichsteilungen 843/870

Die fränkische Tradition der Herrschaftsteilung kam beim Tode *Karls des Großen* 814 nicht zur Geltung (▷ 1.17) und schien mit der sogenannten Ordinatio Imperii (Reichsordnung) Ludwigs des Frommen von 817, die das Mitkaisertum Lothars I. und Unterkönigtümer der jüngeren Söhne vorsah, vollends dem Gedanken der Reichseinheit zu weichen, aber der Kaiser selbst löste mit der Änderung der Nachfolgeregelung zugunsten seines jüngsten Sohnes Karl (des Kahlen) Streitigkeiten aus, die schließlich doch zur Teilung des Reiches

führten. Nach dem Tod des Vaters 840 verbündeten sich Ludwig der Deutsche und Karl der Kahle gegen den kaiserliche Rechte beanspruchenden Lothar; ihr in den Straßburger Eiden von 842 beschworener Beistandspakt, den der Geschichtsschreiber Nithard überliefert hat, ist als Sprachdokument berühmt geworden: Um vom Heer des Bruders verstanden zu werden, legte Karl den Eid in althochdeutscher, Ludwig in altfranzösischer Sprache ab.

Der Bruderkrieg wurde 843 mit dem Teilungsvertrag von Verdun beigelegt. Lothar I., dessen Kaiserwürde keine Oberherrschaft mehr bedeutete, erhielt Italien und ein Mittelreich, das von der Nordsee zwischen Schelde- und Wesermündung bis zur Rhône und den Ostalpen reichte und hier an das italienische Gebiet anschloß. Karl der Kahle behielt den westlichen, Ludwig der Deutsche den östlichen Teil. Die Reichseinheit blieb nominell gewahrt; ob sie sich erneut durchsetzen oder zu einer Verselbständigung der Reichsteile führen würde, war noch längst nicht entschieden.

Vom Mittelreich löste sich rasch – zunächst als Unterkönigtum – Italien, an dessen Herrscher auch der zu Anfang des 10. Jahrhunderts vorerst wieder erloschene Kaisertitel überging. Auch Burgund wurde bald selbständig. Das übrige Mittelreich, für dessen Kerngebiet sich der Name Lotharingien (= Lothringen) einbürgerte, wurde, als kein legitimer Erbe mehr da war, 870 im Vertrag von Meerssen zwischen Karl dem Kahlen und Ludwig dem Deutschen etwa an der Linie Maas – Mosel – Saône – Genf geteilt. Karl sicherte sich 875 die Kaiserwürde, aber die beabsichtigte Vereinigung von West- und Ostfränkischem Reich gelang nur noch für kurze Zeit (885–87) unter Kaiser Karl III., dem Dikken, einem Sohn Ludwigs des Deutschen. Die in den Verträgen von Verdun und Ribemont (879/80) nach Westen verschobene Grenze zwischen den Teilreichen blieb über das Mittelalter hinaus im wesentlichen bestehen.

Daten

113–101 v. Chr.	Kämpfe der Römer mit Kimbern und Teutonen
58 v. Chr.	Sieg Cäsars über den Sweben Ariovist bei Mülhausen
12–9 v. Chr.	Germanenkriege des Drusus
4–6 n. Chr.	Germanenkriege des Tiberius
9 n. Chr.	Schlacht im Teutoburger Wald
69–70	Aufstand des Batavers Civilis
ab ca. 90	Bau des Limes
um 98	Tacitus' „Germania"
166–175; 177–180	Markomannenkriege Mark Aurels
um 260	Besetzung des Dekumatlandes durch die Alemannen
375	Hunneneinbruch (Zerstörung des Gotenreiches)
378	Schlacht bei Adrianopel
410	Plünderung Roms durch die Westgoten
419–711	Westgotenreich (bis 507 um Toulouse, dann in Spanien)
429–534	Vandalenreich in Nordafrika
443–534	Burgunderreich in den Westalpen
451	Schlacht auf den Katalaunischen Feldern
453	Tod Attilas
455	Plünderung Roms durch die Vandalen
476	Absetzung des letzten weströmischen Kaisers durch den Skiren Odoaker
482–511	Chlodwig König der Franken
486/487	Sieg Chlodwigs über den römischen Statthalter Syagrius
493–526	Theoderich der Große Ostgotenkönig in Italien
um 498	Taufe Chlodwigs
507	Verdrängung der Westgoten aus Gallien durch Chlodwig
531	Vernichtung des Thüringerreiches durch die Franken
534	Vernichtung des Burgunderreiches durch die Franken
534	Vernichtung des Vandalenreiches durch Byzanz
535–553	Ostgotenkriege Kaiser Justinians des Großen
568–774	Langobardenreich in Italien
687	Sieg Pippins des Mittleren bei Tertry
711	Vernichtung des Westgotenreiches durch die Araber
741–768	Pippin der Jüngere
751	Absetzung des letzten Merowingers
754	Pippinsche Schenkung
5. Juni 754	Märtyrertod des Bonifatius
768–814	Karl der Große
772–804	Sachsenkriege
774	Vernichtung des Langobardenreiches durch Karl den Großen
25. Dez. 800	Kaiserkrönung Karls des Großen
814–840	Kaiser Ludwig der Fromme
817	Ordinatio Imperii
842	Straßburger Eide
843	Teilungsvertrag von Verdun
843–876	Ludwig der Deutsche ostfränkischer König
870	Teilungsvertrag von Meerssen
876–887	Karl der Dicke ostfränkischer König (881 Kaiser)
880	Teilungsvertrag von Ribemont
887–899	Arnulf von Kärnten ostfränkischer König (896 Kaiser)
900–911	Ludwig das Kind (letzter ostfränkischer Karolinger)

Kapitel 2: Von der Entstehung des Deutschen Reiches bis zum Ende der Stauferzeit 1254

Einführung

„Geschichte der deutschen Kaiserzeit" – unter diesem Titel stellte Wilhelm von Giesebrecht die Zeit von der Entstehung des Deutschen Reiches zu Beginn des 10. Jahrhunderts bis zum Tod des letzten Staufers auf dem deutschen Königsthron im Jahre 1254 als eigenständige Epoche der deutschen Geschichte dar. Der 1. Band von Giesebrechts Werk erschien 1855 und damit in einer Zeit, in der die Frage der deutschen Einheit und der Verwirklichung eines deutschen Nationalstaates die öffentliche Diskussion beherrschte. Giesebrecht präsentierte dem historisch interessierten Publikum die deutsche Kaiserzeit des hohen Mittelalters als eine „Periode, in welcher der Wille, das Wort und das Schwert der dem deutschen Volke entstammten Kaiser die Geschichte des Abendlandes entschieden, in der das deutsche Kaisertum vor allem der Zeit Anstoß, Richtung und Leitung ... gab", bis dieses starke und geeinte deutsche Reich durch den „Untergang des staufischen Hauses" dem fürstlichen kleinstaatlichen Egoismus zum Opfer fiel.

Giesebrechts Werk hat mehrere Auflagen erreicht und das deutsche Geschichtsbewußtsein stark geprägt. Die neuere Geschichtswissenschaft geht in vielem von anderen Voraussetzungen aus als Giesebrecht. Ihr ist die epochale Geschlossenheit einer „deutschen Kaiserzeit" fragwürdig geworden. Die Einsicht, daß die politische Ordnung des mittelalterlichen Reiches mit dem Begriff „Staat" nicht angemessen gekennzeichnet ist, weil die Herrscher keine nachgeordneten weisungsgebundenen Behörden zur Durchsetzung von Regierungsentscheidungen hatten, führte zur Frage, ob denn die Taten der Könige und Kaiser überhaupt für die deutsche Geschichte

der Frühzeit so prägend gewesen sein können, ob es nicht vielmehr darauf ankomme, die überindividuellen Personenverbände und ihre politischen, sozialen und wirtschaftlichen Bedingungen zu erforschen und die Vorstellungswelt und Handlungsantriebe, die die Menschen damals allgemein leiteten. Bei dieser Fragestellung erscheint die Abgrenzung des genannten Zeitraumes mit der Untergliederung in die Zeit der Ottonen (919–1024), Salier (1024–1125) und Staufer (1138–1254) als eher äußerliche Einteilung.

Die Erforschung der allgemeinen Lebensordnungen läßt erkennen, daß sich seit der Mitte des 11. Jahrhunderts so grundlegende Veränderungen in Europa vollzogen, daß die Grenze zwischen Früh- und Hochmittelalter heute meistens in diese Zeit gelegt wird. Entsprechend sieht man die Zeit davor weitgehend als eine Fortsetzung der Karolingerzeit: Grundherrschaft und Lehnswesen, Eigenkirchenwesen und königliche Kirchenherrschaft, romverbundene Landeskirche und ritusbestimmte Religiosität blieben auch nach der Entstehung des Deutschen Reichs bestimmend. Auch politisch blieb das karolingische Frankenreich zunächst der vorgegebene Rahmen und das Leitbild der deutschen Könige: Vor allem Otto I., der erste deutsche Kaiser, folgte mit der Eroberung Italiens und der Kaiserkrönung in Rom dem Vorbild Karls des Großen. Diese für die Zukunft so folgenschwere Bindung des Deutschen Reiches an Italien und das Papsttum war bei Otto I. keine bewußt-reflektierte politische Neuorientierung, sondern Erfüllung des karolingischen Erbes, das er als König im Ostfrankenreich als verpflichtend ansah, obwohl er selbst weder Karolinger noch Franke war.

Den deutschen Königen des Mittelalters wurden bei der Krönung Reichskrone, Reichsapfel, Reichszepter und Reichsschwert überreicht. Die Reichsinsignien, zu denen im weiteren Sinne u. a. auch das Reichskreuz gehörte, werden in der Wiener Hofburg aufbewahrt

Seit der Mitte des 11. Jahrhunderts aber wurden die in der Karolingerzeit ausgebildeten Ordnungen zunehmend verändert. Um diese Zeit setzte in Europa ein bemerkenswertes Bevölkerungswachstum ein und mit ihm eine Zeit der Rodungen und des Landesausbaus. Es wurden neue Dörfer und seit dem 12. Jahrhundert zum ersten Mal im Mittelalter auch Städte in größerer Zahl gegründet.

Etwa zur gleichen Zeit wie dieser wirtschaftlich-soziale Aufbruch kam es zu einer religiösen Erneuerungsbewegung, die zu heftiger Kritik am bislang herrschenden religiösen Leben führte. Die ältere Geschichtsschreibung sah in den Auseinandersetzungen zwischen Kaiser und Papst im Investiturstreit ein einzigartiges Ereignis der deutschen Kaiserzeit. Heute ist man eher geneigt, die Kritik am Zustand der Kirche, die schließlich den Investiturstreit auslöste, als eines der Elemente der Periode des Aufbruchs zu sehen, in der die altüberlieferten Ordnungen allgemein ihre unbefragt-selbstverständliche Gültigkeit verloren.

Nachdem die Frontstellung des Investiturstreits zu Beginn des 12. Jahrhunderts überwunden war, brachten die geistigen Anstrengungen, die den Kampf begleitet hatten, eine erste Blütezeit des europäischen Geistes hervor, die „Renaissance des 12. Jahrhunderts", in der Frankreich das geistige Zentrum Europas war. Viele Forscher sind der Auffassung, daß es im Europa des 12. Jahrhunderts in allen Lebensbereichen einen „Schub zur Moderne" gab, der die Gestalt Europas bis in die Neuzeit geprägt hat.

2.1 Die Entstehung des Deutschen Reiches

Seit dem frühen 10. Jahrhundert kann man von einem Deutschen Reich sprechen. Seine Entstehung hatte sich bis dahin über einen längeren Zeitraum vollzogen. Das Königreich, das man seit dem 11. Jahrhundert „Reich der Deutschen" zu nennen begann, hieß damals noch „Ostfrankenreich". Es hieß nicht deshalb so, weil es nur von Franken bewohnt gewesen wäre, sondern weil es aus dem Frankenreich hervorgegangen war, das verschiedene Völkerschaften und Gebiete umfaßte und das *Karl der Große* (▷ 1.17) zu unvergleichlicher räumlicher Größe gebracht und mit dem Kaisertum überhöht hatte. Fränkischer Brauch verlangte, daß das Reich unter die Söhne des Königs aufgeteilt wurde, und so bestand das Riesenreich Karls bald aus mehreren fränkischen Teilreichen (▷ 1.23). Ludwig, den wir heute „den Deutschen" nennen (817–876), herrschte als König über die Bayern, Schwaben, Rhein- und Mainfranken, Thüringer und Sachsen. Schon den Zeitgenossen war bewußt, daß die Bewohner von Ludwigs Ostfrankenreich von denen im Reich seines Bruders Karl „des Kahlen", der König der Westfranken war, durch ihre Sprache unterschieden. Der größte Teil des Gebietes, das sie bewohnten, hatte nicht zum Römischen Reich gehört, und das Lateinische war dort nicht wie im Westen Grundlage der Landessprache geworden. So bewahrten sie ihre germanischen Sprachen, die trotz aller Unterschiede doch dieses verband: volksmäßig „theodisc" zu sein, ein Wort, das dann später zum Namen „deutsch" wurde. Fränkische Tradition aber war zur Zeit Ludwigs des Deutschen noch bestimmender als die Verwandtschaft der Sprachen, und so wurde sein Reich, fränkischem Teilungsbrauch entsprechend, wieder unter seine Söhne in drei Königreiche aufgeteilt, so wie es dann später, als es keine anderen erbberechtigten Nachkommen gab, in König Ludwig dem Kind wieder einen einzigen König hatte. Im Jahre 911 starb nun auch er, ohne Söhne zu hinterlassen. Nur im Westfrankenreich gab es noch einen König aus dem Geschlecht Karls des Großen. Die ostfränkischen Stämme entschieden sich gegen die westfränkischen Karolinger und damit für die Eigenständigkeit

ihres Reichs gegenüber dem Westen: Sie wählten Konrad, den Herzog der Franken, zum König. Daß es ein ungeteilt-einiges Reich sein würde, zeigte sich dann im Jahre 936. König Heinrich I. (919–936), der Nachfolger König Konrads (911–918), hatte bei seinem Tode mehrere regierungsfähige Söhne. Aber nur der älteste Sohn, Otto (▷ 2.3), wurde König. Der fränkische Brauch, das Reich unter die Königssöhne aufzuteilen, wurde also nicht mehr befolgt. Mit dem Regierungsantritt Ottos I. war erwiesen, daß die Gebiete, die zuerst Ludwig der Deutsche zusammenfassend Ostfrankenreich genannt hatte, im Innern und nach außen eine Einheit darstellten.

2.2 Stammesherzogtümer

Bei dem Festmahl, das die feierliche Königskrönung Ottos I. (▷ 2.3) 936 in Aachen beschloß, waren für alle sichtbar vier Männer aus der Menge der anwesenden geistlichen und weltlichen Großen herausgehoben: die Herzöge der Lothringer, der Franken, der Schwaben (Alemannen) und der Bayern. Sie versahen symbolische Ehrendienste beim Krönungsmahl als Kämmerer, Truchseß, Mundschenk und Marschall; dadurch wurde gezeigt, daß die vier Herzöge die nächsten beim König waren, daß vor allem auf ihrer Hilfe das Königtum ruhte. In den Herzögen waren die Völkerschaften präsent, denen die Herzöge vorstanden. Die Sachsen waren durch den König selbst repräsentiert, da mit Ottos Vater Heinrich im Jahre 919 der Sachsenherzog zum König des Reiches gemacht worden war.

Schon bei den beiden vorangegangenen Königswahlen waren die Herzöge als Handelnde in Erscheinung getreten: Konrad I. war im Jahre 911 „von Franken, Sachsen, Alemannen und Bayern", wie es in einer zeitgenössischen Quelle heißt, zum König gewählt worden, und bei der Wahl Heinrichs I. im Jahre 919 erscheinen die Franken und Sachsen als Wähler; die süddeutschen Bayern und Alemannen mit ihren Herzögen wie auch die Lothringer zwang König Heinrich nachträglich, sein Königtum anzuerkennen. So erscheint das ostfränkisch-deutsche Reich aus den fünf Herzogtümern der Franken, Schwaben, Bayern, Sachsen und Lothringer zusammengesetzt. Die Wissenschaftssprache hat dafür im 19. Jahrhundert den Ordnungsbegriff „Stammesherzogtum" geprägt, man unterscheidet das „ältere Stammesherzogtum" der Merowingerzeit vom „jüngeren Stammesherzogtum", das seit dem Ende des 9. Jahrhunderts in Erscheinung tritt.

Das „ältere Stammesherzogtum" (ducatus) war der Amtsbereich eines vom König eingesetzten „dux" (Heerführer, Anführer, Herzog). In den ostrheinischen Gebieten bildeten die von den Franken unterworfenen Völkerschaften, zum Beispiel die Bayern, Alemannen und Thüringer, die Grundlage für die Abgrenzung eines Dukats. Den merowingischen Königen entglitt dann zunehmend die Kontrolle über diese Herzöge, so daß die Herzöge eher Anführer des Stammes gegenüber dem König als Vertreter des Königs beim Stamm waren. Es war ein Erfolg der Zentralgewalt, die Herzöge als Zwischeninstanzen im 8. Jahrhundert wieder beseitigen zu können. Daß die Stämme als Untergliederungen des ostfränkischen Reiches gleichwohl fortbestanden, läßt sich daran erkennen, daß sie im 9. Jahrhundert oft die Teilreiche der karolingischen Königssöhne bildeten. Die Ausbildung des „jüngeren Stammesherzogtums" vollzog sich in Anlehnung an diese karolingischen Teilkönigreiche: Als die Königsgewalt im Ostfrankenreich seit dem Jahre 882 wieder bei einem einzigen König lag, zeigte sich die fortbestehende Eigenständigkeit der Stämme daran, daß in ihnen „duces" (= Herzöge) als oberste Gewalten erscheinen. Sie werden als Herzöge der Franken, der Bayern oder Sachsen bezeichnet, und das zeigt, daß die Bewohner dieser „jüngeren Stammesherzogtümer" den Zeitgenossen als die Nachfahren völkerwanderungszeitlicher Stammesverbände galten. Aber schon die Einreihung Lothringens unter die Stammesherzogtümer macht deutlich, daß sie keineswegs natürlich gewachsene Ordnungen darstellten: Die Bezeichnung „Lotharingien" ist aus dem Namen König Lothars II. (855–869) abgeleitet, dem bei den karolingischen Teilungen des 9. Jahrhunderts das Land zwischen Rhein und Maas zugefallen war. Die Herzogtümer des 10. Jahrhunderts waren das Ergebnis einer Entwicklung, die Umfang und Gestalt der völkerwanderungszeitlichen Stämme grundlegend verändert hatte. – Karte S. 40.

2.3 Ottonen

Das frühere Mittelalter kannte keine Familiennamen. Um die familienmäßige Zusammengehörigkeit von Personen erkennbar zu machen, hat die neuzeitliche Geschichtsschreibung aus familientypischen „Leitnamen" Geschlechternamen konstruiert. Der Sachsenkönig Heinrich, der im Jahre 919 ostfränkisch-deutscher König wurde, war der erste der „Ottonen" auf dem Königsthron. Der Geschlechtername ist von Heinrichs Sohn und Nachfolger Otto I. (936–973) und von dessen gleichnamigem Sohn Otto II. (973–983) und Enkel Otto III. (983–1002) abgeleitet. Bei Ottos III. kinderlosem Tode folgte mit Heinrich II. sein nächster männlicher Verwandter als König. Mit ihm erlosch das sächsische Königsgeschlecht der Ottonen im Jahre 1024.

Der bedeutendste Ottonenherrscher war Otto I., „der Große". Er begründete die Tradition der Verbindung von ostfränkisch-deutscher Königswürde und Kaisertum. Otto I. knüpfte bei diesem folgenschweren Schritt an das Vorbild *Karls des Großen* (▷ 1.17) an. Obwohl das Kaisertum seit Karl dem Großen seine universale Bedeutung eingebüßt hatte, war es Bestandteil der nach wie vor als verpflichtend angesehenen karolingischen Tra-

Thronendes gekröntes Paar,
wohl Kaiser Otto I. und Königin Edith,
im Magdeburger Dom (um 1250)

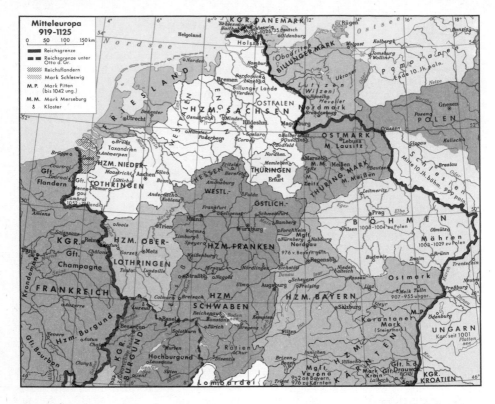

Mitteleuropa 919–1125

0 50 100 150 km

▬▬ Reichsgrenze
▬▬ Reichsgrenze unter Otto d. Gr.
▨ Reichsflandern
▩ Mark Schleswig
M.P. Mark Pitten (bis 1042 ung.)
M.M. Mark Merseburg
⌂ Kloster

dition. Otto I. machte das Anknüpfen an die karolingische Tradition gleich bei seinem Regierungsantritt sichtbar: Indem er Aachen als Krönungsort wählte und am Ende der Krönungszeremonie auf dem steinernen Thron Karls des Großen Platz nahm, zeigte er, daß er sich unmittelbar in der Nachfolge Karls des Großen sah. Dazu gehörte auch die Eroberung des langobardisch-italischen Reiches, die Otto im Jahre 951 mit der Königskrönung in Pavia abschloß. Sein großer Ungarnsieg in der *Schlacht auf dem Lechfeld* (▷ 2.5) erwies Otto I. als fähigen Verteidiger der lateinischen Christenheit. So war die Kaiserkrönung, die Papst Johannes XII. am 2. Februar 962 in Rom vollzog, in Ottos herrscherlichem Selbstverständnis und in seiner Politik lange vorbereitet. Seither gehören *Italienpolitik* (▷ 2.7), Romzug und Kaiserkrönung zum „Regierungsprogramm" der mittelalterlichen deutschen Könige. Wie Karl der Große sah

auch Otto der Große die Heidenmission als Aufgabe des christlichen Kaisers an. Nach vielen Mühen und Rückschlägen erreichte er 968 die Gründung eines Erzbistums in Magdeburg, das als Missionserzbistum in die slawischen Gebiete hineinwirken sollte.

Ottos des Großen Sohn Otto II. führte im wesentlichen die von seinem Vater vorgezeichnete Linie der Politik weiter. Otto III. aber wollte anderes und mehr: Erfüllt von einer schwärmerischen Begeisterung für die römische Antike, wollte er die Stadt Rom wieder zum Zentrum der Welt machen, Rom als Sitz von Papst und Kaiser, als Mittelpunkt von Christentum und Weltherrschaft, zu unvergleichlicher Größe führen. Damit ist Otto III. gescheitert. Sein Nachfolger Heinrich II. verlegte den Schwerpunkt seiner Herrschaft wieder in den ostfränkisch-deutschen Bereich nördlich der Alpen, kehrte in die Bahnen Ottos I. zurück.

2.4 Wikinger/Normannen

Wikinger bedeutet „Männer auf großer Fahrt"; „Normannen" bezeichnet die gleichen Leute als die, die aus dem Norden kommen. Beidesmal sind Norweger, Dänen und Schweden gemeint, und zwar dann, wenn sie außerhalb ihrer Heimat Skandinavien in Erscheinung treten. Das wikingische Zeitalter der Beute-, Handels- und Eroberungsfahrten reicht vom Ende des 8. bis zur Mitte des 11. Jahrhunderts. Die Wikinger waren Seekrieger. Die Seetüchtigkeit ihrer Schiffe, deren massiver Kiel schnelles Kentern verhinderte und deren Segel sie weite Strecken auf dem Wasser relativ mühelos überwinden ließen, machte für sie alle Küsten und Binnengewässer Europas und der den Nordatlantik begrenzenden Länder erreichbar. Die ersten Nachrichten von wikingischen Überfällen stammen aus England: Im Jahre 793 wurde das nordhumbrische Kloster Lindisfarne an der nördlichen Ostküste Englands überfallen und ausgeplündert. In etwa der gleichen Zeit werden die ersten Wikingerüberfälle im Südwesten Englands gemeldet und wenig später in Irland und an der Atlantikküste des Frankenreiches. Die Beute an Schätzen aus Edelmetall, an Sklaven und an Lösegeld für Gefangene spornte die Wikinger an, die anfänglich vereinzelten Raubüberfälle zu intensivieren: Im 9. Jahrhundert schlugen Wikingerheere feste Standlager auf, um zu überwintern und die Länder systematisch nach Beute zu durchkämmen. Dann wurden die Lager zu Siedlungen ausgebaut; die Wikinger kamen als Einwanderer, errichteten eigene Herrschaften im Osten und Norden Englands, in Irland, im Nordwesten des Frankenreichs (der nach den Normannen benannten Normandie) und erzwangen deren Anerkennung durch die einheimischen Könige. Von der Normandie aus errichteten normannische Ritter im 11. Jahrhundert Adelsherrschaften auf dem süditalienischen Festland und auf der Insel Sizilien. Damit legten sie den Grund für das spätere normannische Königreich Sizilien. Im Osten Europas, an den großen Wasserwegen von Djnepr, Düna und Wolga, am Ilmen- und Ladogasee gründeten schwedische Wikinger (Waräger) im 9. Jahrhundert in den slawischen Gebieten Herrschaftssitze als Handelsniederlassungen. Ihre herrschaftliche

Das bei Oseberg am Oslofjord gefundene Bootgrab einer Wikingerfürstin aus dem 9. Jh. enthielt reiche Beigaben, u. a. einen Holzwagen und einen Schlitten

Zusammenfassung durch Rurik gilt als der Anfang des russischen Reiches. Aber es waren nicht nur die besiedelten Länder Europas, die wikingische Einwanderer anlockten. Abenteuerlust und Landsuche trieben sie über das bewohnte Land hinaus. Um 860 entstanden die ersten Wikingersiedlungen in Island, von dort aus gründeten sie um das Jahr 980 zwei Niederlassungen in Grönland, die bis etwa 1500 bestanden, und von Grönland aus erreichten sie um das Jahr 1000 die Küsten Nordamerikas.

2.5 Die Schlacht auf dem Lechfeld

Am 10. August 955 kämpfte ein deutsches Heer unter König Otto I. gegen ein zahlenmäßig weit überlegenes Reiterheer der Ungarn auf dem Lechfeld südlich von Augsburg. Mit Fasten und Beten hatte sich das christliche Heer auf den Kampf mit den noch heidnischen Nomaden vorbereitet. König Otto hatte dem Tagesheiligen des 10. August, dem heiligen Laurentius, die Gründung eines Bistums in Merseburg gelobt, wenn Christus durch seine Fürbitte den Sieg gewähren würde. Unter der Fahne des Erzengels Michael zog das nach Stämmen gegliederte deutsche Heer in die Schlacht, Otto selbst trug die „Heilige Lanze", in die man ein Stück Holz vom Kreuze Christi eingelassen glaubte. Der Sieg galt denn auch als ein Geschenk Gottes, zugleich aber als besondere Ruhmestat Ottos. Für das frühmittelalterliche Europa bedeutete der Sieg eine Wende: Das nomadische Reitervolk der Ungarn hatte seit der 2. Hälfte des 9. Jahrhunderts vom Balkan aus die Länder Europas in regelmäßigen Beutezügen heimgesucht, die bis nach Frankreich, Norditalien und Byzanz führten. Besonders war das den Ungarn nächstgelegene ostfränkisch-deutsche Reich den Überfällen ausgesetzt gewesen, bayerische und sächsische Heere waren vernichtet worden. Nach der Schlacht auf dem Lechfeld wurden die Ungarn an Theiß und mittlerer Donau seßhaft, öffneten ihr Land bald der römisch-christlichen Mission und gehörten seither zur Völkerfamilie der lateinischen Christenheit.

2.6 Die Reichskirche

Unter der „Reichskirche" versteht man die Gesamtheit der Kirchen, die im früh- und hochmittelalterlichen deutschen Reich auf dem Grundbesitz des Königs als des Herrn des Reiches errichtet waren und seiner unmittelbaren Herrschaft unterstanden.

Allgemein schloß Grundbesitz im Mittelalter Herrschaft über die auf dem Land lebenden Leute ein. So übten neben dem König auch die anderen Großgrundbesitzer Herrschaft aus. Die Grundherrschaft stellt sich als ein Wechselverhältnis von Gabe und Gegengabe dar, in das auch die Kirchen eingebunden waren. Kirchen und Klöster dienten ihren Herren durch ihre wichtigste Gabe, durch ihre Gebete und Fürbitten, und wurden dafür mit Landbesitz und Einkünften ausgestattet, die im Obereigentum des Herrn blieben. Ein geistlicher und weltlicher Großer, der auf seinem Grund und Boden eine Kirche errichtete und sie ausstattete, war der Herr dieser Kirche, sie war sein Eigen, über das er verfügen konnte; man nennt ihn deshalb Eigenkirchenherr. Entsprechend war auch der König Herr von Kirchen, nämlich von denjenigen Kirchen und Klöstern, die auf Königs- bzw. Reichsgut errichtet waren. Zur Reichskirche gehörten die Erzbistümer Köln, Mainz, Trier, Salzburg, Hamburg-Bremen und Magdeburg und so gut wie alle Bistümer, außerdem die Reichsklöster, darunter so berühmte Klosterstätten wie Fulda, Hersfeld, Quedlinburg, Lorsch und Sankt Gallen. Die zum Reich gehörenden Kirchen und Klöster waren durch Ausstattung der Könige und durch fromme Schenkungen selbst wieder Großgrundbesitzer und schuldeten dem König außer Gebeten und Fürbitten auch Panzerreiter für das königliche Heer und Beherbergung des Königshofes. Aber das aus der Grundherrschaft stammende Eigenkirchenwesen war nur eine der Wurzeln der königlichen Kirchenherr-

Kaiser Otto II. setzt Adalbert von Prag mit der Übergabe des Stabes in sein Bischofsamt ein. Bronzerelief (um 1170) am Portal des Doms zu Gnesen

schaft, denn der König war mehr als ein normaler Eigenkirchenherr. Als „Gesalbter des Herrn" galt er als Beauftragter, ja Stellvertreter Gottes im christlichen Volk. Dadurch war er aus der Menge der Laien herausgehoben, galt den Kirchen als der ihnen bestellte Verteidiger vor den Gefahren der Welt. Bis zur Kirchenreform des 11. Jahrhunderts nahm man deshalb keinen Anstoß daran, daß es der König war, der die Bischöfe und Erzbischöfe des Reiches persönlich in ihre Ämter einsetzte und oft auch den Ausschlag bei der Auswahl der Reichsbischöfe gab, wobei er Mitglieder seiner Hofgeistlichkeit bevorzugte. Da die Könige aus dem Geschlecht der *Ottonen* (▷ 2.3) und *Salier* (▷ 2.8) die Verbindung zwischen Königshof und Reichskirche enger gestalteten als ihre karolingischen Vorgänger und die Herrscher der benachbarten Königreiche, wird diese Besonderheit der deutschen Entwicklung oft durch die Bezeichnung „ottonisch-salisches Reichskirchensystem" hervorgehoben.

2.7 Italienpolitik

Die Italienpolitik der ostfränkisch-deutschen Herrscher traf in Italien auf die konkurrierenden Rechtsansprüche und Interessen anderer Mächte. Diese Politik knüpfte bewußt an das Vorbild der karolingischen Frankenkönige an und hat von daher zwei Grundkomponenten: Zur Italienpolitik gehörte einmal die Beziehung zum Papsttum. Otto I. (▷ 2.3) ließ sich in Anknüpfung an das Vorbild Karls des Großen im Jahre 962 zum Kaiser krönen. Seither galten die ostfränkisch-deutschen Könige als „Verteidiger der römischen Kirche" und ihrer weltlichen Besitzungen; ein Italienzug zur Kaiserkrönung nach Rom gehörte von da an zum festen Bestandteil deutscher Königspolitik. Die zweite Komponente deutscher Italienpolitik war die Eroberung des ehemaligen Langobardenreiches durch Otto I., auch dies in Nachahmung Karls des Großen. Seither war der deutsche König zugleich „König der Langobarden", waren also „Reichsitalien" und Deutsches Reich in Personalunion miteinander verbunden. Zu Reichsitalien gehörten vor allem die Gebiete nördlich des „Patrimonium Petri" (des Kirchenstaats). Da aber der deutsche König als König der Langobarden auch beanspruchen konnte, König der

südlich von Rom gelegenen langobardischen Fürstentümer zu sein, ergaben sich Konflikte mit den Byzantinern, die Süditalien als ihren Einflußbereich betrachteten, und seit dem 11. Jahrhundert mit den *Normannen* (▷ 2.4), die die langobardischen Fürstentümer nach und nach eroberten und Süditalien mit Sizilien zusammenschlossen. Im Jahre 1186 heiratete der deutsche König Heinrich VI. die Erbin des Königreiches Sizilien. Mit Ausnahme des Kirchenstaates unterstand damit ganz Italien dem deutschen König. Von einer effektiven Regierung konnte allerdings angesichts heftiger Widerstände keine Rede sein. Diese Widerstände kamen vor allem von den lombardischen Städten unter Führung Mailands. Die Vereinigung des größten Teils von Italien in der Hand des deutschen Königs wurde 1254 durch den Tod des letzten Königs aus dem Geschlecht der *Staufer* (▷ 2.15) beendet.

2.8 Salier

Als Heinrich II. im Jahre 1024 starb, erlosch das Königsgeschlecht der sächsischen *Ottonen* (▷ 2.3) im Mannesstamm. Bei der Wahl des neuen Königs hielten sich die geistlichen und weltlichen Großen des Reiches so nahe wie möglich an das altangestammte Königshaus: Sie wählten Konrad, den ältesten männlichen Verwandten des Ottonengeschlechts in weiblicher Abstammung. Gewohnheit und Herkommen galten in der Zeit mehr als die Suche nach dem geeignetsten Kandidaten. Konrad war Graf in der Gegend um Speyer und besaß dort Familiengut. „Salier" wurde sein Geschlecht erst seit dem späteren Mittelalter in künstlicher Erinnerung an die völkerwanderungszeitlichen Salfranken genannt. Als König folgte Konrad II. den traditionellen Linien frühmittelalterlicher Königsherrschaft: Er suchte die königlichen Rechte und Besitzungen zu wahren, wurde 1027 in Rom zum Kaiser gekrönt und zeigte sich als mildtätiger frommer König durch die Gründung des Speyerer Domes als Familiengrablege. Von den neuen Zeitströmungen einer ernsthafteren Frömmigkeit wurde erst sein Sohn Heinrich III. erfaßt, der ihm 1039 im Königtum folgte und zusammen mit seiner frommen Gemahlin Agnes die mächtig einsetzenden Bestrebungen der *Kirchenreform*

Kaiser Heinrich IV. überreicht seinem Sohn Heinrich V. im Jahre 1105 Zepter, Reichsapfel und Krone als Zeichen der Königswürde

(▷2.9) förderte. Er bekämpfte im Sinne dieser Reform Priesterehe (Nikolaitismus) und Ämterkauf (Simonie), die lange weithin unbeanstandeter Brauch in der Kirche gewesen waren. Seine Verantwortung als Schutzherr der römischen Kirche ließ ihn in die Angelegenheit des Papsttums eingreifen: Die Synoden von Sutri und Rom (1046) handelten auf sein Gebot, als sie drei konkurrierende Päpste für abgesetzt erklärten. Damit und mit der späteren Wahl Leos IX. zum Papst schuf er die Voraussetzung dafür, daß die römische Kirche selbst zum Zentrum der Kirchenreform werden konnte. Heinrich III. starb im Alter von nur 39 Jahren im Jahre 1056; sein damals gerade sechsjähriger Sohn Heinrich IV. folgte ihm nach.

Im Verlaufe des *Investiturstreits* (▷2.10) kam es zu einer Verbindung von Heinrichs kirchlichen Gegnern mit einer großen innerdeutschen Adelsopposition, die in Sachsen ihr Zentrum hatte. Heinrich IV. mußte im Jahre 1077 den Bußgang nach *Canossa* (▷2.11) antreten, um sein Königtum zu retten. Trotzdem wählten die deutschen Fürsten den Schwabenherzog Rudolf von Rheinfelden zum Gegenkönig, dem gegenüber allerdings Heinrich auf die Dauer die Oberhand gewinnen konnte. Es war dann nicht der Kampf mit der Kirche, sondern vielmehr ein Aufstand seines Sohnes Heinrich V., der ihn 1105 sein Königtum kostete. Heinrich V., der als verschlagener Taktiker geschildert wird, gelang es, den Investiturstreit durch das *Wormser Konkordat* (▷2.12) von 1122 zu beenden. Mit seinem kinderlosen Tod im Jahre 1125 fand die Königsherrschaft der Salier ihr Ende.

2.9 Kirchenreform und neue Religiosität

Zunehmende Kritik an Mißständen in der Kirche führte in der Mitte des 11. Jahrhunderts zu einer Reformbewegung, die so gut wie alle Länder Europas erfaßte. Die Kritik richtete sich vor allem gegen die Unbildung und Verweltlichung des Klerus, der sich die Güter der Kirche aneignete, ohne seinen geistlichen Pflichten nachzukommen. Geistige Wegbereiter der Kirchenreform waren die Reformklöster, unter denen das burgundische Kloster Cluny und die vielen von Cluny aus reformierten Klöster durch streng religiöse Lebensformen, durch prächtige und feierliche Ausgestaltung der Gottesdienste, durch immerwährendes Gotteslob im Gebet beispielhaft wirkten. Die umfassende Kritik am Weltklerus verdichtete sich zu zwei Schlagworten: Simonie (Ämterkauf) und Nikolaitismus (Bruch der Zölibatsvorschriften). Mit dem lothringischen Papst Leo IX. (1049–54) bestieg ein Anhänger der Kirchenreform den Stuhl Petri. Der Bischof von Rom, in dem man als Hüter der Apostelgräber schon lange eine besondere geistliche Autorität verehrt hatte, gewann mit der Kirchenreform zunehmend als einigendes juristisches Oberhaupt der lateinischen Kirche an Bedeutung. Die Verbreitung der Reformvorstellungen in der römischen Kirche schlug sich in den Vorschriften der Synoden Leos IX. und seiner Nachfolger nieder. Neben die immer wiederkehrenden Verbote von Simonie und Nikolaitismus trat bald der Kampf gegen das Eigenkirchenwesen (die Verfügung von Laien über Kirchen), in den seit Papst Gregor VII. (1073–85) auch die königliche Kirchenherrschaft über die *Reichskirche* (▷ 2.6) einbezogen wurde. Der dadurch ausgelöste *Investiturstreit* (▷ 2.10) band zunächst die religiösen Energien. Nach seiner Beendigung brachen sie sich um so kräftiger Bahn: Das gesteigerte Bemühen um christliche Glaubenswahrheiten und Lebensformen zeigte sich nicht nur in der überaus schnellen Verbreitung, die die strengen Orden der Zisterzienser, Prämonstratenser und Kartäuser im 12. Jahrhundert fanden, zu denen zu Beginn des 13. Jahrhunderts noch die *Bettelorden* (▷ 3.15) der Franziskaner und Dominikaner kamen, sondern auch in dem Zulauf, den religiöse Gemeinschaften fanden, die ohne Vermittlung der Kirche in apostolischer Armut unmittelbar dem Evangelium gemäß leben und des Heils teilhaftig werden wollten und die deshalb von der Kirche als *Ketzer* (▷ 3.16) abgelehnt und verfolgt wurden.

2.10 Investiturstreit

Der Investiturstreit ist die Auseinandersetzung zwischen dem Papsttum und den Königen Europas um das Recht der Investitur (Einsetzung) der Bischöfe, in die die deutschen Könige besonders stark verwickelt waren. Nach altüberliefertem Brauch setzte der deutsche König die Bischöfe seines Herrschaftsbereichs durch die Übergabe von Ring und Stab in ihr Amt ein, nachdem „Klerus und Volk" zuvor die Wahl vollzogen hatten. Da man den Kandidaten durch den Willen Gottes, den man nur nachzuvollziehen glaubte, vorher bestimmt sah, bestand kein Bedürfnis nach einer klaren Regelung des Wahlverfahrens. Das bedeutete, daß dem König als dem „Gesalbten des Herrn" auch eine ausschlaggebende Rolle bei der Feststellung des Willens Gottes und damit bei der Auswahl des neuen Bischofs zukam. Diese Praxis erregte lange keinen Anstoß, zumal die *Reichskirche* (▷ 2.6) nicht nur geistliche, sondern auch weltlich-herrschaftliche Funktio-

Die Kirche des ehemaligen Klosters Ebrach, eines der ältesten deutschen Zisterzienserklöster. Der durch strenge Regeln geprägte Baustil der Zisterzienser verzichtete auf Türme, Bauskulptur und Glasmalerei

nen im Reich wahrzunehmen hatte und beide Bereiche gedanklich nicht klar getrennt wurden. Man dachte in Personen, nicht in institutionellen Zuständigkeitsbereichen, und die Reichsbischöfe waren eben durch die königliche Einsetzung als Personen ihrem Herrn, dem König, in Treue verbunden.

Als in der Mitte des 11. Jahrhunderts die Anhänger der *Kirchenreform* (▷ 2.9) die Vergabe von Kirchenämtern durch Laien als Mißbrauch anzuprangern begannen, bezogen die wenigsten auch die königliche Investiturpraxis in diese Kritik mit ein, weil der König ja gar nicht als reiner Laie galt. Erst die Auseinandersetzungen um die Neubesetzung des Mailänder Erzbistums seit 1070, bei denen König Heinrich IV. einen Mailänder Kleriker investierte, während das Papsttum kraft apostolischer Autorität einen anderen Kandidaten zu dem von Gott gewünschten und damit rechtmäßig gewählten erklärte, machte die königliche Investitur der Bischöfe zum zen-

*Die Erhebung des Gegenpapstes
Clemens III., die Vertreibung
Gregors VII. vom Stuhl Petri und sein
Tod im normannischen Salerno*

tralen Thema der Kirchenreform. Papst Gregor VII. (1073–85) sprach ein allgemeines Investiturverbot aus, ohne auf die Tatsache Rücksicht zu nehmen, daß die Reichsbischöfe als Reichsfürsten ja auch weltliche Funktionen wahrnahmen und der König daher berechtigterweise den Anspruch erheben konnte, daß ihrer Verpflichtung gegen König und Reich schon bei ihrer Einsetzung Rechnung getragen wurde. Eine Lösung des Problems wurde dadurch möglich, daß man begrifflich klar zwischen geistlichem und weltlichem Bereich zu unterscheiden lernte und auf dieser Grundlage im *Wormser Konkordat* (▷ 2.12) von 1122 einen doppelten Einsetzungsakt für die Reichsbischöfe als gültige Rechtsform anerkannte.

2.11 Canossa

Canossa, eine Burg im Apennin, war im Januar 1077 Schauplatz der Kirchenbuße König Heinrichs IV. vor Papst Gregor VII. König Heinrich erreichte dadurch die Lösung vom Kirchenbann, den der Papst zuvor über ihn verhängt hatte. „Canossa" wurde später zum Inbegriff für demütiges Zukreuzekriechen und ist als Schlagwort aus dem historischen Zusammenhang gerissen worden. Für die

Zeitgenossen aber war Canossa kein symbolträchtiges Einzelereignis, sondern Glied in einer Kette beispielloser Vorkommnisse. Papsttum und Königtum hatten in Mailand (▷ 2.10) verschiedene Kandidaten für das Amt des Erzbischofs unterstützt. Um seiner Auffassung Nachdruck zu verleihen, daß sich die königliche Partei mit dem Widerstand gegen den päpstlichen Kandidaten ins Unrecht setze, hatte der Papst die verantwortlichen königlichen Räte im Frühjahr 1073 exkommuniziert. Obwohl jedem Christen der Umgang mit Exkommunizierten bei Strafe der eigenen Exkommunikation verboten war, trennte sich König Heinrich nicht von seinen Räten, gab sich aber gleichwohl in seinen Briefen an Gregor VII. verhandlungsbereit und nachgiebig und betonte seinen Gehorsam gegenüber dem Apostolischen Stuhl. Im Dezember 1075 nun forderte der Papst eine klare Entscheidung: In ultimativ-schroffer Form verlangte er von Heinrich Trennung von den Räten und Unterwerfung unter das päpstliche Urteil. Der Brief erreichte Heinrich, als er gerade seinen Sieg über die aufständischen Sachsen glanzvoll feierte. Zusammen mit seinen Bischöfen sagte er Papst Gregor von Worms aus den Gehorsam auf und forderte ihn auf, vom päpstlichen Stuhl herabzusteigen. Gregor VII., der sich als Stellvertreter des Apostelfürsten auch selbst für unfehlbar und keines Menschen Urteil unterworfen erklärt hatte, wertete das als gotteslästerliche Anmaßung und reagierte entsprechend: In einem Gebet an den Apostel Petrus setzte er seinerseits König Heinrich ab und exkommunizierte ihn. Als dieses Urteil bekannt wurde, erzitterte die Erde, schrieb ein Zeitgenosse, denn daß ein „von Gottes Gnaden" regierender König aus der Kirchengemeinschaft ausgeschlossen und abgesetzt wurde, das hatte es noch nicht gegeben. König und Papst hatten sich damit gegenseitig die Legitimität abgesprochen. Es zeigte sich bald, daß das Wort des Papstes mehr bewirkte als das des Königs: Die Anhängerschaft Heinrichs in Deutschland schmolz dahin. Heinrichs alte Gegner aus dem sächsischen Aufstand drohten mit der Wahl eines Gegenkönigs für den Fall, daß es Heinrich nicht gelänge, sich binnen Jahresfrist vom Bann zu lösen. Statt aber die Lösung vom Bann durch Verhandlungen und politische Zugeständnisse zu erreichen, wählte Heinrich einen Weg, den wohl niemand erwartet hatte: Mitten im Winter überquerte er die Alpen und erflehte im Büßergewand die Vergebung des Papstes in Canossa. Dem reuigen Büßer durfte Gregor als Seelenhirte die Absolution nicht verweigern. Heinrich war wieder in die Kirchengemeinschaft aufgenommen, die geplante Neuwahl zunächst vereitelt. Heinrich IV. hatte einen Augenblickserfolg errungen – aber zugleich der geheiligten Würde des königlichen Amtes schweren Schaden zugefügt.

R exrogat abbatem. Mathildim supplicat atr̄.

Heinrich IV. vor Markgräfin Mathilde von Tuszien, der Besitzerin der Burg Canossa, und Abt Hugo von Cluny

2.12 Wormser Konkordat

Am 23. September 1122 schlossen Legaten im Auftrag Papst Calixt' II. mit König Heinrich V. in Worms einen Vertrag, durch den der *Investiturstreit* (▷ 2.10) im Reich beendet wurde. Die königliche und die päpstliche Seite erklärten in getrennten Schriftstücken, auf was sie in Zukunft verzichten bzw. was sie der Gegenseite zugestehen wollten. Heinrich V. verzichtete auf die „Investitur mit Ring und Stab" und gestand kanonische Wahlen und freie kirchliche Weihen zu. Der Papst wiederum erkannte an, daß in Deutschland die Wahl der Reichsbischöfe und -äbte in Gegenwart des Königs stattfinden solle und daß danach der Erwählte die weltlichen Hoheits- und Besitzrechte (Regalien) durch die Übergabe eines Zepters aus der Hand des Königs empfangen und dem König das, was er ihm nach Recht schulde, leisten solle. Beide Schriftstücke zusammen enthalten die Anerkennung beider Parteien, daß ein Reichsbischof Verpflichtungen sowohl gegenüber der Kirche als auch gegenüber dem Reich hatte. Bis zur *Kirchenreform* (▷ 2.9) des 11. Jahrhunderts hatte der König unangefochten durch die Symbole Ring und Stab die gesamte bischöfliche Amtsgewalt übertragen. Im Zuge der Frontstellungen des Investiturstreits formulierten die päpstlichen Reformsynoden immer deutlicher die Alleinzuständigkeit der geweihten kirchlichen Amtsträger für ihre eigenen Belange, der gemäß dann die bisher übliche Einsetzung der Bischöfe durch die Könige für unrechtmäßig erklärt und verboten wurde. Dieses Investiturverbot aber ließ unberücksichtigt, daß die Bischöfe ja nicht nur geistliche, sondern als Reichsfürsten auch weltliche Herrschaftsaufgaben wahrnahmen. Voraussetzung für den Kompromiß des Wormser Konkordats war ein geistiger Klärungsprozeß, durch den man an einem einzigen Menschen verschiedene Zuständigkeitsbereiche zu unterscheiden lernte. – Abb. S. 48.

2.13 Stadtgemeinde und Bürgerfreiheit

Gemeinde kommt von gemein, gemeinsam und entspricht dem Wort „Kommune". Seit dem späten 11. Jahrhundert begannen die Bürger städtischer Siedlungen, im Innern ihre gemeinsamen Angelegenheiten wie Marktaufsicht, Zölle, Steuern, Mauerbau, Stadtverteidigung und Rechtsprechung durch eigene Beauftragte zu regeln und nach außen, seit dem 12. Jahrhundert dokumentiert durch ein Stadtsiegel, als rechtlich handlungsfähige Einheit aufzutreten. Alles dieses war vorher Sache des Stadtherrn gewesen. Man hat lange Zeit die Gemeindebildung als ein revolutionäres Aufbegehren der Bürger gegen den Stadtherrn gesehen, denn in einigen frühen Stadtrechten erscheint eine „coniuratio" (= Verschwörung, Schwurverband) der Bürger als Empfänger des Stadtrechts. Es wurde aber nachgewiesen, daß es auch andere Formen der Gemeindebildung gegeben hat, daß Bürgergemeinden mit Zustimmung des Stadtherrn entstanden, was natürlich einzelne Konflikte nicht ausschloß. Sowenig wie Gemeindebildung grundsätzlich eine gegen stadtherrliche Bevormundung gerichtete Freiheitsbewegung war, sowenig war die Bürgergemeinde die Vereinigung aller Stadtbewohner auf der Grundlage von Freiheit und Gleichberechtigung. Nicht alle Stadtbewohner, sondern nur die, die Bürgerrecht besaßen, gehörten zur Gemeinde, und das Bürgerrecht war meist an Voraussetzungen gebunden. Wer Bürger sein wollte, mußte wohlhabend sein. Oft war die Voraussetzung für den Bürgerstatus der Besitz von Grund und Boden in der Stadt. Die *Juden* (▷ 3.21) als Nichtchristen standen genauso außerhalb der Bürgerschaft wie der Klerus und die Insassen der Klöster. Der Zugang zum Rat der Stadt und zu den Magistraten war lange den ratsfähigen Familien vorbehalten, dem Patriziat der Städte, das sich aus reichen Kaufleuten, aber auch aus reich gewordenen *Ministerialen* (▷ 2.18) des Stadtherrn zusammensetzte. Erst in den Zunftkämpfen des 14. Jahrhunderts erlangten die Handwerker den Zugang zu Rat und städtischen Regierungsämtern. So waren die Bürgergemeinden weit davon entfernt, Freiheit

Die geistlichen Fürsten (links ein Bischof und eine Äbtissin) werden vom Kaiser mit dem Symbol des Zepters in ihre weltlichen Güter und Rechte eingesetzt, die weltlichen Fürsten (rechts) erhalten ihr Lehen durch das Symbol der Fahne. Aus der Heidelberger Bilderhandschrift des Sachsenspiegels (um 1330)

und Gleichheit aller Stadtbewohner sicherzustellen. Und doch kam es in den Städten seit dem 11. Jahrhundert in großem Maße zur Überwindung gewohnheitsrechtlicher Zwänge und Bindungen, hatten die Bürger freie Verfügung über ihre Arbeitskraft ohne Behinderung durch Frondienste und Sachabgaben und genossen Freizügigkeit. Besonders weitgehend war die Festlegung von Bürgerfreiheiten in den Gründungsstädten, die von einem mächtigen Herrn planmäßig angelegt wurden und Bürger durch die Zusicherung eines besonders freiheitlichen Rechtsstandes erst gewinnen mußten. In den Gründungsstädten entstand auch der Rechtssatz, daß Stadtluft „über Jahr und Tag" frei macht: Wer vom Land in die Stadt geflohen war und sich dort ein Jahr lang unangefochten aufgehalten hatte, der galt als Bürger und damit frei von der Bindung an seinen Grundherrn und konnte mit der Verteidigung dieser seiner Freiheit durch die Bürgergemeinde rechnen.

2.14 Kreuzzüge

Die Kreuzzüge waren bewaffnete Pilgerfahrten, vor allem zur Befreiung und Sicherung der Heiligen Stätten der Christenheit in Palästina. Die Kirche gewährte dafür den Ablaß (▷ 4.4). Der erste Kreuzzug nach Palästina wurde durch Papst Urban II. ausgelöst, der 1095 in einer flammenden Rede auf dem Konzil von Clermont die Bedrückung der christlichen Brüder im Osten durch die „Ungläubigen", die islamischen Seldschuken, beklagte und Arme wie Reiche zur bewaffneten Hilfe aufrief. Spontan legten viele der Versammelten das Gelöbnis dazu ab und ließen sich ein Stoffkreuz auf die Schulter heften zum Zeichen ihrer Bereitschaft, in der Nachfolge Christi „das Kreuz auf sich zu nehmen". Weitere Aufrufe zur Kreuzfahrt folgten, wobei zunehmend die Befreiung Jerusalems Ansporn und Ziel für das Kreuzzugsgelübde wurde. Papst Urban hatte vor allem die christliche Ritterschaft Süd- und Mittelfrankreichs, Flanderns, der Normandie und Lothringens zum Kreuzzug aufgerufen. Aber auch zusammengelaufenes Volk nahm das Kreuz und wälzte sich als wüster, undisziplinierter Haufe durch das Land, der zunächst einmal die aufgeputschten Aggressionen bei heimischen Nichtchristen, den jüdischen Gemeinden,

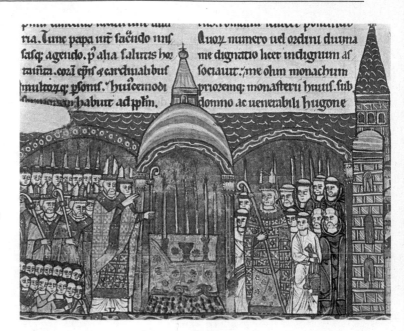

Papst Urban II. 1095 in der Abtei Cluny, wo er Mönch und Prior gewesen war. Im November 1095 rief er in Clermont zur Befreiung des Heiligen Landes auf

austobte. Der erste Kreuzzug wurde von den ersten großen Judenpogromen des Mittelalters begleitet.

Die Ritterheere, die 1096 aufgebrochen waren, eroberten 1099 Jerusalem und errichteten dort das „lateinische Königreich Jerusalem", nicht ohne vorher ein furchtbares Blutbad in der Stadt angerichtet zu haben.

Bedrängnis und Gefährdung des Königreiches Jerusalem und der anderen Kreuzfahrerstaaten in Antiochien, Edessa, Tripolis und Tiberias durch die islamischen Nachbarn führten später zu weiteren Kreuzzügen: Der Fall Edessas 1144/45 löste durch die mitreißenden Predigten des großen Zisterzienserabtes Bernhard von Clairvaux den zweiten Kreuzzug (1147–49) aus, mit dem auch der deutsche König Konrad III. ins Heilige Land zog, freilich ohne viel auszurichten. Als Jerusalem 1187 durch Sultan Saladin eingenommen wurde, leitete *Friedrich Barbarossa* (▷ 2.16) aus seiner Vorstellung einer universalen Verantwortung des Kaisers als Schutzherr der westlichen Christenheit die Verpflichtung ab, den 3. Kreuzzug (1189–92) als gesamteuropäisches Unternehmen anzuführen. Es war das größte Kreuzzugsunternehmen des Mittelalters. Nach dem Tod Fried-

richs 1190 in der Osttürkei erreichte der englische König Richard Löwenherz durch Verhandlungen mit Saladin Zugeständnisse für christliche Pilger, freilich ohne Jerusalem zurückerobert zu haben.

Die Kreuzzüge des 13. Jahrhunderts, wie der 4. Kreuzzug 1202–04, bei dem das doch ebenfalls christliche Konstantinopel erobert wurde, und der Kinderkreuzzug von 1212, bei dem Tausende von Kindern durch betrügerische Machenschaften in die Sklaverei verkauft wurden, dienten immer offensichtlicher politischen Sonderinteressen. Als 1291 Akko, die letzte christliche Festung in Palästina, fiel, war das Zeitalter der Kreuzzüge endgültig vorbei.

2.15 Staufer

Seit dem 12. Jahrhundert bezeugten die Angehörigen eines Adelsgeschlechts ihre Zusammengehörigkeit dadurch, daß sie ihrem Taufnamen den Namen ihrer Stammburg hinzufügten. Stammburg derer „von Staufen" war die Burg Stauf auf dem Berg Hohenstaufen bei Göppingen.

Heinrich IV. hatte in den Bedrängnissen des *Investiturstreits* (▷ 2.10) den schwäbischen

Kaiser Heinrich VI. Miniatur aus der Manessischen Handschrift

Grafen Friedrich 1079 zum Herzog von Schwaben ernannt und ihm seine Tochter Agnes zur Frau gegeben. Mit ihm beginnt die Bedeutung der Staufer in der Reichspolitik. Aus dem Streit um die Thronfolge nach dem kinderlosen Tod des letzten Salierkönigs Heinrich V. (1125), des Bruders der Agnes, entstand die Feindschaft zwischen den Staufern und dem schwäbischen Adelsgeschlecht der Welfen, weil die Staufer als nächste Verwandte der Salier die Königsnachfolge beanspruchten, die Fürsten aber den mit den Welfen verbündeten sächsischen Herzog Lothar von Supplinburg zum König wählten (1125–37). Bürgerkrieg war die Folge, der in verschärfter Form weiterging, als statt Lothars welfischem Schwiegersohn 1138 der Staufer Konrad zum König gewählt wurde. Der fortgesetzte Kampf gegen die Welfen und die Erfolglosigkeit des 2. Kreuzzuges, an dem er teilnahm, ließ den Zeitgenossen die Regierungszeit Konrads III. (1138–52) als besonders glücklos erscheinen, so daß sich die Regierung seines Neffen Friedrich, der als Sohn eines staufischen Vaters und einer welfischen Mutter den staufisch-welfischen Gegensatz alsbald beizulegen verstand, um so glanzvol-

ler dagegen abhob. *Friedrich Barbarossa* (1152–90; ▷ 2.16) ist der wohl bekannteste mittelalterliche deutsche König. Als er auf dem Kreuzzug im Fluß Saleph in Kleinasien ertrank, ging das Königtum problemlos auf seinen bereits gekrönten Sohn Heinrich VI. (1190–97) über, der zuvor seinen Herrschaftsbereich durch Heirat um das normannische Königreich Sizilien vergrößert hatte. Bei seinem Tode brach der staufisch-welfische Gegensatz erneut auf: Mit der Doppelwahl von 1198 kam es zum *Thronstreit* (▷ 2.22), der schließlich durch die Königswahl Friedrichs, des Sohnes Heinrichs VI., beendet wurde. Er war in Sizilien aufgewachsen und kam 1212 als 18jähriger über die Alpen, um als Erbe seines Vaters die deutsche Königskrone zu erringen. Obwohl Staufer und damit Deutscher vom Vater her, war Friedrich II. (1212–50), den schon die Zeitgenossen „stupor mundi" (= Erstaunen der Welt) nannten, zeit seines Lebens in seinem Erbreich Sizilien stärker verwurzelt als in Deutschland. Nur einmal, von 1212 bis 1220, hat er sich über einen längeren Zeitraum hinweg im Deutschen Reich aufgehalten, danach lag die Reichsverweserschaft bei seinen Söhnen. Sein Sohn Konrad IV. (1250–54) war der letzte Staufer auf dem deutschen Königsthron.

Die Staufer gelten als das begabteste deutsche Herrschergeschlecht, als den kulturellen Strömungen der Zeit aufgeschlossene, glanzvolle Herrscherpersönlichkeiten. Die nach ihrem Aussterben sich durchsetzende Territorialisierung läßt die Stauferzeit als die letzte Blütezeit des Reiches erscheinen. Mit dem Namen staufischer Herrscher verband sich in Notzeiten die Hoffnung des Volkes auf Besserung. Unmittelbar nach Friedrichs II. Tod entstand die Legende vom schlafenden Kaiser, der einst wiederkehren werde, um alles zum besten zu wenden. Zu Beginn des 15. Jahrhunderts verband sich diese Legende mit dem Namen Friedrich Barbarossas, der im Kyffhäuser schlafend seine Wiederkehr erwarte, derweil sein rotblonder Bart wegen der Länge der Zeit durch den Tisch wachse.

2.16 Friedrich Barbarossa

Als Konrad III., der erste *Staufer* (▷ 2.15) auf dem deutschen Königsthron, starb, wurde entgegen geltendem Brauch nicht sein unmündiger Sohn, sondern sein Neffe Friedrich zum König gewählt, den man wegen seines rötlich-blonden Bartes schon zu Lebzeiten in Italien „Barba-rossa" (Rotbart) nannte. Als Sohn einer welfischen Mutter und eines staufischen Vaters brachte er die jahrzehntelangen Auseinandersetzungen zwischen Staufern und Welfen bald zu einem friedlichen Ausgleich, so daß dem Geschichtsschreiber Otto von Freising Friedrichs Königtum als der Beginn einer neuen Epoche des Friedens und der Größe des Reiches erschien. Friedrich I. (1152–90), der 1155 in Rom zum Kaiser gekrönt wurde, war ein glanzvoller, tatkräftiger Herrscher, den Idealen des *Rittertums* (▷ 2.19) und der höfischen Kultur aufgeschlossen. Sein Leben lang hat er für die „Ehre des Reiches" gekämpft. Ehre des Reiches – Honor Imperii: das waren für ihn alle Rechte und Würden, die ihm als König von Deutschland, Burgund und Italien und als „Kaiser der Römer" von alters her zukamen, auch alle Einkünfte und Verfügungsrechte über Reichsgut. Da es kein Verzeichnis der Reichsrechte gab und auch keine königliche Verwaltung, die sie in regelmäßiger Amtsroutine eingefordert hätte, war manches außer Brauch geraten. Das traf besonders auf Italien zu, das die direkten Vorgänger Friedrichs nur selten betreten hatten. Dort setzten sich die durch Handel und Gewerbe reich und selbstbewußt gewordenen Städte gegen Friedrichs Ansprüche zur Wehr. Unter Führung des mächtigen Mailand schlossen sie sich 1167 zum Lombardenbund zusammen, gegen den Friedrich jahrzehntelang Krieg führte.

Als Kaiser sah Friedrich sich als den besonderen Schutzherrn der Römischen Kirche und des Papsttums. Als es 1159 zu einem päpstlichen Schisma (gleichzeitige Wahl zweier Kandidaten) kam, leitete Friedrich aus seiner Kaiserwürde das Recht ab, dem kaiserfreundlichen Kandidaten zur Anerkennung zu verhelfen, obwohl die meisten Länder Europas und auch ein Teil der deutschen Bischöfe sich für den stauferfeindlichen Alexander III. erklärten. Die von Friedrich betriebene Heiligsprechung Karls des Großen im Jahre 1165 gibt Aufschluß über sein Selbstverständnis: Als Erbe und Nachfolger des heiligen „Vaters Europas" sah er sich selbst, den Kaiser des „Heiligen Römischen Reiches", von Gott unmittelbar in sein Amt ein-

gesetzt und zur Lenkung des christlichen Weltkreises berufen. Aber weder das Papsttum, das seit dem *Investiturstreit* (▷ 2.10) seine Freiheit von weltlicher Einmischung betonte, noch die übrigen Könige wollten ihm diese Rolle zugestehen: „Wer hat denn die Deutschen zum Richter über die Nationen bestellt?" – diese bissige Frage eines englischen Zeitgenossen zeigt, daß die entstehenden nationalen Königreiche Westeuropas für ein übergeordnetes Weltkaisertum kein Verständnis hatten.

Friedrich Barbarossa, der 1177 schließlich doch Alexander III. als den rechtmäßigen Papst anerkennen mußte, hat im Kampf mit Lombardenbund und Papsttum mehr Zeit in Italien verbracht als irgendein anderer deutscher Herrscher vor ihm. Letztlich ist er dabei gescheitert, auch wenn die Vermählung seines Sohnes Heinrich mit Konstanze, der Erbin des Königreichs Sizilien (1186), die Möglichkeit eröffnete, daß nun bald ganz Italien dem deutschen König unterstehen würde.

Im Jahre 1187 fiel Jerusalem in die Hände der Muselmanen. Auf dem „Hoftag Jesu Christi" zu Mainz nahm der Kaiser mit vielen anderen Rittern das Kreuz. Der Heidenkampf sollte die Krönung seines christlichen Kaisertums sein. Friedrich Barbarossa ertrank aber im Fluß Saleph in Kleinasien, bevor er das Heilige Land erreichte. – Abb. S. 52.

2.17 Fehdewesen und Landfrieden

Im modernen Staat ist den Bürgern eigenmächtige Gewaltanwendung bei Strafe untersagt. Niemand darf sich sein Recht auf eigene Faust nehmen oder für erlittenes Unrecht Rache üben. In einem Rechtsstreit entscheiden die staatlichen Gerichte, setzen staatliche Behörden das Urteil durch. Sie allein dürfen im Rahmen der gesetzlichen Bestimmungen Gewalt anwenden. Dieses Monopol auf legitime Gewaltanwendung unterscheidet den modernen Staat von den politischen Ordnungen des Mittelalters. Im Frühmittelalter war ein Rechtsstreit allein Sache der streitenden Parteien. Wer sich in seinen Rechten gekränkt sah, übte Rache für das erlittene Unrecht, er führte eine Fehde und mit ihm seine Verwandten und geschworenen Freunde als Fehdehelfer. Die Fehde wurde nach dem Prinzip des Schadentrachtens geführt: Alles, was der Gegner hatte, konnte zerstört werden. Zwar gab es daneben die Möglichkeit der friedlichen Einigung vor Gericht, bei der der geschädigten Partei die Rache durch eine Bußzahlung gleichsam abgekauft wurde, aber das setzte die Zustimmung aller Beteiligten voraus und kam deshalb oft nicht zustande. Die Fehden richteten ungeheuren Schaden an, zumal sich mit dem Rittertum eine Berufskriegerschicht herausbildete, die den bewaffneten Kampf als ihre Hauptaufgabe ansah und Fehdeanlässe geradezu suchte. Die Fehdehandlungen blieben nicht auf die Fehdeführenden selbst beschränkt, denn Fehdeobjekte waren auch die Grundherrschaften der Fehdegegner mit den abhängigen Bauern und den Eigenkirchen und -klöstern. Bemühungen, das Fehdewesen einzudämmen, kamen seit dem Ende des 10. Jahrhunderts von seiten der Bischöfe. In der „Gottesfriedensbewegung" wurden nichtfehdeführende Personen und ihr Besitz, auch bestimmte fehdefreie Tage unter den Frieden der Kirche gestellt. Friedensbrecher erhielten geistliche Strafen. Diesen Gedanken des gebotenen Friedens, dessen Bruch bestraft wurde, nahmen die weltlichen Herrscher seit dem späten 11. Jahrhundert auf. Heinrich IV. war der erste deutsche König, der einen allgemeinen Landfrieden für das Deutsche Reich befahl. Er sollte vier

Kopfreliquiar mit dem Porträt Friedrichs I. Barbarossa. Aus dem Schatz des ehemaligen Prämonstratenserklosters Cappenberg (um 1155/60)

Jahre lang gelten. Alle mußten sich durch Eid verpflichten, den Frieden zu halten, auf Friedensbruch stand die Todesstrafe. Die Staufer haben wiederholt Landfrieden erlassen und versucht, die Wahrung des Landfriedens als Königsaufgabe durchzusetzen. Als Kaiser Friedrich II. im Jahre 1235 den berühmten Mainzer Reichslandfrieden erließ, lag die Friedenswahrung aber faktisch schon in den Händen der Reichsfürsten. Gottes- und Landfrieden beruhen auf der Auffassung, daß bei Gewalttaten nicht nur der Geschädigte, sondern der Frieden aller verletzt ist, so daß die Rechtsgemeinschaft durch ihre Repräsentanten für die Aufrechterhaltung des Friedens zuständig ist. Aus der Landfriedensbewegung entwickelten sich daher die Anfänge des modernen Staates.

2.18 Ministerialen/ Dienstmannen

Das Wort „Ministeriale" ist abgeleitet von „ministerium" = Dienst und bezeichnet Menschen, die durch besondere Dienste ihre Rechtsstellung verbessert haben. Im Mittelalter hatte jeder seinen eigenen Rechtsstand, der im frühen Mittelalter vor allem durch die Geburt bestimmt war. In den Grundherrschaften von König, Adel und Kirche lebten Menschen, die von Geburt her „frei" waren, neben solchen, die von „unfreien" Eltern abstammten und deshalb auch selbst unfrei waren. Die Lebensbedingungen der Freien waren in der Regel besser als die der Unfreien, über die der Grundherr die volle Disziplinar- und Verfügungsgewalt hatte. Es ist schwer zu sagen, wann einige der Unfreien durch besondere Fähigkeiten und Dienste aus der Masse der übrigen deutlich hervorzutreten begannen. Seit dem frühen 11. Jahrhundert jedenfalls gab es eine Gruppe, die sich nicht nur durch eine eigene Bezeichnung – Ministeriales – abhob, sondern auch durch ein eigenes Recht, das ihnen gegenüber anderen Angehörigen der Grundherrschaft besondere Vorrechte sicherte. Die Salier und Staufer haben Reichsministerialen vielfältige Aufgaben im Reichsdienst übertragen und versucht, die Ministerialen als Gegengewicht gegen den stets selbstbewußten und selbstherrlichen Adel einzusetzen. Aber auch für die adligen und kirchlichen Grundherren hatten die Ministerialen so große Bedeutung, daß sie sie als Entlohnung für ihre Dienste mit einem Dienstgut, mit eigenem Grundbesitz also, ausstatteten, für das die Ministerialen im Gegensatz zu den anderen Angehörigen der Grundherrschaft keine Abgaben und keine Frondienste leisten mußten. Schon diese bevorzugte Form der Landleihe näherte die ministerialischen Dienstlehen den echten adeligen Lehen an, erlaubte den Ministerialen oft einen adeligen Lebensstil. Die Ministerialen dienten ihren Herren auf vielfältige Weise: in der Verwaltung – etwa der aufblühenden Städte –, als Kaufleute, als Boten und Gesandte mit besonderen Aufträgen und auch als berittene Krieger, als Ritter, wobei sie mit der Kampfesweise auch adelig-ritterliche Lebensform annahmen. Die Könige haben versucht, aus den Ministerialen als weisungsgebundenen Bediensteten eine Art Reichsbeamtenschaft aufzubauen. Die Schwäche des Königtums im *Thronstreit* (▷ 2.22) hat dazu beigetragen, daß dieser Versuch scheiterte. Die Ministerialen gehörten im Gesellschaftsaufbau des Spätmittelalters zum niederen Adel.

2.19 Rittertum

Aus drei Ständen, nämlich aus Betern (oratores), Kriegern (bellatores) und körperlich Arbeitenden (laboratores) setze sich die Gesellschaft zusammen, heißt es seit dem Ende des 10. Jahrhunderts immer wieder in mittelalterlichen Traktaten. Diese Feststellung ist natürlich kein getreues Abbild der gesellschaftlichen Wirklichkeit; sie zeigt aber, daß man den Ort der Menschen in der Gesellschaftsordnung durch eine Art berufsmäßiger Tätigkeit bestimmt sah. Einer der Gründe für die Ausbildung eines Berufskriegerstandes lag in der Militärtechnik: Die Krieger (milites) kämpften zu Pferde; sie waren berittene Krieger, also Ritter, ausgerüstet mit Schild und Lanze, eisernem Kettenhemd oder gepanzerter Rüstung. Diese Art des Kampfes erforderte regelmäßiges Training und Geld für die teure Ausrüstung und überstieg die Kräfte der an die Landwirtschaft gebundenen Bauern. Die Ritter mußten von der landwirtschaftlichen Tätigkeit freigestellt sein, um dem Kriegerberuf nachgehen zu können. Das war zunächst den adeligen Grundherren möglich.

Ein Bote überbringt der Stadt Bern einen Fehdebrief. Aus der Spiezer Chronik des Diebold Schilling (1485)

Aber schon die Karolinger hatten arme Freie und auch Unfreie als Berufskrieger verpflichtet und sie für ihre militärischen Dienste mit einem Dienstgut ausgestattet, und seit dem 11. Jahrhundert kamen vor allem Krieger aus dem Ministerialenstand dazu. Die Kirche des Frühmittelalters hatte jede Form von Kampf und Kriegführen als mit der christlichen Moral unvereinbar abgelehnt. Die Laienmoral mit der den Germanen eigenen Hochschätzung von Kampfgeist und Heldenmut und die von der Kirche vertretene Moral standen unverbunden nebeneinander. Erst als sich mit der Bekämpfung der islamischen Araber in Spanien seit dem 11. Jahrhundert die Vorstellung herauszubilden begann, daß der Kampf für Christentum und Kirche ein gottgefälliges Werk sei, war die Grundlage für eine christliche Kriegerethik gelegt. Sie stellte allen denen, deren Beruf das Kämpfen war, ein christliches Ritterideal vor Augen. Ein Ritter sollte das Streben nach Ruhm und weltlicher Ehre in den Dienst höherer Ziele stellen, des Heidenkrieges vor allem. Höfisch-ritterliche Lebensformen und die Beherrschung der ritterlichen Kampfesweise mußte er auf den großen Turnieren unter Beweis stellen, bei denen die Dichter ihn durch das Vergegenwärtigen der Heldentaten beispielhafter Ritter wie der legendären Artus-Runde anspornten. Ritter war man nicht durch Geburt, sondern man wurde es durch harte, zuchtvolle Arbeit an sich selbst. Die Ritterromane führten das zu erstrebende Ideal von höfischer Sitte, ritterlichem Kampfesmut und dem Einsatz des eigenen Lebens für hohe Ziele vor Augen. So grenzten sich die Ritter durch eine eigene Standesethik und -kultur von der übrigen Gesellschaft ab, auch dergestalt, daß sie nur gegenüber Standesgenossen zur „Ritterlichkeit" verpflichtet waren. Die ritterliche Erziehung war die Vorstufe des Rittertums, und erst der gehörte zum Ritterstande, der durch die Schwertleite in ihn aufgenommen worden war. Die ritterlich-höfische Kultur wurde zuerst in Frankreich seit dem Beginn

Grabmal Heinrichs des Löwen und seiner Gemahlin Mathilde im Braunschweiger Dom (um 1250)

des 12. Jahrhunderts ausgebildet. Aber auch im staufischen Deutschland wurde die Ritterkultur zur beherrschenden Lebensform des Hofes.

2.20 Heinrich der Löwe

Als Heinrich der Stolze aus dem schwäbischen Adelshaus der Welfen im Jahre 1139 starb, hinterließ er seinem kaum zehnjährigen einzigen Sohn Heinrich dem Löwen den Konflikt mit dem Stauferkönig Konrad III., der Heinrich kurz zuvor seine beiden Herzogtümer Bayern und Sachsen aberkannt hatte. In Sachsen war die welfische Position durch das ererbte Hausgut unangreifbar, und Konrad trug dem durch die Übertragung der Herzogswürde an Heinrich den Löwen im Jahre 1142 Rechnung. Alsbald ging dieser daran, von der Ausgangsbasis seiner ererbten Besitzungen um Braunschweig-Königslutter und um Lüneburg her eine Landesherrschaft aufzubauen. Wo immer sich die Gelegenheit bot, brachte er Rechte und Güter anderer Adelsgeschlechter an sich, schob er konkurrierende Rechtstitel beiseite, schaffte er durch Gewalt vollendete Tatsachen. Braunschweig gestaltete er mit dem Ausbau der Burg Dankwarderode und der Stiftskirche zu einer imponierenden Residenzstadt um. 1166 ließ er im Burghof das Löwendenkmal aufstellen, das zugleich Zeichen seiner hochrichterlichen Gewalt wie Verbildlichung seines Geschlechternamens und seines persönlichen Beinamens war. Heinrich der Löwe sei „der hochfahrendste und rücksichtsloseste fast aller Menschen gewesen", so urteilt ein zeitgenössischer Geschichtsschreiber. Volle Rückendeckung für seine Macht- und Erwerbspolitik erhielt er durch *Friedrich Barbarossa* (▷ 2.16), der bald nach seiner Wahl zum König auch die Ansprüche seines Vetters Heinrich auf das Herzogtum Bayern befriedigte und damit sein eigenes Königtum an die vertrauensvolle Zusammenarbeit mit dem mächtigen Doppelherzog band. Heinrich bemühte sich besonders intensiv um den Ausbau seiner Herrschaft in Holstein und Mecklenburg. Man hat ihm, der Städte wie Lübeck und Schwerin gründete und deutsche Bauern ansiedelte (▷ 2.24), als den Begründer einer dem deutschen Nationalinteresse dienenden Ostpolitik gepriesen, während Friedrich Barbarossa derweil die Kraft des Reiches in Italien verschwendet habe. In Wirklichkeit hat Heinrich der Löwe die Italienpolitik des Kaisers voll unterstützt. Daß er ihm 1176 die Bitte nach weiterer militärischer Unterstützung gegen den Lombardenbund abschlug, hat nichts mit einer grundsätzlichen Ablehnung der Politik Barbarossas zu tun, sondern war eine Folge des selbstherrlichen Anspruchsdenkens des Löwen, der eine Gegenleistung forderte, die sich der Kaiser nicht abpressen lassen wollte. Damit war das jahrzehntelange Vertrauensverhältnis zerstört. Barbarossa nahm sich nun der Klagen der sächsischen Gegner des Löwen an, die er so lange überhört hatte. Er lud den Herzog vor sein Gericht, Heinrich erschien nicht und wurde 1179/80 wegen Mißachtung des königlichen Gerichts zum Verlust aller seiner Eigengüter und Lehen verurteilt. Heinrich der Löwe hatte sich durch sein hartes Regiment so viele Feinde geschaffen, daß Barbarossa den Urteilsspruch der Fürsten auch durchsetzen konnte. Heinrich erhielt bald einige seiner Eigengüter zurück. Sie bildeten die Grundlage des späteren Herzogtums Braunschweig-Lüneburg.

2.21 Reichsfürstenstand

Im Jahre 1188 erhob Friedrich Barbarossa in einer glanzvollen Zeremonie den Grafen Balduin von Hennegau zum Markgrafen von Namur. Über die Erhebung in den Reichsfürstenstand wurde dem Markgrafen eine kaiserliche Urkunde ausgestellt. Die Belehnung machte den Grafen zum „Fürsten des Reiches und königlichen Lehnsmann und brachte ihn in den Genuß reichsfürstlicher Vorrechte". Die Zugehörigkeit zu den Reichsfürsten wurde also durch einen eigenen Rechtsakt begründet. Das zeigt, daß es innerhalb der Schicht des hohen Adels, zu der Balduin auch vor 1188 gehört hatte, einen eigens abgegrenzten Kreis von Personen gab, der nicht allein durch adlige Geburt und Besitz bestimmt war. Die Erhebung Balduins zum Markgrafen von Namur ist der erste überlieferte Rechtsakt dieser Art; deshalb ist anzunehmen, daß die Bildung des Reichsfürstenstandes wenig vorher zum Abschluß gekommen ist, vermutlich im Zusammenhang mit dem Sturz *Heinrichs des Löwen* (▷ 2.20) im Jahre 1180. Schon vorher hatte sich allerdings im Sprachgebrauch

der staufischen Kanzlei ein verfassungsrechtlicher Wandel angedeutet: Der Titel „princeps" (Fürst) wurde zunehmend denen vorbehalten, die in einem Gebiet „staatliche" Rechte wie die Wahrung des Landfriedens und die hohe Gerichtsbarkeit innehatten. Das waren vor allem die Herzöge, die zum Teil noch den Namen der alten *Stammesherzogtümer* (▷ 2.2) in ihrem Titel führten, aber auch diejenigen, deren Herrschaftsgebiet zwar einem alten Stammesherzogtum zugehörte, bei denen aber anerkannt war, daß sie selbst und nicht der Stammesherzog die herzogliche Gewalt in diesem ihrem Gebiet ausübten. Das waren nicht nur große weltliche Herren wie der Markgraf von Brandenburg und der Landgraf von Thüringen, sondern auch alle Erzbischöfe und Bischöfe des Reichs sowie die Äbte und Äbtissinnen der Reichsklöster. Außer der landesherrlichen Gewalt hatten sie mit allen anderen fürstlichen Standesgenossen auch gemein, direkt vom König lehnsabhängig zu sein, was dann im *Sachsenspiegel* (▷ 2.23) und anderen Rechtsbüchern des 13. Jahrhunderts als wesentliches Kennzeichen der reichsfürstlichen Stellung erscheint. Die förmliche Erhebung in den Reichsfürstenstand von 1188, der später andere folgten, zeigt einmal, daß es von nun an ein formloses Hineinwachsen in die landesherrliche Stellung nicht mehr geben sollte; sie zeigt zum anderen, daß der König dann, wenn es um reichsfürstliche Rechte ging, nicht mehr nur mit dem einzelnen, gerade betroffenen Fürsten zu tun haben würde, sondern mit einem geschlossenen Stand, der zu Beginn des 13. Jahrhunderts in seiner Gesamtheit als Empfänger königlicher Privilegien erscheint.

2.22 Thronstreit

Friedrich, der Sohn des Stauferkaisers Heinrich VI. und Konstanzes, der Erbin des normannischen Königreiches Sizilien, war noch nicht drei Jahre alt, als sein Vater völlig überraschend im September 1197 starb. Obwohl das Kind bereits zum deutschen König gewählt und damit die Nachfolge eigentlich entschieden war, brachte der frühe Tod des Kaisers diejenigen politischen Kräfte auf den Plan, die eine Vereinigung Süditaliens mit dem Reich und eine darauf begründete staufische Vorherrschaft ablehnten: Das waren die

Eine Seite aus der Heidelberger Bilderhandschrift des Sachsenspiegels

Kaiserwitwe Konstanze, die, wie man wußte, die Deutschen nie geliebt hatte und der es allein darum ging, ihrem Sohn ihr Erbkönigreich Sizilien zu erhalten; dann der Papst, der eine Umklammerung des Kirchenstaates fürchtete und deshalb zu verhindern suchte, daß der Erbe Siziliens zugleich deutscher König war; und schließlich eine Gruppe stauferfeindlicher Fürsten in Deutschland. Als sie hörten, daß Konstanze für ihren Sohn auf die deutsche Königswürde verzichtet hatte, bereiteten sie die Königswahl Ottos, eines Sohnes *Heinrichs des Löwen* (▷ 2.20), vor. Aber die Stauferpartei kam ihnen zuvor: Sie wählte

den Bruder des verstorbenen Kaisers, Herzog Philipp von Schwaben, zum König, ohne allerdings die Königswahl Ottos dadurch verhindern zu können. Seit dem Jahre 1198 hatte das Deutsche Reich mit dem Welfen Otto IV. und dem Staufer Philipp von Schwaben zwei Könige, die sich gegenseitig bekämpften. Zehn Jahre dauerten die Auseinandersetzungen, in denen Philipp von Schwaben zunehmend an Unterstützung gewann. Da wurde Philipp am 21. Juni 1208 aus Privatrache ermordet. Otto IV. erreichte weitgehende Anerkennung als König, bis er dem „Kind von Apulien", Friedrich II., weichen mußte, der

1212 nach Deutschland kam, um sein väterliches staufisches Erbe einzufordern, und bald allgemeine Anerkennung als König fand.

Der Thronstreit von 1198 gilt als einer der Wendepunkte der deutschen Geschichte. Seit der Mitte des 12. Jahrhunderts hatten die Herrscher der westeuropäischen Königreiche begonnen, die unabhängige Stellung des Hochadels zu beschneiden und Zentralbehörden im Dienste des Königtums zu errichten, um die königliche Politik im Lande durchzusetzen. Der Thronstreit verhinderte, daß die von *Friedrich Barbarossa* (▷ 2.16) geschaffenen Ansätze weiterverfolgt werden konnten. Jede der beiden Parteien versuchte, ihre Anhängerschaft im Hochadel durch die Verleihung von Privilegien zu vermehren. Dadurch wurde besonders die Stellung der Reichsfürsten (▷ 2.21) gestärkt. Der Thronstreit gilt als ein wichtiger Grund dafür, daß die deutschen Könige der Folgezeit nicht wie die Könige von Frankreich und England einen Einheitsstaat aufbauen konnten.

2.23 Sachsenspiegel

In der Germanenzeit war der überlieferte Rechtsbrauch Norm für das Zusammenleben der Menschen. Die Mündlichkeit des germanischen Rechtslebens blieb zunächst auch im Mittelalter bestimmend. Um zu wissen, wie „zu Recht", also richtig und rechtgemäß, zu verfahren sei, erfragte man bei Rechtskundigen, wie früher und bislang verfahren worden war. Obwohl das „gute alte Recht" als unveränderlich galt, machte es doch Wandlungen durch, denn es war an das Gedächtnis und die Erinnerung der Menschen gebunden und damit Teil ihrer Erfahrung. Jeder Personenverband bildete einen eigenen Rechtskreis, bewahrte sein eigenes Recht, das sich gemäß lokalen Besonderheiten vom Recht der anderen Verbände unterschied.

Als die weitgehend einheitlich-agrarische Welt ·der frühmittelalterlichen Grundherrschaften mit der Aufbruchsperiode des 11. Jahrhunderts vielfältiger zu werden begann, wurde auch das Recht vielfältiger: In den Städten entwickelten sich Stadtrechte; Rodungsbauern und Kolonisten wurden durch Zusage besseren Rechts angeworben. Die Kirchenreformer (▷ 2.9) beriefen sich bei ihrem Kampf gegen Eigenkirchenwesen und

königliche Kirchenherrschaft (▷ 2.6) auf das Recht der Alten Kirche und setzten damit den Ausbau des kanonischen Rechts in Gang. Von den Juristenschulen in Italien ging eine verstärkte Beschäftigung mit dem spätrömischen Kaiserrecht aus und förderte bei den Herrschern das Verständnis für planmäßige Gesetzgebung und Schriftlichkeit im Rechtsleben. In dieser Situation setzten überall in Westeuropa Bemühungen ein, auch das bisher mündliche Gewohnheitsrecht aufzuschreiben. Wie die anderen Werke dieser Art, war auch das Rechtsbuch, das der aus Ostsachsen stammende Ritter Eike von Repgow in den Jahren 1220–30 schrieb, eine Privatarbeit. Er nannte es selbst „Spiegel der Sachsen", weil es wie ein „Spiegel von Frauen" das Gewohnheitsrecht seines Erfahrungsbereiches wiedergeben, es abbilden – „spiegeln" – sollte. Nach den beiden grundlegenden Rechtsbeziehungen, in denen die Menschen damals standen, ist es in „Landrecht" und „Lehnrecht" unterteilt. Der Sachsenspiegel ist nicht in der Sprache der Gebildeten, Latein, sondern in deutscher Sprache abgefaßt. Dies verstärkt den Eindruck, als handele es sich um unverfälschtes, altüberliefertes Volksrecht. Man wird Eike von Repgow glauben, daß er wirklich nur das alte Recht widerspiegeln wollte. Man kann aber erkennen,

Die heilige Elisabeth besucht Kranke.
Glasmalerei (um 1240)
aus der Elisabethkirche in Marburg

daß die Verschriftlichung allein den Charakter des Rechts veränderte, weil Eike die Vielzahl der Einzelrechte durch die Zuordnung zu allgemeinen Rechtsgrundsätzen systematisierte. So stellt der Sachsenspiegel eine wirklich rechtsschöpferische Leistung dar, die Vorbild für andere deutsche Rechtsbücher war (Deutschenspiegel, Schwabenspiegel).

2.24 Landesausbau/ Ostsiedlung

Das frühmittelalterliche Westeuropa war äußerst dünn besiedelt. Nur ein geringer Teil der Gesamtfläche wurde landwirtschaftlich genutzt, und auch dort fehlten oft die Menschen, um bereits kultiviertes Land weiter zu bewirtschaften. Seit der Mitte des 11. Jahrhunderts aber setzte ein bemerkenswertes Bevölkerungswachstum ein, das bis in das 14. Jahrhundert hinein anhielt. In den bereits dichter besiedelten Gegenden Frankreichs und Englands stieg die Bevölkerung so, schätzt man, vom Ende des 11. bis zum Beginn des 14. Jahrhunderts auf das Dreifache, im dünner besiedelten Sachsen sogar auf das Zehnfache. Die intensivere Bodennutzung und damit die Steigerung der Ernteerträge im Altsiedelland reichte nicht aus, um die stets wachsende Zahl von Menschen zu ernähren. Es mußte bislang unbewirtschaftetes Land durch Rodung dazugewonnen werden. Rodungsland waren zunächst die Waldgebiete und Gebirge in Westeuropa selbst; die Küstengebiete der Nordsee wurden eingedeicht, die Sümpfe trockengelegt. Erst allmählich zogen wagemutigere Bauern als Siedler weiter nach Osten. *Heinrich der Löwe* (▷ 2.20) warb für die Erschließung Holsteins und Mecklenburgs flämische, holländische und niederdeutsche Bauern als Siedler an. Ein knappes Jahrhundert später bemühte sich der *Deutsche Orden* (▷ 2.26) um deutsche Siedler für das Prussenland (Ostpreußen) und Litauen, weil die einheimische Bevölkerung zahlenmäßig nicht ausreichte, um das Land weiter zu erschließen. Aber auch polnische Fürsten suchten Bauern aus dem volkreicheren Westen in ihr Land zu ziehen. Für die Neugründung von Dörfern setzten diese Landesherren meist Lokatoren ein, Männer, die mit einer ganzen Gruppe von Siedlern den Standort eines Dorfes festlegten, die Hofstätten und Felder vermaßen und die Anfangsschwierigkeiten durch ein Startkapital überbrückten. Der Lokator selbst erhielt dann in dem neuen Dorf einen größeren Bauernhof zu besonders günstigen Bedingungen und wurde meist der „Schulze" des Dorfes, der Beauftragte des Landesherrn. Auch die Zisterziensermönche waren an der Erschließung des Landes intensiv beteiligt.

Unabhängig von der Nationalität ging es den Landesherren bei der Erschließung des Landes um den Ausbau ihrer Herrschaft, zu der der Arbeitseinsatz und die Steuern der Neusiedler beitragen sollten. Man kann deshalb die mittelalterliche deutsche Ostsiedlung nicht mit dem Kolonialismus der Neuzeit vergleichen, denn es ging nicht um die Beherrschung unterentwickelter Völker. Die Ostsiedlung war Teil des ganz Europa im Hochmittelalter erfassenden Landesausbaus, bei der Einheimische und Zugereiste in den neuen Dörfern in gleicher Weise seßhaft wurden.

2.25 Elisabeth von Thüringen

Am 11. September 1227 starb Landgraf Ludwig IV. von Thüringen auf dem Kreuzzug. Durch seinen Tod wurde seine zwanzigjährige Witwe, die ungarische Königstochter Elisabeth, aller höfischen Verpflichtungen ledig, die sie als Frau eines der angesehensten Reichsfürsten und als Herrin des glanzvollen Fürstenhofes auf der Wartburg hatte übernehmen müssen. Jetzt konnte sie ihren religiös-asketischen Vorstellungen gemäß ein Leben in Keuschheit, selbstgewählter Armut und Dienst an den Armen und Kranken führen. Sie wünschte ihr Leben als Bettlerin von Tür zu Tür zu fristen. Das aber verhinderte Konrad von Marburg, dessen geistlicher Leitung sie sich schon zu Lebzeiten und mit Billigung ihres Mannes unterstellt hatte und der nun als Beauftragter des Papstes auch ihr Schutzherr in weltlichen Dingen wurde. Unter seinem Einfluß gründete sie in Marburg auf landgräflichem Familiengut ein Hospital, in dem sie selbst in tätiger Hingabe an die Kranken die niedrigsten Dienste verrichtete. Als Elisabeth nur drei Jahre später, am 17. November 1231, starb, stand sie im Ruf der

Heiligkeit, und bald hörte man von Wundern an ihrem Grab. Die offizielle Heiligsprechung folgte 1235. Die über ihren Gebeinen errichtete Elisabethkirche wurde zum Wallfahrtsort. Es ist nicht nur das Bild der sich in religiöser Inbrunst erniedrigenden jungen Königstochter unter dem Einfluß des harten, fanatischen Ketzerverfolgers Konrad von Marburg, das das Interesse an Elisabeth von Thüringen über die Jahrhunderte wachgehalten hat. Obwohl ihr Leben sicher außergewöhnliche Züge hat, verkörperte Elisabeth religiöse Ideale und Sehnsüchte, von denen damals so viele Frauen ergriffen waren, daß man von einer religiösen Frauenbewegung spricht. Tausende von Frauen verließen ihren häuslichen Umkreis, um sich religiösen Wanderpredigern anzuschließen. Viele von ihnen fanden eine religiöse Heimstatt in neugegründeten Frauenklöstern. Die ersehnte „Nachfolge des armen und nackten Christus" fand ihre Verwirklichung aber nicht nur im Ordensleben, sondern auch in einer einzeln unternommenen Absage an alle Güter und Annehmlichkeiten dieser Welt, wie sie Elisabeth vorgelebt hatte. – Abb. S. 57.

2.26 Deutscher Orden

1199 beauftragte Papst Innozenz III. die „Brüder des der heiligen Maria geweihten Hospitals der Deutschen zu Jerusalem", die bislang im Heiligen Land kranke Pilger gepflegt hatten, zusätzlich mit dem Heidenkampf. Damit war der Deutsche Orden als Ritterorden entstanden, der wie Templer und Johanniter die traditionellen Mönchsgelübde Armut, Keuschheit und Gehorsam mit der Pflicht zu Heidenkampf und militärischem Pilgerschutz verband. Die Deutschordensritter trugen als Zeichen ihrer Ordenszugehörigkeit einen weißen Mantel mit schwarzem Kreuz. Ihr Aktionsfeld war zunächst das Heilige Land. Die Ritter kamen vor allem aus dem Deutschen Reich, wo dem Orden bald fromme Schenkungen zuflossen; die einzelnen Niederlassungen (Kommenden, denen ein Komtur vorstand) wurden gebietsweise zu Balleien zusammengefaßt, die ihrerseits dem „Deutschmeister" unterstanden. Dem Gesamtorden stand der „Hochmeister" vor. Prägenden Einfluß auf die weitere Entwicklung des Ordens hatte der Hochmeister Hermann

von Salza (1210–39): Durch die Goldbulle von Rimini (1226) ließ er sich von Kaiser Friedrich II. das Gebiet der heidnischen Prussen an der unteren Weichsel zu Heidenkampf und Mission übertragen und gleichzeitig die politischen Herrschaftsrechte in dem zu erobernden Land. Der Heidenkrieg, zu dem die Ordensritter verpflichtet waren, verlagerte sich bald danach vom Heiligen Land nach Osteuropa. Als Stützpunkte im Heidenland baute der Orden Burgen; die bekannteste Ordensburg wurde die Marienburg, die 1308–1456 Sitz des Hochmeisters war. Die „Goldbulle von Rimini" diente dem Orden als rechtliche Grundlage zur Errichtung des Ordensstaates; zur Erschließung des Landes warb der Orden deutsche Bauern als Siedler an und gründete Städte. Eine der frühesten Gründungen in Preußen war die Stadt Culm. Das ihr verliehene Stadtrecht, die „Culmer Handfeste", geht auf eine Urkunde des Jahres 1233 zurück und ist zum Vorbild für die meisten preußischen Städte geworden. Vom östlich der Weichsel gelegenen Prussenland, das ihm ursprünglich übertragen worden war, griff der Orden später nach Westen (Pommerellen mit Danzig, 1308) und Nordosten aus. Durch die Expansion entstanden Konflikte mit Polen, die allerdings keine nationalen und schon gar keine rassischen Gegensätze zwischen „Deutschtum und Slawen" waren. Der Ordensstaat gehörte zu einem System territorialer Machtstaaten, die durch konkurrierende Expansionsbestrebungen aneinandergerieten. In diesem Sinne wurde auch der 2. Thorner Friede von 1466, in dem der Orden Westpreußen und das Ermland an Polen abtreten mußte, als Erfolg der militärisch überlegenen Gegner gewertet, die in diesem Fall die mit dem polnischen König verbündeten preußischen Stände waren. Erst die Geschichtsschreibung des 19. Jahrhunderts hat diese Abtretung unter nationalem Vorzeichen als Auslieferung von Deutschen unter polnische Fremdherrschaft gewertet, so wie umgekehrt für die nationale polnische Geschichtsschreibung die Ordensritter nichts anderes als grausame Bösewichter waren, die unschuldige Völker unter ihr Joch gezwungen haben. Im Jahre 1525 wurde der größte Teil des säkularisierten Ordensstaates zum Herzogtum Preußen unter polnischer Lehnshoheit.

Daten

911–918	Konrad I.
919–936	Heinrich I.
933	Sieg Heinrichs über die Ungarn an der Unstrut
936–973	Otto I., der Große
951–952	Italienzug Ottos und Krönung in Pavia zum „König der Langobarden"
10. Aug. 955	Schlacht auf dem Lechfeld
2. Febr. 962	Kaiserkrönung Ottos des Großen in Rom
968	Gründung des Erzbistums Magdeburg
973–983	Otto II. (967 Mitkaiser)
983–1002	Otto III. (996 Kaiser)
1002–1024	Heinrich II. (1014 Kaiser)
1024–1039	Konrad II. (1027 Kaiser)
1033	Konrad II. wird König von Burgund
1039–1056	Heinrich III. (1046 Kaiser)
1046	Synoden von Sutri und Rom
1056–1105/06	Heinrich IV. (1084 Kaiser)
1073–1085	Papst Gregor VII.
1074–1075	sächsischer Fürstenaufstand gegen Heinrich IV.
Jan./April 1076	Heinrich IV. und Gregor VII. erklären sich gegenseitig für abgesetzt
28. Jan. 1077	Lossprechung Heinrichs IV. vom Bann in Canossa
1077–1080	Gegenkönig Rudolf von Rheinfelden
1080	Heinrich IV. läßt als Gegenpapst Clemens III. wählen
1096–1099	1. Kreuzzug
1105	Heinrich IV. von seinem Sohn Heinrich V. gefangengenommen
1105/06–1125	Heinrich V. (1111 Kaiser)
1119	Zisterzienserorden vom Papst anerkannt
23. Sept. 1122	Wormser Konkordat
1125–1137	Lothar III. von Supplinburg (1133 Kaiser)
1138–1152	Konrad III.
1147–1149	2. Kreuzzug
1152–1190	Friedrich I. Barbarossa (1155 Kaiser)
1159	Beginn des Schismas (Papst Alexander III. – Viktor IV.)
1167	Lombardenbund
1180	Sturz Heinrichs des Löwen
1189–1192	3. Kreuzzug
1190–1197	Heinrich VI. (1191 Kaiser)
1198	Doppelwahl: Philipp von Schwaben – Otto IV.
1199	Gründung des Deutschen Ordens
1202–1204	4. Kreuzzug (Kreuzfahrer erobern Konstantinopel)
1208	Ermordung Philipps von Schwaben
1209	Kaiserkrönung Ottos IV.
1212–1250	Friedrich II. (1220 Kaiser)
1214	Schlacht bei Bouvines: Entscheidung des Thronstreits
1220–1230	Sachsenspiegel
1226	Goldbulle von Rimini
1228–1229	5. Kreuzzug
17. Nov. 1231	Tod Elisabeths von Thüringen
1233	Culmer Handfeste
15. Aug. 1235	Mainzer Reichslandfriede
1248–1254	6. Kreuzzug
1250–1254	Konrad IV.

Kapitel 3: Spätmittelalter – Vom Interregnum (1254) bis zum Anbruch der Neuzeit

Einführung

Aus der Rückschau des 20. Jahrhunderts gesehen, erscheint das Spätmittelalter als eine Zeit des Umbruchs, der Übergänge – aber auch des Neubeginns.

Noch bestand die alte Ordnung der mittelalterlichen Welt, verkörpert durch ihre höchsten Repräsentanten, Papst und Kaiser, weiter; aber der letzte schwere Konflikt zwischen diesen beiden Gewalten in der Stauferzeit hatte nicht nur zu einer Umgestaltung der machtpolitischen Verhältnisse, sondern auch zu bedeutsamen Wandlungen im Bereich der Kirche wie auch im Herrschaftsgefüge des Reiches geführt.

In der Auseinandersetzung mit dem staufischen Herrscherhaus hatte das Papsttum am Ende mit Hilfe der französischen Anjoudynastie triumphiert und schickte sich nun an, neben der geistlichen auch die höchste weltliche Herrschaftsgewalt über die abendländische Christenheit in Anspruch zu nehmen.

Entscheidende Unterstützung erhielt dieser päpstliche „Weltherrschaftsanspruch" durch die Bettelorden, die durch ihre Missionsarbeit in den Städten eine bisher nicht gekannte religiöse Breitenwirkung bei der Masse der Bevölkerung erreichten und aus deren Reihen die bedeutendsten Gelehrten der Zeit (Bonaventura, Albertus Magnus, Thomas von Aquin) hervorgegangen sind.

Der Konflikt Papst Bonifaz' VIII. mit dem französischen Königtum, geprägt durch die Übersteigerung des päpstlichen Weltherrschaftsgedankens in der Bulle „Unam sanctam" (1302) und die daraufhin erfolgte Gefangennahme des Papstes in Anagni (1303), machte jedoch deutlich, daß das Papsttum ebensowenig wie das Kaisertum in der Lage war, seinen universalen Herrschaftsanspruch gegenüber den aufstrebenden Nationalstaaten auf Dauer zu behaupten. Auf die Demütigung von Anagni folgte vielmehr unter Papst Clemens V. die Übersiedlung der Kurie nach Avignon in den Einflußbereich der französischen Krone. Als nach über siebzigjähriger Dauer Papst Gregor XI. versuchte, diese „babylonische Gefangenschaft der Kirche" durch die Rückkehr nach Rom zu beenden, führte diese Maßnahme nicht zum erhofften Wiederaufstieg des Papsttums, sondern zur Katastrophe der Kirchenspaltung in dem großen Abendländischen Schisma (1378–1417).

Wenn auch das Papsttum selbst nach dem Ende des Schismas aus dem Konflikt mit den konziliaren Strömungen der Zeit als Sieger hervorgegangen ist, so wurde hierdurch die allgemeine Krise, in die die spätmittelalterliche Kirche durch die überzogene Abgabenpolitik des Avignonenser Papsttums und die zunehmende Verweltlichung des Klerus geraten war, eher noch verschärft; denn den Zeitgenossen war klar, daß Abhilfe nur von einer grundlegenden Reform der Kirche „an Haupt und Gliedern" zu erwarten war, die aber gegen den Widerstand des erstarkten Papsttums und der Kardinäle in dieser Zeitepoche nicht mehr durchzusetzen war.

Gegenüber der Zeit des Hochmittelalters hatte sich auch die Stellung des Kaisers im Reich wie auch zu den Nachbarmächten entscheidend gewandelt. Nach dem Untergang des staufischen Hauses war der kaiserliche Universalherrschaftsanspruch in der Realität nicht mehr aufrechtzuerhalten; die anderen Königreiche Europas, vor allem Frankreich und England, traten als ebenbürtige Mächte an die Seite des Reiches.

61

Lebendig geblieben war jedoch die Kaiseridee, die dem Träger der Kaiserkrone immer noch ein schwer faßbares „Mehr" an Autorität vermittelte, das es z. B. König Sigmund gestattete, bei der Vorbereitung und dem Verlauf des Konstanzer Konzils als höchste weltliche Autorität der Christenheit aufzutreten und den Gang der Verhandlungen entscheidend zu beeinflussen.

Der deutsche König des Spätmittelalters stand nach wie vor voll im Banne dieser Kaisertradition. Er bezeichnete sich nicht nur in seinen Urkunden, sondern er fühlte sich auch ganz als „römischer König", der nicht nur einen Anspruch auf den Empfang der Kaiserkrone hatte, sondern der bereits nach seiner Krönung in Aachen gewillt war, kaiserliche Herrschaft im ganzen Reich, nicht nur in Deutschland, auszuüben.

Hierbei stieß er allerdings auf konkurrierende Ansprüche des Papsttums, das u. a. aus dem Recht zur Kaiserkrönung ein päpstliches Zustimmungsrecht bei der deutschen Königswahl (Approbationsrecht) ableitete und das außerdem bis zur erfolgten Kaiserkrönung die kaiserlichen Herrschaftsrechte in Reichsitalien beanspruchte (päpstliches Reichsvikariat). Unterstützt von den Kurfürsten, die eine Entwertung ihres Wahlrechts befürchteten, konnte sich das Königtum unter Ludwig dem Bayern und Karl IV. jedoch mit seiner Rechtsauffassung in der Praxis durchsetzen, was in dem berühmten Reichsgesetz der Goldenen Bulle (1356) dadurch zum Ausdruck gebracht wurde, daß die päpstlichen Ansprüche mit Stillschweigen übergangen wurden.

Gegenüber dem Hochmittelalter hatten sich auch die Herrschaftsgrundlagen des Königs im Reich entscheidend gewandelt. Während die westeuropäischen Königreiche seit dem Ende des 12. Jahrhunderts zu reinen Erbmonarchien geworden waren, hatte sich im Reich spätestens nach dem Zusammenbruch der Stauferherrschaft der Gedanke der freien Königswahl – ohne Rücksicht auf die Verwandtschaft zum königlichen Hause – durchgesetzt, wobei es bis zum Jahre 1257 einer Gruppe von Fürsten, den Kurfürsten, gelungen war, das Wahlrecht als ein ihnen allein zustehendes Recht durchzusetzen und die anderen Fürsten von der Königswahl auszuschließen. Die Folge war, daß Reichsinteresse und dynastisches Hausinteresse für den spätmittelalterlichen König nicht mehr identisch waren und daher die Versuchung groß war, in diesem Interessenkonflikt einseitig zu Lasten des Reiches und zugunsten des eigenen Hauses Stellung zu beziehen (Hausmachtkönigtum). Nachdem der Versuch der salisch-staufischen Könige, aus den Reichsministerialen die personelle Basis einer künftigen Reichsbeamtenschaft zu formen, gescheitert war, besaß der spätmittelalterliche König praktisch kaum mehr eine Möglichkeit, die alten lehensrechtlichen Organisationsformen durch eine leistungsfähige Reichsverwaltung zu ersetzen, die in der Lage gewesen wäre, Reichseinkünfte einzuziehen sowie die Ausführung der Reichsgesetze und Urteile des königlichen Hofgerichts zu überwachen und notfalls auch mit Gewalt durchzusetzen. Die hierdurch bedingten Mißstände, die sich in allgemeiner Rechtsunsicherheit, einem zügellosen Fehdewesen und Raubrittertum sowie in weitgehender Schutzlosigkeit gegenüber äußeren Bedrohungen (Türken, Hussiten) äußerten, traten seit dem Ende des 14. Jahrhunderts immer offener zutage, so daß auch im Reich der Ruf nach einer umfassenden Reform der Reichsverfassung (Reichsreform) laut wurde. Im Gegensatz zum König sahen Kurfürsten und Fürsten die Lösung des Problems jedoch nicht in einer Stärkung der königlichen Zentralgewalt, sondern vielmehr in einer Art ständischer Mitwirkung an der Königsherrschaft, was natürlich auf eine Entmachtung des Königs hinauslief.

Obwohl die Reichsstände auf den Reichstagen des 15. Jahrhunderts immer mehr dazu übergingen, die Gewährung von Reichshilfen von Zugeständnissen des Königs in der Frage der Reichsreform abhängig zu machen, hielt das Königtum des 15. Jahrhunderts zunächst noch zäh an seinen Herrschaftsrechten fest, bis der Wormser Reichstag vom Jahre 1495 mit der Errichtung eines vom König weitgehend unabhängigen Reichskammergerichts auch hier eine neue Entwicklung einleitete.

3.1 Interregnum

Als Interregnum wird üblicherweise die Epoche zwischen dem Erlöschen des staufischen Herrscherhauses in Deutschland (1254) und der Wahl Rudolfs von Habsburg im Jahre 1273 bezeichnet. Der Begriff ist insofern mißverständlich, als er die Vorstellung begünstigt, daß es sich um eine „königslose" Zeit gehandelt habe. In Wahrheit ist das Gegenteil richtig; es gab eher zuviel Könige, die die Herrschaft im Reiche beanspruchten. Bereits die Staufer mußten sich mit Gegenkönigen auseinandersetzen, seit 1246 mit dem Landgrafen Heinrich Raspe von Thüringen und nach dessen Tod im Jahre 1247 mit dem Grafen Wilhelm von Holland. Nach dem Tode Konrads IV. (1254) und Wilhelms (1256) gingen aus einer zwiespältigen Wahl im Jahre 1257 wieder zwei Könige hervor: Alfons X. von Kastilien, ein Enkel Philipps von Schwaben, sowie Richard von Cornwall, ein Bruder des englischen Königs Heinrich III. und Vetter Ottos IV.

Die Doppelwahl, die insofern verfassungsrechtlich bedeutsam war, als hier erstmals die sieben Kurfürsten allein – ohne die übrigen Fürsten – wählten, zeigte bald die Folgen, die eigentlich schon vorauszusehen waren. Während Alfons von Kastilien überhaupt nie ins Reich kam, um seine Königsherrschaft anzutreten, gelang es auch Richard nicht, während seiner kurzen Aufenthalte in Deutschland, die ihn nie östlich des Rheins führten, allgemeine Anerkennung zu erlangen.

Fehlte es somit auch nicht an Königen, so fehlte es doch an einer allseitig anerkannten königlichen Autorität, die in der Lage gewesen wäre, Frieden und Recht zu gewährleisten und den hemmungslosen Interessenegoismus der Mächtigen und weniger Mächtigen in Schranken zu halten. Während die Fürsten dieser Entwicklung in ihrer Mehrzahl eher gleichgültig gegenüberstanden, hatten die rheinischen Städte bereits im Jahre 1254 zur Selbsthilfe gegriffen und zur Aufrechterhaltung des Landfriedens und zur Abwehr willkürlicher Zollforderungen einen großen Städtebund (Rheinischer Bund) geschlossen, dem bereits nach zwei Jahren über 70 Städte von Aachen bis Zürich angehörten. Die Erfolge des Bundes, der energisch gegen die Friedensbrecher vorging, veranlaßten sogar die rheinischen Erzbischöfe, den Pfalzgrafen sowie mehrere Bischöfe, Grafen und Herren zum Anschluß. Als im Jahre 1255 auch König Wilhelm den Bund reichsrechtlich anerkannte, schien sich hier für das Königtum eine Möglichkeit zu bieten, die selbstbewußten Städte im Sinne der Reichspolitik zur Friedenswahrung heranzuziehen.

Wie sehr der Bund sich als Wahrer des Reichsinteresses fühlte, wird nach dem Tode Wilhelms (1256) besonders deutlich, als die Städtevertreter beschlossen, während der Thronvakanz das Reichsgut zu schützen und nur einem einhellig gewählten König die Tore zu öffnen. Dennoch konnte die Doppelwahl von 1257 nicht verhindert werden, was dann auch das Ende des Bundes bedeutete, da die meisten Städte aus handelpolitischen Gründen Richard von Cornwall anerkannten, ohne hierdurch die Lage im Reich ändern zu können. – Abb. S. 64.

3.2 Hausmachtkönigtum

Das spätmittelalterliche Königtum wird mitunter auch als Hausmachtkönigtum bezeichnet, womit regelmäßig die Vorstellung verbunden wird, daß der König seine Königsherrschaft in erster Linie zur Förderung seines eigenen Hauses und erst sekundär zum Wohle des Reiches eingesetzt habe. Da der deutsche König des Spätmittelalters – im Gegensatz zu den westeuropäischen Monarchen – nicht durch Erbfolge, sondern durch die Wahl der *Kurfürsten* (▷ 3.7) zur Herrschaft gelangte, war für ihn, wenn er an die Nachfolge dachte, allenfalls sicher, daß seine Dynastie im Besitz der ererbten Stammlande, nicht aber unbedingt auch im Besitz der Königsherrschaft bleiben würde. Aus dieser Überlegung ergab sich, daß dynastisches Hausinteresse und Reichsinteresse durchaus auseinanderfallen konnten und daß bei Interessenkollisionen die Versuchung groß war, dem Hausinteresse den Vorrang einzuräumen. Dazu kam, daß das Reichsgut, das noch im Hochmittelalter die eigentliche Machtbasis des Königs gebildet hatte, im Spätmittelalter durch Verschleuderungen in der Zeit der Thronkämpfe und durch eine hemmungslose königliche Ausgaben- und Verpfändungspolitik bereits so weit dezimiert war, daß diese Aufgabe nicht mehr wahrnehmen konnte.

Konradin von Schwaben vor seiner Hinrichtung in Neapel 1268. Der letzte Staufer übergibt Ring und Handschuh an einen Ministerialen. Links auf dem Thron Karl von Anjou, der vom Papst mit Neapel-Sizilien belehnt worden war

Gerade die Könige ohne große eigene *Landesherrschaften* (▷ 3.10) mußten daher versuchen, sich anderweitig eine entsprechende Machtgrundlage aufzubauen. Hierzu bot sich vor allem dann eine Gelegenheit, wenn große Reichslehen durch das Aussterben einer Dynastie oder den Ungehorsam der Inhaber an das Reich fielen. Zwar bestand rechtlich durchaus die Möglichkeit, diese Lehen in unmittelbare Reichsverwaltung zu nehmen; in der Praxis haben es die Könige aber regelmäßig vorgezogen, die anfallenden Güter an die eigenen Söhne zu verleihen und sich auf diese Weise eine „Hausmacht" zu schaffen. So erwarben z. B. die Habsburger unter König Rudolf die Herzogtümer Österreich und Steiermark (1282), die Luxemburger unter Heinrich VII. das Königreich Böhmen (1310) und die Wittelsbacher unter Ludwig dem Bayern die Markgrafschaft Brandenburg (1323). Eine darüber hinausgehende Hausmachtpolitik, die der Förderung des eigenen Hauses eindeutig Vorrang zu Lasten des Reichsinteresses einräumte, ist indessen erst seit Karl IV. nachweisbar, der als erster König auch in der Titelführung bewußt zwischen seiner Eigenschaft als römisch-deutscher König und König von Böhmen unterschieden hat.

3.3 Rudolf von Habsburg und das Haus Habsburg

Als im Jahre 1272 Richard von Cornwall starb, hatte das Reich zwar nominell in Alfons von Kastilien noch einen König, der zunächst auch keineswegs bereit war zu verzichten, der andererseits aber in den langen Jahren des Interregnums seit 1257 auch keinen einzigen Versuch gemacht hatte, seinen Herrschaftsanspruch auf deutschem Boden durchzusetzen. Der Papst, Gregor X., der sich zu dieser Zeit mit dem Gedanken eines allgemeinen Kreuzzuges unter der Autorität eines einhellig anerkannten römisch-deutschen Kaisers trug, schätzte also die Situation durchaus realistisch ein, als er die Kurfürsten zur Neuwahl drängte, mit der Drohung, im Falle längerer Verzögerung mit den Kardinälen einen Kandidaten durch einseitige Verfügung zu bestimmen.

Als am 1. Oktober 1273 die Kurfürsten in Frankfurt zur Wahlhandlung zusammentraten, fiel die Wahl auf den Grafen Rudolf von Habsburg, obwohl auch andere mächtige Kandidaten – unter ihnen der König von Frankreich und König Ottokar von Böhmen – ihr Interesse angemeldet hatten. Wenn auch die spätere böhmische Propaganda Rudolf als „armen Grafen", dessen Wahl nur den Machtinteressen der Kurfürsten gedient habe, verspottete, so sah die Wirklichkeit doch etwas anders aus. Obwohl nicht dem Reichsfürstenstande angehörend, galt Rudolf, der über umfangreichen Besitz und ausgedehnte Herrschaftsrechte im Aargau, im Zürichgau sowie am Oberrhein, im Elsaß und Schwarzwald verfügte, als der bedeutendste Territorialherr im Südwesten des Reiches.

Wahrscheinlich schon vor seiner Wahl hatte sich der neue König den Kurfürsten gegenüber durch Eid verpflichtet, die im Laufe des Interregnums entfremdeten Güter und Herrschaftsrechte des Reiches diesem wieder zuzuführen. Bereits auf seinen ersten Hoftagen nahm sich Rudolf dieser Aufgabe an, die allerdings bald zu einer gefährlichen Konfrontation mit dem mächtigen Böhmenkönig Ottokar II. führte, da dieser sich nach dem Tode Kaiser Friedrichs II. ohne ausreichende Legitimation in den Besitz der Herzogtümer Österreich und Steiermark gesetzt hatte. Da Ottokar, auf seine Machtposition vertrauend, es zudem abgelehnt hatte, Rudolf als König zu huldigen, konnte Rudolf im Wege eines förmlichen Rechtsverfahrens gegen seinen Widersacher vorgehen, das mit dessen Ächtung endete (1275). Nachdem Ottokar zunächst nachgegeben und die Forderungen Rudolfs auf Herausgabe der umstrittenen Länder und die Lehnshuldigung für Böhmen und Mähren erfüllt, dann sich aber erneut aufgelehnt hatte, mußten die Waffen endgültig entscheiden. Dabei gelang es König Rudolf, seinen Gegner in der Schlacht auf dem Marchfeld bei Dürnkrut (1278) vernichtend zu schlagen; Ottokar selbst kam auf der Flucht ums Leben.

Damit war der Weg für Rudolf frei, die Herzogtümer Österreich und Steiermark zunächst unter Reichsverwaltung zu stellen, um sie dann im Jahre 1282 mit Zustimmung der Kurfürsten als erbliche Reichslehen an seine Söhne zu verleihen.

Nichts kennzeichnet den persönlichen Herrschaftsstil Rudolfs besser als der Bericht eines Zeitgenossen über die Huldigung König Ottokars für die böhmischen Lehen im Jahre 1275: Während Ottokar mit aufwendigem Gefolge und im prächtigen Krönungsornat vor dem König erschien, nahm dieser Knie-

fall und Treueid seines mächtigen Vasallen auf einem Holzschemel sitzend, mit einem grauen, unscheinbaren Lederwams bekleidet, entgegen. Die hier zum Ausdruck kommende persönliche Bescheidenheit wurde zudem von einer bemerkenswerten Leutseligkeit begleitet, die sich in zahlreichen Anekdoten niedergeschlagen hat.

Bei aller Popularität, die Rudolf auf diese Weise gerade bei den niederen Ständen genoß, zeigte sich die Kehrseite dieses Herrschaftsstiles doch darin, daß weite Bevölkerungskreise diesen nüchternen Mann nicht mit dem glanzvollen Charisma des staufischen Kaisertums, wie es Friedrich II. praktiziert hatte, identifizierten; nur so wird es verständlich, daß ein Betrüger mit der Behauptung, er sei der wahre Kaiser Friedrich, in Neuß und Wetzlar regelrecht Hof halten und Gesandte empfangen konnte, bis König Rudolf mit Waffengewalt dem Spuk ein Ende bereitete.

Wenn auch Rudolf weder die Kaiserkrönung in Rom noch die unmittelbare Thronfolge eines seiner Söhne erreicht hat, so hat er doch

Grabplatte Rudolfs von Habsburg im Dom zu Speyer

mit dem Erwerb Österreichs und der Steiermark die entscheidende Grundlage für den Aufstieg des Hauses Habsburg gelegt, das Ende des 14. Jahrhunderts über den größten Länderkomplex im Reiche verfügte. Da es den Habsburgern trotz dieser Erfolge nicht gelungen war, in den Kreis der *Kurfürsten* (▷ 3.7) aufzusteigen, versuchte der ehrgeizige Herzog Rudolf IV. (1358–65), durch eine Privilegienfälschung (privilegium maius) seinem Hause besondere Vorrechte, u. a. den Titel eines Erzherzogs, zu verschaffen, was allerdings erst im 15. Jahrhundert vom Reich anerkannt wurde. Nachdem Ende des 14. Jahrhunderts Teilungen und die Auseinandersetzungen mit den Eidgenossen (▷ 3.4) zu einer gewissen Schwächung geführt hatten, gelang es Herzog Friedrich V., der als Friedrich III. gleichzeitig römisch-deutscher Kaiser war, alle Länder wieder in seiner Hand zu vereinigen. Sein Sohn und Nachfolger Maximilian I. brachte außerdem noch das burgundische Erbe in die habsburgische Ländermasse ein.

3.4 Schweizer Eidgenossenschaft

Am 1. August 1291, kurz nach dem Tode König Rudolfs von Habsburg, schlossen im Westen des Habsburger Herrschafts- und Interessengebietes die drei Talgemeinden Uri, Schwyz und Nidwalden einen ewigen Landfriedensbund, dem sich wenig später auch Obwalden anschloß. Dieser Bund, der ein nicht näher datierbares älteres Abkommen erneuerte, unterschied sich von anderen Landfriedenseinigungen vor allem durch die soziale Herkunft und Rechtsstellung seiner Mitglieder. Während sonst Fürsten und Reichsstädte derartige Bündnisse schlossen, handelte es sich hier um Landgemeinden, die jeweils in einer gemeinsamen Wirtschafts- und Gerichtsorganisation zusammengeschlossen waren. Die Abgeschlossenheit der Täler und die Gemeinsamkeit der Lebensbedingungen verwischte die sonst üblichen Standesunterschiede zwischen Freiheit und Unfreiheit, wobei die Führungsrolle gemeinsam von einzelnen adligen Sippen und reichen Bauernfamilien übernommen wurde. Aus dem Rahmen des üblichen fiel der Bund ferner durch den unterschiedlichen Rechtsstatus der drei Talgemeinden (ab 1309 „Waldstätte" genannt). Während Nidwalden der habsburgischen Landesherrschaft unterstand, galten Uri und Schwyz seit 1231 bzw. seit 1240 als reichsunmittelbar. Der Bund von 1291 richtete sich zunächst nicht generell gegen Habsburg, sondern sollte wohl vorrangig der Eindämmung der zahlreichen Fehden in den Tälern dienen, was vor allem mit Rücksicht auf den seit der Erschließung des Gotthardpasses im Umfange stark angestiegenen Reise- und Transportverkehr geboten erschien.

Erst seit der Intensivierung der habsburgischen Landesherrschaft unter Albrecht I. und Leopold I. geriet der Bund in zunehmenden Gegensatz zu Habsburg, was im Jahre 1315 zur ersten militärischen Konfrontation führte. In der Schlacht am Morgarten gelang es den Eidgenossen, unter Ausnutzung des Geländevorteils das österreichische Ritterheer unter Führung Herzog Leopolds vernichtend zu schlagen.

Das gestiegene Selbstbewußtsein des Bundes schlug sich zunächst in einer Erneuerung des Bundesbriefes – jetzt mit deutlicher Spitze gegen Habsburg –, aber auch in einer relativ früh einsetzenden Legendenbildung nieder; so sind bisher alle Versuche, Wilhelm Tell und den rücksichtslosen habsburgischen Landvogt Geßler sowie die berühmte „Apfelschußszene" historisch nachzuweisen, gescheitert.

Entscheidend für die Weiterentwicklung des Bundes war in der Folgezeit, daß sich die Städte Luzern (1332), Zürich (1351), Glarus und Zug (1352) sowie Bern (1353) dem Bunde anschlossen, der damit die sogenannten „Acht Orte" umfaßte. Einigende Klammer war nach wie vor die Gegnerschaft zu Habsburg, wobei man Rückhalt beim römisch-deutschen Königtum fand, wenigstens solange es noch nicht im Besitze der Habsburger war. Gegenüber erneuten habsburgischen Unterwerfungsversuchen konnten sich die Eidgenossen militärisch in den Schlachten von Sempach (1386) und Näfels (1388) behaupten; im 15. Jahrhundert gelang es ihnen sogar, in die Offensive zu gehen und 1415 den Aargau, 1460 den Thurgau zu erobern. Auch gegenüber den Expansionsbestrebungen des neuburgundischen Herzogtums unter Karl dem Kühnen blieben die Schweizer Eidgenossen – jetzt im Bunde mit Habsburg – am

Ende siegreich. Ebenso scheiterte der Versuch König Maximilians I., die Schweizer im sogenannten Schwabenkrieg zur Anerkennung der Beschlüsse des Wormser Reichstags von 1495 (▷ 3.26) zu zwingen. Mit dem Frieden von Basel (1499) schieden die Eidgenossen de facto bereits aus dem Verbund des Heiligen Römischen Reiches aus, was de jure allerdings erst im Westfälischen Friedensvertrag von 1648 bestätigt wurde.

3.5 Ludwig der Bayer

Im Jahre 1282 als Sohn des Herzogs Ludwig des Strengen von Bayern und der Mathilde von Habsburg geboren, trat Ludwig nach dem Tode des Vaters im Jahre 1301 zusammen mit seinem Bruder Rudolf die Herrschaft über das wittelsbachische Erbe in der Rheinpfalz und in Oberbayern an. Im Streit um die Vormundschaft über die niederbayerischen Vettern kam es im Jahre 1313 zu einer militärischen Kraftprobe mit dem Habsburger Friedrich dem Schönen, Herzog von Österreich, die Ludwig durch einen glänzenden Sieg für sich entscheiden konnte.

Durch die gewonnene Schlacht empfahl Ludwig sich der luxemburgischen Partei im Reiche, die nach dem Tode Kaiser Heinrichs VII. versuchte, das luxemburgische Hausinteresse zu wahren, als Thronkandidat. Allerdings kam es zu einer Doppelwahl, in der ein Teil der Kurfürsten Ludwig, ein anderer Teil aber Friedrich den Schönen zum König wählte. Wenn auch Ludwig über die Mehrheit der Kurstimmen verfügte, war dies damals noch ohne rechtliche Bedeutung; über die Ansprüche der beiden Kandidaten mußten daher die Waffen entscheiden. Diese Entscheidung fiel im Jahre 1322, als es Ludwig gelang, seinen Rivalen in der Schlacht bei Mühldorf entscheidend zu schlagen und gefangenzunehmen. Um die Habsburger auf seine Seite zu ziehen, verständigte er sich im Jahre 1325 mit Friedrich dem Schönen und gestand diesem sogar die Mitregierung als König zu, die allerdings kaum mehr praktische Auswirkungen haben sollte, da Friedrich bereits im Jahre 1330 starb.

Nach seinem Sieg bei Mühldorf entschloß sich Ludwig, durch die Entsendung eines Reichsvikars in Italien einzugreifen, wodurch er allerdings einen für ihn verhängnisvollen

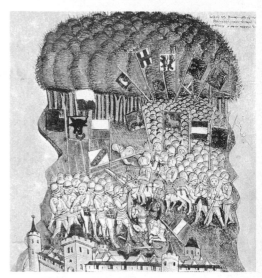

Die Schlacht bei Sempach 1386. Schweizerische Fußtruppen besiegen das Ritterheer Leopolds III. von Habsburg

Konflikt mit dem damals in Avignon residierenden Papsttum auslöste. Papst Johannes XXII. hatte bisher dem deutschen Thronstreit abwartend zugesehen, ohne einem der beiden Kandidaten die päpstliche Anerkennung (Approbation) zu erteilen. Da nach seiner Auffassung das Reich nach wie vor vakant war, nahm er selbst für seine Person in Italien die Rechte als Reichsvikar, d.h. in Stellvertretung für den künftigen König, in Anspruch. Als Ludwig sich nun anschickte, die politischen Gegner der Kurie in Italien zu unterstützen, eröffnete der Papst ein förmliches Rechtsverfahren gegen ihn, mit der Beschuldigung, sich ohne päpstliche Zustimmung die Königswürde angemaßt zu haben und offenkundige Ketzer zu unterstützen, und verhängte im Jahre 1324 auch den Kirchenbann über seinen Gegner, von dem sich dieser nie mehr lösen sollte. Ludwig wehrte sich mit Appellationen an ein allgemeines Konzil, wobei die Auseinandersetzung in der Folgezeit noch dadurch verschärft wurde, daß radikale Gegner des Papstes, wie der Magister Marsilius von Padua, Wilhelm von Ockham und Johann von Jandun, Zuflucht am Münchner Hof fanden. Ihrem Einfluß

Der Sieg Ludwigs des Bayern über Friedrich den Schönen in der Schlacht bei Mühldorf am Inn. Miniatur aus dem 14. Jh.

war es maßgeblich zuzuschreiben, daß sich Ludwig im Jahre 1328 in Rom von einem Laien, dem Sciarra Colonna, in Vertretung des „römischen Volkes" zum Kaiser krönen ließ und unter Berufung auf das Vorbild Ottos des Großen die Absetzung Johannes' XXII. verkündete. Der vom römischen Volk gewählte Gegenpapst Nikolaus V., von dem sich Ludwig nochmals zum Kaiser krönen ließ, sah sich allerdings bald nach dem Abzug Ludwigs aus Rom genötigt, Papst Johannes XXII. seine Unterwerfung anzubieten.

Wenn auch Ludwig noch im Jahre 1338 die Kurfürsten, die durch die päpstlichen Ansprüche ihr Wahlrecht gefährdet sahen, zu einer beeindruckenden Solidaritätserklärung veranlassen konnte (Rhenser Kurfürstenweistum), so gelang es dem Papsttum doch bald danach, diese Einheitsfront aufzubrechen, wozu Ludwig selbst durch seine überzogene Hausmachtpolitik entscheidend beitrug.

Bereits im Jahre 1323 hatte er die Gelegenheit, die sich durch das Aussterben des askanischen Herrscherhauses bot, dazu genutzt, die Markgrafschaft Brandenburg an seinen ältesten Sohn zu übertragen. Nachdem ihm im Jahre 1342 Niederbayern zugefallen war, erwarb er durch seine Ehe mit Margarete von Holland im Jahre 1345 Holland, Seeland, Friesland und Hennegau.

Als er im Jahre 1342, um in den Besitz Tirols zu gelangen, die Ehe der Tiroler Erbin Margarete Maultasch mit dem Luxemburger Johann Heinrich, dem Sohn König Johanns von Böhmen, kurzerhand für ungültig erklärte und die Prinzessin mit seinem eigenen Sohn

verheiratete, rückten die Luxemburger, seine bisherigen Parteigänger, von ihm ab, so daß nunmehr der Wahl eines Gegenkönigs nichts mehr im Wege stand, die dann im Jahre 1346, nachdem man in Karl von Böhmen einen geeigneten Kandidaten gefunden hatte, auch vollzogen wurde. Es blieb Ludwig erspart, seinen Thronanspruch noch einmal mit Waffengewalt verteidigen zu müssen; bevor es zur Entscheidung kam, ist er im Jahre 1347 bei Fürstenfeldbruck auf der Jagd einem Herzschlag erlegen.

3.6 Karl IV. und das Haus Luxemburg

Als ältester Sohn König Johanns von Böhmen aus dem Hause Luxemburg im Jahre 1316 in Prag geboren, wurde Karl am Hofe des französischen Königs Karl IV. erzogen und vom Vater bereits seit dem 15. Lebensjahr mit zahlreichen politischen Aufgaben betraut.

Als der Dreißigjährige im Jahre 1346 zum König gewählt wurde, konnte er gegenüber seinem Gegner, Kaiser *Ludwig dem Bayern* (▷ 3.5), vor allem zwei Trümpfe ins Feld führen: die Unterstützung des Papstes Clemens VI., seines früheren Lehrers am französischen Königshofe, und der Mehrheit der Kurfürsten, dazu aber auch eine bemerkenswerte Fähigkeit zum politisch-diplomatischen Ränkespiel. Dennoch war der Thronkampf damit noch keineswegs zugunsten Karls entschieden, da Kaiser Ludwig nach wie vor über zahlreiche Anhänger im Reiche verfügte und zudem seine militärischen Fähigkeiten in der Vergangenheit bereits deutlich unter Beweis gestellt hatte.

Die Entscheidung fiel durch den Tod Ludwigs (1347); obwohl die Söhne des Kaisers den Widerstand fortsetzten und den thüringischen Grafen Gunther von Schwarzburg als Gegenkönig gewinnen konnten, fiel es Karl nicht schwer, seine Gegner auszuspielen, wobei er auch keine Skrupel hatte, einen Hochstapler, der sich für den seit 1319 totgesagten askanischen Markgrafen Waldemar ausgab, gegen den ältesten Sohn des Kaisers, Markgraf Ludwig von Brandenburg, zu unterstützen. Erst als die Wittelsbacher 1349 einlenkten und gegen die Bestätigung ihres Besitzstandes, einschließlich Tirols, Karl als König anerkannten, ließ dieser den „falschen Waldemar" fallen. Nachdem Karl im Jahre 1355 aus der Hand des päpstlichen Kardinallegaten in Rom die Kaiserkrone empfangen hatte, ließ er ein Jahr später auf den Reichstagen von Nürnberg und Metz ein umfassendes Reichsgesetz (*Goldene Bulle,* ▷ 3.8) verkünden, das die Königswahl und die Rechtsstellung der Kurfürsten regelte, wobei sich die diplomatische Meisterschaft Karls darin zeigte, daß – trotz der Zusagen, die er dem Papst gegenüber vor seiner Wahl abgegeben hatte – die päpstlichen Ansprüche mit Stillschweigen übergangen und damit de facto zurückgewiesen wurden.

Während Karl die kaiserliche Herrschaft in Italien und Burgund nur nominell zur Geltung brachte, galt sein besonderes Augenmerk der Förderung seiner luxemburgischen Hausmacht durch eine gezielte Erwerbs- und Wirtschaftspolitik wie auch durch sorgfältige Verwaltungsmaßnahmen. So gelang es ihm, über seine dritte Ehe (1353) das Herzogtum Schweidnitz-Jauer und in den Jahren 1366/67 von den Wettinern die Niederlausitz zu erwerben. Diese mit der Krone Böhmen vereinigte Ländermasse wurde durch eine systematisch betriebene, vor allem nach Westen in Richtung Oberpfalz, Frankfurt und Nürnberg weisende Erwerbspolitik durch Kauf, Tausch und Pfandnahme auch kleinster Güter und Einzelrechte ergänzt. Dazu kam die planmäßige wirtschaftliche und kulturelle Förderung Böhmens und der Residenzstadt Prag, die, seit 1346 Erzbischofssitz und seit 1348 Universitätsstadt, gerade zum geistig-kulturei-

Bildnisbüste Kaiser Karls IV.
von Peter Parler im Veitsdom zu Prag

len Mittelpunkt des Heiligen Römischen Reiches wurde.

Gekrönt wurde die kaiserliche Hausmachtpolitik im Jahre 1373 durch den Erwerb der Markgrafschaft Brandenburg von den Wittelsbachern; zuvor hatte Karl bereits durch die Verheiratung seines Sohnes Sigmund mit der ungarischen Königstochter die Grundlage für den späteren Anfall des Königreiches Ungarn (1387) geschaffen.

Nachdem Karl im Jahre 1376 noch die Wahl seines Sohnes Wenzel zum römisch-deutschen König durchgesetzt hatte, schien die Zukunft des Hauses Luxemburg gesichert, als der Kaiser im Jahre 1378 starb. Doch so wenig Karl in seinen letzten Lebensmonaten in der Lage war, das große *Abendländische Schisma* (▷ 3.22), das die Kirche für Jahrzehnte spalten sollte, zu verhindern, so wenig vermochte er durch sein Vorbild auf die Politik seiner Söhne und Neffen einzuwirken, die die von ihm beschworene Eintracht des Hauses Luxemburg durch ihren Interessenegoismus schnell zunichte machten.

3.7 Kurfürsten

Während im Hochmittelalter noch Fürsten, Adel und Volk gemeinsam den König wählten, wurde der Wählerkreis mit der Ausbildung des *Reichsfürstenstandes* (▷ 2.21) in der zweiten Hälfte des 12. Jahrhunderts auf die Reichsfürsten eingegrenzt. Im Zuge der Doppelwahl vom Jahre 1198 (▷ 2.22) erhoben dann erstmals einige Fürsten den Anspruch, daß ihnen vor anderen die Wahl des Königs zukomme und daß daher ihre Mitwirkung für die Gültigkeit der Wahl erforderlich sei. Der *Sachsenspiegel* (▷ 2.23) ging zwar grundsätzlich noch von der gemeinsamen Wahl aller Fürsten aus, wies aber den drei rheinischen Erzbischöfen (Mainz, Köln, Trier) sowie den weltlichen Fürsten, die bestimmte Erzämter innehatten, nämlich dem Pfalzgrafen bei Rhein (Truchsessenamt), dem Herzog von Sachsen (Marschallamt) und dem Markgrafen von Brandenburg (Kämmereramt), eine bevorrechtigte Rolle im Wahlverfahren zu. Der König von Böhmen – obwohl auch Inhaber eines Erzamtes (Schenkenamt) – sollte aus dem Kreis der bevorzugten Wähler ausgeschlossen sein, da er kein Deutscher sei.

In der Folgezeit – erstmals nachweisbar in der Doppelwahl von 1257 – konnten die genannten Fürsten ihre Vorrangstellung zu einem Alleinwahlrecht ausbauen, wodurch die übrigen Fürsten von der Wahl ausgeschlossen wurden. Während im 13. Jahrhundert die siebte Kurstimme zunächst noch zwischen Böhmen und Bayern strittig war, setzte sich

Kaiser Maximilian II. mit den Kurfürsten: links die drei geistlichen, rechts die vier weltlichen Kurfürsten. Holzschnitt aus dem 16. Jh.

gegen Ende des 13. Jahrhunderts das böhmische Stimmrecht durch. Die *Goldene Bulle* vom Jahre 1356 (▷ 3.8) regelte dann endgültig die Berechtigung zur Königswahl und legte im einzelnen die Rechtsstellung der Kurfürsten sowie das Verfahren bei der Königswahl fest. Wenn die Kurfürsten von den Empfängern königlicher Privilegien auch oft um die formelle Zustimmung in der Form sogenannter „Willebriefe" gebeten wurden und sie mitunter auch durch spektakuläre Aktionen in die Reichspolitik eingegriffen haben (z. B. durch die Absetzung König Wenzels im Jahre 1400), so führte dies alles nicht zu einer institutionalisierten Mitwirkung an der Reichsherrschaft, etwa in der Form eines ständigen Reichsrates. Erst im Jahre 1489 schlossen sich die Kurfürsten auf den *Reichstagen* (▷ 3.9) zu einer eigenen Kurie – unter Ausschluß der anderen Fürsten – zusammen. Im Jahre 1623 fiel die pfälzische Kurstimme an Bayern; zum Ausgleich wurde im Westfälischen Frieden von 1648 für die Pfalz eine neue achte Kur geschaffen. Bis zum Ende des Alten Reiches kamen noch folgende Kurstimmen hinzu: Braunschweig-Lüneburg (Kurhannover), Regensburg, Toskana, Salzburg (1805 an Würzburg übertragen), Württemberg, Baden und Hessen-Kassel.

3.8 Goldene Bulle

Die Goldene Bulle, benannt nach dem auch sonst in der königlichen Kanzlei verwendeten goldenen Siegel, gilt als das bedeutendste Reichsgesetz des Heiligen Römischen Reiches. Es besteht insgesamt aus 31 Kapiteln, von denen die ersten 21 auf dem Nürnberger Reichstag am 10. Januar 1356, die restlichen am 25. Dezember 1356 in Metz verkündet

wurden. Das Gesetz regelte erstmals und endgültig die Modalitäten der Königswahl und die Rechtsstellung der *Kurfürsten* ($\triangleright$ 3.7), wobei die Festlegung des Mehrheitsprinzips künftige Doppelwahlen verhindern sollte. Um Rechtsunsicherheiten in Zukunft auszuschalten, wurde endgültig über bisher zwischen einzelnen Linien strittige Kurstimmen entschieden (zwischen Pfalz und Bayern zugunsten der Pfalz und zwischen Sachsen-Wittenberg und Sachsen-Lauenberg zugunsten Wittenbergs); außerdem wurden die Unteilbarkeit der Kurlande und das Prinzip der Erstgeburt (Primogenitur) bei der Nachfolge in den Kurfürstentümern festgelegt sowie Regelungen über die Vormundschaftsführung getroffen. Den Kurfürsten wurden zudem besondere Vorrechte (unbeschränkte Gerichtsbarkeit, Berg-, Salz-, Münz- und Zollregal, Judenschutz u. a.) zuerkannt. Im Sinne der Kurfürsten und anderen Landesherren war auch, daß alle Einungen und Bündnisse innerhalb und zwischen Städten untersagt wurden und daß das an die Städte gerichtete Verbot, sogenannte Pfahlbürger, d. h. Personen, die sich der Stadtherrschaft unterwarfen, ohne tatsächlich in die Stadt zu ziehen, aufzunehmen, erneuert wurde. Weitere Bestimmungen befassen sich mit der Thronvakanz, dem Fehdewesen, der Ausübung der Erzämter sowie dem Hofzeremoniell bei Wahl, Krönung und auf Hoftagen. Die Ansprüche des Papsttums auf Zustimmung zur Königswahl (Approbation) und Ausübung der kaiserlichen Rechte während der Thronvakanz wurden mit Stillschweigen übergangen. – Abb. S. 72.

3.9 Reichstage

Schon seit den ältesten Zeiten hielt der König mit den Großen des Reiches Versammlungen am Königshofe ab (Hoftage), in denen er sich Rat und Zustimmung in wichtigen Reichsangelegenheiten holte. Da es dem König grundsätzlich freistand, wen er zu diesen Versammlungen einladen wollte, war der Teilnehmerkreis zunächst noch weitgehend offen. Erst seit dem 15. Jahrhundert wurde die Reichsstandschaft, d. h. die Anerkennung als unmittelbarer Reichsstand, gefordert. Die Versammlungen, die jetzt erstmalig als „Reichstage" bezeichnet werden, erscheinen von nun an immer deutlicher als verfassungs-

rechtliche Repräsentation der Reichsstände, die hier, unter dem Vorsitz des Königs tagend, gemeinsam mit diesem über wichtige Reichsangelegenheiten, wie Reichsaufgebote und den Erlaß von Reichsgesetzen, entschieden. Seit 1489 traten die Stände dabei in drei getrennten Kollegien (Kurien) auf, die auch getrennt berieten und abstimmten. Dabei handelte es sich um den Kurfürstenrat, den Fürstenrat – umfassend Fürsten, Prälaten, Grafen und Herren – sowie das Kollegium der Frei- und *Reichsstädte* ($\triangleright$ 3.11). Seit 1497 wurde es üblich, die auf einem Reichstag gefaßten Beschlüsse in einem förmlichen Erlaß (Reichsabschied) zusammenzufassen und am Ende des Reichstages zu verkünden.

3.10 Landesherrschaft und Landstände

Das Bestreben der geistlichen und weltlichen Großen, innerhalb der von ihnen besessenen Herrschaftsgebiete ihre Herrschaftsgewalt zu intensivieren und konkurrierende Herrschaftsrechte anderer auszuschalten, führte im Laufe des Hochmittelalters zur Ausbildung der Landesherrschaft. Zum Wesen der Landesherrschaft gehörte, daß sie sich nicht mehr nur mit Herrschaft über Personen begnügte, sondern daß sie darüber hinaus auf die Beherrschung eines bestimmten geographischen Raumes abzielte (Flächenherrschaft). Da mittelalterliche „Staatlichkeit" sich nicht in einer einheitlichen Staatsgewalt, sondern in einer Vielzahl von einzelnen Herrschaftsrechten äußerte, mußte es das Bestreben des Landesherrn sein, möglichst viele Herrschaftsrechte in seiner Hand zu konzentrieren und andere Herrschaftsberechtigte der eigenen (Ober-)Herrschaft zu unterwerfen. Zu den wichtigsten dieser Rechte gehörten die Grafenrechte mit dem Recht zur Ausübung der Hochgerichtsbarkeit sowie polizeilicher und militärischer Befugnisse. Daneben spielten meist aber auch noch andere Herrschaftsrechte, wie z. B. die Rechte als Grundherr über abhängige Bauern, Vogteirechte (Schutz- und Herrschaftsrechte über Kirchengut), das Geleitrecht, das Befestigungsrecht, das Forstrecht und andere nutzbare Herrschaftsrechte (Regalien), eine bedeutsame Rolle.

Eine Seite aus König Wenzels Prachthandschrift der Goldenen Bulle (1400)

Wenn auch das Königtum in den Fürstengesetzen von 1220 und 1231/32 die entstehende Landesherrschaft der Fürsten legalisiert und zu deren Gunsten auf wichtige, bisher vom Reich in Anspruch genommene Regalien verzichtet hat, so wurde die Landesherrschaft dennoch keineswegs ausschließlich auf Kosten der Reichsgewalt erreicht. Die Landesherren konnten sich auch auf eigene, nicht vom König abhängige (allodiale) Herrschaftsgewalt (z. B. durch Rodung) stützen; dazu kam oft eine langfristig angelegte, systematisch betriebene Erwerbspolitik durch Heirat, Kauf, Tausch, Pfandnahme oder auch im Wege der Gewalt, die ebenfalls in der Regel nicht zu Lasten des Reiches, sondern der Herrschaftskonkurrenten im eigenen Territorium ging.

Gegenüber den Bestrebungen des Landesherrn zur Ausbreitung und Intensivierung seiner Herrschaftsgewalt formierten sich die Untertanen – meist der Landesadel und die Landstädte (Landsassen) – zur „Landschaft" oder zu Landständen, die auf Landtagen gemeinsam mit dem Landesherrn über wichtige Landesangelegenheiten, wie Gesetzgebung und Steuern, beschlossen. Wenn auch die Herrschaftsgewalt der meisten Landesherren bereits im Spätmittelalter ein hohes Maß an Eigenständigkeit erreicht hatte, so galt sie verfassungsrechtlich doch als ein vom König dem Landesherrn nach Lehnsrecht verliehenes Recht zur Herrschaft, das bei schwerer Pflichtverletzung auch entzogen werden konnte.

Neben den Kurfürsten waren es im spätmittelalterlichen Reich vor allem die Habsburger in Österreich und Steiermark sowie die Wittelsbacher in Bayern, die ihre Herzogtümer bereits zu verhältnismäßig geschlossenen Landesherrschaften ausgebaut hatten. – Abb. S. 73.

3.11 Reichsstädte

Unter den Reichsstädten versteht man die Städte, die unmittelbar der Herrschaft des Königs unterstanden – im Gegensatz zu den Landstädten, die einer Landesherrschaft unterworfen waren.

Die meisten Reichsstädte sind aus ehemaligen königlichen Städten, errichtet auf Reichsgut oder dem Hausgut der einzelnen Herrscher (z. B. Aachen, Frankfurt, Nürnberg, Kaiserslautern, Boppard, Goslar, Mühlhausen u. a.) sowie auf Kirchengut (z. B. Wetzlar, Colmar, Weissenburg, Kempten, Lindau, Zürich) hervorgegangen. Daneben gab es aber auch sogenannte „Freistädte", bei denen es sich um Bischofsstädte handelte (z. B. Köln, Mainz [bis 1462], Worms, Speyer, Straßburg, Regensburg), denen es gelungen war, die bischöfliche Stadtherrschaft abzuschütteln. Da sie den König nicht als Stadtherrn, sondern lediglich als Reichsoberhaupt anerkannten, beanspruchten diese Städte, dem Reich gegenüber von Lasten und Abgaben frei zu sein, während die übrigen Reichsstädte vor allem Stadtsteuern an den König als regelmäßige Abgaben entrichteten. Während es einigen Reichsstädten – vor allem Frankfurt und Nürnberg – gelang, nicht nur die volle Herrschaftsgewalt innerhalb der Stadt zu erringen, sondern darüber hinaus im Umland der Stadt ein ansehnliches städtisches Territorium aufzubauen, wurden andere Reichsstädte, vor allem im 14. Jahrhundert, vom Königtum an benachbarte Landesherrschaften verpfändet, was de facto das Ende der Reichsunmittelbarkeit bedeuten konnte, da das Königtum in der Regel nicht über die Mittel verfügte, die Pfandsummen abzulösen und die Städte wieder seiner Herrschaft zu unterstellen.

3.12 Städtebünde

Im Interesse der fürstlichen Landesherren hatte die *Goldene Bulle* (1356; ▷ 3.8) das bereits im Mainzer Reichslandfrieden (1235) ausgesprochene Verbot der Städtebünde erneuert; dennoch schlossen sich im Laufe des Spätmittelalters immer wieder Städte zu gegenseitigen Bündnissen zusammen. Während der Rheinische Bund (1254–57) noch in erster Linie der Friedenssicherung nach dem Zusammenbruch der Stauferherrschaft gedient hatte und von König Wilhelm ausdrücklich anerkannt worden war, suchten die Reichsstädte des Spätmittelalters durch den Zusammenschluß in regionalen Städtebünden ihre Unabhängigkeit und ihre machtpolitischen Interessen gegenüber den umliegenden Territorialgewalten, wie auch gegenüber dem Königtum, zu behaupten. Die bedeutendste dieser Vereinigungen, der Schwäbische Städtebund, wurde im Jahre 1376 als Reaktion auf die Abgaben- und Verpfändungspolitik, die Kaiser Karl IV. gegenüber den Reichsstädten betrieb, gegründet. Obwohl vom Kaiser für rechtswidrig erklärt, konnte sich der Bund in der Schlacht von Reutlingen (1377) gegen den Grafen von Württemberg zunächst noch militärisch behaupten. Nachdem er sich im Jahre 1381 mit dem im gleichen Jahre gegründeten Rheinischen Städtebund vereinigt hatte, erreichte er in der „Heidelberger Stallung" (1384) die faktische Anerkennung König Wenzels.

Bereits im Jahre 1388 kam es jedoch wieder zur militärischen Konfrontation, in deren Verlauf die verbündeten Fürsten und Herren den Städteaufgeboten bei Döffingen und Pfeddersheim vernichtende Niederlagen beibrachten, worauf König Wenzel im Egerer Landfrieden (1389) das Verbot der Städtebündnisse erneut bekräftigte. Dennoch schlossen sich auch im 15. Jahrhundert noch schwäbische Städte zu einem Bündnis zusammen, das dann später im Schwäbischen Bund (gegründet 1488) aufging.

3.13 Hanse

Um keinen Städtebund im eigentlichen Sinne handelte es sich bei der Hanse. Während bei den Städtebünden die Initiative zum Zusammenschluß von einer oder mehreren Städten ausging, entstand die Hanse als eine genossenschaftliche Vereinigung von west- und niederdeutschen Fernkaufleuten, die von der Mitte des 12. bis zum 14. Jahrhundert den Nord- und Ostseebereich zu einem von ihnen beherrschten Handelsgroßraum ausbauten.

Wenn auch in England die ältesten Spuren hansischer Organisationen in der Form regional begrenzter Kaufmannshansen greifbar sind, so scheint doch der entscheidende Anstoß vom Ostseeraum ausgegangen zu sein, wo sich um 1160 eine Genossenschaft von westfälischen, sächsischen und lübischen Fernkaufleuten, die regelmäßig die Ostseeinsel Gotland anfuhren (Gotländische Genossenschaft), konstituierte, die ihre Mitglieder gegenüber fremden Gewalten als eigene

Graf Eberhard der Milde von Württemberg im Kreise geistlicher und weltlicher Herren seines Landes. Kopie eines Gemäldes aus dem 15. Jh.

Rechtspersönlichkeit vertrat und die auch ein eigenes Siegel führte. Das allmähliche Zusammenwachsen der einzelnen Kaufmannshansen zu einem genossenschaftlichen Großverband wurde dabei durch das Phänomen begünstigt, daß es sich bei den Trägern dieser Vereinigung, den Fernkaufleuten, um einen durch gleichen Beruf, vergleichbare soziale Herkunft und weitverzweigte verwandtschaftliche Beziehungen verbundenen Personenkreis handelte, der bei aller Überregionalität doch eine bemerkenswerte Geschlossenheit in den Zielvorstellungen und ihrer praktischen Umsetzung erkennen ließ.

*Die typischen Schiffe der Hanse
waren die Koggen*

Die im Zuge des aufblühenden Städtewesens und der fortschreitenden Ostsiedlung in rascher Folge entstehenden deutschen Städte an der Ostseeküste (Lübeck 1143/59, Riga 1201, Dorpat 1224, Rostock 1218/62, Wismar 1228, Reval 1230, Stralsund 1234, Danzig 1238) bildeten im Verein mit den älteren Nordseestädten wie auch mit der deutschen Siedlung in Visby auf Gotland die wirtschaftliche Operationsbasis, von der aus die Hansekaufleute zum Wettstreit vor allem mit den skandinavischen Konkurrenten im Nord-

und Ostseeraum antraten. Dabei führte weniger der Einsatz eines neuen Schiffstyps (Kogge), sondern vielmehr eine überlegene Handelskonzeption, die Land- und Seehandel mit entsprechender Spezialisierung auf das Seetransportgeschäft einerseits und das kaufmännische Handelsgeschäft andererseits in sich vereinigte, dazu, daß die hansischen Kaufleute bald einen beherrschenden Marktanteil erobern konnten. Von der regionalen Obrigkeit großzügig privilegierte Handelsniederlassungen (Kontore) im russischen Nowgorod am Ilmensee im Osten, dem norwegischen Bergen im Norden sowie in Brügge und London im Westen bildeten das organisatorische Rückgrat des entstehenden Handelsimperiums.

Als Ende des 13. Jahrhunderts die mächtig aufstrebende Reichsstadt Lübeck die gotländische Genossenschaft aus der bisherigen Führungsrolle verdrängte und nunmehr selbst als Haupt der Hanse auftrat, war dies gleichbedeutend mit dem Beginn eines langgestreckten Wandlungsprozesses, in dessen Verlauf die einzelnen Städte immer mehr in die Rolle der Kaufleute eintraten, so daß am Ende (gegen Mitte des 14. Jahrhunderts) aus der Kaufmannshanse eine Vereinigung von Hansestädten geworden war. Daß die Hanse mit zunehmender wirtschaftlicher Bedeutung auch ein erhebliches politisch-militärisches Machtpotential in sich vereinigte, wurde besonders deutlich, als die hansischen Seestädte mit anderen Bündnispartnern (Kölner Konföderation, 1367) in eine militärische Konfrontation mit Dänemark verwickelt wurden, in der sich die Verbündeten in beeindruckender Weise behaupten konnten (Friede von Stralsund, 1370).

Der beginnende Niedergang der Hanse wurde bereits im 15. Jahrhundert durch das verstärkte Eindringen der Engländer (merchant adventurers) und vor allem der Holländer in den Ostseeraum eingeleitet; eine zunehmende Tendenz zu national-protektionistischer Handelspolitik beschleunigte diesen Prozeß, was im Jahre 1494 zur Aufhebung des Kontors in Nowgorod und im Jahre 1603 zur Schließung der Handelsniederlassung in London (Stalhof) führte. Dies bedeutete faktisch das Ende der Hanse als Wirtschaftsmacht, wenn sie auch nominell noch bis zur Mitte des 17. Jahrhunderts fortbestanden hat.

3.14 Die Große Pest

Die Große Pest, später „Schwarzer Tod" genannt, ist als die größte Katastrophe anzusehen, die die Menschheit in Europa je betroffen hat; während z. B. im Zweiten Weltkrieg 5% der europäischen Bevölkerung ihr Leben ließen, fielen der Pest mindestens 25%, vielleicht sogar ein Drittel der damaligen Bevölkerung zum Opfer. Aus Asien eingeschleppt, verbreitete sich die Seuche in den Jahren 1347 bis 1351 über ganz Europa, wobei Deutschland vor allem 1349/50 betroffen war. Medizinisch gesehen handelt es sich eigentlich um eine Krankheit bei Nagetieren (Ratten), die von einem Bakterium ausgelöst wird und über Flöhe auch auf Menschen übertragen werden kann. Da das Pestbakterium erst im Jahre 1894 entdeckt wurde, stand die mittelalterliche Medizin dieser Herausforderung noch mehr oder weniger hilflos gegenüber. Die Verbreitung wurde durch die in der Stadt wie auf dem Lande herrschenden hygienisch unzureichenden Wohnverhältnisse gefördert; dazu traf die Seuche noch – vor allem im Bereich der Unterschichten – auf eine durch chronische Engpässe in der Ernährung (Überbevölkerung, Mißernten) in ihrer physischen Widerstandskraft geschwächte Bevölkerung. Die Auswirkungen dieser Katastrophe zeigten sich in nahezu allen Lebensbereichen. Begleitet von massenhysterischen Exzessen (Geißlerumzüge, Judenpogrome) führte das Massensterben auf dem Lande zu einer dramatischen Verknappung der menschlichen Arbeitskraft, verbunden mit einem Preisverfall beim Grund und Boden und bei den landwirtschaftlichen Erzeugnissen. Während die adligen und kirchlichen Grundherren hierdurch zum Teil empfindliche Einkommenseinbußen hinnehmen mußten, dürften andererseits die Kleinbauern, die ihre – jetzt um so mehr begehrte – Arbeitskraft einsetzen konnten, im Ergebnis von der neuen Situation profitiert haben. Die Bevölkerungsverluste führten außerdem in großem Umfange zur Aufgabe bisher landwirtschaftlich genutzten Landes (Wüstungen) sowie zu einer verstärkt einsetzenden Abwanderungsbewegung in die Städte (Landflucht), wobei hier der Gegensatz zwischen Neuankömmlingen und Alteingesessenen zusätzliche Spannungen heraufbeschwor.

Die Geißler (Flagellanten) versuchten die Pestepidemie, die als Gottesgericht galt, durch die Bußübung der Selbstgeißelung abzuwenden. Aus der Schedelschen Weltchronik (1493)

3.15 Bettelorden

Im 13. Jahrhundert entstanden, verkörperten die Bettelorden – zu denen vor allem die Orden der Dominikaner, Franziskaner, Augustiner-Eremiten und Karmeliten zu rechnen sind – eine völlig neue Form des Ordenslebens. Unter Berufung auf das Evangelium und im Anschluß an die hochmittelalterliche Armutsbewegung forderten ihre Mitglieder nicht nur die vollkommene individuelle Armut, sondern lehnten auch für den Orden insgesamt jeglichen weltlichen Besitz ab. Während die älteren Orden in der Regel in der klösterlichen Abgeschiedenheit wirkten, drängten die Bettelorden vor allem in die Städte, um hier durch Predigt und Erteilung des Bußsakramentes aktiv Seelsorge, Mission und Ketzerbekämpfung in einem zu betreiben, wobei der Verzicht auf Eigentum und feste Einkünfte den Bettel als Lebensunterhalt voraussetzte.

Als das Papsttum seit der Mitte des 13. Jahrhunderts dazu überging, die strengen Armutsbestimmungen, deren Beachtung z. B. noch der Gründer des Franziskanerordens, Franz von Assisi, in seinem Testament eingeschärft hatte, zu lockern, kam es zu scharfen theologischen Auseinandersetzungen, die unter Papst Johannes XXII. dazu führten, daß die

Die Hinrichtung von Ketzern wurde öffentlich vollzogen. Das Gemälde zeigt die 1498 in Florenz vollzogene Verbrennung des italienischen Buß- predigers Girolamo Savonarola auf dem Scheiterhaufen

vor allem von den Franziskanern verbreiteten Lehren von der vollkommenen Armut Christi und der Apostel für häretisch erklärt (1323) und ihre Anhänger als *Ketzer* (▷ 3.16) ver- folgt wurden. Während die Mehrheit des Or- dens sich dem päpstlichen Spruche beugte, beschuldigte eine Minderheit den Papst der Ketzerei, wobei die führenden Köpfe dieser Gruppierung (Michael von Cesena, Wilhelm von Ockham) an den Hof Kaiser Ludwigs des Bayern flüchteten, wo sie ihre Argumentation in die juristisch-theologische Auseinanderset- zung des Kaisers mit dem Papst einbrachten und damit wesentlich zur Polarisierung dieses Konfliktes beitrugen.

3.16 Ketzer

Die Kirche im Mittelalter bezeichnete alle diejenigen ihrer Mitglieder, die von den als bindend formulierten Glaubenswahrheiten abwichen und eigene Lehren aufstellten, als Ketzer (Häretiker). Auf die Gefährdung durch Ketzerei reagierte die Kirche bereits seit den ältesten Zeiten mit den höchsten Kir- chenstrafen (Exkommunikation). Seit den Ketzergesetzen (1220–39) Kaiser Fried- richs II. wurde die Ketzerei auch als weltli-

ches Verbrechen mit Feuertod und Reichs- acht bedroht. Nachdem das 4. Laterankonzil (1215) und das Konzil von Toulouse (1229) sich ausführlich mit dem Vorgehen gegen Ketzer befaßt hatten, ordnete Papst Gre- gor IX. im Jahre 1231 die systematische Auf- spürung und Aburteilung von Ketzern im Rahmen eines hierzu neugeschaffenen, un- mittelbar der päpstlichen Aufsicht unterste- henden Rechtsverfahrens, der *Inquisition* (▷ 4.16), an.
Bereits im 13. Jahrhundert hatte die Kirche im Kampf gegen Ketzer und ihre Begünstiger zu förmlichen Kreuzzügen aufgerufen (z. B. in den Albingenserkriegen). Auf Reichsboden waren es im Spätmittelalter vor allem die böh- mischen Hussiten (▷ 3.24), die elementare Lehrsätze der Kirche in Frage stellten, die sich aber – trotz des gegen sie gepredigten Kreuzzuges – militärisch gegenüber Kirche und Reichsaufgeboten behaupten konnten.

3.17 Universitäten

Die mittelalterliche Universität war in der Be- griffssprache der Zeitgenossen die „universi- tas magistrorum et scholarium", die Gemein- schaft (Körperschaft) der Lehrenden und Lernenden, wobei die Lehrstätte selbst auch als „studium generale" – im Gegensatz zum „studium particulare", der lokalen oder re- gionalen Lehranstalt – bezeichnet wurde.
Die ersten Universitäten des Abendlandes entstanden im 12. Jahrhundert in Paris (vor allem Theologie und Philosophie), Bologna (Rechtswissenschaft) und Salerno (arabische Medizin). Es folgten bald zahlreiche weitere Neugründungen in Italien und Frankreich, die alle durch kaiserliche und päpstliche Pri- vilegien noch im 12. Jahrhundert die Eigen- schaft juristischer Körperschaften mit dem Recht zur Verleihung des Doktorgrades (Pro- motionsrecht) erhielten.
Gelehrt wurde die Gesamtheit der von der Kirche anerkannten Wissenschaften, wobei sich bald mehrere Wissensdisziplinen (Fakul- täten) herausbildeten: Theologie, kanoni- sches Recht, römisches Recht, Medizin und Philosophie („facultas artium", Artistenfa- kultät). Das Studium begann in der Regel mit einer Art „Grundstudium" in Philosophie (artes liberales), das mit dem Grad des „bac- calaureus" abgeschlossen wurde. Auf dieser

Grundlage aufbauend, folgten dann weitere Studien, die zum Erwerb des Magister- bzw. Doktorgrades führten. Universitätslehrer und Studenten waren meist Kleriker; die Studenten wohnten regelmäßig in Kollegien (unter kirchlicher Aufsicht) oder in Bursen, die von Lehrenden geleitet wurden.

Als erste Universität in Deutschland wurde von Kaiser Karl IV. (in seiner Eigenschaft als König von Böhmen) im Jahre 1348 die Universität Prag gegründet, im Jahre 1365 folgte Herzog Rudolf IV. mit der Gründung der Universität Wien. Das Abendländische Schisma, das den Anhängern des in Rom residierenden Papstes den Zugang zur Pariser Universität versperrte, führte bald zu weiteren Neugründungen im Reich: Heidelberg (1386), Köln (1388), Erfurt (1392) und Leipzig (1409).

3.18 Ritter und edle Knechte

Ritter und edle Knechte (Knappen), meist aus der Ministerialität (▷ 2.18) hervorgegangen, bildeten im Spätmittelalter den Niederadel. Gemeinsames Merkmal war die Ritterbürtigkeit, d. h. die Abstammung von Eltern und Großeltern, die „rittermäßig" lebten. Diese ritterliche Lebensweise forderte die Ausübung des Ritterdienstes als ausschließlichen Beruf, was nur auf der Grundlage einer hinreichenden wirtschaftlichen Substanz möglich war. Da ritterliche Lebensweise zudem mit adliger Lebensführung identifiziert wurde, wurde vom Ritter außerdem erwartet, daß er adlige Herrschaft über Land und Leute ausübte, was wiederum eine Burg oder zumindest ein befestigtes Haus als Herrschaftsmittelpunkt sowie eine kleine Grundherrschaft mit entsprechenden Abgaben und Dienstleistungen abhängiger Bauern voraussetzte.

Für die Ritterbürtigen, die diese Voraussetzungen nicht oder noch nicht erbringen konnten, bot sich der ritterliche Dienst bei einem Ritter als Edelknecht oder Knappe an, wobei diese Übung auch bei der Zusammensetzung der Gleve, der Grundeinheit des spätmittelalterlichen Ritterheeres, faßbar wird: Eine Gleve bestand aus einem Ritter mit gepanzertem Schlachtroß sowie aus ein bis zwei ebenfalls berittenen, aber leichter bewaffneten Knappen.

Die Eröffnung der Universität Basel 1460. Titelminiatur der Basler Rektoratsmatrikel

Die förmliche Aufnahme als Ritter erfolgte meist in der Form eines Symbolaktes (Schwertleite, später Ritterschlag). Während Teile der ehemaligen Reichsministerialen nach der Stauferzeit ihre Reichsunmittelbarkeit als Reichsritter behaupten konnten, traten andere in die Dienste der fürstlichen Landesherren ein, wo sie mit den fürstlichen Dienstmannen im landsässigen Adel aufgingen. Da mit der allgemeinen Geldentwertung auch die Erträge aus dem Grundbesitz zurückgingen, führte dies dazu, daß sich die wirtschaftliche Situation der Ritter im Laufe des Spätmittelalters erheblich verschlechterte. Dazu kam, daß die spektakulären Niederlagen, die Ritterheere gegenüber Fußkämpfern und Bogenschützen hinnehmen mußten (Schlachten von Crécy 1346, Sempach 1386, Näfels 1388, Azincourt 1415), die militärische Notwendigkeit und damit auch den elitären Führungsanspruch der Ritter innerhalb der Gesellschaft grundsätzlich in Frage zu stellen begannen. Die Ritter reagierten auf die Herausforderung durch betonte Hervorkehrung ihrer Standesrechte und scharfe Abgrenzung nach unten (Forderung von mindestens acht ritterlichen Ahnen), durch Zusammenschlüsse in Ritterbünden, aber auch durch zügelloses Raubrittertum, gegen das fürstliche Landesherren und Reichsstädte gemeinsam mit aller Härte vorgingen.

Der ritterliche Turnierkampf zu Pferde mit der Lanze, das sogenannte Gestech, wurde mit speziellen Waffen ausgetragen

3.19 Bauern

Die große Masse der spätmittelalterlichen Bevölkerung bestand aus Bauern, die – meist im Rahmen von Dorfgemeinschaften – das Land bebauten. Während der Begriff „Bauer" ursprünglich nicht unbedingt etwas über die Standesqualität aussagte – es gab freie und unfreie Bauern –, führte die Ausbildung des ritterlichen Berufskämpfertums im Laufe des Hochmittelalters dazu, daß der Bauer in der Regel nicht mehr zum Kriegsdienst herangezogen wurde, sondern sich ausschließlich der landwirtschaftlichen Tätigkeit widmen konnte.

Da der Ritterdienst in der damaligen Zeitanschauung ein wesentlich höheres Sozialpre-

stige als die bäuerliche Erwerbsarbeit genoß, hatte die neue Entwicklung gerade für die bisher freien Bauern fatale Folgen: Während sich die Unterschiede zwischen frei und unfrei verwischten, war von nun an allen Bauern gemeinsam, daß sie vom sozial angesehenen Ritterstand und damit von der Zugehörigkeit zum Adel ohne Rücksicht auf ihren Geburtsstand ausgeschlossen waren. So untersagte der Reichslandfriede vom Jahre 1152 den Bauern das Tragen von Waffen, unterstellte sie dafür allerdings einem besonderen Friedensschutz.

In der Praxis dürften wohl zahlreiche bisher noch freie Bauern es vorgezogen haben, den Schutz adliger Grundherren zu suchen, wodurch sie allerdings im Rechtsstatus den Unfreien (Hörigen) angeglichen wurden. Im Spätmittelalter kann man jedenfalls davon ausgehen, daß, von einigen Landschaften abgesehen, wo sich ein freies Bauerntum erhalten hatte (Alpenländer, Dithmarschen), die Bauern in der Regel unfrei waren. Dies bedeutete, daß sie in der Freizügigkeit (Wegzug, Eheschließung) beschränkt waren und dem Grundherrn im Rahmen der Grundherrschaft für die Überlassung des Bodens sowie für besondere Anlässe (Erbantritt, Heirat) Abgaben und (oder) auch Arbeitsdienste zu erbringen hatten.

3.20 Zunftwesen und Zunftkämpfe

Seit der Mitte des 13. Jahrhunderts waren die Handwerker in den Städten regelmäßig in Zünften (Innungen, Ämtern, Gaffeln) organisiert. Bei der Zunft handelte es sich um eine Zwangsgemeinschaft von Meistern, Gesellen und Lehrlingen eines oder auch mehrerer Handwerke oder Gewerbe, die wirtschaftliche Zielsetzungen mit sozialen und kultischreligiösen Funktionen in sich vereinigte.

Dem wirtschaftlichen Interesse der Mitglieder diente der Zunftzwang, d. h. das Bestreben, alle Gewerbetreibenden eines Gewerbezweiges zu erfassen und andere, die nicht der Zunft angehörten, von der Ausübung des Gewerbes in der Stadt auszuschließen. Dabei regelte die Zunft nicht nur den Zugang zum Handwerk und die Ausbildung vom Lehrling bis zum Meister, sondern sie reglementierte auch Produktion und Absatz, griff beschrän-

Bauern im Gespräch.
Kupferstich von Albrecht Dürer (um 1495)

kend in den Wettbewerb ein, beaufsichtigte die einzelnen Betriebe, prüfte die gewerblichen Erzeugnisse und übte in allen Zunftangelegenheiten eine eigene Gerichtsbarkeit über ihre Mitglieder aus. Die Leitung der Zunft lag in den Händen der Zunftmeister (Altermänner); in den Zunftversammlungen („Morgensprache") beschlossen die Mitglieder über Zunftangelegenheiten. Kultisch-religiöse Elemente des Zunftlebens äußerten sich in der gemeinsamen Teilnahme an Gottesdiensten, Prozessionen und Begräbnissen von Zunftmitgliedern, der Pflicht zur Lichterstiftung sowie auch in der rituellen Pflege eines althergebrachten Arbeitsbrauchtums, das heute noch im Wortschatz der Umgangssprache fortwirkt („blauer Montag", „das Handwerk legen", „über die Schnur hauen" u. a.). Das Bestreben der Zünfte, ihren Mitgliedern das örtliche Gewerbemonopol zu sichern, stand im Widerspruch zur freien Verkehrswirtschaft des Fernhandels und führte bereits im Laufe des Spätmittelalters zu Spannungen mit der Stadtobrigkeit. Wenn es auch in der zweiten Hälfte des 14. Jahrhunderts in einzelnen Städten zu erbitterten Auseinandersetzungen zwischen Handwerkern und Stadtpa-

triziat um die Herrschaft in der Stadt kam, so verliefen die Fronten hier in der Regel dennoch keineswegs so eindeutig, da meist nur ein Teil der Handwerkszünfte – und dazu oft verbündet mit einigen Ratsfamilien – gegen die alte Ordnung rebellierte. Ähnliches gilt auch für die sozialen Spannungen innerhalb der Zünfte, die nur sehr vereinfacht als Auseinandersetzungen zwischen Gesellen und Meistern um höhere Löhne charakterisiert werden können; in Wirklichkeit war auch hier die Frontstellung komplizierter, da meist nur ein Teil der Gesellen, unterstützt von einigen Meistern, für Neuerungen eintrat.

3.21 Juden

Eine besondere Gruppe innerhalb der städtischen Bevölkerung bildeten die Juden. Als Nichtchristen waren sie an sich rechtlos; doch bereits seit der Karolingerzeit standen sie unter dem besonderen Schutz des Königs, der es ihnen erlaubte – gegen die Zahlung bestimmter Abgaben –, nach ihrer Glaubensüberzeugung und nach ihrem eigenen Recht zu leben. Seit dem 13. Jahrhundert gestattete das Königtum den fürstlichen Landesherren durch Einzelprivilegien wie auch im Wege der Gesetzgebung (*Goldene Bulle*, ▷ 3.8), den Judenschutz in ihren Territorien auszuüben. Der königliche Judenschutz blieb vor allem auf die Juden in den Reichsstädten, die im Spätmittelalter als „Knechte der königlichen Kammer" angesehen wurden, beschränkt.
Die Kirche trat bereits im Hochmittelalter für eine strenge Isolierung der Juden von der christlichen Bevölkerung ein. So wurden ihnen in den Städten bestimmte Wohnviertel (Ghettos) zugewiesen; seit einem Beschluß des Laterankonzils vom Jahre 1215 waren sie gehalten, eine besondere Kleidung als Kennzeichen zu tragen (spitzer Hut und gelber Fleck). Christen war es untersagt, mit Juden in Tischgemeinschaft zu leben oder als Dienstboten für sie zu arbeiten.
Da Juden vom üblichen Berufsfeld des Handwerkers und Gewerbetreibenden ausgeschlossen waren, waren sie darauf angewiesen, ihren Lebensunterhalt durch Geldgeschäfte, vor allem durch den Geldverleih gegen Faustpfänder und Zinsen, zu bestreiten. Die hierdurch bewirkte Verschuldung breiter Bevölkerungskreise verschärfte die bereits be-

stehenden Aversionen, die sich dann von Zeit zu Zeit in furchtbaren Judenverfolgungen (Pogromen) und -vertreibungen niederschlugen; dabei dürfte sicher sein, daß innerhalb der Motive, die zu diesen Untaten führten, die materiellen Beweggründe der Schuldner eine ganz zentrale Rolle gespielt haben.

3.22 Das Abendländische Schisma

Die große abendländische Kirchenspaltung (Schisma) entstand, als das Papsttum nach über siebzigjährigem Aufenthalt im französischen Avignon sich anschickte, wieder auf Dauer nach Rom zurückzukehren. Als Papst Gregor XI., der bereits 1376 mit der Kurie nach Rom zurückgekehrt war, im Jahre 1378 starb, wählten die anwesenden Kardinäle un-

Mit der Wahl Martins V. in Konstanz 1417 war das Schisma beendet. Auf der Abbildung aus der Chronik des Ulrich von Richental erweist Sigmund dem Papst den Ehrendienst, sein Pferd am Zügel zu führen

ter dem Druck einer bewaffneten Volksmenge, die lautstark die Wahl eines Italieners verlangte, am 9. April 1378 den Erzbischof von Bari als Urban VI. zum Papst.

Trotz der tumultuarischen Umstände, die die Wahl begleitet hatten, fand der neue Papst zunächst durchaus Anerkennung. Erst als Urban seine Wähler durch sein schroffes und selbstherrliches Auftreten schockierte, kündigten ihm vor allem die nichtitalienischen Kardinäle den Gehorsam auf, erklärten die Wahl für ungültig und wählten am 20. September 1378 in Fondi den Kardinal Robert von Genf zum Papst, der sich Clemens VII. nannte.

Während der französische König Karl V. Clemens unterstützte, der, da ihm Rom verschlossen war, wieder in Avignon residierte, erklärten sich der König von England sowie der römisch-deutsche König Wenzel mit den vier rheinischen Kurfürsten (Urbansbund) für den „römischen" Papst Urban, wobei allerdings einige süddeutsche Reichsstände (vor allem Österreich) zu Clemens hielten. Das Schisma wurde auch nicht beendet, als die sich bekämpfenden Päpste starben, da in beiden Lagern jeweils neue Päpste gewählt wurden. Ebenso scheiterte der Versuch des Konzils von Pisa (1409), das Schisma durch die Absetzung der rivalisierenden Päpste und die Neuwahl eines dritten Papstes zu überwinden, vor allem daran, daß der Nachfolger des inzwischen abgesetzten Königs Wenzel, König Ruprecht, dem Konzil die Anerkennung verweigerte. Die Folge war, daß die Spaltung noch weiter vertieft wurde, da die Kirche nun sogar über drei Päpste verfügte, die sich mit ihrer jeweiligen Anhängerschaft unversöhnlich gegenüberstanden. Erst auf dem *Konstanzer Konzil* (▷ 3.23) wurde 1417 das Schisma beendet.

3.23 Konstanzer Konzil

Obwohl das Konzil von Pisa (1409) nicht zum Erfolg geführt hatte, setzte sich in der abendländischen Christenheit immer mehr die Überzeugung durch, daß das mittlerweile schon über drei Jahrzehnte dauernde Schisma nur durch ein allgemeines Generalkonzil überwunden werden könne. Daß dann auf deutschem Boden ein solches allgemein anerkanntes Konzil zustande kam, ist in erster Li-

*Eine Sitzung des
Konstanzer Konzils.
Aus der Chronik des
Ulrich von Richental
(2. Hälfte des 15. Jh.)*

nie dem diplomatischen Geschick König Sigmunds zuzuschreiben, dem es gelang, den Pisaner Papst Johannes XXIII. dazu zu bewegen, das Konzil nach Konstanz einzuberufen. Das Konzil, das vom 5. November 1414 bis zum 22. April 1418 tagte, war eine der größten Kirchenversammlungen, die das Mittelalter je gesehen hat. 600 bis 700 Theologen und ebenso viele weltliche Magnaten und Gesandte aus ganz Europa nahmen hieran teil, wobei neben der Wiederherstellung der Kircheneinheit (causa unionis) noch zwei weitere Hauptaufgaben, nämlich die von vielen erhoffte innere Reform der Kirche (causa reformationis) sowie die Auseinandersetzung mit den Lehren des *Johannes Hus* (▷ 3.24) u. a. (causa fidei) zu lösen waren.

Die schwierigste Aufgabe, die Herstellung der Kircheneinheit, schien wieder in weite Ferne gerückt, als Ende März 1415 bekannt wurde, daß der Pisaner Papst Johannes XXIII. heimlich Konstanz verlassen und sich dem Schutze des Herzogs Friedrich von Österreich-Tirol unterstellt hatte, um sich der Alternative Rücktritt oder Absetzung, vor die ihn die Konzilsmehrheit gestellt hatte, zu entziehen. Vor allem der Umsicht und Entschlossenheit König Sigmunds war es in dieser kritischen Situation zu verdanken, daß das Konzil sich nicht auflöste und so die Chance zur Beendigung des Schismas gewahrt wurde. Während der König den österreichischen Herzog durch die Verhängung der Reichsacht und die

Androhung des Reichskrieges dazu zwang, seinen Schützling aufzugeben, erklärte das Konzil in einem Grundsatzbeschluß, über dem Papst zu stehen (Dekret „Haec sancta synodus" von 1415), und eröffnete gegen den inzwischen wieder ergriffenen Flüchtling ein förmliches Rechtsverfahren, das mit dessen Absetzung endete. Nachdem die beiden anderen Päpste, die auf dem Konzil nur durch Gesandte vertreten waren, zum Rücktritt gezwungen bzw. abgesetzt worden waren, war der Weg für eine Neuwahl frei, aus der dann Martin V. als neuer, allgemein anerkannter Papst hervorging (11. November 1417).

Bereits im Jahre 1415 hatte das Konzil auch in der Glaubensfrage entschieden. Nach einem förmlichen Prozeßverfahren war *Johannes Hus* (▷ 3.24) als Ketzer verurteilt und trotz des von König Sigmund zugesicherten freien Geleits auf dem Scheiterhaufen verbrannt worden.

Hatte das Konzil – wenigstens in den Augen der meisten Mitwirkenden – die beiden ersten Aufgaben zufriedenstellend gelöst, so beschränkten sich die Ergebnisse der in Aussicht gestellten Kirchenreformen auf wenige verwaltungsrechtliche Zugeständnisse des Papstes. Obwohl das Konzil den Papst durch einen förmlichen Beschluß (Dekret „Frequens") dazu verpflichtete, auch in Zukunft in regelmäßigen Abständen Konzilien einzuberufen, hat sich in der Folgezeit (Konzil von Basel) der konziliare Gedanke einer Überordnung des Konzils über den Papst gegen den päpstlichen Primatsanspruch nicht durchgesetzt.

3.24 Johannes Hus

Seit der Mitte des 14. Jahrhunderts – besonders unter dem Eindruck des großen *Abendländischen Schismas* (▷ 3.22) – begann sich eine tiefgreifende Mißstimmung gegen die Kirche und ihre Repräsentanten breit zu machen, die sich vor allem gegen die immer hemmungsloser betriebene Abgabenpolitik der päpstlichen Kurie, aber auch ganz allgemein gegen die zunehmende Verweltlichung und sittliche Verwahrlosung großer Teile des Klerus wandte. Je deutlicher die Mißstände zutage traten, desto mehr stieß die Kirche auf Kritik und Ablehnung, wobei seit dem Ende des 14. Jahrhunderts sich vor allem Böhmen zu einem Zentrum der oppositionellen Strömungen entwickelte. Hier wurden die allgemeinen Spannungen durch nationale und soziale Gegensätze zwischen Tschechen und Deutschen, die meist die höheren Stellen innerhalb des Klerus innehatten, noch zusätzlich verschärft,

Johannes Hus auf dem Weg zum Scheiterhaufen.
Zeitgenössische Buchminiatur

wobei vor allem die Prager Universität zum Austragungsort dieser Auseinandersetzungen wurde. Zum Sprachrohr der theologischen Kritik wie auch der nationalen und sozialen Ressentiments machte sich der Magister Johannes (Jan) Hus, der seit 1398 an der Prager Universität lehrte. Dabei griff er weitgehend auf das Gedankengut des englischen Reformators John Wyclif (etwa 1320–1384) zurück, indem er die Kirche aufforderte, zum Idealbild einer in apostolischer Armut lebenden Urkirche zurückzukehren und sich ihren eigentlichen Aufgaben, der Predigt und der Verkündigung der Heiligen Schrift, zu widmen. Während Hus sich zunächst noch im wesentlichen auf Reformforderungen beschränkte, wurden seine Angriffe gegen Papst und Kircheninstitutionen in der Folgezeit immer radikaler, um dann in seiner 1413 erschienenen Schrift „De ecclesia" („Von der Kirche") darin zu gipfeln, daß er der Kirchentradition jede Autorität, die nicht ausdrücklich durch die Heilige Schrift belegt war, absprach. Obwohl Johannes XXIII. bereits im Jahre 1410 den Kirchenbann über ihn verhängt hatte und obwohl er 1412 auch Prag verlassen mußte, blieb die Anziehungskraft seiner Lehren, die er mit großer Leidenschaft in seinen Predigten in tschechischer Sprache vortrug, bei weiten Kreisen seiner Landsleute ungebrochen.

Nachdem König Sigmund ihm freies Geleit gewährt hatte, entschloß sich Hus im Jahre 1414, seine Lehren vor dem *Konstanzer Konzil* (▷ 3.23) persönlich zu verantworten. Seine Hoffnung auf eine gelehrte Disputation vor der Konzilsöffentlichkeit ging jedoch nicht in Erfüllung; gegen den bald nach seiner Ankunft in Konstanz Festgenommenen wurde vielmehr ein förmlicher Ketzerprozeß eröffnet, der mit seiner Verurteilung und Hinrichtung auf dem Scheiterhaufen endete (6. Juli 1415).

Die Nachricht von seinem Tode löste in Böhmen eine ungeheure religiöse und nationale Erregung aus, die sich, als König Sigmund nach dem Tode Wenzels sein Erbe als König von Böhmen antreten wollte, zum offenen Krieg ausweitete. In mehreren Schlachten blieben die hussitischen Heere Sieger, bis dann auf diplomatischem Wege ein Ausgleich gefunden wurde (Prager Kompaktaten von 1433, Iglauer Kompaktaten von 1436), der ge-

Eine Sitzung des Reichstags. Im Hintergrund Kaiser und Kurfürsten, an den Seiten der Reichsfürstenrat, im Vordergrund das Reichsstädtekollegium

gen die Anerkennung Sigmunds als König von Böhmen den Hussiten einige religiöse Zugeständnisse (vor allem Gewährung des besonders heftig umstrittenen Laienkelches) einräumte.

3.25 Nikolaus von Kues

1401 als Sohn eines Moselschiffers in Kues an der Mosel (heute Ortsteil von Bernkastel) geboren, gehört Nikolaus von Kues (auch Cusanus genannt) zu den bedeutendsten deutschen Gelehrten, die das Mittelalter hervorgebracht hat. Nach dem Studium der freien Künste in Heidelberg und des Kirchenrechts in Padua erwarb er im Jahre 1423 den Doktorgrad (doctor decretorum). Seit 1425 an der Universität Köln immatrikuliert, betrieb er neben der praktischen Arbeit als Rechtsbeistand und -gutachter ausgedehnte philosophische, theologische und rechtshistorische Forschungen, die nicht nur zu bedeutsamen Ergebnissen (z. B. Nachweis der sogenannten „Konstantinischen Schenkung", auf die sich das Papsttum in seinem Anspruch auf die Universalherrschaft stützte, als Fälschung), sondern auch zu aufsehenerregenden Handschriftenfunden (u. a. zwölf bisher nicht bekannte Komödien des Plautus) führten und die ihm bald hohes Ansehen in der damaligen Gelehrtenwelt einbrachten.

Seit 1432 nahm er am Basler Konzil teil, wo er in seiner berühmten Schrift „De concordantia catholica" (1433/34) eine gemäßigte konziliare Theorie (grundsätzliche Überordnung des Konzils über den Papst, aber päpstliches Zustimmungserfordernis für alle Grundsatzbeschlüsse des Konzils) entwickelte und Vorschläge zur Reichsreform unterbreitete. In dem sich zuspitzenden Streit zwischen dem Basler Konzil und Papst Eugen IV. lehnte er jedoch die radikalen Beschlüsse des Konzils ab und stellte sich im Jahre 1437 dem Papst zur Verfügung, in dessen Auftrag er zunächst nach Konstantinopel reiste, um den oströmischen Kaiser und den Patriarchen von Konstantinopel zum Unionskonzil nach Ferrara abzuholen. In der Folgezeit warb Nikolaus in zahlreichen weiteren Missionen bei den einzelnen Reichsständen und König Friedrich III. für die Interessen des Papstes. Als Anerkennung für seine Verdienste um den Abschluß der Fürstenkonkordate und des Wiener Konkordats (1448), die den Sieg des Papstes über das Basler Konzil besiegelten, wurde er noch im Jahre 1448 zum Kardinal und 1450 zum Bischof von Brixen erhoben.

In den Jahren 1450–52 reiste er im Dienste der Kirchenreform quer durch das Deutsche Reich, visitierte Klöster, reformierte Kirchenvorschriften, stellte Mißstände ab und entschied über Streitfälle. Seine Bemühungen,

im Bistum Brixen die bischöfliche Herrschaftsgewalt auszubauen und die Finanzen
zu sanieren, führten allerdings zu schweren
Spannungen mit dem Adel und dem Landesherrn, Herzog Sigmund von Österreich-Tirol,
der ihn auf seiner Burg Bruneck überfiel, ge-
fangensetzte und ihn dazu nötigte, die herzog-
lichen Forderungen anzuerkennen (1460).
Enttäuscht zog sich Nikolaus von Kues nach
seiner Freilassung aus seinem Bistum zurück
und verbrachte seine letzten Lebensjahre vor
allem in Rom und Orvieto. Am 11. August
1464 starb er in Todi/Umbrien.

3.26 Reichsreform

Im 15. Jahrhundert mehrten sich die Klagen
der Zeitgenossen über zahlreiche Mißstände
im Reich (allgemeine Rechtsunsicherheit
durch Mängel in der Gerichtsverfassung und
das überhandnehmende Fehdewesen, Schutzlosigkeit des Reiches vor äußerer Bedrohung
durch eine unzulängliche Wehrverfassung).
Während das Königtum – zeitweise im Bündnis mit dem Niederadel und den Reichsstädten – auf einer Stärkung der monarchischen
Zentralgewalt bestand, sahen Kurfürsten und
Fürsten die Lösung eher in der Entmachtung
des Kaisers zugunsten einer institutionalisierten reichsständischen Mitwirkung an der
Reichsgewalt.
Obwohl die Problematik in der zeitgenössischen Publizistik (▷ 3.25) wie auch auf zahlreichen Reichstagen des 15. Jahrhunderts in
der Form von Vorschlägen und Gegenvor-
schlägen erörtert wurde, waren die Interessengegensätze zu groß, um zu einer gemeinsamen Lösung zu kommen.
Der Durchbruch erfolgte erst in der Regierungszeit König Maximilians I., der sich, um

Unterstützung in seinen Kriegen gegen
Frankreich zu erhalten, dazu verstand, den
Forderungen der Reichsstände – vertreten
vor allem durch den Mainzer Erzbischof Berthold von Henneberg – wenigstens teilweise
entgegenzukommen. So beschloß der Wormser Reichstag vom Jahre 1495, das Fehderecht
zugunsten eines „Ewigen Landfriedens" aufzuheben und das Gerichtswesen durch die Errichtung eines vom König weitgehend unabhängigen Reichskammergerichts neu zu ordnen. Zur Stärkung der Reichsfinanzen wurde
eine allgemeine Reichssteuer (Gemeiner
Pfennig) eingeführt, die an den König abzuführen war.
Auf dem Augsburger Reichstag vom Jahre
1500 sah König Maximilian sich außerdem
genötigt, der Errichtung des Reichsregiments,
einer Art ständischer Reichsregierung, an deren Zustimmung die Regierungsmaßnahmen
des Königs gebunden sein sollten, zuzustim-
men. Zur Durchführung der Reichsexekution
gegen Landfriedensbrecher wie auch zur
Vollstreckung der Reichskammergerichtsur-
teile wurde ferner auf den Reichstagen von
Augsburg (1500) und Trier/Köln (1512) eine
Reichsexekutionsordnung beschlossen, die
auf einer Einteilung des Reiches in überterri-
toriale Verwaltungseinheiten (Reichskreise)
beruhte.
Während weder das Reichsregiment noch die
allgemeine Reichssteuer sich als dauerhafte
Institutionen durchsetzten, wurden die übrigen Ergebnisse der Reichsreform, d. h. Ewi-
ger Landfriede, Reichskammergericht und
Reichsexekutionsordnung, auf dem Augsburger Reichstag vom Jahre 1555 – wenn auch
mit einigen Modifizierungen – bestätigt, wodurch die Reichsreform zu einem gewissen
Abschluß gebracht wurde. – Abb. S. 83. ·

Daten

1247–1256	Wilhelm von Holland (bis 1254 Gegenkönig)
1254	Gründung des Rheinischen Bundes/Tod Konrads IV.
1257	Doppelwahl: Richard von Cornwall – Alfons X. von Kastilien
1268	Hinrichtung Konradins/Ende der Staufer
1273–1291	Rudolf I. von Habsburg
1278	Schlacht auf dem Marchfeld bei Dürnkrut
1291	Bund von Uri, Schwyz und Nidwalden
1292–1298	Adolf von Nassau
1298–1308	Albrecht I. von Habsburg
1302	Bulle „Unam sanctam" von Papst Bonifaz VIII.
1303	Gefangennahme des Papstes in Anagni
1308–1313	Heinrich VII. von Luxemburg (1312 Kaiser)
1309–1376	Residenz der Päpste in Avignon
1314	Doppelwahl: Friedrich der Schöne – Ludwig IV., der Bayer
1315	Schlacht am Morgarten
1322	Sieg Ludwigs des Bayern bei Mühldorf am Inn
1328	Kaiserkrönung Ludwigs des Bayern
1338	Kurverein von Rhense
1339–1453	Hundertjähriger Krieg in Frankreich
1346–1378	Karl IV. (1355 Kaiser)
1347–1351	Pest in Europa
1356	Goldene Bulle
1370	Friede von Stralsund
1378–1400	Wenzel
1378–1417	Abendländisches Schisma
9. Juli 1386	Schlacht bei Sempach
1400–1410	Ruprecht von der Pfalz
1410/11–1437	Sigmund (1433 Kaiser)
1414–1418	Konzil von Konstanz
6. Juli 1415	Hinrichtung des Johannes Hus
1419–1436	Hussitenkriege
1424	Binger Kurverein
1433–1449	Konzil von Basel–Ferrara–Florenz
1438–1439	Albrecht II. von Habsburg
1440–1493	Friedrich III. (1452 Kaiser)
1448	Wiener Konkordat
1453	Konstantinopel von den Türken erobert
1455–1487	Rosenkriege in England
5. Jan. 1477	Schlacht bei Nancy (Tod Karls des Kühnen von Burgund)
1488	Gründung des Schwäbischen Bundes
1492	Kolumbus entdeckt Amerika
1493–1519	Maximilian I.
1495	Reichstag zu Worms (Reichsreform)
1499	Schweizerkrieg (Schwabenkrieg)
1500	Reichstag zu Augsburg (Reichsregiment)

Kapitel 4: Reformation und Glaubenskriege (1517–1648)

Einführung

Lange Zeit sind die Entdeckung Amerikas 1492 und der Beginn der Reformation 1517 als Anfang der Neuzeit betrachtet worden. Der Begriff Neuzeit wurde jedoch schon von den Humanisten des 15. Jahrhunderts verwendet, denen ihre Gegenwart als neues Zeitalter erschien. Tatsächlich sind wichtige Grundzüge der Neuzeit schon vor den genannten Zeitpunkten zu erkennen, am frühesten in Italien, dem Ursprungsland von Humanismus und Renaissance. Der durch diese Bewegungen in Gang gesetzte geistige Wandlungsprozeß, den der große Historiker Jacob Burckhardt als „Entdeckung der Welt und des Menschen" bezeichnet hat, beeinflußte die europäische Geschichte der Neuzeit nachhaltig. Eine entscheidende Voraussetzung für die schnelle Verbreitung der neuen Ideen war die Erfindung des Buchdrucks um 1450. Der für die Neuzeit kennzeichnende Zug der „Zweckrationalität", d. h. der Ausrichtung des Handelns am vernunftgemäßen Abwägen von Zielen, Mitteln und Folgen des Tuns, kam in einer Fülle von zukunftsträchtigen Entwicklungen zum Ausdruck, die sich allerdings erst im 17. und 18. Jahrhundert voll entfalteten. Dazu gehörte die beginnende Befreiung des Denkens von den Bindungen der Theologie ebenso wie die Anfänge moderner Wirtschaftstechniken (Frühkapitalismus), die Entstehung des neuzeitlichen Staates und die Entwicklung neuer Staats- und Rechtstheorien.

Typisch für Übergangszeiten sind jedoch nicht nur die in die Zukunft weisenden Neuansätze, sondern auch die fortwirkenden Traditionen der Vergangenheit. So ist z. B. darauf hingewiesen worden, daß die Reformation, eine der bedeutendsten von Deutschland ausgegangenen Bewegungen, wesentlich vom mittelalterlichen Denken geprägt war. Dennoch ist sie ihrem Gesamtzusammenhang und ihren geschichtlichen Wirkungen nach der Neuzeit zuzurechnen. Freilich beabsichtigte Luther mit den 95 Thesen von 1517 und noch in den folgenden Jahren keineswegs die Gründung einer neuen Kirche, sondern erst die Zurückweisung seiner Reformforderungen durch die kirchlichen Instanzen drängte ihn Schritt für Schritt dazu, die katholische Sakramentenlehre und das Meßopfer, das Mönchtum, ja sogar das Papsttum abzulehnen. Damit erschütterte er die Grundpfeiler der alten Kirche, veranlaßte diese aber zugleich dazu, 1545–63 in Trient das seit langem anstehende Reformkonzil durchzuführen, das die bislang so brisante Streitfrage des Vorrangs von Papst oder Konzil ausklammerte und mit seinen Lehrentscheidungen und innerkirchlichen Reformen die Grundlagen des neuzeitlichen Katholizismus schuf. Die mittelalterliche Einheit der lateinischen Christenheit, durch Kirchenspaltungen, Ketzerbewegungen und kirchlich geduldete Sonderentwicklungen längst in Frage gestellt, war allerdings endgültig zerbrochen, um so mehr, als auch innerhalb der reformatorischen Bewegung keine Glaubenseinheit erreicht werden konnte.

Nicht nur für die Kirchengeschichte, sondern auch für die deutsche Geschichte bedeutete die Reformation einen tiefen Einschnitt, da sie wegen der engen Verknüpfung der weltlichen und kirchlichen Institutionen im Heiligen Römischen Reich unmittelbare politische Auswirkungen hatte: Allein drei der sieben (faktisch sechs) Kurfürsten waren geistliche Reichsfürsten, nämlich die Erzbischöfe von

Mainz, Köln und Trier, und darüber hinaus gab es zahlreiche Fürstbistümer und Reichsabteien, die im Reichstag vertreten waren. Die Einführung der Reformation hatte zur Folge, daß geistliche Fürstentümer entweder in weltliche umgewandelt und damit erblich wurden oder gänzlich weltlichen Landesherrschaften einverleibt wurden und daß Kirchengüter eingezogen und Klöster aufgehoben wurden. Durch diese sogenannten Säkularisationen verschoben sich jedoch nicht nur die Machtverhältnisse im Reich, sondern die Grundlagen der Reichskirche und damit der Reichsverfassung wurden untergraben. Da einerseits Kaiser Karl V. (1519–56) die Reformation bekämpfte und auch eine Reihe von Reichsständen sich dem neuen Glauben nicht anschloß, andererseits aber alle Versuche, diesen zu unterdrücken, fehlschlugen, kam es zu einer konfessionellen Spaltung des Reiches.

In dieser Lage sah sich Ferdinand I. unter dem zusätzlichen Druck der Fürstenopposition gegen die kaiserlichen Herrschaftsansprüche gezwungen, das Augsburgische Bekenntnis von 1530, die gemeinsame Glaubensgrundlage der Lutheraner, 1555 reichsrechtlich anzuerkennen. Der Augsburger Religionsfriede, eines der wenigen „Grundgesetze" des Reiches, war kein Ausdruck religiöser Toleranz – dieser Gedanke setzte sich erst seit dem 18. Jahrhundert durch –, sondern er versuchte den religiös-politischen Konflikt durch rechtliche Bestimmungen zu entschärfen, um die Reichsverfassung zu retten und den Frieden im Reich zu erhalten.

Kaiser Karl V. dankte 1556 ab, nachdem er seine weitgespannten Ziele nicht hatte verwirklichen können. Zwar war seine Machtgrundlage dank der vom Glück begünstigten Familienpolitik seines Großvaters Maximilian I. weitaus größer als die seiner Vorgänger, aber einer Vorherrschaft des Kaisers stellten sich sowohl im Reich als auch im europäischen Umkreis unüberwindliche Hindernisse entgegen. Insbesondere der schon unter Maximilian I. (1493–1519) zutage getretene Gegensatz zwischen den Habsburgern und dem französischen Königshaus Valois (ab 1589 Bourbon) bildete bis in die Mitte des 18. Jahrhunderts einen der grundlegenden Faktoren der europäischen Politik. Frankreich schloß in dem Bestreben, die Umklammerung durch den österreichisch-burgundisch-spanischen Länderkomplex der Habsburger aufzubrechen, Bündnisse mit anderen Reichsfeinden, vor allem den Türken, und griff zunehmend in die innerdeutschen Streitigkeiten ein. Im Dreißigjährigen Krieg (1618–48) brachte diese Politik das Reich an den Rand der Auflösung. Das war allerdings nur möglich, weil der Religionskonflikt sich in einem erbitterten Bürgerkrieg entladen hatte, in dem alle Beteiligten ausländische Verbündete suchten. Der Augsburger Religionsfriede, der als Abschluß der Reformationsepoche gilt, hatte also letztlich nicht einen dauerhaften Ausgleich zwischen den Religionsparteien herbeigeführt. Das konfessionelle Zeitalter, wie man den Zeitraum von 1517 bis 1648 nennt, wurde in der folgenden Phase vielmehr von den sich verschärfenden Konflikten um die Auslegung des Religionsfriedens bestimmt. Die Absicht des Kaisers, durch den Vertrag weitere Säkularisationen zu verhindern, wurde von den protestantischen Fürsten vielfach durchkreuzt, während die katholischen Fürsten zu einer Politik der Gegenreformation, d. h. zur Rekatholisierung evangelischer Gebiete, übergingen. Die Kaiser, anfangs um Vermittlung bemüht, griffen in ihrem eigenen Herrschaftsgebiet zunehmend zu gegenreformatorischen Maßnahmen. Dadurch wurde 1618 ein Aufstand in Böhmen ausgelöst, in den sogleich das Reich verwickelt wurde.

Im Dreißigjährigen Krieg verbanden sich religiöse und politische Gegensätze zwischen den Fürsten, ständische Interessengegensätze zwischen dem Kaiser und den Fürsten sowie europäische Machtauseinandersetzungen zu einem unentwirrbaren Konflikt. Die Religionsfrage trat allerdings nach dem Kriegseintritt Frankreichs 1635 gegenüber dem Kampf um die Vorherrschaft in Europa zurück. Der Westfälische Friede, der die Reichsverfassung von 1648 bis zum Ende des Heiligen Römischen Reiches 1806 bestimmte, versuchte ein Gleichgewicht zwischen den Konfessionen herzustellen und bestätigte die Landeshoheit der Reichsstände. Der moderne Staat der Neuzeit bildete sich somit in Deutschland künftig nicht auf der Ebene des Reiches, sondern auf der der Einzelstaaten aus, zumal die katastrophalen Folgen des Krieges die Fürsten zu gezielten Wiederaufbaumaßnahmen veranlaßten.

4.1 Die Erfindung des Buchdrucks

Die Bücher des Mittelalters bestanden aus zusammengehefteten und gebundenen, von Hand beschriebenen Pergamentblättern. Anstelle des Pergaments setzte sich im ausgehenden Mittelalter allmählich das billigere Papier durch. In der Regel wurden die Bücher als einmalige Exemplare für einen Auftraggeber angefertigt, zunächst nur in Klöstern und an Königshöfen, später auch in den weltlichen Schreibstuben der Städte und besonders im Umkreis der Universitäten. Die Verbreitung literarischer, wissenschaftlicher und sonstiger Werke war nur durch Abschriften möglich, wobei stets die Gefahr sinnentstellender Textabweichungen bestand.

Um 1440/50 erfand Johannes Gensfleisch zur Laden, genannt Gutenberg, Sohn eines Mainzer Patriziers, die Technik der Herstellung völlig gleicher, auswechselbarer Metalltypen:

Ausschnitt aus einer Seite der 42zeiligen Gutenberg-Bibel

Er schnitt Stahlstempel in Form von spiegelverkehrten Buchstaben und anderen Schriftzeichen und schlug sie in Kupfer; in die dadurch entstandene Gegenform (Matrize) wurde Blei gegossen, das nach dem Erkalten spiegelverkehrte Lettern ergab. Diese setzte Gutenberg zu Druckformen zusammen, färbte sie mit Druckerschwärze ein und stellte mit Hilfe einer ebenfalls von ihm konstruierten Druckerpresse ganze Buchseiten in der jeweils gewünschten Anzahl her. Bald wurden auch Illustrationen, Initialen und andere Schmuckformen mechanisch vervielfältigt.

Die neue Technik verbreitete sich von Mainz aus schnell über ganz Europa. Sie ermöglichte eine rasche und vergleichsweise billige Herstellung auch umfangreicher Werke in hoher Auflage; so wurde schon 1455 die berühmte Gutenberg-Bibel in lateinischer Sprache gedruckt. Damit schuf Gutenbergs Erfindung die Voraussetzung für einen intensiveren geistigen Austausch, ja allgemein für eine Steigerung des Schriftlichkeitsgrades der europäischen Kultur.

4.2 Humanismus und Renaissance

Die Begriffe Humanismus und Renaissance, als Epochenbegriffe für die Übergangszeit vom Mittelalter zur Neuzeit erst seit dem 19. Jahrhundert geläufig, werden oft in demselben Zusammenhang, zum Teil sogar gleichbedeutend gebraucht. Tatsächlich ist es unmöglich, sie klar voneinander abzugrenzen, da sie auf denselben geistigen Grundlagen beruhen; im allgemeinen denkt man bei Humanismus an die philosophischen, philologischen und literarischen Äußerungen dieser Epoche, bei Renaissance teilweise nur an die Kunst der Zeit, teilweise an eine den Humanismus mit umfassende Strömung der Kultur- und Geistesgeschichte.

Beide Bewegungen entstanden in der zweiten Hälfte des 14. Jahrhunderts in Italien, dem damals kulturell und wirtschaftlich höchstentwickelten Land Europas. Dort setzte eine Rückbesinnung auf die Antike ein, zunächst auf die klassische lateinische Sprache, die römische Literatur und Wissenschaft, dann auch auf die griechische Antike. Diese „Wiedergeburt" (= Renaissance) der antiken Tradition wandte sich vor allem gegen die von

der Scholastik geprägte Dogmatik der spätmittelalterlichen Kirche; aber die meisten
Humanisten blieben der christlichen Lehre
verpflichtet, wenn auch die Verbreitung einer
von der Kirche unabhängigen Bildung eine
Tendenz zur Säkularisierung (Verweltlichung) mit sich brachte.

Von Italien her strahlten Humanismus und
Renaissance im 15. und 16. Jahrhundert auf
Europa aus, wobei in Deutschland der Humanismus im Vordergrund stand. Kennzeichnend für den deutschen Humanismus war
nicht nur der Rückgriff auf das griechisch-la-
teinische Bildungsgut, sondern zum Teil auch
eine betont „nationale" Haltung, die den
Wert der eigenen Vergangenheit hervorhob.
Nicht zufällig wurde gerade in dieser Zeit *Tacitus' „Germania"* (▷ 1.5) wiederentdeckt.

Zum Teil in Verbindung mit dem nationalen
Impuls trat ein anderer Grundzug des deut-
schen Humanismus in Erscheinung: die Kritik an der Verweltlichung von Papsttum und
Geistlichkeit, an der Geldgier der Kurie, der
Verflachung der Scholastik. Ihren Höhepunkt
fand die Polemik im Streit um den Tübinger
Rechtslehrer Johannes Reuchlin, den Begründer der hebräischen Sprachforschung,
der wegen seiner Stellungnahme gegen die
Vernichtung der außerbiblischen jüdischen
Literatur in Konflikt mit der Inquisition geriet. Zu seiner Verteidigung veröffentlichte
Reuchlin 1514 eine Auswahl seines Brief-
wechsels unter dem Titel „Clarorum virorum
epistolae" (Briefe berühmter Männer). Daraufhin erschien anonym eine fingierte Brief-
sammlung mit dem Titel „Epistolae obscuro-
rum virorum" (Dunkelmännerbriefe), eine in
barbarischem Latein verfaßte Satire auf die
sinnentleerte Spitzfindigkeit der Spätscho-
lastik, auf die Borniertheit, Heuchelei und Un-
moral von Mönchtum und Weltklerus.

Unbestreitbar hat der Humanismus der Reformation den Weg geebnet: durch seine Kritik an den kirchlichen Mißständen, durch die
Förderung der Sprachstudien, ohne die Luthers Bibelübersetzung nicht möglich gewesen wäre, und durch seine Bemühungen um
das Bildungswesen. Im eigentlichen theologischen Bereich freilich blieben die Humanisten ganz überwiegend auf dem Boden der alten Kirche. Der wohl berühmteste Humanist
zur Zeit der Reformation, Erasmus von Rotterdam, setzte sich zwar für eine Erneuerung

*Erasmus von Rotterdam. Gemälde von
Hans Holbein d. J. (1523)*

des Christentums ein, doch die Radikalität
der lutherischen Lehre lehnte er ab.

4.3 Kirchenreform

Eine Reform der Kirche an Haupt und Gliedern – dieses Ziel hatten schon die Konzilien
des 15. Jahrhunderts angestrebt. Zwar war die
äußere Einheit der abendländischen Christenheit nach dem großen Schisma wiederhergestellt worden, aber eine grundlegende
Neuordnung der kirchlichen Institutionen
war nicht zuletzt am Widerstand des
Papsttums gescheitert, das seine Autorität gegenüber den Konzilsvätern bedroht sah
(▷ 3.23). Während die Renaissancepäpste mit
dem Ausbau des Kirchenstaats ihre weltliche
Machtstellung festigten, räumten sie in mehreren Konkordaten den europäischen Herrschern Sonderrechte in den Kirchen ihrer
Länder ein. Auch mit Kaiser Friedrich III.
kam 1448 ein Konkordat zustande, bei dem
die Reichsfürsten allerdings Änderungen zu
ihren Gunsten durchsetzten. Schon damit war
der Weg zu dem später in den evangelischen
Territorien eingerichteten sogenannten landesherrlichen Kirchenregiment beschritten.
Trotzdem blieb in Deutschland der Einfluß

Roms stärker als in den westeuropäischen Ländern. Daher war man hier auch mehr als anderswo geneigt, die Kurie als Wurzel aller Übel in der Christenheit zu betrachten. Besonders erregte der steigende Geldbedarf der Päpste, bedingt durch die umfangreichen Bauvorhaben, die luxuriöse Hofhaltung und die Kosten für die Kriegführung des Kirchenstaats, allgemeines Ärgernis, da die Kurie für die Vergabe von Pfründen, für Dispense, Ablässe und anderes immer neue Gebühren und Abgaben einführte. Darüber hinaus führte man Klage über die päpstliche Verwaltungspraxis und Gerichtsbarkeit. Alle diese Kritikpunkte wurden erstmals 1456 als „Gravamina (= Beschwerden) der deutschen Nation" auf einem Kurfürstentag in Frankfurt vorgetragen und dann in ähnlicher Form immer erneut, aber vergeblich wiederholt. 1520 griff Luther die Gravamina in seiner Schrift „An den christlichen Adel deutscher Nation" auf. Doch nicht nur diese papstfeindliche Tendenz kam schließlich in der Reformation zum Tragen, sondern allgemein ein gerade in einer Zeit gesteigerter Religiosität verbreitetes Unbehagen an der „Anstaltskirche", in der

Titelholzschnitt eines Pamphlets gegen den Ablaß (1518)

kirchliche Ämter in erster Linie als Einnahmequelle erstrebt wurden, in der oft mehrere Pfründen in einer Hand vereinigt waren, während die geistlichen Pflichten von mangelhaft ausgebildeten und schlecht bezahlten Vikaren versehen wurden, und in der selbst die Gnadenmittel mit einem gehörigen Maß Geschäftstüchtigkeit verwaltet wurden. Nicht zufällig war der *Ablaßhandel* (▷ 4.4) auslösendes Moment der Reformation.

4.4 Ablaßhandel

Die Lehre der katholischen Kirche vom Ablaß beruht auf der Unterscheidung von Sündenschuld und Sündenstrafen: Die Sündenschuld wird durch das Sakrament der Buße getilgt, während die zeitlichen Sündenstrafen zur Läuterung des reuigen Sünders im irdischen Leben oder im Fegefeuer abzubüßen sind. Da die Kirche über die überschüssigen Verdienste Christi und der Heiligen als „Kirchenschatz" verfügt, kann sie den Gläubigen für bestimmte Leistungen (z. B. Pilgerfahrten) Ablaß der Sündenstrafen gewähren. Die spätmittelalterliche Ablaßpraxis nahm einerseits auf Grund der gesteigerten Volksfrömmigkeit, andererseits infolge des wachsenden Finanzbedarfs der Kurie, die zunehmend Ablaß für Geldzahlungen gewährte, immer größere Ausmaße an.
1517 trat im Gebiet des Kurfürstentums Brandenburg und des Erzstifts Magdeburg der Leipziger Dominikaner Johann Tetzel als Prediger für einen Ablaß auf, dessen Erlös dem Bau des Petersdoms in Rom zugute kommen sollte. Tatsächlich aber war die Hälfte des eingenommenen Geldes dazu bestimmt, die Schulden des jungen Albrecht von Brandenburg bei dem Augsburger Finanzhaus Fugger abzutragen, denn Albrecht hatte hohe Schulden auf sich nehmen müssen, um die Häufung seiner geistlichen Ämter (er war Erzbischof von Mainz und Magdeburg und Administrator des Bistums Halberstadt) bei der Kurie zu erkaufen. Die Auswüchse des Tetzelschen Ablaßhandels (Ablaß für die Sündenstrafen Verstorbener und sogar für eigene zukünftige Sünden gegen entsprechende Zahlung) veranlaßten Luther zur Abfassung seiner berühmten 95 Thesen (▷ 4.6), ohne daß er allerdings etwas von den politischen Hintergründen dieses Geschäfts ahnte.

4.5 Luther

Am 10. November 1483 wurde Martin Luther im thüringischen Eisleben geboren. Sein Vater gelangte in Mansfeld als Hüttenpächter allmählich zu Wohlstand, so daß er seinem begabten Sohn das Studium ermöglichen konnte. 1505 erwarb Martin in Erfurt den Magistergrad, doch kurz nach dem Beginn des Jurastudiums trat er auf Grund eines spontanen Gelübdes in das Erfurter Augustiner-Eremitenkloster ein. Während seines Klosterlebens, das ihn bis zur Professur an der Universität Wittenberg (ab 1512) führte, verschärfte er seine Askese immer mehr, und dennoch fühlte er sich stets als Sünder vor Gott. In seinen Vorlesungen beschäftigte ihn insbesondere der Begriff der Gerechtigkeit Gottes, die er als den Maßstab auffaßte, den Gott an die Menschen anlegt und dem diese wegen ihrer Unvollkommenheit nie genügen können. Erst nach Jahren des Ringens – der Zeitpunkt ist ungewiß – eröffnete sich Luther in dem sogenannten Turmerlebnis (im Turmzimmer des Wittenberger Klosters) eine ganz neue Sichtweise: Die Gerechtigkeit wird den Menschen um ihres Glaubens willen geschenkt, d. h., sie kann nicht durch menschliche Leistung erworben werden, sondern ist allein eine Gnade Gottes.

Diese Erkenntnis (später zur „Rechtfertigungslehre" erweitert) bedeutete im Grunde schon den Durchbruch zur Reformation, aber wirksam wurde sie erst durch die gegen den *Ablaßhandel* (▷ 4.4) des Dominikanermönchs Tetzel gerichteten 95 Thesen vom 31. Oktober 1517 (▷ 4.6). Obwohl Luther überzeugt war, damit die Lehre der Kirche gegen ihre Feinde zu verteidigen, brach sich in der breiten Zustimmung zu den Thesen sogleich der lange angestaute Protest gegen die verweltlichte Kirche Bahn (▷ 4.3). Nachdem die Dominikaner in Rom den Ketzerprozeß veranlaßt hatten, wurde Luther im Oktober 1518 in Augsburg von Kardinal Cajetan verhört, aber er weigerte sich zu widerrufen. Während sich der Prozeß wegen politischer Rücksichtnahme des Papstes auf Luthers Landesherrn, den sächsischen Kurfürsten, verzögerte, löste sich Luther von der Autorität der römischen Kirche und entwickelte seine Theologie in den „reformatorischen Hauptschriften" von 1520. Die päpstliche Bannandrohungsbulle verbrannte er im Dezember 1520 und verweigerte am 18. April 1521 auf dem Reichstag zu Worms erneut den Widerruf, wenn er nicht durch die Heilige Schrift und Vernunftgründe widerlegt werde. Das daraufhin vom Kaiser durchgesetzte Wormser Edikt verhängte über Luther die Reichsacht und forderte die Verfolgung seiner Anhänger, konnte jedoch gegen den Widerstand der lutherisch gesinnten Reichsstände nicht verwirklicht werden.

Luther übersetzte unterdessen im Schutz der Wartburg das Neue Testament ins Deutsche, um die Bibel allen Christen unmittelbar zugänglich zu machen (das Alte Testament lag erst 1534 vollständig vor). Als unter dem Einfluß radikaler reformatorischer Kräfte in Wittenberg Unruhen ausbrachen, kehrte er im März 1522 zurück und setzte den Neuerungen Grenzen. Schon diese Wirren zeigten, daß aus Luthers Forderung nach der alleinigen Autorität der Heiligen Schrift ganz andere Konsequenzen gezogen werden konnten, als er selbst es tat. So kam es zugleich mit der Abwendung vom Papsttum zur Konfessionsbildung innerhalb der evangelischen Bewegung (▷ 4.10). Überdies verband sich der religiöse Impuls 1524/25 im *Bauernkrieg* (▷ 4.11) mit sozialen Forderungen, deren Berechtigung Luther zunächst anerkannte, doch im weiteren Verlauf verurteilte er das Vorgehen der Bauern aufs schärfste als eine Gefahr für das Evangelium. Diese Haltung kostete ihn viele Sympathien, um so mehr, als er auf dem Höhepunkt des Aufstands die ehemalige Nonne Katharina von Bora heiratete.

In Luthers Stellungnahme zum Bauernkrieg zeigte sich eine Überzeugung, die – später in der „Zweireichelehre" systematisiert – die politische Ethik des Luthertums grundlegend prägte: daß ohne obrigkeitliche Ordnung als Setzung Gottes auch die Freiheit des Evangeliums nicht möglich sei. Da alles, was in irgendeiner Form organisiert werden muß, dem weltlichen Zuständigkeitsbereich zugewiesen wurde, fiel dem Staat letztlich auch die Sorge für die äußere Ordnung der Kirche zu, was Luthers eigentlicher Absicht zuwiderlief. Das „landesherrliche Kirchenregiment" hatte allerdings schon vorreformatorische Wurzeln (▷ 4.3). Zur Neugestaltung von Gottesdienst und Lehre trug Luther selbst entscheidend bei durch seine „Deutsche Messe" (1526), den Kleinen und Großen Katechismus (1529) und

Martin Luther. Gemälde von Lucas Cranach d. Ä. und Gehilfen (1529)

die Schaffung des evangelischen Kirchenlieds. – Am 18. Februar 1546 starb er in Eisleben; er wurde in der Wittenberger Schloßkirche bestattet.

4.6 Thesenanschlag und reformatorische Hauptschriften

Die in lateinischer Sprache verfaßten 95 Thesen vom 31. Oktober 1517 waren nicht für die breite Öffentlichkeit bestimmt (der Anschlag an der Tür der Wittenberger Schloßkirche wird heute vielfach bezweifelt), sondern als theologischer Diskussionsbeitrag gedacht. Sie richteten sich nicht grundsätzlich gegen den Ablaß, sondern gegen die in der Ablaßpredigt verkündete falsche Sicherheit des Heils, stellten aber mit ihrem Bußbegriff die kirchliche Bußpraxis in Frage. Populär wurden die Thesen vor allem dadurch, daß sie den Unwillen der Laien über das Finanzgebaren der Kirche wiedergaben (▷ 4.4).

Luthers Bruch mit der mittelalterlichen Kirche spiegelt sich erst in den Schriften des Jahres 1520 in voller Schärfe wider. Besondere Bedeutung kommt zwei großen Kampfschriften zu: In „An den christlichen Adel deutscher Nation von des christlichen Standes Besserung" appellierte Luther an Kaiser und Reichsstände, angesichts des Versagens der geistlichen Autoritäten die erforderlichen kirchlichen wie sozialen Reformen in die Hand zu nehmen und das seit langem allenthalben verlangte Konzil einzuberufen. Hatte Luther schon bei der Leipziger Disputation mit dem Ingolstädter Theologen Johannes Eck 1519 erklärt, daß sich auch Konzilien irren könnten, so sprach er nun überhaupt der geistlichen Gewalt den Vorrang vor der weltlichen ab, ja er hob die Trennung zwischen beiden auf, indem er das „allgemeine Priestertum" aller getauften Christen verkündete. Den eigentlichen Angriff auf die scholastische Theologie führte Luther in der Schrift „Von der Babylonischen Gefangenschaft der Kirche", in der er nur Taufe, Abendmahl und – mit Einschränkungen – Buße als Sakramente gelten ließ, wobei er für das Abendmahl den Laienkelch forderte und das Verständnis des Abendmahls als Opfer ablehnte; auch hier wie in der Rechtfertigungslehre der Grundgedanke: der Mensch kann Gott nichts geben, sondern sich nur beschenken lassen (d. h. im Abendmahl mit dem Opfer Christi). Ohne polemischen Bezug zu den theologischen Auseinandersetzungen ist eine dritte programmatische Schrift Luthers von 1520: „Von der Freiheit eines Christenmenschen". Darin hebt er den Widerspruch zwischen den Aussagen „Ein Christenmensch ist ein freier Herr über alle Dinge und niemand untertan" und „Ein Christenmensch ist ein dienstbarer Knecht aller Dinge und jedermann untertan" in der Bindung an Christus auf: Die durch den Glauben gewonnene letzte Sicherheit in Christus macht den Gläubigen frei zum Dienst am Mitmenschen, ohne ihn dem Zwang zu „guten Werken" zu unterwerfen. Kurz zuvor hatte Luther im Sermon (Predigt) „Von den guten Werken" klargestellt, daß Werke zwar keine Vorbedingung des Heils, aber selbstverständliche Früchte des Glaubens seien.

So stand Luther, als der Bann gegen ihn erfolgte, tatsächlich nicht mehr auf dem Boden der alten Kirche; an eine Reformation unter Wahrung der Kircheneinheit war nicht mehr zu denken, zumal Luther im Papsttum selbst zunehmend den Antichrist sah.

4.7 Das Weltreich der Habsburger

Die Voraussetzungen für den Aufstieg des Hauses Österreich zu europäischer Großmachtstellung schuf Kaiser Friedrich III. durch die Eheverbindung seines Sohnes Maximilian mit Maria, der Erbin Herzog Karls des Kühnen von Burgund (1477). Damit machte er sich allerdings den französischen König zum Feind, der das Erbe seines burgundischen Verwandten ebenfalls beanspruchte. Der burgundische Länderkomplex war jedoch im 14. und 15. Jahrhundert über das eigentliche Herzogtum, die Bourgogne mit dem Zentrum Dijon, weit hinausgewachsen. Sein Schwerpunkt hatte sich nach Norden in die Niederlande (einschließlich des heutigen Belgien) verlagert. Maximilian gelang es, das Erbe im Kampf gegen Frankreich weitgehend zu behaupten. Auch die Wiedervereinigung der österreichischen Erblande 1490 trug zur Stärkung der habsburgischen Hausmacht bei.

Als entscheidender Schritt – was freilich von vornherein nicht abzusehen war – erwies sich die Heirat von Maximilians Sohn Philipp („dem Schönen") mit Johanna („der Wahnsinnigen"), einer Tochter des spanischen Königspaars Ferdinand II. von Aragonien und Isabella von Kastilien (1496). Durch den frühen Tod des mit Philipps Schwester Margarete vermählten Infanten und weiterer Erbberechtigter blieb Johanna als einzige Erbin der spanischen Reiche übrig. Da sie nach dem Tod Philipps in Schwermut verfallen und daher nicht regierungsfähig war, fiel, als 1516 Ferdinand II. starb, ihrem in Burgund regierenden Sohn Karl (V.) Spanien mitsamt dem aragonesischen Nebenland Neapel-Sizilien und dem reichen überseeischen Besitz zu. Zugleich war Karl Anwärter auf die österreichischen Erblande sowie auf die Kaiserwürde seines Großvaters Maximilian I., der 1519 starb. Eine so gewaltige Machtkonzentration rief vor allem den Widerstand des französischen Königs Franz I. hervor, der sich mit päpstlicher Unterstützung, aber vergeblich, um die Kaiserkrone bewarb. Die Gegensätze führten schließlich zu einer Reihe von Kriegen (▷ 4.9).

Eine weitere doppelte Heiratsverbindung band, wiederum nur durch dynastischen Zufall, die Interessen der Habsburger auf Dauer

Kaiser Maximilian I. mit seiner Frau Maria von Burgund, seinem Sohn Philipp dem Schönen, seinen Enkeln Karl und Ferdinand sowie deren Schwager Ludwig II. von Ungarn und Böhmen

noch in einer anderen Richtung: Als 1526 der
junge König von Ungarn und Böhmen, Ludwig II., bei Mohács im Kampf gegen die Türken fiel, wurde sein Schwager Ferdinand, der
Bruder Karls V., zu seinem Nachfolger gewählt. Dadurch verstrickte sich dieser in
Konflikte mit einem siebenbürgischen Rivalen, Johann Zápolya, und Österreich wurde
für zwei Jahrhunderte zum Hauptträger des
Abwehrkampfs gegen die Osmanen in Ungarn.

4.8 Die Fugger

Nach Anfängen in Italien entwickelte sich in
der zweiten Hälfte des 15. Jahrhunderts auch
in Deutschland eine neue, hauptsächlich vom
städtischen Bürgertum getragene Wirtschaftsform, der sogenannte Frühkapitalismus. Die
bedeutendste und politisch einflußreichste
deutsche Unternehmerfamilie an der Wende
zur Neuzeit waren die Fugger, die innerhalb
der Augsburger Weberzunft zu Geld und Ansehen gelangten, aber erst durch Metallhandel und Bankgeschäfte und vor allem durch
ihre Geschäftsverbindungen mit den Habsburgern und sogar mit dem Papst zur Weltgeltung aufstiegen.

Während die Linie „Fugger vom Reh" (benannt nach ihrem Wappentier) eine große
Anleihe an Erzherzog Maximilian, den späteren Kaiser, zum geschäftlichen Verhängnis
wurde, wußte die Linie „Fugger von der Lilie" ihre Beziehungen geschickter zu nutzen.
Zum eigentlichen kaiserlichen Bankier wurde
Jakob II. mit dem Beinamen „der Reiche",
der, 1459 geboren und als jüngster Sohn Jakobs des Älteren ursprünglich zur geistlichen
Laufbahn bestimmt, 1485 die Leitung der
Fuggerschen Faktorei in Innsbruck übernahm. Er gewährte Erzherzog Sigmund, dem
Grafen von Tirol, umfangreiche Kredite, sicherte sich dafür aber das Recht zur Ausbeutung der Kupfer- und Silberbergwerke des
Landes und ließ es sich von Maximilian, dem
er 1490 zur Nachfolge des bankrotten Sigmund verholfen hatte, bestätigen. Für Maximilian I., infolge seiner zahlreichen Unternehmungen selbst ständig in Geldnöten, wurde die „Gesellschaft Ulrich Fugger und Gebrüder von Augsburg" unter Jakobs Leitung
als Geldgeber immer unentbehrlicher. Von
ihrer Zahlungsbereitschaft hingen Erfolg

*Jakob Fugger in seinem Kontor.
Zeitgenössische Zeichnung*

oder Scheitern diplomatischer und militärischer Aktionen ebenso ab wie der Erwerb von
Amt und Würden. Für die römische Kurie organisierte die Gesellschaft die Finanzierung
des Pfründen- und Gebührenwesens und finanzierte den *Ablaßhandel* (▷ 4.4) vor, was allerdings zu ungeahnten Verwicklungen führte. Mehrmals mischte sich Jakob Fugger bei
Papstwahlen ein, wie er auch 1519 die Kaiserwahl Karls V. mit über 850 000 Dukaten Bestechungsgeldern finanzierte. Während seiner
ganzen Regierungszeit blieb der Kaiser von
der Finanzkraft des Hauses Fugger abhängig,
während diesem – nach Jakobs Tod 1525 unter der Leitung seines Neffen Anton – die Autorität und der politische Erfolg des Herrschers Sicherheit für die gewährten Darlehen
und neue wirtschaftliche Entfaltungsmöglichkeiten boten. Gegen Ende des 16. Jahrhunderts jedoch geriet das Unternehmen, vor
allem durch hohe Verluste bei mehreren spanischen Staatsbankrotten, an den Rand des
Ruins, und die Familie zog sich aus der Hochfinanz auf ihre Güter und Herrschaften zurück.

4.9   Karl V.

Der Enkel Kaiser Maximilians I. wurde am 24. Februar 1500 in Gent geboren und wuchs unter der Obhut seiner Tante Margarete, der Regentin der Niederlande, auf. Als er am 28. Juni 1519 zum Kaiser gewählt wurde, war er bereits Herr über ein ungeheuer großes, aber weit über Europa und darüber hinaus verstreutes Herrschaftsgebiet (▷ 4.7). Doch er regierte keineswegs unumschränkt, am wenigsten im Heiligen Römischen Reich, wo ihm die Kurfürsten durch eine vertragliche Verpflichtung, die Wahlkapitulation, seine Zustimmung zur Mitwirkung der Reichsstände an der Regierung abgezwungen hatten. Auf Grund dieses Vertrages wurde 1521 ein (zweites) „Reichsregiment" (▷ 3.26) für die Zeit der Abwesenheit des Kaisers (bis 1530) unter der Leitung seines Bruders Ferdinand I., dem auch die Regierung der österreichischen Erblande übertragen wurde, eingerichtet. 1531 wurde Ferdinand mit seiner Wahl zum Römischen König sogar der ständige Vertreter des Kaisers.

Dennoch bedeutete die Kaiserwürde für Karl weit mehr als einen Prestigegewinn; er fühlte sich vielmehr in der Nachfolge der mittelalterlichen Kaiser als vornehmster Herrscher des Abendlandes und als Verteidiger des wahren Glaubens. Von daher ist auch seine Kaiserkrönung durch den Papst in Bologna 1530 – die letzte eines deutschen Kaisers – zu verstehen. Sein Vorherrschaftsstreben, das ihn in Konflikt mit Frankreich und dem Papst brachte, und der Schutz der Christenheit gegen die Türken (▷ 4.18) sowie die Sorge um die Einheit der Kirche – und das war für Karl seit dem Wormser Edikt von 1521 gleichbedeutend mit der Unterdrückung der *Reformation* (▷ 4.10) – erwiesen sich allerdings schließlich als unvereinbare Ziele.

Für die politische Entwicklung in Deutschland war entscheidend, daß seine kriegerischen Verwicklungen den Kaiser immer wieder daran hinderten, energisch gegen die Ausbreitung der evangelischen Lehre vorzugehen. Während es Karl V. in vier Kriegen (1521–26, 1526–29, 1534–36 und 1542–44) gegen Franz I. von Frankreich gelang, das Ringen um Oberitalien und um das burgundische Erbe zu seinen Gunsten zu entscheiden, mußte er bzw. Ferdinand den evangelischen

Reichsständen mehrmals faktisch freie Hand zur Reformation ihrer Territorien geben, auch um ihre Unterstützung gegen die mit Frankreich verbündeten Türken zu gewinnen. Erst im Schmalkaldischen Krieg 1546/47 besiegte der Kaiser die Protestanten, ohne jedoch seinen Erfolg politisch nutzen zu können, denn gegen die drohende kaiserliche Übermacht regte sich auch bei den katholischen Fürsten Widerstand. Als Karl 1556 abdankte, war die konfessionelle Spaltung im *Augsburger Religionsfrieden* (▷ 4.14) 1555 reichsrechtlich besiegelt, und in der neuen habsburgischen Herrschaftsteilung – Ferdinand I. erhielt die österreichischen Länder und die Kaiserkrone, Karls Sohn Philipp II. Spanien und die Niederlande – kam das Scheitern der Weltreichspläne zum Ausdruck. Karl V. zog sich nach San Jerónimo de Yuste nahe Madrid zurück, wo er am 21. September 1558 starb.

4.10   Reformation

Nachdem die Forderungen nach einer umfassenden *Kirchenreform* (▷ 4.3) unerfüllt geblieben waren, löste Martin *Luther* (▷ 4.5) 1517 mit den 95 Thesen über den Ablaß (▷ 4.6) eine Reformbewegung aus, die den Rahmen der bestehenden Kirche innerhalb weniger Jahre sprengte. Sie wurde von zahlreichen Reformatoren in alle Teile Deutschlands und darüber hinaus getragen. Allerdings zeigte die Bewegung schon früh Spaltungstendenzen.

Das bedeutendste Zentrum der Reformation neben Wittenberg wurde zunächst Zürich, wo Ulrich *Zwingli* (▷ 4.12) ab 1523 nicht nur die Kirchenordnung, sondern das ganze Gemeinwesen umgestaltete; nach seinem Tod wurde ab 1536 Genf unter Johannes *Calvin* (▷ 4.13) zum protestantischen Musterstaat. Abgesehen von den Abweichungen von Luthers Lehre trug auch die unterschiedliche Kirchenentwicklung zur Entfremdung zwischen den beiden evangelischen Konfessionen bei. Diese wog um so schwerer, als sie die ohnehin schon gelockerten Bindungen der Schweiz an das Reich weiter schwächte.

Andere reformatorische Gruppen, die aber meist nur für kurze Zeit eine Rolle spielten, waren z. B. die sozialrevolutionär orientierten Zwickauer Propheten, zu denen Thomas Müntzer gehörte, und die Täufer, die die Er-

Kurfürst Johann Friedrich der Großmütige von Sachsen im Kreise der Wittenberger Reformatoren. Gemälde von Lucas Cranach (d. J.?)

sächsischem Vorbild wurden Visitationen durchgeführt, d. h., von den Landesherren eingesetzte Kommissionen prüften die Situation in den Gemeinden, veranlaßten einheitliche Vorschriften für Gottesdienst, kirchliche Lehre, Schulunterricht und anderes und registrierten den Kirchenbesitz, den die Landesherren allerdings nicht immer für gemeinnützige Zwecke verwendeten.

Daneben setzte die politische Parteibildung der Konfessionen ein. Als Ferdinand I. auf dem Reichstag in Speyer 1529 den Beschluß von 1526 rückgängig zu machen versuchte, legten die Evangelischen eine „Protestation" vor, von der sie die Bezeichnung Protestanten erhielten. Im nächsten Jahr unterbreiteten die Lutheraner Karl V. in Augsburg eine Zusammenfassung ihrer Lehre, das Augsburger Bekenntnis, dem eine vom Kaiser akzeptierte „Confutatio" (= Widerlegung) entgegengestellt wurde. Da der Kaiser weiteren Widerstand in der Religionsfrage als Landfriedensbruch verurteilte, schlossen sich viele lutherische Reichsstände 1531 zur Verteidigung im Schmalkaldischen Bund unter Führung Hessens und Kursachsens zusammen. Nach mehrmaligem Aufschub – als Gegenleistung für protestantische Hilfe gegen die Türken – konnte Karl erst 1546 militärisch gegen die Schmalkaldener vorgehen, doch trotz deren vollständiger Niederlage war weder an eine Teilnahme der Protestanten an dem 1545 eröffneten allgemeinen Konzil noch an eine religiöse Kompromißlösung im Reich zu denken. Dem Herrschaftsanspruch des Kaisers widersetzten sich auch katholische Fürsten, so daß eine „Fürstenverschwörung" 1551/52 Karl zum Einlenken zwang. Der *Augsburger Religionsfriede* (▷ 4.14) bestätigte 1555 die konfessionelle Spaltung Deutschlands.

wachsenentaufe praktizierten. Eine vom Täufertum beeinflußte Gruppe gründete 1534 in Münster ein kurzlebiges „Königreich", das ein gewaltsames Ende fand.

Die rasche Ausbreitung der Reformation wurde durch politische Faktoren begünstigt: Sah sich anfangs der Papst aus außenpolitischer Rücksicht auf den sächsischen Kurfürsten zur Zurückhaltung im Ketzerprozeß gegen Luther genötigt, so wurde später Kaiser *Karl V.* (▷ 4.9) immer wieder durch die politische Lage an der Bekämpfung der Reformation gehindert. Nachdem der Sieg der Landesherren im *Bauernkrieg* (▷ 4.11) 1525 ihre Stellung erheblich gestärkt hatte, nahmen die evangelischen Reichsstände den Reichstagsbeschluß von Speyer 1526 (der die Religionsfrage bis zum erwarteten Konzil der Gewissensentscheidung der Reichsfürsten überließ) zum Anlaß, in ihren Gebieten eine obrigkeitliche Kirchenordnung, das „landesherrliche Kirchenregiment", aufzubauen. Nach kur-

4.11 Bauernkrieg

Schon im 14. und 15. Jahrhundert hatte es in Deutschland Bauernrevolten gegeben, die allerdings regional begrenzt blieben wie die „Bundschuh"-Bewegung am Oberrhein. Der große Bauernkrieg von 1524/25 erfaßte dagegen fast ganz Oberdeutschland vom Elsaß bis Tirol und Steiermark und griff nach Franken, Thüringen und Sachsen über. Die sozialen Forderungen der Bauern waren größtenteils nicht neu; ihr Protest richtete sich im allgemeinen weniger gegen übermäßige Fronen und Abgaben an die Grundherren als gegen Eingriffe der Landesherren in althergebrachte Rechte wie dörfliche Selbstverwaltung und Nutzungsrechte an Wald, Wiesen und Gewässern.

Seine Stoßkraft erhielt der Aufstand vor allem durch das Zusammentreffen mit der zweiten Massenbewegung dieser Zeit, der *Reformation* (▷ 4.10). Erstmals beriefen sich die Bauern nicht nur auf das „alte Recht", sondern auf das Evangelium. Die im Februar 1525 zusammengestellten „Zwölf Artikel der Bauernschaft in Schwaben" begründeten z. B. die – als solche schon früher laut gewordene – Forderung nach Aufhebung der Leibeigenschaft mit der Erlösungstat Christi und verlangten unter anderem freie Pfarrerwahl und reine Predigt. Auf diese Artikel nahmen die Bauern in der Folgezeit auch anderswo Bezug. Es gab jedoch trotz der Beteiligung kriegserfahrener Adliger wie Florian Geyer in Franken und Götz von Berlichingen im Odenwald keine einheitliche Führung, was sich als entscheidende Schwäche erwies. Zum Teil versuchten die Bauern, ihre Ziele auf dem Verhandlungsweg zu erreichen, andere griffen bereitwilliger zu Plünderung und Brandschatzung.

Luther (▷ 4.5), der die berechtigten Anliegen der Bauern anfangs unterstützte und die Fürsten zur Einsicht mahnte, sah in der Radikalisierung der Bewegung bald eine Gefahr für das „weltliche Regiment". Besonders die Entwicklung in Thüringen, wo der Theologe Thomas Müntzer den Kampf gegen die Obrigkeit mit der Verwirklichung des Reiches Gottes gleichsetzte, veranlaßte Luther zu dem scharfen Pamphlet „Wider die räuberischen und mörderischen Rotten der Bauern". Wenngleich diese Parteinahme nicht der ihm vielfach vorgeworfenen Fürstenhörigkeit entsprang, sondern seiner Theologie, schadete sie sowohl seinem persönlichen Ansehen als auch der Sache der Reformation.

Unterdessen warfen die Fürsten die Erhebung gewaltsam nieder. Innerhalb weniger Wochen (Mai/Juni 1525) brach der Widerstand zusammen; die Sieger vollzogen ein grausames Strafgericht. Während das Landesfürstentum gestärkt aus den Kämpfen hervorging, waren die Bauern für Jahrhunderte kein politischer Faktor mehr.

4.12 Zwingli

Huldrych (Ulrich) Zwingli wurde am 1. Januar 1484 in Wildhaus (Grafschaft Toggenburg) geboren. Bei seinem Studium in Wien und Basel (1498–1506) lernte er den Humanismus kennen, der sein Denken stark beeinflußte. Als Leutpriester (Weltgeistlicher) in Glarus war er mehrmals Feldprediger bei den Schweizer Söldnern, die im Dienst des Papstes in Oberitalien kämpften. Nachdem er Ende 1518 eine Leutpriesterstelle am Großmünster in Zürich erhalten hatte, setzte er sich dort für Reformen im Sinne des Erasmus von Rotterdam ein. Ein reformatorischer Durchbruch in der Art von Luthers „Turmerlebnis" ist bei Zwingli nicht festzustellen.

Äußerer Anlaß der Reformation in Zürich war ein Wurstessen in der Fastenzeit 1522. Zwingli verteidigte die Tat in seiner Schrift „Von Erkiesen und Freiheit der Speisen".

Ulrich Zwingli. Gemälde von Hans Asper (1531)

Nachdem der Zürcher Rat die evangelische Predigt erlaubt hatte, legte Zwingli sein Priesteramt nieder und veröffentlichte 1523 67 „Schlußreden", in denen er zahlreiche Institutionen und Lehren der katholischen Kirche als nicht schriftgemäß ablehnte. In der Folgezeit setzte er im Zusammenwirken mit dem Rat schrittweise die Abschaffung aller nicht streng biblisch begründeten Elemente des kirchlichen Lebens wie Messe, Heiligenbilder, Gemeindegesang, Prozessionen und Klöster durch und wirkte damit auf viele Reformatoren in der Schweiz und in Oberdeutschland.

Von Luther trennte ihn nicht nur die Radikalität seiner Maßnahmen, sondern auch ein tiefgreifender Lehrunterschied. Dennoch bemühten sich beide Seiten um einen Ausgleich, um gegen die katholischen Mächte einen Rückhalt zu finden. So kam auf Betreiben des Landgrafen Philipp von Hessen 1529 das „Marburger Religionsgespräch" zwischen Luther und seinem Freund Philipp Melanchthon einerseits sowie Zwingli und dem Baseler Reformator Johannes Oekolampad andererseits zustande. Es scheiterte jedoch an der Abendmahlsfrage: Während die Schweizer das Abendmahl nur als symbolisches „Wiedergedächtnis" der Erlösung durch Christi Tod gelten lassen wollten, beharrten die Wittenberger auf der leiblichen Gegenwart Christi (Realpräsenz). Damit war dem von Zwingli und Philipp von Hessen angestrebten antihabsburgischen Bündnis praktisch der Boden entzogen.

Auch in der Eidgenossenschaft engagierte sich Zwingli im Kampf gegen die katholisch gebliebenen Kantone Uri, Schwyz, Unterwalden, Zug und Luzern. Nachdem ein erster konfessioneller Krieg 1529 mit einem Waffenstillstand geendet hatte, arbeitete Zwingli auf eine neue Auseinandersetzung hin. In diesem Krieg fiel er als Feldprediger am 11. Oktober 1531 bei Kappel. Sein Nachfolger Heinrich Bullinger rettete sein Erbe und einigte sich 1549 mit dem Genfer Reformator Johannes *Calvin* (▷ 4.13) auf ein gemeinsames Bekenntnis.

4.13 Calvin

Am 10. Juli 1509 wurde Jean Cauvin, der später dem Brauch der Humanisten gemäß die lateinische Namensform Johannes Calvinus wählte, in Noyon (Picardie) geboren. Er studierte die Rechte und widmete sich dann humanistischen Studien, die ihn auch mit reformatorischen Gedanken in Berührung brachten. Seine Entwicklung zum aktiven Bekenner des evangelischen Glaubens war jedoch ein langer Prozeß. Ende 1533 floh er wegen einer der Ketzerei verdächtigten Rede seines Freundes aus Paris, denn in Frankreich wurden die Protestanten streng verfolgt. Bereits 1535 verfaßte er in Basel sein später immer wieder überarbeitetes theologisches Hauptwerk „Institutio Christianae Religionis", eine Zusammenfassung der evangelischen Lehre und zugleich eine Verteidigung seiner evangelisch gesinnten Landsleute.

Entscheidend für sein ganzes weiteres Leben wurde ein Aufenthalt in Genf 1536, wo ihn der dort wirkende Reformator Guillaume Farel bat, zu bleiben und ein kirchliches Amt zu übernehmen. Calvin fügte sich widerstrebend, aber in dem Bewußtsein, zum Werkzeug Gottes berufen zu sein. In kurzer Zeit begann er mit der reformatorischen Durchgestaltung des ganzen öffentlichen und privaten Lebens der Stadt. Sein Plan, alle Bürger auf den in seinem Genfer Katechismus formulierten Glauben zu vereidigen, traf allerdings auf massiven Widerstand. 1538 wurde Calvin (ebenso Farel) aus Genf verbannt, jedoch nach drei Jahren zurückgerufen. Nun setzte er seine Kirchenordnung, die „Ordonnances ecclésiastiques", durch, die mit den vier Ämtern der Prediger, Lehrer, Ältesten (meist Ratsherren) und Diakone eine enge Verbindung von Kirchenleitung und Stadtregierung schuf. Das aus Ältesten und Pfarrern zusammengesetzte Konsistorium hatte den Lebenswandel aller Gemeindeglieder zu überwachen. Die strenge Lehr- und Kirchenzucht wurde mit eiserner Härte und ohne Ansehen der Person verwirklicht. Das verwickelte Calvin in zahlreiche Prozesse, als deren Höhepunkt die Ketzerverbrennung des mit Calvin bekannten Michel Servet, eines Gegners der Trinitätslehre, 1553 in Genf gilt.

Calvins unerbittliche Strenge ist nur von seiner Überzeugung her zu verstehen, daß der Ehre Gottes unter allen Umständen Geltung verschafft werden müsse. Dieser Grundzug prägte seine ganze Theologie. Damit hängt auch seine Prädestinationslehre zusammen, d. h. die Auffassung, daß Gott die Menschen nach seinem souveränen, unerforschlichen Ratschluß zum ewigen Leben oder zur ewigen Verdammnis bestimmt habe. Diese Lehre wurde von den deutschen Lutheranern nicht geteilt. Der Streitpunkt, an dem es schließlich zum Bruch zwischen den beiden Richtungen kam, war allerdings die Abendmahlslehre, in der sich Calvin den Zwinglianern angenähert hatte (▷ 4.12). Die tiefgehende Entfremdung führte dazu, daß die Anhänger Calvins im *Augsburger Religionsfrieden* (▷ 4.14) nicht anerkannt wurden. Außerhalb Deutschlands jedoch beeinflußte Calvin den Protestantismus entscheidend. Weit über seinen Tod (am 27. Mai 1564) hinaus gab seine Lehre dem Widerstand der französischen Hugenotten und der protestantischen Niederländer gegen ihre Unterdrückung Rückhalt.

4.14 Augsburger Religionsfriede

Trotz der Erfolge Kaiser *Karls V.* (▷ 4.9) gegen die lutherischen Reichsstände im Schmalkaldischen Krieg 1546/47 erwies sich die Wiederherstellung der Glaubenseinheit im Heiligen Römischen Reich als unmöglich. Nachdem Karls Bruder Ferdinand I. mit dem Führer der Fürstenopposition, Kurfürst Moritz von Sachsen, im Passauer Vertrag 1552 einen vorläufigen Kompromiß in der Glaubensfrage ausgehandelt hatte, kam auf dem von Ferdinand geleiteten Augsburger Reichstag von 1555 gegen den Willen des Kaisers ein endgültiger Ausgleich zustande. Die Anhänger des Augsburgischen Bekenntnisses von 1530, d. h. die Lutheraner, wurden als gleichberechtigt anerkannt. Die freie Wahl des Bekenntnisses blieb aber auf die Reichsstände und die Reichsritterschaft beschränkt; nach ihrem Bekenntnis hatte sich das ihrer Untertanen zu richten. Andersgläubige sollten ohne Verlust an Besitz und Ehre auswandern dürfen. Dieses Prinzip umschrieb man später mit der Formel „Cuius regio, eius religio" (wes das Land, des die Religion). Ausnahmen von diesem Grundsatz bildeten zum einen die Bestimmung, daß Reichsstädte, die die Messe wieder eingeführt hatten, sie auch weiterhin neben dem evangelischen Gottesdienst dulden mußten, und zum anderen der von den Protestanten nicht gebilligte „Geistliche Vorbehalt", der für den Fall des Konfessionswechsels geistlicher Reichsfürsten diese zum Verzicht auf ihr Amt zwang und damit die weitere Säkularisation der Bistümer verhindern sollte. Andererseits gestand Ferdinand in einer gesonderten Erklärung zu, daß lutherische Untertanen geistlicher Reichsfürsten weiterhin bei ihrem Bekenntnis bleiben durf-

ten. Die beiderseits bekräftigte Versicherung, man werde keinen Reichsstand wegen seiner Konfessionszugehörigkeit mit Krieg überziehen, bewährte sich tatsächlich für mehr als sechs Jahrzehnte. Doch die im *Dreißigjährigen Krieg* (▷ 4.21) gipfelnden Spannungen zeigten, daß der Konfessionskonflikt mit rechtlichen Mitteln letztlich nicht zu lösen war.

Zugleich mit der Religionsfrage kam auf dem Augsburger Reichstag die für die Verfassungsentwicklung des Reiches bedeutsame Reichsexekutionsordnung zum Abschluß. Die Wichtigkeit der Landfriedenswahrung hatte sich erst 1552/53 von neuem erwiesen, als Markgraf Albrecht Alcibiades von Brandenburg-Kulmbach Franken verwüstet hatte und schließlich von Moritz von Sachsen, der dabei den Tod fand, besiegt worden war. Daraufhin beschloß der Reichstag 1555, anknüpfend an Reformversuche des Reichsregiments von 1521, ein Verfahren zur Sicherung des Landfriedens auf der Grundlage der zehn Reichskreise (▷ 3.26). Die zu den jeweiligen Reichskreisen gehörigen Reichsstände hatten nun neben der Gestellung von Truppen für das Reichsheer gemäß der Reichsmatrikel auch die sogenannte Reichsexekution gegen Landfriedensbrecher zu vollstrecken, zum Teil im Auftrag des Reichskammergerichts, das für den Reichslandfrieden zuständig war. Die Aufstellung der Kreistruppen oblag in jedem Reichskreis einem Kreisobersten. Ein bzw. zwei kreisausschreibende Fürsten beriefen die Kreistage ein. Die Reichskreise waren also eine von den Ständen, nicht vom Kaiser getragene Institution. Sie bewährten sich in der Landfriedenswahrung, traten aber in den Kriegen gegen äußere Feinde zunehmend gegenüber den eigenen Heeren der Reichsfürsten zurück.

4.15 Gegenreformation

Der Zeitraum vom Augsburger Religionsfrieden (1555) bis zum Westfälischen Frieden (1648) wird in der deutschen Geschichtsschreibung als Zeitalter der Gegenreformation bezeichnet. Dieser Begriff drückt aus, daß die der *Reformation* (▷ 4.10) folgende Epoche durch die gewaltsame Rekatholisierung protestantisch gewordener Gebiete gekennzeichnet ist. Es wurde jedoch nachgewiesen, daß der Aufschwung des Katholizismus keineswegs auf bloßer Durchsetzung „von oben" beruhte, sondern seine Wurzeln schon in den kirchlichen Reformbestrebungen des 15. Jahrhunderts hatte. Für diese innere Erneuerung setzte sich die Bezeichnung „katholische Reform" durch. Sie stand freilich in enger Wechselwirkung mit der eigentlichen Gegenreformation.

Die Reformbewegung fand ihren bedeutendsten Ausdruck im Konzil von Trient (1545–63), das den Katholizismus der Neuzeit entscheidend prägte. Es verabschiedete eine Reihe von Dekreten, die in den seit der Reformation umstrittenen theologischen Fragen (Rechtfertigung, Sakramente usw.) die katholische Lehre verbindlich formulierten, damit aber auch dem Gegensatz zu den Protestanten dogmatisch festschrieben. Hinzu kamen zahlreiche Reformdekrete zur Verbesserung der Seelsorge, z. B. durch die Verpflichtung der Bischöfe, ständig in ihrem Sprengel zu wohnen, Synoden und Visitationen durchzuführen und Priesterseminare einzurichten. Die Lehrdekrete gaben der *Inquisition* (▷ 4.16) eine verbesserte Handhabe zum Vorgehen gegen Ketzer, wozu grundsätzlich auch die Protestanten zählten. In Deutschland verhinderte jedoch der *Augsburger Religionsfriede* (▷ 4.14) die völlige Gleichbehandlung von Protestanten und Ketzern.

Daß trotz der rechtlichen Pattsituation zwischen den Konfessionen seit dem Religionsfrieden und der beträchtlichen Mehrheit der evangelischen Bevölkerung der Katholizismus bald wieder in großen Teilen des Reiches vordrang, wäre allerdings ohne die Förderung durch die katholischen Reichsfürsten nicht möglich gewesen. Ausgehend von Bayern, dann die geistlichen Fürstentümer und Österreich folgten, setzten die Vorkämpfer der Gegenreformation nicht nur staatliche Zwangsmaßnahmen ein, sondern sie bedienten sich auch der Hilfe des neuen Ordens der Jesuiten, die neben den alten Mönchsgelübden ein strenges Gehorsamsversprechen gegenüber dem Papst abgelegten und sich vor allem der Seelsorge und dem Schulwesen widmeten. Reichsrechtlich stützte sich die Gegenreformation auf die Bestimmung des Augsburger Religionsfriedens, nach der das Bekenntnis der Untertanen dem des Landesherrn folgen sollte. Das war aber als Recht

zur Einführung der Reformation, also als Zugeständnis an die Protestanten gemeint. Dadurch kam es natürlich zu Konflikten mit den evangelischen Ständen, die jedoch ihrerseits das Augsburgische Bekenntnis in ihren Gebieten gewissermaßen zur Staatsdoktrin erhoben. So bildete die Gegenreformation nur die eine Seite der allgemeinen „Konfessionalisierung" des politischen Lebens, die vor allem seit Kaiser Rudolf II. (1576–1612) den Gegensatz zwischen den Religionsparteien unüberbrückbar machte.

4.16 Inquisition

Das aus dem Lateinischen abgeleitete Wort „Inquisition" bedeutet „Untersuchung" oder „Aufspüren". Es bezeichnet im weiteren Sinne die Untersuchung von Straftaten von seiten der Obrigkeit bzw. des von ihr beauftragten Gerichts, ohne daß ein Geschädigter selbst Anklage erheben muß. Am bekanntesten ist eine bestimmte Form des Inquisitionsverfahrens: die Verfolgung von *Ketzern* (▷ 3.13), also Anhängern von Irrlehren, durch kirchliche Instanzen. Zwar waren Kirchenstrafen wegen Abweichungen von der rechten Lehre schon in der alten Kirche praktiziert worden, aber erst im Hochmittelalter bildete sich im Zusammenhang mit der zunehmenden Gefährdung der Glaubenseinheit die Inquisition als besondere Institution heraus. Im 13. Jahrhundert ging sie von der Zuständigkeit der Bischöfe in die des Papstes über, der als Inquisitoren vor allem Dominikaner und Franziskaner einsetzte. Besonders verhängnisvolle Folgen hatte die Verschärfung der Strafen (von Bußleistungen bis zur Gütereinziehung, Einkerkerung oder Todesstrafe, meist durch Verbrennen). Ein der Ketzerei (oder einer ebenso bewerteten Straftat) Beschuldigter, der nicht freiwillig abschwor, war in einer denkbar schlechten Rechtslage: Er erfuhr nicht, wer ihn angezeigt hatte, erhielt keinen Verteidiger und konnte durch Folter zum Geständnis gezwungen werden. Gestand er nicht oder wurde er rückfällig, verfiel er der Todesstrafe, die von der weltlichen Obrigkeit vollstreckt wurde, da einerseits die Kirche kein Blut vergießen durfte und andererseits die weltliche Gewalt selbst daran interessiert war, Feinde des Glaubens als Störer der gottgewollten Ordnung zu bestrafen.

Während die Inquisition in Südeuropa in großem Umfang zur Geltung kam und in Spanien sogar zu einer staatlichen Einrichtung wurde, konnte sie sich in Deutschland erst seit dem 15. Jahrhundert durchsetzen. Im Zusammenhang mit der *Gegenreformation* (▷ 4.15) errichtete der Papst 1542 als oberste Instanz für alle Glaubensgerichte eine Kardinalskommission, das sogenannte Sanctum Officium (Heiliges Amt). Die Inquisition ging in einigen Ländern auch gegen Protestanten vor. Diese bekämpften ihrerseits Ketzer (insbesondere die Täufer), ohne daß sich bei ihnen eine damit befaßte kirchliche Einrichtung ausbildete. Einen Sonderfall bildeten die *Hexenprozesse* (▷ 4.17).

4.17 Hexenprozesse

Die Verfolgung von „Hexen" steigerte sich im 16. und 17. Jahrhundert in vielen Ländern Europas zu einem regelrechten Massenwahn. Dafür gibt es zahlreiche Erklärungsversuche, von denen jedoch keiner für sich allein zu überzeugen vermag. Die einzelnen Elemente des Hexenglaubens waren sehr alt und entstammten unterschiedlichen Wurzeln. Die Kirche trat von jeher abergläubischen Vorstellungen und Praktiken entgegen, die sie vielfach als Überreste des Heidentums betrachtete. Bestraft wurde vor allem der sogenannte Schadenzauber, d. h. die durch magische Mittel (z. B. Verwünschung, Zaubertrank) herbeigeführte Schädigung von Menschen. Im Spätmittelalter wurde eine systematische „Hexenlehre" entwickelt, in der sich Vorstellungen von nächtlichen Spukgestalten, die sich in Tiere verwandeln, durch die Luft reiten und bösen Zauber vollbringen können, mit anderen Elementen verbanden. Dazu gehörte insbesondere der Glaube, daß Menschen einen Pakt mit dem Teufel schließen und sich mit ihm körperlich vereinigen könnten und daß sie sich nachts an schaurigen Orten mit Dämonen träfen (Hexensabbat). Der Bund mit dem Teufel stellte die Hexen den Ketzern gleich, so daß die Hexenprozesse in die Zuständigkeit der *Inquisition* (▷ 4.16) fielen. Die Dominikaner Heinrich Institoris und Jakob Sprenger faßten 1487 die Hexenlehre im „Hexenhammer" zusammen, einem Handbuch, das die Hexerei überdies als typisch weibliches Verbrechen darstellte.

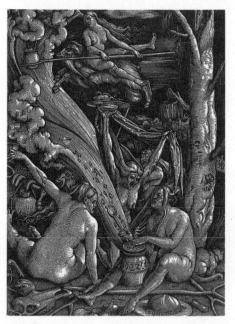

Vorbereitungen zum Hexensabbat.
Holzschnitt von Hans Baldung,
genannt Grien

Eine entscheidende Voraussetzung für die sprunghafte Verbreitung der Hexenverfolgungen – allerdings mit großen regionalen und zeitlichen Schwankungen – war die Folter, durch die Geständnisse und die Nennung von Komplizen erzwungen wurden. Dadurch zog ein Hexenprozeß meist weitere nach sich. Dabei wurden dann nicht selten alte Rechnungen beglichen oder bereits mit entsprechenden Gerüchten in Zusammenhang gebrachte Personen bzw. Angehörige verurteilter Hexen beschuldigt. Die Opfer der Hexenprozesse waren zum großen Teil Frauen, aber Männer und sogar Kinder fehlen darunter keineswegs. Auch eine gehobene soziale Stellung schützte nicht vor dem Scheiterhaufen, wenn es auch scheint, daß Arme und gesellschaftliche Außenseiter eher gefährdet waren. Die Gründe, weshalb jemand in den Verdacht der Hexerei geriet, waren sehr vielfältig; sie reichten von persönlichen Racheakten bis zur Suche nach „Sündenböcken" für Mißernten, Viehsterben und sonstiges existenzbedrohendes Unheil.

Bedeutenden Anteil an der Überwindung des Hexenwahns hatte die 1631 anonym erschienene Schrift „Cautio criminalis oder Rechtliches Bedenken wegen der Hexenprozesse" des Jesuiten Friedrich von Spee, der als Seelsorger von zum Tode verurteilten „Hexen" zu der Erkenntnis kam, allein die Folter mache Hexen. Auch das Eintreten des Juristen Christian Thomasius, eines der bedeutendsten Vertreter der deutschen Aufklärung, für die Humanisierung der Strafprozeßordnung zu Anfang des 18. Jahrhunderts trug wesentlich zur Beseitigung der Hexenprozesse und der Folter bei.

4.18 Türkenkriege

Das türkische Reich unter der muslimischen Dynastie der Osmanen hatte 1354 erstmals auf europäischem Boden Fuß gefaßt und 1453 in Konstantinopel, der Hauptstadt des vernichteten Byzantinischen Reiches, ein neues Zentrum erhalten. Der Abwehrkampf gegen das sich auf dem Balkan und im östlichen Mittelmeer ausdehnende Osmanische Reich wurde zunächst vor allem von den Kreuzfahrern, dann von den Venezianern getragen. Der Sieg Sultan Sulaimans des Prächtigen über den Ungarnkönig Ludwig II. bei Mohács 1526 brachte sein Reich in unmittelbaren Kontakt zum habsburgischen Länderkomplex, da der spätere Kaiser Ferdinand I. die Nachfolge seines Schwagers Ludwig antrat. Schon bald kam mit dem Bündnis zwischen Sulaiman und Ferdinands Gegenkönig Johann Zápolya von Siebenbürgen die den Habsburgern später noch oft gefährliche Verbindung von innerer Opposition und äußeren Gegnern im Südosten zustande. Hinzu kam, daß der Sultan sich mit dem Gegner der Habsburger im Westen, dem französischen König, verbündete. Dieser außenpolitische Druck trug entscheidend zu der relativ ungehinderten Ausbreitung der Reformation in Deutschland bei.
Ein erster türkischer Vorstoß bis Wien (1529) scheiterte. In einem neuen Krieg besetzte der Sultan 1541 den größten Teil Ungarns und machte Siebenbürgen zum Vasallenstaat. Auch errang seine Flotte im Mittelmeer große Erfolge gegen die im Dienst des Kaisers unter Andrea Doria kämpfenden Genuesen. 1571 jedoch vernichtete Don Juan d'Austria, der

Halbbruder Philipps II. von Spanien, die Flotte des Sultans bei Lepanto am Golf von Korinth. Wenngleich dieser Sieg politisch nicht genutzt wurde, leitete er den Niedergang der osmanischen Vormacht im Mittelmeer ein. Auf dem Balkan versuchten die Habsburger vergeblich, die Osmanen im „langen Türkenkrieg" 1593–1606 zurückzudrängen. Wie schon früher wirkte sich in diesem Krieg die Opposition der mehrheitlich protestantischen Stände Ungarns und Böhmens gegen die habsburgische Politik der Gegenreformation aus. Durch ein Bündnis mit dem Sultan erzwangen die ungarischen Aufständischen 1606 die Anerkennung ihrer ständischen und religiösen Freiheiten durch Matthias, den Bruder und 1612–19 Nachfolger Kaiser Rudolfs II. In dem Machtkampf zwischen den Brüdern, in dem der menschenscheue und politisch untätige Kaiser auf die Herrschaft in den Erblanden verzichten mußte, ließen sich auch die böhmischen Stände 1609 im „Majestätsbrief" ihre Rechte garantieren. Der Versuch Ferdinands II., diese Zugeständnisse rückgängig zu machen, führte zum *Prager Fenstersturz* (▷ 4.20), der in den *Dreißigjährigen Krieg* (▷ 4.21) mündete.

4.19 Landsknechte

Die Siege zu Fuß kämpfender Bürger- und Bauernheere über Ritterheere seit dem 14. Jahrhundert leiteten den Niedergang der auf dem Lehnswesen beruhenden mittelalterlichen Heeresorganisation ein. Auch die Entwicklung der Feuerwaffen, die die schweren Rüstungen durchschlagen konnten, minderte auf die Dauer den Kampfwert der Ritter, wenn auch Geschütze (die vorwiegend bei Belagerungen eingesetzt wurden) und Handfeuerwaffen wegen der Schwerfälligkeit ihrer Handhabung zunächst keine schlachtentscheidende Wirkung hatten. Den Anstoß zur Umbildung des deutschen Kriegswesens im 15. Jahrhundert gaben die Erfolge der leichtbewaffneten Schweizer Fußsoldaten seit ihrem Sieg über ein österreichisches Ritterheer am Morgarten (1315). Auf ihre Kampfführung in geschlossenen, aber beweglichen „Gevierthaufen" griff Kaiser Maximilian I. zurück, als er in den Kämpfen um Burgund deutsche Fußtruppen anwerben ließ, die als „Landsknechte" bezeichnet wurden.

Landsknechte, hier bereits mit Büchsen bewaffnet. Holzschnitt von Hans Burgkmaier d. Ä. (um 1515)

Ursprünglich wurden nur freie und unbescholtene Männer angeworben. Ihre Bewaffnung – hauptsächlich langschäftige Spieße und Schwerter – mußten sie selbst stellen. Der vom Kriegsherrn beauftragte Feldhauptmann übernahm die Anwerbung und war auch Truppenführer. Die Grundeinheit bildete für die Dauer des Soldverhältnisses das Fähnlein mit etwa 400–500 Mann; mehrere Fähnlein wurden zum Regiment zusammengefaßt. Neben dem Fußvolk der Landsknechte spielte die weiterhin von der Ritterschaft gestellte Reiterei eine große Rolle, nunmehr allerdings als taktischer Verband, nicht im Einzelkampf. Hinzu trat seit dem 16. Jahrhundert die neue Waffengattung der Artillerie.

Die Landsknechte erlebten als die ersten Berufssoldaten in der ersten Hälfte des 16. Jahrhunderts ihre Blütezeit. Doch die Verfallserscheinungen nahmen zu: Der große Truppenbedarf führte zur wahllosen Anwerbung undisziplinierter, am Kampfzweck nicht interessierter Landsknechthaufen, die überdies bei nicht selten ausbleibendem Sold oder nach Beendigung des Soldvertrags zur Landplage wurden. Da nicht nur der Kaiser, sondern auch die Landesherren Landsknechte in Sold nahmen, waren alle Reformbemühungen, die auf eine stärkere Bindung der Landsknechte an Kaiser und Reich zielten, zum Scheitern verurteilt. Die Söldner des Dreißigjährigen Krieges wurden nicht mehr als Landsknechte bezeichnet.

4.20 Prager Fenstersturz

Die konfessionellen Gegensätze im Reich hatten sich seit dem *Augsburger Religionsfrieden* (▷ 4.14) verhärtet. Die durch diese Frontstellung bedingten Streitigkeiten zwischen den Reichsständen führten zur Funktionsunfähigkeit der wichtigsten Reichsorgane, des Reichstags und des Reichskammergerichts. Als 1608 anläßlich eines Rechtsstreits um die Reichsexekution gegen die Reichsstadt Donauwörth auf Betreiben des calvinistischen Kurfürsten Friedrich IV. von der Pfalz viele evangelische Reichsstände unter Protest den Regensburger Reichstag verlassen hatten, gründeten sie unter Friedrichs Führung ein Schutzbündnis, die sogenannte Union, der sich allerdings die norddeutschen Fürsten und besonders das lutherische Kursachsen nicht anschlossen. 1609 kam ein von Herzog Maximilian I. von Bayern geführtes katholisches Gegenbündnis, die Liga, zustande. Eine erste Machtprobe zwischen den konfessionellen Parteien bildete der Streit um die Erbfolge in den vereinigten Herzogtümern Kleve, Jülich und Berg (1609–14), in dem sich beide Seiten ausländischer Unterstützung versicherten. Wenngleich der Konflikt mit der Teilung des Erbes zwischen Brandenburg und Pfalz-Neuburg beigelegt werden konnte, kündigte die darin zutage tretende Mächtekonstellation den Dreißigjährigen Krieg an.

Den Anlaß zum Ausbruch des großen Krieges bildete die Auseinandersetzung zwischen den katholischen Habsburgern und den überwiegend evangelischen Ständen in Böhmen. Nachdem 1617 Erzherzog Ferdinand, der Neffe und spätere Nachfolger des Kaisers Matthias, gegen den Widerstand des Landtags zum König von Böhmen gekrönt worden war, versuchte er die Zugeständnisse des Majestätsbriefs von 1609 an die Stände (▷ 4.18) einzuschränken. So verbot er einen nach Prag einberufenen Protestantentag. Daraufhin wurden am 23. Mai 1618 zwei kaiserliche Statthalter aus einem Fenster des Prager Hradschins in den Burggraben geworfen. Dieser „Prager Fenstersturz" löste einen Aufstand aus, in dessen Verlauf die böhmischen Stände im August 1619 den jungen Kurfürsten Friedrich V. von der Pfalz, den Führer der Union, zum König wählten. Während Maximilian I. von Bayern Kaiser Ferdinand II. die Hilfe des Ligaheers in Aussicht stellte (und sich dafür die Oberpfalz und die pfälzische Kurwürde versprechen ließ), versagte die Union Friedrich V. ihre volle Unterstützung. In der Schlacht am Weißen Berg bei Prag am 8. November 1620 besiegt und geächtet, mußte Friedrich, der „Winterkönig", fliehen; der Böhmische Aufstand brach 1621 zusammen, und die Union löste sich auf. Der

Marodeure überfallen fliehende Bauern

konfessionelle Konflikt im Reich war damit aber keineswegs beendet, sondern er zog im Gegenteil immer weitere Kreise (▷ 4.21).

4.21 Dreißigjähriger Krieg

Der Dreißigjährige Krieg begann als eine ständisch-religiöse Auseinandersetzung in Böhmen (▷ 4.20) und griff mit der Königswahl Friedrichs V. von der Pfalz durch die böhmischen Stände auf das Reich über. Durch seine Niederlage am Weißen Berg (8. November 1620) verlor Friedrich nicht nur Böhmen, sondern auch die Kurpfalz. Nachdem Kaiser Ferdinand II. die Rekatholisierung und die zentralistische Umgestaltung Böhmens eingeleitet und 1623 die pfälzische Kurwürde sowie die Oberpfalz Maximilian I. von Bayern übertragen hatte, war die erste Kriegsphase, der Böhmisch-Pfälzische Krieg (1618–23), beendet. Als das Heer der katholischen Liga unter Tilly und das zusätzlich in kaiserlichen Dienst genommene Söldnerheer *Wallensteins* (▷ 4.23) nach Norddeutschland vordrangen, griff Christian IV. von Dänemark angesichts der drohenden Gegenreformation und aus eigenen territorialen Interessen ein. Im Niedersächsisch-Dänischen Krieg (1625–29) erlitt der dänische König jedoch am 27. August 1626 bei Lutter am Barenberge eine schwere Niederlage, und im selben Jahr starben die übrigen Heerführer der Evangelischen. Der Vormarsch der kaiserlichen Truppen nach Jütland, Mecklenburg und Pommern rief Schweden auf den Plan, so daß der Kaiser, um ein Bündnis zwischen den verfeindeten nordischen Mächten zu verhindern, 1629 mit dem Dänenkönig den Lübecker Frieden schloß.

Ferdinands Machtstellung schien so gefestigt, daß er schon vor dem Friedensschluß das „Restitutionsedikt" erließ, das die Protestanten zur Rückgabe aller seit 1552 eingezogenen geistlichen Güter verpflichtete. Der Machtzuwachs des Kaisers erregte nun aber auch den Unwillen der katholischen Reichsstände. So erzwangen die Fürsten unter Führung Maximilians von Bayern auf dem Regensburger Kurfürstentag 1630 die Entlassung Wallensteins, der Hauptstütze des Kaisers. Gleichzeitig landete *Gustav Adolf von Schweden* (▷ 4.22) mit einem Heer auf Usedom. Damit begann die dritte Kriegsphase, der Schwedische Krieg (1630–35). Gustav Adolfs Sieg über Tilly bei Breitenfeld (17. September 1631) öffnete ihm den Weg nach Süddeutschland, und in der Schlacht am Lech (15. April 1632) fiel Tilly. Erst als der Kaiser Wallenstein zurückberief, wendete sich das Kriegsglück. Der Schwedenkönig fand in der Schlacht bei Lützen (16. November 1632) den Tod. Doch die unabhängige Politik Wallensteins führte 1634 zu seiner Ächtung und Ermordung. Nach der Niederlage der Schweden und der deutschen Protestanten bei Nördlingen (6. September 1634) kam es 1635 zum Frieden von Prag zwischen Kaiser und Reichsständen: Ferdinand verzichtete auf die Durchführung des Restitutionsedikts, erhielt aber den Oberbefehl über ein von den Reichsständen bereitzustellendes Heer.

Daraufhin griff Frankreich, das den Krieg von Anfang an mit diplomatischen Mitteln geschürt hatte, auch militärisch in den Konflikt ein und verbündete sich ohne Rücksicht auf den konfessionellen Gegensatz mit Schweden. In dieser längsten und letzten Phase des Krieges, dem Schwedisch-Französischen Krieg (1635–48), konnte keine Seite den Kampf militärisch entscheiden. Nach zahlreichen Friedenssondierungen der kriegsmüden Parteien kam am 24. Oktober 1648 der *Westfälische Friede* (▷ 4.24) zustande, ohne daß damit der Kampf um die Vorherrschaft in Europa beendet gewesen wäre. Bis heute gilt der Dreißigjährige Krieg als eine der schlimmsten Katastrophen der deutschen Geschichte. Hungersnöte und Seuchen folgten den Schrecken des Krieges. In den am meisten betroffenen Gebieten (Nordost-, Mittel- und Südwestdeutschland) überlebte nur etwa ein Drittel der Bevölkerung.

4.22 Gustav Adolf von Schweden

Seit 1523 regierte das Haus Wasa in Schweden. Schon Gustav I. (1523–60) hatte die Reformation eingeführt. Sein jüngster Sohn Karl IX. setzte sich bis 1600 gegen seinen katholischen Vetter Sigismund III. von Polen durch. Kühne außenpolitische Pläne brachten ihn darüber hinaus in Konflikt mit Dänemark und Rußland. Als er 1611 starb, wurde sein am 19. Dezember 1594 geborener älterer Sohn vom Reichsrat für mündig erklärt und

Gustav II. Adolf von Schweden.
Gemälde aus dem Jahr 1631

bestieg als Gustav II. Adolf den Thron. Er mußte den Ständen jedoch umfassende Rechte garantieren. Mit einer Reihe innerer Reformen schuf er dennoch unter maßgeblicher Mitwirkung des Reichskanzlers Graf Oxenstierna die Grundlagen für die spätere Durchsetzung des Absolutismus. Außenpolitisch erstrebte er die schwedische Vorherrschaft im Ostseeraum, die er durch Ausgreifen nach den südlichen und östlichen Randgebieten der Ostsee sichern wollte. Nach einem Verlustfrieden mit Dänemark (1613) und einem günstigeren Frieden mit Rußland (1617), der Schweden Ostkarelien und Ingermanland zusprach und Rußland damit den Zugang zur Ostsee versperrte, griffen schwedische Truppen 1621 das unter polnischer Oberhoheit stehende Livland an. Die Verlegung des Kriegsschauplatzes brachte den schwedisch-polnischen Krieg 1626 in Berührung mit dem *Dreißigjährigen Krieg* (▷ 4.21). Schon 1628 zwang das Eingreifen der Schweden in Pommern *Wallenstein* (▷ 4.23), die Belagerung Stralsunds aufzuheben.

Mehrere Gründe bewogen Gustav Adolf 1630, persönlich mit einem Heer in Deutschland zu erscheinen: Der drohende vollständige Sieg der Kaiserlichen gefährdete die schwedischen Seeherrschaftspläne und Handelsinteressen im Ostseeraum und weckte die Befürchtung, daß die katholische Wasalinie in Polen mit Hilfe der Habsburger erneut die Herrschaft der schwedischen Wasas erschüttern könnte; außerdem kämpfte Gustav Adolf, auch wenn er sich 1631 im Vertrag von Bärwalde mit dem katholischen Frankreich, dem auf lange Sicht gefährlichsten Gegner des Hauses Habsburg, verbündete, für die Rettung des deutschen Protestantismus. In der Tat wurde er, von seinen Truppen als gottesfürchtiger Herrscher und vorbildlicher Heerführer verehrt, von der evangelischen Bevölkerung als Befreier begrüßt. Mehrere protestantische Reichsfürsten hingegen – voran Gustav Adolfs Schwager Georg Wilhelm von Brandenburg und der Kurfürst von Sachsen – schlossen sich dem Schwedenkönig aus Sorge vor Gebietsforderungen nur widerstrebend an. Durch den Sieg bei Breitenfeld (17. September 1631), seinen Zug nach Mainz und seine Hofhaltung in Frankfurt am Main gewann Gustav Adolf bestimmenden Einfluß auf die Fürsten Nord- und Mitteldeutschlands. Nach seinem Tod in der Schlacht bei Lützen (16. November 1632) leitete Oxenstierna den deutschen Protestantismus. Durch den *Westfälischen Frieden* (▷ 4.24) wurde Schweden schließlich zur zweiten europäischen Großmacht nach Frankreich.

4.23 Wallenstein

Albrecht Wenzel Eusebius von Wallenstein (eigentlich Valdštejn) wurde am 24. September 1583 als Sohn eines Landadligen im ostböhmischen Hermanitz geboren. Von Hause aus Angehöriger der Böhmischen Brüder, trat er wohl bald nach dem Beginn seiner militärischen Laufbahn (1604) zum katholischen Glauben über. 1607 wurde er Kämmerer am Hof des späteren Kaisers Matthias. Das durch seine Ehe mit einer der reichsten Großgrundbesitzerinnen Mährens erworbene Vermögen ermöglichte es Wallenstein, als militärischer Unternehmer auf eigene Rechnung Söldner anzuwerben und sie dem Kaiser zur Verfügung zu stellen. Beim Böhmischen Aufstand 1618–21 (▷ 4.20) kämpfte er auf kaiserlicher Seite und erhob als Militärverwalter Kontributionen aus den besetzten Gebieten

Albrecht von Wallenstein.
Kupferstich nach dem Gemälde von
Anthonis van Dyck

zum Unterhalt der Truppen. Durch geschickte Spekulationen erwarb er riesige Besitzungen aus konfiszierten Gütern böhmischer Rebellen. Der Herzog von Friedland, wie er sich ab 1625 nennen durfte, entwickelte seinen vom Kaiser zum Fürstentum erhobenen Besitz mit gründlicher wirtschaftlicher Sachkenntnis zum Musterland.

Als sich der *Dreißigjährige Krieg* (▷ 4.21) nach Norddeutschland verlagerte, stellte er sich erneut dem Kaiser zur Verfügung. Die weitgehende Selbständigkeit des Generalissimus, vor allem hinsichtlich der Ausweitung des Werbungsgebiets und des Kontributionssystems, ließ ihn freilich in Konkurrenz zur katholischen Liga geraten. Wallensteins militärische Erfolge stärkten zunächst nicht nur seine Position (1628 belehnte ihn Ferdinand II. mit dem Herzogtum Mecklenburg), sondern sie verhalfen auch dem Kaiser zu einer ungeahnten Machtsteigerung. Dagegen erhob sich jedoch der Widerstand der Reichsfürsten, und durch die gegenreformatorische Politik des Kaisers versteifte sich der Widerstand in den besetzten protestantischen Gebieten. Während Wallenstein ehrgeizige Pläne verfolgte (z. B. Aufbau einer kaiserlichen Flotte zur Beherrschung der Ostsee), zeichnete sich das Eingreifen *Gustav Adolfs von Schweden* (▷ 4.22) ab. In dieser Situation mußte der Kaiser unter dem Druck der Fürsten auf dem Regensburger Kurfürstentag im August 1630 Wallenstein entlassen und seine Truppen reduzieren.

Der Siegeszug der Schweden durch Deutschland zwang Ferdinand jedoch bald, Wallenstein erneut um die Aufstellung einer Armee und die Übernahme des Kommandos zu bitten. Nach langem Zögern willigte dieser im April 1632 unter der Bedingung unbeschränkter Vollmachten für Kriegführung und Friedensverhandlungen ein. Nach dem Tod Gustav Adolfs bei Lützen im November 1632 gewannen Wallensteins Gegner beim Kaiser wieder die Oberhand. Die hinhaltende Kriegführung des Generalissimus und seine Verhandlungen mit Schweden und Sachsen nährten den Verdacht, er wolle sich vom Kaiser abwenden. Wallensteins wahre Absichten sind allerdings bis heute umstritten. Der ihm unterstellte Hochverrat konnte nie eindeutig bewiesen werden. Andererseits wurden seine weitschauenden politischen Ziele – Schaffung eines allgemeinen Reichsfriedens und Ausschaltung der auswärtigen Mächte – immer von taktischem Kalkül und persönlichem Ehrgeiz überschattet. Als der Kaiser ihn im Januar 1634 zum zweitenmal absetzte und ihn überdies ächtete, fielen fast alle Offiziere trotz einer Ergebenheitserklärung (Pilsener Revers) von Wallenstein ab, und am 25. Februar wurde er in Eger ermordet.

4.24 Westfälischer Friede

Der *Dreißigjährige Krieg* (▷ 4.21) wurde am 24. Oktober 1648 mit den Friedensschlüssen von Münster und Osnabrück zwischen dem Kaiser einerseits und Frankreich bzw. Schweden andererseits beendet; die Reichsstände schlossen sich an. Die Verträge behandelten drei Hauptkomplexe:

Die konfessionelle Frage wurde unter Abänderung des *Augsburger Religionsfriedens* (▷ 4.14) geregelt. Im wesentlichen wurden die konfessionellen Grenzen nach dem Stand von 1624, dem sogenannten Normaljahr, festgeschrieben. Damit wurde erstmals auch der Calvinismus im Reich anerkannt. Außerdem

sollten die Reichsinstitutionen paritätisch besetzt werden und die Religion betreffende Fragen im Reichstag nur durch Übereinstimmung zwischen den getrennt beratenden katholischen und evangelischen Reichsständen entschieden werden.

Einschneidende Änderungen brachte der Westfälische Friede für die Reichsverfassung mit sich: Während der Kaiser bei den Reichsgeschäften an die Zustimmung der Reichsstände gebunden wurde, mußte er diesen für ihre Territorien die volle Landeshoheit zugestehen, d. h. Gesetzgebungsrecht, Rechtsprechung, Steuerhoheit, Bewaffnungsrecht sowie Bündnisrecht und Entscheidung über Krieg und Frieden. Das Heilige Römische Reich war damit zu einem recht lockeren Verband von Einzelstaaten geworden, die durch wenige gemeinsame Einrichtungen und rechtliche Bindungen zusammengehalten wurden. Bald darauf büßte der Reichstag einen Teil seiner Bedeutung ein, als er ab 1663 als „immerwährender Reichstag" in Regensburg tagte, wo die Fürsten nicht mehr persönlich erschienen, sondern durch ständige Gesandte vertreten waren.

Der Friede im Reich wurde durch Gebietsabtretungen an die eigentlichen Sieger des Krieges und Garantiemächte des Friedens erkauft: Frankreich wurde im Besitz der Bistümer Metz, Toul und Verdun bestätigt und erhielt die habsburgischen Besitzungen und weitere Besitzrechte im Elsaß und am Oberrhein. An Schweden mußten Vorpommern, das Erzstift Bremen, das Stift Verden und Wismar abgetreten werden; der schwedische König wurde Reichsfürst. Von eher formaler Bedeutung war dagegen das endgültige Ausscheiden der Schweiz und der Niederlande aus dem Reichsverband. Innerhalb des Reiches wurde, von Ausnahmen abgesehen, der Besitzstand von 1618 wiederhergestellt; die Kurwürde des geächteten pfälzischen Kurfürsten blieb bei Bayern, und für die Pfalz wurde eine achte Kur geschaffen. Der Westfälische Friede wurde zum ewigen Grundgesetz des Reiches erklärt, für das Frankreich und Schweden die Garantie übernahmen. Bei aller Unzulänglichkeit hatten die Friedensverträge doch für wichtige Fragen langfristige Lösungen gefunden. Trotz aller folgenden Kriege sicherten sie den Bestand des Reiches für anderthalb Jahrhunderte.

Daten

31. Okt. 1517	Thesenanschlag Luthers
1519–1556	Kaiser Karl V.
1521	Luther auf dem Reichstag zu Worms; Wormser Edikt
1521–1526	1. Krieg Karls V. gegen Franz I. von Frankreich
24. Febr. 1525	Schlacht bei Pavia (Gefangennahme Franz' I.)
1524–1525	Bauernkrieg
29. Aug. 1526	Schlacht bei Mohács
1526–1529	2. Krieg Karls V. gegen Franz I.
1527	Plünderung Roms durch Truppen Karls V. (Sacco di Roma)
1529	Protestation von Speyer; Marburger Religionsgespräch
1529	erste Belagerung Wiens durch die Türken
24. Febr. 1530	Kaiserkrönung Karls V. in Bologna
25. Juni 1530	Augsburgisches Bekenntnis
1531	Schmalkaldischer Bund
1536–1538	3. Krieg Karls V. gegen Franz I.
1542–1544	4. Krieg Karls V. gegen Franz I.
1545–1563	Konzil von Trient
18. Febr. 1546	Tod Luthers
1546–1547	Schmalkaldischer Krieg
24. April 1547	Schlacht bei Mühlberg (Gefangennahme des Kurfürsten Johann Friedrich von Sachsen durch den Kaiser)
1548	Augsburger Interim (Kompromißversuch Karls V. in der Glaubensfrage)
1551–1552	Fürstenverschwörung gegen Karl V.
2. Aug. 1552	Passauer Vertrag
25. Sept. 1555	Augsburger Religionsfriede
1556–1564	Kaiser Ferdinand I.
1564–1576	Kaiser Maximilian II.
7. Okt. 1571	Seeschlacht bei Lepanto
1576–1612	Kaiser Rudolf II.
1593–1606	langer Türkenkrieg
1608	protestantische Union
1609	katholische Liga
1609–1614	Jülich-Klevescher Erbfolgestreit
1612–1619	Kaiser Matthias
23. Mai 1618	Prager Fenstersturz
1619–1637	Kaiser Ferdinand II.
8. Nov. 1620	Schlacht am Weißen Berg
27. Aug. 1626	Schlacht bei Lutter am Barenberge
6. März 1629	Restitutionsedikt
6. Juli 1630	Landung Gustav Adolfs von Schweden auf Usedom
1630	Regensburger Kurfürstentag (Entlassung Wallensteins)
1631	Vertrag von Bärwalde
17. Sept. 1631	Schlacht bei Breitenfeld
13. April 1632	2. Berufung Wallensteins (Göllersdorfer Kapitulation)
15. April 1632	Schlacht bei Rain am Lech (Tod Tillys)
16. Nov. 1632	Schlacht bei Lützen (Tod Gustav Adolfs)
25. Febr. 1634	Ermordung Wallensteins
6. Sept. 1634	Schlacht bei Nördlingen
30. Mai 1635	Friede von Prag
1637–1657	Kaiser Ferdinand III.
24. Okt. 1648	Westfälischer Friede

Kapitel 5: Das Zeitalter des Absolutismus (1648–1789)

Einführung

Die Auflösung des alten ständischen Ordnungsgefüges im Zeitalter der Glaubenskriege verursachte ein allgemeines Verlangen nach Wiederherstellung der staatlichen Ordnungsfunktion, die in der Person des Monarchen am ehesten verbürgt schien. So kam es zur Herausbildung der absolutistischen Regierungsform, in der der Monarch als alleiniger Inhaber der Herrschaftsgewalt nicht an die bestehenden Gesetze gebunden („legibus solutus"), wohl aber dem göttlichen Recht unterworfen war. „L'état c'est moi" (der Staat bin ich) – dieser dem französischen König Ludwig XIV. zugeschriebene Ausspruch bringt die Gleichsetzung von Staat und Herrscher auf eine knappe Formel.

Die zeitgenössischen Staatslehren lieferten dem Absolutismus die theoretische Grundlage. Bedeutsam waren vor allem die Definition der Souveränität als unteilbare, absolute Gewalt nach innen und außen und der Grundsatz der Staatsräson, der die Verwirklichung des Staatswohls sowie die Erhaltung und Erweiterung der Staatsmacht zum Maßstab des politischen Handelns erhob. Trotz der Verweltlichung der Staatsidee beriefen sich die absoluten Herrscher weiterhin auf ihre göttliche Legitimität (Gottesgnadentum).

Kennzeichnend für den absolutistischen Regierungsstil war das sogenannte Kabinettssystem: Der Monarch stützte sich auf Räte, die ein von den Zentralbehörden unabhängiges Kabinett – Geheimer Rat, Staatsrat oder ähnlich genannt – bildeten. Mit Hilfe dieses Gremiums betrieb er eine selbständige Diplomatie, griff in den Gang der Justiz ein, erteilte „Kabinettsordres" mit Gesetzeskraft und erklärte Kriege, die meist dynastischen Interessen oder der „Arrondierung" des Territo-

riums dienten. Ausdruck der souveränen Verfügungsgewalt über das Land sind auch die für das 18. Jahrhundert typischen Ländertauschprojekte und die rücksichtslose Teilungspraxis. Um ihre „Kabinettskriege" jederzeit führen zu können, schufen die Fürsten stehende Heere. Zur Verwaltung des Landes gemäß ihren Richtlinien bauten sie eine allein von ihnen abhängige Beamtenschaft auf. Immer mehr Lebensbereiche wurden als öffentliche, staatlich zu regelnde Angelegenheiten begriffen. Auch die Wirtschaft stand im Dienst des Staates. So entstand ein nicht nur den Adel erfassendes Staatsbewußtsein.

Dieser „Verstaatungsprozeß", der auch erhebliche negative Auswirkungen hatte (Bevormundung der Untertanen, Überbewertung der inneren Ordnungsfunktion und der äußeren Machtentfaltung des Staates), ging mit einer allmählichen Einebnung der ständisch gegliederten mittelalterlichen Gesellschaftsstruktur einher. Die Stände wurden politisch entmachtet, ohne daß die ständische Gesellschaftsordnung prinzipiell aufgehoben war. Adel und Geistlichkeit waren nach wie vor privilegiert, während das Bürgertum zwar wirtschaftlich gefördert wurde, aber keinen entsprechenden politischen Rang einnahm. Die sich daraus ergebenden Spannungen versuchte der sogenannte aufgeklärte Absolutismus durch wohlfahrtsstaatliche Reformen aufzufangen, aber trotz seiner Anpassung an aufklärerische Ideen wurde er von den sich in der politischen Aufklärung verdichtenden Lehren der Volkssouveränität und vom Gesellschaftsvertrag zunehmend in Frage gestellt. Die gesellschaftskritische Funktion der Aufklärung trat allerdings in Deutschland weniger deutlich zutage als in Frankreich.

Während der Absolutismus in Frankreich unter Ludwig XIV. (1643–1715) seine modellhafte Ausprägung fand, konnte er sich in Deutschland nur auf der Ebene der Landesfürsten (und nicht überall in gleicher Weise) durchsetzen, nachdem der Westfälische Friede 1648 die fürstliche Landeshoheit reichsrechtlich festgeschrieben hatte. Die vorrangig zu lösende Aufgabe, die verheerenden Folgen des Dreißigjährigen Krieges zu überwinden, begünstigte die Ausbildung des absolutistischen Fürstenstaats, da der Wiederaufbau nur durch intensive staatliche Planung und Lenkung zu leisten war. Die kaiserliche Gewalt blieb dagegen seit 1648 auf die formelle Lehnshoheit sowie auf einzelne Rechte beschränkt.

Nach dem Dreißigjährigen Krieg war Frankreich nicht nur die stärkste europäische Großmacht, sondern in Deutschland auch ein Vorbild für den innerstaatlichen Aufbau, sowohl in politischer als auch in kultureller Hinsicht. Diese Vormacht- und Vorbildfunktion Frankreichs bestimmte auch die Stellung des Reiches im europäischen Kräftespiel um die Wende vom 17. zum 18. Jahrhundert. In der Zeit Kaiser Leopolds I. (1658–1705) wurde das Reich durch die Wechselwirkung zwischen der Türkengefahr und der Expansionspolitik Ludwigs XIV. bedroht. Der französische König versuchte durch ein System von Bündnis- und Subsidienverträgen mit einzelnen Reichsständen – vor allem mit den Wittelsbachern in der Pfalz, in Bayern und in Köln sowie mit dem Kurfürsten von Brandenburg – eine innerdeutsche Opposition gegen den Kaiser aufzubauen und ab 1679 sein Herrschaftsgebiet durch die sogenannten Reunionen – in Wirklichkeit kaum verhüllte Annexionen – nach Osten auszudehnen. Während Leopold I. nur mit Mühe und in unzureichendem Maße die Kräfte des Reiches gegen Frankreich mobilisieren konnte, das einen Teil der Reunionen, das Elsaß mit Straßburg, behauptete, begründete er mit den militärischen Erfolgen im Großen Türkenkrieg (1683–99) die Großmachtposition Österreichs, wenn auch der Versuch der österreichischen Habsburger, die Nachfolge ihrer spanischen Verwandten anzutreten, im Spanischen Erbfolgekrieg (1701–13/14) scheiterte. Österreich wandte sich daher zunehmend dem Südosten Europas zu.

Neben den Habsburgern gelangten in dieser Zeit drei weitere deutsche Fürstenhäuser zu europäischer Bedeutung: Eine Linie der Welfen, die im 12. Jahrhundert als Gegenspieler der Staufer die Reichsgeschichte entscheidend mitgeprägt hatten und seit 1235 das Herzogtum Braunschweig-Lüneburg beherrschten, erreichte 1692 die Erhebung des Teilherzogtums Lüneburg zum Kurfürstentum Hannover sowie 1714 die Nachfolge der letzten Stuartkönigin Anna in Großbritannien. 1697 war der sächsische Kurfürst Friedrich August I. aus dem Haus der Wettiner als August II. („der Starke") mit Unterstützung des Kaisers zum König von Polen gewählt worden. Doch seine Herrschaft blieb nicht unangefochten, und auch sein Sohn konnte die Nachfolge erst nach dem Polnischen Thronfolgekrieg (1733–35/38) antreten.

Auf ganz andere Weise verschafften sich die Hohenzollern in Brandenburg-Preußen internationales Ansehen. Hier ermöglichte zunächst vor allem eine innere Entwicklung, die Militarisierung des sozialen und politischen Lebens, den Aufstieg des Staates zu führender Stellung in Norddeutschland und schließlich unter Friedrich II., dem Großen (1740–86), zur europäischen Großmacht, an die Österreich in den Schlesischen Kriegen 1740–45 eine seiner reichsten Provinzen verlor.

Behielt das habsburgische Erbhaus letztendlich durch die Kaiserwahl des Gemahls der Maria Theresia, Franz I. Stephan (1745–65), die vornehmste Stellung im Reich, so konnte es den preußisch-österreichischen Dualismus nicht mehr überwinden. Der alte habsburgisch-bourbonische Gegensatz hingegen trat im Siebenjährigen Krieg (1756–63) zurück. In diesem Ringen standen sich als Hauptgegner einerseits Preußen und Österreich, andererseits Großbritannien und Frankreich gegenüber. Auch die fünfte europäische Großmacht, Rußland, war auf französisch-österreichischer Seite an dem Konflikt beteiligt. Damit war das im wesentlichen bis zum Ersten Weltkrieg bestehende europäische Fünfmächtesystem, die sogenannte Pentarchie, ausgebildet. Sie wurde als Gleichgewichtssystem angesehen, das zwar nicht den Frieden in Europa garantierte, ihn aber durch einen Interessenausgleich zwischen den wechselnden Bündnissen immer wieder herstellte.

5.1 Ludwig XIV. und die deutschen Staaten

Frankreich war als Hauptgewinner aus dem *Dreißigjährigen Krieg* (▷ 4.21) hervorgegangen und im *Westfälischen Frieden* (▷ 4.24) seinem außenpolitischen Hauptziel, der Gewinnung einer europäischen Vormachtstellung durch Schwächung der habsburgischen Macht nach außen und Unterstützung der gegen Österreich gerichteten Bestrebungen der Reichsfürsten, ein gutes Stück näher gekommen. Als 1657 Kaiser Ferdinand III. starb, versuchte die französische Diplomatie vergeblich, die Nachfolge seines Sohnes Leopold I. zu verhindern, aber dieser mußte in seiner Wahlkapitulation (einem mit den Fürsten vereinbarten Katalog von Wahlbedingungen) auf die Unterstützung des habsburgischen Spanien verzichten, das sich noch im Krieg mit Frankreich befand und 1659 den demütigenden Pyrenäenfrieden schließen mußte. Bald nach der Kaiserwahl trat Frankreich dem sogenannten ersten Rheinbund bei, der, auf Initiative des Mainzer Kurfürsten zustande gekommen, im Reich einen eigenständigen Machtfaktor gegenüber dem Kaiser schaffen sollte, aber zunehmend zum Instrument der antihabsburgischen Politik Frankreichs wurde und sich 1668 auflöste.

Inzwischen war der junge französische König Ludwig XIV. nach dem Tode Kardinal Mazarins 1661 zur selbständigen Regierung gelangt. Er ging dazu über, die Vormachtstellung seines Landes durch Eroberungskriege auszubauen, gestützt auf Erbansprüche und weit hergeholte Rechtstitel. Damit stieß er allerdings auf wachsenden Widerstand in Europa und im Reich, ja, hier erwachte sogar ein „Reichspatriotismus".

Den Gipfel seines Erfolgs erreichte Ludwig XIV. zwischen 1679 und 1681 mit den auf die Rheingrenze zielenden „Reunionen": Unter Rückgriff auf mittelalterliche Lehnsvorstellungen erhob er Anspruch auf alle Gebiete, die mit den 1648 an Frankreich gefallenen Territorien in Verbindung standen. Auf diese Weise kamen weite elsässische, pfälzische und rheinische Gebiete unter französische Besatzung. Doch trotz einhelliger Empörung im Reich, insbesondere nach der Besetzung der alten Reichsstadt Straßburg 1681, kam es nicht zu einer geschlossenen Abwehrfront,

vor allem wegen der von Frankreich geschürten Türkengefahr (▷ 5.4). Erst als Ludwig XIV. seine Truppen 1688 in die Pfalz einmarschieren ließ, um die im Namen seiner Schwägerin Elisabeth Charlotte („Liselotte") von der Pfalz geltend gemachten Ansprüche auf die Besitzungen der erloschenen pfälzischen Kurlinie durchzusetzen, wurde 1689 der Reichskrieg gegen Frankreich beschlossen. Damit konnte zwar die Verwüstung der Pfalz nicht verhindert werden, aber im Bündnis mit England und anderen antifranzösischen Mächten wurde 1697 im Frieden von Rijswijk die Rückgabe der meisten Reunionen (außer dem Elsaß mit Straßburg) erreicht.

Daß die französische Vormachtstellung auf die Dauer nicht zu halten war, zeigte sich besonders im Spanischen Erbfolgekrieg (1701–13/14). Als nach dem Tod des letzten spanischen Habsburgers ein Enkel Ludwigs XIV. als Philipp V. den spanischen Thron bestieg, schloß sich wieder eine europäische Allianz gegen Frankreich zusammen. Zwar standen dieses Mal unter anderen die wittelsbachischen Kurfürsten von Bayern und von Köln auf französischer Seite (über sie wurde die Reichsacht verhängt), aber die Kriegführung des Herzogs von Marlborough und der Reichsfeldmarschälle Ludwig Wilhelm von Baden und Eugen von Savoyen erwies sich als überlegen. Kriegsentscheidend war allerdings die immer deutlicher hervortretende politische Schlüsselrolle Englands: Geleitet von dem Gedanken des Mächtegleichgewichts auf dem Kontinent, unterstützte es zunächst den österreichischen Anwärter auf den spanischen Thron. Doch nachdem dieser 1711 zum Kaiser gewählt worden war, wurde 1713 im Frieden von Utrecht ein englisch-französischer Ausgleich erzielt, dem sich Kaiser Karl VI. und die Reichsstände 1714 im wesentlichen anschließen mußten. Der Bourbone Philipp V. wurde anerkannt, aber eine spanisch-französische Personalunion ausgeschlossen. Der Kaiser konnte seinen Einfluß im Reich nicht stärken, aber mit dem Gewinn spanischer Nebenländer die europäische Großmachtstellung Österreichs ausbauen. So hatte England das Ende der französischen Vorherrschaft erreicht und zugleich eine neue spanisch-österreichische Weltmacht verhindert. Frankreich war eine europäische Großmacht neben anderen.

5.2 Merkantilismus

Der absolutistische Staat versuchte alle Kräfte des Landes und damit auch die Wirtschaft in den Dienst des Fürsten zu stellen. Da nicht nur der steigende Aufwand des höfischen Lebens im Zeitalter des Barock, sondern auch die wachsenden Aufgaben des Staates, bedingt durch den Ausbau des Behördenapparats und die ständige Unterhaltung eines Heeres, einen großen Finanzbedarf verursachten, suchten die Fürsten nach Mitteln, um die Steuerkraft ihres Landes zu erhöhen. Dazu aber war es nötig, den Wohlstand der Untertanen zu mehren. Die wirtschaftstheoretischen Regeln und wirtschaftspolitischen Methoden, die zu diesem Zweck entwickelt wurden, nennt man Merkantilismus (von lateinisch mercari = Handel treiben). In dessen Mittelpunkt stand die Förderung von Handel und Gewerbe durch eine Reihe von Maßnahmen: Gründung von Messen und Märkten, Ausbau der Straßen und Kanäle, Förderung des Bergbaus und des Hüttenwesens, Abschaffung von Binnenzöllen, Vereinheitlichung von Maßen, Münzen und Gewichten, Lockerung der Zunftbestimmungen und insbesondere die Ansiedlung neuer Gewerbe und *Manufakturen* (▷ 5.3). Hinzu kamen Maßnahmen zur Förderung des Außenhandels, z. B. Aufbau einer Handelsflotte, Gründung von Handelsgesellschaften, Unterstützung der Warenausfuhr (außer Lebensmittel und Rohstoffe) und gleichzeitige Drosselung der Einfuhr durch Zollschranken, um die Geldzufuhr des eigenen Landes zu steigern. Der dem Merkantilismus zugrunde liegende Gedanke, daß der Reichtum an Geld die Größe und Macht eines Staates ausmache, wurde erst im Laufe des 18. Jahrhunderts überwunden.

In Frankreich führte der Finanzminister Ludwigs XIV., Colbert, merkantilistische Reformen durch, ohne die die kostspielige Außenpolitik nicht möglich gewesen wäre. In Deutschland herrschte eine Sonderform des Merkantilismus vor, der „Kameralismus" (benannt nach der fürstlichen Kammer, der für den Staatshaushalt zuständigen Behörde). Er wollte die Staatseinkünfte weniger durch eine aktive Handelsbilanz erhöhen als vielmehr durch die planmäßige Steigerung sowohl der gewerblichen als auch der landwirtschaftlichen Produktion. Ausschlaggebend war dafür die Notwendigkeit, die Schäden und Verwüstungen des Dreißigjährigen Krieges zu beseitigen, und deshalb legte man hier auch besonderes Gewicht auf bevölkerungspolitische Maßnahmen. Da zahlreiche Städte und Dörfer durch den Krieg entvölkert waren, begünstigten viele Fürsten die Einwanderung. Das entsprach auch der merkantilistischen Auffassung, daß der Reichtum des Staates von einer hohen Bevölkerungszahl abhängig sei.

Eine Spielkartenmanufaktur im Paris des 18. Jh.

Die Schlacht am Kahlenberge zur Befreiung Wiens von der türkischen Belagerung 1683

5.3 Manufakturen

Charakteristisch für die Zeit des *Merkantilismus* (▷ 5.2) waren gewerbliche Großbetriebe, die sogenannten Manufakturen. Das Wort setzt sich zusammen aus den lateinischen Wörtern „manus" = „Hand" und „facere" = „tun". Schon daraus wird deutlich, daß die Handwerkstechnik im wesentlichen erhalten blieb, Einsatz von Maschinen noch die Ausnahme bildete. Manufakturen waren eine Frühform des industriellen Betriebes, also Vorläufer der Fabriken. Sie gingen ihrerseits zurück auf das schon im Spätmittelalter entstandene „Verlagssystem", bei dem ein Unternehmer den von ihm abhängigen, in Heimarbeit produzierenden Handwerkern die benötigten Rohstoffe, oft auch Werkzeuge zur Verfügung stellte und die Abnahme der Fertigwaren garantierte. Über dieses Hausgewerbe gingen die Manufakturen hinaus, denn in ihnen war die Produktion an einem Ort zusammengefaßt und zugleich arbeitsteilig organisiert. Dadurch konnte in größeren Mengen und einheitlicherer Qualität produziert werden als im herkömmlichen Zunfthandwerk. Die Manufakturarbeiter wurden so zu Lohnarbeitern. Der absolutistische Staat förderte das Manufakturwesen und unterhielt zum Teil auch selbst Manufakturen, denn das Aufblühen des Gewerbes mußte ihm selbst ja wieder zugute kommen. Daneben spielten Gesichtspunkte wie Arbeitsbeschaffung oder auch bloße Prestigegründe eine Rolle.

Manufakturen arbeiteten in den verschiedensten Gewerbezweigen. Schwerpunkte der Herstellung waren jedoch Luxusgüter für den Bedarf der Fürstenhöfe, später auch für wohlhabende bürgerliche Kunden – z.B. Wandteppiche (Gobelins), Möbel, Fayencen, Porzellan, Glas, kostbare Stoffe (Seide, Samt, Brokat), Kutschen –, ferner Uniformen und Waffen für die Heere sowie die ersten Massenbedarfsgüter, z.B. Woll-, Leinen- und Baumwollstoffe. Aus der manufakturmäßigen Uniformschneiderei entwickelte sich später die Maßkonfektion für bürgerliche Kleidung. Überhaupt war das Textilgewerbe technisch besonders hochentwickelt. Neue Herstellungsverfahren und Erfindungen auf verschiedenen Gebieten regten auch die Entstehung neuer Manufakturen an. So wurden im 17. und 18. Jahrhundert wichtige Voraussetzungen für den Übergang von der handwerklichen zur industriellen Produktion geschaffen.

5.4 Die Türken vor Wien

Das Osmanische Reich beherrschte im 17. Jahrhundert mit der Balkanhalbinsel und dem größten Teil Ungarns ganz Südosteuropa. Da ein weiteres Vordringen der islamischen Türken einen schweren Rückschlag für das Christentum bedeutet hätte, war ihre Zurückdrängung Aufgabe aller christlichen Herrscher Europas. Beim Kampf gegen die Türken fielen für den Kaiser die Interessen seines eigenen Landes, des dem Osmanischen Reich benachbarten Österreich, mit seinen kaiserlichen Pflichten als Schirmherr der Christenheit zusammen. Die französischen Könige hingegen unterhielten seit langem gute Beziehungen zu den Türken, da sie die Frankreich umschließende habsburgische Macht als ihren Hauptfeind betrachteten. Kaiser Leopold I. hatte 1664 einen zwanzigjährigen Waffenstillstand mit dem Sultan geschlossen. Doch als im österreichischen Teil Ungarns ein Aufstand der sogenannten Kuruzzen („Kreuzfahrer") gegen die habsburgische Herrschaft ausbrach, marschierte 1683 ein 200 000 Mann starkes türkisches Heer unter dem Großwesir Kara Mustafa fast unbehelligt bis vor Wien und belagerte die österreichische Hauptstadt, aus der der kaiserliche Hof geflohen war. Die Eingeschlossenen vermochten unter dem Stadtkommandanten Ernst Rüdiger Graf von Starhemberg der Belagerung zwei Monate lang standzuhalten, bis ein Entsatzheer heranrückte. Die akute Gefahr führte die große Mehrheit der Reichsfürsten und darüber hinaus, vor allem unter dem Einfluß des Papstes, den mit Frankreich verbündeten polnischen König Johann Sobieski an die Seite des Kaisers. Während der Kurfürst von Brandenburg vertraglich an Frankreich gebunden war, nahmen die Kurfürsten von Bayern und Sachsen persönlich am Türkenkrieg teil. Besondere Verdienste erwarb sich neben ihnen und dem mit dem Oberfehl beauftragten König von Polen der kaiserliche Feldherr Herzog Karl V. von Lothringen. Das den Türken zahlenmäßig unterlegene Entsatzheer befreite Wien am 12. September 1683 mit dem Sieg am Kahlenberge.

Dieser Sieg führte den Durchbruch des Krieges herbei, in dem die kaiserlichen Truppen nun ihrerseits zum Angriff übergingen und in den folgenden Jahren, trotz der gleichzeitigen Belastung durch den Pfälzischen Krieg, unter Kurfürst Max Emanuel von Bayern, Markgraf Ludwig Wilhelm von Baden und *Prinz Eugen von Savoyen* (▷ 5.5) bedeutende Siege erfochten. Im Frieden von Karlowitz mußten die Türken 1699 Siebenbürgen sowie den größten Teil des von ihnen beherrschten Ungarn an Österreich abtreten. Die Befreiung der Balkanchristen von der türkischen Herrschaft wurde fortan eines der Hauptziele der österreichischen Politik.

5.5 Prinz Eugen von Savoyen

Geboren in Paris am 18. Oktober 1663 als Sohn des Prinzen Eugen Moritz von Savoyen-Carignan und einer Nichte Kardinal Mazarins, war Eugen für die geistliche Laufbahn bestimmt worden. Sein Wunsch, in die französische Armee einzutreten, wurde ihm von Ludwig XIV. verweigert. So bot er dem Kaiser seine Dienste an, bewährte sich bereits im Großen Türkenkrieg (1683–99) und wurde 1697 zum Oberbefehlshaber über die in Ungarn operierenden Truppen ernannt. Er begründete seinen Ruhm als Feldherr in der Schlacht bei Zenta gegen eine zahlenmäßig weit überlegene türkische Armee im gleichen Jahr. Ab 1700 beeinflußte er als Mitglied des Geheimen Rates und später als Präsident des Hofkriegsrates die Politik der Habsburger, hatte jedoch auch gegen zahlreiche Hofintrigen zu kämpfen. Während des Spanischen Erbfolgekrieges (1701–13/14) vermochte er in glänzenden Siegen, teilweise gemeinsam mit dem britischen Feldherrn Marlborough errungen, dem Vormachtstreben Ludwigs XIV. in Europa entgegenzuwirken. Nach dem Tod seines Vetters Ludwig Wilhelm von Baden (1707) zum Reichsfeldmarschall ernannt, war Prinz Eugen 1714 kaiserlicher Bevollmächtigter bei den Friedensverhandlungen in Rastatt und Baden. Einen neuen Türkenkrieg entschied er durch die Belagerung und Einnahme Belgrads 1717. Im Frieden von Passarowitz erhielt Österreich 1718 das Banat.

Prinz Eugen hat als Träger des österreichischen Staatsgedankens einen modernen, schon von der Aufklärung geprägten politischen Stil entwickelt und die Idee der Staatsräson an die Stelle dynastischer Überlegungen gestellt. Österreich wurde durch Siege zur europäischen Großmacht; seine Erfolge gegen Frankreich und seine Siege über die Türken trugen zum Erwachen eines nationalen Gemeinschaftsgefühls der Deutschen bei. Er starb am 21. April 1736 in Wien.

5.6 Brandenburg unter dem Großen Kurfürsten

Die Markgrafschaft Brandenburg war im Zuge der deutschen Ostsiedlung um die Mitte des 12. Jahrhunderts entstanden und 1417 in den Besitz der Hohenzollern gekommen. Die *Goldene Bulle* von 1356 (▷ 3.8) zählte den Markgrafen von Brandenburg zu den sieben Kurfürsten. Mit der lutherischen Kirchenordnung von 1539 vollzog das Land den entscheidenden Schritt zur Reformation. Seit 1613 waren die Kurfürsten calvinistisch, ohne dieses Bekenntnis im Land durchzusetzen. Der Gewinn der Herzogtümer Kleve und Mark mit Ravensberg (1614) und des Herzogtums Preußen als polnisches Lehen (1618) schuf eine extreme Streulage der brandenburgischen Territorien, die der „Große Kurfürst" Friedrich Wilhelm zu überwinden suchte.

Geboren in Berlin (Cölln) am 16. Februar 1620, verbrachte er einige Jahre am Hof der calvinistischen Oranier im Haag, wo er eine politische und militärische Ausbildung erhielt. 1640 trat er die Regierung in seinem durch den Dreißigjährigen Krieg verwüsteten Land an. Nachdem er im Westfälischen Frieden Hinterpommern und die säkularisierten Bistümer Cammin, Minden und Halberstadt sowie die Anwartschaft auf Magdeburg erhalten hatte, galten seine Bemühungen dem 1648 Schweden zugesprochenen Vorpommern mit dem Ostseehafen Stettin. Da er im Dreißigjährigen Krieg den Wert eines jederzeit einsatzbereiten Heeres erkannt hatte, baute er ein stehendes Heer auf. Damit griff er in die nachfolgenden Kriege ein, ohne vor rücksichtslosem Frontwechsel zurückzuschrekken, wenn er sich davon Vorteile versprach („brandenburgisches Wechselfieber"). So gelang es ihm im ersten Nordischen Krieg (1655–60), durch einen Bündniswechsel von Schweden zu Polen die Souveränität über Preußen zu erreichen. Dagegen vernachlässigte er die Reichsinteressen fast völlig. 1674 nahm er am Reichskrieg gegen Frankreich teil, mußte sich aber bald gegen die in Brandenburg eingefallenen Schweden wenden und schlug sie bei Fehrbellin (28. Juni 1675). Da er 1679 auf das bereits eroberte Vorpommern verzichten mußte, schloß er sich enttäuscht Frankreich an. Als er am 9. Mai 1688 starb, war er jedoch führend an der Bildung einer europäischen Koalition gegen Ludwig XIV. beteiligt.

Im Innern hatte Friedrich Wilhelm im Sinne des Absolutismus ein relativ einheitliches Staatswesen geschaffen. Die Geldmittel für die Unterhaltung des Heeres rang er den Landständen ab, mußte ihnen dafür allerdings weitgehende Herrschaftsrechte auf ihren Gütern einräumen. Um sich vom ständischen Steuerbewilligungsrecht unabhängig zu machen, führte er daneben nach niederländischem Vorbild ein indirektes Steuersystem

Bronzenes Reiterstandbild des Großen Kurfürsten von Andreas Schlüter in Berlin (ehemals Lange Brücke, heute im Ehrenhof des Schlosses Charlottenburg)

ein. Die Verwaltungsorganisation baute er durch Errichtung besonderer Finanz- und Militärbehörden aus. Mit der Ansiedlung von über 20 000 aus Frankreich vertriebenen Hugenotten in Berlin und Brandenburg (Edikt von Potsdam, 1685) half der Kurfürst seinen Glaubensbrüdern, kurbelte aber auch im Zuge merkantilistischer Wirtschaftspolitik Industrie und Gewerbe an. Straßen- und Kanalbauten sowie Manufakturen wurden gefördert. Den Handelsinteressen diente auch die brandenburgische Kolonie Großfriedrichsburg an der Guineaküste, die brandenburgisch-afrikanische Handelsgesellschaft und der Bau einer Handelsflotte. So schuf der Große Kurfürst die Grundlagen für den Aufstieg Brandenburg-Preußens zur Großmacht unter seinen Nachfolgern.

115

5.7 August der Starke

Geboren am 12. Mai 1670 in Dresden, wurde der Prinz nach dem frühen Tod seines älteren Bruders 1694 als Friedrich August I. Kurfürst von Sachsen. Er war vielseitig begabt und politisch interessiert, aber unstet und leichtlebig. Als Bewunderer Ludwigs XIV. suchte er dessen prunkvollen Lebensstil nachzuahmen. Um seine fürstliche Position auszubauen, bewarb er sich um die polnische Königskrone, verschaffte sich die Unterstützung des habsburgischen Kaiserhauses durch seinen Übertritt zum Katholizismus und erreichte – auch unter Einsatz beträchtlicher Bestechungsgelder – 1697 seine Wahl zum König von Polen (als August II.). Den Beinamen „der Starke" erhielt er wegen seiner außerordentlichen Körperkräfte und wohl auch wegen seiner zahlreichen Mätressen.

Mit auf das Baltikum gerichteten Expansionsplänen nahm August an der Seite Rußlands und Dänemarks am zweiten Nordischen Krieg (1700–1721) gegen Schweden teil. Doch der schwedische König Karl XII. besiegte Zar Peter den Großen 1700 bei Narwa sowie die in Livland eingefallenen sächsisch-polnischen Truppen und zwang August im Frieden von Altranstädt (1706), auf die polnische Krone zu verzichten. Erst mit Hilfe des Zaren, der Karl XII. 1709 bei Poltawa schlug, konnte er sie zurückgewinnen. Aber während August der Starke aus dem Krieg ohne Gewinn hervorging, gelang es Preußen und Hannover, Schweden aus seinen norddeutschen Besitzungen bis auf das westliche Vorpommern mit Stralsund zu verdrängen. Der Hauptgewinner des Nordischen Krieges war freilich Rußland, das Schweden als führende Macht des Ostseeraumes ablöste und dem Ausbau der sächsischen Herrschaft in Polen entgegenwirkte.

August der Starke förderte sowohl in Sachsen als auch in Polen durch merkantilistische Maßnahmen Handel und Gewerbe, modernisierte die Armee und betrieb mit großem Eifer den künstlerischen Ausbau seiner Residenzen Dresden und Warschau, indem er die berühmtesten Baumeister der Zeit heranzog. Auch gründete er die Meißener Porzellanmanufaktur. Mit seinem aufwendigen Hofleben ruinierte er jedoch die sächsischen Finanzen. Am Widerstand der lutherisch gebliebenen sächsischen Stände scheiterte sein Versuch, eine absolutistische Zentralverwaltung zu errichten. Noch weniger konnte er absolutistische Regierungsmethoden in Polen durchsetzen. Seine unbestrittenste Leistung ist, daß in seiner Regierungszeit Dresden die führende deutsche Kunst- und Kulturmetropole des

König Friedrich Wilhelm I. von Preußen in seinem „Tabakskollegium"

Barock wurde. Er starb am 1. Februar 1733 in Warschau. Die Verbindung Sachsens mit Polen erlosch bereits mit dem Tod seines Sohnes 1763.

5.8 Friedrich Wilhelm I., der Soldatenkönig

Friedrich Wilhelm wurde am 14. August 1688 in Berlin (Cölln) als Enkel des *Großen Kurfürsten* (▷ 5.6) geboren. Sein Vater hatte die Zustimmung des Kaisers zu seiner Rangerhöhung zum König erhalten. Allerdings durfte er nur für das Herzogtum Preußen, das nicht zum Reich gehörte, die Königswürde annehmen. Mit Rücksicht auf die polnischen Besitzrechte in Westpreußen nannte er sich nach der Krönung in Königsberg am 18. Januar 1701 Friedrich I., König in Preußen.

Friedrich Wilhelm I., der ihm 1713 folgte, war das genaue Gegenteil seines prunkliebenden und an Kunst und Wissenschaft interessierten Vaters. Er war nüchtern, einfach und sparsam. Auch in seinem Pflichtbewußtsein unterschied er sich von den meisten Fürsten seiner Zeit. Darin war er vom Pietismus beeinflußt, der im Gegensatz zum orthodoxen Protestantismus die persönliche Frömmigkeit des einzelnen betonte. Friedrich Wilhelm I. schränkte sofort nach seinem Regierungsantritt die Ausgaben für den Hof drastisch ein und stellte einen ausgeglichenen Etat auf. Dem Aufbau des Heeres widmete er sich mit solcher Vorliebe, daß er als „Soldatenkönig" in die Geschichte einging. Unter ihm erhielt der preußische Staat seine einseitige militärische Ausrichtung. Die vom König bevorzugten „langen Kerls" wurden teilweise in Nachbarländern durch getarnt arbeitende Werber zum Militärdienst gepreßt. Mit dem sogenannten Kantonreglement zur Aushebung von Soldaten schuf Friedrich Wilhelm eine Vorform der allgemeinen Wehrpflicht. Die Offiziere sowie die hohen Beamten stellte der Adel, der auch erstmals durch Besteuerung zum Dienst am Staat herangezogen wurde. Offizierkorps und Beamtenschaft wurden zu äußerster Pflichterfüllung und unbedingter Königstreue angehalten. Die Zentralisierung der Behördenorganisation fand ihren Abschluß in der Schaffung des Generaldirektoriums als oberster Verwaltungsbehörde. Auch in der Provinzial- und Lokalverwaltung

Friedrich II. von Preußen. Gemälde von Anton Graff (1781)

drängte der König den Einfluß der Stände durch nur von ihm abhängige Behörden (in den Provinzen Kriegs- und Domänenkammern, in den Städten Finanzämter, in den Kreisen Landratsämter) zurück. Die Wirtschaftspolitik betrieb er planmäßig nach merkantilistischen Grundsätzen (▷ 5.2). Er förderte den Ausbau von Manufakturen, vor allem in der Tuchindustrie. In Ostpreußen siedelte er über 17000 aus dem Erzbistum Salzburg vertriebene Lutheraner an. Sein einziger, aber bedeutender außenpolitischer Erfolg war der Erwerb des östlichen Vorpommern mit Stettin nach dem zweiten Nordischen Krieg (1720). – Friedrich Wilhelm I. starb am 31. Mai 1740 in Potsdam.

5.9 Friedrich der Große

Friedrich II. wurde als Sohn des preußischen Königs *Friedrich Wilhelm I.* (▷ 5.8) am 24. Januar 1712 in Berlin geboren. Der musisch begabte und den geistigen Strömungen der Zeit aufgeschlossene Prinz litt unter der extrem harten Erziehung des Vaters und unternahm 1730 einen erfolglosen Fluchtversuch. In der Festung Küstrin inhaftiert, mußte er der Hinrichtung seines Freundes und Fluchtgehilfen, des Leutnants von Katte, zusehen. Friedrich unterwarf sich und heiratete 1733 auf Wunsch des Vaters die braunschweigische Prinzessin Elisabeth Christine. In den letzten Jahren seiner Kronprinzenzeit konnte er auf Schloß Rheinsberg im Kreise Gleichgesinnter seinen Interessen nachgehen. Damals begann auch seine Freundschaft mit dem französischen Aufklärer Voltaire.

Kurz nach seinem Regierungsantritt 1740 nutzte Friedrich die durch den Tod Kaiser Karls VI. eingetretene Schwächung der habsburgischen Monarchie zur Eroberung Schlesiens (▷ 5.11), da die von Bayern und Sachsen angefochtene Nachfolge der Kaisertochter *Maria Theresia* (▷ 5.10) europäische Verwicklungen erwarten ließ, die Preußen eine günstige Gelegenheit zum Ausbau seiner Machtstellung boten. Es gelang Friedrich 1742, Österreich zur Abtretung Schlesiens zu zwingen und mit seiner Unterstützung für die Kaiserwahl des Wittelsbachers Karl Albrecht die Stellung der Habsburger im Reich zu schwächen. Um die eroberte Provinz zu behaupten, führte der König noch zwei weitere Angriffskriege mit wechselnden Bündnispartnern. Der dritte Krieg um Schlesien, der *Siebenjährige Krieg* (▷ 5.12), der sich durch Bündnisse der innerdeutschen Gegner mit den europäischen Kontrahenten England und Frankreich zu einem bis nach Übersee ausgreifenden Konflikt ausweitete, brachte Preußen an den Rand des Abgrunds. Friedrich errang glänzende Siege, mußte aber auch bittere Niederlagen hinnehmen und konnte sich am Ende nur durch das Ausscheiden Rußlands aus der gegnerischen Koalition behaupten. Mit dem Hubertusburger Frieden war Preußen 1763 endgültig in den Kreis der europäischen Großmächte eingetreten. Damit ging jedoch der noch lange fortwirkende Gegensatz zu Österreich einher. An diesem änderte auch die erste *Polnische Teilung* (▷ 5.18) von 1772 nichts, an der Preußen, Österreich und Rußland beteiligt waren; Preußen sicherte sich dabei mit Westpreußen und dem Ermland die Landverbindung nach Ostpreußen. Dem Plan Kaiser Josephs II., des ältesten Sohnes Maria Theresias, die Position seines Hauses in Süddeutschland durch den Erwerb Bayerns zu stärken, trat Friedrich mit der Gründung des Fürstenbundes 1785 offensiv entgegen.

In den Friedensjahren bemühte sich Friedrich, die Folgen des Krieges zu beheben. Er erstrebte eine Zusammenfassung aller Kräfte durch ein merkantilistisches Wirtschafts- und Finanzsystem, durch den Ausbau der von seinem Vater übernommenen Verwaltung und durch Reformen im Heer-, Rechts- und Erziehungswesen sowie in der Landwirtschaft. Im Sinne des *aufgeklärten Absolutismus* (▷ 5.14) verstand er sich als erster Diener seines Staates. Sein Verantwortungsgefühl als Herrscher verband sich jedoch mit einem immer stärker zutage tretenden negativen Urteil über die menschliche Natur und zunehmender Unzugänglichkeit für Kritik an seinen Maßnahmen. Völlig vereinsamt starb der Preußenkönig, den seine Zeitgenossen den „Alten Fritz" nannten, am 17. August 1786 im Schloß Sanssouci bei Potsdam.

5.10 Maria Theresia

Geboren am 13. Mai 1717 in Wien, trat die älteste Tochter Kaiser Karls VI. 1740 die Regierung in den habsburgischen Ländern auf Grund der Pragmatischen Sanktion von 1713 an. Durch dieses Hausgesetz hatte der Kaiser, da er keinen männlichen Erben hatte, seinen Töchtern die Gesamtnachfolge des Hauses Österreich gesichert. Dagegen erhoben allerdings die Kurfürsten von Bayern und Sachsen, die mit Töchtern von Karls Bruder und Vorgänger Joseph I. verheiratet waren, Einspruch. Zu kriegerischen Auseinandersetzungen kam es jedoch erst durch den Einmarsch des Preußenkönigs *Friedrich des Großen* (▷ 5.9) in Schlesien. Der erste *Schlesische Krieg* (▷ 5.11) weitete sich durch das Eingreifen Frankreichs auf der Seite Preußens zum Österreichischen Erbfolgekrieg aus (1740–48). Während Österreich Schlesien verlor und der bayerische Kurfürst 1742 zum Kaiser gewählt wurde, konnte Maria Theresia nach dessen Tod 1745 die Kaiserwahl ihres Mannes Franz Stephan von Lothringen durchsetzen. Der Aachener Friede bestätigte 1748 die österreichischen Gebietsverluste in Schlesien sowie in Italien, doch die Großmachtstellung Österreichs blieb gewahrt. Durch ein neues Bündnis mit dem bisherigen Gegner Frankreich 1756 in den *Siebenjährigen Krieg* (▷ 5.12) verwickelt, konnte die Kaiserin Schlesien nicht zurückgewinnen.

*Kaiserin Maria
Theresia mit sechs
ihrer Kinder
(rechts Joseph II.)*

Die außenpolitischen Fehlschläge veranlaßten sie zu umfangreichen inneren Reformen. Sie betraute die Feldmarschälle Daun und Lacy mit Heeresreformen und führte eine große Staatsreform durch. Gegen den Willen der Stände, die ihre Steuerfreiheit verloren, setzte sie in Österreich und Böhmen den absolutistischen Staat mit landesfürstlicher Bürokratie und Zentralverwaltung durch. Im Sinne des Merkantilismus führte sie neue Gewerbe ein, hob die Binnenzölle auf, reformierte das Münzwesen und förderte die Erschließung des Banats und der Batschka. Hinzu kamen Reformmaßnahmen im Bildungswesen und in der Justiz (z. B. 1777 Abschaffung der Folter).

An den Reformen der späteren Jahre war schon ihr Sohn *Joseph II.* (▷ 5.16) beteiligt, der nach dem Tod seines Vaters 1765 Kaiser und Mitregent in den habsburgischen Ländern geworden war. Zwischen Maria Theresia und Joseph kam es wiederholt zu Meinungsverschiedenheiten. Nur widerwillig gab die Kaiserin ihre Zustimmung zur Annexion Galiziens 1772 bei der ersten *Polnischen Teilung* (▷ 5.18), und im Bayerischen Erbfolgekrieg 1778/79 schloß sie gegen den Willen ihres Sohnes Frieden mit Preußen. Am 29. November 1780 starb sie in Wien. Schon zu Lebzeiten bewundert, gilt sie bis heute als eine der bedeutendsten Herrscherinnen.

5.11 Schlesische Kriege

Die Pragmatische Sanktion Kaiser Karls VI. von 1713, die die Erbfolge in Österreich zugunsten seiner Töchter regelte, konnte trotz internationaler Garantien nicht verhindern, daß die Nachfolge der Kaisertochter Maria Theresia von den Kurfürsten von Bayern und Sachsen, die durch ihre habsburgischen Frauen ältere Rechte auf das Erbe geltend machten und die Kaiserwürde anstrebten, nicht anerkannt wurde. Der preußische König *Friedrich der Große* (▷ 5.9) nahm die schwierige Situation der Thronfolgerin zum Anlaß, um das zu Österreich gehörende Schlesien zu besetzen. Auf Grund von ihm selbst nicht ernst genommener Erbrechte in schlesischen Teilgebieten erhob er Anspruch auf die reiche Provinz und bot Maria Theresia als Gegenleistung Unterstützung in dem Erbfolgestreit sowie seine Kurstimme bei der Kaiserwahl ihres Mannes an. Doch Maria Theresia lehnte ab. Nach dem preußischen Sieg bei Mollwitz im April 1741 traten auch die europäischen Gegner Österreichs, vor allem die französischen und spanischen Bourbonen, in den Krieg ein, während Großbritannien und die Niederlande Österreich unterstützten. Im Januar 1742 wurde der bayerische Kurfürst als Karl VII. zum Kaiser gewählt. Preußen erhielt im Frieden von Berlin (Juli 1742) Niederschlesien, große Teile Oberschlesiens und die Grafschaft Glatz. Österreichs Erfolge gegen Bayern und Frankreich veranlaßten Friedrich im Frühjahr 1744 erneut zum Angriff. Er marschierte in Böhmen ein, mußte aber bald angesichts überlegener österreichischer Kräfte und wachsender Versorgungsschwierigkeiten sowohl Böhmen als auch Schlesien wieder aufgeben. Die Kriegslage verschlechterte sich für ihn noch dadurch, daß Bayern nach dem plötzlichen Tod Karls VII. 1745 unter Verzicht auf die österreichischen Erbansprüche aus dem Krieg ausschied. Aber die britisch-preußische Verständigung und Friedrichs glänzende Siege von 1745 bei Hohenfriedeberg (4. Juni), Soor (30. September) und Kesselsdorf (15. Dezember) über zahlenmäßig überlegene österreichische und sächsische Kräfte zwangen Maria Theresia zum Friedensschluß, der am 24. Dezember 1745 in Dresden zustande kam. Preußen behielt Schlesien und erkannte die inzwischen erfolgte Kaiserwahl Franz' I., des Gemahls Maria Theresias, an. Preußen trat nun als gleichrangige Großmacht neben Österreich.

5.12 Siebenjähriger Krieg

Maria Theresia (▷ 5.10) war nach den beiden *Schlesischen Kriegen* (▷ 5.11) entschlossen, den Kampf um das an Preußen verlorene Schlesien wieder aufzunehmen. Die Gelegenheit kündigte sich an, als sich der Machtkampf zwischen Großbritannien und Frankreich um die Vorherrschaft in Nordamerika und Indien zuspitzte. Die Westminsterkonvention vom Januar 1756 zwischen den bisherigen Gegnern Großbritannien und Preußen, die den Vertragspartnern Rückendeckung gegen Frankreich bzw. Rußland verschaffen sollte, führte zur Verständigung zwischen Frankreich und Österreich und damit zu einem „renversement des alliances" (Umsturz der Bündnisse). Ausgelöst wurde der Krieg in Europa im August 1756 durch den Einmarsch *Friedrichs des Großen* (▷ 5.9) in Sachsen, um einem gemeinsamen Vorgehen aller Gegner Preußens zuvorzukommen. Daraufhin schloß sich neben Rußland auch Schweden der antipreußischen Kriegskoalition an, die außerdem den Einsatz von Reichstruppen gegen Preußen durchsetzte.

Schon 1757 geriet Preußen in eine gefährliche Krise: Nach der Niederlage bei Kolin (18. Juni 1757) gegen den österreichischen Feldmarschall Daun mußte Friedrich Böhmen räumen; in Ostpreußen, Pommern und Brandenburg fielen feindliche Armeen ein, und Frankreich erzwang die Auflösung der britischen Festlandsarmee. Durch die Siege bei Roßbach (5. November 1757) gegen Franzosen und Reichstruppen und bei Leuthen (5. Dezember 1757) gegen die Österreicher gelang es Friedrich, die drohende Niederlage abzuwenden. Im folgenden Jahr drängte er die Gegner zurück, war aber nach seiner vernichtenden Niederlage bei Kunersdorf (12. August 1759) gegen ein österreichisch-russisches Heer in einer verzweifelten Lage, die sich trotz späterer militärischer Erfolge weiter verschlechterte, da die britischen Hilfszahlungen infolge des Sturzes des Premierministers William Pitt des Älteren eingestellt wurden.

Da brachte der Tod der Zarin Elisabeth Petrowna am 5. Januar 1762 die Wende. Ihr Nachfolger Peter III. schloß einen Separatfrieden (5. Mai 1762) mit Preußen, den nach seiner Ermordung seine Witwe als Zarin Katharina II. bestätigte. Nachdem Großbritannien und Frankreich im November 1762 den See- und Kolonialkrieg beendet hatten, kam am 15. Februar 1763 der preußisch-österreichische Friede von Hubertusburg zustande. Österreich verzichtete endgültig auf Schlesien, und Friedrich sicherte seine Kurstimme für die Kaiserwahl Josephs II. zu. – Trotz des unentschiedenen Kriegsausgangs war der Preußenkönig in den Augen der Mitwelt als Sieger aus dem siebenjährigen Ringen hervorgegangen, denn seine Armee hatte einer weit überlegenen Koalition widerstanden. Fortan war Preußen neben Großbritannien, Frankreich, Österreich und Rußland eine europäische Großmacht.

5.13 Aufklärung

Der im 18. Jahrhundert aufgekommene Begriff „Aufklärung" bezeichnete die in dieser Zeit in Europa vorherrschende geistige Strömung, in der die seit der Renaissance zu beobachtenden Ansätze zur Überwindung des christlich geprägten mittelalterlichen Weltbildes zum Durchbruch kamen. Nicht die biblisch offenbarte Wahrheit war jetzt Richtschnur der Erkenntnis und des Handelns, sondern die menschliche Vernunft. Diese stellt alle nur auf Tradition oder Autorität gegründeten Meinungen, Normen, Institutionen usw. in Frage. Dabei ist zur Kritik und Gegenkritik Meinungsfreiheit und Toleranz gegenüber anderen Meinungen unerläßlich. So führte der Kampf gegen Vorurteile und unbefragte Autoritäten zur Gesellschaftskritik und zu politischen Forderungen, die an den Grundfesten des absolutistischen Staates rüttelten. Das Vertrauen auf eine fast unbegrenzte Erkenntnisfähigkeit des Menschen, das durch den eindrucksvollen Aufschwung der Naturwissenschaften gestützt wurde, begründete einen bis weit in unser Jahrhundert wirkenden Fortschrittsglauben. Auf dieser Überzeugung, daß der Mensch imstande sei, seine Verhältnisse zunehmend zu vervollkommnen und einem Zustand irdischer Glückseligkeit anzunähern, beruhte das starke Interesse der Aufklärung an Erziehung und Bildung.

Zur Entwicklung der Aufklärungsbewegung trugen die Glaubenskämpfe zwischen den Konfessionen und die innerkonfessionellen Streitigkeiten entscheidend bei. Neben dem Autoritätsverlust der gespaltenen Kirche waren aber auch positive geistige Impulse maßgebend: Das moderne Naturrecht, das von der Vorstellung unveränderlicher, den geltenden Gesetzen übergeordneter „natürlicher" Rechte aller Menschen ausging, führte Herrschaft, Regierungsformen und Gesellschaftsstrukturen nicht auf göttlichen Ursprung zurück, sondern auf einen von freien und gleichen Menschen geschlossenen Gesellschaftsvertrag. In Verbindung mit den Lehren der Volkssouveränität und des Widerstandsrechts gegen ungerechte Herrschaft bot diese Theorie den Gleichheitsforderungen des aufstrebenden Bürgertums eine wirksame Rechtfertigung.

Zu den geistigen Grundlagen der Aufklärung gehört auch der Umbruch in den Naturwissenschaften, der ein neues Welt- und Menschenbild entstehen ließ: Die Physik erforschte den durch Naturgesetze bestimmten Aufbau der Welt; die Astronomie erkannte, daß die Erde nicht das Zentrum des Weltalls ist; die Medizin betrachtete den Menschen als Teil der Natur neben anderen Lebewesen.

Immanuel Kant. Gemälde aus dem Jahre 1791

Damit wurde einerseits die religiöse Vorstellung von der Einzigartigkeit des Menschen als Krone der Schöpfung erschüttert, andererseits verlieh die Vernunft dem Menschen nicht nur die Fähigkeit, die Welt immer vollkommener zu erkennen, sondern sie auch zu beherrschen.

In Deutschland setzte die Aufklärungsbewegung gegenüber Großbritannien und Frankreich mit zeitlicher Verzögerung ein. Auch ging sie in ihren Forderungen nicht so weit. Kennzeichnend war die Ausbildung des sogenannten *aufgeklärten Absolutismus* (▷ 5.14). Die profilierteste Auslegung erhielt die deutsche Aufklärung durch den Königsberger Philosophen Immanuel Kant, der sie in einem 1783 veröffentlichten Aufsatz als „Ausgang des Menschen aus seiner selbstverschuldeten Unmündigkeit" definierte und daran die Aufforderung anschloß: „Habe Mut, dich deines eigenen Verstandes zu bedienen!"

5.14 Aufgeklärter Absolutismus

Eine späte Erscheinungsform der absoluten Monarchie, die sich vornehmlich in den deutschen Staaten ausbildete, war der „aufgeklärte Absolutismus". Als seine bedeutendsten Vertreter gelten der Preußenkönig *Friedrich der Große* (▷ 5.9) und Kaiser *Joseph II*.

(▷ 5.16) als Regent in den habsburgischen Ländern. Charakteristisch für das Selbstverständnis und den Regierungsstil dieser Monarchen war, daß sie an ihrer alleinigen und uneingeschränkten Herrschaftsgewalt festhielten, dabei aber Gedanken der *Aufklärung* (▷ 5.13) aufnahmen. So bezeichnete sich Friedrich II. von Preußen selbst als „erster Diener" des Staates. Als Sachwalter des Gemeinwohls führte er wohlfahrtsstaatliche Reformen durch, die die größten sozialen Mißstände beseitigen sollten: Aufhebung der Folter und Ansätze zu einer rechtsstaatlichen Entwicklung, Verbesserung der Lage der Bauern, Einrichtung eines staatlichen Schulwesens. Auch Friedrichs Einstellung zu den verschiedenen Konfessionen in seinem Staat ist vom Toleranzgrundsatz der Aufklärung geprägt (jeder soll „nach seiner Façon selig werden"). Die merkantilistische Wirtschaftspolitik sollte ebenso wie die innere Kolonisation dem Gemeinwohl dienen. In ähnlicher Weise – allerdings ohne dem Geist der Aufklärung verpflichtet zu sein – fühlte sich Kaiserin *Maria Theresia* (▷ 5.10) für das Wohl ihrer Untertanen verantwortlich und leitete Reformen ein, die ihr Sohn Kaiser Joseph II. in verstärktem Maße fortsetzte.

Mit der beginnenden Auflösung der alten Gesellschaftsstrukturen, der Aktivierung des einzelnen im Dienste des Gemeinwohls, der Vereinheitlichung des Rechts und der Hebung des Wissensstandes breiter Volksschichten durch die allgemeine Schulpflicht schuf der aufgeklärte Absolutismus wesentliche Voraussetzungen für die spätere Demokratisierung des bürgerlichen Staates. Verwirklichen ließ sich die Demokratie freilich erst nach der Überwindung des aufgeklärten Absolutismus, dessen fürstlicher Herrschaftsanspruch mit dem aufklärerischen Gedanken des autonomen, mündigen Individuums nicht in Einklang zu bringen war.

5.15 Landesausbau

Als Landesausbau bezeichnet man alle Tätigkeiten, die auf eine Erweiterung der landwirtschaftlichen Nutzfläche und auf Bodenverbesserung (Melioration) zielen. Dazu gehören z. B. Rodung, Kultivierung von Ödland, Trockenlegung von Mooren und Seen, Flußregulierungen und Eindeichungen. War im

16. Jahrhundert der Landesausbau durch das Bevölkerungswachstum bedingt, so veranlaßte später die durch den Dreißigjährigen Krieg und andere Katastrophen verursachte Verödung von Dörfern und Landstrichen viele deutsche Fürsten zu einer aktiven „Peuplierungspolitik", d. h. zur Wiederbesiedlung entvölkerter Gebiete, verbunden mit weiteren Maßnahmen der Rekultivierung und Neulandgewinnung. Dazu mußte die Bevölkerungszahl gesteigert werden, zum einen durch familienpolitische Maßnahmen, zum anderen durch Förderung der Einwanderung. Ein großer Teil der Einwanderer war aus Glaubensgründen aus der Heimat geflohen oder vertrieben worden, aber auch aus wirtschaftlicher Not suchten viele Menschen neue Existenzmöglichkeiten. Führende Einwanderungsländer waren Preußen und später Österreich, die nicht nur von Kriegen und Seuchen betroffene oder unerschlossene Gebiete wirtschaftlich nutzbar machen, sondern auch neugewonnene Grenzprovinzen erschließen wollten. Allerdings geschah die Besiedlung und Kultivierung nur teilweise durch Zuwanderer aus anderen Staaten, während umgekehrt längst nicht alle Einwanderer als Kolonisten angesiedelt wurden; so zogen z. B. die ab 1685 in Brandenburg aufgenommenen Hugenotten überwiegend in die Städte, um ihre erlernten Berufe auszuüben.

Am Landesausbau beteiligten sich viele Bauern aus eigener Initiative, zum Teil mit Hilfe staatlicher Zuschüsse und Kredite. Großprojekte konnten jedoch nur vom Staat geplant und finanziert werden. Bekannt ist vor allem die Entwässerung und Urbarmachung des Oderbruchs, des Warthe-Netze-Bruchs und anderer Flußniederungen unter Friedrich II. von Preußen. Dadurch wurden viele tausend Hektar Wiesen- und Ackerland gewonnen, das teils den umliegenden Dörfern und Gütern, teils neuen Siedlern zugewiesen wurde. Die Kolonisten erhielten Vergünstigungen wie mehrjährige Steuerbefreiung, Geld- und Materialbeihilfen sowie Befreiung vom Militärdienst. Um den Bodenertrag zu steigern, wurden überdies neue Anbaumethoden erprobt und neue Feldfrüchte eingeführt (z. B. die Kartoffel), zunächst insbesondere auf den königlichen Gütern, den Domänen. Alle diese Maßnahmen sollten letztlich die Wirtschaftskraft des Staates stärken. Insofern ist der Landesausbau des 17. und 18. Jahrhunderts im Zusammenhang mit der Wirtschaftspolitik des *Merkantilismus* (▷ 5.2) zu sehen.

5.16 Joseph II.

Der am 13. März 1741 in Wien geborene älteste Sohn der Kaiserin *Maria Theresia* (▷ 5.10) wurde im Geiste der katholischen Aufklärung erzogen. 1765 wurde er Nachfolger seines Vaters Franz I. als Kaiser und Mitregent seiner Mutter in den Ländern der habsburgischen Monarchie. Durch seine extremen Reformpläne geriet er in Gegensatz zu Maria Theresia, deren maßvolle Politik nicht seinem Konzept eines zentralistischen österreichischen Gesamtstaates entsprach. Gegen ihren Willen erwarb er für Österreich bei der ersten *Polnischen Teilung* 1772 (▷ 5.18) Galizien. 1775 mußte das Osmanische Reich die Bukowina an Österreich abtreten. Josephs Plan, seine Hausmacht im Reich durch den Erwerb Bayerns zu vergrößern und dem Kurfürsten Karl Theodor von der Pfalz, der Bayern geerbt hatte, im Tausch die österreichischen Niederlande anzubieten, scheiterte jedoch im Bayerischen Erbfolgekrieg 1778/79 am Widerstand Friedrichs II. von Preußen, der 1785 gegen die österreichischen Ausdehnungsbestrebungen den deutschen Fürstenbund ins Leben rief. Nur das Innviertel wurde Österreich 1779 im Frieden von Teschen zugesprochen. Joseph II. konnte erst nach dem Tod seiner Mutter (1780) seine Reformpläne systematisch verwirklichen. Im Rahmen seiner Staatskirchenpolitik erließ er 1781 ein Toleranzpatent, das den nichtkatholischen Christen die private Religionsausübung gestattete und ihnen die bürgerlichen Rechte zugestand. Er hob die nicht sozial tätigen Orden auf und stellte die Priesterausbildung und andere kirchliche Angelegenheiten unter staatliche Aufsicht. Er reformierte die Rechtspflege, setzte 1776 die Abschaffung der Folter durch und verbesserte die Rechtsstellung der Juden. Die Bauern wurden 1781 von der Leibeigenschaft befreit. Bäuerliche Einwanderer, vornehmlich aus Schwaben, wurden in Siebenbürgen und im Banat angesiedelt. Auch auf den Gebieten des Schul- und Bildungswesens, der sozialen Einrichtungen, der Wirtschaft und der Verwaltung suchte Joseph in kurzer Zeit tiefgreifende Reformen durchzu-

setzen. Gegen die zentralistischen, auch auf die Vorrechte des Adels keine Rücksicht nehmenden Maßnahmen des Kaisers verstärkte sich der Widerstand der Stände und der nichtdeutschen Nationalitäten – ein Aufstand des ungarischen Adels und der Abfall der Niederlande stürzten die habsburgische Monarchie in eine schwere Krise –, so daß Joseph kurz vor seinem Tod einen großen Teil seiner wegweisenden, doch überstürzt durchgeführten Reformen zurücknehmen mußte. Er starb am 20. Februar 1790 in Wien.

5.17 Residenzstädte

Im Zeitalter des Absolutismus führte das Bestreben der Herrscher, ihre in der Auseinandersetzung mit den Ständen errungene fürstliche Macht auch äußerlich sichtbar darzustellen, zu einer Bautätigkeit größten Ausmaßes, an der sich auch die großen und kleinen deutschen Landesfürsten beteiligten. Vorbild für sie alle war der französische König Ludwig XIV., den seine Bewunderer den „Sonnenkönig" nannten und dessen prunkvolle Hofhaltung in seinem Prachtschloß Versailles sie nachzuahmen suchten. Bei den unbedeutenden „Duodezfürsten" stand die Großartigkeit der Bauprojekte allerdings oft in keinem Verhältnis zu den finanziellen Möglichkeiten der Bauherren.

Mit ihren umfangreichen Aufträgen an die großen Baumeister der Zeit zur Aus- und Neugestaltung ihrer Residenzen veränderten die Fürsten mehr und mehr das Erscheinungsbild ihrer Landeshauptstädte, schufen sie die von weltlichen und kirchlichen Prachtbauten geprägte, mit Parkanlagen und Alleen großzügig gestaltete, repräsentative Residenzstadt des absolutistischen Zeitalters. Darin kam aber nicht allein der Machtwille der Fürsten zum Ausdruck, sondern ein auch den Adel und breite Schichten des Bürgertums erfassendes optimistisches Lebensgefühl, das sich in einem neuen europäischen Gesamtstil, dem Barock, ausdrückte. Die höfische Prachtentfaltung führte zu einem Aufschwung der Luxusgewerbe und des Dienstleistungssektors. Die Förderung von Kunst und Wissenschaft machte ebenso wie der Ausbau von Militär und Verwaltung die Residenzstädte zu Brennpunkten des öffentlichen Lebens.

*Dresden im 18. Jh.
(rechts die
Frauenkirche).
Kolorierter
Kupferstich*

So verwandelte sich nach der Überwindung der Türkengefahr das mittelalterliche Wien in eine glanzvolle Kaiserstadt mit großartigen Schlössern, Adelspalais und Kirchen. Schloß Schönbrunn vor den Toren der Stadt, der Lieblingsaufenthalt der Kaiserin Maria Theresia, ist mit Recht das „Versailles Österreichs" genannt worden. Der Glanz des kaiserlichen Hofes und das überaus reiche geistig-kulturelle Leben machten Wien zur führenden Kunst- und Kulturmetropole. Unter dem ersten Preußenkönig, dem Sohn des Großen Kurfürsten, entwickelte sich Berlin zur Residenzstadt der Hohenzollern. Dresden erhielt unter der Regie des sächsischen Kurfürsten und polnischen Königs August des Starken sein neues Gesicht als eine der bedeutendsten Barockstädte; die Wittelsbacher ließen München als ihre Residenzstadt ausbauen. Auch andere landesfürstliche Haupt- und Residenzstädte wären hier zu erwähnen, z. B. Hannover, Kassel, Düsseldorf, Bonn, Mainz, Würzburg, Mannheim und Karlsruhe. Mannheim wurde erst nach 1720 im Zusammenhang mit dem Bau des kurfürstlichen Schlosses (eins der größten Barockschlösser) als Stadtanlage grundsätzlich neu gestaltet. Karlsruhe entstand sogar erst mit dem Entschluß des Markgrafen von Baden-Durlach, sich eine neue Residenz zu bauen. Der fächerförmige Stadtgrundriß sollte symbolisch die Sonnenstrahlen andeuten, die von der fürstlichen Residenz ausgingen.

5.18 Polnische Teilungen

Nach dem Aussterben der Jagellonen im Mannesstamm (1572) entwickelte sich Polen zu einer „Adelsrepublik", d. h. zu einer Wahlmonarchie mit einem weitgehend entmachteten König an der Spitze, auf dessen Wahl zunehmend ausländische Mächte Einfluß nahmen. Im Innern lähmte die schrankenlose Freiheit der Magnaten (des Hochadels und der höchsten Würdenträger) und des übrigen Adels das Staatsleben, da nach dem erstmals 1652 praktizierten Grundsatz der Einstimmigkeit (Liberum veto) der polnische Reichstag (Sejm) meist beschlußunfähig auseinanderging und sich das Gegenmittel der Adelskonföderationen immer häufiger als Instrument der am Zerfall Polens interessierten Nachbarmächte erwies. Der 1764 unter russischem Druck zum König gewählte Adlige Stanislaus August Poniatowski versuchte, obgleich ein Günstling der Zarin Katharina II., eine Verfassungsreform durchzuführen. Doch der daraufhin 1768 ausbrechende Bürgerkrieg bot Rußland und dann auch Preußen und Österreich die Gelegenheit, militärisch einzugreifen. Mit der Besetzung der ehemals an Polen verpfändeten, von Ungarn bewohnten Städte in der Zips schuf Kaiser Joseph II. 1770 die Voraussetzung für den russisch-preußischen und den russisch-österreichischen Teilungsvertrag von 1772. In dieser ersten Polnischen Teilung verlor Polen fast 30 % seines Gebietes und 35 % seiner Einwohner. Österreich erhielt mit Galizien ein von Polen und Ruthenen bewohntes Gebiet; Rußland, das sich bis zur Düna und zum Dnjepr nach Westen vorschob, gewann hauptsächlich russische und lettische Bevölkerungsteile hinzu; Preußen annektierte mit dem Ermland und Westpreußen (ohne Danzig und Thorn), die die Landverbindung zwischen Pommern und Ostpreußen herstellten, zu etwa zwei Fünfteln von Deutschen besiedelte Gebiete.

Rußland und Preußen nutzten 1793 die Einführung einer modernen, an den Ideen der Französischen Revolution orientierten Verfassung in Polen (1791) zu einer zweiten Polnischen Teilung, die Rußland das Gebiet östlich der Linie Dünaburg–Chocim und Preußen ganz Großpolen bis zur Pilica sowie Danzig und Thorn einbrachte. Die nationale Erhebung unter Führung von Tadeusz Kościuszko gegen diesen Teilungsvertrag nahmen Rußland, Österreich und Preußen zum Anlaß, 1795 in einem dritten Teilungsabkommen der polnischen Eigenstaatlichkeit ein Ende zu setzen. Preußen erhielt mit dem Gebiet zwischen Weichsel, Bug und Memel mit der Hauptstadt Warschau Land mit ausschließlich polnischer Bevölkerung; Rußland verlegte seine Westgrenze bis zum Bug und zur Memel; Österreich sicherte sich das Land zwischen Pilica und Bug mit Krakau und Lublin.

Mit der Auflösung des Staates Polen konnten die Teilungsmächte die polnische Nation nicht auslöschen. Vielmehr belasteten die Teilungen im Zeitalter des Nationalismus zunehmend das Verhältnis zwischen den Völkern im östlichen Mitteleuropa.

DIE POLNISCHEN TEILUNGEN

Grenze des Hl. Römischen Reiches
Polen vor den Polnischen Teilungen

1.Teilung 1772	2.Teilung 1793	3.Teilung 1795	
			an Rußland
			an Preußen
			an Österreich

125

Daten

1640–1688	Friedrich Wilhelm von Brandenburg, der „Große Kurfürst"
1643–1715	Ludwig XIV. von Frankreich
1655–1660	1. Nordischer Krieg
1658–1705	Kaiser Leopold I.
1658–1668	1. Rheinbund
28. Juni 1675	Schlacht bei Fehrbellin
1678/79	Friedensschlüsse von Nimwegen
30. Sept. 1681	französische Besetzung Straßburgs
1683–1699	Großer Türkenkrieg
12. Sept. 1683	Schlacht am Kahlenberge
29. Okt. 1685	Edikt von Potsdam
1688–1697	Pfälzischer Krieg
1697–1733	August der Starke (1706–1709 abgesetzt)
20./30. Sept. 1697	Friedensschlüsse von Rijswijk
26. Jan. 1699	Friede von Karlowitz
1700–1721	2. Nordischer Krieg
1701–1713	Friedrich I. erster König „in Preußen"
1701–1713/14	Spanischer Erbfolgekrieg
1705–1711	Kaiser Joseph I.
24. Sept. 1706	Friede von Altranstädt
1711–1740	Kaiser Karl VI.
1713–1740	Friedrich Wilhelm I. von Preußen
1713/14/15	Friedensschlüsse von Utrecht
19. April 1713	Pragmatische Sanktion
1714	Friedensschlüsse von Rastatt und Baden
1716–18	Türkenkrieg
1717	Einnahme Belgrads durch den Prinzen Eugen
21. Juli 1718	Friede von Passarowitz
1740–1786	Friedrich der Große
1740–1780	Maria Theresia
1740–1742	1. Schlesischer Krieg
1740–1748	Österreichischer Erbfolgekrieg
10. April 1741	Schlacht bei Mollwitz
1742–1745	Kaiser Karl VII. Albrecht
1744/45	2. Schlesischer Krieg
4. Juni 1745	Schlacht bei Hohenfriedeberg
1745–1765	Kaiser Franz I. Stephan
15. Dez. 1745	Schlacht bei Kesselsdorf
24. Dez. 1745	Friede von Dresden
1756–1763	Siebenjähriger Krieg
16. Jan. 1756	Westminsterkonvention
18. Juni 1757	Schlacht bei Kolin
5. Nov. 1757	Schlacht bei Roßbach
5. Dez. 1757	Schlacht bei Leuthen
12. Aug. 1759	Schlacht bei Kunersdorf
15. Febr. 1763	Friede von Hubertusburg
1765–1790	Kaiser Joseph II.
1772/93/95	Polnische Teilungen
1778–1779	Bayerischer Erbfolgekrieg
13. Okt. 1781	Toleranzpatent Josephs II.
1785	deutscher Fürstenbund

Kapitel 6: Deutschland in der Zeit der französischen Vorherrschaft (1789-1815)

Einführung

Die 25 Jahre deutscher Geschichte dieses Kapitels sind im wesentlichen geprägt durch Einflüsse und Einwirkungen, die ihren Verlauf von außen bestimmt haben. Dieser Zeitabschnitt wird von der Französischen Revolution eingeleitet. Sie brach aus, als sich in Frankreich die seit einem Jahrhundert gewachsene Spannung zwischen der in ihrer Leistungsfähigkeit erlahmten absolutistischen Monarchie und dem nach sozialer und politischer Emanzipation strebenden Bürgertum zur fundamentalen Staatskrise verdichtete; die wichtigsten Antriebskräfte waren dabei die Aufklärung und die politische Theorie des Liberalismus. In ihrem Verlauf sind zum ersten Mal in der Geschichte alle Merkmale einer Revolution, d. h. einer grundlegenden gesellschaftlichen und politischen Umgestaltung, nachweisbar, weshalb ihr weltgeschichtliche Bedeutung beigemessen wird. Zu einer der Französischen Revolution vergleichbaren Umwälzung ist es in Deutschland nicht gekommen, weil dafür die Voraussetzungen fehlten. Dennoch sind die Ereignisse der französischen Geschichte ab 1789 an Deutschland nicht spurlos vorübergegangen. Der militärische Zusammenstoß zwischen dem neuen Frankreich, das in den Revolutions- und in den Napoleonischen Kriegen Sieg auf Sieg erringen konnte und sich schließlich unter Napoleon zum Herrn über halb Europa aufschwang, und dem alten Deutschland mit seinen aufgeklärt-absolutistischen Großmächten Preußen und Österreich und den noch in der ständisch gegliederten feudalen Verfassung verharrenden übrigen Ländern des Reiches führte in Deutschland – wie im gesamten Europa – zu einer völligen Umgestaltung der territorialen und politischen Verhältnisse. Der Kaiser und Reich von Napoleon diktierte Friede von Lunéville (1801) leitete mit dem Eingriff in die territoriale Integrität des Reiches durch die Abtretung des linken Rheinufers dessen Auflösung und zugleich die durch Napoleon bestimmte Neuordnung der staatlichen Gliederung Deutschlands ein. Diese nahm im Reichsdeputationshauptschluß von 1803 und den folgenden territorialen Flurbereinigungen Gestalt an: Die alte Zerstückelung des Reichsgebiets wurde weitgehend beseitigt, die gestärkten Mittelstaaten bildeten ein „Drittes Deutschland", das sich unter Napoleons Protektorat 1806 zum Rheinbund zusammenschloß. Diese Veränderungen waren Voraussetzungen für die Errichtung moderner Staaten und beschleunigten den Niedergang des alten Reiches: Die Säkularisation und das Ende der alten Reichskirche 1803 erschütterten dessen Verfassung ebenso wie der Austritt der Rheinbundstaaten aus dem Reichsverband 1806 und die Annahme des Titels eines Kaisers von Österreich durch Franz II. 1804. Als dieser 1806 schließlich die Reichskrone niederlegte und das Reich für aufgelöst erklärte, war das lediglich der Endpunkt einer langen Entwicklung.

Die Kriege der europäischen Koalitionen gegen Napoleon führten 1806/07 zum Zusammenbruch Preußens, das im Frieden von Tilsit 1807 ebenso wie Österreich im Frieden von Schönbrunn 1809 zu einer von Napoleon abhängigen Macht zweiten Ranges herabsank. Während Deutschland politisch darniederlag, Napoleons Regimenter in Wien und Berlin paradierten, erlangten deutsche Dichter und Denker Weltruhm und begründeten die große Geistesepoche der Klassik.

Die katastrophalen Niederlagen durch das französische Volksheer erwiesen, daß in Deutschland die veralteten Staats-, Heeres- und Sozialverfassungen erneuert werden, daß freie und gleichberechtigte Bürger im Sinne der Französischen Revolution am Gemeinwesen beteiligt werden mußten, wenn die Rheinbundstaaten ihre staatliche Souveränität wahren wollten, wenn Preußen sich von der französischen Besetzung befreien wollte. So kam es in der napoleonischen Zeit vor allem in diesen Gebieten zu einer Reihe von inneren Reformen, wobei besonders die Rheinbundstaaten vom französischen Vorbild beeinflußt wurden: Die Vorrechte des Adels wurden vielfach eingeschränkt oder aufgehoben; die Bauernbefreiung wurde begonnen, womit die feudalen Zwischengewalten beseitigt und allgemeine Freiheit und Gleichheit hergestellt wurden. In diesem Zusammenhang ist auch die Judenemanzipation zu erwähnen. Die obersten Staatsbehörden wurden neu organisiert; die Verwaltung wurde effektiver gestaltet, wobei die süddeutschen Staaten die alten Kernstaaten mit den neugewonnenen Gebieten durch den Aufbau einer modernen, zentralistisch organisierten Verwaltung zusammenzuschweißen suchten, während in Preußen durch die Provinzeneinteilung die Verwaltung Elemente einer Dezentralisation aufwies; überdies wurde hier vom Freiherrn vom Stein die Selbstverwaltung auf kommunaler Ebene eingeführt. Die Staatseinnahmen wurden auf eine neue Grundlage gestellt, indem die Gleichheit der Besteuerung durchgesetzt oder angestrebt wurde. Die Reform der Heeresverfassungen, vor allem die allgemeine Volksbewaffnung durch Einführung der allgemeinen Wehrpflicht, wurde in Angriff genommen. Die teilweise oder völlige Befreiung des Handwerks von den Fesseln des Zunftzwangs bereitete der Industrialisierung den Weg. Schließlich sollte durch Erneuerung des Bildungswesens die Gesellschaft zum Wohle des Staatsganzen aktiviert werden. – Hauptträger dieser Reformen war ein modernes, leistungsfähiges Beamtentum, das sich nach dem Ausleseprinzip von Prüfung und Leistung rekrutierte und dessen höchste Positionen ebenso wie die militärischen jetzt auch Bürgerlichen offenstanden. Die Neuerungen bereiteten den Übergang zum Verfassungsstaat des 19. Jahrhunderts vor.

Alle diese Reformprogramme waren noch unvollendet, als im Winter 1812/13 die von einer nationalen und liberalen Bewegung getragenen Befreiungskriege ausbrachen, nachdem Napoleons Offensive gegen Rußland 1812 gescheitert war. Er wurde 1813 von einer Koalition aus den Großmächten des Kontinents und Großbritannien geschlagen; das Rheinbundsystem brach zusammen. Napoleon mußte im April 1814 abdanken und in die Verbannung gehen; er konnte auch nach seiner Rückkehr im März 1815 seine alte Machtposition nicht wiedergewinnen und starb 1821 in der Verbannung. In den Pariser Friedensschlüssen 1814/15 wurde Frankreich auf die Grenzen von 1792 zurückgeworfen. Die territoriale Neuordnung des übrigen Europa wurde auf dem Wiener Kongreß 1814/15 geregelt: Das vorrevolutionäre Gleichgewicht der europäischen Mächte wurde wiederhergestellt; jedoch auch die im Zuge der Napoleonischen Herrschaft erfolgten Veränderungen blieben zum Teil erhalten: Die territorialen Verschiebungen, von denen fast sämtliche europäischen Staaten durch Napoleons Eroberungen betroffen waren, wurden größtenteils rückgängig gemacht. Andererseits wurde das alte deutsche Reich nicht wiederhergestellt; die deutschen Mittelstaaten behielten ihre Souveränität. Auch die inneren Reformen konnten nicht gänzlich ungeschehen gemacht werden. Im Zeichen der europäischen Gleichgewichtspolitik wurden die beiden deutschen Großmächte Preußen und Österreich wiederhergestellt. Durch die wiedergewonnenen Gebiete einerseits und die Gebietsabtretungen andererseits verlagerte sich der territoriale Schwerpunkt Österreichs nach Süden und Südosten; es verlor seine Stellung als zentraleuropäische Macht. Dagegen gewann Preußen im Westen Land hinzu. Diese auf dem Wiener Kongreß vorgenommenen Weichenstellungen sollten sich bei der Entscheidung der deutschen Frage als folgenreich erweisen, die hier für alle, die mit nationalen Hoffnungen in die Befreiungskriege gezogen waren, mit der Schaffung des Deutschen Bundes, eines losen Zusammenschlusses aller deutschen Fürsten, nicht befriedigend gelöst worden war. Der Ruf nach dem einigen deutschen Vaterland sollte sich verbinden mit der Forderung nach bürgerlichen Freiheitsrechten.

6.1 Die Französische Revolution und die Deutschen

Belastet durch das Erbe der Großmachtpolitik Ludwigs XIV. (▷ 5.1), schien das Frankreich Ludwigs XVI. vielen von der *Aufklärung* (▷ 5.13) beflügelten Zeitgenossen der Reform zu bedürfen; vor allem mußte der drohende Staatsbankrott abgewendet werden. Deshalb wurden am 5. Mai 1789 zum ersten Mal wieder seit 1614 die Generalstände einberufen. Die Abgeordneten des Dritten Standes (die Vertreter der Bürger, Handwerker und Bauern) erklärten sich zur Nationalversammlung; liberale Vertreter der ersten beiden Stände (Adel und Geistlichkeit) schlossen sich an. Die Erstürmung der Bastille, des alten Stadtgefängnisses, am 14. Juli 1789 durch das Volk von Paris löste schließlich Volksaufstände im ganzen Lande aus. Die Nationalversammlung beschloß die Beseitigung der Privilegien der beiden ersten Stände und die Aufhebung der Frondienste, verabschiedete am 26. August 1789 eine Erklärung der Menschen- und Bürgerrechte nach amerikanischem Vorbild und verkündete 1791 eine Verfassung, die eine konstitutionelle Monarchie vorsah, der Prototyp der bürgerlich-liberalen Verfassungen Europas im 19. Jahrhundert. – Um von der instabilen innenpolitischen Lage abzulenken, erklärte die Volksvertretung auf Betreiben der Girondisten, liberaler Abgeordneter aus dem Departement Gironde, Österreich im April 1792 den Krieg. Die radikalen Republikaner unter Robespierre (Bergpartei und Teile des Jakobinerklubs) verwarfen den Krieg und boten gegen den offen gegenrevolutionären König, der im Juni 1791 einen erfolglosen Fluchtversuch unternommen hatte, die Girondisten und das Volk von Paris auf (Sturm auf die Tuilerien). Der von der Bergpartei beherrschte Konvent proklamierte die Republik (neue Verfassung 1793). Die Girondisten, die 1793 die Hinrichtung des Königs und die Errichtung des Pariser Revolutionstribunals nicht verhindern konnten, wurden von Robespierre liquidiert. Bei der folgenden Schreckensherrschaft („Terreur") der Jakobiner fielen der Guillotine nun die Radikalen zum Opfer, ohne daß Robespierre die Gemäßigten gewinnen konnte, die ihn im Juli 1794 hinrichten ließen. Nach der 1795 verkündeten Verfassung bildete sich ein zunächst fünf-, dann dreiköpfiges Direktorium, das sich zunehmend in Abhängigkeit von Napoleon Bonaparte, dem siegreichen Oberbefehlshaber im Oberitalienfeldzug 1796/97, begab. Bei Abukir in Oberägypten durch den britischen Admiral Nelson zum ersten Mal besiegt, landete er am 9. Oktober 1799 in Frankreich und führ-

Der Dritte Stand zerbricht seine Ketten. Karikatur aus der Zeit der Französischen Revolution

te am 9. November 1799 einen Staatsstreich durch; die Revolution war, wie er selbst verkündete, beendet.

Im Gegensatz zu Frankreich waren in Deutschland reformerische Gedanken und Entwicklungen wesentlich vom *aufgeklärten Absolutismus* (▷ 5.16) des Preußenkönigs *Friedrich des Großen* (▷ 5.9) und des Habsburgers *Joseph II.* (▷ 5.16) ausgegangen; Preußen und Österreich galten als Beispiele des Fortschritts. Außerdem fehlte in dem in eine Vielzahl von Territorien aufgeteilten Deutschland eine zentrale Hauptstadt wie Paris, in der sich das revolutionäre Geschehen abspielte. Überdies war das Bürgertum schwächer als in Frankreich. Die sozialen Gegensätze waren weniger ausgeprägt, die deutschen Staaten nicht in so hohem Maß verschuldet. So haben die Pariser Ereignisse in Deutschland keine ähnlichen revolutionären Ausbrüche ausgelöst, wenn es auch kurzfristig zu regionalen und lokalen Unruhen und zur Bildung von Jakobinerklubs kam und republikanische Bestrebungen sich regten. Die hervorragendsten Vertreter des deutschen Geisteslebens der Zeit, wie Schiller, Kant, Schlegel, Schelling, Wieland und andere, begeisterten sich für die Ideen der Revolution von 1789, wenn auch bei vielen die Radikalisierung der Revolution Ernüchterung bewirkte. Unabhängig davon haben die Ideale von 1789 aber auch in Deutschland weitergewirkt und den Reformen der napoleonischen Zeit den Boden bereitet.

6.2 Revolutionskriege

Angesichts der politisch-sozialen Bedrohung durch die Französische Revolution trat der preußisch-österreichische Gegensatz zurück. 1791 vereinbarten Kaiser Leopold II., ein Bruder der französischen Königin Marie Antoinette, und der preußische König Friedrich Wilhelm II. die Pillnitzer Konvention, die zur Intervention in Frankreich aufrief und der französischen Volksvertretung 1792 den Vorwand zur Kriegserklärung lieferte. Mit der *Kanonade von Valmy* (▷ 6.3) und dem preußisch-österreichischen Rückzug im September 1792 erzielten die französischen Truppen erste Erfolge. 1793 bildete sich unter dem Eindruck der Hinrichtung Ludwigs XVI. eine europäische Koalition gegen Frankreich. Den

französischen Revolutionsführern gelang es, mit einem militärischen Massenaufgebot („Levée en masse") alle Kräfte des Volkes im nationalen Verteidigungskrieg zu mobilisieren; französische Siege führten zur Besetzung der österreichischen Niederlande und linksrheinischer Reichsgebiete. Im Basler Frieden von 1795 konnte Frankreich das bereits mit der 3. *Polnischen Teilung* (▷ 5.18) befaßte Preußen neutralisieren. Kaiser Franz II., der sich ebenfalls einen Teil des polnischen Gebietes sicherte, und die deutschen Reichsstände wurden zwei Jahre später durch die Siege Napoleon Bonapartes in Oberitalien und den französischen Vormarsch in die österreichischen Erblande zum Frieden von Campoformio gezwungen, in dem der Kaiser auf die österreichischen Niederlande, Mailand, Modena, Mantua und den Breisgau verzichtete, in Geheimartikeln der Abtretung des linken Rheinufers von Basel bis Andernach zustimmte und dafür die venezianischen Besitzungen erhielt. Der Rastatter Kongreß (1797–99) über die Ausführung dieser Beschlüsse wurde jäh abgebrochen, als der Krieg einer zweiten, zwischen Österreich, Rußland und Großbritannien geschlossenen Koalition gegen Frankreich ausbrach. Nach dem Rückzug Rußlands aus dem Bündnis errang Napoleon Bonaparte, seit Ende 1799 Erster Konsul, 1800 Siege in Italien (Marengo) und in Süddeutschland (Hohenlinden), die 1801 zum Frieden von Lunéville führten: Der Kaiser erkannte die Abtretung des linken Rheinufers an.

6.3 Kanonade von Valmy

Das revolutionäre Frankreich erklärte im April 1792 Österreich den Krieg, das daraufhin mit Preußen eine gemeinsame Interventionsarmee unter dem Oberbefehl des Herzogs von Braunschweig aufstellte. Dieser nahm Longwy und Verdun und marschierte auf Paris zu, dem er in einem Manifest für den Fall einer Beleidigung der königlichen Familie den Untergang angedroht hatte. Während sein Vormarsch in der Champagne ins Stokken geriet, gelang es dem auf der Gegenseite kommandierenden General Dumouriez, sich in den Argonnen einer Umfassung zu entziehen und durch Vereinigung mit der Gruppe des Generals Kellermann Rücken und Flanke der Eindringlinge zu bedrohen. Am 20. September 1792 trafen die Heere bei Valmy nordöstlich von Châlons-sur-Marne aufeinander. Nach stundenlangem ergebnislosem Artillerieduell („Kanonade") brach der Herzog von Braunschweig das Gefecht ab, ohne daß die in breiter Schlachtordnung aufmarschierten preußischen Regimenter zum Einsatz gekommen waren, und gab den Befehl zum Rückzug, der durch Unwetter und grassierende Seuchen zur Katastrophe wurde. Dieser Rückzug sicherte in Paris die Revolutionsregierung und wendete das Kriegsglück zugunsten der Freiwilligen der Revolutionsarmeen. Johann Wolfgang von Goethe, der im Gefolge des Herzogs von Weimar den Feldzug miterlebte, erahnte die historische Bedeutung dieses Tages, als er am selben Abend zu seiner Umgebung sagte: „Von hier und heute geht eine neue Epoche der Weltgeschichte aus, und Ihr könnt sagen, Ihr seid dabeigewesen." – Abb. S. 132.

Kaiser Franz I. von Österreich und Napoleon nach der Schlacht bei Austerlitz. Holzschnitt um 1860

6.4 Die Neuordnung Deutschlands durch Napoleon

Nach dem Verzicht Preußens und Österreichs auf die linksrheinischen Reichsteile in den Friedensschlüssen von Basel, Campoformio und Lunéville (▷ 6.2) war eine Neuordnung des Reichsgebiets notwendig geworden, da die von den Abtretungen betroffenen weltlichen Fürsten für ihre Verluste entschädigt werden sollten. 1803 wurde im sogenannten *Reichsdeputationshauptschluß* (▷ 6.5) die Zahl der reichsunmittelbaren Territorien vor allem zugunsten der süddeutschen Staaten und Preußens, die große Gebietsgewinne erzielten, stark reduziert. Diese Regelung war entscheidend unter Napoleons Mitwirkung zustande gekommen, der sich mit einer Stärkung der Mittelstaaten als „Drittes Deutschland" eine Ausgangsbasis für seine Machtpolitik gegenüber Österreich und Preußen aufzubauen gedachte. In diese Richtung zielten auch weitere territoriale Flurbereinigungen und die Rangerhöhungen der auf seiten Frankreichs kämpfenden süddeutschen Staaten im Frieden von Preßburg nach der österreichischen Niederlage im 3. Koalitionskrieg 1805 sowie die Errichtung des unter Napo-

leons Protektorat stehenden *Rheinbundes* (▷ 6.6) 1806. Diese territorialen Veränderungen beseitigten die Zersplitterung des Reichsgebietes weitgehend und ermöglichten damit die Entstehung des modernen Nationalstaats; im Gebiet des Rheinbunds kam es durch Reformen nach französischem Vorbild zu einer gewissen Vereinheitlichung in Verwaltung, Gesellschaft, Wirtschaft und Finanzen. Die Reichsverfassung war durch die politischen Veränderungen der letzten Jahre bereits ausgehöhlt, als Kaiser Franz II., der 1804 den erblichen Titel eines Kaisers von Österreich angenommen hatte, 1806 auf ein Ultimatum Napoleons hin die deutsche Kaiserkrone niederlegte und das Reich für aufgelöst erklärte (▷ 6.8).

Während Preußen seit 1795 die militärische Auseinandersetzung mit Frankreich mied, war Österreich Hauptträger des Kampfes der 3. antifranzösischen Koalition, die es mit Großbritannien und Rußland gebildet hatte. 1805 nahm Napoleon Ulm und besetzte Wien. Zwar gelang dem britischen Admiral Nelson ein umfassender Seesieg bei Trafalgar, doch schlug Napoleon die Verbündeten entscheidend in der Dreikaiserschlacht bei Austerlitz und diktierte Österreich den Frieden von Preßburg, in dem dieses auf seine italienischen Besitzungen verzichtete, Tirol und Vorarlberg an Bayern und die restlichen vorderösterreichischen Lande an Bayern, Baden und Württemberg abtrat sowie einer Rang-

*Die Kanonade von Valmy. Kopie eines
Gemäldes von Horace Vernet, der im 19. Jh.
in Frankreich als Historienmaler
großes Ansehen genoß*

erhöhung dieser Staaten zustimmte (▷ 6.5).
Nach dem 4. Koalitionskrieg, der für Preußen
mit einer Katastrophe endete (▷ 6.9), sah sich
der Großteil Deutschlands der europäischen
Hegemonie des französischen Empires unterworfen.

6.5 Reichsdeputations-
hauptschluß

Durch den Frieden von Lunéville 1801 hatten
Kaiser und Reich das linke Rheinufer an
Frankreich abgetreten und zugleich einer
Entschädigung der durch diesen Gebietsver-
lust betroffenen weltlichen Fürsten im Reich
selbst zugestimmt. Frankreich kam es darauf
an, in Deutschland neben Österreich und
Preußen eine von Paris abhängige dritte Kraft
zu schaffen. Die Aufstellung eines Entschädi-
gungsplanes wurde vom Reichstag einem außerordentlichen Ausschuß, einer sogenannten Reichsdeputation, übertragen. Der von
ihr 1803 angenommene Entwurf (Reichsdeputationshauptschluß) sah die Aufhebung
der Hoheits- und Eigentumsrechte der meisten geistlichen Fürstentümer vor („Säkularisation"). Die Enteignungen betrafen insgesamt 25 Fürstbistümer, darunter die Kurfür-
stentümer Köln und Trier, und 44 Reichsabteien; kleinere weltliche Reichsstände und
fast alle Reichsstädte wurden Landesherren
unterstellt („mediatisiert"). Den größten Ge-

winn bei dieser Neuordnung erzielten Preußen, das seine Macht in Nordwestdeutschland wesentlich verstärkte, und die Mittelstaaten: vor allem Baden, das unter anderem
die rechtsrheinische Pfalz erhielt, Württemberg, das mit dem Hauptteil des Schwäbischen Reichskreises entschädigt wurde, und
Bayern, das Gebiete vor allem in Franken und
Schwaben erlangte. Diese süddeutschen Staaten erfuhren durch den französisch-österreichischen Frieden von Preßburg 1805 auf Kosten Österreichs eine weitere Vergrößerung
ihres Territoriums (▷ 6.4); überdies wurden
Bayern und Württemberg zu Königreichen,
Baden zum Großherzogtum erhoben. Den
Abschluß der Mediatisierungen brachte die
Rheinbundakte 1806 (▷ 6.6). Bei diesen
Operationen war die Zahl der ehemals reichsunmittelbaren Territorien von über 1 000 auf
etwas über 30 Territorien reduziert worden. –
Der Reichsdeputationshauptschluß veränderte durch die teilweise Neuverteilung bzw.
die Neuschaffung von Kurstimmen, die endgültige Aufhebung der Reichskirche und die
Beendigung des katholischen Übergewichts
in wichtigen Reichstagsgremien die Reichsverfassung grundlegend und kündigte damit
*das Ende des Heiligen Römischen Reiches
deutscher Nation* (▷ 6.8) an.

6.6 Rheinbund

Auf Betreiben Frankreichs hatte der *Reichsdeputationshauptschluß* von 1803 (▷ 6.5) neben Preußen vor allem den süddeutschen
Staaten Bayern, Baden und Württemberg Gebietsgewinne gebracht. Diese hatten sich im

3. Koalitionskrieg 1805 (▷6.4) auf die Seite Frankreichs gestellt und waren im Frieden von Preßburg auf Kosten Österreichs mit Landgewinn und Rangerhöhungen belohnt worden. Napoleons Bemühungen, die süddeutschen Staaten beziehungsweise alle deutschen Mittelstaaten stärker an Frankreich zu binden, führten im Juli 1806 zur Errichtung des Rheinbundes. 16 süd- und westdeutsche Reichsstände unter Führung der Könige von Bayern und Württemberg sowie des Großherzogs von Baden und des Mainzer Kurfürsten Karl Theodor von Dalberg, der zum Fürstprimas des Rheinbundes erhoben wurde, unterzeichneten mit Napoleon die Rheinbundsakte, durch die sie sich von Kaiser und Reich lossagten, ihre Souveränität erklärten und sich dem Protektorat des französischen Kaisers unterstellten. Die zentrale Bestimmung der Rheinbundsakte war die Errichtung einer Offensiv- und Defensivallianz, wonach Napoleon für seine Feldzüge auf die Truppen der Rheinbundstaaten zurückgreifen konnte. Diese wiederum profitierten von der nun weitergeführten Mediatisierung (▷6.5) vor allem der Territorien der Reichsritterschaft; zahlreiche Fürsten erhielten Standeserhöhungen. Im August 1806 erklärten die Rheinbundstaaten ihren Austritt aus dem Heiligen Römischen Reich, das kurz darauf mit der Niederlegung der Kaiserwürde durch Franz II. und dessen Erklärung der Auflösung des Reiches sein förmliches Ende fand (▷6.8). Nach der Niederlage Preußens 1806/07 (▷6.9) traten bis 1808 zahlreiche weitere Staaten dem Rheinbund bei, darunter das zum Königreich erhobene Sachsen und das neuentstandene Königreich Westfalen (unter der Herrschaft von Napoleons Bruder Jérôme).

Innenpolitisch führte die Gründung des Rheinbunds nach dem Vorbild Frankreichs zur Zurückdrängung ständischer, provinzialer, lokaler und feudaler Sonderrechte und zu Reformen im Bereich von Verfassung und Verwaltung, Wirtschaft und Finanzen. Als „Revolution von oben" erfolgte eine – regional allerdings höchst unterschiedlich ausgeprägte – Modernisierung der deutschen Staaten. Der Rheinbund fand im Oktober 1813 durch den Anschluß der meisten Mitgliedstaaten an das preußisch-russisch-österreichische Bündnis in den *Befreiungskriegen* (▷6.15) sein Ende.

6.7 Der Aufstieg Bayerns unter Montgelas

Seit dem Westfälischen Frieden von 1648 war die Politik der wittelsbachischen Kurfürsten von Bayern in traditioneller Rivalität zu Österreich vom Streben nach einer europäischen Großmachtstellung geprägt, was den Mittelstaat wiederholt an die Seite Frankreichs geführt hatte. Auch der 1799 beim Regierungsantritt des Kurfürsten Maximilian IV. Joseph zum leitenden Minister berufene Maximilian von Montgelas betrieb die Annäherung an Frankreich. Der *Reichsdeputationshauptschluß* (▷6.5) von 1803 entschädigte Bayern für seine 1801 erlittenen linksrheinischen Gebietsverluste; nach dem Frieden von Preßburg (▷6.4) 1805 grenzte es im Norden an Thüringen, im Südwesten an den Bodensee. Es hatte sich erst jetzt auf Franken und Schwaben ausgedehnt und mit dieser „überstammesmäßigen" Struktur die Basis für seinen Aufstieg zu einer dritten deutschen Macht errungen. Von 1805 bis 1814/15 wurden auch die österreichischen Gebiete Vorarlberg und Tirol von 1809/10 bis 1815/16 Salzburg, das Inn- und das Hausruckviertel Bayern zugeteilt. 1815/16 erhielt es unter anderem die linksrheinische Pfalz. 1806 hatte der Kurfürst als Maximilian I. Joseph den Königstitel angenommen. 1806 sah sich Bayern zum Eintritt in den *Rheinbund* (▷6.6) veranlaßt, dessen Ausgestaltung als lose Allianz

Napoleon als Bäcker, der gerade frischgebackene Könige aus dem Ofen zieht. Die unten abgebildete englische Karikatur stammt aus dem Jahre 1806

souveräner Staaten es wesentlich mitbe-
stimmte; 1813 gab es mit seinem Anschluß
an die Verbündeten der *Befreiungskriege*
(▷6.15) im Vertrag von Ried, in dem es sich
die 1806 erreichte volle Souveränität und die
Wahrung seines Besitzstandes zusichern ließ,
den Anstoß zur Auflösung des Rheinbunds.
Auf dem Wiener Kongreß hinderte maßgeblich die bayerische Opposition die Errichtung
einer deutschen Zentralgewalt.

Die heterogenen Gebietserwerbungen der napoleonischen Zeit suchte Montgelas im Geiste des aufgeklärten Absolutismus und der
unbeschränkten Staatssouveränität durch
vielfältige innere Reformen nach französischem Vorbild mit dem bayerischen Kerne-
biet zu einem Staat zu verschmelzen. An die
Spitze des Staates stellte er ein in Ressorts
eingeteiltes Ministerium und unterwarf das
Land einer zentralistischen Verwaltungsorganisation. 1808 erging eine Verfassung, deren
Bestimmungen über eine Volksvertretung
zwar nie in Kraft traten, aber als Vorläufer
der Verfassung von 1818 angesehen werden
können, da sie das ständische Prinzip über-
wanden. Ein weiteres zukunftweisendes Element war die verfassungsmäßige Sicherung
der Grundrechte. Der Adel verlor alle Privilegien; die Bauernbefreiung wurde begonnen.
Die Gleichberechtigung der drei christlichen
Konfessionen wurde hergestellt, die Emanzipation der Juden durchgesetzt. Das Bildungswesen erhielt eine zeitgemäße Form. Eine
schlagkräftige Armee entstand. Das Recht
wurde reformiert. Ähnliche „Revolutionen
von oben" erfolgten auch in den Mittelstaaten Baden, Württemberg und Hessen.

6.8 Das Ende des Heiligen Römischen Reiches deutscher Nation

Das Heilige Römische Reich deutscher Nation, wie sein Titel seit dem 15. Jahrhundert
lautete, war seit dem *Westfälischen Frieden*
von 1648 (▷4.24) nicht mehr die Ebene, auf
der der Fortgang der deutschen Geschichte
erfolgte; diese wurde vielmehr zunehmend
bestimmt durch die deutschen Territorialstaaten, deren Machtpolitik sich der Einwirkung
durch das Reich mehr und mehr entzog. Die
Friedensschlüsse mit Frankreich in Basel,

Campoformio und Lunéville (▷6.2) sowie
der *Reichsdeputationshauptschluß* (▷6.5) leiteten ab 1795 die endgültige Auflösung des
Reiches ein. Diese Entwicklung, vor allem
aber die Annahme der erblichen Würde eines
Kaisers der Franzosen durch Napoleon 1804,
verstärkte in Österreich Tendenzen, die österreichischen Länder, die bisher nur durch die
Person des Staatsoberhaupts zusammengehalten wurden, zu einer staatsrechtlichen Einheit zusammenzufassen. Daher nahm Kaiser
Franz II. im August 1804 neben der Würde
des gewählten Römischen Kaisers den neuen
Titel eines erblichen Kaisers von Österreich
an. Diese eigenmächtige Rangerhöhung war
ein weiterer entscheidender Schritt zur Auflösung der Verfassung des alten Reiches, in
dem es nur eine Kaiserwürde geben konnte,
und sie bereitete den im Frieden von Preßburg (▷6.5) anerkannten Rangerhöhungen
der süddeutschen Fürsten und ihrer vollen
Souveränität den Boden. In der Rheinbundsakte (▷6.6) schließlich erklärten 16 süd- und
westdeutsche Fürsten zum 1. August 1806 ihre
Trennung vom Reich. Anschließend entzog
Frankreich dem Reich die völkerrechtliche
Anerkennung; Napoleon verlangte von
Franz II. ultimativ die Niederlegung der
Reichskrone, was dieser noch im selben Monat tat. Gleichzeitig erklärte er das Heilige
Römische Reich für aufgelöst, um zu verhindern, daß die Reichskrone von anderen Fürsten in Anspruch genommen werden konnte.
So endete die Geschichte des 900jährigen
Heiligen Römischen Reiches deutscher Nation und mit ihm die universalistische Kaiseridee des Mittelalters. Den meisten Zeitgenossen war die verfassungsgeschichtliche Bedeutung dieses Ereignisses allerdings gar nicht
bewußt.

6.9 Der Friede von Tilsit

Bereits 1795 hatte Preußen nach dem ersten,
unbefriedigenden Waffengang mit dem revolutionären Frankreich (▷6.2; ▷6.3) in Basel
einen Sonderfrieden geschlossen und seitdem
den militärischen Auseinandersetzungen zwischen den europäischen Mächten und Frankreich untätig zugesehen. Preußen hatte auf
seine linksrheinischen Besitzungen zugunsten
Frankreichs verzichtet und war dafür im
Reichsdeputationshauptschluß (▷6.5) 1803

*Napoleon empfängt
Königin Luise und
König Friedrich
Wilhelm III. von
Preußen in Tilsit.
Ausschnitt aus einem
zeitgenössischen
Gemälde*

mit reichem Gebietsgewinn in Nordwestdeutschland entschädigt worden. Die Politik Preußens zielte darauf ab, seine Neutralität zu wahren und in Zusammenarbeit mit Napoleon die Hegemonie über ganz Norddeutschland zu erhalten. Dieses Ziel schien erreicht, als Napoleon ihm im Schönbrunner Vertrag 1805 die Annexion Hannovers gestattete. Als der französische Kaiser jedoch 1806 Großbritannien die Rückgabe Hannovers anbot, fühlte sich Preußen hintergangen und reagierte mit der Mobilmachung und dem Erlaß eines Kriegsmanifests im Oktober 1806. Es geriet somit, nur von Kursachsen, Sachsen-Weimar und Braunschweig unterstützt, in eine kriegerische Auseinandersetzung mit Frankreich. In der Doppelschlacht von Jena und Auerstedt am 14. Oktober 1806 unterlag die friderizianische Armee dem revolutionären Volksheer Napoleons, der in Berlin einzog. Im Winter 1806/07 lieferten Reste preußischer zusammen mit russischen Truppen den über Oder und Weichsel vorgedrungenen französischen Heeren noch einmal schwere Gefechte, vor allem in der unentschiedenen Schlacht von Preußisch-Eylau in Ostpreußen am 7./8. Februar 1807. Kurz darauf schlossen Preußen und Rußland ein verspätetes Bündnis (4. Koalition), das jedoch Napoleons Entscheidungssieg über die Russen bei Friedland in Ostpreußen am 14. Juni nicht mehr verhin-

dern konnte. Am 7. Juli 1807 schlossen Zar Alexander I. und Napoleon den Frieden von Tilsit, dem am 9. Juli der Friedensvertrag zwischen Preußen und Frankreich folgte. Napoleon gab seinen Plan, den preußischen Staat ganz aufzulösen, mit Rücksicht auf den Zaren auf. Aber Preußen verlor trotz eines Bittgangs der Königin Luise zum Kaiser der Franzosen sämtliche Gebiete westlich der Elbe, die Teil des neugebildeten Königreichs Westfalen wurden, und alle Neuerwerbungen aus den *Polnischen Teilungen* (▷ 5.18), die zum Herzogtum Warschau zusammengefaßt wurden; Danzig wurde Freie Stadt; Sachsen erhielt den preußischen Kreis Cottbus. Der preußische Reststaat blieb besetzt, wurde mit unerschwinglichen Kontributionen belastet und mußte sich der *Kontinentalsperre* (▷ 6.10) anschließen.

6.10 Kontinentalsperre

Großbritannien hatte bereits 1793, als es in den Krieg gegen das revolutionäre Frankreich eintrat, eine Blockade über die französische Küste verhängt, Frankreich die Einfuhr britischer Waren verboten, was aber zunächst keine großen Wirkungen zeigte. Mit fortschreitender Eroberung des europäischen Kontinents konnte Napoleon jedoch immer mehr europäische Häfen für den Handel mit

Großbritannien schließen. Als der britische Sieg in der Seeschlacht von Trafalgar 1805 seine Invasionspläne gegen die britische Insel endgültig zunichte machte, wollte er Großbritannien in einem Wirtschaftskrieg niederringen. Von Berlin aus erließ er nach der Niederwerfung Preußens 1806 ein Dekret über die Kontinentalsperre gegen Großbritannien; danach war jeder kontinentale Hafen für Schiffe gesperrt, die aus Großbritannien kamen oder britische Waren geladen hatten. Großbritannien verbot seinerseits 1807 unter Ausnutzung seiner Seeherrschaft allen neutralen Schiffen das Anlaufen französischer Häfen. Diese totale Abschnürung ruinierte die festländischen Häfen im französischen Machtbereich und fügte vielen Wirtschaftszweigen, z. B. der Leinenindustrie in Westfrankreich, Flandern, Holland, Westfalen, Sachsen und Schlesien oder dem preußischen Getreideexport schweren Schaden zu. Andererseits gelang verhältnismäßig rasch der Aufbau mechanischer Baumwollspinnereien in Frankreich, Belgien, der Schweiz, in Österreich, Sachsen und Thüringen. In Sachsen nahm überdies der Maschinenbau einen gewaltigen Aufschwung. Im Ruhrgebiet entwickelte sich die Eisenindustrie. In Frankreich selbst ergab sich trotz der Verödung seiner Häfen insgesamt ein Vorteil durch die Kontinentalsperre, da die französische Wirtschaft von Napoleon auf Kosten der Verbündeten stark gefördert wurde. Der Handelskrieg gegen Großbritannien hatte allerdings nicht die gewünschten Folgen. Ein großer Teil des britischen Exports ging nach Übersee. Überdies konnte Großbritannien trotz der Blockade 1809 seine Ausfuhr auf das europäische Festland steigern, da die Kontinentalsperre durch Lizenzen vielfach durchbrochen wurde und an sämtlichen Küstengebieten der Schmuggel blühte. Um die Lücken in seinem System abzudichten, annektierte Napoleon 1810 Holland, Nordwestdeutschland vom Niederrhein bis nach Lübeck sowie die südlichen Kantone der Schweiz. Auch die Rheinbundstaaten mußten sich dem französischen Wirtschaftskrieg anschließen. Die damit eintretende Verschlechterung der wirtschaftlichen Lage in diesen Ländern trug zum Umschwung der Stimmung gegen Frankreich und damit letztlich zum Niedergang der Napoleonischen Herrschaft bei.

6.11 Preußische Reformen

Gerade der durch den *Frieden von Tilsit* (▷ 6.9) verstümmelte und gedemütigte preußische Staat zog Verwaltungsbeamte, Staatsmänner, Offiziere und Gelehrte an, die im Geiste des erwachenden deutschen Nationalgefühls und in selbständiger Weiterentwicklung der Ideen der Französischen Revolution eine grundlegende Erneuerung des Staates anstrebten, in der sie die Vorbedingung für einen Wiederaufbau und die Befreiung des Landes von der Fremdherrschaft sahen. Stärkste Kräfte in dieser Reformbewegung waren die Minister Stein, dessen Nassauer Denkschrift vom Juni 1807 das große Manifest der Reform wurde, und Hardenberg (▷ 6.13). Die von ihnen durchgesetzten Neuerungen betrafen verschiedene Gebiete: In der Staatsverwaltung wurde die nicht verantwortliche Kabinettsregierung durch die fünf klassischen Ministerien für Inneres, Finanzen, Auswärtiges, Krieg und Justiz mit dem Staatskanzler als Vorsitzendem des Ministerrats (1808/10) ersetzt, ein erster Schritt vom absoluten zum konstitutionellen Königtum. – In der Steinschen Städteordnung von 1808 wurde das Prinzip der Selbstverwaltung auf kommunaler Ebene eingeführt. Danach war die Stadtverordnetenversammlung Träger gemeindlicher Rechtssetzung und Verwaltung; der von ihr gewählte Magistrat stand als abhängiges Vollzugsorgan an der Spitze der Stadtverwaltung. Die Städte erlangten die volle Finanzgewalt. Die städtischen Bürger wurden ein in sich gleichberechtigter, staatsunmittelbarer Stand, dessen Mitwirkung an der Selbstverwaltung aber an Besitz und Bildung gebunden blieb. Das Selbstverwaltungsgesetz wirkt noch heute in den Gemeindeordnungen der Bundesländer nach. – Die größte Breitenwirkung erzielte die 1807 eingeleitete, aber erst 1850 abgeschlossene *Bauernbefreiung* (▷ 6.12), die einen freien Bauernstand schaffen und einen Aufschwung der Landwirtschaft bewirken sollte; diese Ziele sind – wenn auch mit vielfachen Einschränkungen – im wesentlichen erreicht worden. Eine weitere Voraussetzung für den wirtschaftlichen Aufstieg Preußens war die Aufhebung der Zunftordnungen zugunsten der Gewerbefreiheit 1810/11; sie ermöglichte die spätere Industrialisierung. Wirtschaftliche Folgen hatte auch die bürgerliche Gleichstellung der Juden 1812.

Hand in Hand mit diesen Reformen ging seit 1807 die Erneuerung des Heerwesens durch die Generale Gneisenau und Scharnhorst sowie den Kriegsminister Boyen. Das Adelsprivileg für die Offizierslaufbahn wurde aufgehoben, die Militärstrafen gemildert; neben dem stehenden Heer wurde eine milizartige Reservearmee, die sogenannte Landwehr, geschaffen, 1813/14 die allgemeine Wehrpflicht eingeführt. Diese Maßnahmen schufen ein „Volk in Waffen" und bereiteten die Befreiung Preußens von der französischen Vorherrschaft vor, wofür auch die Schaffung eines modernen Generalstabs entscheidend war.

Zur geistigen Erneuerung trug wesentlich die von Ideen Fichtes, Schleiermachers und Pestalozzis beeinflußte Erziehungs- und Bildungsreform bei, die eine Erziehung zu Selbständigkeit und Nationalbewußtsein im humanistischen Sinne erreichen wollte. Ihr maßgeblicher Gestalter war Wilhelm von Humboldt, der seit 1809 die Leitung der preußischen Kultus- und Unterrichtsverwaltung übernommen hatte. Unter seiner Regie wurde das Bildungswesen verstaatlicht, die allgemeine Schulpflicht durchgesetzt, das Unterrichtswesen neugestaltet. Die von ihm 1810 gegründete Berliner Universität wurde zum geistigen Mittelpunkt der sich nun in Preußen immer stärker regenden Freiheitsbewegung.

6.12 Bauernbefreiung

Der Begriff Bauernbefreiung bezeichnet die Agrarreformen des 18. und 19. Jahrunderts, die in weiten Teilen Europas die bäuerlichen Erbuntertänigkeitsverhältnisse beendeten. Die Bauernbefreiung umfaßte die Beseitigung der persönlichen Unfreiheit und der damit verbundenen persönlichen und dinglichen Lasten, die Übertragung des von den Bauern bewirtschafteten Bodens in ihr volles Eigentum (meist bei Entschädigung der Grundherren), die Aufhebung der grund- und gutsherrlichen Gerichtsbarkeit sowie die Aufteilung der gemeinschaftlich genutzten Allmenden und die Beseitigung des Flurzwangs, der die Bauern einer Gemarkung zu gleichem Fruchtbau und gleichzeitiger Feldbestellung verpflichtete. Damit wurden die Bauern zu gleichberechtigten Staatsbürgern. – In den deutschen Territorialstaaten vollzog sich die Bauernbefreiung auf dem Weg staatlicher Reformen bis zur Mitte des 19. Jahrhunderts, beeinflußt durch die Aufklärung, die Konfrontation mit Frankreich und zugleich aus wirtschaftlichen, staats- und finanzpolitischen Erwägungen. – In Preußen wurde die Gutsuntertänigkeit 1807 im Rahmen der *preußischen Reformen* (▷ 6.11) für alle Bauern beseitigt; doch führte die bis zur abschließenden Gesetzgebung von 1850 uneinheitlich geregelte Ablösungspflicht der Bauern zur Vermehrung des Großgrundbesitzes und zur Entstehung einer Schicht besitzloser Landarbeiter, da die meisten Bauern einen großen Teil ihres Hoflandes als Entschädigung an die Gutsbesitzer abtreten mußten und dadurch vielfach die Existenzgrundlage verloren. – Im Gegensatz zu Preußen wurde in den Gebieten westlich der Elbe und in Süddeutschland durch die Bauernbefreiung das Bauernland nicht vermindert; hier hat die Bauernbefreiung den Bauern lediglich zum vollen Eigentum über ihre Höfe verholfen. – In Österreich wurde die Leibeigenschaft durch Joseph II. 1781 aufgehoben; die wirtschaftliche Befreiung durch völlige Aufhebung der Erbuntertänigkeit erfolgte aber erst 1848.

6.13 Der Reichsfreiherr vom Stein und der Fürst von Hardenberg

Heinrich Friedrich Karl Reichsfreiherr vom und zum Stein wurde am 25. Oktober 1757 in Nassau geboren. Aus einem reichsritterlichen Geschlecht stammend, trat er 1780 in den preußischen Staatsdienst ein. 1804 wurde er zum preußischen Finanz- und Wirtschaftsminister ernannt. Er suchte den Staat für die Auseinandersetzung mit dem Frankreich Napoleons vorzubereiten, scheiterte jedoch schließlich mit Reformplänen, die die Staatsverwaltung betrafen, und wurde im Januar 1807 von König Friedrich Wilhelm III. entlassen. – Auf seinem Stammsitz verfaßte Stein 1807 die „Nassauer Denkschrift", in der er sein Programm einer Erneuerung des preußischen Staates darlegte. Nach dem *Frieden von Tilsit* (▷ 6.9) wurde Stein auf Betreiben Napoleons leitender Minister. Unter ihm wurden die *preußischen Reformen* (▷ 6.11) durch-

137

Die preußischen Reformer Scharnhorst,
Hardenberg und vom Stein (von links
nach rechts)

gesetzt. Er leitete 1807 die *Bauernbefreiung*
(▷ 6.12) ein, erneuerte 1808 die Staatsverwaltung durch Einführung von verantwortlichen
Ressortministern und verwirklichte in der
Städteordnung desselben Jahres die Selbstverwaltung der Städte. Gegen weitergehende
Reformpläne versteifte sich der altpreußische
Widerstand; Napoleon drängte auf seine Entlassung, da Stein die Vorbereitung für eine
Erhebung in Norddeutschland zu unvorsich-
tig betrieben hatte. Seit 1812 politischer Berater Zar Alexanders I., bestärkte er diesen nach
dem Rückzug der Franzosen im *Rußlandfeldzug* (▷ 6.14), den Krieg mit dem Ziel der Befreiung Europas fortzusetzen. Im Frühjahr
1813 vermittelte er den preußisch-russischen
Bündnisvertrag von Kalisch; die Verwaltung
der in den *Befreiungskriegen* (▷ 6.15) durch
die verbündeten Truppen besetzten Gebiete
wurde ihm unterstellt. Am *Wiener Kongreß*
(▷ 6.18) nahm er als Mitglied der russischen
Delegation teil. Am 29. Juni 1831 starb Stein
auf seinem Besitz in Cappenberg.
Sein Nachfolger in der Leitung des preußischen Staates war Karl August Fürst von Hardenberg, der am 31. Mai 1750 in Essenrode
bei Gifhorn geboren wurde. Der anfänglich
im hannoverschen Staatsdienst tätige Jurist
kam über ein Ministeramt in Ansbach-Bay-
reuth 1790 in den preußischen Staatsdienst.
1804–1806 war er preußischer Außenminister, 1807 leitender Minister. Auf Geheiß Napoleons wurde er nach dem Frieden von Tilsit
entlassen. 1810 übernahm er wieder, jetzt als

Staatskanzler, die Regierungsgeschäfte. Er
setzte die Steinschen Reformen fort, baute
1810/11 die städtische Zunftverfassung zugunsten der Gewerbefreiheit ab und führte
die Verwaltungsreform fort. Mit dem Regu-
lierungsedikt von 1811 brachte er die Bauernbefreiung zu einem gewissen Abschluß; er
setzte 1812 auch die Judenemanzipation
durch. Hardenbergs Rang als europäischer
Staatsmann wurde durch seine abwägende,
die Niederlage Napoleons in Rußland und
die Konvention von Tauroggen (▷ 6.15) klug
nutzende Koalitionspolitik in den Befreiungskriegen begründet. Auf dem Wiener
Kongreß sicherte er Preußen bedeutenden
Gebietszuwachs. Seitdem unterstützte er die
Restaurationspolitik Metternichs, behielt
aber im Innern den gemäßigten Reformkurs
bei. Er starb am 26. November 1822 in Genua.

6.14 Rußlandfeldzug

1808 brach mit dem spanischen Unabhängig-
keitskrieg das „Zeitalter der Erhebung der
Völker" gegen Napoleon an. Dieser Krieg,
den er nicht siegreich beenden konnte, hatte
Signalwirkung vor allem für die deutsche Erhebung, die 1809 gleichzeitig in Österreich,
Tirol und Norddeutschland begann. Beim
Angriff auf die österreichische Hauptarmee
erlitt Napoleon am 21. und 22. Mai bei
Aspern und Eßling seine erste Niederlage, die
er aber bei Wagram am 5. und 6. Juli ausgleichen konnte. Da Preußen passiv blieb und die
norddeutschen Freikorps scheiterten, mußte
Österreich im Oktober den Frieden von
Schönbrunn schließen, in dem es Teile Galiziens an das Herzogtum Warschau und an
Rußland verlor, Salzburg, Berchtesgaden und
das Hausruck- und Innviertel an Bayern sowie das sogenannte Illyrien (Westkärnten,
Osttirol, Teile Kroatiens mit Istrien und Dalmatien) an Frankreich abtreten mußte; es
wurde damit eine von Frankreich abhängige
Macht zweiten Ranges. Der Tiroler Freiheitskampf unter Andreas Hofer endete mit einer
Niederlage der Tiroler.
Die Entscheidung über seine Kontinental-
herrschaft suchte Napoleon 1812 im Rußlandfeldzug, nachdem sein im *Frieden von Tilsit* (▷ 6.9) geschlossenes Bündnis mit Zar
Alexander I. 1809 zerbrochen war: einerseits
durch Napoleons vielfachen Einbruch in rus-

sische Interessensphären, andererseits durch Alexanders Mißachtung der *Kontinentalsperre* (▷ 6.10) seit 1811 und seine Bündnisse mit Großbritannien (1810) und Schweden (1812). Im Frühjahr 1812 begann der Aufmarsch der rund 700 000 Mann starken Großen Armee, zu der 20 Nationen Truppenkontingente zu stellen hatten. Am 24. Juni überschritt sie die russische Grenze. Die russische Armee konnte sich in die Weite des russischen Raumes zurückziehen, wobei sie nach der Taktik der „verbrannten Erde" sämtliche Vorräte vernichtete. Auf diese Weise gelangte Napoleon bis nach Moskau, das aber, von sämtlichen Bewohnern geräumt, am 14. September 1812 über den Köpfen der Großen Armee angezündet wurde. Nach vergeblichem Warten auf ein russisches Friedensangebot zwang der Wintereinbruch Napoleon im Oktober zum Rückzug; dieser führte in die Niederlage von Smolensk (16./17. November). Beim Übergang über die Beresina (26.–29. November) verlor er 96% der Truppen und kehrte allein nach Paris zurück, während die preußisch-russische Konvention von Tauroggen die *Befreiungskriege* (▷ 6.15) einleitete.

6.15 Befreiungskriege

Nach dem Fehlschlagen der deutschen Erhebungen von 1809 (▷ 6.14) schuf erst die vernichtende Niederlage der französischen Gro-

ßen Armee im Rußlandfeldzug 1812 günstigere Voraussetzungen für einen nationalen Befreiungskampf gegen Napoleon. Im Dezember 1812 schloß General Graf Yorck von Wartenburg, der Befehlshaber des preußischen Hilfskorps der Großen Armee, mit einem russischen General eigenmächtig die Konvention von Tauroggen, der die Erhebung Preußens folgte. Im Frühjahr 1813 kam es zwischen Friedrich Wilhelm III., der der nationalen Stimmung erst nach langem Zögern mit dem Aufruf „An mein Volk" im März 1813 nachgab, und Alexander I. zu Allianzabsprachen.

Napoleon führte im Frühjahr 1813 erneut ein den preußischen und russischen Armeen zahlenmäßig überlegenes Heer nach Deutschland und zwang die Alliierten zum Rückzug nach Schlesien. Im August erklärte auch Österreich Frankreich den Krieg. Doch der alliierte Vorstoß gegen die Napoleonische Hauptarmee scheiterte Ende August in Dresden. Der Beitritt Bayerns zur Koalition leitete die Auflösung des *Rheinbunds* (▷ 6.6) ein.

Ende September ergriff die Schlesische Armee unter Blücher die Initiative. In der *Völkerschlacht bei Leipzig* (▷ 6.16) siegte im Oktober das Koalitionsheer; Napoleon entkam, doch seine Herrschaft in Deutschland brach zusammen. 1814 marschierten die Alliierten in Frankreich ein. Nach der Einnahme von Paris im März mußte Napoleon abdanken

Andreas Hofer und der Tiroler Landsturm. Gemälde von Joseph Anton Koch (1809)

und wurde auf die italienische Insel Elba verbannt. Im Mai 1814 schlossen die Verbündeten mit dem nach Frankreich zurückgekehrten Bourbonenkönig Ludwig XVIII. den 1. Pariser Frieden, der Frankreich im wesentlichen die Grenzen von 1792 zugestand. Die abschließende europäische Friedensregelung wurde jedoch auf den *Wiener Kongreß* (▷6.18) verwiesen.

Die Rückkehr Napoleons im März 1815 vereinigte die Siegermächte zu sofortiger Gegenaktion. Napoleon wurde trotz anfänglicher Erfolge im Juni bei *Waterloo* (▷6.17) besiegt und nunmehr auf die britische südatlantische Besitzung Sankt Helena verbannt, wo er 1821 starb. Der 2. Pariser Friede vom November 1815 sicherte Frankreich lediglich die Grenzen von 1790.

6.16 Völkerschlacht bei Leipzig

Im Herbstfeldzug 1813 der *Befreiungskriege* (▷6.15) ermöglichte die Schlesische Armee unter dem preußischen Generalfeldmarschall Blücher Anfang Oktober den Verbündeten unter dem österreichischen Feldmarschall Schwarzenberg bei Wartenburg den Elbübergang, um nun gemeinsam die Entscheidungsschlacht einzuleiten. Bei Leipzig standen sich am 16. Oktober 205 000 Mann der Alliierten und 190 000 Mann der Armee Napoleons gegenüber, weshalb man von einer „Völkerschlacht" spricht. Zunächst konnten sich beide Seiten in einem hartnäckigen Kampf trotz hoher Verluste halten und während der Nacht zum 17. Oktober ihre Truppen verstärken. Am 18. Oktober wurde Napoleon jedoch besiegt und nach Leipzig hineingedrängt, wo sich die Franzosen von ihren rückwärtigen Verbindungen weitgehend abgeschnitten sahen und sich in der Nacht zum 19. Oktober in westlicher Richtung zurückzogen. Napoleon entkam, aber der Kampf um die Vorherrschaft in Europa war entschieden; Napoleon mußte Deutschland räumen.

6.17 Waterloo

Während in Wien die führenden Staatsmänner der in den *Befreiungskriegen* (▷6.15) siegreichen Mächte über die Neuordnung Europas berieten, kehrte Napoleon im März 1815

überraschend nach Frankreich zurück. Der Bourbonenkönig Ludwig XVIII. floh ins Ausland. Die Alliierten erneuerten sofort ihr Bündnis, erklärten Napoleon für geächtet und setzten ihre Truppen nach Frankreich in Marsch. Im Frühsommer 1815 sollte ihre unter dem britischen Feldmarschall, dem Herzog von Wellington, und dem preußischen Generalfeldmarschall Blücher nach Nordfrankreich vorrückende Nordarmee im heutigen Belgien konzentriert werden. Um dies zu verhindern, warf sich Napoleon zunächst den Preußen entgegen und schlug sie am 16. Juni bei Ligny. Während er die Preußen auf dem Rückzug vermutete, wandte er sich gegen den bei Waterloo südlich von Brüssel stehenden Wellington, mit dem er sich am 18. Juni ein erbittertes Gefecht lieferte. Nur noch mit Mühe hielten die Truppen Wellingtons dem ständigen Ansturm der Franzosen stand. „Ich wollte, es würde Nacht oder die Preußen kämen", soll Wellington ausgerufen haben. Da eilte Blücher ihm mit seinen Truppen zu Hilfe und griff völlig unerwartet die Flanke der französischen Linien an. Napoleon wurde geschlagen, die von Blüchers Generalquartiermeister Gneisenau geleitete Verfolgung hatte die Auflösung seines Heeres zur Folge. Die Schlacht bei Waterloo, von Blücher nach einem nahegelegenen Gehöft Belle-Alliance genannt, war bei einem Gesamtverlust von 53 000 Toten neben der *Völkerschlacht bei Leipzig* (▷6.16) die entscheidende Schlacht der Befreiungskriege.

6.18 Der Wiener Kongreß

Nach dem Sturz Napoleons kamen im Herbst 1814 in Wien die europäischen Monarchen und Staatsmänner zusammen, um die politische Neuordnung Europas zu regeln. Der Wiener Kongreß erarbeitete – eine verhandlungstechnische Neuheit – seine Ergebnisse in Kommissionen und trat formell erst durch seinen Schlußakt ins Leben. Eine herausragende Rolle spielten neben dem österreichischen Staatskanzler Fürst *Metternich* (▷7.7), der den Vorsitz innehatte, der russische Zar Alexander I., der britische Außenminister Viscount Castlereagh, der preußische Staatskanzler Fürst von Hardenberg (▷6.13) und der französische Vertreter Talleyrand, dessen diplomatisches Geschick seinem Land eine

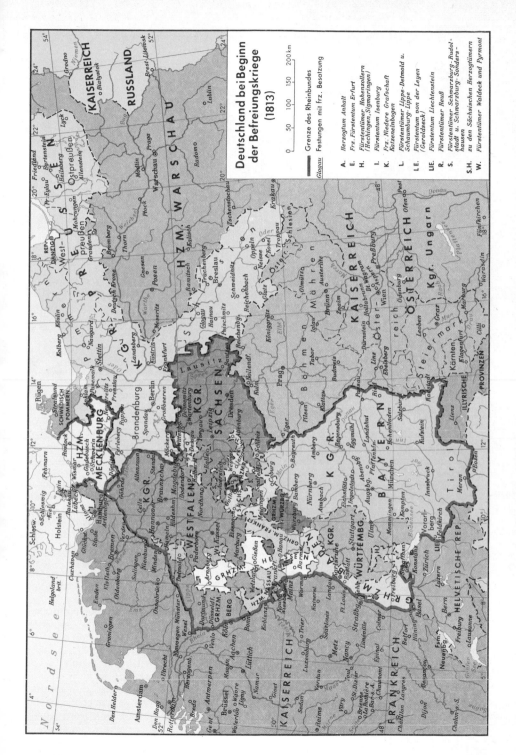

Deutschland bei Beginn der Befreiungskriege (1813)

Eine Sitzung des Wiener Kongresses.
Der abgebildete Kupferstich entstand im
Jahre 1819

nahezu gleichberechtigte Position zurückgewann. Im Zentrum der durch die Rückkehr Napoleons von Elba im März 1815 schließlich beschleunigten Verhandlungen stand, nachdem die französische Frage bereits im 1. Pariser Frieden geregelt worden war (▷ 6.15), die territoriale Neuordnung des übrigen Europa, insbesondere der russische Anspruch auf Polen und die preußische Forderung nach Annexion Sachsens.

Man einigte sich schließlich auf einen Kompromiß: Rußland erhielt den größten Teil des Herzogtums Warschau als Königreich in Personalunion, das sogenannte Kongreßpolen; Preußen bekam die Nordhälfte Sachsens, die Rheinlande, Westfalen, das restliche, bisher schwedische Vorpommern sowie aus seinen Erwerbungen von 1793/95 (▷ 5.18) Danzig, Thorn und Posen zugesprochen. Auch die in ihrer Souveränität belassenen deutschen Mittelstaaten machten erhebliche Territorialgewinne. Das neue Königreich Hannover blieb mit Großbritannien in Personalunion verbunden. Österreich wurde im Umfang von 1797 (▷ 6.2) bzw. 1803/05 (▷ 6.4; 6.5) wiederhergestellt; es verzichtete auf den Breisgau sowie die österreichischen Niederlande, die dem neugebildeten Königreich der Vereinigten Niederlande angeschlossen wurden. Die Schweiz erhielt mit dem Wallis, Neuenburg und Genf drei neue Kantone und die Garantie ihrer immerwährenden Neutralität. An die Stelle des 1806 aufgelösten *Heiligen Römischen Reiches* (▷ 6.8) trat der *Deutsche Bund* (▷ 7.1), dessen Bundesakte Bestandteil der Wiener Kongreßakte vom 9. Juni 1815 wurde. Insgesamt stellte der Wiener Kongreß, nicht zuletzt auf Betreiben Großbritanniens, das Gleichgewicht der europäischen Mächte und damit vorrevolutionäre Zustände wieder her, mußte andererseits aber auch den politischen Veränderungen im Gefolge der Napoleonischen Herrschaft Rechnung tragen. Sein Werk ist in seinen restaurativen Zügen schon früh heftiger nationaler und liberaler Kritik ausgesetzt gewesen; jedoch ist auch nicht zu übersehen, daß es ihm gelang, eine europäische Friedensordnung zu errichten, die sich in ihren Grundzügen bis zum 1. Weltkrieg behauptete.

Daten

1774–1792	Ludwig XVI. von Frankreich
1786–1797	Friedrich Wilhelm II. von Preußen
14. Juli 1789	Sturm auf die Bastille in Paris
1790–1792	Kaiser Leopold II.
27. Aug. 1791	Pillnitzer Konvention
April 1792	Ausbruch der Revolutionskriege
1792–1806	Kaiser Franz II. (1804–1835 als Franz I. Kaiser von Österreich)
20. Sept. 1792	Kanonade von Valmy
21. Jan. 1793	Hinrichtung Ludwigs XVI.
Febr. 1793	1. antifranzösische Koalition
27./28. Juli 1794	Sturz und Hinrichtung Robespierres
1795	Basler Friedensschlüsse
17. Okt. 1797	Friede von Campoformio
1797–1840	Friedrich Wilhelm III. von Preußen
1798/99	2. antifranzösische Koalition
9. Nov. 1799	Staatsstreich Napoleons
3. Dez. 1800	Schlacht bei Hohenlinden
9. Febr. 1801	Friede von Lunéville (Anerkennung der Rheingrenze)
25. Febr. 1803	Reichsdeputationshauptschluß
2. Dez. 1804	Kaiserkrönung Napoleons
1805	3. antifranzösische Koalition
2. Dez. 1805	Dreikaiserschlacht bei Austerlitz
26. Dez. 1805	Friede von Preßburg
12. Juli 1806	Gründung des Rheinbundes
6. Aug. 1806	Ende des Heiligen Römischen Reiches deutscher Nation
14. Okt. 1806	Doppelschlacht bei Jena und Auerstedt
21. Nov. 1806	Verhängung der Kontinentalsperre gegen England
7./8. Febr. 1807	Schlacht bei Preußisch-Eylau
April 1807	4. antifranzösische Koalition
7./9. Juli 1807	Friede von Tilsit
9. Okt. 1807	Edikt zur Bauernbefreiung in Preußen
19. Nov. 1808	Städteordnung des Freiherrn vom Stein
April 1809	Erhebung Österreichs und Tirols gegen Napoleon
21./22. Mai 1809	Schlacht bei Aspern und Eßling
5./6. Juli 1809	Schlacht bei Wagram
14. Okt. 1809	Friede von Schönbrunn
24. Juni 1812	Beginn des Rußlandfeldzuges Napoleons
14. Sept. 1812	Brand Moskaus
16./17. Nov. 1812	Schlacht bei Smolensk
26.–29. Nov. 1812	Übergang über die Beresina
30. Dez. 1812	Konvention von Tauroggen
17. März 1813	Friedrich Wilhelms III. Aufruf „An mein Volk"
16.–19. Okt. 1813	Völkerschlacht bei Leipzig
6. April 1814	1. Abdankung Napoleons
1814/15–1824	Ludwig XVIII. von Frankreich
30. Mai 1814	1. Friede von Paris
1814/15	Wiener Kongreß (Abschluß mit Deutscher Bundesakte)
März 1815	Rückkehr Napoleons
18. Juni 1815	Schlacht von Waterloo
22. Juni 1815	2. Abdankung Napoleons
20. Nov. 1815	2. Friede von Paris

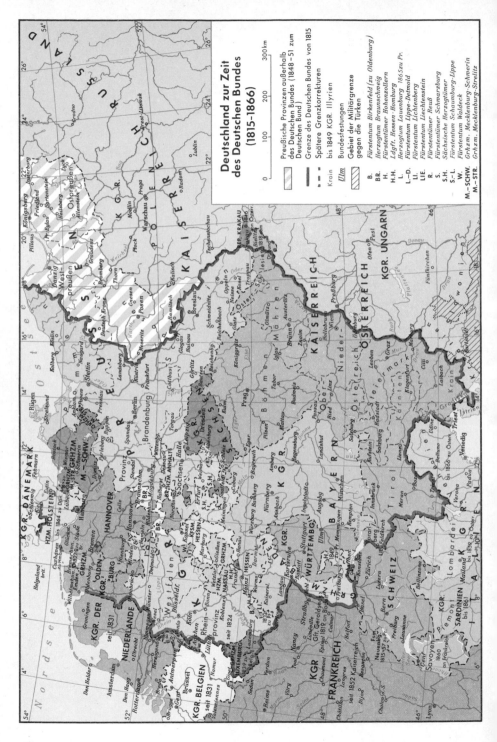

Kapitel 7: Restauration und Revolution (1815–1850)

Einführung

Die 35 Jahre vom Wiener Kongreß bis zum Scheitern der Revolution von 1848/49 werden im allgemeinen das Zeitalter der Restauration und Revolution genannt. Damit sind die beiden entgegengesetzten, miteinander ringenden Hauptströmungen der Zeit bezeichnet, die die Geschichte dieser Jahre ganz wesentlich bestimmt haben. Auch sonst ist diese Zeit eine Epoche der Gegensätze, eine Zeit des Umbruchs auf zahlreichen Gebieten, in der Altes noch Bestand hat, aber Neues daneben sich immer stärker ausbildet. Es ist die Zeit der Idylle, und es ist auch die Zeit der Verdächtigungen und Verfolgungen, der Verhaftungen und Verurteilungen. Es ist die Zeit des behaglich-privaten Lebens im kleinbürgerlichen Milieu des „Biedermeier", und es ist zugleich die Zeit, in der immer mehr Menschen politisches Bewußtsein entwickeln und von den Herrschenden die Teilhabe an der Macht fordern. Es ist noch die Zeit der Postkutschen und doch schon die der Eisenbahnen mit der ersten Bauphase eines sich schnell ausweitenden Schienennetzes: Die kommende industrielle Revolution kündigt sich bereits an.

Am Beginn dieser Epoche steht das Werk des Wiener Kongresses, steht die wiederhergestellte („restaurierte") europäische Ordnung nach Beseitigung der durch die Französische Revolution und die Napoleonische Herrschaft verursachten Veränderungen. Es ist, soweit es Mittel- und Osteuropa betrifft, vornehmlich ein Werk der Monarchen – des russischen Zaren, des österreichischen Kaisers und des preußischen Königs – und ihrer Berater mit dem österreichischen Außenminister Fürst Metternich an der Spitze. In der von ihnen beschlossenen „Heiligen Allianz" verpflichteten sich die drei Herrscher feierlich, diese Ordnung zu garantieren und streng darüber zu wachen, daß künftig keine der mit der Französischen Revolution freigesetzten Kräfte erneut die Völker in Unruhe versetzen und die erreichte Friedensordnung in Frage stellen könne. Nicht wiederhergestellt wurde das alte, 1806 aufgelöste „Heilige Römische Reich deutscher Nation". Statt dessen entstand auf deutschem Boden aus den noch existierenden oder wiederhergestellten 35 deutschen souveränen Fürstenstaaten und den letzten vier freien Reichsstädten ein loser Staatenbund, der lediglich durch die ständig in Frankfurt am Main tagende Gesandtenkonferenz zusammengehalten wurde.

Das aber ist nicht das von den Dichtern der Freiheitskriege besungene deutsche Vaterland, für das die Freiwilligen von 1813 in den Kampf gegen Napoleon gezogen waren. Enttäuschung und Verbitterung bewegt die heimkehrenden Soldaten, vor allem die in die Hörsäle zurückgekehrten Studenten. Mit der Gründung der alle bisherigen Landsmannschaften einbeziehenden Burschenschaft geben die Studenten zu erkennen, daß sie dieses künstliche Gebilde nicht akzeptieren, daß sie vielmehr mit ihrem Bund das kommende, das wirkliche geeinte deutsche Vaterland vorwegnehmen wollen. Die nationale Bewegung, gepaart mit der liberalen in der Forderung nach einer Verfassung, die die Freiheitsrechte des einzelnen und die Mitwirkung des Volkes am politischen Geschehen festschreibt, breitet sich rasch aus. Sie ist auch durch Verbote und Verfolgungen nicht mehr aufzuhalten. Diese nationale Bewegung ist keine auf Deutschland beschränkte Erscheinung, sie erfaßt gleichzeitig nahezu ganz Kontinentaleuropa. Überall erheben sich jetzt die unterdrückten

Völker zum Freiheitskampf, Polen und Ungarn, Griechen und Italiener, Tschechen und Kroaten. Die deutschen Freiheitskämpfer solidarisieren sich mit diesen Völkern. Der Polizeistaat bringt den Ruf nach Einheit und Freiheit nicht zum Schweigen.

Im Februar 1848 springt der Funke der Revolution von Frankreich auf Deutschland über und führt im März in fast allen deutschen Staaten, auch in Berlin und Wien, zu spontanen Erhebungen des Volkes, vor denen die alten Gewalten überall zurückweichen. Es kommt zur Einrichtung liberaler Ministerien und zu Zugeständnissen an die Revolutionäre, deren Führer noch weitgehend der bürgerlichen Oberschicht angehören. Metternich, der verhaßte Exponent der Restaurationspolitik, muß zurücktreten. Alle Staaten stimmen schließlich der Durchführung allgemeiner und gleicher Wahlen und dem Zusammentritt einer Nationalversammlung in Frankfurt am Main zu. Mit Böllerschüssen und Glockengeläut wird der Einzug der gewählten Volksvertreter in die Paulskirche gefeiert, eine neue Zeit scheint für die Deutschen angebrochen zu sein.

Aber während noch die Abgeordneten dieses „Honoratioren"-Parlaments in der Paulskirche über die Verfassung des neuen Deutschland beraten und sich lange und leidenschaftlich über die Form und die Ausmaße des künftigen Reiches streiten, wird schnell erkennbar, daß die Fürsten der Einzelstaaten nicht gewillt sind, Macht an die Nationalversammlung und die sogenannte Reichsregierung in Frankfurt abzugeben. Vor allem die beiden Großmächte Österreich und Preußen gewinnen nach dem ersten Schock im März 1848 rasch ihr Machtbewußtsein zurück und betreiben wieder Politik, ohne die Nationalversammlung in Frankfurt miteinzubeziehen. Als schließlich der preußische König die ihm von den Parlamentariern angetragene Krone des „Kaisers der Deutschen" brüsk zurückweist, ist die Nationalversammlung am Ende. Die National-Konservativen und die Liberal-Gemäßigten resignieren, ja, sie nehmen jetzt sogar aus Furcht vor der Radikalisierung der

Revolution Verbindung zu den alten Mächten auf.

Die linksdemokratischen Abgeordneten allein bemühen sich, mit der Verlegung des Rumpfparlamentes nach Stuttgart die Verfassungsarbeit neu zu beleben und die Revolution doch noch zu vollenden, indem sie die Abschaffung der Monarchien fordern. Die von ihnen geförderten Aufstände radikaler Kräfte in Baden, in der Pfalz und in Sachsen aber werden mit Hilfe preußischer Truppen rasch niedergeschlagen. Die Reaktion hat gesiegt, die Aufbruchsstimmung der Frühjahrsmonate des Jahres 1848 ist verflogen. Der Versuch, ein neues Deutschland, eine parlamentarische Monarchie zu errichten und die bisher souveränen Einzelstaaten zu bewegen, in diesem neuen Reich sich mit der ihnen in der Verfassung zugewiesenen Rolle im „Staatenhaus" zufrieden zu geben, ist gescheitert. Aber dennoch wird der alte Zustand vor der Revolution nirgends wiederhergestellt. Auch in Preußen und in Österreich werden jetzt Verfassungen eingeführt, die allerdings die Monarchen „von oben" und ohne Mitwirkung der Völker erlassen.

Die Epoche ist damit beendet, aber am Horizont kündigen sich bereits neue Verwicklungen an. Mit der Industrialisierung, die in den nächsten Jahren und Jahrzehnten die Ausmaße einer industriellen Revolution mit vielen negativen Begleiterscheinungen annehmen wird, tritt nun zunehmend die soziale Frage in den Vordergrund. Neben die Kräfte des Nationalismus und des Liberalismus, die die geschichtliche Entwicklung vom Beginn des Jahrhunderts an wesentlich geprägt haben, tritt nun der Sozialismus und meldet seine Ansprüche an. Er wird sogleich internationale Dimensionen annehmen. Das am Vorabend der Revolution von 1848 von Marx und Engels verkündete „Kommunistische Manifest" hat den Kampfruf des Sozialismus zuerst ausgesprochen: „Proletarier aller Länder, vereinigt Euch!" In der 48er Revolution noch kaum beachtet, wird dieser Ruf bis weit in das 20. Jahrhundert hinein nicht mehr verstummen und die Welt in Atem halten.

7.1 Deutscher Bund

Auf dem *Wiener Kongreß* (▷ 6.18) versuchten die maßgeblichen Staatsmänner, allen voran der österreichische Außenminister Fürst *Metternich* (▷ 7.7), Europa neu zu ordnen. Der Wunsch der deutschen Patrioten, von denen viele am Freiheitskampf gegen Napoleon teilgenommen hatten, nun einen neuen nationalen deutschen Bundesstaat zu errichten, erfüllte sich nicht. Auch das 1806 aufgelöste *Heilige Römische Reich deutscher Nation* (▷ 6.8) wurde nicht wiederhergestellt.

Geschaffen wurde ein locker gefügter Staatenbund, der Deutsche Bund. Er setzte sich aus 35 Fürstenstaaten und vier freien Städten zusammen. Den Vorsitz in diesem Staatenbund übernahm Österreich. Das einzige Bundesorgan war die Bundesversammlung der bevollmächtigten Gesandten der Mitgliedsstaaten, die später hauptsächlich Bundestag genannt wurde; sie tagte als ständiger Kongreß in Frankfurt am Main. Neben den deutschen Fürsten gehörten auch ausländische Herrscher dem Deutschen Bund an, und zwar der König von Großbritannien und Irland als König von Hannover, der König von Dänemark als Herzog von Holstein sowie der König der Niederlande als Großherzog von Luxemburg. Österreich und Preußen gehörten ihm nur mit den Gebieten an, die Bestandteile des Heiligen Römischen Reichs gewesen waren. Die am 8. Juni 1815 auf dem Wiener Kongreß von den deutschen Fürsten und Bürgermeistern angenommene Verfassung, die Bundesakte, bezeichnete den Staatenbund als „unauflöslich". Ihre endgültige Form erhielt diese Verfassung mit der am 8. Juli 1820 einstimmig von der Bundesversammlung angenommenen Wiener Schlußakte.

Zur Regel wurde es (bis 1848), daß sich Österreich vor allen wichtigen Schritten in der Bundesversammlung mit Preußen als der stärksten norddeutschen Macht absprach. Innenpolitisch wurde der Deutsche Bund mehr und mehr das Vollstreckungsorgan der Restaurationspolitik Metternichs bei der Abwehr und Eindämmung liberaldemokratischer und nationaler Bestrebungen. Den Einzelstaaten war zwar zugebilligt worden, Verfassungen zu erlassen, in denen die ständige Vertretung des Volkes gesichert werden konnte, doch nur einige Fürsten der Mittel- und Kleinstaaten, so als einer der ersten der Großherzog von Sachsen-Weimar-Eisenach, gaben ihrem Land eine Verfassung, nicht jedoch Preußen und Österreich. So wuchs die Unzufriedenheit im Lande zunehmend an, besonders unter den in der *Deutschen Burschenschaft* (▷ 7.3) organisierten Studenten.

7.2 Heilige Allianz

Zar Alexander I. von Rußland hatte dem Kaiser von Österreich und dem König von Preußen ein gemeinsam zu unterzeichnendes Manifest vorgelegt, in dem die christlichen Gebote als Richtschnur für die Politik fest verankert werden sollten. In der Bearbeitung des Entwurfes durch *Metternich* (▷ 7.7) wurde die von den drei Monarchen am 26. September 1815 abgeschlossene Heilige Allianz ein Bündnis zur Absicherung des im *Wiener Kongreß* (▷ 6.18) erreichten politischen Zustandes. Alle europäischen Mächte, mit Ausnahme Großbritanniens, der Türkei und des Kirchenstaates, traten der Heiligen Allianz bei, die in ihrer christlich-konservativen Grundtendenz das Zeitalter der Restauration geprägt hat. Die Heilige Allianz ist schließlich

Die Monarchen der Heiligen Allianz:
König Friedrich Wilhelm III. von
Preußen, Zar Alexander I. von Rußland
und Kaiser Franz I. von Österreich (von links).
Kupferstich von 1813

an den sich verstärkenden Interessengegensätzen der europäischen Großmächte zerbrochen.

7.3 Deutsche Burschenschaft

Die aus den Befreiungskriegen gegen Napoleon (1813 bis 1815) in die Hörsäle der Universitäten zurückgekehrten Studenten waren tief enttäuscht von der politischen Entwicklung, die den erhofften Einheitsstaat aller Deutschen nicht gebracht hatte. Als Reaktion darauf vereinigten sich die vorher in verschiedenen Landsmannschaften organisierten Jenaer Studenten zu einer alle Studenten zusammenschließenden „Burschenschaft".

Bücherverbrennung beim Wartburgfest der Burschenschaftler am 18. Oktober 1817

Symbolisch wollten sie mit ihrem Einheitsbund die kommende Einheit des deutschen Vaterlandes vorbereiten. Als Bundesfarben wählten sie die Farben der Uniform des ehemaligen Lützowschen Freikorps, in dem viele Studenten an den Befreiungskriegen gegen Napoleon teilgenommen hatten: schwarz-rot-gold.
Die studentische Bewegung breitete sich rasch aus. Als die Jenaer Burschenschaft zu einem Studententreffen auf der Wartburg einlud, dem *Wartburgfest* (▷ 7.4) am 18. Oktober 1817, kamen Studentenabordnungen aus elf deutschen Universitäten. Am 18. Oktober

1818 wurde in Jena die „Allgemeine Deutsche Burschenschaft" durch Vertreter aus 14 deutschen Universitäten gegründet. Die politische Entwicklung unter den Studenten erregte mehr und mehr das Mißtrauen der staatlichen Behörden, zumal sich einige Gruppen radikalisierten. Nach der Ermordung des in russischen Diensten stehenden Schriftstellers August von Kotzebue 1819 durch den Studenten Karl Ludwig Sand wurden die Burschenschaften in den *Karlsbader Beschlüssen* (▷ 7.5) verboten. In vielen Universitätsstädten bestanden sie jedoch als Geheimbünde weiter. Viele ehemalige Burschenschaftler wurden 1848 Abgeordnete in der *Frankfurter Nationalversammlung* (▷ 7.18), deren Scheitern auch die Burschenschaft schwer traf.

7.4 Wartburgfest

Die Jenaer Burschenschaft hatte zur Erinnerung an die Reformation 1517 und an die *Völkerschlacht bei Leipzig 1813* (▷ 6.16) zu einem Treffen auf der Wartburg am 18. und 19. Oktober 1817 eingeladen. 500 Teilnehmer aus elf Universitäten folgten der Einladung. In allen Festansprachen wurde zur Einheit und Freiheit Deutschlands aufgerufen. Eine Minderheit der Studenten verbrannte im Andenken an Luthers Verbrennung der Bannandrohungsbulle 1520 mehrere als reaktionär bezeichnete „undeutsche Schriften" sowie einige Uniformstücke, um so gegen Fürstenherrschaft und Unterdrückung zu protestieren. Besonders diese Vorgänge, die nicht im Mittelpunkt des Wartburgfestes gestanden hatten, ließen die Polizeibehörden in Preußen und Österreich aufhorchen. Der preußische König ließ Teilnehmer des Festes vernehmen und Polizeiakten anlegen.

7.5 Karlsbader Beschlüsse

Die Ermordung des Schriftstellers August von Kotzebue, der in seinem „Literarischen Wochenblatt" 1818/19 die liberale Studentenbewegung der *Deutschen Burschenschaft* (▷ 7.3) verhöhnt hatte, durch den Burschenschaftler Karl Ludwig Sand am 23. März 1819 in Mannheim nahm Metternich zum Anlaß, nun energische Maßnahmen zu ergreifen, um mit der ganzen Macht der Staaten gegen die seit langem mit Mißtrauen beobachteten na-

tionalen und liberalen Bestrebungen vorzugehen. Auf den von Metternich einberufenen
Karlsbader Konferenzen vom 6. bis 31. August 1819, an denen neben Österreich und
Preußen acht weitere deutsche Staaten teilnahmen, wurden Beschlüsse gefaßt, die am
20. September 1819 von der Bundesversammlung einstimmig angenommen wurden.
Diese Beschlüsse enthielten das Verbot der
Burschenschaft und die Einsetzung eines „außerordentlichen landesherrlichen Bevollmächtigten", der an den Universitäten das
Auftreten und Verhalten der Professoren und
Studenten streng zu überwachen hatte. Alle
Hochschullehrer, die „durch Mißbrauch ihres rechtmäßigen Einflusses auf die Gemüter
der Jugend, durch Verbreitung verderblicher,
der öffentlichen Ordnung und Ruhe feindse-
liger oder die Grundlagen der bestehenden
Staatseinrichtungen untergrabender Lehren
ihre Unfähigkeit zur Verwaltung des ihnen
anvertrauten wichtigen Amtes unverkennbar
an den Tag gelegt haben", sollten rigoros aus
ihren Ämtern entfernt und auch in keinem anderen Bundesstaat wieder angestellt werden.
Ferner wurde in den Karlsbader Beschlüssen
eine staatliche Vorzensur für alle Zeitungen,
Zeitschriften und sonstige Druckschriften
„unter 20 Bogen im Druck" eingeführt. Eine
außerordentliche Zentral-Untersuchungs-
kommission des Bundes wurde mit Sitz in
Mainz eingerichtet, die die „revolutionären
Umtriebe und demagogischen Verbindungen" zu untersuchen und zu verfolgen hatte.
Durch eine Exekutionsordnung wurde dem
Bund das Recht zuerkannt, gegebenenfalls
gegen einen Mitgliedsstaat des Bundes eine
Bundesexekution durchzuführen, wenn in
diesem Staat revolutionäre Entwicklungen
von den regionalen Behörden nicht unterbunden werden konnten.
Die Karlsbader Beschlüsse führten bald, am
stärksten in Preußen, zu den *Demagogenverfolgungen* (▷ 7.8).

7.6 Restauration

Das Wort „Restauration" bedeutet Wiederherstellung eines früheren Zustandes. In der
Geschichte der europäischen Staaten und besonders auch der deutschen Geschichte wurde der Begriff „Restauration" als Bezeichnung der geschichtlichen Periode vom Wie-

*Der österreichische Staatskanzler
Fürst Metternich. Kopie eines Gemäldes
von 1818/19*

ner Kongreß bis zu den Revolutionen der
Jahre 1830 und 1848/49 verwendet. In dieser
Epoche stand im Vordergrund der Versuch
der leitenden Staatsmänner Europas, insbesondere des österreichischen Staatskanzlers
Fürst *Metternich* (▷ 7.7), den Zustand vor dem
Ausbruch der Französischen Revolution wiederherzustellen. Wie für die französische Verfassung von 1814 war auch für die Staaten des
Deutschen Bundes das monarchische Prinzip
verbindlich, nach dem die alleinige und einheitliche Staatsgewalt in der Hand des Monarchen liegt. Der Monarch konnte demnach
seine Befugnisse durch eine Verfassung be-
schränken, diese aber konnte nur Begrenzung, niemals Grundlage der Staatsgewalt des
Monarchen sein.
Gegen die sich überall im Lande regenden
neuen Kräfte, die vor allem von Studenten
und Professoren getragenen nationalen und
liberalen Bewegungen, wurden mit den *Karlsbader Beschlüssen* (▷ 7.5) alle staatlichen
Machtmittel eingesetzt. Dennoch konnten die
tiefgreifenden sozialen, rechtlichen, wirtschaftlichen und territorialen Wandlungen,
die durch die Napoleonische Neuordnung
eingetreten waren, nicht in vollem Umfange
rückgängig gemacht werden, zumal sich auch,

vor allem im Rheinland und in Sachsen, zunehmend die Auswirkungen der Industrialisierung bemerkbar machten.

7.7 Metternich

Klemens Wenzel Graf Metternich (seit 1813 Fürst) wurde am 15. Mai 1773 in Koblenz geboren. Der Sohn eines kaiserlichen Diplomaten studierte Rechts- und Staatswissenschaften sowie Geschichte in Straßburg und Mainz, später Naturwissenschaften und Medizin in Wien. 1801 wurde er kaiserlicher Gesandter in Dresden, 1803 in Berlin, von 1806 bis 1809 war er österreichischer Botschafter in Paris.

Nach dem Scheitern des österreichischen Aufstandsversuches gegen Napoleon 1809 wurde Metternich österreichischer Außenminister. Er vertrat eine sich an der Realität orientierende Politik gegenüber dem Europa beherrschenden Kaiser Napoleon I., vermittelte die Heirat der österreichischen Kaisertochter Marie Louise mit Napoleon 1810 und unterstützte mit der Stellung eines österreichischen Truppenkontingents Napoleons Pläne im Rußlandfeldzug 1812. Gleichzeitig aber hielt er während des Rußlandfeldzuges auch Kontakte zum russischen Zaren Alexander I. aufrecht. Der preußisch-russischen Kriegskoalition gegen Napoleon im Frühjahr 1813 schloß sich Metternich nur zögernd an. Im ersten Pariser Frieden 1814 trat er im Sinne des Gleichgewichts der europäischen Mächte sogleich für eine Schonung Frankreichs ein. Diese Politik setzte Metternich auch während des *Wiener Kongresses* (▷ 6.18) fort. Als entschiedener Gegner der Revolution sorgte er bereits hier für die Rückkehr des besiegten Frankreich unter einem wieder eingesetzten bourbonischen König in den Kreis der europäischen Großmächte.

Auf dem Wiener Kongreß betrieb Metternich erfolgreich die Wiederherstellung der politischen und sozialen Ordnung in Europa, die mit der von ihm mitgestalteten Heiligen Allianz der Fürsten abgesichert wurde. Seine Politik der Restauration, auch als System Metternich bezeichnet, führte in der Folgezeit zur rücksichtslosen Unterdrückung aller nationalen und liberaldemokratischen Kräfte, die er im Deutschen Bund in Zusammenarbeit mit Preußen mit den *Karlsbader Beschlüssen*

(▷ 7.5) und den sich daraus entwickelnden *Demagogenverfolgungen* (▷ 7.8) mit aller Konsequenz betrieb. Da Metternich nicht bereit war, an die Volkssouveränität irgendwelche Zugeständnisse zu machen, mußte er bei Ausbruch der Revolution 1848 zurücktreten und als verhaßter Reaktionär ins Ausland fliehen. Erst im September 1851 kehrte er nach Wien zurück. Seine Versuche, wieder Einfluß auf die österreichische und europäische Politik zu gewinnen, blieben jedoch erfolglos. Er starb am 11. Juni 1859 in Wien. – Abb. S. 149.

7.8 Demagogenverfolgungen

Mit den *Karlsbader Beschlüssen* (▷ 7.5) vom 20. September 1819 begannen die sogenannten Demagogenverfolgungen, die sich vornehmlich gegen Universitätsprofessoren und Journalisten, Schriftsteller und Studentenführer richteten. Am schärfsten ging die preußische Regierung gegen diejenigen vor, die in Veröffentlichungen, Vorlesungen und bei öffentlichen Anlässen für die nationale und liberale Bewegung eintraten. Unter den Verfolgten, die aus ihren Ämtern vertrieben und teilweise sogar zu Gefängnisstrafen verurteilt wurden, waren auch prominente Teilnehmer der Befreiungskriege wie der Dichter Ernst Moritz Arndt, der Publizist Johann Joseph von Görres und der Vater der Turnbewegung Ludwig Jahn. Selbst das Turnen wurde in Preußen verboten. Später geriet auch der mecklenburgische Dichter Fritz Reuter in den Sog der Demagogenverfolgung und wurde 1836 zu Festungshaft verurteilt („Ut mine Festungstid").

In diesem Zusammenhang kann auch der Schritt der „Göttinger Sieben" genannt werden. Sieben Göttinger Professoren, unter ihnen die Brüder Jakob und Wilhelm Grimm, protestierten am 18. November 1837 öffentlich gegen die Aufhebung der Verfassung des Königreichs Hannover durch König Ernst August II. und wurden deshalb aus ihren Ämtern entlassen. In ihrem durch die Presse in ganz Deutschland bekannt gewordenen Protest beriefen sich die Professoren auf ihren Verfassungseid, durch den sie verpflichtet seien, zur Verteidigung der Verfassung der Staatsgewalt entgegenzutreten. Ihr außergewöhnliches Handeln erregte großes Aufsehen, die öffentliche Meinung nahm nahezu einhellig für die Göttinger Professoren Partei. Ihr Schritt trug wesentlich zur Ausbildung des deutschen Liberalismus bei.

7.9 Hambacher Fest

Trotz aller Unterdrückungsmaßnahmen der staatlichen Organe gegen die liberale, demokratische und nationale Bewegung war der Freiheitsdrang im Volke nicht mehr zu ersticken. Die Pariser Julirevolution 1830 hatte der deutschen Sehnsucht nach Freiheit und Einheit neuen Auftrieb gegeben.

Als zwei Publizisten zu einem Treffen aller freiheitlich gesinnten Kräfte aufriefen, kamen zu dem Hambacher Fest vom 27. bis zum 30. Mai 1832 etwa 30000 Menschen. Anders als bei dem 15 Jahre vorher veranstalteten Wartburgfest, bei dem vor allem Professoren und Studenten vertreten waren, hatten sich auf Schloß Hambach bei Neustadt an der Weinstraße auch zahlreiche Bürger, Handwerker und Arbeiter eingefunden. In den Festansprachen wurde die Forderung nach einem freien und geeinten Deutschland erhoben und die Entschlossenheit bekundet, daß das Volk selbst das Einigungswerk vollenden werde, wenn die Fürsten nicht von ihrem „Wolkenthron" herabsteigen würden. Damit war erstmalig deutlich geworden, daß die Freiheitsbewegung auch eine Lösung ohne die Fürsten in Betracht zog. Zugleich erklärte sich die Versammlung solidarisch mit den Freiheitskämpfern in anderen europäischen Staaten, vor allem mit den Franzosen und den Polen.

Metternich nahm diese Vorgänge zum Anlaß, im *Deutschen Bund* (▷ 7.1) weitere verschärfte Maßnahmen durchzusetzen; die Presse-, Vereins- und Versammlungsfreiheit wurde nun völlig unterdrückt, einige der Initiatoren des Hambacher Festes wurden verhaftet, andere flohen ins Ausland. – Abb. S. 152.

7.10 Liberalismus

Liberalismus bezeichnet eine weltanschauliche Richtung, in der der einzelne Mensch und sein Recht auf Freiheit im Vordergrund stehen. Es ist die Weltanschauung des aufstrebenden Bürgertums, das sich gegenüber den Vorrechten der bevorzugten (= privilegier-

Die „Göttinger Sieben": der Historiker Friedrich Christoph Dahlmann (Mitte), der Rechtshistoriker Wilhelm Eduard Albrecht, der Theologe und Orientalist Heinrich von Ewald, der Historiker und Literarhistoriker Georg Gottfried Gervinus, der Physiker Wilhelm Weber und die Germanisten Jacob und Wilhelm Grimm (unten)

ten) Stände des Adels und der Geistlichkeit und gegenüber der Allmacht des absolutistischen Staates zu behaupten begann. Der Liberalismus tritt für freie wirtschaftliche Betätigung des einzelnen (Unternehmers) ein und fordert die Abschaffung des Zunftsystems und der Zollschranken. Wichtige liberale Forderungen sind Gewaltenteilung, Rechtsstaat und Pressefreiheit. Alle liberalen Bewegungen haben ihren Ursprung in der englischen „Bill of rights" von 1689, dem englischen Staatsgrundgesetz, in dem erstmalig die Rechte des Parlaments gegenüber der Krone festgeschrieben wurden, und in den amerikanischen und französischen Erklärungen der Menschenrechte, die 1776 bzw. 1789 formuliert wurden.

*Das Hambacher Fest
am 27. Mai 1832
unter Beteiligung von
30 000 Republikanern.
Zeitgenössische
Lithographie*

In Deutschland war die vor allem in den Befreiungskriegen 1813–15 erstarkte liberale Bewegung von Anfang an eng verbunden mit der nationalen Bewegung, die für ein geeintes deutsches Vaterland angetreten war. Nach der Gründung des *Deutschen Bundes* (▷ 7.1), den sowohl die Liberalen wie auch die Nationalen als unvollkommene Lösung strikt ablehnten, fanden wenigstens in den süddeutschen Staaten, in denen die Landesfürsten Verfassungen gegeben hatten, die Liberalen in den Landtagen ein politisches Betätigungsfeld. In den Anfängen der Industrialisierung war die liberale Bewegung bereits früh mit konkreten wirtschaftlichen Interessen verbunden. So forderte der Tübinger Professor *Friedrich List* (▷ 7.12) den Wegfall der Zollschranken zugunsten eines vereinigten größeren Wirtschaftsgebietes.

Die Fürsten und die den absolutistischen Fürstenstaat tragenden Kräfte, deren herausragende Symbolfigur Metternich war, sahen in der liberalen Bewegung und ihren Forderungen Anzeichen der Auflösung und Zerstörung der alten Ordnung, die herannahende Revolution. Entsprechend wurden die Vorkämpfer der liberalen Ideen mit der ganzen Schärfe der in den *Karlsbader Beschlüssen* (▷ 7.5) verordneten Maßnahmen verfolgt. Aber nicht nur die Durchsetzung liberaler Forderungen, sondern auch die Verwirklichung des Nationalstaatsgedankens sollte sich als schwieriges Unterfangen erweisen.

7.11 Nationalismus

Der Begriff „Nationalismus" bezeichnet eine Ideologie, in der der moderne Nationalstaat eine zentrale Stellung einnimmt. Entstanden ist der Nationalismus in seiner modernen Ausprägung in der Französischen Revolution von 1789, als die Abgeordneten des Dritten Standes gegen Adel und Geistlichkeit sich zur Nationalversammlung des französischen Volkes erklärten. Die Freiwilligen der Revolutionsarmeen, die sich mit der französischen Nation identifizierten, errangen ihre Siege über die geschulten Berufssoldaten der Österreicher, Preußen und Russen.

In Deutschland war die Katastrophe von 1805/06 und die anschließende Napoleonische Fremdherrschaft der Anlaß, ein tiefes Nationalgefühl entstehen zu lassen, das anfänglich in der kleinen, aber einflußreichen Gruppe der Reformer heranwuchs, dann aber mit der Wende im Rußlandfeldzug und der Aufbruchsstimmung des Frühjahres 1813 nahezu alle Volksschichten erfaßte und zu der sich schließlich in den Befreiungskriegen zeigenden, von namhaften Dichtern besungenen Kampf- und Opferbereitschaft führte. Die Freiwilligen von 1813 gingen in den Kampf gegen den Unterdrücker Napoleon für ein noch gar nicht existierendes Deutschland, für ein gemeinsames deutsches Vaterland. Ihre Enttäuschung war grenzenlos, als auf dem *Wiener Kongreß* (▷ 6.18) nicht ihr Deutschland geschaffen wurde, sondern die alten Fürstenstaaten wiedererstanden. Die nationale und die liberale Bewegung waren in den Jahrzehnten bis zur *Märzrevolution* 1848 (▷ 7.17) nicht voneinander zu trennen. Der Ruf nach einem geeinten deutschen Vaterland war zugleich der Ruf nach einem deutschen Staatswesen, das in einer Verfassung die Grundrechte des Volkes verankern sollte. Die nationale Bewegung war nicht auf Deutschland beschränkt. Überall in Europa und in der Welt standen unterdrückte Völker auf und suchten sich ihre nationale Freiheit zu erkämpfen, so u. a. die Griechen gegen die Türkenherrschaft, die Polen gegen die russische Staatsgewalt. Die Ausbreitung der nationalen Bewegungen mußte, das sah gerade der österreichische Staatskanzler Fürst *Metternich* (▷ 7.7) deutlich, eines Tages für die Existenz des habsburgischen Vielvölkerstaats zu einer tödlichen Gefahr werden.

7.12 Friedrich List

Der als Sohn eines Handwerkers am 6. August 1789 in Reutlingen geborene List hatte sich aus der bescheidenen Position eines Verwaltungsbeamten zum Professor für Staatswissenschaften an der Universität Tübingen (1817) emporgearbeitet. Vertraut mit den wirtschaftlichen und politischen Verhältnissen im Lande, setzte er sich bald als Abgeordneter im württembergischen Landtag (ab 1820) für durchgreifende demokratische Verwaltungsreformen ein sowie für die Aufhebung der Zölle innerhalb des Deutschen Bundes. Wegen seines unerschrockenen Auftretens verlor er 1820 sein Hochschulamt, 1821 wurde ihm sein Abgeordnetenmandat entzogen, 1822 wurde er wegen „demagogischer Umtriebe" zu zehn Monaten Festungshaft verurteilt. Er floh zunächst ins Ausland, trat dann aber seine Strafe auf der Festung Hohenasperg an. Weil er sich verpflichtete, in die USA auszuwandern, wurde ihm ein Teil seiner Strafe erlassen (1825). Während seines Aufenthaltes in den Vereinigten Staaten lernte er die enormen technischen Fortschritte im Verkehrswesen durch den Ausbau des Eisenbahnnetzes kennen und kehrte 1832 als amerikanischer Konsul nach Deutschland zurück in der Absicht, seine Erfahrungen nun zum Nutzen des deutschen Vaterlandes zu verwerten. Er forderte den Bau eines ganz Deutschland umfassenden Eisenbahnnetzes als gemeinschaftliche Aufgabe und propagierte die Schaffung des *Deutschen Zollvereins* (▷ 7.13). In Abkehr von seiner früheren freihändlerischen Auffassung forderte er für den Aufbau einer deutschen Industrie in der Entwicklungsphase staatliche Schutzzölle gegen die Übermacht insbesondere der englischen Industrieerzeugnisse. List erreichte durch seine unermüdliche Tätigkeit von Leipzig aus, daß 1837 die erste größere und wirtschaftlich zu nutzende Eisenbahnstrecke zwischen Dresden und Leipzig eröffnet werden konnte.

Friedrich List

Mit seinen Plänen und seinen Schriften, in denen er langfristige Entwicklungen aufzeigte, war List seiner Zeit weit voraus. Erst nach seinem Tode fanden seine Arbeiten die gebührende Beachtung. Enttäuscht über die geringe Resonanz seines Wirkens, setzte er seinem Leben am 30. November 1846 ein Ende.

7.13 Deutscher Zollverein

Bereits seit 1818 gab es in einzelnen Staaten des Deutschen Bundes Bestrebungen, durch Aufhebung der Binnenzölle den Handelsverkehr zu erleichtern. Preußen schuf sich für seine weit auseinanderliegenden Staatsteile ein einheitliches Zollgebiet und gründete 1828 mit Hessen-Darmstadt einen Zollverein, während zur gleichen Zeit im süddeutschen Raum Bayern und Württemberg eine Zollvereinbarung eingingen. Ebenfalls 1828 schlossen sich Hannover, Kurhessen, Sachsen und die thüringischen Staaten zum „Mitteldeutschen Handelsverein" zusammen.

Trotz der verbreiteten Abneigung der mittleren und kleineren Staaten gegenüber einer preußischen Vormachtstellung kam es durch Verhandlungen zwischen der norddeutschen und der süddeutschen Zollbereichsgruppe zur Gründung des Deutschen Zollvereins, dem auch die meisten Staaten des Mitteldeutschen Handelsvereins beitraten – Hannover und der von ihm geführte Steuerverein allerdings erst 1854. Die Verträge des Deutschen Zollvereins traten am 1. Januar 1834 in Kraft. Österreich, dessen wirtschaftliche Interessen mehr nach Süden und Südosten ausgerichtet waren, gehörte dem Deutschen Zollverein nicht an. Der spätere Versuch Österreichs, seine Isolierung zu durchbrechen und einen großdeutschen Handels- und Zollverband zu errichten (1849/50), hatte keinen Erfolg. In den Vorstellungen der Deutschen, die den Zollverein als ersten Schritt zu einem geeinten Vaterland feierten, gewann nun allmählich das Bild eines deutschen Reiches in der kleindeutschen Lösung (▷ 7.20) an Konturen, von dem Österreich mit seinen Sonderinteressen und fremdvölkischen Reichsteilen ausgeschlossen blieb. Die Bismarcksche Reichsgründung von 1871 begann sich abzuzeichnen.

7.14 Eisenbahn

Großbritannien war seit dem Sieg über Napoleon I. die führende Weltmacht unter den Großmächten und zugleich, seit den großen technischen Erfindungen am Ende des 18. Jahrhunderts (Dampfmaschine, Spinnmaschine, mechanischer Webstuhl), die erste und modernste Industrienation der Welt. Auch die erste Schieneneisenbahn war eine britische Erfindung, die 1825 zum Einsatz kam und schnell auch auf dem Kontinent erprobt wurde, auch in Deutschland. Dem Eisenbahnbauprojekt standen in den Staaten des Deutschen Bundes viele Kritiker gegenüber. Die meisten Fürsten lehnten Schienenwege, die über ihre Landesgrenzen hinausgingen, sofort ab, Fuhrleute protestierten, Ärzte befürchteten Gesundheitsschäden durch Rauchentwicklung und Geschwindigkeiten. Einer derjenigen, die sich mit aller Kraft für den raschen Aufbau eines bundesweiten Eisenbahnnetzes einsetzten, war der 1832 aus den USA zurückgekehrte *Friedrich List* (▷ 7.12). So wie er schon früh die Beseitigung der Zölle zwischen den deutschen Bundesstaaten als Voraussetzung für einen wirtschaftlichen und politischen Aufschwung erkannt hatte, so sah er auf Grund seiner in Amerika gemachten Erfahrungen die außerordentliche Bedeutung, die im Bau eines Eisenbahnnetzes für die Zukunft lag – für die nationale Einigung, für die wirtschaftliche Erstarkung und für den Aufschwung einer modernen Industrie.

List hatte gefordert, den Ausbau eines weitgespannten Eisenbahnnetzes als Gemeinschaftsaufgabe der deutschen Staaten, als nationale Angelegenheit zu betrachten und ent-

Die Eisenbahn Nürnberg–Fürth (Ludwigsbahn). Zeitgenössische Lithographie

sprechend planvoll vorzugehen. Der Anfang wurde mit der kurzen Strecke zwischen Nürnberg und Fürth gemacht, wo am 7. Dezember 1835 die erste Eisenbahn fuhr – mit englischer Lokomotive und englischem Lokführer. List selbst erreichte 1837 den Start der ersten längeren Eisenbahnlinie zwischen Dresden und Leipzig. Aber alle weiteren Bauprojekte, die meist mit privatem Kapital finanziert wurden, liefen völlig planlos und ohne Abstimmung mit den benachbarten Bauvorhaben ab. Lediglich in Baden wurde 1838 die erste staatliche Bahn eröffnet.

Dennoch wuchs das Schienennetz ständig, 1840 waren in Deutschland bereits Schienenstränge in einer Gesamtlänge von 549 Kilometern in Betrieb; 1850 wurden insgesamt 6044 Kilometer befahren und 1870 schon 19694 Kilometer. Diese Zahlen zeigen den stürmischen Ausbau des Eisenbahnnetzes, der dann planvoller betrieben wurde, als der preußische Generalstab in den Kriegen von 1864, 1866 und 1870/71 die Bedeutung der Eisenbahnen für den militärischen Sektor erkannte. Mit dem Bau der Eisenbahnen begann nun auch in Deutschland die *industrielle Revolution* (▷ 8.4). Ab 1841 hatte die Berliner Maschinenfabrik August Borsig mit der Herstellung von Lokomotiven begonnen. Borsig wurde später die größte Lokomotivfabrik auf dem europäischen Kontinent.

7.15 Weberaufstand

Die bereits in der ersten Hälfte des 19. Jahrhunderts auch in Deutschland einsetzende Industrialisierung drängte die unteren Schichten des Volkes für Jahrzehnte in einen Zustand völliger Abhängigkeit von Unternehmern und Fabrikherren ab, denen sie anfänglich hilflos ausgeliefert waren. Gesetzliche Bestimmungen gegen die Ausbeutung der Lohnarbeiter existierten nicht. Um ihre Lage zu verändern, blieb ihnen nur die Möglichkeit, sich zusammenzuschließen und sich zu wehren – obwohl Zusammenschlüsse von Arbeitern und Handwerkern verboten waren. Am 4. Juni 1844 kam es zu einem Aufstand von 3000 schlesischen Webern gegen ihre Arbeitgeber.

Die schlesischen Weber waren Heimarbeiter, die ihre Webstühle im Handbetrieb bedienten. Sie waren abhängig von ihren Arbeitge-

Schiffsbelustigung an Bord eines Auswandererschiffes. Holzstich (1850)

bern, die ihnen die Rohstoffe lieferten und dann die fertigen Waren abnahmen. Die Konkurrenz einheimischer und britischer Waren, die bereits industriell produziert wurden – die britische Textilindustrie profitierte von der Anwendung der Spinnmaschine und des mechanischen Webstuhls sowie von einem für sie günstigen Zolltarif – führte dazu, daß über Jahrzehnte hinweg die Arbeitsbedingungen und die Entlohnung der schlesischen Weber immer mehr verschlechtert wurden. Auch vermehrte Kinderarbeit und die Ausdehnung der täglichen Arbeitszeit konnten den Lohnverfall nicht ausgleichen. Die mit ihren Familien im Elend lebenden Weber taten sich zusammen und forderten höhere Löhne. Als diese abgelehnt wurden, drangen sie in die Häuser der Fabrikherren ein, zerstörten Einrichtungen und Maschinen. Ihr Aufstand wurde nach drei Tagen durch preußisches Militär blutig niedergeworfen.

Am Vorabend der Revolution von 1848 hat dieser erste größere Aufstand von verzweifelten Arbeitern, die begannen, sich ihrer Macht bewußt zu werden, überregionale Bedeutung erlangt.

7.16 Hungersnöte und Auswanderung

Die katastrophale Mißernte des Jahres 1816 hatte besonders stark die bereits verarmte und

derten im folgenden Jahrzehnt von 1846 bis 1855 insgesamt 1,1 Millionen Menschen aus, im Jahr 1854 allein 239 000. Weiterhin war Nordamerika das bevorzugte Einwanderungsziel, erst in zweiter Linie Südamerika und Australien. Da sich infolge einer jetzt besser geregelten Organisation der Auswanderung – die Auswanderertransporte nahmen vor allem die Hansestädte Hamburg und Bremen vor – die Überfahrtkosten verbilligten, konnten auch die Ärmsten die Auswanderung anstreben, die zum Teil durch Auswanderervereine gefördert wurde. Auch Gemeindebehörden, die ihre sie stark belastenden Unterschichten loswerden wollten, unterstützten die Auswanderungsbereitschaft.

Der Anteil der politischen Emigranten war anfänglich gering, steigerte sich jedoch mit der Zunahme der *Demagogenverfolgungen* (▷ 7.8) und schwoll nach dem Scheitern der Revolution 1848/49 deutlich an. Der Verlust an politischer Substanz war besonders Anfang der 1850er Jahre beträchtlich. Es hat offenbar Versuche gegeben, diesen Verlust an Menschen durch die Massenauswanderung aufzuhalten oder doch den Auswandererstrom in den südosteuropäischen Raum umzulenken, wobei man wohl an eine Verstärkung des deutschen Bevölkerungsteils im Habsburgerreich (Donauraum) gedacht hat. Diese Versuche sind jedoch in Ansätzen steckengeblieben.

Von 1830 bis 1870 sind allein nach Übersee, vornehmlich nach Nordamerika, über 2,5 Millionen Deutsche ausgewandert.

Barrikade vor dem Köllnischen Rathaus in Berlin (März 1848)

hungernde Bevölkerung auf dem Lande, vor allem im Westen und Südwesten Deutschlands, getroffen. Das starke Wachstum der Gesamtbevölkerung und die Umschichtung der Bevölkerungsstruktur auf dem Lande durch die Agrarreformen führten zusätzlich zu einem raschen Anwachsen der Unterschichten, die am Rande des Existenzminimums lebten und in Notzeiten unter diese Grenze sanken. So kam es schon 1816/17 zur ersten Massenauswanderung aus Deutschland, vornehmlich aus Südwestdeutschland. Ziel der Auswanderer war schon in dieser ersten Phase hauptsächlich Nordamerika, eine kleinere Anzahl ging nach Rußland. Die Verelendung der Unterschichten infolge der sich durch den Bevölkerungsdruck ausbreitenden Massenarbeitslosigkeit ließ die Auswandererzahlen nach 1830 wieder steil ansteigen. Wenn gute Ernten die Ernährungslage verbesserten, wie Anfang der 1840er Jahre, ebbte sofort auch die Auswanderungswelle wieder ab. Erneut erfolgte ein sprunghafter Anstieg mit Beginn der Hungersnot, die die in der Revolution von 1848 gipfelnde wirtschaftliche, soziale und politische Krise einleitete. Betrug die Zahl der Auswanderer zwischen 1834 und 1845 jährlich etwa 20 000, so wan-

7.17 Märzrevolution

Von den französischen Revolutionsunruhen im Februar 1848, die zur Abdankung des Königs und zur Ausrufung der Republik führten, sprang der Funke der Revolution auf die Staaten des Deutschen Bundes über. Überall kam es zu Volksversammlungen und Demonstrationen, bei denen Forderungen nach der Presse- und Vereinsfreiheit, nach Volksmiliz und der Einberufung eines bundesweiten Parlamentes erhoben wurden. Einige, vor allem kleinere Staaten zeigten Entgegenkommen und beriefen Vertreter der liberalen Bewegung als Minister in ihre Kabinette.

In Wien kam es bei Demonstrationen von Studenten und Arbeitern zu Straßenkämpfen, wobei immer wieder der Rücktritt *Metternichs* (▷ 7.7) gefordert wurde, der dem Druck nachgab und nach Großbritannien floh. Der Kaiser versprach am selben Tage, dem 13. März, eine Verfassung zu bewilligen. Überall in den Ländern der Donaumonarchie verlangten jetzt die Volksgruppen der Italiener, Tschechen, Ungarn nach einer Verfassung, die ihnen die Autonomie gewähren sollte.

Auch in Preußen hatte der König eine Verfassung angekündigt. Als aber bei einer Großkundgebung vor dem Berliner Schloß am 18. März plötzlich Schüsse fielen, entwickelten sich aus der entstandenen Panikstimmung heraus blutige Barrikadenkämpfe mit dem Militär, an deren Ende 254 Tote und viele Verwundete zurückblieben. Im Morgengrauen des 19. März ordnete der König den Abzug der Truppen an, wandte sich mit einem Aufruf „an meine lieben Berliner" und grüßte die Toten, die im Schloßhof aufgebahrt worden waren (sie wurden später als „Märzgefallene" bezeichnet). Der König bewilligte eine verfassunggebende Nationalversammlung in Preußen und verkündete: „Preußen geht fortan in Deutschland auf."

Die Einzelstaaten des Deutschen Bundes willigten nun ein, durch allgemeine und gleiche Wahlen ein gesamtdeutsches Parlament wählen zu lassen, das in Frankfurt am Main zusammentreten und eine Verfassung ausarbeiten sollte. Ein schnell und willkürlich zusammengerufenes „Vorparlament" mit 574 Mitgliedern, das vom 31. März bis zum 3. April in Frankfurt tagte, bereitete die Einberufung der deutschen Nationalversammlung vor. Schon hier prallten die Gegensätze zwischen den Radikalen, die alle Monarchien abschaffen und eine föderative Bundesverfassung nach amerikanischem Muster mit einem frei gewählten Präsidenten an der Spitze beschließen wollten, und den Gemäßigten, die an einer monarchischen Staatsform festhielten, aufeinander.

7.18 Frankfurter Nationalversammlung/ Paulskirchen-Parlament

Am 18. Mai 1848 trat das erste gesamtdeutsche Parlament in der Frankfurter Paulskirche zusammen. Im Rahmen der jeweiligen Landesverfassungen waren insgesamt 812 Abgeordnete und Stellvertreter gewählt worden. Bei einer gesetzlichen Mitgliederzahl von 649 bestand die Frankfurter Nationalversammlung aus 585 Abgeordneten, da in zahlreichen österreichischen Wahlbezirken mit nichtdeutscher Bevölkerung keine Abgeordneten gewählt worden waren. Die Volksvertreter gehörten in ihrer überwiegenden Mehrheit den führenden Schichten des gebildeten Bürgertums an und entsprachen in ihrer Zu-

Eröffnungssitzung der Frankfurter Nationalversammlung am 18. Mai 1848

sammensetzung nicht der sozialen Gliederung des Volkes. Die meisten kamen aus akademischen Berufen, waren höhere Verwaltungsbeamte, Richter, Staatsanwälte oder Rechtsanwälte sowie Universitätsprofessoren. Nur vier Abgeordnete kamen aus dem Handwerk, Arbeiter waren überhaupt nicht vertreten. Man hat deshalb auch von einem „Professoren"- oder „Honoratioren"-Parlament gesprochen.

Das Parlament wählte am 19. Mai den hessischen Liberalen und Mitbegründer der *Burschenschaft* (▷ 7.3), Heinrich Reichsfreiherr von Gagern, zu seinem Präsidenten. Organisierte politische Parteien gab es noch nicht, doch bildeten sich sogleich politische Gruppierungen oder Klubs (benannt nach Frankfurter Gasthöfen), aus denen dann später die Parteien entstanden sind. In der Sitzordnung des Parlaments saßen die Demokraten links, die Liberalen in der Mitte, die Konservativen rechts (vom Parlamentspräsidenten aus gesehen). Als provisorische Zentralgewalt wurde die Position des „Reichsverwesers" geschaffen, der die Reichsgeschäfte bis zur endgültigen Verabschiedung der Verfassung wahrzunehmen hatte. Die Abgeordneten einigten sich auf die Person des österreichischen Erzherzogs Johann. Der deutsche Bundestag löste sich auf. Das Parlament setzte einen Verfassungsausschuß ein, der mit der Ausarbeitung der Grundrechtsbestimmungen begann. Es stellte sich jedoch bald heraus, daß die Nationalversammlung nicht in der Lage war, die provisorische Reichsregierung mit wirklicher politischer und militärischer Macht auszustatten, mit der allein der deutsche Nationalstaat gegen die Sonderinteressen der Einzelstaaten, insbesondere der Großmächte Österreich und Preußen, hätte durchgesetzt werden können. So nahm Preußen den mit Zustimmung des Paulskirchenparlaments geführten Krieg gegen Dänemark – wegen der Einverleibung Schleswigs in den dänischen Reichsverband – keine Rücksicht auf die Nationalversammlung, als es unter dem Druck Großbritanniens und Rußlands am 26. August 1848 mit dem Dänenkönig den unbefriedigenden Waffenstillstand von Malmö schloß; ein Votum der Nationalversammlung gegen das Abkommen blieb wirkungslos und mußte später zurückgenommen werden. Im September mußte die Nationalversammlung sogar preußische und österreichische Waffenhilfe gegen Aufständische in Frankfurt in Anspruch nehmen, die aus nationaler Empörung über den „Verrat von Malmö" die Parlamentarier zwingen wollten, ihre kompromißbereite Einstellung gegenüber den Fürsten aufzugeben und eine Republik anzustreben. Ein Aufstand radikaler Demokraten in Südbaden, die die deutsche Republik ausriefen, wurde von badischen Truppen niedergeschlagen.

In Österreich warfen kaiserliche Truppen nationale Aufstände der Ungarn, Tschechen und Italiener nieder. Bei der Niederschlagung des Wiener Oktoberaufstandes, in dessen Verlauf radikaldemokratische Studenten, Bürger und Arbeiter zeitweise die Stadt beherrschten, wurde von kaiserlichem Militär sogar der Abgeordnete der Frankfurter Nationalversammlung Robert Blum standrechtlich erschossen (9. November 1848).

Während die Parlamentarier in der Nationalversammlung noch über die Grundrechte, die schließlich am 27. Dezember 1848 verabschiedet wurden, diskutierten und bei der Ausarbeitung der *Reichsverfassung* (▷ 7.19) lange über die zukünftige Gestalt des Deutschen Reiches (*großdeutsch oder kleindeutsch?* ▷ 7.20) stritten, hatten die Bundesstaaten, vor allem die beiden Großmächte Österreich und Preußen, ihr Selbstbewußtsein wiedergewonnen, war auch die euphorische Stimmung des Frühjahrs 1848 im Lande einer Ernüchterung gewichen, nicht zuletzt wegen der Radikalisierung der Revolution und der blutigen Ausschreitungen in Frankreich.

Die Nationalversammlung entschied sich endlich mit Mehrheit für die kleindeutsche Reichslösung und für die Wahl des preußischen Königs zum Kaiser in dem neuen Reich. Als dieser aber am 3. April 1849 den Abgeordneten der Nationalversammlung, die ihm seine Wahl zum „Kaiser der Deutschen" mitteilten, eine Absage gab und es ablehnte, die Kaiserkrone aus der Hand der Revolutionäre entgegenzunehmen, war die Nationalversammlung endgültig gescheitert. In den Maiaufständen in Sachsen, Baden und der Pfalz versuchten radikaldemokratische Kräfte die Annahme der Reichsverfassung doch noch zu erzwingen. Sie wurden mit Hilfe preußischer Truppen rasch und endgültig niedergeworfen.

Etwa hundert, vornehmlich radikal-demokratische Abgeordnete bildeten in Stuttgart ein Rumpfparlament, das freilich am 18. Juni 1849 von württembergischem Militär gewaltsam aufgelöst wurde.

7.19 Frankfurter Reichsverfassung

Am 28. März 1849 war von der Nationalversammlung in der Frankfurter Paulskirche die Reichsverfassung verabschiedet worden. Sie war ein Kompromiß zwischen den Vorstellungen der monarchisch-konservativen und denen der liberal-demokratischen Abgeordneten. Die zuvor verkündeten „Grundrechte des deutschen Volkes" (27. Dezember 1848) wurden als Bestandteil in die Reichsverfassung aufgenommen.

Mit den Grundrechten waren erstmalig in der deutschen Geschichte die Freiheitsrechte des einzelnen Bürgers formuliert und in der Verfassung verankert worden, wie sie bereits in der amerikanischen Unabhängigkeitserklärung von 1776 und in der Menschenrechtserklärung der Französischen Revolution von 1789 ausgesprochen worden waren: Freiheit der Person, Freiheit der Meinungsäußerung, Glaubens- und Gewissensfreiheit, Versammlungs- und Koalitionsfreiheit, Gleichheit aller Deutschen vor dem Gesetz, Freizügigkeit innerhalb des Reichsgebietes, Berufsfreiheit, Unverletzlichkeit des Eigentums; die Todesstrafe wurde weitgehend abgeschafft, ebenso abgeschafft wurden alle Standesvorrechte.

Die langwierigen Beratungen der Nationalversammlung drehten sich vor allem um die Frage der äußeren Gestalt und der Staatsform des neuen Reiches. Beide Verfassungsprobleme hingen voneinander ab. Die Frage *großdeutsch oder kleindeutsch?* (▷ 7.20), bei der es im wesentlichen um die Einbeziehung Österreichs in das neue Reich ging, wurde schließlich im Sinne der kleindeutschen Lösung entschieden. In der Frage der Staatsform stritten sich die Anhänger des konservativen, monarchistischen Flügels, die ein Erbkaisertum als oberste Spitze des Reiches wollten, mit den demokratischen und radikalen Abgeordneten, denen eine Volksregierung, eine demokratische Republik vorschwebte. Hier setzten sich die Konservativen mit Unterstützung der Mehrheit der liberalen Abgeordneten durch.

Nach dem Grundsatz der Gewaltenteilung sollte nun die Regierungsgewalt, die Exekutive, bei dem „Kaiser der Deutschen" liegen, zu dem – in der kleindeutschen Lösung – der preußische König Friedrich Wilhelm IV. gewählt wurde, und bei den von ihm ernannten verantwortlichen Ministern. Die Legislative sollte der Reichstag bilden, der aus zwei Kammern bestand: dem Volkshaus aus den nach dem allgemeinen und gleichen Männerwahlrecht gewählten Abgeordneten und dem Staatenhaus, das je zur Hälfte von den Regierungen und den Landtagen der Einzelstaaten beschickt werden sollte.

28 Einzelstaaten erkannten die Reichsverfassung an, aber die Ablehnung der Kaiserkrone durch den preußischen König ließ das gesamte Verfassungswerk scheitern. Der erste Versuch, ein neues geeintes Deutschland zu schaffen und in diesem Staatswesen auch die Rechte des Volkes fest zu verankern, war mißlungen. Die Arbeit der Paulskirchenparlamentarier war dennoch nicht vergebens. Die liberalen und demokratischen Freiheitsbewegungen waren nicht mehr auszulöschen. Alle Bundesstaaten, auch Österreich und Preußen, sahen sich veranlaßt, nun Verfassungen zu erlassen, wenngleich diese ohne Mitwirkung des Volkes zustande kamen. Die Grundrechte der Paulskirchenverfassung sind zum großen Teil in die *Weimarer Verfassung* 1919 (▷ 10.7) aufgenommen worden.

7.20 Großdeutsch oder kleindeutsch?

Dies war die große Streitfrage, mit der sich die Verfassungsväter der Paulskirche 1848/49 lange beschäftigten. Sie hing mit der Frage zusammen, ob das zukünftige Staatsoberhaupt wie im alten, 1806 aufgelösten *Heiligen Römischen Reich deutscher Nation* (▷ 6.8) erneut vom Hause Habsburg, also vom österreichischen Kaiserhaus, gestellt werden sollte. Diesem Gedanken standen anfänglich viele konservative Abgeordnete nahe, vor allem auch süddeutsche Preußengegner. Auch viele der republikanisch gesinnten Demokraten traten für eine großdeutsche Lösung ein. Da Österreich jedoch die Forderung stellte, mit dem gesamten Staatsverband, also auch mit den von nichtdeutscher Bevölkerung bewohnten Gebieten, in das neuzuschaffende

Die sozialen Mißstände in der englischen Industrie (hier Kinderarbeit in einem Bergwerk) gaben Marx und Engels entscheidende Anstöße zur Erarbeitung ihrer sozialistischen Theorien

Reich einzutreten, gingen viele bisherige Großdeutsche zur kleindeutschen Lösung über, die die Identität des Reiches mit den im *Deutschen Bund* (▷7.1) zusammengefaßten deutschen Einzelstaaten unter preußischer Führung vorsah, wie sie bereits der *Deutsche Zollverein* (▷7.13) vorgezeichnet hatte. Da jedoch der preußische König es ablehnte, die ihm angebotene deutsche Kaiserkrone aus der Hand der Revolutionäre entgegenzunehmen, war auch diese Lösung zum Scheitern verurteilt. Auch in der deutschen Politik der folgenden Jahre wurde über die Frage „großdeutsch oder kleindeutsch?" weiterhin gestritten, bis sie durch Bismarcks Einigungspolitik 1866–71 im Sinne des kleindeutschen Nationalstaats unter preußischer Führung und unter Ausschluß Österreich-Ungarns entschieden wurde.

7.21 Kommunistisches Manifest

In den verarmten Unterschichten hatte sich in den Jahrzehnten vor der Revolution von 1848 (▷7.17) noch kein Klassenbewußtsein entwickelt, das zur Ausbildung einer *Arbeiterbewegung* (▷8.8) führen konnte. Auch in den süddeutschen Staaten, die eine Verfassung er-

halten hatten, war jede Art von Zusammenschluß innerhalb der sich zum Proletariat entwickelnden Unterschichten strikt untersagt. So entstanden erste politische Vereinigungen mit bewußt sozialistischen Zielvorstellungen zwangsläufig im benachbarten Ausland, in der Schweiz, in Frankreich und in Großbritannien, überall dort, wo sich politische Emigranten zusammenfanden. Einer dieser Zusammenschlüsse war der 1837 gegründete „Bund der Gerechten" in Paris, aus dem unter dem Einfluß von *Karl Marx* (▷8.6) und Friedrich Engels 1847 der „Bund der Kommunisten" entstand. Als politisches Programm dieses Bundes veröffentlichten Marx und Engels im Februar 1848 in London das „Manifest der Kommunistischen Partei". Es enthielt bereits die wesentlichen Grundsätze der politischen Theorie des Marxismus. Mit seinen späteren Werken, vor allem dem ab 1867 erschienenen „Kapital", zielte Marx dann darauf, dem politischen Kampf der Arbeiterklasse eine umfassende wissenschaftliche Grundlage zu geben.

Das Kommunistische Manifest, wie es künftig meist genannt wurde, verkündete die Lehre vom Klassenkampfcharakter der ganzen bisherigen Geschichte. Der dauernde Kampf zwischen den Besitzenden und den Besitzlosen, den Freien und Sklaven, den Unterdrükkern und den Unterdrückten werde mit den Sieg des Proletariats über die Bourgeoisie in der kommunistischen Revolution beendet werden. Sie werde der Ausbeutung der Massen durch die kleine Schicht der Herrschenden ein Ende setzen, die Diktatur des Proletariats errichten und der Bourgeoisie die Produktionsmittel entreißen. Endziel sei eine klassenlose Gesellschaft, in der die politische Gewalt des Staates überflüssig geworden sei. Der Kampfruf „Proletarier aller Länder, vereinigt Euch!", mit dem das Manifest schloß, wies auf die internationale Zielrichtung hin. Die deutschen Proletarier wurden von Marx aufgefordert, die bevorstehende bürgerliche Revolution in Deutschland voll zu unterstützen, da sie das Vorspiel zu der kommenden proletarischen Weltrevolution sei. In der bürgerlichen Revolution 1848/49 hat das Manifest jedoch noch keine wesentliche Bedeutung gewonnen; langfristig aber hat es einen außerordentlich starken Einfluß auf die internationale *Arbeiterbewegung* (▷8.8) ausgeübt.

Daten

8. Juni 1815	Deutsche Bundesakte
26. Sept. 1815	Heilige Allianz
5. Sept. 1816	Eröffnung des Bundestages in Frankfurt am Main
18./19. Okt. 1817	Wartburgfest
1818	konstitutionelle Verfassungen in Bayern und Baden
18. Okt. 1818	Gründung der Deutschen Burschenschaft in Jena
23. März 1819	Ermordung Kotzebues in Mannheim
20. Sept. 1819	Karlsbader Beschlüsse
8. Juli 1820	Wiener Schlußakte
1830/31	Unruhen im Gefolge der französischen Julirevolution
27.–30. Mai 1832	Hambacher Fest
28. Juni 1832	Sechs Artikel (Bundesbeschluß gegen die liberale Opposition)
3. April 1833	Frankfurter Wachensturm
1834	Deutscher Zollverein
12. Juni 1834	Sechzig Artikel (Bundesbeschluß mit weiteren Rechtsbeschränkungen)
1835–1848	Kaiser Ferdinand I. von Österreich
7. Dez. 1835	Jungfernfahrt der 1. deutschen Eisenbahn (Nürnberg–Fürth)
1840–1861	König Friedrich Wilhelm IV. von Preußen
1844	Weberaufstand in Schlesien
Febr. 1848	Kommunistisches Manifest
13. März 1848	Beginn der Märzrevolution in Wien (Flucht Metternichs)
18. März 1848	Beginn der Märzrevolution in Berlin
20. März 1848	Abdankung König Ludwigs I. von Bayern
31. März–3. April 1848	Vorparlament in Frankfurt am Main
April 1848	1. republikanischer Aufstand in Baden (Hecker, Struwe, Herwegh)
April–Aug. 1848	1. Deutsch-Dänischer Krieg
15. Mai 1848	2. Aufstand in Wien (gesamtösterreichischer Reichstag erzwungen)
18. Mai 1848	Zusammentritt der Frankfurter Nationalversammlung
19. Mai 1848	Heinrich von Gagern Präsident der Nationalversammlung
16. Juni 1848	Pfingstaufstand in Prag
29. Juni 1848	Erzherzog Johann von Österreich Reichsverweser
26. Aug. 1848	preußisch-dänischer Waffenstillstand von Malmö
18. Sept. 1848	Aufstand in Frankfurt am Main
21.–25. Sept. 1848	2. republikanischer Aufstand in Baden
6.–31. Okt. 1848	3. Aufstand in Wien
9. Nov. 1848	Erschießung Robert Blums
2. Dez. 1848	Abdankung Kaiser Ferdinands I.
1848–1918	Kaiser Franz Joseph I.
5. Dez. 1848	Verkündung der „oktroyierten Verfassung" in Preußen
27. Dez. 1848	Verabschiedung der Grundrechte
28. März 1849	Verabschiedung der Reichsverfassung
3./28. April 1849	Ablehnung der Kaiserkrone durch Friedrich Wilhelm IV.
April/Mai 1849	Aufstände für die Durchsetzung der Reichsverfassung (u. a. in Dresden)
12.–16. Mai 1849	3. republikanischer Aufstand in Baden
26. Mai 1849	Dreikönigsbündnis zwischen Preußen, Hannover und Sachsen
30. Mai 1849	preußisches Wahlgesetz (Dreiklassenwahlrecht)
6.–18. Juni 1849	Rumpfparlament in Stuttgart
10. Dez. 1849	Rücktritt des Reichsverwesers Erzherzog Johann

Kapitel 8: Reaktion und Bismarckzeit (1850–1890)

Einführung

Die Jahre nach dem Scheitern der Revolution von 1848 werden als „Reaktionszeit" bezeichnet, d. h. als eine Phase, die durch starres Festhalten an überholten politischen und gesellschaftlichen Verhältnissen geprägt ist. Tatsächlich schien es so, als ob das vorrevolutionäre Deutschland wiederhergestellt wäre: Die deutsche Nationalbewegung hatte mit der Erneuerung des Deutschen Bundes unter der Führung Österreichs eine schwere Schlappe erlitten; die liberale und demokratische Bewegung war mit der Beseitigung der Frankfurter Reichsverfassung und der Verfolgung aller, die revolutionärer Umtriebe verdächtig waren, mundtot gemacht. Dennoch hatte die Revolution tiefe Spuren hinterlassen. Selbst in Preußen gab es jetzt eine Verfassung und eine Volksvertretung, wenngleich die politische Ordnung und das Dreiklassenwahlrecht keineswegs demokratischen Vorstellungen entsprachen.

Als 1858 Prinz Wilhelm von Preußen die Regentschaft für seinen nicht mehr regierungsfähigen Bruder Friedrich Wilhelm IV. übernahm, erwarteten die Liberalen eine „Neue Ära". Wilhelm berief wirklich ein liberaleres Ministerium, und der innenpolitische Druck der Verfolgungen ließ nach. Weitergehende Hoffnungen erwiesen sich allerdings als unbegründet. Das zeigte sich in dem Verfassungskonflikt zwischen der Krone und der liberalen Mehrheit des Abgeordnetenhauses um eine Heeresreform. Im Verlauf dieser Auseinandersetzung wurde 1862 der Konservative Otto von Bismarck zum preußischen Ministerpräsidenten ernannt.

Bismarck war in den 50er Jahren als preußischer Gesandter am Bundestag in Frankfurt am Main mit den Schwierigkeiten eines friedlichen Dualismus zwischen Preußen und Österreich vertraut geworden. Nachdem der Versuch Preußens, auf antirevolutionärem Wege eine Union deutscher Staaten unter preußischer Führung zustande zu bringen, mit der Olmützer Punktation von 1850 fehlgeschlagen war, hatte sich ein offener politischer und militärischer Gegensatz zwischen den beiden deutschen Großmächten herausgebildet. Bismarck, der ursprünglich die Partnerschaft mit Österreich aus monarchisch-absolutistischer Tradition als ein selbstverständliches Erbe ansah, entwickelte sich im diplomatischen Kampf um die Gleichberechtigung Preußens in der Führung des Deutschen Bundes zum entschiedenen Verfechter des preußisch-kleindeutschen Nationalstaatsgedankens, also einer Einigung Deutschlands unter Ausschluß des Vielvölkerstaats Österreich.

Der preußisch-österreichische Gegensatz geriet in Bewegung, als Österreich 1859 Krieg gegen Piemont-Sardinien und Frankreich führte. Während der französische Kaiser Napoleon III. als Vorkämpfer der nationalen Einheit Italiens auftrat, verteidigte Österreich in Oberitalien nichtnationale und damit vielfach als überlebt empfundene Interessen. Trotzdem gab es viele Befürworter einer militärischen Unterstützung Österreichs durch den Deutschen Bund. Aber obwohl das österreichische Heer bei Magenta und Solferino (4. und 24. Juni 1859) blutige Niederlagen erlitt, kam es nicht zu einer positiven Entscheidung, vor allem weil Preußen aus Sorge vor einer gesamteuropäischen Ausweitung des Krieges zögerte.

Für die italienischen Staaten bildete der Krieg den Auftakt zur Entstehung des Königreichs Italien. Dieser Erfolg gab auch der deutschen Nationalbewegung Auftrieb. In Österreich führte die Niederlage zu einer verfassungsmäßigen Neuordnung: Das zentralistische und innenpolitisch reaktionäre „Silvesterpatent" von 1851 wurde schrittweise durch eine liberalere Verfassung abgelöst, die auch den nichtdeutschen Nationalitäten Mitspracherechte einräumte. Nach der Niederlage Österreichs gegen Preußen kam es 1867 zur staatsrechtlichen Umwandlung der Habsburgermonarchie, die dann bis 1918/19 Österreich-Ungarn hieß.

In Preußen gab der Krieg von 1859 Anstoß zu den Heeresreformplänen, die zum Verfassungskonflikt und zum Ende der Neuen Ära führten. Bismarck rückte seit seiner Ernennung zum Ministerpräsidenten ganz in das Zentrum der preußischen wie der deutschen Politik, so daß man die von ihm geprägte Epoche als „Bismarckzeit" bezeichnet. Wenn es auch immer etwas fragwürdig ist, einen bestimmten Zeitabschnitt nach einer einzelnen geschichtlichen Persönlichkeit zu benennen, so erscheint dies im Falle Bismarcks doch als gerechtfertigt: Er gilt nicht nur mit Recht als der eigentliche Gründer des Deutschen Reiches, dessen Verfassung mit der starken Stellung des Reichskanzlers ganz auf ihn zugeschnitten war, sondern er übte auch auf die Entwicklung der Kräfte und Strömungen seiner Zeit, denen er innerlich völlig fern stand, beträchtlichen Einfluß aus. So bediente er sich geschickt der Unterstützung des rechten Flügels der Liberalen, der sich 1867 in der Nationalliberalen Partei zusammenschloß, bei der Einigung Deutschlands „von oben", d. h. durch die Machtmittel des preußischen Staates, wobei das eigentliche liberale Ziel, der freiheitliche Rechtsstaat, zumindest teilweise in den Hintergrund trat.

Das deutsche Kaiserreich entstand durch drei Kriege unter preußischer Führung: 1864 – noch gemeinsam mit Österreich – gegen Dänemark um Schleswig-Holstein, 1866 gegen Österreich – woraufhin als Vorläufer des Deutschen Reiches der Norddeutsche Bund gegründet wurde – und 1870/71 gegen Frankreich. Als entscheidender Akt der Reichsgründung galt die Proklamation Wilhelms I. von Preußen zum Deutschen Kaiser am 18. Januar 1871 im Spiegelsaal des Versailler Schlosses. Nicht nur die führende Rolle Preußens bei der Reichsgründung und die Verklammerung von preußischer und deutscher Regierungsspitze, sondern auch das gebiets- und bevölkerungsmäßige Übergewicht Preußens machten dieses zum tonangebenden Bundesmitglied. Man hat – vor allem im Hinblick auf die zunehmende Verbreitung der auffallendsten preußischen Tradition, der Überbewertung militärischer Tugenden auch im zivilen Bereich – von einer „Verpreußung" Deutschlands gesprochen. Andererseits ist nicht zu verkennen, daß die Herrschaft Preußens über das Reich sein allmähliches Aufgehen im Reich einleitete.

War das Deutsche Reich auch ein Bund souveräner Fürsten, kein Zusammenschluß des deutschen Volkes, so wurde die Reichsgründung doch von der überwältigenden Mehrheit der Deutschen begrüßt. Die nationale Begeisterung ließ nur allzu leicht vergessen, daß die Machtzusammenballung in der Mitte Europas den Nachbarstaaten als Gefahr für das Mächtegleichgewicht erscheinen mußte. Bismarck war sich dieser Tatsache stets bewußt, und er versuchte daher, durch eine betont maßvolle Außenpolitik und ein kunstvolles Bündnissystem das auf Revanche bedachte Frankreich zu isolieren und die europäischen Interessengegensätze nach außen, besonders in die koloniale Rivalität abzuleiten. Dem von der Öffentlichkeit geforderten Erwerb deutscher Kolonien stand er lange ablehnend gegenüber. Als ihm keine andere Wahl blieb, versuchte er die Errichtung deutscher „Schutzgebiete" durch eine Verständigung mit Großbritannien abzusichern.

In der Innenpolitik führte Bismarck weitaus weniger souverän und erfolgreich Regie. Vermutete er zuerst in der neuentstandenen katholischen Zentrumspartei den Hauptgegner des preußisch-protestantischen Kaiserreichs, den er durch den „Kulturkampf" in die Knie zwingen wollte, so war später die Sozialdemokratie mit ihren internationalen Verflechtungen der „Reichsfeind", den er mit dem Sozialistengesetz (1878) bekämpfte. In beiden Fällen ist Bismarck gescheitert; Zentrum und sozialdemokratische Partei wurden zu tragenden Elementen der deutschen Politik. Angesichts der sozialistenfeindlichen Politik konnte es auch der weithin als vorbildlich gerühmten Sozialgesetzgebung der 80er Jahre nicht gelingen, die Arbeiterschaft für den Bismarckstaat zu gewinnen.

163

8.1 Dreiklassenwahlrecht in Preußen

Nach dem Scheitern des ersten gesamtdeutschen Parlaments in Frankfurt am Main im Frühjahr 1849 setzte sich in den meisten deutschen Staaten die Reaktion durch. Viele der in den Tagen der Märzrevolution errungenen Rechte gingen den Landtagen wieder verloren.

In Preußen hatte König Friedrich Wilhelm IV. die Tätigkeit der preußischen verfassunggebenden Nationalversammlung (22. 5. bis 5. 12. 1848), die weitergehende Forderungen (u. a. Periodizität der Sitzungen, Steuerbewilligungsrecht) als die Frankfurter Nationalversammlung erhoben hatte, rigoros mit Hilfe des Militärs beendet. Am 5. Dezember 1848 erließ er ohne parlamentarische Mitwirkung eine Verfassung, die – da „von oben" aufgezwungen – als „oktroyierte" Verfassung bezeichnet wurde. Diese noch relativ liberale Verfassung wurde schon im Mai 1849 einer konservativen Revision unterzogen. Das neue Wahlgesetz vom 30. Mai 1849 legte für die Wahlen zur zweiten Kammer, die sich aus den gewählten Volksvertretern zusammensetzte, während die erste Kammer, das Herrenhaus, den Prinzen der königlichen Familie und dem Adel vorbehalten blieb, ein Dreiklassenwahlrecht fest.

Nach diesem Wahlrecht wurde die Bevölkerung nach ihrer Steuerleistung in drei Klassen eingeteilt. Jede dieser drei Steuerklassen hatte die gleiche Anzahl von Wahlmännern zu wählen, die dann die Abgeordneten wählten. In der 1. Klasse der am höchsten Besteuerten waren die Unternehmer und Fabrikherren, sie hatten 1849 nur 4,7 % Anteil an der Gesamtbevölkerung, die 2. Klasse hatte 12,6 %, während in der 3. Klasse, in der 82,6 % der Bevölkerung stimmten, auch nicht mehr Wahlmänner aufgestellt werden konnten als in jeder der beiden anderen Klassen; 1908 stimmten in der 1. Klasse 4 %, in der 2. Klasse 14 % und in der 3. Klasse 82 %, die ungleiche Verteilung der Stimmen hatte sich also nicht geändert. Dieses Wahlrecht entsprach den Vorstellungen des mit der Industrialisierung rasch zu Ansehen und wirtschaftlicher Macht aufgestiegenen Großbürgertums, der „Bourgeoisie". Viele dieser Bürger, die anfänglich den Ereignissen der Revolution im Frühjahr und Sommer 1848 durchaus positiv gegenübergestanden hatten, waren jetzt aus Furcht vor den sozialen Konsequenzen der Revolution und der Parlamentarisierung eher bereit, die Maßnahmen des Königs zur Wiederherstellung der Ruhe und Ordnung im Lande zu akzeptieren. Das Wahlgesetz von 1849 war in Preußen bis 1918 gültig.

Karikatur von 1893 zum preußischen Dreiklassenwahlrecht

8.2 Liberales Musterland Baden

Im Gegensatz zu Preußen und Österreich und den meisten Mittel- und Kleinstaaten, in denen nach dem Scheitern der Revolution und der *Frankfurter Nationalversammlung* (▷ 7.18) nahezu alle liberalen Errungenschaften in der Zeit der Reaktion wieder zurückgenommen wurden, bemühte sich das Königreich Bayern zunächst mit Erfolg, die liberale Reformpolitik fortzusetzen; auch das Großherzogtum Baden vermochte einen gemäßigten liberal-konservativen Kurs aufrechtzuerhalten.

Bereits mit seiner Verfassung von 1818, die beiden Kammern weitgehende Rechte eingeräumt hatte, und mit einem für diese Zeit fortschrittlichen Wahlgesetz, einem Dreiklassenwahlrecht, war Baden für die liberale Bewegung zu einem Vorbild geworden. Das im März 1832 erlassene Preßgesetz hob sogar die Zensur für öffentliche Erörterung innenpolitischer Fragen gegen geltendes Bundesrecht auf; es galt aber nur bis Juli 1832. Damit war nun jedoch der Weg geebnet für die Ausbildung des demokratischen Radikalismus, der sich vor und während der Revolutionsjahre 1848/49 gerade in Baden durch wiederholte Aufstände bemerkbar machte und im Sommer 1849 erst durch den Einsatz preußischer Truppen endgültig niedergeschlagen werden konnte.

Diese „Auswüchse" der Revolution führten jedoch nicht zu einer nun besonders verhärteten Reaktionspolitik der Regierung in Baden. Vielmehr wurde der liberal-konservative Regierungskurs bald wieder aufgenommen. Friedrich I., Regent des Landes seit 1852 und Großherzog seit 1856, wurde zum Garanten für eine liberale Politik, die mit Reformen in Staat und Gesellschaft das Land Baden zum „liberalen Musterland" werden ließen. Verantwortlich für diese Politik war Friedrichs politischer Berater und späterer Außenminister Franz von Roggenbach, eine der stärksten Persönlichkeiten der Zeit und entschlossener Gegner der Bismarckschen Innenpolitik. – Friedrich war der Kopf der liberalen Fürstengruppe, zu der auch sein Schwager, der preußische Kronprinz, gehörte. Er befürwortete die kleindeutsche Lösung unter preußischer Führung und spielte in den Verhandlungen vor der *Reichsgründung* (▷ 8.22) eine wichtige vermittelnde Rolle. Baden blieb der einmalige und einzigartige Fall einer beständigen Zusammenarbeit zwischen Monarchie und Liberalismus.

8.3 Preußisch-österreichischer Dualismus

Der preußische König Friedrich Wilhelm IV. hatte die ihm von einer Delegation der *Frankfurter Nationalversammlung* (▷ 7.18) angebotene Kaiserkrone zurückgewiesen und damit das Scheitern des Paulskirchen-Parlaments eingeleitet. Jetzt versuchte er selbst, in Absprache mit anderen Monarchen, einen kleindeutschen Bundesstaat unter preußischer Führung aufzubauen und diese „Union" in einem erweiterten Bund mit dem Kaiserstaat

Österreich zusammenzuschließen. Da jedoch Österreich sich seinen Plänen widersetzte und Rußland Einspruch erhob, mußte er in die Wiederherstellung des *Deutschen Bundes* (▷ 7.1) von 1815 einwilligen und sich noch dazu damit abfinden, daß Österreich, wie bisher, den alleinigen Vorsitz innehatte.

In Preußen wurde diese Abmachung von Olmütz, die Olmützer Punktation von 1850, als schwere diplomatische Niederlage empfunden. Fortan kam es im Deutschen Bund zu einem zähen Rivalitätskampf zwischen den beiden deutschen Großmächten, bei dem Preußen immer wieder seine durch die schnelle Industrialisierung rasch wachsende wirtschaftliche Macht, die noch durch den unter seiner Regie stehenden *Deutschen Zollverein* (▷ 7.13) unterstrichen wurde, auszuspielen wußte.

Neben diesen beiden Mächten gab es das „Dritte Deutschland", die Mittel- und Kleinstaaten und die vier freien Reichsstädte mit zusammen 17,5 Millionen deutscher Bürger (Preußen hatte 17 Millionen Einwohner, Österreich-Ungarn 39 Millionen).

Dieses „Dritte Deutschland" bemühte sich, im Deutschen Bund als eigenständige Kraft, als das „reine" Deutschland aufzutreten und selbständige Politik zu machen. Aus Furcht vor einem Überhandnehmen der preußischen Militärmacht neigte diese Staatengruppe mehr zu einer Zusammenarbeit mit Österreich, andererseits forderten ihre wirtschaftlichen Interessen und die Attraktivität der wirtschaftlichen Verbindungen zur preußischen Industrie eine gemeinsame Politik mit Preußen.

Zunehmend zeigte sich, daß im Deutschen Bund der Gestaltungsraum für zwei sich so unterschiedlich entwickelnde Großmächte zu eng war, zumal der preußische Gesandte am Bundestag, *Otto von Bismarck* (▷ 8.11), entschieden für die volle Gleichberechtigung Preußens mit dem Kaiserstaat eintrat. Nachdem er preußischer Ministerpräsident geworden war (1862), betrieb er ganz gezielt eine Politik, die zwangsläufig diesen unbefriedigenden Zustand des Dualismus über kurz oder lang beenden mußte. Dabei schloß er auch eine Entscheidung auf dem Schlachtfeld nicht aus. Bei Königgrätz 1866 (*Deutscher Krieg*, ▷ 8.14) fiel dann diese Entscheidung zugunsten Preußens.

8.4 Industrielle Revolution

Mit dem Begriff „industrielle Revolution" wird ein Entwicklungsvorgang beschrieben, der mit den bahnbrechenden Erfindungen der Dampfmaschine, der Spinnmaschine und des mechanischen Webstuhls in England gegen Ende des 18. Jahrhunderts begann, in Deutschland in der ersten Hälfte des 19. Jahrhunderts seine ersten Auswirkungen zeigte und ab 1850 bis zum Ende des Jahrhunderts in immer schnellerem Tempo zu einer totalen Veränderung in nahezu allen Lebensbereichen führte. Die industrielle Revolution vollzog die Umwandlung der bisherigen Agrargesellschaft in die Industriegesellschaft unserer Zeit.

Vier Fünftel der deutschen Bevölkerung hatten noch 1830 in der Landwirtschaft ihren Lebensunterhalt gefunden. Fünfzig Jahre später war es nur noch knapp die Hälfte der Bevölkerung. Fabriken entstanden, Massenfabrikation ersetzte die frühere handwerkliche Einzelanfertigung. In Gebieten, die über gute Rohstoffvorräte verfügten, entwickelten sich Großbetriebe, die die Massen der arbeitslos gewordenen Handwerksgesellen, der verarmten und besitzlosen Kleinbauernsöhne anzogen. Aus winzigen Dörfern im Bereich der entstehenden Fabrikanlagen wuchsen in wenigen Jahren Arbeiterstädte empor, Industriereviere entstanden.

Der rasche Ausbau eines Eisenbahnnetzes und die beginnende Dampfschiffahrt revolutionierten zugleich das Verkehrswesen. Jetzt erst wurde ein lohnender, umfangreicher Gütertransport möglich. Der Eisenbahnbau führte mit dem schnellen Ausbau der Bahnverbindungen zu einem stürmischen Anstieg der Eisen- und Stahlindustrie, entsprechend entwickelte sich der Bergbau. Deutsche Großfirmen wie Krupp, Klöckner, Mannesmann im Ruhrgebiet, Borsig in Berlin errangen Weltruf. Zur Finanzierung industrieller Vorhaben, die die Möglichkeiten einzelner Unternehmer weit überstiegen, entstanden Kapitalgesellschaften, meist in der Form von Aktiengesellschaften; Großbanken wurden

Stahlerzeugung nach dem Bessemer-Verfahren in den Essener Krupp-Werken. Holzstich von 1890

Volksküche in Berlin (1893). Solche Einrichtungen der Armenfürsorge konnten freilich die soziale Frage nicht lösen

gegründet. Das Ruhrgebiet entwickelte sich zu einem der größten Industrieräume in Europa. Durch Erfindungen, vor allem auf dem Gebiet der Chemie, modernisierte sich auch die Landwirtschaft. Die neuen Erkenntnisse der „Agrikulturchemie" schufen mit der künstlichen Düngung wesentlich höhere Ernteerträge, so daß die Ernährung der rapide wachsenden Bevölkerung sichergestellt werden konnte. Auch die in den Anfängen der Industrialisierung und der damit verbundenen Umschichtung der Bevölkerung aufgetretene Massenarbeitslosigkeit und Massenverarmung, der sogenannte Pauperismus, wurde jetzt überwunden.

8.5 Die soziale Frage

Mit den durch die rasche Industrialisierung verursachten gesellschaftlichen Veränderungen, die ganze Bevölkerungsschichten aus ihren jahrhundertealten Lebenskreisen und -bindungen herausrissen, entwurzelten und in Not und Armut stürzten, entstand auch die soziale Frage. Sie stellte die Diskrepanz zwischen wirtschaftlichem Aufschwung einerseits und den krassen sozialen Mißständen andererseits fest und führte zu Überlegungen und Initiativen, wie den Mißständen am wirkungsvollsten und schnellsten begegnet werden könnte.

In der Phase der beginnenden Industrialisierung waren durch den gleichzeitigen Rückgang des Handwerks Tausende von Handwerksgesellen arbeitslos geworden. Sie strömten in die Fabriken und Industriestädte ebenso wie die besitzlosen Landarbeiter und verarmten Kleinbauern, mit denen zusammen sie das Industrieproletariat bildeten. Ein Teufelskreis war entstanden durch Bevölkerungsexplosion und Landflucht, die das Arbeitskräfteangebot vermehrten, was wiederum die Löhne drückte und zur Ausnutzung der billigeren Frauen- und Kinderarbeit führte. Nur die Tätigkeit mehrerer Personen konnte einer Familie das Existenzminimum sichern. Hinzu kam für die junge deutsche Industrie der ausländische, v. a. britische Konkurrenzdruck, dessen sich die Industriellen durch rigorosen Lohndruck zu erwehren suchten. Die Arbeitszeiten lagen zwischen 12 und 14 Stunden, oft noch darüber. Sicherheitsmaßnahmen am Arbeitsplatz waren völlig ungenügend, die Unfallhäufigkeit war groß. Die Folge dieser Verhältnisse waren Armut, fehlende Ausbildung, psychische und physische Schäden der Arbeiter auf Grund der mangelhaften Arbeits- und Wohnverhältnisse; die aus dem Boden schießenden, kasernenartigen Arbeiterwohnunterkünfte waren äußerst dürftig, ja menschenunwürdig. Unter diesen Bedingungen war die Lebenserwartung gering.

*Karl Marx (links) und Friedrich Engels
auf einem Familienphoto*

Der Tod des Ernährers, Krankheit, Arbeitsunfähigkeit durch Unfall, kurzfristige Kündigung, Arbeitslosigkeit bei konjunkturellen Schwankungen waren Ereignisse, die die Existenz ganzer Familien bedrohten. Hinzu kamen der Verlust der sozialen Bindungen und die Umstellung auf die kapitalistische Produktionsweise.

Versuche, diesen unhaltbaren Zuständen wirkungsvoll zu begegnen, kamen zuerst von einzelnen Persönlichkeiten, vor allem aus den Kirchen. Es kam zur Bildung kirchlicher Organisationen und Hilfswerke. Nach und nach wurde auch das Verbot der Kinderarbeit durchgesetzt. Auch einzelne Unternehmer suchten in patriarchalischer Manier die Probleme zu lösen; sie hatten den Wunsch, in ihren Werken einen festen Stamm von Arbeitern zu beschäftigen, und strebten eine Art Treueverhältnis an. Unterstützungskassen bei Krankheit und Invalidität wurden eingerichtet, hier und da entstanden Werkswohnungen, Konsumanstalten und Kantinen.

Allmählich erwachten auch in der Arbeiterschaft Kräfte und Initiativen, diesen Zuständen zu begegnen. Handwerkerbünde und Arbeitervereine wurden gegründet, um zunächst im regionalen Bereich Verbesserungen der Lebens- und Arbeitsverhältnisse zu erzielen. Sie sind die Anfänge der Arbeiterbewegung.

8.6 Karl Marx

Geboren am 5. Mai 1818 in Trier als Sohn einer von Rabbinern abstammenden jüdischen Familie, die 1824 zum Protestantismus übertrat, studierte Marx 1835 in Bonn und ab 1836 in Berlin Jura, Philosophie und Geschichte und promovierte 1841 an der Universität Jena. Nach vergeblichen Bemühungen, in die Hochschullaufbahn übernommen zu werden, war er an der „Rheinischen Zeitung" in Köln tätig, mußte aber bereits im März 1843 wegen seiner kritischen Artikel zur politischen und sozialen Situation ausscheiden. Die Zeitung wurde verboten.

Im Juni 1843 emigrierte er nach Paris. Hier begann seine lebenslange Freundschaft und Zusammenarbeit mit dem Fabrikantensohn Friedrich Engels. Aus Paris auf Betreiben der preußischen Regierung 1845 ausgewiesen, zog Marx nach Brüssel. Hier verfaßte er zusammen mit Engels im Auftrage des Londoner Bundes der Kommunisten das im Februar 1848 veröffentlichte *Kommunistische Manifest* (▷ 7.21).

Während der Revolutionsjahre 1848/49 nach Köln zurückgekehrt, gab er dort die „Neue Rheinische Zeitung" heraus, die dem linken Flügel der Demokraten nahestand und in der er eine einheitliche deutsche Republik und den gemeinsamen Kampf der deutschen Staaten gegen das reaktionäre Rußland forderte. Nach dem Scheitern der Revolution ging Marx im August 1849 nach London ins Exil. Hier widmete er sich seinem Hauptanliegen, einer kritischen Darstellung des Kapitalismus und der kapitalistischen Produktionsweise. Kern seines wissenschaftlichen Hauptwerkes ist die 1859 veröffentlichte „Kritik der politischen Ökonomie" (1867 nochmals im ersten Band des „Kapitals" vorgelegt), in der er die Produktionsverhältnisse einer Gesellschaft in ihren Wirkungen auf die allgemeinen gesellschaftlichen Verhältnisse genauer zu analysieren versucht. Mit seinen zahlreichen Veröffentlichungen wurde Marx zusammen mit Engels einer der Führer der neuen Bewegung des Sozialismus. An der am 28. September 1864 in London gegründeten Internationalen Arbeiterassoziation, der ersten Internationale, war Marx maßgeblich beteiligt.

Mit der nach 1871 sich rasch entwickelnden deutschen *Arbeiterbewegung* (▷ 8.8) stand Marx über persönliche und briefliche Kontakte in Verbindung; die Entwicklung der ersten deutschen Arbeiterpartei zur Sozialdemokratie und ihr Gothaer Programm von

1875 kritisierte er durch seine „Randglossen" zum Gothaer Programm. Marx gab mit seinen theoretischen Arbeiten der Sozialismusbewegung eine wissenschaftliche Grundlage, die in unterschiedlicher Auslegung von den überall entstehenden sozialistischen und sozialdemokratischen Parteien als ideologisches Fundament übernommen wurde. Marx starb am 14. März 1883 in London; der größere Teil seines Hauptwerkes „Das Kapital" wurde von Friedrich Engels erst nach seinem Tode veröffentlicht.

8.7 Sozialismus

Die Lehre des Sozialismus verbreitete sich vor allem seit Beginn des 19. Jahrhunderts mit der Durchsetzung der industriellen Produktionsweise, dem sich mit ihr entfaltenden kapitalistischen Wirtschaftssystem und der sich immer dringlicher stellenden *sozialen Frage* (▷ 8.5). Bereits vor dem Entstehen der industriellen Gesellschaft gab es dem Sozialismus vergleichbare oder ihn vorbereitende Lehren, so vor allem im Frankreich des 18. Jahrhunderts, wo Kritik am Privateigentum geübt und u. a. durch Noël Babeuf Gesellschaftsutopien entwickelt worden waren, die durchaus als Vorläufer sozialistischer und kommunistischer Ordnungsvorstellungen anzusehen sind.

Die Kritik des Sozialismus an den bestehenden gesellschaftlichen Verhältnissen bezieht sich nicht auf die Funktionsfähigkeit einer Gesellschaft, sondern orientiert sich an den Interessen der Bevölkerungsschichten, die an der Herrschaftsausübung nicht teilhaben oder dieser Gesellschaft entfremdet sind. Der Sozialismus klagt deshalb die jeweils bestehende Ordnung an, die Armut, Unrecht, Abhängigkeit und Unterdrückung zuläßt, entwickelt als Gegenmodell die Utopie einer besseren Ordnung nach dem Prinzip der sozialen Gleichheit und Gerechtigkeit und der Möglichkeit, die materiellen Bedürfnisse aller zu befriedigen, um dann den Versuch zu unternehmen, die kritisierte Ordnung – wenn nötig, mit Gewalt – zu stürzen.

In dem von *Karl Marx* (▷ 8.6) entwickelten proletarischen Sozialismus war der Arbeiterklasse die führende Rolle im Kampf um die Verwirklichung des Sozialismus, mit dem eines Tages die klassenlose Gesellschaft erreicht werden sollte, zugewiesen worden. In der bürgerlichen Revolution von 1848/49 in Deutschland spielten sozialistische Forderungen und Ideen – ganz im Gegensatz zu Frankreich – noch keine wesentliche Rolle. Erst in der letzten Phase, als die *Frankfurter Nationalversammlung* (▷ 7.18) bereits gescheitert war, verstärkten sich in den verschiedenen Aufstandsversuchen sozialistische Tendenzen.

Der Sozialismus war von Anfang an international. Die soziale Gleichheit aller Menschen und aller Klassen über alle Grenzen hinweg, alle Völker und Rassen einschließend, wurde eine Grundforderung des Sozialismus, wie sie Marx und Engels schon im Kommunistischen Manifest von 1848 mit dem Aufruf zur Vereinigung der Proletarier aller Länder formuliert hatten.

8.8 Arbeiterbewegung

Die katastrophale Lage, in die große Teile der Bevölkerung in Deutschland durch den mit der Industrialisierung ausgelösten Umschich-

Ferdinand Lassalle

tungsprozeß in der ersten Hälfte des 19. Jahrhunderts geraten waren, führte zu ersten Zusammenschlüssen der besonders Betroffenen, der lohnabhängigen Arbeiter, mit dem Ziel, die völlig unzureichenden sozialen, wirtschaftlichen und politischen Verhältnisse zu verändern und zu verbessern. Die Hungerrevolte der schlesischen Weber 1844, der sogenannte Weberaufstand, hatte gezeigt, daß die verzweifelten, ausgebeuteten und am Rande des Existenzminimums dahinvegetierenden Menschen nicht mehr bereit waren, ihre Situation als gottgewollt hinzunehmen. Da die staatlichen Behörden hinter der Revolte revolutionäre Bestrebungen vermuteten und die Ordnung gestört sahen, wurde der Aufstand vom preußischen Militär blutig niedergeschlagen. Zur Vorbeugung gegen ähnliche Ereignisse verboten die Polizeibehörden jede Zusammenkunft und Vereinsbildung unter den Arbeitern. So entstanden die ersten deutschen Arbeiterorganisationen von Exilgruppen im westlichen Ausland her: in der Schweiz, in Paris und London. Einer dieser Bünde war der Bund der Kommunisten mit Sitz in London, für den *Karl Marx* (▷ 8.6) und Friedrich Engels das Kommunistische Manifest verfaßt hatten. Nach dem Scheitern der Revolution 1848/49 wurden in der Reaktionszeit alle in Deutschland vereinzelt entstandenen Zusammenschlüsse örtlicher Arbeitergruppen sofort wieder aufgelöst, während die Exilgruppen im westlichen Ausland weiter arbeiten konnten.

In Deutschland kam es daher erst Anfang der 1860er Jahre zur Entstehung politischer Arbeiterorganisationen. 1863 gründete Ferdinand Lassalle in Leipzig den „Allgemeinen Deutschen Arbeiterverein", gleichzeitig entstand der liberal-demokratische „Vereinstag Deutscher Arbeitervereine", aus dem 1869 in Eisenach unter Führung *August Bebels* (▷ 8.29) und Wilhelm Liebknechts die „Sozialdemokratische Arbeiterpartei" hervorging. Beide Organisationen lehnten den gewaltsamen Klassenkampf ab. Lassalle forderte das allgemeine und gleiche Wahlrecht und erhoffte sich davon die Integration der Arbeiter in den Staat und die Beseitigung der Klassengegensätze. Lassalle, der auch, jedoch ohne greifbares Ergebnis, mit dem preußischen Ministerpräsidenten *Otto von Bismarck* (▷ 8.11) verhandelt hatte, starb bereits 1864.

Das Programm der Eisenacher bezog sich im wesentlichen auf die Grundsätze der von Marx und Engels mitgegründeten Internationalen Arbeiterassoziation (1. Internationale). Im Mai 1875 schlossen sich beide Vereinigungen in Gotha zur „Sozialistischen Arbeiterpartei Deutschlands" (SAP) mit gemeinsamem Parteiprogramm zusammen (▷ 8.28).

Seit 1868 entwickelte sich aus zahlreichen einzelnen Gewerkvereinen heraus die deutsche Gewerkschaftsbewegung. Sie spaltete sich schnell in eine marxistisch beeinflußte sozialistische Richtung und eine politisch unabhängige Bewegung, die Hirsch-Dunckerschen Gewerkvereine. Daneben entstanden konfessionell geprägte Arbeitervereine.

8.9 Politische Parteien/ Deutsche Fortschrittspartei

In den Revolutionsjahren 1848/49 hatten sich in den politischen Gruppierungen der Konservativen, der Liberalen, der Demokraten jene Kräfte herausgebildet, aus denen sich allmählich die ersten politischen Parteien entwickelten. Hinzu kamen noch die sich vorwiegend im norddeutschen Raum in der sich anbahnenden preußisch-protestantischen Reichsbildung als eigenständige politische Kraft sammelnden Katholiken und – im Zusammenhang mit der entstehenden *Arbeiterbewegung* (▷ 8.8) – die Sozialisten.

Verlierer der bürgerlichen Revolution von 1848/49 waren in erster Linie die Liberalen. In den Jahren der Reaktion von 1849 bis etwa 1858 standen deshalb die Konservativen im Vordergrund des politischen Geschehens. In Preußen unterstützte innerhalb der Konservativen Partei eine hochkonservativ-reaktionäre Gruppe, die bald nach ihrer das Eiserne Kreuz als Emblem im Titelblatt tragenden Zeitung „Kreuzzeitungspartei" genannt wurde, die reaktionäre Regierungspolitik. Diese Gruppierung vertrat vor allem die Interessen der ostelbischen Großagrarier. Sie lehnte jede Bindung des Staates an eine Verfassung ab, hielt an einer Ständeordnung und der religiös begründeten Verbindung von Thron und Altar fest und sah selbst in einer nationalen Bewegung zur Einigung Deutschlands eine die gottgewollte Ordnung zerstörende Strömung.

Die Polizei geht gegen eine Demonstration arbeitsloser Bauhandwerker auf dem Berliner Opernplatz vor (1892)

1851 spaltete sich von der Konservativen Partei ein liberal-konservativer Flügel ab, der nach seinem Presseorgan „Preußisches Wochenblatt zur Besprechung politischer Tagesfragen" als „Wochenblattpartei" bezeichnet wurde. Seine Vertreter hielten an der Verfassung von 1850 fest, erstrebten die Einigung Deutschlands unter preußischer Führung und bekämpften die reaktionäre Politik der ultrakonservativen Regierung. Die Partei stürzte sich nicht nur auf Anhänger in der Unternehmerschaft der preußischen Westprovinzen, sondern verfügte auch über Verbindungen zum Bruder des Königs, Prinz Wilhelm. Trotz dieser Beziehungen blieb die Wochenblattpartei relativ einflußlos, als der Prinz 1858 zunächst als Regent, ab 1861 als König die Leitung des Staates übernahm. Einige ihrer Führer wurden zwar in die neue liberale Regierung der „Neuen Ära" berufen, doch existierte die Wochenblattpartei 1858 faktisch nicht mehr.

1859 gründeten Liberale und gemäßigte Demokraten den Deutschen Nationalverein mit dem Ziel, den 1849 mit der Reichsverfassung begonnenen Weg wieder aufzunehmen und einen deutschen Bundesstaat unter preußischer Führung zu schaffen. Zwei Jahre später – am 6. Juni 1861 – gründeten viele der im Nationalverein aktiven Führungspersönlichkeiten die Deutsche Fortschrittspartei. Es war die erste Parteigründung der deutschen Geschichte mit gleichzeitig verkündetem, festumrissenem Parteiprogramm. Ihre Arbeit war von Anfang an auf ganz Deutschland bezogen. Die Einigung Deutschlands unter preußischer Führung, Verwirklichung des Verfassungsstaates sowie die volle Verantwortlichkeit der Minister und konsequente Trennung von Kirche und Staat waren ihre Hauptziele. Einen durchorganisierten Parteiapparat nach modernem Muster besaß die junge Partei noch nicht, sie war eine Honoratiorenpartei, ihre Führer kamen aus dem kaufmännischen und industriellen Unternehmertum, dem Bildungsbürgertum und dem Kreis liberaler Großgrundbesitzer.

1862 errang die Deutsche Fortschrittspartei im preußischen Abgeordnetenhaus mit 104 Mandaten die Mehrheit der Sitze, während gleichzeitig die Konservativen erhebliche Verluste hinnehmen mußten. Sie geriet in dem sich zum *Verfassungskonflikt* (▷ 8.10) ausweitenden Streit um die vom König geforderte Budgetbewilligung für die Heeresreform in scharfen Gegensatz zu ihm und zu seinem neuen Ministerpräsidenten *Otto von Bismarck* (▷ 8.11), der das Parlament ausschaltete und die Heeresreform trotz fehlendem Haushaltsgesetz durchsetzte.

8.10 Verfassungskonflikt in Preußen

Um Schwächen in der Heeresverfassung auszugleichen, planten der preußische König Wilhelm I. und sein Militärkabinett eine umfassende Heeresreform. Sie sah die Erweiterung der Heeresfriedensstärke sowie die Erhöhung der jährlichen Rekrutenzahl jeweils um ein Drittel vor. Das Abgeordnetenhaus, in dem die Liberalen über eine Mehrheit von fast zwei Drittel der Stimmen verfügten, forderte im Gegenzug, die dreijährige Dienstzeit in eine zweijährige zurückzuverwandeln und auf die in der Heeresreform vorgesehene Zurückdrängung der Landwehr aus dem Heer zu verzichten und vor allem das parlamentarische Budgetrecht zu verstärken. Der König empfand die Forderungen des Parlaments als Angriff auf die traditionellen Rechte der Krone und war nicht bereit nachzugeben; das Abgeordnetenhaus lehnte daher die geforderte Erhöhung des Wehretats ab.

Da sich eine Kompromißlösung nicht anbahnte, berief der König, der bereits zugunsten seines Sohnes abdanken wollte, auf Anraten seines Kriegsministers, Albrecht von Roon, im September 1862 den preußischen Gesandten in Paris, *Otto von Bismarck* (▷ 8.11), zum Ministerpräsidenten. Bismarck war entschlossen, notfalls auch ohne Zustimmung der Volksvertretung zu regieren und die Heeresreform durchzuführen. Dem Machtanspruch der Liberalen suchte er durch seine Politik zu begegnen, den inneren preußischen Konflikt mit der europäischen Politik zu verquicken. Bismarck leitete damit die später so genannte Politik der Reichseinigung „von oben" ein. Für diesen Weg wollte er wenigstens einen Teil der Liberalen gewinnen, die für die Erreichung des nationalen Zieles der Einigung Deutschlands keineswegs eine militärische Auseinandersetzung von vornherein ausschlossen.

In den folgenden Jahren verhärtete sich die Spannung zwischen Regierung und Opposition, aber nachdem 1864 im dänischen Krieg die Herzogtümer Schleswig und Holstein dem dänischen Zugriff entzogen worden waren und 1866 bei Königgrätz die Führungsfrage im Deutschen Bund eindeutig zugunsten Preußens entschieden wurde, brach die Opposition im Abgeordnetenhaus auseinander.

Die Nationalliberalen gingen zu Bismarck über. Eine ähnliche Entwicklung vollzog sich bei den Konservativen, wo nun die Freikonservativen die Politik Bismarcks unterstützten. Der Indemnitätsvorlage, mit der Bismarck die nachträgliche Billigung seines verfassungswidrigen Verhaltens vor vier Jahren beantragte, stimmte das Abgeordnetenhaus mit großer Mehrheit zu. Der Verfassungskonflikt war damit beendet.

8.11 Otto von Bismarck

Am 1. April 1815 auf dem elterlichen Gut Schönhausen in der Altmark geboren, studierte Otto von Bismarck in Göttingen und Berlin Jura. Nach der Referendarzeit in Aachen und Potsdam (1836–1839) quittierte er den Staatsdienst und bewirtschaftete seine Güter. Durch seine Heirat mit Johanna von Puttkamer gewann er ein sehr enges Verhältnis zum christlichen Glauben. In dieser Zeit wandte er sich auch der Politik zu. Die revolutionären Vorgänge in Berlin 1848 verurteilte er scharf. Er wurde Mitbegründer der „Kreuzzeitungspartei", die auf dem äußersten rechten Flügel der Konservativen stand. Von 1851 bis 1859 vertrat er Preußen als Gesandter am Deutschen Bundestag in Frankfurt. Von Anfang an setzte er sich für die Gleichberechtigung Preußens ein und lehnte den Führungsanspruch Österreichs mit Entschiedenheit ab. Das führte zu einer Verschärfung des *Dualismus* (▷ 8.3) zwischen den beiden Großmächten. Bismarck kam schon hier zu der Überzeugung, daß im Deutschen Bund der Platz für zwei Großmächte zu eng war, daß eine von beiden eines Tages zu weichen hatte. Für ihn konnte dies nur Österreich sein.

In der Epoche der „Neuen Ära" wurde Bismarck 1859–62 als Gesandter nach Petersburg versetzt, „an der Newa kaltgestellt", wie er diese Versetzung empfand. In dem sich allmählich verschärfenden Konflikt zwischen dem König und dem Militärkabinett einerseits und dem von einer liberalen Mehrheit beherrschten Abgeordnetenhaus um die Bewilligung eines erhöhten Wehretats zur Finanzierung der Heeresreform wurde Bismarck – nach kurzem Zwischenaufenthalt als Gesandter in Paris – vom König mit der Führung der Regierungsgeschäfte als Ministerpräsident betraut, nachdem er sich bereit erklärt hatte, die Heeresreform notfalls auch ohne Zustimmung des Parlamentes durchzusetzen.

Bismarck wollte Deutschland unter preußischer Führung einigen. Diese Einigung aber mußte nach seiner Meinung „von oben" durch gemeinsamen Beschluß der Landesfürsten zustande kommen und nicht durch die liberale und nationale Volksbewegung. Diesem Ziel stand Österreich im Wege. Konsequent verfolgte Bismarck daher seinen Plan, Österreich als Mitbewerber um die Führungsposition in diesem zukünftigen Deutschland auszuschalten. Das gelang in dem kurzen militärischen Feldzug 1866 in der Entscheidungsschlacht von Königgrätz (*Deutscher Krieg,* ▷ 8.14). Im *Norddeutschen Bund* (▷ 8.15) wurde die kommende Reichsbildung und -verfassung vorbereitet.

Die geschickte Ausnutzung des nahezu alle Deutschen verbindenden Nationalgefühls beim Ausbruch des Krieges mit Frankreich 1870 bereitete die *Reichsgründung* (▷ 8.22) vor, die mit Zustimmung aller Fürsten noch während des Krieges am 18. Januar 1871 in Versailles vollzogen wurde. Bismarck wurde im neuen deutschen Kaiserreich der erste Reichskanzler. Durch eine kluge und ausgewogene Politik gelang es ihm, das neue Großreich in der Mitte Europas innerhalb der übrigen europäischen Großmächte zu etablieren und durch ein ausgeklügeltes Bündnissystem außenpolitisch abzusichern.

In der Innenpolitik übersah Bismarck in seinem konservativen Bestreben, die Monarchie mit allen Mitteln gegen jede liberale, demokratische und sozialistische Strömung abzuschirmen, die Notwendigkeit, den durch die Industrialisierung erfolgten gesellschaftlichen Veränderungen des modernen Staates Rechnung zu tragen. Im *Kulturkampf* (▷ 8.26) gegen den politischen Katholizismus mußte er ebenso eine Niederlage einstecken wie in seinem Versuch, mit dem *Sozialistengesetz* (▷ 8.30) die neuen politischen Kräfte der *Sozialdemokratie* (▷ 8.28) als Staatsfeinde einzustufen und zu vernichten.

Als epochemachend gilt heute die Einführung der *Sozialgesetze* (▷ 8.32), die allerdings ihre werbende Wirkung auf die Arbeiterschaft infolge des Kampfes gegen die Sozialdemokratie verfehlte.

Otto von Bismarck. Gemälde von Franz von Lenbach (1888)

Nach dem Tode Kaiser Wilhelms I. und wenige Monate später auch nach dem Tode Kaiser Friedrichs im Jahre 1888 kam es in dem Verhältnis zwischen dem Kanzler und dem jungen Kaiser *Wilhelm II.* (▷ 9.1) zu Spannungen. Meinungsunterschiede über die politische Führungsarbeit führten im März 1890 zur Entlassung Bismarcks. Der 1871 in den Fürstenstand erhobene Altkanzler starb am 30. Juli 1898 auf seinem Gut Friedrichsruh bei Hamburg.

8.12 Frankfurter Fürstentag

Im Sommer 1863, als Preußen durch die Zuspitzung des *Verfassungskonfliktes* (▷ 8.10) in seiner Handlungsfreiheit gelähmt schien und zudem im „Dritten Deutschland", den deutschen Mittel- und Kleinstaaten, erheblich an Sympathien verloren hatte, unternahm der österreichische Kaiserstaat, dessen Regierung seit kurzem von dem liberalen Anton von Schmerling geleitet wurde, einen diplomatischen Vorstoß und lud zu einer Fürstenversammlung nach Frankfurt ein. Hier sollte ein österreichischer Bundesreformplan besprochen und beschlossen werden.

Dem im österreichischen Bad Gastein zur Kur weilenden preußischen König Wilhelm I. überbrachte am 3. August 1863 der österreichische Kaiser Franz Joseph persönlich die Einladung zum Fürstentag in Frankfurt am 16. August. Die deutschen Bundesfürsten sollten wie 1814/15 erneut zusammentreffen, um die Verhältnisse in Mitteleuropa und im Deutschen Bund neu zu ordnen. Einzelheiten des österreichischen Reformplanes teilte der Kaiser nicht mit. Sie wurden erst am 16. August kurz vor Beginn der Verhandlungen bekanntgegeben.

Bismarck, von vornherein entschlossen, die österreichische Initiative scheitern zu lassen, erreichte nach schweren Auseinandersetzungen mit dem König, daß Wilhelm seine Teilnahme absagte.

Die österreichischen Vorschläge sahen für den Deutschen Bund ein fünfköpfiges Direktorium vor, eine neben dem Bundestag periodisch tagende Fürstenversammlung, einen Bundesrat – in beiden, Direktorium wie Bundesrat, sollte Österreich den Vorsitz innehaben –, eine alle drei Jahre zusammentretende Versammlung von Delegierten aller Landtage und ein oberstes Bundesgericht. Bismarck antwortete auf diese Programmpunkte mit drei Gegenforderungen: Er verlangte die volle Gleichberechtigung Preußens im Bundesvorsitz, ein Vetorecht der Großmächte – im Falle von Kriegserklärungen des Bundes – und eine Nationalvertretung aus allgemeinen und direkten Wahlen.

Besonders dieser dritte Punkt war für Österreich in jedem Fall unannehmbar; denn das hätte die nichtdeutschen Nationalitäten der Donaumonarchie zur Aufstellung gleicher Forderungen für sich bewogen und eine Zerreißprobe für den Vielvölkerstaat bedeutet. Bismarck wußte, daß Österreich deshalb den preußischen Gegenvorschlag ablehnen mußte. So scheiterte der Frankfurter Fürstentag, da sich die Fürsten der Mittel- und Kleinstaaten nicht bereit fanden, ohne Preußen konkrete Beschlüsse zu fassen. Mit dem Fürstentag mißlang auch Österreichs letzter Versuch, gestaltend auf die deutsche Entwicklung einzuwirken. Drei Jahre später mußte das Habsburgerreich mit der Entscheidung auf dem Schlachtfeld von Königgrätz dann ganz aus der deutschen Staatengemeinschaft ausscheiden.

8.13 Schleswig-Holstein-Frage und Deutsch-Dänischer Krieg

Die besondere Situation der sogenannten Elbherzogtümer Schleswig und Holstein hatte bereits in den Revolutionsjahren 1848/49 zum Krieg des *Deutschen Bundes* (▷ 7.1) und Preußens mit Dänemark und zu einem Aufwallen der nationalen Leidenschaften in Deutschland geführt, weil Dänemark widerrechtlich Schleswig annektiert hatte. Die daraufhin in Schleswig-Holstein eingesetzte provisorische Landesregierung mußte trotz militärischer Erfolge Preußens 1848 preisgegeben werden (▷ 7.18). 1852 wurde durch eine internationale Regelung die alte Personalunion zwischen Dänemark und Schleswig-Holstein wiederhergestellt.

Ende 1863 stellte der dänische König die im 2. Londoner Protokoll 1852 getroffene Lösung erneut in Frage. Die neue dänische Verfassung bezog nämlich Schleswig in den Gesamtstaat ein und war damit eine grobe Verletzung des Londoner Protokolls. Ein Aufflammen des nationalen Protestes in Deutschland, der Liberale und Demokraten, Groß- und Kleindeutsche miteinander verband, war die Folge. Während die Mittelstaaten die nationale Volksbewegung unterstützten und mit ihr gemeinsam den nationalen Krieg forderten, stellte Bismarck sich auf den Boden des Völkerrechts und erschien somit vor den europäischen Mächten als derjenige, der für die Wahrung des seinerzeit geschlossenen europäischen Vertrages eintrat. Auf diese Weise vermied er nicht nur die Intervention Englands und Rußlands, wie sie 1848/49 gedroht hatte, sondern zwang auch Österreich zu gemeinsamen Maßnahmen mit Preußen. Die Anerkennung des Nationalitätenprinzips, wie dies die deutschen Mittelstaaten forderten, hätte für die Donaumonarchie eine Zerreißprobe bedeutet und konnte deshalb von der Wiener Regierung nicht zugelassen werden. Bismarck verlor sein Fernziel, über eine kriegerische Lösung eines Tages die Herzogtümer für Preußen zu erwerben, dabei nicht aus dem Auge. Da Holstein zum Deutschen Bund gehörte, setzten Österreich und Preußen die Bundesexekution durch, mit deren Vollzug sie auch beauftragt wurden. Nach einem relativ kurzen erfolgreichen Feldzug,

Photo aus dem Deutsch-Dänischen Krieg von 1864: Artillerie auf dem Kastell der Festung Fredericia in Jütland

bei dem vor allem der Sturm auf die Düppeler Schanzen die nationalen Leidenschaften entfachte, mußte Dänemark im Friedensvertrag von Wien 1864 die Herzogtümer abtreten. Besetzung und Verwaltung wurden vorerst von den beiden Siegermächten im „Kondominium" (= gemeinsame Herrschaft) übernommen. Im Herbst 1865 wurde das Kondominium aufgegeben; Preußen erhielt die Verwaltung Schleswigs, Österreich die Holsteins. Zugestanden erhielt Preußen das Recht, einen Kanal durch holsteinisches Gebiet zu bauen. Bismarck, anfänglich in der aufgebrachten deutschen Öffentlichkeit als Verräter an der nationalen Sache angeprangert, konnte mit diesem Erfolg die öffentliche Meinung in Deutschland für sich einnehmen; man begann, seine Politik differenzierter zu betrachten.

8.14 Deutscher Krieg/ Königgrätz

Die jahrzehntelange Rivalität zwischen Preußen und Österreich im Deutschen Bund (*Preußisch-österreichischer Dualismus*, ▷ 8.3) hatte in der *Schleswig-Holstein-Frage* (▷ 8.13) und dem Krieg gegen Dänemark vorübergehend zu einer Kooperation der beiden deutschen Großmächte geführt. Der Streit um die Beute entzweite sie jedoch erneut und löste schließlich die kriegerische Auseinandersetzung von 1866 aus.

Bismarcks Ziel war es, in Norddeutschland die Hegemonie Preußens zu erreichen und in diesem Rahmen auch die Herzogtümer Schleswig und Holstein für Preußen zu annektieren. Österreich scheiterte mit seinem Vorschlag, das Kondominat bzw. die Verwaltung gegen Teile Schlesiens einzutauschen und verfolgte dann den Plan, Schleswig-Holstein als neuen Mittelstaat unter einem angestammten Fürsten in den Deutschen Bund aufzunehmen. Dieser Lösung stimmten auch die deutschen Mittel- und Kleinstaaten zu. Diesen Vorschlag mußte Preußen ablehnen, und so wurde auf beiden Seiten der Krieg diplomatisch vorbereitet. Bismarck schloß am 8. April 1866 ein Bündnis mit Italien, das im Zuge seiner staatlichen Einigung Forderungen auf Herausgabe italienischer, von Österreich beherrschter Gebiete (Venetien u. a.) stellte. Die Mobilisierung der nationalen und liberalen Bewegung in Deutschland strebte er gleichzeitig durch den dem Bundestag eingereichten Bundesreformplan an, in dem erneut der für Österreich unannehmbare Vorschlag enthalten war, die Bundesversammlung durch ein aus allgemeinen und gleichen Wahlen hervorgegangenes Parlament zu ersetzen. Eine besondere Rolle in den Kriegsvorbereitungen spielte der französische Kaiser Napoleon III., der sowohl mit Preußen wie mit Österreich zugleich verhandelte; er wollte für die Zusage der französischen Neutralität gewisse Grenzverbesserungen oder sogar Landgewinne erzielen. Während ihn Bismarck mit vagen Formulierungen hinhalten konnte, schlossen Frankreich und Österreich ein Geheimabkommen, in dem für den Fall eines

*Der preußische König
Wilhelm I. nach
dem Sieg über die
Österreicher
bei Königgrätz*

österreichischen Sieges Frankreich bindende Zusagen für Gebietsveränderungen gegeben wurden.

Als Österreich am 1. Juni 1866 die Schleswig-Holstein-Frage vor den Bundestag brachte, sah Bismarck darin einen Bruch der bisherigen Vereinbarungen und ließ Truppen in das von Österreich besetzte und verwaltete Holstein einrücken. Daraufhin beantragte Österreich die Mobilisierung der nichtpreußischen Truppenteile des Bundesheeres. Diesem Antrag stimmte die überwiegende Zahl der Bundesstaaten zu, darunter Bayern, Württemberg, Hannover, Sachsen. Bismarck erklärte daraufhin den Deutschen Bund für aufgelöst und ließ sogleich zur Sicherung des Hauptaufmarsches gegen Österreich Truppen in Hannover und in Sachsen gegen die Bundesarmee einrücken.

Der Krieg dauerte nur wenige Wochen. Die Bundestruppen waren schon Ende Juni geschlagen, der Zusammenstoß zwischen der preußischen und der österreichischen Hauptstreitmacht am 3. Juli bei Königgrätz endete mit einem klaren preußischen Sieg. Es war ein Sieg der mit modernen Waffen ausgerüsteten und unter Ausnutzung der neuesten technischen Errungenschaften (Eisenbahn und Telegraphie) geführten preußischen Armee über die nach veralteten Prinzipien organisierte österreichische Streitmacht.

Weltweit war der Eindruck des preußischen Sieges außerordentlich groß. Bismarcks Ziel war es nun, diesen Erfolg und den Frieden international zu sichern. Dazu mußte aber der Feldzug so rasch wie möglich beendet werden und Österreich einen schnellen und fairen Frieden erhalten. Österreich mußte auch weiterhin Großmacht bleiben und so bald wie möglich wieder als Bündnispartner zur Verfügung stehen.

In einer Erklärung gegenüber Napoleon gab Bismarck seine Kriegsziele bekannt: Auflösung des Deutschen Bundes, Ausschluß Österreichs aus Deutschland, Errichtung des *Norddeutschen Bundes* unter preußischer Führung (▷ 8.15), Anerkennung des Rechtes der süddeutschen Staaten, sich in einem Südbund zusammenzuschließen. Gegen die Zusage Preußens, mit territorialen Erwerbungen nicht über die Mainlinie hinauszugehen, akzeptierte Napoleon die Veränderungen in Mitteleuropa. Dieses mit Frankreich abgestimmte Konzept konnte Bismarck aber erst nach heftigen Auseinandersetzungen innerhalb der preußischen Führung durchsetzen. König Wilhelm und seine Generäle waren entschlossen, den Krieg fortzusetzen und in Wien einzumarschieren, um Österreich als Hauptschuldigen an diesem Krieg zu demütigen. Am 26. Juli 1866 kam dann der Vorfriede von Nikolsburg zustande, dem relativ schnell, am 23. August, der endgültige Friedensschluß in Prag folgte. Außer Venetien, das über Frankreich an Italien kam, brauchte Österreich keine territorialen Verluste hinzunehmen. Auf eine Teilnahme an der Neugestaltung Deutschlands verzichtete es, der Deutsche Bund war aufgelöst.

Mit der überraschend schnellen Entscheidung von Königgrätz (in Frankreich Sadowa genannt) wurde der französische Plan durchkreuzt, zwischen den kriegführenden Parteien zu vermitteln und dafür durch Gebietsabtretungen, die Österreich zugesagt hatte, entschädigt zu werden. Die Enttäuschung über diese Fehlkalkulation war in Frankreich überaus groß und begründete den preußisch-französischen Gegensatz mit der französischen Forderung nach „Rache für Sadowa".

8.15 Norddeutscher Bund

Als Ergebnis des *Deutschen Krieges* (▷ 8.14) entstand nördlich der Mainlinie mit dem Norddeutschen Bund ein Bundesstaat aus den 22 noch selbständig gebliebenen Mittel- und Kleinstaaten sowie den Freien Städten Hamburg, Bremen und Lübeck. Im Gegensatz zu der schonenden Behandlung, die Österreich im Prager Frieden zuteil wurde, ging Bismarck gegenüber den Verbündeten Österreichs in Norddeutschland mit aller Schärfe vor. Hannover, Kurhessen, Nassau und Frankfurt am Main wurden annektiert, lediglich Sachsen blieb unangetastet, weil sowohl Frankreich wie Österreich darauf bestanden hatten. Erstmalig war damit zwischen Maas und Memel ein geschlossenes preußisches Staatsgebiet entstanden.

Der Norddeutsche Bund stellte im Prozeß der deutschen Einigung eine Zwischenstufe dar, die von den europäischen Mächten, und insbesondere von Frankreich, gerade noch hingenommen wurde. Das Bundesgebiet umfaßte eine Fläche von rund 415 000 km² mit 30 Mill. Einwohnern. Die Hegemonie Preußens war eindeutig. Der König von Preußen wurde erblicher Präsident des Bundes. Ihm zur Seite stand der Bundesrat, bestehend aus den Vertretern der einzelnen Bundesstaaten, in dem der vom Präsidenten des Bundes ernannte Kanzler den Vorsitz einnahm. Kanzler wurde der preußische Ministerpräsident Bismarck. Der Bundesrat war das eigentliche Regierungsorgan des Bundes, von den 43 Mitgliedern hatte Preußen zwar mit 17 Delegierten den Vorrang, besaß aber nicht die Mehrheit. An der Gesetzgebung war neben dem Bundesrat der aus allgemeinen, gleichen und direkten Wahlen hervorgegangene Reichstag beteiligt. Mit der Verwirklichung dieses alten und vordringlichsten Zieles der liberalen Bewegung, der aus freien Wahlen hervorgegangenen Volksvertretung, gewann Bismarck viele der Liberalen, die bisher zu ihm in scharfer Opposition gestanden hatten. Fast gleichzeitig konnte er den seit 1862 bestehenden Konflikt mit dem preußischen Abgeordnetenhaus (*preußischer Verfassungskonflikt*, ▷ 8.10) die Bewilligung des Staatshaushalts bereinigen. Mit der von ihm eingebrachten Indemnitätsvorlage gestand er den Bruch der Verfassung seit 1862 ein und erreichte die nachträgliche Billigung der Staatshaushalte durch das Parlament.

Nach langen Verhandlungen und teilweise heftigen Auseinandersetzungen wurde am 17. April 1867 mit überwältigender Mehrheit die Verfassung des Norddeutschen Bundes angenommen; am 1. Juli 1867 trat sie in Kraft. Mit den föderalistischen (Bundesrat) und liberalen Elementen (Reichstag, freie, allgemeine Wahlen) suchte Bismarck sowohl die süddeutschen Fürsten zum Beitritt zu reizen als auch die öffentliche Meinung in Deutschland für seinen Weg der deutschen „Einigung von oben" zu gewinnen.

Die Napoleon III. gegebene Zusage, mit den Einigungsbestrebungen an der Mainlinie haltzumachen, hintertrieb Bismarck durch die mit den süddeutschen Staaten geschlossenen geheimen Schutz- und Trutzbündnisse, die im Falle einer militärischen Auseinandersetzung mit Frankreich die süddeutschen Truppen unter das Kommando des preußischen Königs stellten. Wirtschaftlich zusammengehalten wurde Deutschland durch eine Reform des *Deutschen Zollvereins* (▷ 7.13) und durch das Zollparlament.

8.16 Spaltung des Liberalismus

Der Ausgang des *Deutschen Krieges* (▷ 8.14) und die Ergebnisse des Friedensschlusses führten in der öffentlichen Meinung zu einer

Liberale Politiker der Bismarckzeit: Rudolf von Bennigsen, Mitbegründer der Nationalliberalen Partei; Johannes von Miquel, Mitbegründer des Nationalvereins und der Nationalliberalen Partei; Eugen Richter, einer der Führer der linksliberalen Fortschrittspartei und ab 1884 der Freisinnigen Partei (von links nach rechts)

Wandlung des Urteils über die Bismarcksche Politik. Es war unzweifelhaft, daß durch die Kriege von 1864 und 1866 die deutsche Frage ein gutes Stück vorangekommen und Bismarck im Begriff war, die deutsche Einheit, den 1848 vergeblich erträumten Zusammenschluß, zustande zu bringen. Aus dem verhaßten, reaktionären „Konfliktminister" war auch für viele führende Liberale ein Staatsmann von besonderem Format geworden, dessen Politik außerordentlich erfolgreich war. Es war zwar offensichtlich, daß Bismarck die Verwirklichung des deutschen Nationalstaates „von oben" durch den Zusammenschluß der Fürsten anstrebte, doch die Einbeziehung einer aus freien Wahlen hervorgegangenen Volksvertretung in die Verfassung des *Norddeutschen Bundes* (▷ 8.15) war für die liberale Bewegung ein breites Betätigungsfeld für die Mitarbeit am Staat, das genutzt werden mußte. Zudem gab der preußische Ministerpräsident mit der Einbringung der Indemnitätsvorlage (▷ 8.15) im preußischen Abgeordnetenhaus ein weiteres Zeichen dafür, daß er gewillt war, den inneren Frieden wiederherzustellen. Aus jenen Liberalen, die sich jetzt hinter Bismarck stellten, entstand im November 1866 eine „Neue Fraktion der nationalen Partei". Aus ihr ging im März 1867 die Nationalliberale Partei des konstituierenden Norddeutschen Reichstages hervor. In sie traten auch Männer und Gruppen aus den von Preußen annektierten Gebieten (v. a. Hannover) ein.

Im Reichstag des Norddeutschen Bundes wurde die Nationalliberale Partei vor allem die Partei, auf die sich Bismarck stützen konnte, sie wurde die „Reichsgründungspartei". Während sie ihre soziale Basis im wesentlichen im aufstrebenden Bürgertum hatte (Industrie, Bankiers, protestantisches Bildungsbürgertum), rekrutierte sich die in der Opposition verbleibende *Deutsche Fortschrittspartei* (▷ 8.9) aus Teilen des Mittelstandes und des Kleinbürgertums.

Eine Spaltung vollzog sich auch bei den Konservativen. Während die Altkonservativen zwar die außenpolitischen Erfolge und militärischen Siege begrüßten, aber jede Form von Parlamentarisierung ablehnten, löste sich von ihnen anläßlich der Indemnitätsvorlage eine Gruppe gemäßigt konservativer Abgeordneter, die sich zur Freikonservativen Partei (ab 1871 unter dem Namen Deutsche Reichspartei) zusammenschlossen.

8.17 Österreichisch-ungarischer Ausgleich

Der Verlust der Vormachtstellung im Deutschen Bund nach der Niederlage von 1866 (*Deutscher Krieg*, ▷ 8.14), die den österreichischen Kaiserstaat aus der reichsdeutschen

Entwicklung zum deutschen Nationalstaat ausgeschlossen hatte, zwang die Wiener Regierung, sich auf die Probleme des Vielvölkerstaates zu konzentrieren. Seit der Revolution von 1848 waren die nichtdeutschen Bevölkerungsteile unruhig und forderten Autonomie. Vor allem mußte man mit den eine Sonderstellung einnehmenden Ungarn zu einem Ausgleich kommen. Nach verhältnismäßig kurzen Verhandlungen kam im Februar 1867 der österreichisch-ungarische Ausgleich zustande. Ungarn erhielt am 18. Februar wieder ein eigenes Ministerium, ebenso wurde am 27. Februar der ungarische Reichstag wiederhergestellt.

Mit diesem Ausgleich wurde das Kaiserreich in zwei gleichberechtigte und weitgehend selbständige Reichsteile aufgegliedert, die nur durch die Person des Herrschers und durch die Verwaltung der gemeinsamen Angelegenheiten – Außenpolitik, Verteidigung und Finanzwesen – miteinander verbunden waren. Am 8. Juni 1867 wurde Kaiser Franz Joseph auch zum König von Ungarn gekrönt. Damit war aus dem habsburgischen Kaiserstaat die Doppelmonarchie Österreich-Ungarn entstanden.

Da die Grenze zwischen beiden Reichsteilen der Fluß Leitha bildete, hießen die Reichsteile Cisleithanien und Transleithanien. In Cisleithanien hatte das deutsche Element die Führung, obwohl auch Tschechen, Polen, Slowenen dazugehörten. In Transleithanien beanspruchten die Ungarn alle Vorrechte, obwohl hier ebenfalls andere, vorwiegend slawische Völker sowie Rumänen und Siebenbürgendeutsche einbezogen waren. Auf Widerstand stieß der Ausgleich vor allem bei den slawischen Völkern, denn sie fühlten sich keineswegs in ihren Interessen berücksichtigt. Bei ihnen setzte sich mehr und mehr der Gedanke des Panslawismus durch, der die Vereinigung aller Slawen zum Ziel hatte und wesentlich von Rußland beeinflußt war.

Der Reichsteil Österreich (= Cisleithanien) erhielt im Dezember 1867 eine Verfassung, die bis zum Ende der Donaumonarchie im November 1918 in Kraft blieb. Die in der Verfassung garantierte Gleichberechtigung aller Nationalitäten hätte zu einer bundesstaatlichen Entwicklung führen können, doch waren das Festhalten an Althergebrachtem und die Autonomiebestrebungen der Völker zu

große Hindernisse auf diesem Weg. Am Ende des 1. Weltkrieges brach der Vielvölkerstaat auseinander, die nichtdeutschen Gebiete wurden selbständige Staaten.

8.18 Die süddeutschen Staaten und Bismarcks Einigungspolitik

Mit der Gründung des *Norddeutschen Bundes* (▷ 8.15) hatte Bismarck die Einheit Deutschlands nördlich der Mainlinie vollzogen. Dieser Akt konnte nur eine Zwischenstufe auf dem Wege zur Einigung Gesamtdeutschlands darstellen. Aber nach dem Krieg mit Österreich besaß Preußen auf Grund seiner harten Annexionspolitik nördlich des Mains in den süddeutschen Staaten noch weniger Sympathien als vorher. Da Bismarck die süddeutschen Staaten mit den französischen Gebietsforderungen konfrontierte, gelang es ihm in Einzelverhandlungen, „Schutz- und Trutzbündnisse" abzuschließen (*Norddeutscher Bund,* ▷ 8.15).

Bismarck erhoffte sich von der weiteren Entwicklung ein allmähliches Zusammenwachsen des Nordens mit dem Süden, einmal wegen der Anziehungskraft der Verfassung des Norddeutschen Bundes, die starke liberale Elemente in sich aufgenommen hatte und andererseits den Einzelstaaten einen ausreichenden Freiraum im Bundesrat anbot, zum anderen vertraute er auf die verbindende Kraft der wirtschaftlichen Interessen.

Die Neuordnung des Deutschen Zollvereins im Juni 1867 mit der Einrichtung eines Zollbundesrates und eines Zollparlamentes, die durch Mehrheitsbeschlüsse die gesetzgeberische Arbeit im wirtschaftspolitischen Bereich zu vollziehen hatten, sollte die Zusammenarbeit zwischen dem Norddeutschen Bund und den Südstaaten intensivieren. In den Wahlen zum Zollparlament erlitten jedoch die die preußische Politik befürwortenden Parteien in Bayern und Württemberg empfindliche Niederlagen. In Baden siegten die den Anschluß an den Norddeutschen Bund fordernden Kräfte – auch der Großherzog hatte sich für den Eintritt in den Norddeutschen Bund ausgesprochen – nur knapp über ihre Gegner, lediglich in Hessen-Darmstadt war der Sieg der propreußischen Partei eindeutig.

Mit einer starken antipreußischen Fraktion traten die Süddeutschen in das Zollparlament ein, wo sie sich mit den norddeutschen Oppositionellen – bestehend aus Altkonservativen, hannoverschen Welfen, Katholiken und Polen – zu einer starken Oppositionsgruppe vereinigten.

Durch das Ergebnis der Zollparlamentswahlen war der Elan der deutschen Einigungsbewegung stark beeinträchtigt worden. Erst das aggressive französische Vorgehen gegenüber Preußen in der Frage der spanischen Thronkandidatur (*Emser Depesche,* ▷ 8.20) veränderte die Situation für Preußen grundlegend. Es schuf nämlich in Deutschland ein verbindendes nationales Gemeinschaftsgefühl und ließ die Bündnisverträge wirksam werden. Die von Bismarck noch während des Krieges mit Frankreich (*Deutsch-Französischer Krieg,* ▷ 8.21) in Verhandlungen mit den Fürsten der süddeutschen Staaten erreichte *Reichsgründung* (▷ 8.22) wurde von der überwiegenden Mehrheit des deutschen Volkes mitgetragen.

8.19 Gewerbefreiheit und Gewerkschaften

Der Norddeutsche Bund gewann auch bei der Vereinheitlichung der Wirtschafts- und Sozialpolitik Bedeutung. Seine Gewerbeordnung vom 21. Juni 1869 – sie wurde 1871 als Reichsgewerbeordnung für das Deutsche Reich übernommen – führte in allen Mitgliedsstaaten die Gewerbefreiheit ein. Damit hatte nun jeder Mann und jede Frau das Recht, ein Gewerbe zu betreiben, soweit nicht gesetzliche Ausnahmen oder Beschränkungen bestanden. Der Zunftzwang und die Abhängigkeit des Gewerbetreibenden von behördlicher Konzession wurden aufgehoben; eine zentrale Forderung der Liberalen wurde damit verwirklicht.

Die Gewerbeordnung für den Norddeutschen Bund hob auch alle Verbote auf, die sich gegen das Koalitionsrecht richteten. So hatte die preußische Gewerbeordnung von 1845 die Bildung von Verbindungen unter Arbeitern, Gesellen, Gehilfen oder Lehrlingen unter Geld- bzw. Gefängnisstrafe gestellt und den Streik mit Gefängnisstrafe bis zu einem Jahr bedroht. Nach der Gewerbeordnung des Norddeutschen Bundes nun hatten Unternehmer und Arbeitnehmer das Recht, zur Erlangung günstiger Lohn- und Arbeitsbedingungen Verabredungen zu treffen und Vereinigungen zu bilden.

Schon im Zusammenhang mit der Revolution von 1848/49 waren einzelne gewerkschaftliche Vereinigungen gegründet worden, die sich 1848 in der Allgemeinen deutschen Arbeiterverbrüderung zusammenschlossen, seit den 1850er Jahren aber von den deutschen Bundesstaaten verfolgt wurden. Einen Neuanfang bildete die Gründung des „Allgemeinen Deutschen Zigarrenarbeitervereins" 1865 und des „Deutschen Buchdruckerverbandes" 1866. Den Buchdruckern gelang es auch, 1873 den ersten Tarifvertrag abzuschließen. Bereits Ende der 1860er Jahre waren die deutschen Gewerkschaften politisch gespalten: Den „freien", sozialistisch orientierten Gewerkschaften standen die nach ihren Gründern benannten Hirsch-Dunckerschen Gewerkvereine gegenüber, die bei liberaler Grundorientierung politisch unabhängig waren; Mitte der 1890er Jahre kamen die christlichen Gewerkschaften als dritte Richtung hinzu. Durch das *Sozialistengesetz* von 1878 (▷ 8.30) wurde die legale Gewerkschaftsarbeit zunächst zerschlagen. Nach seiner Aufhebung stellten die freien Gewerkschaften ihre Organisation auf eine neue Grundlage. Sie schlossen sich 1890 in der Generalkommission der Gewerkschaften Deutschlands zusammen, deren Vorsitzender Carl Legien wurde. Die freien Gewerkschaften wurden nun Massenorganisationen; 1913 umfaßten sie über 2,5 Millionen Mitglieder (christliche Gewerkschaften: 343 000; Hirsch-Dunckersche Gewerkvereine 1914: 107 000). Während die Tarifverträge ihren Einzug in Bereiche der Klein- und Mittelindustrie hielten, gelang es den Gewerkschaften bis 1918 nicht, mit Großunternehmen Tarifverträge abzuschließen. Erst im Zuge der Novemberrevolution erreichten die Gewerkschaften im Abkommen über die Zentralarbeitsgemeinschaft vom 15. November 1918 ihre Anerkennung als legitime Interessenvertreter der lohnabhängig Beschäftigten.

8.20 Emser Depesche

Die öffentliche Meinung in Frankreich hatte den raschen Sieg Preußens über Österreich 1866 bei Königgrätz-Sadowa (*Deutscher*

„Der Streik". Gemälde von 1886

Krieg, ▷8.14) wie eine französische Niederlage empfunden. Die schnell zustande gekommene Friedensregelung zwischen den beiden deutschen Großmächten hatte es Napoleon III. unmöglich gemacht, als Vermittler tätig zu werden und als „Kompensation" linksrheinische Gebiete für Frankreich zu fordern. Sein Versuch, über den König von Holland das Großherzogtum Luxemburg zu erhalten, scheiterte am internationalen Einspruch. Nachdem die Luxemburg-Krise eine Zeitlang den Krieg zwischen Frankreich und Preußen/Deutschland in greifbare Nähe gerückt hatte, wurde auf der Londoner Konferenz vom 7. bis 11. Mai 1867 die Unabhängigkeit und Neutralität Luxemburgs von den europäischen Großmächten gemeinsam garantiert.

Die Beziehungen zwischen Frankreich und Preußen bzw. dem Norddeutschen Bund blieben weiterhin gespannt. Frankreich suchte durch Bündnisverhandlungen mit Österreich und Italien Preußen einzukreisen. Erheblich verschärft wurde die politische Situation, als 1869 und nochmals 1870 der katholischen Linie Hohenzollern-Sigmaringen die spanische Königskrone angeboten wurde. Bismarck erkannte in dem sich zuspitzenden Konflikt eine Chance, die französisch-österreichischen Bündnisverhandlungen zu hintertreiben, und setzte die Annahme der spanischen Krone durch Erbprinz Leopold durch. Anfang Juli 1870 wurde dies bekannt und ließ die französisch-preußischen Spannungen wachsen. Um die Krise nicht weiter zu verschärfen, verzichtete die Familie Hohenzollern-Sigmaringen nach Abstimmung mit dem preußischen König schließlich auf die Thronkandidatur. Frankreich verlangte nun jedoch von König Wilhelm I. eine Garantie für den Verzicht des Hauses Hohenzollern auf die Krone Spaniens für alle Zeiten. Der preußische König wies den französischen Botschafter Benedetti ab, der ihn in Bad Ems wiederholt zu einer definitiven Aussage drängte, und verweigerte eine weitere Unterredung mit Benedetti über diese Frage.

Telegrafisch teilte er diese Vorgänge Bismarck mit und überließ es ihm, die Presse „in geeigneter Form" zu unterrichten. Bismarck veröffentlichte diese „Emser Depesche" in stark verkürzter Form und stellte damit die französische Regierung mit ihren überzogenen Forderungen vor aller Welt bloß. Mit der Veröffentlichung der Emser Depesche veränderte sich die psychologische Situation in

Deutschland grundlegend. Die öffentliche Meinung sah die Vorgänge nicht mehr als ein dynastisches Gerangel an, sondern als eine alle Deutschen erfassende nationale Angelegenheit. Die französische Regierung mußte unter dem Druck der aufgebrachten Stimmung im eigenen Land mobilmachen und erklärte am 19. Juli 1870 Preußen den Krieg. Aber es wurde ein Krieg gegen das ganze Deutschland, weil mit der französischen Kriegserklärung für die süddeutschen Staaten der „casus belli" gegeben war und die 1866 mit Preußen geschlossenen Bündnisverträge in Kraft traten.

8.21 Deutsch-Französischer Krieg

Mit der Veröffentlichung der von Bismarck verkürzten und damit im Ton verschärften *Emser Depesche* (▷ 8.20) und der daraufhin ausgesprochenen französischen Kriegserklärung an Preußen war das von Bismarck durchaus einkalkulierte Ereignis eingetreten, mit dem die letzte Phase des deutschen Einigungsprozesses eingeleitet werden konnte. Für die süddeutschen Staaten war der Bündnisfall auf Grund der Verträge von 1866 gegeben. Unter preußischem Oberbefehl standen jetzt nicht nur die preußisch-norddeutschen Armeen, sondern ebenso die bayerischen, württembergischen und badischen Truppen. Das nationale Solidaritätsgefühl vereinigte nicht nur die Soldaten, sondern auch die Bevölkerung.

Frankreich war international isoliert, teils durch eigenes Verschulden infolge seines aggressiven, taktisch ungeschickten Vorgehens, teils durch Bismarcks diplomatisch meisterhaftes Spiel, durch das das französische Kaiserreich in seinem Streben nach Machterweiterung vor der Welt bloßgestellt worden war. So waren die Sympathien der europäischen Völker zunächst auf preußisch-deutscher Seite; die Großmächte – beschäftigt mit eigenen inneren Problemen – blieben neutral.

Die mit der französischen Kriegserklärung vom 19. Juli 1870 begonnene militärische Auseinandersetzung verlief in zwei voneinander sehr verschiedenen Phasen. Die erste gipfelte nach einer Serie von teilweise verlustreichen, aber für die deutschen Armeen erfolgreichen Angriffsschlachten in der Kapitulation des Hauptteils der französischen Armee am 2. September 1870 bei Sedan, wobei auch Napoleon III. in Gefangenschaft geriet. Die zweite begann mit der Ausrufung der Republik am 4. September 1870 und dem von der französischen Bevölkerung geführten Volkskrieg, der die Sympathien der neutralen Staaten für sich gewinnen konnte. Bismarck mußte daher den Krieg ebenso wie 1866 möglichst schnell beenden und dies gegen den Widerstand des Militärs durchsetzen. Der französische Widerstand, der sich vor allem gegen die geforderte Abtretung des Elsaß und eines Teiles von Lothringen richtete, wurde erst durch die Belagerung und Beschießung von Paris gebrochen. Am 28. Januar 1871 wurde der Waffenstillstand, am 26. Februar 1871 der Vorfriede von Versailles geschlossen. Der endgültige Friede mit den Bestimmungen über den Umfang des abzutretenden Gebietes, des zukünftigen *Reichslandes Elsaß-Lothringen* (▷ 8.24), sowie die Höhe der Kriegsentschädigung – 5 Milliarden Francs – wurde am 10. Mai 1871 in Frankfurt am Main unterzeichnet.

Die französische Niederlage und vor allem der Verlust Elsaß-Lothringens belasteten die Beziehungen zwischen dem neuen Deutschen Reich und Frankreich in den folgenden Jahrzehnten schwer und verhinderten die Aussöhnung zwischen den beiden Völkern.

8.22 Reichsgründung

Die französische Kriegserklärung an Preußen am 19. Juli 1870 ließ in Deutschland ein verbindendes Gefühl des gemeinsamen nationalen Schicksals entstehen, das sich im Kriegsverlauf zum Patriotismus steigerte.

Bismarck konnte nun die deutsche Nationalbewegung in seine Einigungspläne mit einbeziehen. Noch während der Kampfhandlungen nahm er Gespräche mit den süddeutschen Staaten über deren Beitritt zum *Norddeutschen Bund* (▷ 8.15) auf. Es gelang ihm, die Delegationen der süddeutschen Staaten voneinander zu isolieren und mit jedem Staat getrennt über die Gestaltung des zukünftigen Deutschen Reiches zu verhandeln, wobei er vor allem Bayern weitgehende Zugeständnisse hinsichtlich der Hoheitsrechte machte. Erst nachdem in zähen Verhandlungen Bayern

*Feier des deutschen Sieges im Krieg
gegen Frankreich am 16. Juni 1871 in Berlin.
Zeitgenössische Darstellung*

und Württemberg eine Reihe von Reservatrechten (Militärhoheit im Frieden, eigene Post- und Eisenbahnverwaltung) zugesprochen worden waren, fand sich der bayerische König bereit, den offiziellen Antrag an den preußischen König zu richten, aus der Hand aller deutschen Fürsten die Kaiserkrone entgegenzunehmen.

Mit der Wiederaufnahme des Kaisertitels ging Bismarck auf die nationalen Gefühle des Bürgertums ein, das seit 1848/49 die deutsche Einheit mit dem Kaisertum verband. Gleichzeitig hatte der Titel „Deutscher Kaiser", den der bayerische König Ludwig in seinem Brief benutzte, für Bismarck den Vorteil, daß die empfindlichen eigenstaatlichen Gefühle vor allem der Bayern geschont wurden und die preußische Vormachtstellung in dem neuen Reich verhüllt wurde. Der preußische König allerdings mußte erst dazu überredet werden, die Kaiserkrone und den nach seiner Meinung nichtssagenden Titel „Deutscher Kaiser" anzunehmen. Für ihn war das preußische Königtum das gewachsene und von Gott verliehene Herrscheramt, dessen Glanz nicht durch den neuen Titel verdeckt werden sollte.

Am 18. Januar 1871 fand im Spiegelsaal des Versailler Schlosses die Kaiserproklamation statt, während noch die deutschen Armeen vor Paris standen. Der Maler Anton von Werner hat das Ereignis in einem Monumentalgemälde festgehalten. Es zeigt den Augenblick der Ausrufung des preußischen Königs zum Deutschen Kaiser durch den Großherzog Friedrich von Baden, nachdem Bismarck gerade (in weißer Kürassieruniform) die Proklamation verlesen hatte. Das Bild gibt sehr deutlich den Charakter der Reichsgründung wieder. Es ist eine Versammlung von Fürsten und hohen Generälen, die ebenfalls anwesende Delegation von Abgeordneten des Norddeutschen Reichstags erscheint im Bilde nicht. Bismarck hatte mit der Reichsgründung weitgehend die Wünsche der meisten nationalgesinnten Deutschen erfüllt, aber er vollzog diesen Akt ohne aktive Teilnahme der Volksvertretung. – Abb. S. 184.

8.23 Reichsverfassung

Die Reichsverfassung entsprach im wesentlichen der Verfassung des *Norddeutschen Bundes* (▷ 8.15), abgesehen von einigen Änderungen, die vor allem die Sonderrechte der süddeutschen Staaten betrafen. Die preußische Führungsspitze blieb weiterhin unge-

*Die Kaiser-
proklamation im
Spiegelsaal des
Schlosses von
Versailles.
Gemälde von
Anton von
Werner*

schmälert bestehen; der Kaiser, zugleich König von Preußen, führte den Vorsitz im Bundesrat. Bismarck blieb als Reichskanzler auch
preußischer Ministerpräsident und Außenminister.

Die Verfassung stattete den Kaiser mit dem
Recht aus, den Reichskanzler zu ernennen
(und auch zu entlassen) sowie den Reichstag
einzuberufen, er konnte ihn auch wieder auflösen. Außerdem war er in Kriegszeiten der
Oberbefehlshaber der Streitkräfte des Reiches.

In dem ihm zur Seite stehenden Bundesrat
wurde die Tradition des Bundestages des
Deutschen Bundes (▷ 7.1) fortgesetzt. In ihm
saßen die Vertreter der Landesfürsten und der
drei Freien Städte. Dem Bundesrat nach war
das neue Reich ein Fürstenbund wie der
Deutsche Bund von 1815. Aber ihm gegenüber stand der aus allgemeinen und gleichen
Wahlen hervorgegangene Reichstag als echte
Vertretung der Gesamtheit des Volkes. Der
überwiegenden Mehrheit der Bürger erschien
deshalb die Reichsverfassung als ein wesentlicher Fortschritt im Vergleich zu dem bisherigen Zustand im Deutschen Bund, obwohl

dem Parlament außer der Teilnahme an
der Gesetzgebung durchgreifende Entschei-
dungsfunktionen vorenthalten blieben.

Diese monarchisch-konservative, konstitutionelle Reichsverfassung wurde bis in die letzten Wochen des 1. Weltkrieges beibehalten.
Erst im Oktober 1918 (mit der sogenannten
Oktoberverfassung) erfolgte die Bindung des
Reichskanzlers und der Staatssekretäre der
Reichsämter an das Vertrauen des Parlamentes, aber diese Änderung kam zu spät, sie wurde schon wenige Wochen später durch die
Revolution vom *9. November 1918* (▷ 10.1)
abgelöst.

8.24 Reichsland Elsaß-Lothringen

Erst im Laufe der Kampfhandlungen während des *Deutsch-Französischen Krieges*
(▷ 8.21) und zunehmend mit den militärischen Erfolgen entstand in Deutschland die
Forderung, im zukünftigen Frieden müsse
das besiegte Frankreich Gebiete an das Deutsche Reich abtreten. Die Blicke richteten sich

auf das Elsaß und auf Lothringen. Die Generäle führten Sicherheitsüberlegungen ins Feld (der Erwerb des elsässischen Gebietes würde die süddeutschen Grenzen sicherer machen), die nationale Bewegung verlangte die Rückkehr der erst vor rund 200 Jahren zu Frankreich gekommenen deutschsprachigen Länder.

Bismarck folgte mit der Annexion Elsaß-Lothringens im Friedensvertrag 1871 in Frankfurt den strategischen Überlegungen des Militärs, daß der Besitz der rheinwärts gelegenen Höhen der Vogesen und der Festungen Metz und Straßburg künftig die Bedrohung Süddeutschlands unmöglich machen würde. Er hatte bei dieser territorialen Forderung aber auch die deutsche Nationalbewegung im Auge und versprach sich eine endgültige Überwindung der unterschwellig noch immer vorhandenen antipreußischen Einstellung in der süddeutschen Bevölkerung.

Die Elsässer und Lothringer ihrerseits wollten lieber bei Frankreich bleiben, nur wenige begrüßten die Annexion als Heimkehr in das gemeinsame Vaterland. Staatsrechtlich erhielt das Reichsland nicht die gleiche bundesstaatliche Stellung wie die deutschen Fürstenstaaten, sondern wurde zunächst wie eine preußische Provinz verwaltet. Es gelang der Verwaltung indes nicht, die Bevölkerung in ihrer Mehrheit zu integrieren, vielmehr versteifte sich die Protesthaltung der Bevölkerung zunehmend. 1913 führten von der Reichsregierung gedeckte Übergriffe des Militärs zu einer Verfassungskrise (Zabern-Affäre).

Außenpolitisch wurde mit der Annexion Elsaß-Lothringens der Grund zu einem neuen Krieg gelegt. Frankreich betrachtete die annektierten Gebiete als Teil der französischen Nation und vermochte den Verlust nicht zu verwinden. Sein Bestreben war es, einen neuen Waffengang vorzubereiten, dann aber mit starken Bündnispartnern an seiner Seite.

8.25 Gründerjahre

Die ersten Jahre nach der *Reichsgründung* (▷ 8.22) und der Beendigung des *Deutsch-Französischen Krieges* (▷ 8.21) waren im neuentstandenen Deutschen Reich gekennzeichnet durch einen außerordentlichen Wirtschaftsaufschwung. Ausgelöst wurde diese Entwicklung vor allem durch die nach Deutschland einströmenden fünf Milliarden Francs aus der französischen Kriegsentschädigung. In relativ kurzer Zeit bezahlt, überschwemmten die französischen Milliarden –

Die Verfassung des Deutschen Reiches von 1871. Schematische Darstellung

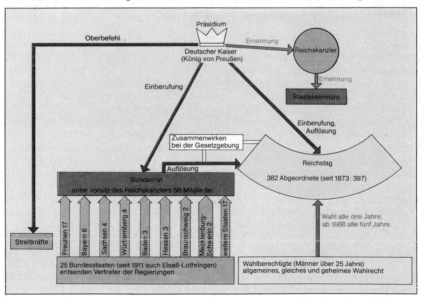

*Der Kulturkampf in der Karikatur:
Otto von Bismarck und Papst Pius IX.
am Schachbrett (1875)*

ein Mehrfaches der in den deutschen Ländern umlaufenden Geldmenge – den deutschen Finanzmarkt. Hinzu kamen der durch die Reichsgründung gewonnene Großwirtschaftsraum, der einen weiteren Zollabbau ermöglichte, frühe Maßnahmen des neuen Staates wie einheitliche Handelsgesetzgebung, Vereinheitlichung des Münzwesens, der Maße und Gewichte und die Gründung der Reichsbank.

Diese stürmische wirtschaftliche Entwicklung der Gründerjahre beschleunigte den Ausbau der Industrie und des Eisenbahnnetzes und intensivierte den Aufschwung der Großbanken und des Handels. Eine rege Bautätigkeit setzte ein und steigerte sich rasch in ein regelrechtes „Baufieber".

Der Geldüberhang auf dem deutschen Kapitalmarkt verursachte ein Überschäumen der Spekulation und löste ein hemmungsloses Gewinnstreben aus. In kurzer Zeit wurden über 850 neue Aktiengesellschaften neben zahlreichen anderen Firmen gegründet. Nicht wenige unter ihnen waren unsolide Unternehmungen.

Schon 1873 führte eine allgemeine Weltwirtschaftskrise zu einem Kurssturz an der Börse, zum Zusammenbruch von Banken und vieler Firmengründungen. Eine mehrere Jahre anhaltende Depression löste die Hochkonjunktur der sogenannten Gründerjahre ab.

8.26 Kulturkampf

Bald nach der Gründung des Deutschen Reiches kam es zum Zusammenstoß mit der katholischen Kirche, genauer mit dem politischen Katholizismus. Eine katholische Parteigruppierung hatte es bereits 1848 in der *Frankfurter Nationalversammlung* (▷ 7.18) gegeben. 1870 entstand im preußischen Abgeordnetenhaus aus der katholischen Fraktion das *Zentrum* (▷ 8.27), das 1871 als zweitstärkste Fraktion in den Reichstag einzog.

Bismarck stand der neuen konfessionellen Partei mit großem Mißtrauen gegenüber. Für ihn stand sie als katholische Gruppierung von vornherein in Opposition zu dem neuen Staat und seinem evangelischen Kaisertum. In ihr sammelten sich nach seiner Meinung die „Besiegten von 1866", die Gegner der kleindeutschen Reichsbildung, die hannoverschen Welfen, die Polen aus den östlichen preußischen Provinzen, später auch die Elsässer. Bismarck befürchtete immer eine Verbindung der katholischen Zentrumspartei zu den katholischen Mächten Frankreich und Österreich. Im Juli 1871 wurde als erste Maßnahme die katholische Abteilung im preußischen Kultusministerium geschlossen. In dem sich allmählich verschärfenden „Kulturkampf" – diesen Begriff prägte der Führer der Fortschrittspartei, Rudolf Virchow, in einem Wahlaufruf – wurde im Dezember 1871 der sogenannte Kanzelparagraph als Reichsgesetz eingeführt. Danach waren Geistliche, die bei der Ausübung ihres Amtes von der Kanzel herab staatliche Angelegenheiten „in einer den öffentlichen Frieden gefährdenden Weise" kommentierten, mit Amtsentlassung und Gefängnis bedroht. Mit dem Schulaufsichtsgesetz vom März 1872 wurde der Kirche die geistliche Aufsicht über die Schulen entzogen und in Preußen durch die staatliche Schulaufsicht ersetzt.

Bundesrat und Reichstag beschlossen 1872 das Verbot des Jesuitenordens innerhalb des Reichsgebiets. Weitere Maßnahmen dehnten das staatliche Aufsichtsrecht aus und schränkten die kirchliche Disziplinargewalt ein. Der Staat behielt sich ein Einspruchsrecht bei der Anstellung von Geistlichen vor (1873); so mußten Geistliche vor Amtsantritt z. B. ein „Kulturexamen" ablegen, das ein Studium an einer deutschen Universität voraussetzte. 1875 wurde die Zivilehe als allein gültige Ehe eingeführt und alle geistlichen Orden mit Ausnahme reiner Krankenpflegeorden verboten. Weitere Gesetze sperrten die staatlichen Geldzuwendungen an die katholische Kirche und beteiligten die Altkatholiken am kirchlichen Vermögen. Zeitweise waren ¼ der Pfarreien und alle Bistümer nicht besetzt, da viele Priester ihrer Ämter enthoben, verhaftet oder ins Ausland geflohen waren.

Die Absicht Bismarcks, mit diesen kirchenpolitischen Maßnahmen das Zentrum zu zerschlagen, schlug fehl. Der Kulturkampf führte im Gegenteil zu einem stärkeren Zusammenschluß der katholischen Bevölkerung mit ihrer in Not geratenen Geistlichkeit. Bei den Reichstagswahlen 1874 konnte die Zentrumspartei ihre Stimmenzahl mehr als verdoppeln. So führte der Kulturkampf zu einer schweren innenpolitischen Niederlage Bismarcks und der liberalen Bewegung. Er strebte deshalb, als 1878 Papst Pius IX. starb und sein Nachfolger Leo XIII. Anzeichen von Kompromißbereitschaft erkennen ließ, die Beendigung des Kulturkampfes an. Die meisten Maßnahmen wurden wieder aufgehoben, bestehen blieben der Kanzelparagraph (bis zu seiner Aufhebung durch den Deutschen Bundestag 1953), die Zivilehe, die staatliche Schulaufsicht und bis 1917 die Jesuitengesetze.

8.27 Zentrum

Katholische Gruppen saßen bereits in den Landtagen und im Parlament der Paulskirche 1848/49. Sie hatten ihren Platz meist in der Mitte zwischen den konservativen auf der rechten, den liberalen und demokratischen Gruppierungen auf der linken Seite. Die Notwendigkeit, sich zu einer starken und dauerhaften Partei zur Vertretung der katholischen Interessen zusammenzuschließen, wurde in dem Augenblick als besonders dringlich angesehen, als sich mit der Bildung des *Norddeutschen Bundes* (▷ 8.15) die Entstehung eines Deutschen Reiches unter der Vorherrschaft des preußischen Protestantismus ankündigte.

Das Zentrum als politische Partei bildete sich 1870 aus der katholischen Fraktion im preußischen Abgeordnetenhaus und wurde bereits bei den ersten Reichstagswahlen 1871 mit 63 Mandaten hinter den Nationalliberalen die zweitstärkste Partei. Ihr Programm beschränkte sich auf das Eintreten für die Rechte der Kirche und einen föderativen Aufbau des Reiches mit garantierten Rechten der

Bundesländer. Mit diesen Punkten geriet das Zentrum zwangsläufig in Frontstellung zu Bismarck und seinen kleindeutschen Plänen. Obwohl die Partei nicht ausdrücklich die Beschränkung auf die katholischen Bevölkerungsteile betonte, wurde sie doch vorwiegend ein Sammelbecken der Katholiken in Deutschland. Da in ihr Unternehmer und Arbeiter, Gutsbesitzer, Bauern und Landarbeiter Aufnahme fanden, war sie zugleich die erste echte Volkspartei. Zu ihr stießen auch die Polen aus den östlichen preußischen Provinzen und später die Elsässer.

Ihr unumstrittener Führer wurde als brillanter Redner und Gegenspieler Bismarcks im *Kulturkampf* (▷ 8.26) und im Reichstag der frühere hannoversche Justizminister und Kronanwalt Ludwig Windthorst, der Bismarck an Unerschrockenheit und rednerischer Begabung durchaus gewachsen war.

Aus dem Kulturkampf ging die Zentrumspartei erheblich gestärkt hervor. Sie konnte ihren Stimmenanteil in der Reichstagswahl von 1874 gegenüber 1871 beträchtlich steigern und 91 Sitze gewinnen. Sie blieb eine der bedeutendsten Parteien des Kaiserreiches und der Weimarer Republik. Nach dem Abklingen des Kulturkampfes unterstützte sie Bismarcks Schutzzollpolitik 1879 und seine Sozialgesetzgebung. Das *Sozialistengesetz* aber

Der Zentrumsführer Ludwig Windthorst

*Die Polizei löst eine
sozialdemokratische
Wahlversammlung in
Berlin auf (1890)*

(▷ 8.30) lehnte das Zentrum 1878 in Erinnerung an den Kulturkampf trotz seiner antisozialistischen und antiliberalen Einstellung zunächst ab und blieb – auch nach der Zustimmung durch einen Teil der Reichstagsfraktion 1880 – später einer der heftigsten Kritiker des Gesetzes.

Nach 1890 trat die konfessionelle Ausrichtung der Zentrumspartei zurück. Verbunden mit dieser Tendenz verstärkte sich jedoch die Flügelbildung innerhalb der Partei. Ihr bestes Wahlergebnis erreichte die Partei bei den Reichstagswahlen 1907, als sie 105 Mandate gewinnen konnte. Einer kurzen Zeit der Opposition 1906–1908 folgte das Zusammengehen mit den Konservativen, das die Reichstagsmehrheit in den Jahren bis zum 1. Weltkrieg bestimmte.

8.28 Sozialdemokratie

Die politische Organisierung der Arbeiterbewegung in Deutschland begann am 23. Mai 1863 mit der Gründung des „Allgemeinen Deutschen Arbeitervereins" durch Ferdinand Lassalle in Leipzig, der die schon vorher regional entstandenen Arbeiterbildungs- und -unterstützungsvereine zusammenfaßte. Lassalles Ziele waren die Gründung einer selbständigen politischen Partei, allgemeines, gleiches und direktes Wahlrecht und die Einrichtung von Arbeiter-Produktionsgenossenschaften mit Unterstützung des Staates.

Ebenfalls 1863 entstand in Eisenach der liberal-demokratische „Vereinstag deutscher Arbeitervereine", der zum Kern der 1869 in Eisenach gegründeten Sozialdemokratischen Arbeiterpartei wurde. Ihre Organisation war streng demokratisch aufgebaut und hatte im Programm sowohl Gedanken von *Karl Marx* (▷ 8.6) als auch von Ferdinand Lassalle. Sie betrachtete sich als den deutschen Zweig der Internationalen Arbeiterassoziation, der am 28. September 1864 in London gegründeten Ersten Internationalen.

Beide Organisationen vereinigten sich 1875 in Gotha zur Sozialistischen Arbeiterpartei Deutschlands (SAP). Schon in dieser frühen Phase der Parteientwicklung waren revolutionäre Strömungen Marxscher Prägung und reformerische, aus dem Gedankengut Lassalles hervorgegangene Ideen nebeneinander wirksam.

Im Gegensatz zu den anderen Parteien wurde die Sozialistische Arbeiterpartei, die sich 1890 in Sozialdemokratische Partei Deutschlands (SPD) umbenannte, schon früh eine Massenpartei mit fester Mitgliedschaft und straffer Organisation. Die Partei, als national unzuverlässig und staatsfeindlich angesehen, wurde für die Arbeiter zur politischen Heimat und entwickelte eine eigene Subkultur als

Emanzipations- und Kulturbewegung. Von großer Bedeutung für die politische Emanzipation der Arbeiter wurden die zahlreichen sozialen und kulturellen Einrichtungen, die die SPD als Partei mittrug und teilweise gemeinsam mit der Gewerkschaftsbewegung (▷ 8.19) gründete. Solche Einrichtungen waren Kindergärten, Sport- und Gesangvereine, Bestattungs- und andere Unterstützungskassen, Konsumvereine und deren Läden sowie die Spar- und Bauvereine. Die den bürgerlichen Staat ablehnenden und auf die Weltrevolution mit dem Sieg der Arbeiterklasse setzenden Kräfte innerhalb der Partei konnten sich in den Jahren der politischen Verfolgung durch das Bismarcksche *Sozialistengesetz* (▷ 8.30) durchsetzen. Die Tätigkeit der Reichstagsfraktion der Partei blieb während der Dauer des Sozialistengesetzes ungestört, von 1878 bis 1890 konnte die Partei trotz der Behinderungen und Verbote in den Reichstagswahlen ihre Stimmenzahl auf fast 1,5 Millionen verdreifachen. Mit etwa 20 % der Wählerstimmen wurde sie zur relativ stärksten deutschen Partei, was sich jedoch wegen des Mehrheitswahlrechts und der gegen sie gerichteten bürgerlichen Koalition nicht im gleichen Maße auf die Zahl der Mandate auswirkte.

8.29 August Bebel

Geboren am 22. Februar 1840 als Sohn eines Unteroffiziers in Köln-Deutz, erlebte Bebel nach dem frühen Tode seines Vaters bittere Jahre der Armut. Er erlernte in Wetzlar, dem Geburtsort seiner Mutter, das Drechslerhandwerk und ließ sich 1864 als Drechslermeister in Leipzig nieder. 1861 trat er dem „Leipziger gewerblichen Bildungsverein" bei, dessen Vorsitzender er 1865 wurde. Im gleichen Jahr lernte er Wilhelm Liebknecht kennen. Nach der Gründung der Sächsischen Volkspartei 1866 zusammen mit Liebknecht wurde er 1867 Vorsitzender des Verbandes Deutscher Arbeitervereine und im gleichen Jahr zum Mitglied des norddeutschen Reichstages gewählt.

Liebknecht bewog ihn, sich 1868 mit der Mehrheit des Verbandes Deutscher Arbeitervereine der Internationalen Arbeiterassoziation anzuschließen, der in London 1864 unter Mitwirkung von Karl Marx entstandenen

1. Internationale. 1869 war Bebel gemeinsam mit Wilhelm Liebknecht in Eisenach maßgeblich an der Gründung der Sozialdemokratischen Arbeiterpartei beteiligt, deren Vorsitzender er bald darauf wurde. Nach der Reichstagswahl 1871 zog Bebel als Abgeordneter der Sozialdemokratischen Partei in den Reichstag ein. In seiner ersten Rede im Reichstag am 25. Mai 1871 wies er auf das aktuelle Ereignis, den Aufstand der Pariser Kommune gegen die bürgerliche Regierung, hin und nannte die Vorgänge „ein kleines Vorpostengefecht" im Kampf der Proletarier gegen die bestehende gesellschaftliche Ordnung, dem weitere, größere Aktionen folgen würden. Schon als Abgeordneter im Reichstag des *Norddeutschen Bundes* (▷ 8.15) hatte Bebel zusammen mit Liebknecht gegen die Bewilligung von Kriegskrediten bei Ausbruch des *Deutsch-Französischen Krieges* (▷ 8.21)

August Bebel, einer der bedeutendsten Sozialdemokraten vor dem 1. Weltkrieg

gestimmt; ebenso protestierte er leidenschaftlich gegen die geplante und dann vollzogene Annexion *Elsaß-Lothringens* (▷ 8.24). Das brachte ihm und seiner Partei in der allgemeinen nationalen Hochstimmung und Kriegsbegeisterung den Ruf ein, „Reichsfeinde" und national unzuverlässig zu sein.

In einem Leipziger Hochverratsprozeß 1872 wurden Bebel und Liebknecht zu zwei Jahren Festungshaft verurteilt. Bebel forderte vom Staat nicht nur die Herstellung der politischen Freiheit, sondern auch „die Herstellung der ökonomischen Gleichheit". Im Reichstag war er einer der schärfsten Kritiker der Bismarckschen Politik. Besonders nach dem Erlaß des Reichsgesetzes „wider die gemeingefährlichen Bestrebungen der Sozialdemokratie" 1878, des sogenannten *Sozialistengesetzes* (▷ 8.30), wurde Bebel zum Hauptankläger der Regierung. Er warf ihr vor, Tausende von Sozialdemokraten lediglich ihrer Gesinnung wegen ins Gefängnis zu werfen und so ihre Existenz zu ruinieren.

Konsequent setzte Bebel sich für das allgemeine und gleiche Wahlrecht in den Bundesstaaten ein, das auch den Frauen zustehen sollte. Bebel war maßgeblich an der Ausarbeitung des Erfurter Programms der SPD 1891 beteiligt. Trotz seiner Überzeugung, daß der Sozialismus bald über die „absterbende bürgerliche Gesellschaft" siegen würde, war Bebel ein Vorkämpfer für die friedliche Durchsetzung der Ziele seiner Partei und Gegner einer revolutionären Bewegung. Diese Haltung brachte ihn später in deutlichen Gegensatz zum linken Flügel der Sozialdemokratie, wie er z. B. von Rosa Luxemburg repräsentiert wurde. Trotz aller innerparteilichen Gegensätze blieb er bis zu seinem Tode am 13. August 1913 der anerkannte Führer der Sozialdemokratischen Partei.

8.30 Sozialistengesetz

Der Zulauf, den Allgemeiner Deutscher Arbeiterverein und Sozialdemokratische Arbeiterpartei (*Sozialdemokratie,* ▷ 8.28) seit der Wirtschaftskrise 1873 zu verzeichnen hatten, ihre Vereinigung 1875 zur Sozialistischen Arbeiterpartei Deutschlands (SAP) und deren sich deutlich steigernde Wahlerfolge bei den Reichstagswahlen 1874 und 1877 beunruhigten die Reichsregierung und die bürgerlichen Parteigruppierungen im Reichstag. Bismarck konnte wegen der kompromißbereiten Haltung Papst Leos XIII. den seit Jahren geführten *Kulturkampf* (▷ 8.26) gegen die katholische Kirche und den politischen Katholizismus allmählich beenden und sich dieser neuen Gefahr einer herannahenden sozialistischen Revolution zuwenden.

Als Vorwand für sein Vorgehen gegen die Sozialistische Arbeiterpartei dienten ihm zwei Attentate auf Kaiser Wilhelm I. 1878. Beide Anschläge schlugen fehl, die Attentäter standen auch mit der Sozialdemokratie nicht in Verbindung, dennoch wurde von der Regierung ein Zusammenhang zwischen den Attentaten und den angeblichen sozialdemokratischen Umsturzplänen behauptet.

Am 21. Oktober 1878 wurde das Reichsgesetz „wider die gemeingefährlichen Bestrebungen der Sozialdemokratie" erlassen. Die sozialdemokratischen und sozialistischen Vereine wurden verboten, ebenso Veranstaltungen, Umzüge, Versammlungen; ihre Zeitungen mußten ihr Erscheinen einstellen. Personen, die angeblich die Ordnung gefährdeten, konnten ausgewiesen oder ins Gefängnis geworfen werden. Mit dem Sozialistengesetz sollten sowohl die Parteiorganisation als auch die Gewerkschaften zerschlagen werden. Das Gesetz wurde im Reichstag mit den Stimmen der Konservativen und Nationalliberalen angenommen, während das Zentrum, die Fortschrittspartei und die Fraktion der Sozialdemokraten gegen die Annahme stimmten. Es wurde gegen den Wunsch der Regierung auf zweieinhalb Jahre befristet, aber regelmäßig bis 1890 verlängert, ab 1880 auch mit den Stimmen von Teilen des *Zentrums* (▷ 8.27).

Trotz aller Verbote und Verhaftungen, Verurteilungen und Ausweisungen waren die Organisationen der Partei und der Gewerkschaften mit dem Gesetz nicht mehr zu zerstören. Die Solidarität der Arbeiter führte zu einem Anwachsen der Partei von 1878 bis 1890 von 437 000 auf 1 427 000 Wähler. 1912 wurde die SPD mit 110 Abgeordneten zur stärksten Fraktion im Reichstag.

Ab 1890 wurde das Sozialistengesetz nicht mehr verlängert. Es verhinderte nachhaltig die seinerzeit von Ferdinand Lassalle angestrebte Versöhnung zwischen der Arbeiterschaft und dem Staat. In seinen Nachwirkungen hielt es die Integration der Sozialdemokraten in die bürgerliche Gesellschaft am Ende des Jahrhunderts auf.

8.31 Genossenschaftswesen

Mit der technischen Fortentwicklung in der *industriellen Revolution* (▷ 8.4) und der dazu parallel laufenden unbeschränkten Entfaltung des freien Wettbewerbs war die Masse der „kleinen Leute", der wirtschaftlich Schwachen gegenüber dem Druck der Unternehmer, der Fabrikherren und Großgrundbesitzer, außerordentlich ins Hintertreffen geraten. Handwerker, kleine Gewerbetreibende, aber auch Bauern gehörten neben der Masse der Lohnabhängigen zu dieser Schicht. Um dieses wirtschaftliche und soziale Ungleichgewicht einigermaßen auszugleichen, entstand um die Mitte des 19. Jahrhunderts die Genossenschaftsbewegung. Sie war der Versuch, den im Mittelalter in Städten und Dorfgemeinschaften bewährten solidarischen Genossenschaftsgedanken wiederzubeleben. Die ersten Genossenschaften bildeten sich aus Selbsthilfeorganisationen des Handwerks und der kleinen landwirtschaftlichen Betriebe, aus Vereinskassen und Wohltätigkeitsvereinen heraus. Ihre Väter waren vor allem der Sozialpolitiker und spätere Reichstagsabgeordnete der Deutschen Fortschrittspartei Hermann Schulze-Delitzsch, Friedrich Wilhelm Raiffeisen und Wilhelm Haas. Raiffeisen und Haas bemühten sich vor allem um Hilfsvereine im ländlichen Bereich und lehnten dabei auch Finanzhilfen des Staates nicht ab. Schulze-Delitzsch dagegen setzte sich für das Kleingewerbe ein und bevorzugte das Prinzip der Selbsthilfe. 1865 bewirkte Schulze-Delitzsch die Gründung der deutschen Genossenschaftsbank und konnte 1867 das preußische Genossenschaftsgesetz veranlassen. Doch blieben die Genossenschaften zunächst relativ schwach; erst als mit dem Reichsgesetz über die Genossenschaften von 1889 eine Beschränkung der Haftpflicht eingeführt wurde, konnten sich die Genossenschaften entwickeln. Mit dem Gesetz von 1889 wurde auch die Zwangsrevision der Genossenschaften eingeführt, die über die ordnungsgemäße Geschäftsführung wachte.

8.32 Sozialgesetze/ Arbeiterversicherung

Seit der unerbittlichen Bekämpfung der *Sozialdemokratie* (▷ 8.28) und ihrer Organisationen mit den Bestimmungen des *Sozialistengesetzes* (▷ 8.30) vom Oktober 1878 plante Bismarck eine positive staatliche Sozialpolitik. Seine Absicht war es, mit konstruktiven staatlichen Maßnahmen die soziale Lage der Arbeiterschaft zu verbessern und sie damit nicht nur für den Staat zu gewinnen, sondern gleichzeitig auch ihre politische Organisation,

Friedrich Wilhelm Raiffeisen (links), Hermann Schulze-Delitzsch (rechts)

die Sozialdemokratische Partei, zu schwächen.

In einer kaiserlichen Botschaft wurde am 17. November 1881 im Reichstag ein sozialpolitisches Programm angekündigt. Vorgesehen waren eine Versorgung der Arbeiter für Unfall, Krankheit, Invalidität und Alter. Im Juni 1883 wurde als erstes Gesetz die Krankenversicherung der Arbeiter geregelt. Die Beiträge zur Krankenversicherung sollten je zur Hälfte von den Arbeitgebern und den Arbeitern gezahlt werden. Unter der Vielzahl bereits existierender Kranken-, Innungs- und Knappschaftskassen, die weiter bestanden, wurde die genossenschaftliche Organisation der Ortskrankenkassen die typische Arbeiterkrankenkasse. Die Leistungen bestanden in freier ärztlicher Behandlung und einem Krankengeld, das vom 3. Tage an bis zu höchstens 13 Wochen gezahlt wurde.

Am 27. Juni 1884 folgte das Gesetz über die Unfallversicherung. Hier übernahm die Berufsgenossenschaft der Unternehmer die Zahlungen bei Unfall eines Arbeiters in voller Höhe – die Arbeiter brauchten keinen Anteil zu leisten – und zahlte bei tödlichem Unfall eine Hinterbliebenenrente. Die Unfallversicherung trat nach Ablauf der Krankenversicherung, also nach der 14. Woche, ein. Sie trug auch die Kosten eines Heilverfahrens sowie für die Dauer der gesamten Zeit der Erwerbslosigkeit $\frac{2}{3}$ des letzten Arbeitsverdienstes. Abgeschlossen wurde das Gesetzeswerk am 22. Juni 1889 mit der Alters- und Invaliditätsversicherung. Sie sicherte jedem Arbeiter eine Altersrente nach dem 70. Lebensjahr zu sowie eine Invalidenrente bei Arbeitsunfähigkeit, für die Arbeitgeber und Arbeitnehmer je zur Hälfte Beiträge abzuführen hatten. Hier wurde auch der Gedanke des Reichszuschusses aufgegriffen. Bismarck wollte ursprünglich, daß die Arbeiter keine eigenen Beiträge für die Versicherungen leisten mußten, da diese Beiträge das Einkommen schmälern und Unverständnis bei den Arbeitern hervorrufen mußten.

Die Wirkung, die Bismarck sich mit dieser Gesetzgebung erhofft hatte, nämlich die Arbeiter für den Staat zu gewinnen und sie der Sozialdemokratie und ihren Organisationen zu entfremden, wurde jedoch nicht erreicht. Die Arbeiterschaft scharte sich vielmehr, zumal auch die Verfolgungen durch das bis 1890 immer wieder verlängerte *Sozialistengesetz* (▷ 8.30) weiter anhielten, solidarisch um die Führer der Sozialdemokratischen Partei, die bei den Reichstagswahlen 1890 knapp 20% der Stimmen erhielt. Von der sozialdemokratischen Führung wurden die Bismarckschen Gesetze und die sich daraus ergebenden Leistungen für die einzelnen Arbeiter als völlig unzureichend kritisiert.

Dennoch ist das Deutsche Reich mit dieser Sozialgesetzgebung allen anderen Staaten der Welt vorangeschritten und lange Zeit Vorbild gewesen.

8.33 Bismarcks Bündnispolitik

Mit der Gründung des Deutschen Reiches und dem Sieg über Frankreich hatte sich das Kräfteverhältnis im europäischen Staatensystem verschoben. Es kam nun alles darauf an, die anderen europäischen Großmächte zu überzeugen, daß die erweiterte Großmacht Preußen/Deutschland keine Bedrohung darstellte und das neue Deutsche Reich keine Ansprüche erhob, eine europäische Vormachtstellung zu erringen. Bismarck erklärte deshalb auch bald öffentlich, daß Deutschland „saturiert" (zufriedengestellt) sei.

Die von Bismarck als Reichskanzler bis 1890 geleitete Außenpolitik des Deutschen Reiches wurde entscheidend bestimmt von seiner Einstellung zu Frankreich, das seine Niederlage und den Verlust *Elsaß-Lothringens*

(▷ 8.24) nicht verwinden konnte und jede sich bietende Gelegenheit nutzen würde, um gegen Deutschland einen Revanchekrieg zu führen. Bismarcks Bestreben war es deshalb, Frankreich möglichst isoliert zu halten. Zeitweise gelang es ihm, das französische Interesse auf koloniale Ziele abzulenken, wobei er gleichzeitig hoffte, daß Frankreich sich dabei die Gegnerschaft Englands zuziehen würde.

1872 wurde mit dem Abschluß des Dreikaiserabkommens zwischen Deutschland, Österreich und Rußland die monarchische Tradition der *Heiligen Allianz* (▷ 7.2) von 1815 wieder aufgenommen. Mit dieser Verständigung der drei Monarchen – ein formeller Vertragsabschluß erfolgte nicht – setzte Bismarck die traditionelle Freundschaft zu Rußland fort und erreichte durch die Einbeziehung des österreichischen Kaisers, daß die Gegensätze zwischen dem Zarenreich und Österreich-Ungarn in der Balkanpolitik noch einmal überspielt werden konnten. 1878 verhinderte der *Berliner Kongreß* (▷ 8.34), bei dem Bismarcks Führungsrolle in der europäischen Politik deutlich wurde, einen kriegerischen Zusammenstoß zwischen Österreich-Ungarn und Rußland sowie zwischen Großbritannien und Rußland. Beide Länder fühlten sich in ihren Interessen bedroht, als die Russen nach dem russisch-türkischen Krieg von 1877/78 das Schicksal der von der türkischen Herrschaft befreiten Balkanvölker eigenmächtig in die Hand nehmen wollten.

1881 gelang es Bismarck noch einmal, ein Dreikaiserbündnis mit Rußland und Österreich-Ungarn zustande zu bringen, das aber schon kurz nach seiner Verlängerung 1884 an den unüberbrückbaren Gegensätzen scheiterte.

1879 hatte das Deutsche Reich mit Österreich-Ungarn ein Bündnis geschlossen, in dem beide Mächte sich verpflichteten, bei einem Angriff Rußlands einander Hilfe zu leisten, bei einem Angriff einer anderen Macht wohlwollende Neutralität zu wahren. Dieser „Zweibund" wurde in Deutschland und in Österreich-Ungarn sehr begrüßt und als teilweise Erfüllung der 1848/49 entwickelten Ideen von einem engeren Zusammenschluß der Deutschen angesehen. Dieser Bund hat bis zum 1. Weltkrieg gedauert. Bismarck hat jedoch, anders als seine Nachfolger, die Schwäche des Habsburgerreiches in seiner

*Die führenden
europäischen
Staatsmänner
auf dem
Berliner Kongreß
von 1878.
Gemälde
von Anton
von Werner*

Eigenschaft als Vielvölkerstaat klar gesehen und immer nach weiteren Bündnispartnern Ausschau gehalten.

Italien trat am 20. Mai 1882 dem Zweibund bei, als Frankreich gerade Tunis besetzt und eigene italienische Pläne durchkreuzt hatte. Dies gab dem jetzt zum Dreibund gewordenen Bündnis eine Frontstellung gegen Frankreich und setzte voraus, daß Großbritannien dem Dreibund wohlwollend gegenüberstand. Bismarck bemühte sich stets, mit Großbritannien in gutem Einvernehmen zu bleiben, und wies deshalb den Erwerb von Kolonien von sich. Als das Dreikaiserabkommen infolge der nicht mehr zu überbrückenden Gegensätze zwischen Rußland und Österreich nicht mehr aufrechterhalten werden konnte, gelang Bismarck am 18. Juni 1887 der Abschluß eines geheimen Neutralitätsabkommens mit Rußland, des von ihm selbst so genannten *Rücksicherungsvertrags* (▷ 8.35). Mit diesem Vertrag konnte noch einmal die von Bismarck befürchtete Annäherung Frankreichs an Rußland mit der dann näher rückenden Gefahr eines Zweifrontenkrieges verhindert werden.

8.34 Berliner Kongreß

Der russisch-türkische Krieg 1877/78 hatte mit einem triumphalen Sieg der Russen über den „kranken Mann am Bosporus" geendet. In dem von Rußland diktierten Frieden von San Stefano verlor das Osmanische Reich seine letzten Besitzungen auf dem Balkan. Gegen den Machtzuwachs Rußlands erhoben Großbritannien und Österreich Protest. Um eine Ausweitung des Krieges zu verhindern, schaltete sich das Deutsche Reich ein und lud die Mächte zu einem europäischen Kongreß nach Berlin. So kam es im Juni/Juli 1878 zu einem Treffen der europäischen Staatsmänner auf dem Berliner Kongreß, auf dem der deutsche Reichskanzler Bismarck als Gastgeber auch den Vorsitz führte.

Da Deutschland auf dem Balkan nicht interessiert war, konnte Bismarck sich unparteiisch – als „ehrlicher Makler" – um einen Ausgleich der gefährlichen Gegensätze zwischen den Großmächten bemühen. Auf die meisten Eroberungen hatte Rußland schon bei Vorverhandlungen in London wieder verzichten müssen. In der Berliner Kongreßakte vom 13. Juli 1878 verzichtete Rußland auf das Protektorat Großbulgarien, das in ein dem Osmanischen Reich tributpflichtiges unabhängiges Fürstentum und in eine osmanische Provinz Ostrumelien geteilt wurde. Rußland erhielt dafür von Rumänien Teile von Bessarabien, Rumänien selbst wurde ebenso wie Serbien und Montenegro unabhängig. Österreich-Ungarn erhielt das Zugeständnis, Bosnien und die Herzegowina okkupieren zu dürfen; Großbritannien erhielt Zypern. Diese Balkanordnung führte jedoch zu neuen Spannungen; die österreichisch-russische Rivalität wurde verschärft, und die nationale Frage auf dem Balkan blieb weiterhin ungelöst.

Der Berliner Kongreß war ein Triumph Bismarcks, der deutsche Reichskanzler stand auf dem Höhepunkt seines Ansehens. In Rußland aber war man enttäuscht, daß Bismarck sich nicht stärker für die russischen Belange eingesetzt hatte als Dank für die neutrale Haltung Rußlands 1866 und 1870/71. Eine deutliche antideutsche Stimmung breitete sich am Zarenhof und in der russischen Öffentlichkeit aus, die sich mit dem zur politischen Kraft werdenden Panslawismus verband.

8.35 Rückversicherungsvertrag

1881 war noch einmal ein Dreikaiserabkommen zwischen dem Deutschen Reich, Österreich-Ungarn und Rußland zustande gekommen. Bismarck hatte es erreicht, die in die vielfältigen Interessen und Gegensätze der Balkanvölker unheilvoll verstrickten Großmächte Österreich-Ungarn und Rußland in einem Bündnis zusammenzubringen. 1884 war der Vertrag zwar verlängert worden, aber in der Bulgarienkrise 1885/86 endgültig auseinandergebrochen.

In dieser Situation gelang Bismarck der Abschluß eines Geheimbündnisses mit Rußland, das am 18. Juni 1887 unterzeichnet wurde. Mit diesem Vertrag wollte der Kanzler die seit langem befürchtete Gefahr einer Annäherung Frankreichs an Rußland ausschalten. Der Rückversicherungsvertrag bestand eigentlich aus zwei Teilen: dem geheimen, defensiv ausgerichteten Hauptvertrag und einem „ganz geheimen", offensiven Zusatzprotokoll. Er verpflichtete den Vertragspartner zur Neutralität, falls das Deutsche Reich von Frankreich oder Rußland von Österreich-Ungarn unprovoziert angegriffen würde. Das Zusatzprotokoll erkannte die russischen Interessen in Bulgarien an und widersprach damit im Grunde dem deutsch-österreichischen Zweibund, dem Dreibund und den Mittelmeerabkommen. Für Bismarck hatte der Vertrag jedoch den Zweck, Rußland aus seiner Isolierung in der Orientfrage zu lösen und damit Großbritannien zur Stützung der österreichischen und italienischen Orientpolitik zu zwingen.

In seiner Bedeutung wurde der Rückversicherungsvertrag oft überschätzt, weil nicht sicher war, ob Rußland tatsächlich im Orient, vor allem an den Dardanellen und damit dem Zugang zum Schwarzen Meer, aktiv werden würde. Letztlich diente der Vertrag der Erhaltung des Status quo und konnte eine französisch-russische Annäherung nicht verhindern. Als nach *Bismarcks Entlassung* 1890 (▷ 8.37) der Vertrag nicht verlängert wurde, kam mit der Militärkonvention von 1892 das russisch-französische Bündnis schnell zustande.

8.36 Deutsche Kolonien/ Bismarcks Kolonialpolitik

Am 6. Dezember 1882 wurde in Frankfurt am Main der „Deutsche Kolonialverein" gegründet. Hauptziel des Vereins war es, den kolonialen Gedanken in der Öffentlichkeit zu verbreiten und populär zu machen. Anfang 1884 entstand in Berlin die „Gesellschaft für deutsche Kolonisation"; sie trat dafür ein, deutsche Kolonialgesellschaften zu unterstützen, die deutsche Auswanderung in geeignete Gebiete zu lenken und die „deutsch-nationalen Interessen zu fördern". Beide Gesellschaften vereinigten sich 1887 zur Deutschen Kolonialgesellschaft, die sich die Aufgabe stellte, deutsche Übersee-Unternehmungen zu fördern und zu unterstützen.

Bismarck selbst stand allen Kolonialplänen lange Zeit ablehnend gegenüber. Er sah die Gefahren, die im Erwerb überseeischer Gebiete lagen. Im Konfliktfall konnten die Kolonien vom Reich nicht ausreichend geschützt werden; zudem stellten sie eine zusätzliche außenpolitische Gefährdung dar, weil es unweigerlich zu Interessenkollisionen mit Großbritannien oder auch Frankreich kommen mußte. Die Lage Deutschlands in der Mitte Europas bot schon Konfliktmöglichkeiten genug.

1884 gab Bismarck dann aber doch seine Zustimmung, daß die von wagemutigen Kaufleuten (vor allem F. A. Lüderitz und C. Peters) erworbenen Besitzungen zu „Schutzgebieten" des Deutschen Reiches erklärt wurden, so Deutsch-Südwestafrika, das heutige Namibia, Togo und Kamerun, später Deutsch-Ostafrika sowie Erwerbungen in Nordostguinea und der Marshall-Inseln im Pazifik. In dieser

Kaiser Wilhelm II. besucht
Otto von Bismarck in Friedrichsruh.
Photo von 1888

Zeit schien sich auch eine deutsch-französische Annäherung anzubahnen. Die deutschfranzösische Interessengemeinschaft bestand jedoch nur kurze Zeit; mit Großbritannien kam es nach anfänglichen Reibereien zu einem Arrangement. Großbritannien erkannte schließlich die deutschen kolonialen Erwerbungen an.

In seinen letzten Regierungsjahren kehrte Bismarck zu seiner distanzierten Einstellung gegenüber der Kolonialpolitik zurück. Einem Anhänger des kolonialen Gedankens erklärte er im Dezember 1888: „Hier liegt Rußland und hier liegt Frankreich, und wir sind in der Mitte; das ist meine Karte von Afrika."

8.37 Bismarcks Entlassung

Am 9. März 1888 starb Kaiser Wilhelm I. im einundneunzigsten Lebensjahr. Sein liberal eingestellter und mit einer Tochter der briti

schen Königin Viktoria verheirateter Sohn, der nun als Kaiser Friedrich den Thron bestieg, war bereits todkrank und konnte die in ihn gesetzten Hoffnungen, er werde das Reich nach englischem Vorbild in eine parlamentarische Monarchie umgestalten, nicht mehr erfüllen. Er starb am 15. Juni 1888.

Der neue Kaiser, der neunundzwanzigjährige *Wilhelm II.* (▷ 9.1), verehrte Bismarck als Gründer des Reiches und Gestalter der Reichspolitik. Aber da er selbstbewußt war und voller Tatendrang selbständige Politik machen wollte, kam es bald zu Kontroversen, anfangs über Nebensächlichkeiten, dann über grundsätzliche Differenzen in der Sozial- und in der Außenpolitik. So sprach sich der Reichskanzler für eine Verlängerung des Rückversicherungsvertrages aus, um den „Draht nach Rußland" nicht abreißen zu lassen, und in der sich verschärfenden Arbeiterfrage befürwortete er die Verlängerung des Sozialistengesetzes. Wilhelm II. veranlaßte Bismarck schließlich, sein Rücktrittsgesuch einzureichen. Seine Entlassung erfolgte am 20. März 1890.

Daten

20. März–29. April 1850	Erfurter Unionsparlament
1. Sept. 1850	Wiedereröffnung des Frankfurter Bundestages
29. Nov. 1850	Olmützer Punktation
31. Dez. 1851	Silvesterpatent („Neoabsolutismus" in Österreich)
1853/54–1856	Krimkrieg
1858–1861	Regentschaft Wilhelms (I.) von Preußen („Neue Ära")
1859	Sardinisch-Französisch-Österreichischer Krieg
1861–1888	König Wilhelm I. von Preußen
1861	Gründung der Deutschen Fortschrittspartei
23. Sept. 1862	Bismarck wird preußischer Ministerpräsident
1862–1866	preußischer Verfassungskonflikt
1863	Gründung des Allgemeinen Deutschen Arbeitervereins
16. Aug. 1863	Frankfurter Fürstentag
1. Febr.–1. Aug. 1864	2. Deutsch-Dänischer Krieg
30. Okt. 1864	Friede von Wien
14. Aug. 1865	Gasteiner Konvention
15. Juni–26. Juli 1866	Deutscher Krieg
3. Juli 1866	Schlacht bei Königgrätz
23. Aug. 1866	Friede von Prag (Auflösung des Deutschen Bundes)
3. Sept. 1866	Annahme der Indemnitätsvorlage
20. Sept. 1866	preußische Annexionen (Hannover, Kurhessen, Nassau, Frankfurt)
1867	Gründung der Nationalliberalen Partei
1867	österreichisch-ungarischer Ausgleich
17. April 1867	Verfassung des Norddeutschen Bundes angenommen
1869	Gründung der Sozialdemokratischen Arbeiterpartei
13. Juli 1870	Emser Depesche
19. Juli 1870–26. Febr. 1871	Deutsch-Französischer Krieg
2. Sept. 1870	Schlacht bei Sedan
18. Jan. 1871	Kaiserproklamation Wilhelms I. in Versailles
16. April 1871	Verfassung des Deutschen Reiches
10. Mai 1871	Friede von Frankfurt am Main
1873	Wirtschaftskrise („Gründerkrach")
1875	Gründung der Sozialistischen Arbeiterpartei Deutschlands
13. Juni–13. Juli 1878	Berliner Kongreß
21. Okt. 1878	Sozialistengesetz
7. Okt. 1879	Zweibund
18. Juni 1881	Dreikaiserabkommen
20. Mai 1882	Dreibund
1883	Krankenversicherungsgesetz
1884	Unfallversicherungsgesetz
18. Juni 1887	Rückversicherungsvertrag
9. März–15. Juni 1888	Kaiser Friedrich
1888–1918	Kaiser Wilhelm II.
1889	Alters- und Invaliditätsversicherungsgesetz
20. März 1890	Entlassung Bismarcks

Kapitel 9: Wilhelminisches Zeitalter und Erster Weltkrieg

Einführung

Der Zeitabschnitt von 1890, dem Jahr der Entlassung Bismarcks, bis zum Ende des Ersten Weltkrieges 1918 wird in den Geschichtsbüchern das „Zeitalter des Imperialismus" genannt. Daneben findet sich auch die Bezeichnung „Wilhelminisches Zeitalter". Welche Formulierung man für zutreffender hält, hängt allein vom Standpunkt des Betrachters ab. Der Imperialismusbegriff erscheint aus weltgeschichtlicher Sicht zweifellos angebrachter. Er deutet auf das diese Epoche charakterisierende Streben der europäischen und der neuen, außereuropäischen Großmächte (USA, Japan) hin, im Wettlauf miteinander sich durch den Erwerb überseeischer Kolonien eine Weltmachtposition aufzubauen. Aus deutscher Sicht ist auch die mit dem Namen des Kaisers verbundene Bezeichnung gerechtfertigt.

Der letzte deutsche Kaiser, Wilhelm II., war sicher nicht die überragende Persönlichkeit wie der souverän die politische Szene beherrschende große Kanzler, der der vorhergehenden Epoche seinen Stempel aufgedrückt hatte. Aber der Lebensstil, den der Kaiser in seiner romantisch-altmodischen, spätabsolutistischen Auffassung vom Amt des Herrschers entwickelte und in seinem Auftreten, seinem Gebaren und seinen Äußerungen praktizierte, war zugleich der Lebensstil der Gesellschaft in diesem kaiserlichen Deutschland der Jahrzehnte um die Jahrhundertwende. Die Gesellschaft, das waren die alten und neuen Machteliten, die Großagrarier, Bankiers und Großindustriellen, natürlich das Offizierskorps und die höhere Beamtenschaft sowie die Mehrzahl der Hochschulprofessoren. Dazu gehörte auch die überwiegende Mehrheit des durch Wirtschaftswachstum und industrielle Entwicklung zu Wohlstand gelangten Bürgertums. Glanz und Gloria, Garderegimenter und Kaisermanöver, Stapelläufe und Flottenparaden, Galauniformen bei jedem gesellschaftlichen Ereignis: der Nimbus deutscher Weltmachtstellung und Weltgeltung lag über allem, erzeugte ein bisher nie gekanntes Wertgefühl. Wahrhaftig, einen Aufstieg ohnegleichen hatte das Deutsche Reich in den knapp fünfundzwanzig Jahren seit seiner Gründung vollzogen! Ein Hauch dieses neuen deutschen Wertgefühls war bis in die kleinbürgerlichen Wohnstuben in den entferntesten Provinzstädten spürbar, wo das Kaiserbild den bevorzugten Platz über dem Sofa einnahm, gleich neben den Erinnerungsfotos aus der Militärzeit des Familienoberhauptes. Überhaupt beherrschte das vom Kaiser so bevorzugte Militär das Leben im damaligen Deutschland. Ebenso wie der Kaiser trugen auch die hochrangigen Beamten, alle Reichskanzler und Minister, obwohl sie Zivilisten waren, im Reichstag und bei öffentlichen Anlässen Uniform. Jeder Zivilist in gehobener Stellung, ob Beamter oder Rechtsanwalt, ob Apotheker, Lehrer oder Geschäftsmann, war in der Gesellschaft ein angesehener Mann erst, wenn er „gedient" hatte und als Reserveoffizier in das Zivilleben zurückgekehrt war. Diese Haltung führte zu grotesken und oftmals peinlichen Situationen. Der Glaube an den Kaiser, an durch Amt oder Uniform verliehene Autorität war im Preußen-Deutschland des ausgehenden 19. und beginnenden 20. Jahrhunderts so ausgeprägt wie nie zuvor.

Der Kaiser selbst, der gern sein eigener Kanzler sein wollte, war nicht die Persönlichkeit, um die Lücke auszufüllen, die mit dem Abgang Bismarcks von der politischen Bühne in der Reichsführung entstanden war. Er war oberflächlich und sprunghaft in seinen Entscheidungen. Im Grunde unsicher, ließ er sich oft von Meinungen seiner Berater und Freunde beeinflussen und zu plötzlichen und unausgereiften Entschlüssen hinreißen. Das „persönliche Regiment" des Monarchen war in Wirklichkeit eine Herrschaftsform, in der verschiedene, oft miteinander rivalisierende Mächtegruppen und Kräfte auf den Kaiser einwirkten und den Kurs der Politik bestimmten, Vertreter einflußreicher Interessenverbände oder auch einzelne starke Persönlichkeiten wie der Marinestaatssekretär von Tirpitz oder später – im Kriege – der Generalstabschef Ludendorff. Die Politik der Reichsregierung bekam auf diese Weise einen unsteten Zug, der keine klare Linie erkennen ließ, zumal auch die Kanzler der Zeit nicht das Format besaßen, um souverän gegenüber dem Monarchen einen geraden Regierungskurs zu steuern. Am Anfang sah es so aus, als könnte der Kaiser in der Innenpolitik mit dem propagierten „Neuen Kurs" tatsächlich neue Akzente setzen, indem er das brennendste Problem der Zeit, die soziale Frage, aufgriff. Aber als sich zeigte, daß die Arbeiterschaft nicht so einfach für die Regierung zu gewinnen und von der Sozialdemokratischen Partei zu trennen war, ließ er rasch seine Reformpläne fallen und kehrte zu der verhärteten Politik Bismarckscher Prägung zurück. Das böse Wort von den „vaterlandslosen Gesellen" fiel, es machte seine wahre Einstellung zur Arbeiterfrage offenkundig. Er besaß in Wirklichkeit kein Gespür für die drängenden sozialen Probleme der Arbeiterschaft, wie er auch den unaufhaltsam sich vollziehenden gesellschaftlichen Wandlungsprozeß, den der Übergang vom Agrar- zum Industriestaat in Gang gesetzt hatte, kaum zur Kenntnis genommen hat. Der Aufstieg der Sozialdemokratie zur stärksten Reichstagsfraktion 1912 trotz aller Beeinträchtigungen durch den Staatsapparat, durch Polizei und Bürokratie, beunruhigte die Machteliten zutiefst und bestärkte sie in ihrem Vorhaben, durch eine betont aggressive Außenpolitik sichtbare außenpolitische Erfolge einzubringen. Auf diese Weise wollte man die innenpolitische Opposition zum Schweigen bringen, so wie seinerzeit Bismarck in der Situation des Verfassungskonflikts mit dem Erfolg seiner Einigungskriege die oppositionellen Kräfte überwunden hatte. Die Außenpolitik des Reiches in den letzten Vorkriegsjahrzehnten war weitgehend von dieser Haltung durchdrungen; die Risikobereitschaft maßgeblicher Führungskräfte in der Julikrise 1914 entstammte dieser Einstellung.

„Der Lotse verläßt das Schiff", so hatte vieldeutig die britische Zeitung „Punch" den Sturz Bismarcks in einer berühmten Karikatur kommentiert. Die Kündigung des von Bismarck mit Rußland geschlossenen Rückversicherungsvertrages und der fast gleichzeitige Abschluß des Helgoland-Sansibar-Tauschgeschäftes mit Großbritannien 1890 ließen vermuten, daß das Reich auch in der Außenpolitik neue Wege zu gehen entschlossen war. Logisch wäre es nun für die Reichspolitik gewesen, sich intensiv um eine feste Verbindung mit Großbritannien zu bemühen, um die verhängnisvollen Folgen der Vertragsaufkündigung auszugleichen; denn prompt erfolgte die Annäherung der über die deutsche Haltung enttäuschten Russen an Frankreich.

Die von Bismarck stets befürchtete, aber mit seinem kunstvollen Bündnissystem geschickt verhinderte Entwicklung war Wirklichkeit geworden. Das auf Revanche sinnende, bisher isolierte Frankreich gewann einen Bündnispartner, die Gefahr eines Zweifrontenkrieges war für das Reich nun nicht mehr auszuschließen.

Aber weder der Kaiser noch die Reichsregierung trafen Anstalten, nun auf die britische Karte zu setzen. Von der eigenen Machtposition überzeugt, glaubte man abwarten zu können; Großbritannien müsse seiner schwerwiegenden Differenzen in Übersee mit Frankreich und Rußland wegen eines Tages selbst die Anlehnung an die stärkste Kontinentalmacht, das Deutsche Reich, suchen. Aber nun setzte der forcierte Ausbau der Flotte ein, vehement von Wirtschaft, Industrie und nationalen Verbänden gefordert zur Absicherung des überseeischen Besitzes; er mußte die führende Seemacht Großbritannien tief beunruhigen. Wäre diese Flottenpolitik diplomatisch vorbereitet worden und im Einvernehmen mit den Briten unter Einhaltung gewisser Beschränkungen erfolgt, hätte die Trübung des Verhältnisses zu den Vettern jenseits des Kanals durchaus vermieden werden können.

Aber von Anfang an erhielt der Flottenausbau, vornehmlich durch die Hauptakteure um den Admiral von Tirpitz, eine deutliche Spitze gegen Großbritannien. Der bald einsetzende ungebremste Rüstungswettlauf wurde auf beiden Seiten von einem aufwendigen Propagandafeldzug begleitet, der in der Bevölkerung beider Nationen eine emotional aufgeladene Feindstimmung hervorrief. Der Kaiser tat das Seine dazu, durch großsprecherische und ungeschickte Äußerungen die Briten vor den Kopf zu stoßen. Das Verhalten der deutschen Delegation auf den Haager Friedenskonferenzen war vom gleichen Geist geprägt und ließ erkennen, daß der Kaiser nicht bereit war, für die Sache des Friedens und der Verständigung in seiner Flottenrüstung Konzessionen zu machen. Der Anschluß Großbritanniens an die französisch-russische Entente war die logische Folge des deutschen Fehlverhaltens.

So blieb dem Deutschen Reich als einziger Bündnispartner nur der habsburgische Vielvölkerstaat Österreich-Ungarn, aber gerade die unglückselige Verstrickung der Donaumonarchie in die hochexplosiven Balkankonflikte riß das Reich nach dem Mord von Sarajewo in die Strudel der unentwirrbaren Interessengegensätze und nationalen Leidenschaften, aus denen schließlich, von niemandem gewollt, von allen Großmächten aber einkalkuliert, der große Krieg entstand. Die Deutschen hatten zum Schlieffenplan keine Alternative entwickelt. Sie begannen den Krieg und nahmen mit der Neutralitätsverletzung Belgiens fast schon fatalistisch die Kriegserklärung Großbritanniens in Kauf. Der Kaiser, der als „Oberster Kriegsherr" eigentlich hätte führen müssen, trat mehr und mehr in den Hintergrund.

Die Begeisterung, mit der der Krieg in allen beteiligten Völkern begrüßt worden war, erlosch sehr bald im Grauen der Materialschlachten. Der von den Parteien im Reichstag verabredete Burgfriede hielt nur bis zum Frühjahr 1916. Er zerbrach an der unterschiedlichen Einstellung zum Kriegsgeschehen und zu den heftig umstrittenen Kriegszielen. Die Rechtsgruppierungen bis in das Zentrum hinein unterstützten die diktatorisch auch in die Innenpolitik eingreifende 3. Oberste Heeresleitung Hindenburg/Ludendorff und ihre Kriegführung, auch den uneingeschränkten U-Boot-Krieg. Sie stellten immer neue, maßlos übersteigerte Kriegszielforderungen auf. Die parlamentarische Linke forderte Anstrengungen zur Beendigung des Krieges ohne Vorbedingungen und verlangte die Einlösung des Versprechens, den Parteien im Parlament Mitspracherechte zuzubilligen. Mit dem Kriegseintritt der USA und dem politisch-militärischen Zusammenbruch Rußlands wurde das Jahr 1917 Krise und Wendepunkt des Ersten Weltkrieges. Der dem revolutionären Rußland auferlegte Friede von Brest-Litowsk brachte für die Westfront nicht die erhoffte Entlastung, ein Entscheidungssieg im Westen war nun vollends illusionär geworden. Aber erst, nachdem der Versuch, mit der Frühjahrsoffensive 1918 doch noch die militärische Entscheidung zu erzwingen, gescheitert war, gab Ludendorff die Aussichtslosigkeit der Fortsetzung des Kampfes zu, verlangte jetzt plötzlich die sofortige Aufnahme von Waffenstillstandsverhandlungen und verordnete selbst die seit Kriegsbeginn überfällige Parlamentarisierung der Verfassung. Mit dieser „Revolution von oben" sollte den ungeliebten Parteien die undankbare Aufgabe zugeschoben werden, den Waffenstillstand auszuhandeln. „Diese Art von Revolution", urteilte der Historiker Arthur Rosenberg ironisch," ist in der ganzen Weltgeschichte ohne Beispiel."

Aber es gab nichts mehr zu verhandeln, die Chance, einen Frieden auf der Basis der 14 Punkte des amerikanischen Präsidenten Wilson zu erhalten, war vertan. In Berlin wurde die Republik ausgerufen, der Kaiser ging ins Exil nach Holland, die Sozialdemokratie übernahm die Regierungsverantwortung, die Militärs verhielten sich abwartend im Hintergrund, die Machteliten blieben. In Compiègne unterschrieb der deutsche Delegationsführer, der Zentrumspolitiker Matthias Erzberger, den Waffenstillstandsvertrag, der einer politischen und militärischen Kapitulation gleichkam. An allen Fronten schwiegen die Waffen, der mörderischste Krieg, den die Weltgeschichte bisher erlebt hatte, war zu Ende. Daß ein Politiker der Parteienkoalition, die den neuen, demokratischen Staat zu tragen bereit war, seinen Namen unter diesen Waffenstillstandsvertrag gesetzt hatte, sollte die junge Republik, wie sich bald herausstellte, noch teuer zu stehen kommen.

9.1 Wilhelm II.

Geboren am 27. Januar 1859 als ältester Sohn des preußischen Kronprinzen Friedrich Wilhelm, des späteren Kaisers Friedrich, kam der Prinz als Kaiser Wilhelm II. mit 29 Jahren 1888 nach dem Tode seines Großvaters Wilhelm I. und seines Vaters auf den Thron. Obwohl er als junger Mann den Gründer des Reiches und Gestalter der deutschen Politik, *Otto von Bismarck* (▷ 8.11), glühend verehrt hatte, führte die Zusammenarbeit des jungen und selbstbewußten Monarchen mit dem greisen Kanzler bald zu Reibereien, die mit Bismarcks Entlassung im März 1890 endeten. Der Kaiser war entschlossen, selbst zu regieren und dem neuen Kanzler nicht mehr die Handlungsfreiheit einzuräumen, die Bismarck bei seinen Vorgängern besessen hatte. Da er jedoch im Grund unsicher war und dazu neigte, unter dem Einfluß seiner Berater spontane Entscheidungen zu treffen, ohne vorher die Meinung erfahrener Experten und Diplomaten einzuholen, erhielt die deutsche Politik bald den Anstrich des Unsteten und Unberechenbaren.

Anfänglich erschien der junge Kaiser den Zeitgenossen als ein Repräsentant einer neuen Zeit. Er war den Entwicklungen der modernen Technik gegenüber aufgeschlossen, erschien von sozialen Ideen erfüllt und wandte sich zunächst engagiert der Frage des erweiterten Arbeiterschutzes zu, um die Arbeiterschaft für die Monarchie zu gewinnen. Der angekündigte *„Neue Kurs"* (▷ 9.2), mit dem die innenpolitische Stagnation der letzten Jahre überwunden werden sollte, wurde allgemein begrüßt; das *Sozialistengesetz* (▷ 8.30) wurde nicht mehr verlängert. Aber das echte Verständnis für die soziale Problematik und die Situation der Arbeiterschaft fehlte ihm dennoch.

Wilhelm II. besaß eine geradezu grotesk-altmodische, romantische Vorstellung von seiner Herrscheraufgabe, die sich bei ihm mit dem Bewußtsein paarte, anderen überlegen zu sein. Seine Vorliebe für Prunk und militärisches Gepränge, für Paraden und Manöver führte in der deutschen Gesellschaft zu einer krassen Überschätzung des Soldatentums und brachte dem Deutschen Reich den Ruf ein, eine Hochburg des *Militarismus* (▷ 9.5) zu sein. Zu dieser Einschätzung trugen das Auftreten und die forschen Reden Wilhelms II. bei, in denen oft ein kriegerischer und säbelrasselnder Ton vorherrschte, obwohl er im Grunde seines Herzens ein friedliebender Mensch war. Mit der ihm besonders am Herzen liegenden Flotte und ihrem durch Alfred von Tirpitz betriebenen, vom Kaiser gedeckten immensen Ausbau zog sich Deutschland schließlich in seiner gefährlichen Mittellage zwischen den bereits verbündeten Mächten Frankreich und Rußland auch noch die Feindschaft Englands zu. In der *Julikrise 1914* (▷ 9.14) ermunterte er Österreich-Ungarn, gegen Serbien als Hort der Verschwörung mit äußerster Schärfe vorzugehen, versuchte dann aber, als sich die Ausweitung zum großen Krieg anbahnte, noch verzweifelt über die „Verwandtschaft der Throne" die Entwicklung zu stoppen.

Während des 1. Weltkrieges trat der Kaiser immer mehr in den Hintergrund, besonders seit 1916 die *3. Oberste Heeresleitung* (▷ 9.21) von den erfolgreichen Heerführern *Paul von Hindenburg* (▷ 10.29) und *Erich Ludendorff* (▷ 9.30) übernommen worden war. Bei Ausbruch der Novemberrevolution 1918 (*9. November 1918,* ▷ 10.1) riet ihm der letzte kaiserliche Reichskanzler, zurückzutreten, um die Monarchie zu retten. Aber erst, als die im

Kaiser Wilhelm II.

Generalfeldmarschall Alfred von Waldersee inspiziert als Oberbefehlshaber die internationalen Truppen zur Niederwerfung des Boxeraufstands in China (1900)

Hauptquartier versammelten Armeeoberbefehlshaber ihm deutlich machten, daß das Frontheer nicht mehr hinter ihm stehen würde und nicht gewillt sei, unter seinem Kommando gegen die Revolutionäre in der Heimat zu marschieren, entschloß er sich, abzudanken und nach Holland ins Exil zu gehen. Hier lebte er bis zu seinem Tod am 4. Juni 1941, ohne auf die Entwicklung in Deutschland noch einmal Einfluß zu nehmen. Auf Geheiß Hitlers wurde Wilhelm II. bei seinem Wohnsitz in Doorn mit militärischen Ehren beigesetzt.

9.2 „Neuer Kurs"

Als Wilhelm II. im März 1890 den Reichskanzler *Otto von Bismarck* (▷ 8.11) entlassen hatte, verkündete er, er werde den bewährten Kurs fortsetzen. Aber es kam dann doch sowohl in der Innen- wie in der Außenpolitik zu grundlegenden Veränderungen, die als „Neuer Kurs" bezeichnet wurden und die im Zusammenhang mit dem von *Wilhelm II.* (▷ 9.1) angestrebten „persönlichen Regiment" standen.

Ursprünglich war die Bezeichnung „Neuer Kurs" vor allem auf innenpolitische Maßnahmen bezogen, die im Gegensatz zur Innenpolitik Bismarcks neue Wege anzeigten und eine Politik der Versöhnung mit der Arbeiterschaft sowie mit anderen Gruppen der Gesellschaft

anstrebten, die zu Bismarck in schroffer Opposition gestanden hatten. Das *Sozialistengesetz* (▷ 8.30) wurde nicht wieder verlängert. Mit einer umfangreichen Arbeiterschutzversicherung sollte die Masse der Industriearbeiter von der *Sozialdemokratie* (▷ 8.28), die in der Reichstagswahl vom 20. Februar 1890 soeben die stärkste Partei geworden war, getrennt und mit dem Staat versöhnt werden: generelles Verbot der Sonntagsarbeit für Kinder und der Fabrikarbeit für Kinder unter 13 Jahren, Begrenzung der Arbeitszeit für Frauen auf elf Stunden täglich, für Jugendliche unter 16 Jahren auf zehn Stunden. Gewerbegerichte sollten künftig betrieblichen Streit zwischen Arbeitgebern und Arbeitnehmern schlichten. Als es nicht gelang, die Arbeiterschaft der Sozialdemokratischen Partei zu entfremden, und die Sozialdemokratie ihre Opposition gegen die Regierung nicht aufgab, verlor Wilhelm II. bald sein Interesse an dem sozialen Programm (▷ 8.36) und ging wieder zu der repressiven Politik Bismarcks über.

Die im „Neuen Kurs" besonders von dem Nachfolger Bismarcks, Reichskanzler Graf Leo von Caprivi, betriebene Handelspolitik schuf mit der Öffnung der Auslandsmärkte für die deutsche Industrie bei gleichzeitiger Auflockerung der bisherigen Schutzzollbestimmungen die Voraussetzung für den Aufschwung der deutschen Wirtschaft, rief aber

auch den heftigen Protest der Großgrundbesitzer hervor, die im 1893 gegründeten „Bund der Landwirte" eine mächtige konservative Interessenvertretung besaßen.
Verhängnisvoll wirkten sich die im „Neuen Kurs" vorgenommenen Veränderungen in der deutschen Außenpolitik aus, vor allem die Nichtverlängerung des *Rückversicherungsvertrages* (▷ 8.35) mit Rußland. Die neue Regierung glaubte, der Rückversicherungsvertrag mit Rußland widerspreche den mit Österreich-Ungarn geschlossenen Vereinbarungen und schütze das Deutsche Reich nicht vor einem französischen Angriff. Der Kaiser schloß sich dieser Ansicht an. Obwohl Rußland zu Zugeständnissen bei der Neufassung des Vertrages bereit war, beharrte die deutsche Seite auf der Ablehnung, die zudem noch in undiplomatisch schroffer Form mitgeteilt wurde. Der fast zeitgleich ausgehandelte Tauschvertrag zwischen Deutschland und England, in dem das Deutsche Reich gegen die Abtretung ostafrikanischer Gebiete (u. a. auch die Anerkennung des englischen Einflusses auf Sansibar) die Insel Helgoland erhielt (1. Juli 1890), schien Rußland ein deutlicher Beweis dafür zu sein, daß die neue deutsche Reichsregierung jetzt die britische Freundschaft der russischen vorzog. Da zwischen Rußland und Großbritannien erhebliche Spannungen wegen ihrer Interessengegensätze im Vorderen Orient und in Ostasien bestanden, verstärkte Petersburg jetzt seine Kontakte zu Paris. Damit war das kunstvoll geknüpfte Bismarcksche Bündnissystem zerbrochen; mit der Verbindung zwischen Rußland und Frankreich war für das Deutsche Reich die Gefahr des Zweifrontenkrieges akut geworden. Dem Kaiser und der Regierung gelang es jedoch nicht, die Verbindung zu Großbritannien zu intensivieren und Großbritannien für ein Bündnis mit Deutschland zu gewinnen.
Als im Juli 1893 ein drohender Konflikt zwischen Großbritannien und Frankreich um Siam friedlich beigelegt und der Besuch eines russischen Geschwaders in Toulon im Oktober des gleichen Jahres ohne britischen Protest verlief, mußte die Reichsregierung erkennen, daß ihre Außenpolitik gescheitert war. Der Versuch, sich über wirtschaftliche Zugeständnisse wieder an Rußland anzunähern, scheiterte ebenfalls.

9.3 Imperialismus

Die Zeit vom letzten Drittel des 19. Jh. bis zum Ausbruch des 1. Weltkrieges wird allgemein als die klassische Epoche des Imperialismus bezeichnet. In dieser Zeit begannen die europäischen Großmächte, unterentwickelte, meist überseeische Gebiete als Kolonien in ihren Machtbereich einzubeziehen und auf diese Weise Weltmächte zu werden. Standen am Anfang der Kolonialpolitik wirtschaftliche Interessen im Vordergrund (durch den Erwerb von Kolonien sollten die eigene Rohstofflage verbessert und zusätzliche Absatzmärkte für die heimische Industrie gewonnen werden), so spielten in dem bald einsetzenden Wettlauf der Nationen um den „Platz an der Sonne" auch vorrangig strategische Gesichtspunkte eine entscheidende Rolle. In diesem Wettstreit griffen gegen Ende des Jahrhunderts auch die neuen Großmächte USA und Japan ein.
Die Aufteilung der Erde auf Kosten der nichtweißen Bevölkerung wurde in Europa und den USA durch pseudowissenschaftliche Thesen (v. a. den Sozialdarwinismus, der das Recht des Stärkeren vertrat) gestützt und gerechtfertigt.
Deutschland beteiligte sich ab 1890 intensiv am imperialistischen Weltmachtstreben. Allerdings konnten die in dieser Phase erworbenen Kolonien in Ostasien und im Pazifik in ihrer Bedeutung den Vergleich mit den kolonialen Erwerbungen der Bismarckzeit nicht aufnehmen. Träger der neuen deutschen Kolonialpolitik waren vor allem die Deutsche Kolonialgesellschaft, der *Alldeutsche Verband* (▷ 9.4) und der Flottenverein, die mit einem gewaltigen Propagandaaufwand die Flottenpolitik (▷ 9.6) des Kaisers und seines Marinestaatssekretärs Alfred von Tirpitz massiv unterstützten. Daß sich das Deutsche Reich mit seinem Weltmachtstreben und seiner hastigen Flottenrüstung die Feindschaft Großbritanniens zuziehen mußte, wollte man nicht sehen, und so hingen sowohl der Kaiser wie die Verantwortlichen in der Reichsregierung, aber auch die Mehrheit des die imperialistische Politik mittragenden konservativen Bürgertums dem irrigen Glauben an, daß Großbritannien wegen seiner Gegnerschaft zu Rußland und Frankreich das Bündnis mit Deutschland suchen müsse. – Abb. S. 201.

Auch im Straßenbild trat der Militarismus der Wilhelminischen Zeit (hier die Rückkehr des Kaisers von der Parade auf dem Tempelhofer Feld 1913) in Erscheinung

9.4 Alldeutscher Verband

Als Reaktion auf den am 1. Juli 1890 mit Großbritannien abgeschlossenen Helgoland-Sansibar-Vertrag, durch den das Deutsche Reich im Tausch gegen ostafrikanische Gebiete die Nordseeinsel Helgoland erhielt, entstand in Deutschland die überparteiliche, nationalistische Bewegung der Alldeutschen, die sich 1891 im Alldeutschen Verband eine einflußreiche Organisation schufen. Sie forderten die Stärkung des deutschen Nationalbewußtseins in enger Verbindung mit völkischen und imperialistischen Zielen, eine wesentlich aggressivere deutsche Kolonialpolitik und den raschen Ausbau der Flotte als dem Instrument, mit dem am wirkungsvollsten deutsche Weltmachtstellung demonstriert werden konnte.

Der radikal-chauvinistische Alldeutsche Verband blieb zwar in seinen Mitgliederzahlen relativ begrenzt – die höchste Mitgliederzahl betrug etwa 40 000 –, verfügte aber über einflußreiche Verbindungen zur Regierung und zu den engsten Beratern des Kaisers. Mit seiner vom Sozialdarwinismus geprägten politischen Grundeinstellung, die dem Recht des Stärkeren über den Schwächeren absoluten Vorrang einräumte, war von Anfang an ein rassisch begründeter Antisemitismus verbunden. Im 1. Weltkrieg waren es vor allem die Alldeutschen, die mit weit überzogenen *Kriegszielvorstellungen* (▷ 9.20) die Atmosphäre vergifteten und so von vornherein jede Möglichkeit ausschlossen, mit der Gegenseite zu einem Verständigungsfrieden zu kommen. Ihre Forderungen nach deutschem *Lebensraum* (▷ 11.30) und Zurückdrängung fremden Volkstums kehrten im Programm der *Nationalsozialisten* (▷ 10.35) und in *Adolf Hitlers* (▷ 11.2) 1925/26 erschienenem Buch „Mein Kampf" wieder.

9.5 Militarismus

Das Schlagwort „Militarismus", entstanden in Frankreich um 1860, bedeutet eine Überbewertung militärischen Denkens auch im nichtmilitärischen, zivilen Lebensbereich, eine Überbetonung militärischer Formen in nahezu allen Gebieten des gesellschaftlichen Lebens, vor allem auch in der Erziehung und Ausbildung der jungen Generationen. Schließlich bezeichnet „Militarismus" die Vorherrschaft des Militärs und militärähnlicher Institutionen in einem Staatswesen im Unterschied zu zivil ausgerichteten Demokratien, in denen dem vorhandenen Militär eine begrenzte und gesetzlich verankerte Funktion zugewiesen ist.

In Preußen-Deutschland hatte das Militär schon aus langer Tradition eine bevorzugte Stellung inne. Auch in den anderen Staaten Europas, die sich jetzt im Zeitalter des ausgeprägten Nationalismus und Imperialismus um einen vorderen Platz in der Weltrangordnung bemühten, spielten das Militär, Uniformen und Paraden eine große Rolle. Aber erst Kaiser *Wilhelm II.* (▷ 9.1) verhalf durch seine Vorliebe für militärische Schauspiele jeder Art, durch die Bevorzugung militärischer Umgangsformen, durch sein persönliches Auftreten in der Öffentlichkeit in immer wieder neuen Uniformen, dem Soldatenstand zu einer Spitzenstellung in der Rangordnung der Nation, die ihresgleichen in der Welt nicht hatte. Der Militärdienst wurde zur „Schule der Nation" aufgewertet. Wer „gedient" hatte, galt mehr in der Gesellschaft, wer in seiner beruflichen Laufbahn vorankommen wollte, mußte natürlich Reserveoffizier sein. Hinzu kam die große Leidenschaft des Kaisers, die allerdings von der überwiegenden Mehrheit des Volkes mitgetragen wurde, für die kaiserliche Marine, des Kaisers „liebstes Kind". So hat sich bei ausländischen Besuchern und kritischen Beobachtern der Eindruck festgesetzt und in der Welt verbreitet, daß die politische Kultur des Deutschen Reiches in der Wilhelminischen Zeit – und darüber hinaus – in besonderem Maße vom Militarismus geprägt war.

9.6 Flottengesetze – Flottenbau

Der vom *Neuen Kurs* (▷ 9.2) der Reichsregierung unter der Regie Kaiser *Wilhelms II.* (▷ 9.1) seit 1890 betriebene Übergang der deutschen Politik zur Weltmachtpolitik und die auf weltweite Expansion zielende deutsche Handelspolitik ließen beim Kaiser, seiner Regierung und den Führern in Wirtschaft und Großindustrie bald die Überzeugung reifen, daß zur Absicherung einer angestrebten politischen und wirtschaftlichen Weltmachtstellung eine starke deutsche Kriegsflotte unerläßlich sei.

Diese Überlegungen wurden zu einem konkreten Flottenbauprogramm, seit 1897 Admiral Alfred von Tirpitz Staatssekretär im Reichsmarineamt geworden war. Besessen

von der Idee, als sichtbares Zeichen deutscher Weltmachtstellung eine starke Flotte aufzubauen, machte Tirpitz das Reichsmarineamt zur Propagandazentrale für seine Flottenpläne. Mit Vorträgen, Veranstaltungen und Werbeschriften wurde eine Werbekampagne gestartet, an der sich Universitätsprofessoren, Marineoffiziere und der von Tirpitz mitgegründete „Deutsche Flottenverein" beteiligten, und eine Marinebegeisterung in der Bevölkerung entfacht, die mit dazu beitrug, daß das von Tirpitz eingebrachte Flottengesetz und die zum Ausbau der Schlachtflotte benötigten erheblichen Etatgelder vom Reichstag bewilligt wurden.

Begründet wurde das Gesetz mit dem Argument, die deutschen Handelsinteressen in der Welt müßten durch eine starke Flotte geschützt werden. Für Tirpitz selbst war jedoch England der eigentliche Gegner des Deutschen Reiches, der seinem Streben nach Weltgeltung im Wege stand. Schon 1900 legte er mit dem zweiten Flottengesetz ein weiteres beträchtliches Ausbauprogramm vor. Die in dieser Zeit laufenden deutsch-britischen Verhandlungen über eine Abstimmung der Flottenstärken scheiterten vor allem an der deutschen Überheblichkeit. In der Propaganda, vor allem betrieben vom „Deutschen Flottenverein" und vom *Alldeutschen Verband* (▷ 9.4), kam jetzt zunehmend ein englandfeindlicher Ton auf. England wurde als habgierige Macht dargestellt, die eifersüchtig darauf bedacht sei, ihren Vorsprung als erste Seemacht der Welt nicht zu verlieren. Umgekehrt breitete sich in der englischen Publizistik ein hochgradiger Deutschenhaß aus.

Die zur „Entente cordiale" führenden britisch-französischen Bündnisabsprachen 1904 wirkten in Deutschland wie ein Schock, da weder der Kaiser noch der Reichskanzler (von 1900 bis 1909 Fürst Bülow) eine Verständigung zwischen den beiden Mächten wegen ihrer kolonialen Gegensätze für möglich gehalten hatten. England forcierte seine Flottenrüstung mit dem Bau schneller, gepanzerter und mit schwerer Artillerie bestückter Großkampfschiffe der „Dreadnought"-Klasse. Die Deutschen zogen nach, 1906 wurden vom Reichstag weitere enorme Ausgaben für den Bau der superschweren Schlachtschiffe bewilligt, für die der Nord- und Ostsee verbindende „Kaiser-Wilhelm-Kanal" sowie der

Das Linienschiff „Schleswig-Holstein" passiert den Kaiser-Wilhelm-Kanal (1913)

Kriegshafen Wilhelmshaven ausgebaut werden mußten.

Dennoch gab es von beiden Seiten wiederholt Versuche, den Rüstungswettlauf zu beenden und eine Absprache über die Flottenstärken zu erreichen, vornehmlich seit auf deutscher Seite im Reichskanzleramt Theobald von Bethmann Hollweg Fürst Bülow abgelöst hatte (ab 1909). Der neue Kanzler setzte in der Außenpolitik auf einen Ausgleich mit England und versuchte, seine Flottenbegrenzungspläne durchzusetzen. Von britischer Seite wurde 1912 noch einmal ein Verständigungsversuch unternommen mit dem Besuch des kompromißbereiten Kriegsministers Haldane in Berlin. Auch diese letzte Ausgleichschance wurde vertan, scheiterte am gegenseitigen Mißtrauen, vor allem aber, weil der Kaiser es strikt ablehnte, über „seine Flotte" überhaupt zu verhandeln.

9.7 Bagdadbahn

Im Zuge des wirtschaftlichen *Imperialismus* (▷ 9.3) waren gegen Ende des 19. Jahrhunderts deutsche Banken in Zusammenarbeit mit der deutschen Schwerindustrie in den Eisenbahnbau im türkischen Kleinasien eingestiegen und hatten 1899 die „Anatolische Eisenbahngesellschaft" gegründet. Neben anderen Wirtschaftsaufträgen erhielt die Gesellschaft vom türkischen Sultan die Konzession zum Bau einer Eisenbahnlinie, die von Konstantinopel bis Bagdad reichen und später bis zum Persischen Golf verlängert werden sollte.

Mit diesem Projekt stieß das deutsche Wirtschaftsunternehmen jedoch auf britische und russische Interessen im Vorderen Orient. Die amtliche deutsche Politik stand deshalb anfänglich dem Bau der Eisenbahnlinie zurückhaltend gegenüber und unterstützte ihn kaum.

Der im Jahre 1903 begonnene Bau der Bagdadbahn wurde dennoch zu einem Politikum. Hier aber hat die deutsche Regierung, anders als in der Flottenpolitik, erstaunliches Augenmaß bewiesen und sich erfolgreich bemüht, die unvermeidlichen Spannungen mit Rußland und Großbritannien in Grenzen zu halten. Zwar hatte die Orientreise des Kaisers 1908 anfänglich den Eindruck erweckt, das Deutsche Reich sei nun im Begriff, die Schutzherrschaft über die 300 Millionen Muslime zu beanspruchen. Aber es gelang dann der um Ausgleich bemühten Politik der Reichsregierung doch, trotz des Weiterbaues der Bahn und der Betonung der traditionellen Freundschaft mit der Türkei 1911 ein Abkommen mit Rußland über den Anschluß der russischen Bahn in Persien an die Bagdadbahn zu schließen. Und mit Großbritannien wurde die in den Balkankriegen 1912/13 praktizierte Zusammenarbeit zur Friedenssicherung noch im Juni 1914 mit einem Vertragsabschluß über den Weiterbau der Bahn von Basra bis zum Golf unter britischer Regie fortgesetzt. Dieses Abkommen konnte jedoch infolge des Kriegsausbruches nicht mehr ratifiziert werden. Fertiggestellt wurde die Bagdadbahn erst im Jahre 1940.

9.8 Schlieffenplan

Dieser von dem Chef des Generalstabes der preußischen Armee, Alfred Graf von Schlieffen, 1905 entwickelte Strategieplan für den Fall eines Krieges ging von der Annahme eines Zweifrontenkrieges aus, in den das Deutsche Reich durch die verbündeten Mächte Frankreich und Rußland verwickelt werden könnte. Der Plan berücksichtigte die schwierige Situation der deutschen Mittellage, die die deutschen Militärs zwinge, mit dem Großteil der deutschen Streitkräfte in der ersten Kriegsphase durch einen überfallartigen Überraschungsschlag die Armeen Frankreichs auszuschalten, um dann die gesamte Heeresmacht dem russischen Aufmarsch entgegenwerfen zu können. Der Plan, neben dem es eine Alternative nicht gab, war strategisch gut durchdacht, in seinen politischen Auswirkungen aber fatal. Er setzte voraus, daß der deutsche Angriff so früh wie möglich erfolgte, um Frankreich gegenüber den Überraschungseffekt voll auszunutzen. Dazu kalkulierte er von vornherein die Verletzung der Neutralität Belgiens ein. Im ersteren Falle bedeutete dies, daß in der auf den Krieg zusteuernden Krisensituation die Militärs die Politiker drängen würden, den Krieg zu beginnen, noch laufende Verhandlungen abzubrechen, damit die Angriffsoperationen so früh wie möglich gestartet werden konnten. Im Falle der Neutralitätsverletzung Belgiens aber würde Großbritannien mit Sicherheit an der Seite Frankreichs in den Krieg eintreten.

Beide negativen Auswirkungen des Planes haben sich in der *Julikrise* (▷ 9.14) vor Ausbruch des 1. Weltkrieges eingestellt: die deutsche Politik war nicht mehr Herr ihrer Entschlüsse, weil die Generäle zum Losschlagen drängten. So wurde das Reich, indem es Rußland am 1. August, Frankreich am 3. August als erste Macht den Krieg erklärte, vor der Weltöffentlichkeit zum Aggressor. Die Verletzung der belgischen Neutralität löste erwartungsgemäß den Kriegseintritt Englands aus (4. August). Auch der Überraschungsschlag gelang schließlich nicht, die französischen Armeen konnten vielmehr, unterstützt durch britische Divisionen, den deutschen Vormarsch in der *Marneschlacht* (▷ 9.16) stoppen und damit zugleich das ganze Konzept des Schlieffenplanes zum Einsturz bringen.

9.9 Haager Friedenskonferenzen

Auch in den Jahrzehnten vor dem 1. Weltkrieg, die durch ein allgemeines Wettrüsten gekennzeichnet sind, gab es bereits eine internationale Friedensbewegung, die besonders in den westlichen Ländern eine breite Anhängerschaft besaß. Auf Initiative des russischen Zaren Nikolaus II. kam die erste Haager Friedenskonferenz zustande, an der 26 Staaten, darunter neben allen europäischen auch China, Japan, Siam, Mexiko und die USA teilnahmen (18. Mai bis 29. Juli 1899). Gemessen an den hohen Erwartungen war das Ergebnis enttäuschend. Man diskutierte u. a. die Einrichtung eines ständigen Internationalen Schiedsgerichtshofes, der zukünftig Streitfälle der Staaten auf dem Verhandlungswege regeln sollte, aber keine der Großmächte war bereit, sich in ihrer Souveränität durch eine neutrale Schiedsstelle einschränken zu lassen. Angenommen wurden schließlich drei Abkommen: 1. Abkommen zur friedlichen Erledigung internationaler Streitfälle, 2. Abkommen über die Gesetze und Gebräuche des Landkrieges, 3. Abkommen über die Anwendung der Grundsätze der Genfer Konvention vom 22. 8. 1864 auf den Seekrieg.

Diese Abkommen wurden auf der zweiten Haager Friedenskonferenz, an der nahezu alle Staaten der Erde (45) mit 15. Juni bis 18. Oktober 1907 teilnahmen, ergänzt. Der Versuch der britischen Regierung, die Begrenzung der Flottenrüstung auf die Tagesordnung der Konferenz setzen zu lassen, wurde in den Vorverhandlungen von der deutschen Regierung in so schroffer Form zurückgewiesen, daß sich nun der Eindruck festsetzte, zumal sich schon auf der ersten Konferenz besonders die Deutschen in dem Widerstand gegen die geplante Schiedsstelle hervorgetan hatten, daß das Deutsche Reich und vorrangig auch der Kaiser der Flotte zuliebe jede internationale Friedens- und Abrüstungsinitiative torpedieren würden. Schließlich wurden von der Konferenz 13 Abkommen angenommen, von denen aber nur zwölf auch tatsächlich ratifiziert wurden. Problematisch und umstritten blieb die Übereinkunft über die Gesetze und Gebräuche des Seekriegs, die erst 1909 in der Londoner Seerechtsdeklaration verabschiedet, aber nie ratifiziert wurde.

Den Haager Friedenskonferenzen kommt trotz ihrer geringen Erfolge eine historische Bedeutung zu: Die Staatengemeinschaft hatte begonnen, sich über gewisse Bereiche des Völkerrechts Gedanken zu machen. Die Frage der Rüstungsbeschränkung war erstmals ernsthaft angesprochen worden (durch Rußland). Die Forderungen nach Abrüstung und Völkerverständigung sind seitdem nicht mehr verstummt. Die Bemühungen, zur Sicherung des Friedens in dieser Richtung Fortschritte zu erzielen, reichen von den Haager Friedenskonferenzen über den *Völkerbund* 1919 (▷ 10.27) und die Vereinten Nationen 1945 bis zu den Genfer Verhandlungen der Supermächte in unseren Tagen.

9.10 Daily-Telegraph-Affäre

Der deutsche Kaiser hatte schon mehrfach durch spontane öffentliche Äußerungen außenpolitischen Ärger und innenpolitische Verstimmung verursacht, so mit der Krügerdepesche im Burenkrieg 1896, in der er dem Präsidenten der Südafrikanischen Republik, P. Kruger, zur Abwehr des Einfalls bewaffneter britischer Siedler gratuliert hatte und damit Großbritannien vor den Kopf stieß, oder mit der unseligen „Hunnenrede" während des sogenannten Boxeraufstandes in China 1900, in der er die Soldaten des deutschen Expeditionskorps aufrief, gegen die aufständischen Chinesen grausam und rücksichtslos wie Hunnen vorzugehen. Dieser Vergleich

deutscher Soldaten mit Hunnen wurde im 1. Weltkrieg von der Kriegspropaganda der Alliierten weidlich gegen die deutsche Kriegführung ausgeschlachtet.

Die Daily-Telegraph-Affäre wurde ausgelöst durch ein Interview des Kaisers, das aus Gesprächen mit einem britischen Offizier anläßlich eines privaten Urlaubs in England zusammengestellt und am 28. Oktober 1908 in der britischen Zeitung „The Daily Telegraph" veröffentlicht wurde. Sie führte in Deutschland zu einer Krise des monarchischen Systems. In dem Interview stellte der Kaiser sein ständiges Bemühen um ein freundschaftliches Verhältnis zu Großbritannien heraus, mit dem er im deutschen Volk jedoch nahezu allein dastünde. Die deutsche Flottenrüstung sei nicht gegen England gerichtet, sondern allein zum Schutz des deutschen Welthandels. England werde vielleicht noch eines Tages froh sein, sich bei seinen Unternehmungen in Ostasien auf die Hilfe der deutschen Flotte stützen zu können. Im Burenkrieg habe er einen Bund der Kontinentalmächte gegen England verhindert und für seine Großmutter, die britische Königin Viktoria, einen Feldzugsplan entworfen, der offensichtlich dem britischen General als Vorlage gedient habe.

In Großbritannien empörte man sich über die Anmaßung des Kaisers, er habe gewissermaßen den Burenkrieg entschieden, sein Liebeswerben um England wurde mit Hohn und Spott überschüttet und als unaufrichtig abgetan, da er durch seine Flottenaufrüstung

*Die erste Haager
Friedenskonferenz
1899*

Großbritannien zu übermäßig hohen Ausgaben gezwungen habe. Auch in Deutschland war die Entrüstung bei allen Parteien groß, weil sich der Kaiser als allein verantwortlicher Leiter der deutschen Politik hingestellt habe. Mit seinen naiv-offenen Enthüllungen und teilweise selbstgefälligen Taktlosigkeiten habe er dem Ansehen des Reiches und der deutschen Monarchie Schaden zugefügt. Zwei Tage, am 10. und 11. November 1908, debattierte der Reichstag über die Affäre. Der Kaiser saß gewissermaßen auf der Anklagebank. Auch die konservativen Parteien verlangten, daß sich der Kaiser in Zukunft zurückhalte und Abschied vom „persönlichen Regiment" nehme. SPD und Freisinnige Partei versuchten die Stunde der Kritik zu einer Verfassungsänderung zu nutzen, um eine Parlamentarisierung nach westeuropäischem Vorbild durchzusetzen. Aber dafür war die Zeit noch nicht reif.

9.11 Marokkokrisen/ „Panthersprung"

Die deutsche Reichsregierung war bisher in ihrer Politik davon ausgegangen, die weltpolitischen Interessengegensätze zwischen Großbritannien und Frankreich sowie zwischen Rußland und Großbritannien seien so unüberwindlich, daß das Deutsche Reich jederzeit seinen jeweiligen tagespolitischen Interessen entsprechend die Akzente seines Handelns einmal in Richtung Großbritanniens, einmal in Richtung Rußlands stärker setzen könne. Der Abschluß des britisch-französischen Abkommens von 1904 zerstörte jäh alle Illusionen in Berlin, man begann zu ahnen, daß Großbritannien im Begriff war, ganz in das Lager der Feinde Deutschlands überzugehen.

Marokko war im britisch-französischen Kolonialabkommen zum Interessengebiet Frankreichs erklärt worden. Auf die im Sommer 1904 begonnene „friedliche Durchdringung" des Landes durch Frankreich glaubte die deutsche Reichsregierung zur Wahrung ihrer Handelsinteressen in dieser Region reagieren zu müssen. Reichskanzler Fürst von Bülow inszenierte den Besuch des Kaisers in Tanger am 31. März 1905, um dadurch die Souveränität des Sultans von Marokko zu unterstrei-

chen. Der Kaiserbesuch erregte beträchtliches Aufsehen. In Frankreich befürchtete man, Deutschland sei zum Krieg entschlossen, die günstige Situation ausnutzend, da Rußland, der Bündnispartner Frankreichs, in dieser Zeit in Ostasien in einen Krieg mit Japan verwickelt war. Die französischen Versuche, sich mit dem Deutschen Reich über einen Interessenausgleich zu arrangieren, lehnte der Reichskanzler ab und setzte eine internationale Konferenz durch, auf der Frankreichs Ausdehnungsdrang in Marokko Schranken gesetzt werden sollten. Aber auf der im Sommer 1906 in Algeciras stattfindenden Konferenz war nicht Frankreich, sondern das Deutsche Reich mit seinem Vorhaben isoliert und mußte eine diplomatische Niederlage hinnehmen. Frankreich blieb in Marokko mit Vorrechten ausgestattet, die deutschen Handels- und Wirtschaftsrechte erkannte Frankreich jedoch in einem zweiseitigen Abkommen im Februar 1909 ausdrücklich an.

Im Frühjahr 1911 nahm Frankreich Unruhen im Lande zum Anlaß, mit der militärischen Besetzung Marokkos zu beginnen. Jetzt reagierte die Reichsregierung mit der Entsendung des Kanonenbootes „Panther" nach dem marokkanischen Hafen Agadir. Das war Politik hart am Rande des Krieges. Das Deutsche Reich war an sich bereit, Marokko den Franzosen zu überlassen, es forderte aber für dieses Entgegenkommen das französische Kongogebiet. Frankreich blieb jedoch unnachgiebig und lehnte die deutsche Forderung, gestützt auf die Rückendeckung durch Großbritannien, ab. Nach zähen Verhandlungen mußte sich das Reich mit einem Teilgebiet des französischen Kongo zufriedengeben. In der deutschen Öffentlichkeit wurde das Ergebnis als schwere diplomatische Niederlage angesehen, im Reichstag wurde der Reichskanzler beschuldigt, eine schwächliche Haltung an den Tag gelegt und „gekniffen" zu haben.

9.12 Vielvölkerstaat Österreich-Ungarn/ Balkankriege

Der Zweibund zwischen dem Deutschen Reich und dem Habsburgerreich, das sich seit dem Ausgleich mit Ungarn 1867 (▷ 8.17)

*Die Verhaftung
des Attentäters von
Sarajewo*

Kaiser- und Königreich Österreich-Ungarn nannte, bestand seit 1879 als Kernpunkt des Bismarckschen Bündnissystems (▷ 8.33). Aber der Reichsgründer und erste Reichskanzler Bismarck hatte auch sehr deutlich die Schwierigkeiten gesehen, auf die die Doppelmonarchie in einer Zeit zuging, in der die einzelnen Nationalitäten immer lauter ihre Rechte forderten, und weitere Absicherungen für das Deutsche Reich in seiner Bündnispolitik über den Zweibund hinaus geschaffen. Dieses System war unter seinen Nachfolgern auseinandergefallen. Österreich-Ungarn war als einzige Macht ein verläßlicher Bündnispartner Deutschlands geblieben, aber es war ein Vielvölkerstaat, der sich stark im südosteuropäischen Raum engagiert hatte. Mit der Annexion der ehemaligen türkischen Provinzen Bosnien und Herzegowina 1908, nachdem bereits der *Berliner Kongreß* 1878 (▷ 8.34) dem Habsburgerstaat das Recht zuerkannt hatte, die beiden slawischen Länder zu verwalten, verstrickte sich die Wiener Regierung immer tiefer in die ungelösten Probleme des Krisenherdes Balkan und stieß dort auf die russischen Interessen und den von Petersburg geschürten Panslawismus. Der Schritt Österreich-Ungarns gefährdete die südslawische Sammlungsbewegung des russi-

schen Verbündeten Serbien, das bestrebt war, einen Zugang zur Adria zu erreichen.

In den Balkankriegen 1912 und 1913, in denen die Balkannationen die weitgehende Auflösung des europäischen Herrschaftsgebietes der Türkei erzwangen, dann aber auch übereinander herfielen, als sie sich nicht über die Aufteilung Montenegros einigen konnten (2. Balkankrieg 1913), stand auch die Existenz der europäischen Großmacht Österreich-Ungarn auf dem Spiel. Es zeigte sich erneut mit aller Deutlichkeit, wie problematisch es für das Deutsche Reich war, mit der von inneren Nationalitätenkämpfen geschüttelten und von außen durch den Panslawismus bedrohten Donaumonarchie so eng verbündet zu sein. Die konstruktive Zusammenarbeit zwischen Berlin und London bei der Ausarbeitung von Kompromissen zum Erhalt des Friedens konnte aber den Ausbruch des großen Krieges zwischen den Bündnissystemen noch einmal verhindern.

9.13 Attentat von Sarajewo

In die über ganz Europa lastende gewitterschwüle Atmosphäre, die seit den *Balkankriegen* (▷ 9.12) durch lautstarke, kriegerische Töne anschlagende Pressekampagnen entstanden war, platzten am 28. Juni 1914 die Schüsse eines serbischen Freischärlers, die in Sarajewo den österreichischen Thronfolger, Erzherzog Franz Ferdinand, und seine Frau töteten. Politische Attentate auf führende Staatsmänner und gekrönte Häupter waren in dieser Zeit nichts Außergewöhnliches. Dieser Mord aber besaß eine besondere Brisanz, denn er brachte die zwischen dem Kaiserstaat und Serbien als dem Förderer der südslawischen Freiheitsbewegung entstandenen Spannungen zur Entladung und bedrohte damit die Donaumonarchie in ihrer Existenz. Hinter dem Attentäter stand eine slawische Geheimorganisation, deren Kommandostelle in Serbien vermutet wurde.

Erzherzog Franz Ferdinand war für die Gleichberechtigung der slawischen Völker im Habsburgerreich entsprechend dem Ausgleich mit Ungarn eingetreten. Hätte er nach seiner Thronbesteigung diese föderalistischen Pläne durchgesetzt, wäre den panslawistischen Freiheitsbestrebungen die Grundlage für ihre Agitation entzogen worden. Nach der Ermordung des Thronfolgers lag die Initiative zunächst in Wien, wo eine Kriegspartei unter dem Generalstabschef Franz Graf Conrad von Hötzendorf auf einen raschen Schlag gegen Serbien drängte. Dazu benötigte man aber die deutsche Rückendeckung gegen Rußland, die die deutsche Reichsregierung dem Bündnispartner ohne Zögern bei dem für notwendig gehaltenen sofortigen und energischen Vorgehen gegen Serbien zusagte. Man ging in Berlin davon aus, daß mit einem schnellen Vergeltungsschlag gegen die in Serbien vermuteten Urheber der Verschwörung der Konflikt lokalisiert und der Ausbruch eines europäischen Krieges vermieden werden könnte. Bei energischer Unterstützung Österreich-Ungarns, so kalkulierte man in Berlin, würde Rußland seinen serbischen Verbündeten nicht zu Hilfe kommen, andernfalls, so glaubte man, würden Großbritannien und Frankreich nicht wegen Serbien Krieg führen, sondern Rußland im Zaum halten. Die Einbindung der einzelnen europäischen Großmächte in die beiden sich seit langem feindlich gegenüberstehenden Bündnissysteme führte dann aber in der *Julikrise* (▷ 9.14) unaufhaltsam in den 1. Weltkrieg, nachdem Deutschland dem österreichischen Verbündeten freie Hand gegen Serbien gegeben hatte.

9.14 Julikrise 1914/ Kriegsbeginn

Österreich-Ungarn war entschlossen, die Ermordung seines Thronfolgers, des Erzherzogs Franz Ferdinand, und seiner Frau im *Attentat von Sarajewo* (▷ 9.13) am 28. Juni 1914 schon aus Prestigegründen mit einem sofortigen, energischen Vorgehen gegen Serbien, in dessen Militär- und Geheimdienstkreisen man die Rädelsführer vermutete, zu ahnden. Kaiser Wilhelm II. und die Reichsregierung sagten am 6. Juli der österreichischen Regierung ihre volle Unterstützung zu. Diese Zusage ist als Ausstellung eines „Blankoschecks" bezeichnet und später heftig kritisiert worden. In Berlin glaubte man aber, mit einer raschen Aktion gegen Serbien könnten vollendete Tatsachen geschaffen werden und so der Konflikt lokalisiert bleiben. Man wollte im Prinzip einen größeren Krieg vermeiden, schloß ihn aber auch nicht von vornherein aus. Der Kaiser begab sich traditionsgemäß auf seine Nordlandreise, ebenso gingen die verantwortlichen Politiker in Urlaub. Die Presse erhielt Anweisung, nicht die Gefahr möglicher kriegerischer Verwicklungen herauszustellen.

Das österreichische Ultimatum wurde wegen der Anwesenheit Poincarés in Petersburg erst am 23. Juli in Belgrad übergeben. Dies war ein unnötiger Zeitverlust, doch war man in Wien unschlüssig, wie man sich verhalten solle, und hatte sich erst auf mehrfaches Drängen der deutschen Reichsregierung zu einer Aktion gegen Serbien entschlossen. Das auf 48 Stunden befristete österreichische Ultimatum stellte teilweise fast unannehmbare Forderungen; es verlangte die rigorose Strafverfolgung der Verschwörer, auch aller Hintermänner, und die Teilnahme österreichischer Dienststellen an den Nachforschungen. In Wien rechnete man mit der Ablehnung aus Belgrad, worauf dann die Kriegserklärung erfolgen sollte. Aber die Regierung in Belgrad erkannte am 25. Juli die Forderungen in weiten Teilen an. Die Welt atmete auf. Kaiser Wilhelm II. stellte erleichtert fest, daß nun jeder Kriegsgrund hinfällig geworden sei. Österreich hielt die serbische Antwort dennoch für ungenügend, brach am 25. Juli die diplomatischen Beziehungen zu Belgrad ab und begann mit der Mobilmachung; am

Kriegsbeginn 1914:
Reservisten fahren in den
Krieg und werden in Berlin
von ihren Angehörigen
verabschiedet

28. Juli wurde die Kriegserklärung ausgesprochen und am 29. Juli mit der Beschießung Belgrads begonnen.

Damit war eine entscheidende Veränderung der diplomatischen und moralischen Situation für die Mittelmächte eingetreten. Bisher hatte Großbritannien sich bemüht, den österreichisch-serbischen Konflikt vor ein internationales Schiedsgericht zu bringen, das war nun nicht mehr möglich. Der deutsche Reichskanzler Th. von Bethmann Hollweg drängte in der Nacht vom 29. zum 30. Juli die österreichische Regierung zu direkten Verhandlungen mit Rußland, um eine Begrenzung des Konfliktes mit Serbien zu erreichen; doch am 30. Juli erfolgte die Mobilmachung der russischen Streitkräfte, anfangs eine Teilmobilisierung, dann aber zur Generalmobilmachung erweitert. Sie löste eine Welle von Kriegsvorbereitungen aus, die nun nicht mehr aufzuhalten war.

Zwar bewirkte der beschwörende Appell Wilhelms II. an den Zaren noch einmal für Stunden einen Stopp der Mobilisierungsmaschinerie, aber der Zar vermochte sich nicht gegenüber seinen Generälen durchzusetzen. Nachdem am 31. Juli die russische Generalmobilmachung endgültig bekannt war, drängten die deutschen Generäle die Reichsregierung, schnell klare Verhältnisse zu schaffen, damit der deutsche Aufmarsch nach dem *Schlieffenplan* (▷ 9.8) in Gang gesetzt werden konnte. So erfolgte am Abend des 1. August, nachdem von Petersburg die deutsche Forderung nach Aufhebung der Mobilmachungsor-

der abgelehnt worden war, die deutsche Kriegserklärung an Rußland. Eine Anfrage in Paris sollte die Haltung Frankreichs klären, die an sich eindeutig war; da sich aber die Franzosen geschickt zurückhielten, erklärte die unter dem Druck des Militärs stehende Reichsregierung am 3. August Frankreich den Krieg. Mit dem Einmarsch deutscher Armeen in Belgien war nun auch für Großbritannien der Bündnisfall eingetreten, und seine Kriegserklärung wurde am 4. August überreicht.

9.15 Burgfrieden

Der Ausbruch des seit langem erwarteten Krieges zwischen den beiden Bündnissystemen, den Mittelmächten Deutschland und Österreich-Ungarn auf der einen, den Ententemächten Frankreich, Rußland und Großbritannien auf der anderen Seite, wurde von der Bevölkerung in allen beteiligten Ländern wie eine Befreiung von einem langen, unerträglichen Druck empfunden und mit einer Begeisterung aufgenommen, für die uns heute jedes Verständnis fehlt. Der deutschen Reichsleitung gelang es, ihre Bevölkerung davon zu überzeugen, daß der Krieg dem deutschen Volk von seinen Gegnern aufgezwungen worden sei. In nationaler Aufbruchsstimmung strömten jetzt die Kriegsfreiwilligen zu den Annahmestellen der Regimenter, um ihren Beitrag für die Verteidigung der Heimat zu leisten. Im Reichstag stimmten die Parteien den Kriegskrediten zu, auch die Sozialdemokraten, die angeblich „vaterlandslosen Gesellen". Die Parteien schlossen unter sich für die Dauer des Krieges einen „Burgfrieden", sich gegenseitig versichernd, auf die öffentliche Austragung von Meinungsverschiedenheiten untereinander und gegenüber der Reichsregierung verzichten zu wollen. Der Kaiser sprach das später oft zitierte Wort: „Ich kenne keine Parteien mehr, ich kenne nur noch Deutsche!" Die von vielen oft vermißte innere Einheit schien nun Wirklichkeit geworden zu sein. Aber sie war nur in der Stimmung des Augenblicks und oberflächlich hergestellt. Die unerwartet lange Dauer des Krieges, durch die dem Volk immer schwerere Belastungen zugemutet wurden, ließ die unterschiedlichen Standpunkte und die gravierenden sozialen Gegensätze bald wieder hervortreten. Der Burgfriede endete schließlich mit der gegen Ende des Jahres 1916 einsetzenden heftigen öffentlichen Diskussion über die Kriegsziele (▷ 9.20).

9.16 Marneschlacht

Der Aufmarsch der deutschen Armeen im Westen erfolgte nach dem *Schlieffenplan* (▷ 9.8), dem 1905 von dem damaligen Chef des deutschen Generalstabes, Graf Schlieffen, aufgestellten Kriegsplan. Er ging von einem Zweifrontenkrieg aus und sah vor, mit einem schnellen Aufmarsch im Westen und einem Vernichtungsschlag die französischen Streitkräfte auszuschalten, um sich dann im Osten mit der gesamten deutschen Streitmacht gegen Rußland wenden zu können.

Die durch Belgien vorwärtsstürmenden deutschen Armeen des rechten Flügels – die Neutralitätsverletzung Belgiens löste die britische Kriegserklärung an das Deutsche Reich aus – schwenkten dem Schlieffenplan folgend nach Süden ein und erreichten schon Anfang September die Marne. Hier trat ihnen zur Verteidigung von Paris eine neuformierte, zahlenmäßig überlegene französisch-britische Streitmacht entgegen. Der deutsche Vormarsch kam zum Stehen. Als sich in der viertägigen Schlacht vom 6. bis 9. September ein gefährlicher Einbruch des Gegners in die zwischen den beiden deutschen Armeen des äußersten rechten Flügels entstandene 50 km breite Lücke abzeichnete, zog Generalstabschef Helmuth von Moltke alle Armeen des rechten Flügels auf eine 80 km rückwärts gelegene Frontlinie zurück. Zögernd folgten die Franzosen nach. In Frankreich sprach man vom „Wunder an der Marne". Die Gründe für das Scheitern der auf dem Schlieffenplan aufgebauten deutschen Strategie sind seitdem von zahlreichen Historikern untersucht worden. Sie liegen in der Hauptsache in der Person des Generalstabchefs, der nicht das Feldherrngenie seines berühmten Onkels besaß und eher ein zögernder Charakter war. Zudem hatte der jüngere Moltke entgegen dem im Plan seines Vorgängers vorgesehenen Kräfteverhältnis dem rechten Flügel wertvolle Divisionen entzogen und der Oberrheinfront zugeteilt, die lediglich hinhaltenden Widerstand zu leisten hatte. Und er hatte weitere Divisionen schon an die Ostfront geworfen, die aber für die Abwehrschlacht bei *Tannenberg* (▷ 9.17) zu spät kamen.

9.17 Tannenberg

Gemäß der auf dem *Schlieffenplan* (▷ 9.8) beruhenden Strategie des deutschen Generalstabes stand im Osten zum Schutz Ostpreußens lediglich eine einzige deutsche Armee, die so lange den russischen Ansturm aufzuhalten hatte, bis die im Westen frei gewordene Hauptstreitmacht zum Großangriff gegen die Russen antreten konnte. Schneller als erwartet vollzog sich der russische Aufmarsch. Die schon frühzeitig in schwere Abwehrkämpfe mit der 1. russischen Armee verwickelten deutschen Verbände mußten sich unter Preisgabe ostpreußischer Gebiete in Richtung Weichsel zurückziehen, um nicht von der von Süden nach Ostpreußen vorstoßenden 2. russischen Armee eingeschlossen zu werden. In dieser schwierigen Situation übernahm General *Paul von Beneckendorff und von Hindenburg* (▷ 10.29) den Oberbefehl über die deutsche Armee. Ihm wurde als Generalstabschef der Generalleutnant *Erich Ludendorff* (▷ 9.30) zugeteilt, der sich bereits beim Vormarsch in Belgien ausgezeichnet hatte. Der neuen Armeeführung gelang es, in einer fünftägigen Schlacht Ende August 1914 bei Tannenberg mit einer kühnen Umfassungsaktion die 2. russische Armee einzuschließen und vernichtend zu schlagen. Wenige Tage später errangen die deutschen Truppen in der Schlacht an den Masurischen Seen

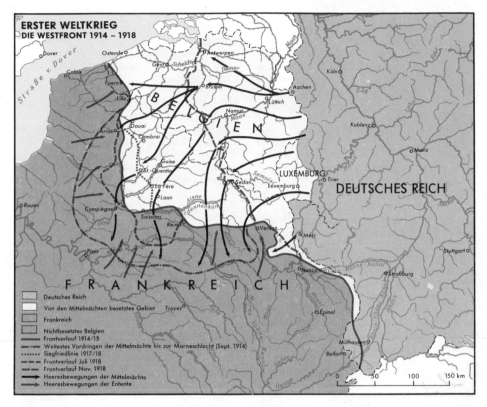

ERSTER WELTKRIEG
DIE WESTFRONT 1914 – 1918

Legend:
- Deutsches Reich
- Von den Mittelmächten besetztes Gebiet
- Frankreich
- Nichtbesetztes Belgien
- Frontverlauf 1914/15
- Weitestes Vordringen der Mittelmächte bis zur Marneschlacht (Sept. 1914)
- Siegfriedlinie 1917/18
- Frontverlauf Juli 1918
- Frontverlauf Nov. 1918
- Heeresbewegungen der Mittelmächte
- Heeresbewegungen der Entente

auch über die 1. russische Armee einen entscheidenden Sieg. Mit zahlenmäßig unterlegenen Kräften und relativ geringen eigenen Verlusten war den überlegenen russischen Streitkräften eine empfindliche Niederlage beigebracht worden. Über 137 000 russische Soldaten gingen in die Gefangenschaft. Die psychologische Wirkung der eindrucksvollen Siege von Tannenberg und den Masurischen Seen auf die deutsche Bevölkerung war nach der Enttäuschung über den Ausgang der *Marneschlacht* (▷ 9.16) ungeheuer; der Hindenburg-Mythos entstand. Als Hindenburg und Ludendorff im Sommer 1916 die *3. Oberste Heeresleitung* (▷ 9.21) übernahmen, erhoffte sich die Bevölkerung eine Wende im Kriegsgeschehen und ein baldiges siegreiches Ende des schon zu lange andauernden Krieges. 1927 errichtete die deutsche Regierung auf dem Gelände der Tannenbergschlacht ein monumentales Nationaldenkmal. Hindenburg war zu dieser Zeit Reichspräsident.

Nach seinem Tode ließ *Hitler* (▷ 11.2) ihn dort im August 1934 in einem Staatsakt beisetzen. In der Endphase des 2. Weltkriegs wurde das Tannenbergdenkmal vor dem Anrücken der Roten Armee gesprengt.

9.18 Stellungskrieg/ Materialschlachten

Nach der *Marneschlacht* (▷ 9.16) und dem gescheiterten Versuch der deutschen Truppen, in einem „Wettlauf zum Meer" mit dem Gegner die für den britischen Nachschub wichtigen Kanalhäfen einzunehmen (November 1914), standen sich die alliierten und deutschen Heere auf einer Frontlänge von rund 700 km von der belgischen Küste bis zur schweizerischen Grenze gegenüber. Der Bewegungskrieg erstarrte zum Stellungskrieg. Ein Schützengrabensystem entstand mit Lauf- und Verbindungsgräben zu den rückwärtigen Stäben, zu Nachschub- und Versorgungsstellen mit Feldlazaretten. Der Unterstand, ein mit Brettern und anderem Material notdürftig befestigtes Erdloch, wurde der Aufenthalts- und Schutzraum der Frontsoldaten der vordersten Linien auf beiden Seiten. Niemand von ihnen ahnte in diesem ersten, noch relativ ruhigen Kriegswinter 1914/15, daß er dieses Schützengrabendasein, wenn er überlebte, mehr als drei Jahre, bis zum Frühjahr 1918, auszuhalten hatte.

Aber es kam noch viel schlimmer. Mit einem massiven Einsatz von schweren und schwersten Artilleriewaffen, der sich von Schlacht zu Schlacht immer mehr steigerte, gigantische Ausmaße annahm, versuchten die Alliierten mehrfach im Jahre 1915, an einem begrenzten Frontabschnitt das deutsche Grabensystem niederzuwalzen und für den nachfolgenden Angriff ihrer Infanterieeinheiten sturmreif zu schießen, um einen Durchbruch zu erzwingen. Jeder Versuch mißlang unter ungeheuren Blutopfern an Toten und Verwundeten, die für die Angreifer aber noch ungleich größer waren als für die Verteidiger. Im Frühjahr 1916 begann eine deutsche Großoffensive auf die französische Maasfestung *Verdun* (▷ 9.19), den herausragenden Eckpfeiler der französischen Frontlinie. Auch dieser Angriff scheiterte nach viermonatigem mörderischem Ringen wie die vornehmlich von Briten getragene gewaltige Schlacht an der Somme vom Juli bis November 1916. Ergebnis dieser Materialschlachten war auf beiden Seiten die Erkenntnis, daß trotz des unvorstellbaren Einsatzes von Menschen und Waffen die Verteidigung nicht überwunden werden konnte, sofern diese in der Lage blieb, ihre eigenen Verluste relativ schnell und annähernd gleichwertig wieder zu ersetzen. Hier aber machte sich auf deutscher Seite bereits 1916 zunehmend die materielle Unterlegenheit bemerkbar und das Fehlen frischer und gut ausgebildeter Reserven. Den 1917 von den Alliierten fortgesetzten Versuchen, an irgendeinem Frontabschnitt einen entscheidenden Durchbruch zu erzwingen, jetzt auch mit der neuen Wunderwaffe der Tanks, begegnete die *3. Oberste Heeresleitung* (▷ 9.21) unter Generalfeldmarschall *Paul von Hindenburg* (▷ 10.29) und Generalquartiermeister *Erich Ludendorff* (▷ 9.30) mit einer elastischeren Kriegführung, bei der aus taktischen Gründen auch Gelände aufgegeben wurde, wenn

dadurch in der Gesamtlinie der Front Vorteile erreicht werden konnten. So wurde auch der anfänglich durch die Tanks verursachte Schock von der Fronttruppe überwunden.

Im Osten und Südosten durchbrachen dagegen immer wieder Offensiven der Mittelmächte den Stellungskrieg, ohne jedoch kriegsentscheidende Siege erringen zu können. Erst im Frühjahr 1918, als im Osten mit dem jetzt revolutionären Rußland der *Friede von Brest-Litowsk* (▷ 9.26) geschlossen war, ging die deutsche Heeresleitung mit der *Frühjahrsoffensive* (▷ 9.28) im Westen wieder zum Angriffskrieg über.

9.19 Verdun

Nachdem die Durchbruchsversuche der Alliierten in den Materialschlachten des Jahres 1915 am Widerstand der deutschen Fronttruppen gescheitert waren, setzte die deutsche Oberste Heeresleitung (OHL) am 21. Februar 1916 zum Großangriff auf die stark befestigte und durch Außenforts gesicherte französische Festung Verdun an. In einem monatelangen erbitterten Ringen wurde um jeden Meter Boden, um jede Anhöhe gekämpft, das Fort Douaumont wechselte mehrfach den Besitzer. Die Eroberung der Festung gelang nicht, auch der Plan der OHL, mit dem gewaltigen Einsatz von Menschen und Material die gegnerischen Kräfte im Sinne der Ermattungsstrategie „ausbluten" zu lassen, schlug fehl. – Nachdem im Juni 1916 wegen des britischen Großangriffs an der Somme starke deutsche Kräfte von der Verdunfront abgezogen worden waren, gingen die geringen Geländegewinne und Fort Douaumont wieder verloren. Die deutschen Verluste betrugen 338 000, die französischen 364 000 Tote. Die Franzosen feierten die Schlacht um Verdun als Sieg und als Beweis ihrer Widerstandskraft. Für beide Völker steht der Name Verdun als Symbol für die Materialschlachten des 1. Weltkrieges und im Zeichen der heutigen deutsch-französischen Freundschaft als ein Mahnmal für die Sinnlosigkeit des Krieges und die Notwendigkeit der Verständigung unter den Völkern.

9.20 Kriegsziele

Die Frage, wie Europa nach diesem Kriege aussehen sollte, beschäftigte die Politiker, die

Militärs und die Völker in allen kriegführenden Staaten seit Beginn des Krieges am 1. August 1914. In Deutschland war anfänglich die öffentliche Erörterung von Kriegszielen untersagt, um die bei Kriegsausbruch erzielte Einmütigkeit des Volkes nicht zu gefährden. Vor allem vom *Alldeutschen Verband* (▷ 9.4) und anderen nationalistischen Gruppen wurden schon früh überzogene, annexionistische Forderungen gestellt, über die seit 1916 zunehmend auch der Reichstag debattierte. Man ging dabei ganz selbstverständlich von einem deutschen Sieg aus. Die deutschen Kriegszielvorstellungen liefen im Westen darauf hinaus, Frankreich so zu schwächen, daß es seinen Großmachtstatus verlieren würde, das Industriegebiet um das Erzbecken von Briey sollte annektiert werden; ob Frankreich zusätzlich Küstengebiete und den Westhang der Vogesen abtreten sollte, wurde der Beurteilung durch das Militär überlassen. Belgien wollte man in einen „Vasallenstaat" mit einem verselbständigten Flandern umwandeln. Im Osten, wo es hauptsächlich um Polen ging, sollten die entsprechenden landwirtschaftlichen Nutzflächen annektiert werden, um die Versorgung der im Westen neu zu gewinnenden Gebiete sicherzustellen. Die den Osten betreffenden Kriegsziele hätten mit Österreich-Ungarn abgestimmt werden müssen, doch kam es nie zu einer verbindlichen Abmachung zwischen den verbündeten Staaten. Aus deutscher Sicht geriet die Habsburgermonarchie immer mehr in deutsche Abhängigkeit, so daß man sich über deren Wünsche teilweise hinwegsetzte.

Die Möglichkeiten eines Sonderfriedens mit Rußland wurden ebenfalls diskutiert, ebenso die Revolutionierung des Zarenreiches, um eine Beendigung des Krieges im Osten zu erreichen. Durch die Proklamierung des Königreiches Polen durch die Mittelmächte wurde jedoch diese Möglichkeit verbaut. Im Zusammenhang mit den militärischen Erfolgen an der Ostfront steigerten die Alldeutschen noch ihre Ansprüche und forderten die baltischen Staaten und Galizien für das Deutsche Reich. Im Gegensatz zu diesen nationalistischen Vorstellungen hielten lediglich die Sozialdemokraten an einem Verständigungsfrieden fest, einem Frieden ohne Annexionen. Nicht minder radikal waren die Forderungen der Franzosen. Sie verlangten nicht nur die

Im Ersten Weltkrieg wurde Gas als Mittel der Kriegführung erstmals eingesetzt. Oben: Maulesel und zwei Soldaten mit Gasmaske. Unten: Blick in einen Schützengraben

Rückgewinnung Elsaß-Lothringens und die Freigabe Belgiens, sondern auch den Erwerb des Saargebietes und teilweise sogar die Rheingrenze. Im Osten sollte der Vielvölkerstaat Österreich-Ungarn in mehrere kleine Nationen aufgelöst werden.

Großbritanniens Forderungen beschränkten sich auf die Zerstörung der deutschen Flotte und die Übernahme der deutschen Kolonien. Deutschland sollte als Kontinentalmacht erhalten bleiben. Die amerikanischen Kriegsziele legte der amerikanische Präsident Wilson in einer Botschaft an den Kongreß am 8. Januar 1918 dar (*Wilsons 14 Punkte*, ▷ 9.27). Die meisten der alliierten Kriegsziele wurden im *Versailler Vertrag* (▷ 10.11) verwirklicht.

9.21 3. Oberste Heeresleitung

Der erste Oberbefehlshaber Helmuth von Moltke war nach dem Mißlingen der deutschen Offensive in der *Marneschlacht* (▷ 9.16) abgelöst worden, sein Nachfolger General Erich von Falkenhayn nach dem Scheitern seines Konzeptes der „Abnutzungsschlacht" bei *Verdun* (▷ 9.19). Im Sommer 1916 bildete der Sieger von Tannenberg, Generalfeldmarschall *Paul von Beneckendorf und von Hindenburg* (▷ 10.29), mit seinem Stabschef, dem General Erich Ludendorff, die 3. Oberste Heeresleitung (OHL). Mit großen Erwartungen blickte die deutsche Bevölkerung auf diese neue Führung und erhoffte sich von ihr eine entscheidende Wende in dem schon zu lange dauernden Krieg und ein baldiges siegreiches Ende. „Oberster Kriegsherr" war der Kaiser, aber er war während des Krieges immer mehr in den Hintergrund getreten und überließ nun den beiden bisher an der Ostfront so erfolgreichen Feldherren weitgehend die Führung. Die 3. OHL schaltete sich zunehmend auch in politische Entscheidungsprozesse ein. Hier war Ludendorff eindeutig die bestimmende Kraft; er war davon überzeugt, daß der militärischen Führung im Kriege auch die Kontrolle über die Politik, im Innern und nach außen, zustand. So setzte sich z. B. die OHL mit der Entscheidung, den un-

Der Chef der Obersten Heeresleitung, Paul von Hindenburg, mit Kaiser Wilhelm II. und Generalquartiermeister Erich Ludendorff 1916 im Hauptquartier (von links nach rechts)

eingeschränkten *U-Boot-Krieg* (▷ 9.23) 1917 erneut anzuordnen, über den Einspruch des Reichskanzlers Theobald von Bethmann Hollweg hinweg und provozierte damit den Kriegseintritt der USA an der Seite der Alliierten. Nach dem Sturz des Reichskanzlers, an dem Ludendorff wesentlichen Anteil hatte, beherrschte die OHL praktisch das politische Geschehen. Der mit dem bolschewistischen Rußland Anfang März 1918 geschlossene *Friede von Brest-Litowsk* (▷ 9.26) war ein Diktatfrieden, der die schwierige Lage der friedenswilligen Revolutionäre ausnutzte. Ludendorffs Versuch, im Frühjahr 1918 mit der Märzoffensive (▷ 9.28) im Westen die Entscheidung zu erzwingen, scheiterte nach Anfangserfolgen. Unter dem Druck der alliierten Gegenoffensiven erklärte die OHL im August die Fortführung des Krieges für aussichtslos und forderte schließlich, am 29. September, die sofortige Einleitung von Waffenstillstandsverhandlungen. Ludendorff wurde am 26. Oktober entlassen, mit seinem Nachfolger, General Wilhelm Groener, führte Hindenburg nach Abschluß des *Waffenstillstandes* (▷ 9.33) am 11. November 1918 das Frontheer in die Heimat zurück.

9.22 Kohlrübenwinter

Die deutsche Wirtschaft war auf einen langen Krieg nicht vorbereitet, die Auswirkungen der englischen Seeblockade, mit der zunehmend die Zufuhr von Rohstoffen und Lebensmitteln auf neutralen Schiffen völkerrechtswidrig unterbunden wurde, machten sich immer mehr bemerkbar. Seit 1915 waren die Lebensmittel rationiert, aber auch die in den Lebensmittelkarten regulierten Zuteilungsmengen an Brot und Kartoffeln verringerten sich ständig, da die Ernteerträge infolge fehlender Düngemittel und Mangel an landwirtschaftlichen Arbeitskräften ständig zurückgingen. Am schlimmsten traf die vor allem in den Städten bereits hungernde Bevölkerung der Kriegswinter 1916/17, nachdem die Kartoffelernte des Jahres 1916 außerordentlich schlecht ausgefallen war; sie betrug nur 50% der Vorjahresernte. Dafür wurden als Ersatz, ebenfalls rationiert, Kohlrüben ausgegeben, teilweise auch Steckrüben genannt. Die unterschiedliche Ernährungssituation zwischen den Städtern und der Bevölkerung auf dem Lande führte zu Schwarzhandel und Wuchergeschäften. In krassem Gegensatz zu der Masse der darbenden und hungernden Bevölkerung entstand die Schicht der Kriegsgewinnler. Die in den ersten Kriegsmonaten gezeigte Einmütigkeit der Bevölkerung zerbröckelte allmählich. Insgesamt starben in den Kriegsjahren 1914–1918 über 750 000 Menschen in Deutschland an Hunger und Entbehrungen.

9.23 U-Boot-Krieg

Die deutsche Kriegsflotte, des Kaisers „liebstes Kind", der Stolz des deutschen Volkes, war in den letzten 15 Jahren vor dem Krieg im Eiltempo und mit einem ungeheuren Kostenaufwand zur zweitgrößten Schlachtflotte nach der britischen ausgebaut worden. Seit Kriegsbeginn lagen die schweren Kreuzer und Linienschiffe untätig in den Häfen. Die Seekriegsleitung wagte nicht, mit der gesamten Flotte auszulaufen und die überlegenen britischen Kräfte zur Entscheidungsschlacht herauszufordern. Auch die Engländer hielten ihre Schlachtschiffe in den Häfen zurück, blockierten aber fernab die Nordseeausgänge, um den Nachschub an Lebensmitteln und Rohstoffen aus den neutralen skandinavischen Ländern nach Deutschland abzuschneiden. Es zeigte sich jetzt, daß der riesige finanzielle Aufwand für die Flottenrüstung eine völlige Fehlinvestition gewesen war; denn der strategische Wert der Flotte war

gleich Null, einige wenige deutsche Kreuzer, die sich bei Kriegsbeginn in überseeischen Gewässern aufgehalten hatten, wurden nach und nach aufgebracht und versenkt.

Die deutsche Seekriegsleitung versuchte nun, mit der neuen Waffe der Unterseeboote einen Handelskrieg zu führen. Sie erklärte die Gewässer um England zum Kriegsgebiet mit dem Ziel, mit den wenigen, einsatzbereiten U-Booten vor Englands Küsten eine Gegenblockade zu errichten. Sehr bald aber kamen die U-Boot-Kommandanten mit dem geltenden Völkerrecht in Konflikt. Nach den auf den *Haager Friedenskonferenzen* (▷ 9.9) festgelegten Seekriegsbestimmungen durfte die Versenkung eines aufgebrachten Handelsschiffes erst erfolgen, wenn die Besatzung das Schiff in Rettungsbooten verlassen hatte. Zur Untersuchung der Schiffsladung aufgetauchte U-Boote waren aber selbst wegen ihrer geringen Panzerung gefährdet, besonders seit viele Handelsschiffe mit getarnten Schiffsgeschützen ausgerüstet waren. So ging die Seekriegsleitung zum unbeschränkten U-Boot-Krieg über; das bedeutete, daß jedes ausgemachte feindliche Kriegs- oder Handelsschiff ohne Warnung torpediert werden konnte. Dieses Vorgehen rief den heftigen Protest der neutralen Länder und insbesondere der USA hervor, die vorher mehrfach auch gegen die völkerrechtswidrige Seeblockade notwendiger Lebensmittel für die deutsche Bevölkerung Einspruch erhoben hatten. Die Versenkung des britischen Passagierdampfers „Lusitania"

Bei der Versenkung der „Lusitania" durch ein deutsches U-Boot 1915 kamen 1 200 Menschen ums Leben

am 7. Mai 1915 durch ein deutsches U-Boot, bei der auch 120 amerikanische Staatsbürger ums Leben kamen, führte zu einer schweren Belastung des deutsch-amerikanischen Verhältnisses. In der Folgezeit wurde der unbeschränkte U-Boot-Krieg aus Sorge vor einer weiteren Verschärfung der Spannungen mit den USA zeitweise ganz eingestellt. Gegen die Bemühungen der Reichsregierung, das Verhältnis zu den Vereinigten Staaten nicht weiter zu verschlechtern, forderte die Seekriegsleitung und mit ihr die *3. Oberste Heeresleitung* (▷ 9.21) jedoch immer dringender die Wiedereröffnung des unbeschränkten U-Boot-Krieges, als dessen Folge sie durch die Erhöhung der Versenkungsziffern auf 600 000 BRT monatlich die Niederlage Englands in 5 bis 6 Monaten erwartete. Mit der Unterstützung der Reichstagsmehrheit wurde am 1. Februar 1917 schließlich der uneingeschränkte U-Boot-Krieg wieder aufgenommen. Die optimistischen Voraussagen erwiesen sich bald als völlige Fehlkalkulation. Großbritannien wurde trotz weiterer Erhöhung der Versenkungsziffern (in der Zeit zwischen 1. Februar und 31. Dezember 1917 wurden 6 141 000 BRT der Alliierten und 1 127 000 BRT neutraler Staaten versenkt) nicht zur Aufgabe gezwungen, und die USA erklärten am 6. April 1917 dem Deutschen Reich den Krieg. Den U-Booten gelang es nicht, den Transport der amerikanischen Truppen nach Europa zu stören, geschweige denn zu verhindern. Durch Verbesserung der Abwehrwaffen erlitten sie dagegen immer größere Verluste. Bis Kriegsende verlor die deutsche Marine 178 U-Boote.

9.24 Kriegseintritt der USA

Der amerikanische Präsident Woodrow Wilson hatte ab Kriegsbeginn den kriegführenden Parteien seine Vermittlerdienste angeboten und sich auch noch nach dem „Lusitania"-Zwischenfall vom Mai 1915, der zu einer schweren Krise der deutsch-amerikanischen Beziehungen führte, bemüht, an der strikten Neutralität der USA festzuhalten. Die öffentliche Meinung in den Vereinigten Staaten wurde wegen des unbeschränkten *U-Boot-Krieges* (▷ 9.23), durch den wiederholt amerikanische Staatsbürger ums Leben gekommen waren, zunehmend deutschfeindlicher und forderte die Parteinahme für Großbritannien und die Ententemächte. Nach seiner Wiederwahl zum Präsidenten der USA im November 1916 trat Wilson noch einmal mit einer Vermittlungsaktion an die kriegführenden Parteien heran, die von der Entente mit einem weitreichenden Programm von Kriegszielvorstellungen beantwortet wurde. Die deutsche Reichsregierung ließ in Washington ihr von Wilson angefordertes Kriegszielprogramm Ende Januar 1917 mit der Bemerkung vorlegen, daß ab 1. Februar der unbeschränkte U-Boot-Krieg wieder eröffnet werden würde. Der amerikanische Präsident verzögerte den Kriegseintritt der USA noch bis zum 2. April 1917 und vertrat noch im Januar die Ansicht, daß nur ein Verständigungsfriede, ein „Frieden ohne Sieg", der Welt einen dauerhaften Friedenszustand bringen könne. Auch nach dem Kriegseintritt der Vereinigten Staaten bemühte er sich, eine Vermittlerrolle beizubehalten und bot mit seinen *„Vierzehn Punkten"* (▷ 9.27) eine Grundlage für die Friedensverhandlungen an. Der Kriegseintritt der USA auf der Seite der Ententemächte entschied endgültig den 1. Weltkrieg. Entgegen der Ansicht der deutschen Marineleitung, die Amerikaner würden wegen fehlenden Schiffsraums und wegen der deutschen U-Boote nicht in der Lage sein, nennenswerte Truppenkontingente nach Europa zu bringen, kamen rund 1 Million amerikanischer Soldaten bis zum Sommer 1918 an der Westfront zum Einsatz; die amerikanische Wirtschaftskraft vermochte schnell die britischen Verluste auszugleichen.

9.25 Friedensresolution

Schon am 12. Dezember 1916 hatte Deutschland zusammen mit seinen Verbündeten über die USA der Entente ein Friedensangebot gemacht und den Gegnern Verhandlungen angeboten. Konkrete Bedingungen enthielt die deutsche Note nicht; sie wurde von den Ententemächten abgelehnt. Die Ende 1916 aufgenommenen Vermittlungsbemühungen des amerikanischen Präsidenten Wilson scheiterten im Januar 1917 an den überzogenen Kriegszielen beider Seiten. Die Wiederaufnahme des unbeschränkten *U-Boot-Krieges* (▷ 9.23) am 1. Februar 1917 führte zum *Kriegseintritt der USA* (▷ 9.24). In Deutschland war inzwischen der *Burgfrieden* (▷9.15) zerbrochen und wieder Bewegung in die Parteienlandschaft gekommen. Von der SPD (▷8.28) hatte sich der linke Flügel der Partei als Unabhängige Sozialdemokratische Partei (USPD) abgespalten; sie forderte die sofortige Beendigung des Krieges und verweigerte neue Kriegskredite. Im Reichstag bildete sich eine neue parlamentarische Mehrheit aus *Zentrum* (▷8.27), Fortschrittspartei und SPD, von der die Friedensfrage energisch aufgegriffen wurde, als neue Kriegskredite bewilligt werden sollten. Kopf dieser Koalition war der Führer der Zentrumsfraktion, Matthias Erzberger, der ursprünglich Anhänger eines ungebremsten Annexionismus gewesen war und nun die Wiederaufnahme des unbeschränkten U-Boot-Krieges kritisierte, nachdem er erkannt hatte, daß der U-Boot-Krieg wirkungslos sei und Deutschland sich um einen Verständigungsfrieden bemühen müsse. Mit der Friedensresolution des Reichstages vom 19. Juli 1917, die von einem Frieden der Verständigung und Versöhnung ausging, schaltete sich das deutsche Parlament in die Diskussion um die Kriegsziele und eine Beendigung des Krieges ein. Kurze Zeit nach der Veröffentlichung der Friedensresolution bot sich Papst Benedikt XV. den kriegführenden Parteien als Vermittler an. Die päpstliche Vermittlungsaktion kam jedoch nicht in Gang, da die Ententemächte die deutsche Reaktion auf das Angebot für unbe-

friedigend befanden. Gegen die Friedensresolution der Reichstagsmehrheit sammelten sich die Gegner des Verständigungsfriedens in der „Vaterlandspartei" unter der Leitung des Großadmirals Tirpitz und des ostpreußischen Generallandschaftsdirektors Kapp, der später in der Weimarer Republik dem ersten rechtsradikalen Putsch (*Kapp-Putsch,* ▷10.15) seinen Namen gab. Sie wurden unterstützt von der Obersten Heeresleitung und der Industrie. Die Friedensresolution war der erste Schritt auf dem Wege zu einer *Parlamentarisierung* (▷9.31).

9.26 Russische Revolution/ Friede von Brest-Litowsk

In Rußland zwang im März 1917 (nach dem russischen Kalender Februar) eine bürgerlich-liberale Revolution den Zaren Nikolaus II. Alexandrowitsch zur Abdankung, doch wurde der Krieg gegen die Mittelmächte von der neuen Regierung fortgesetzt. Die Auflösungserscheinungen in der russischen Armee, die auch die Fronttruppen erfaßten, führten zu großen Erfolgen der deutschen Sommeroffensive mit beträchtlichen Geländegewinnen. Die Randländer wie Estland, Lettland, Finnland und die Ukraine erklärten ihre Unabhängigkeit. Mit seinen Parolen „Frieden um jeden Preis" und „Alles Land

Wladimir Iljitsch Lenin während einer Rede in Petersburg (1917)

den Bauern" gewann der erst kurz vorher aus seinem schweizerischen Exil mit Hilfe der deutschen Obersten Heeresleitung (OHL) nach Rußland zurückgekehrte Revolutionär Wladimir I. Lenin die kriegsmüde und unzufriedene Bevölkerung. Mit der sogenannten Oktoberrevolution (nach deutscher Zeit am 7. November, nach russischer am 25. Oktober 1917) eroberten die von Lenin geführten Bolschewisten in Petersburg und Moskau die Macht und errichteten mit der Diktatur der Arbeiter-, Bauern- und Soldatenräte (Räte russisch: Sowjet) die Sowjetrepublik.

Die Revolutionäre boten allen kriegführenden Staaten einen Frieden ohne Annexionen auf Grund des Selbstbestimmungsrechtes der Völker an. Es kam zum Bruch mit den bisherigen Verbündeten und zu Friedensverhandlungen mit dem Deutschen Reich ab Dezember 1917, in denen die deutsche OHL extrem hohe Forderungen stellte, in die die Russen auf Anweisung von Lenin schließlich einwilligten, da sie den Frieden benötigten, um im Innern das Sowjetsystem durchzusetzen und die zaristische Gegenrevolution niederzuwerfen. Im Frieden von Brest-Litowsk (3. März 1918) mußte Rußland die Unabhängigkeit der Länder Finnland, Estland, Livland, Kurland, Litauen, Polen, Ukraine, Georgien und armenischer Gebiete anerkennen, insgesamt ein Territorium von 1,42 Millionen qkm mit über 60 Millionen Menschen abtreten. Die Russen verloren damit rund 75% ihrer bisherigen Stahl- und Eisenindustrie. Der Friede von Brest-Litowsk war ein Diktatfrieden, ein Triumph der OHL, den die Sowjets nur unter Protest unterschrieben. Aber sie hofften darauf, daß der Funke der Revolution auf die deutschen Soldaten überspringen würde. Den Deutschen ging es in erster Linie darum, in den jetzt selbständig gewordenen Ländern ein Übergreifen der bolschewistischen Revolution zu verhindern. So waren deutsche Truppen in Finnland, im Baltikum und in der Ukraine an der Niederwerfung bolschewistischer Umsturzversuche beteiligt. Die von deutscher Seite erhoffte Verstärkung der Westfront kam dadurch nicht zustande und führte mit zum Scheitern der *Frühjahrsoffensive* (▷ 9.28) 1918. Der Gewaltfriede von Brest-Litowsk trug schließlich auch zur harten Haltung der Westmächte bei der Aufstellung der Friedensbedingungen im *Versailler Ver-*

trag (▷ 10.11) bei. In Ostmitteleuropa schließlich verlor Deutschland für lange Zeit seine politische Glaubwürdigkeit.

9.27 Wilsons 14 Punkte

Der amerikanische Präsident Woodrow Wilson bemühte sich auch nach dem *Kriegseintritt der USA* (▷ 9.24) auf der Seite der Ententemächte, eine Grundlage für Friedensverhandlungen zu schaffen. Am 8. Januar 1918 legte er dem amerikanischen Kongreß sein Friedensprogramm in 14 Punkten vor. Wilson forderte darin: 1. die Öffentlichkeit aller internationalen Verhandlungen, 2. die Freiheit der Meere in Krieg und Frieden, 3. die Beseitigung von Handelsschranken, 4. internationale Abrüstung und Rüstungsbegrenzung, 5. die freie und unparteiische Ordnung der kolonialen Ansprüche unter Berücksichtigung der Interessen der Kolonialvölker, 6. die Räumung der besetzten russischen Gebiete, 7. Räumung und Wiederherstellung Belgiens, 8. Räumung und Wiederherstellung Frankreichs einschließlich Elsaß-Lothringens, 9. eine Berichtigung der Grenzen Italiens „gemäß den klar erkennbaren Nationalitätengrenzen", 10. die autonome Entwicklung für die Völker der Donaumonarchie, 11. Räumung Rumäniens, Serbiens und Montenegros sowie freien Zugang zum Meer für Serbien, 12. die autonome Entwicklung für die unter türkischer Herrschaft stehenden Nationalitäten und Öffnung der Dardanellen für die internationale Schiffahrt, 13. die Errichtung eines unabhängigen polnischen Staates mit einem freien Zugang zum Meer, 14. die Bildung eines allgemeinen Verbandes der Nationen, um die gegenseitigen Garantien der politischen Unabhängigkeit und der territorialen Integrität für große und kleine Staaten gleichermaßen zu gewährleisten. Die deutsche Reichsregierung ging auf dieses Friedensprogramm des amerikanischen Präsidenten erst ein, als mit dem Scheitern der *Frühjahrsoffensive* (▷ 9.28) die letzte Hoffnung zerstoben war, den Krieg im Westen doch noch militärisch zugunsten Deutschlands zu entscheiden. In den Friedensverhandlungen nach dem Zusammenbruch Deutschlands konnte Wilson gegenüber den britischen und französischen Verhandlungsführern sein Programm nur zu einem Teil verwirklichen.

9.28 Frühjahrsoffensive

Nach dem Ende der Kämpfe an der Ostfront durch den *Frieden von Brest-Litowsk* (▷ 9.26) mit dem jetzt bolschewistischen Rußland suchte die *3. Oberste Heeresleitung* (▷ 9.21), und vornehmlich ihr führender Stratege, General Erich Ludendorff, die Entscheidung des Krieges mit einer Großoffensive im Westen herbeizuführen, bevor die Hauptmacht der frischen amerikanischen Truppen an der Westfront eingetroffen war. Am 21. März 1918 begann der deutsche Angriff in einer Breite von 70 km südlich von St. Quentin an der Nahtstelle des britischen und französischen Frontabschnittes mit dem Ziel, die englischen Truppen von den französischen zu trennen und auf die Kanalhäfen zurückzuwerfen. Der von mehr als 70 Divisionen mit massiver Artillerieunterstützung vorgetragene Angriff, bei dem auch die Fliegertruppe zum Einsatz kam, konnte trotz eines erzielten Geländegewinns von mehr als 60 km Tiefe die gesteckten Ziele nicht erreichen. Es fehlte an frischen und beweglichen Reserven, jetzt zeigte es sich, daß in den Jahren des Stellungskrieges die geforderte Motorisierung der Artillerieeinheiten nicht vorangetrieben worden war, auch eine schlagkräftige Panzerwaffe war nicht entwickelt worden. Die weiteren Offensiven vom 9. April und 27. Mai erzielten zwar erneut erhebliche Geländegewinne – Anfang Juni standen die deutschen Angriffsspitzen wieder an der Marne –, aber ab 18. Juli setzten die alliierten Truppen zum Gegenangriff an, bei dem das im Mai und Juni gewonnene Gelände wieder verlorenging. Der britische Tankangriff bei Amiens am 8. August wurde zum „schwarzen Tag" des deutschen Heeres; zum ersten Mal wurde deutlich, daß der Widerstandswille bei vielen Truppenteilen gebrochen war. Die deutsche Front wurde bis in die Ausgangsstellungen zurückgedrängt. Der Krieg war nicht mehr zu gewinnen. Als sich an den anderen Fronten der Zusammenbruch der verbündeten Mächte abzeichnete (Bulgarien bat am 25. September um einen Waffenstillstand), gestand Ludendorff die militärische Niederlage ein. Am 29. September verlangte er von den Politikern kategorisch den sofortigen Abschluß eines Waffenstillstandes. Das hatte weitreichende innenpolitische Folgen (▷ 9.29).

9.29 Waffenstillstandsangebot

Die *Frühjahrsoffensive* (▷ 9.28) an der Westfront, die nach dem Plan Ludendorffs die militärische Entscheidung bringen sollte, war gescheitert, das deutsche Heer auf seine Ausgangsstellungen zurückgedrängt. An den anderen Fronten hatte die Auflösung der verbündeten Armeen begonnen. Aber erst am 29. September gab Ludendorff die Niederlage zu und forderte von der Reichsregierung sofortige Waffenstillstandsverhandlungen. Das plötzliche Eingeständnis der Niederlage, nachdem jahrelang und bis zuletzt die Oberste Heeresleitung nur Optimismus ausgestrahlt und Siegesmeldungen verbreitet hatte, löste einen schweren Schock bei den Politikern und dann in der Bevölkerung aus. Anfang Oktober 1918 übernahm der als liberal angesehene Prinz Max von Baden als neuer Kanzler die Reichsregierung, in die auf Verlangen Ludendorffs jetzt auch Vertreter der im Reichstag die Mehrheit bildenden Parteien (Zentrum, Fortschrittspartei, SPD und Nationalliberale) aufgenommen wurden. Dies war ein erster wesentlicher Schritt zur *Parlamentarisierung* (▷ 9.31) der deutschen Reichsverfassung, durch den der Gefahr staatlicher Auflösungserscheinungen vorgebeugt werden sollte. Zugleich zielte diese Verfassungsänderung auf die Forderung des amerikanischen Präsidenten Woodrow Wilson, der erklärt hatte, daß Friedensverhandlungen nur mit vom Volk getragenen Regierungen geführt werden könnten. In der Nacht vom 3. zum 4. Oktober 1918 ging das deutsche Waffenstillstandsangebot an den amerikanischen Präsidenten ab. Es berief sich auf dessen im Januar 1918 verkündete *Vierzehn Punkte* (▷ 9.27). In dem sich anschließenden Notenwechsel mit der amerikanischen Regierung wurde nun jedoch deutlich, daß der Verhandlungsspielraum, der dem Deutschen Reich blieb, äußerst gering war. Vor der Aufnahme von Waffenstillstandsverhandlungen sollte Deutschland den *U-Boot-Krieg* (▷ 9.23) einstellen und die besetzten Gebiete räumen. Gegen diese schon einer Kapitulation gleichkommenden Forderung wollte Ludendorff jetzt die Wiederaufnahme der Kampfhandlungen anordnen; aber das deutsche Volk war kriegsmüde und hatte nur den Wunsch, endlich Frieden zu bekommen. Ludendorff mußte am 26. Oktober auf Druck der Reichsregierung seinen Abschied nehmen.

9.30 Erich Ludendorff

Am 9. April 1865 in Kruszewnia bei Posen geboren, schlug Ludendorff ab 1881 die Offizierslaufbahn ein; er erhielt eine Generalstabsausbildung und war 1908 bis 1912 Chef der Aufmarschabteilung im Großen Generalstab. Am Beginn des 1. Weltkrieges war Ludendorff maßgeblich an der Eroberung Lüttichs beteiligt, anschließend als Chef des Generalstabes der 8. Armee zusammen mit *Paul von Hindenburg* (▷ 10.29) Sieger bei *Tannenberg* (▷ 9.17) und in der Schlacht an den Masurischen Seen über die Russen. Von diesem Zeitpunkt an arbeiteten die beiden Heerführer bis zum Kriegsende zusammen, zuerst im Oberkommando der Ostfront, ab Juli 1916 als *3. Oberste Heeresleitung* (▷ 9.21), wobei die stärkeren Impulse von Ludendorff ausgingen. Er wirkte stark in die deutsche Politik hinein, setzte die volle wirtschaftliche Mobilmachung durch und ordnete die Wiedereröffnung des uneingeschränkten *U-Boot-Krieges* (▷ 9.23) an, die den *Kriegseintritt der USA* (▷ 9.24) zur Folge hatte. Wesentlichen Anteil

Erich Ludendorff (um 1915)

hatte Ludendorff am Sturz des Reichskanzlers Theodor von Bethmann Hollweg im Juli 1917; im *Frieden von Brest-Litowsk* (▷ 9.26) mit dem bolschewistischen Rußland verwirklichte er die *Kriegsziele* (▷ 9.20) der Militärs und der *Alldeutschen* (▷ 9.4). Nach dem Scheitern der *Frühjahrsoffensive 1918* (▷ 9.28) forderte er überstürzt Ende September 1918 die sofortige Aufnahme von *Waffenstillstandsverhandlungen* (▷ 9.29), durch die vor aller Welt die militärische Niederlage des Deutschen Reiches offengelegt wurde. Nachdem er mit seiner Forderung, die Kampfhandlungen wieder aufzunehmen, gescheitert war, wurde Ludendorff auf Drängen des Reichskanzlers, Prinz Max von Baden, am 26. Oktober 1918 verabschiedet. In der Zeit der Weimarer Republik gehörte Ludendorff als einflußloser Außenseiter völkischen Rechtsgruppen an, er verbündete sich kurzzeitig mit Adolf Hitler und war am *Hitlerputsch 1923* (▷ 10.23) beteiligt. Später wurde er, zum Teil unter dem Einfluß seiner Frau Mathilde, zum politisch-sektiererischen Außenseiter. Ludendorff starb am 20. Dezember 1937 in Tutzing.

9.31 Parlamentarisierung

Das Deutsche Reich war seiner Verfassung nach eine konstitutionelle Monarchie, die Macht des Herrschers war durch eine Verfassung eingeschränkt, die eine Volksvertretung in Form des Reichstages zugelassen hatte. Die Rechte des Reichstages waren jedoch sehr begrenzt. Die Reichsregierung (Reichskanzler und Staatssekretäre) wurde vom Kaiser ein- und abgesetzt, der Reichstag hatte darauf keinen Einfluß, sondern lediglich sein Votum zu den Gesetzen abzugeben. Die Bemühungen der Parteien, vor allem der politischen Mitte und der *Sozialdemokraten* (▷ 8.28), mehr Einfluß zu erhalten, verstärkten sich seit Beginn des Krieges anläßlich der Abstimmungen über die Kriegskredite. Aber erst als General *Erich Ludendorff* (▷ 9.30) die militärische Niederlage eingestand und sofortige Waffenstillstandsverhandlungen forderte, wurde auf seine Veranlassung hin die Regierung auf eine parlamentarische Grundlage gestellt. Mit diesem Versuch einer „Revolution von oben" stahl sich das Militär aus der Verantwortung für das von ihm verschuldete politische und militärische Desaster. In den Augen der deutschen Öffentlichkeit hatten nun die Parteien, die in der Kaiserzeit am heftigsten bekämpft worden waren, die Verantwortung für den Waffenstillstand und die späteren Ergebnisse des Versailler Vertrages auf sich zu nehmen. Eine Hypothek, die zum Scheitern der Weimarer Republik 15 Jahre später beitrug. Reichstagsabgeordnete aus den Parteien der Mehrheitskoalition (*Zentrum* [▷ 8.27], Fortschrittliche Volkspartei und Sozialdemokratische Partei) traten in die von Prinz Max von Baden gebildete neue Reichsregierung ein. In der im Hinblick auf die Waffenstillstandsverhandlungen beschlossenen Verfassungsänderung vom 28. Oktober 1918 (deshalb Oktoberverfassung) wurde die Bindung des Reichskanzlers an das Vertrauen des Reichstages festgelegt. Die Oktoberverfassung hatte jedoch keine tieferen Auswirkungen mehr, da wenige Tage später die Novemberrevolution ausbrach. Sie war aber ein wichtiger Schritt auf dem Weg zur parlamentarischen Demokratie, wie sie dann in der Weimarer Republik mit ihrer Verfassung verwirklicht wurde.

9.32 Matrosenaufstand

Die *3. Oberste Heeresleitung* (▷ 9.21) hatte schon Ende September 1918 der Reichsregierung eingestanden, daß der Krieg militärisch nicht mehr zu gewinnen war (*Waffenstillstandsangebot*, ▷ 9.29). Als die Marineleitung Ende Oktober 1918 der in den Häfen seit Jahren untätig liegenden Hochseeflotte den Befehl gab, zu einem letzten großen Einsatz gegen die britische Flotte auszulaufen, um „die Ehre der Waffengattung" zu retten, weigerten sich die Matrosen, diesem sinnlosen Befehl zu folgen. Am 5. November übernahm ein Matrosenrat im größten deutschen Flottenstützpunkt Wilhelmshaven die Macht, von hier aus sprang die Meuterei auf die anderen Hafenstädte über und erfaßte bald auch die Garnisonen in den Binnenstädten (Köln 7. November) und die Arbeiterschaft in den Industriestandorten. Überall bildeten sich Arbeiter- und Soldatenräte. Der Kaiser wich den revolutionären Ereignissen in Berlin aus und ging in das Hauptquartier nach Spa in Belgien. Am 7. November wurde die Wittelsbacherdynastie in München gestürzt; am

9. November (▷ 10.1) trat Reichskanzler Prinz Max von Baden unter dem Druck der Massen von seinem Amt zurück, kündigte die Abdankung des Kaisers an, die in Wirklichkeit erst spät abends stattfand, und übergab die Regierungsgeschäfte an den Führer der Mehrheitssozialdemokraten, *Friedrich Ebert* (▷ 10.6), dem es schließlich im Zusammenspiel mit gemäßigten Kräften und gestützt auf das Heer gelang, die parlamentarische Demokratie gegen die Bestrebungen der radikalen Linken durchzusetzen, die die Einführung des Rätesystems nach russischem Vorbild anstrebten.

9.33 Waffenstillstand

Am 4. Oktober 1918 hatte die deutsche Reichsregierung auf Drängen der Obersten Heeresleitung ein Waffenstillstandsgesuch an den amerikanischen Präsidenten Woodrow Wilson gesandt. In dem sich anschließend entwickelnden Notenwechsel war deutlich geworden, daß die Alliierten nur mit einer vom Volk getragenen Regierung die Verhandlungen führen würden. Das führte kurzfristig zur Aufnahme von Vertretern der im Reichstag die Mehrheit bildenden Parteien in die Regierung, vertiefte aber auch im Volk den Eindruck, daß der Kaiser einem kommenden Frieden im Wege stehen könnte. Am 5. November traf in Berlin die Mitteilung des amerikanischen Staatssekretärs Lansing ein, daß die Alliierten bereit seien, *Wilsons Vierzehn Punkte* (▷ 9.27) als Verhandlungsgrundlage anzuerkennen. Ausdrücklich ausgenommen aber wurden die Punkte „Freiheit der Meere" und der Komplex der deutschen Zahlungsverpflichtungen.

Die deutsche Waffenstillstandsdelegation wurde von dem Zentrumspolitiker und jetzigem Staatssekretär Matthias Erzberger geleitet, die Militärs überließen es einem Zivilisten, den letzten Akt in diesem Kriegsgeschehen zu vollziehen. Auf der anderen Seite stand der französische Oberkommandierende, Marschall Foch, an der Spitze der alliierten Waffenstillstandskommission. Foch, so hieß es in der letzten Note des amerikanischen Staatssekretärs, sei bereit, beglaubigte Vertreter der deutschen Regierung zu empfangen und ihnen die Waffenstillstandsbedingungen mitzuteilen. Ziel der Alliierten war es, zu verhindern, daß der Waffenstillstand vom

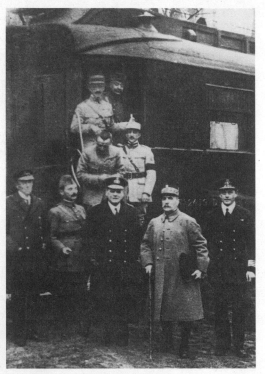

Abschluß des Waffenstillstands in einem Eisenbahnwaggon im Wald von Compiègne (11. November 1918)

Deutschen Reich als willkommene Ruhepause genutzt würde, um bei einem Scheitern der Verhandlungen erneut loszuschlagen, wie es Ludendorff ja vorgehabt hatte. Von Verhandlungen war daher nicht mehr die Rede. Die Bedingungen waren außerordentlich hart, ihre Annahme bedeutete die Unterwerfung. Verlangt wurden: die sofortige Räumung aller besetzten Gebiete im Westen sowie die Freigabe Elsaß-Lothringens, die Räumung des gesamten linken Rheinufers und einer 35 km breiten rechtsrheinischen Sicherheitszone, die entmilitarisiert bleiben sollte. Die Städte Köln, Koblenz und Mainz sollten durch alliierte Truppen besetzt werden. Der Friedensvertrag von *Brest-Litowsk* (▷ 9.26) wurde annulliert. Sämtliche U-Boote und große Mengen an Waffen, Munition, Fahrzeugen und Lokomotiven waren abzuliefern. Die alliierten Kriegsgefangenen sollten freigelassen werden, während die deutschen Kriegsgefangenen noch nicht heimkehren durften. Die Blockade sollte vorerst weiterbestehen bleiben. Erzberger nahm telegrafisch Verbindung zur Obersten Heeresleitung auf, Hindenburg drahtete zurück, man solle versuchen, Milderungen zu erreichen, in jedem Falle aber unterzeichnen. Am 11. November 1918 wurde der Waffenstillstand im Salonwagen des Marschalls Foch im Wald von Compiègne unterzeichnet. Jetzt schwiegen an allen Fronten die Waffen.

Daten

27. März 1890	Nichtverlängerung des Rückversicherungsvertrages
1. Juli 1890	Helgoland-Sansibar-Vertrag
1890/1891	Arbeiterschutzgesetze
1890–1894	Reichskanzler Leo von Caprivi
1891	Gründung des Alldeutschen Verbandes (Name ab 1894)
21. Okt. 1891	Erfurter Programm der SPD
17. Aug. 1892	französisch-russische Militärkonvention
1894–1900	Reichskanzler Chlodwig Fürst zu Hohenlohe-Schillingsfürst
3. Jan. 1896	Krügerdepesche Wilhelms II.
1897	Kiautschou deutsche Kolonie
1898	Gründung des Deutschen Flottenvereins
1898/1900	Flottengesetze
18. Mai–29. Juli 1900	1. Haager Friedenskonferenz
1. Jan. 1900	Inkrafttreten des Bürgerlichen Gesetzbuchs
1900–1909	Reichskanzler Bernhard Fürst von Bülow
27. Juli 1900	„Hunnenrede" Wilhelms II./Boxeraufstand
8. April 1904	britisch-französische Entente cordiale
31. März 1905	Besuch Wilhelms II. in Tanger/1. Marokkokrise
15. Juni–18. Okt. 1907	2. Haager Friedenskonferenz
31. Aug. 1907	britisch-russischer Interessenausgleich
1908	österreichische Annexion von Bosnien und Herzegowina
28. Okt. 1908	Daily-Telegraph-Affäre
1909–1917	Reichskanzler Theobald von Bethmann Hollweg
1. Juli 1911	„Panthersprung" nach Agadir/2. Marokkokrise
12. Jan. 1912	Reichstagswahlen (SPD erstmals stärkste Fraktion)
8.–11. Febr. 1912	Mission Haldanes in Berlin
1912/1913	Balkankriege
28. Juni 1914	Attentat von Sarajewo
23. Juli 1914	österreichisches Ultimatum an Serbien
1./3. Aug. 1914	deutsche Kriegserklärung an Rußland und Frankreich
23.–31. Aug. 1914	Schlacht bei Tannenberg
6.–9. Sept. 1914	Marneschlacht
7. Mai 1915	Versenkung der „Lusitania"
21. Febr.–Dez. 1916	Schlacht von Verdun
29. Aug. 1916	3. OHL
1. Febr. 1917	uneingeschränkter U-Boot-Krieg
6. April 1917	Kriegseintritt der USA
19. Juli 1917	Friedensresolution des Reichstages
7. Nov. 1917	Ausbruch der Oktoberrevolution in Rußland
8. Jan. 1918	Wilsons Vierzehn Punkte
3. März 1918	Friede von Brest-Litowsk
21. März 1918	Beginn der deutschen Frühjahrsoffensiven
3./4. Okt. 1918	Prinz Max von Baden wird Reichskanzler; deutsches Waffenstillstandsangebot
26. Okt. 1918	Oktoberverfassung; Entlassung Ludendorffs
29. Okt. 1918	Beginn der Matrosenaufstände
9. Nov. 1918	Abdankung des Kaisers/Ausrufung der Republik
11. Nov. 1918	Waffenstillstand

Kapitel 10: Weimarer Republik

Einführung

Die Weimarer Republik war der erste praktizierte Versuch in der deutschen Geschichte, auf dem Boden des Deutschen Reiches eine demokratische Staatsform zu errichten. Der Versuch ist gescheitert, die junge Republik ging nach knapp vierzehn Jahren in der Hitlerdiktatur unter.

Schon die Geburtsstunde der Republik stand unter keinem guten Stern. Von Anfang an war sie mit dem Odium des verlorenen Krieges belastet. Zwar hatten die Führer der demokratischen Parteien, denen jetzt die ganze Macht im Staate in die Hände gegeben war, die Niederlage nicht zu verantworten, sondern die Generale in der Obersten Heeresleitung. Aber gerade diese Generale, die die Bevölkerung noch Wochen vorher in dem Glauben an ein siegreiches Ende des Krieges gelassen und erst jetzt zur sofortigen Aufnahme von Waffenstillstandsverhandlungen gedrängt hatten, sie setzten nicht viel später die unselige Dolchstoßlegende in Umlauf, die der Heimat die Schuld an der Niederlage zuschob und die dann die politische Atmosphäre in der Republik permanent und nachhaltig vergiftet hat.

Die Republik war gewissermaßen über Nacht gekommen, nicht als Ergebnis einer siegreichen Revolution, sondern eigentlich durch Anstoß von außen, weil die Kriegsgegner es abgelehnt hatten, mit den alten Machthabern des kaiserlichen Deutschland Friedensverhandlungen aufzunehmen. Die Sehnsucht nach Frieden und der Glaube an einen gerechten Friedensvertrag auf der Basis der vom amerikanischen Präsidenten angestrebten Versöhnung der Völker führten in dem kriegsmüden und ausgehungerten Deutschland bei den Wahlen zur Nationalversammlung Anfang des Jahres 1919 zu dem überwältigenden Wahlerfolg der Parteien, die entschlossen waren, den jungen Staat zu tragen. Aber dann kam der furchtbare Schock, der durch die Bekanntgabe der Friedensbedingungen ausgelöst wurde. Das war kein Vertrag auf der Grundlage der Gleichberechtigung und Völkerverständigung. Er wurde den Unterlegenen diktiert, Verhandlungsmöglichkeiten waren ausgeschlossen.

Damit war die politische Situation für die Deutschen, die bereit gewesen waren, mit der neuen Staatsform auch einen neuen Anfang zu machen, entscheidend verändert. Von nun an standen diejenigen, die weiterhin bereit waren, den demokratischen Staat zu tragen, mit dem Rücken zur Wand in einem ständigen Abwehrkampf gegen die Kräfte von links und rechts, die nur das eine Ziel kannten, die Republik wieder zu zerschlagen.

Die linksaußen Stehenden fühlten sich von den sozialdemokratischen Führern verraten, weil sie mehr von der Revolution für die arbeitenden Massen erwartet hatten. Und auf der rechten Seite regten sich nun wieder die alten Eliten des Kaiserreiches, die alle von den jetzt regierenden Politikern der Weimarer Koalition in ihren Ämtern und Aufgabenbereichen übernommen wurden, die höhere Beamtenschaft, die Unternehmer, die Großgrundbesitzer, das Offizierskorps.

Die Geschichte der Weimarer Republik wird von den Historikern im allgemeinen in drei Phasen eingeteilt. Die erste umfaßt die Jahre von der Entstehung bis zum Ende des Jahres 1923. In diesen Jahren stand die Existenz der noch wenig stabilen Republik wiederholt auf dem Spiel. Immer wieder drohte das Gefüge des jungen Staates durch bürgerkriegsähnliche Aufstände der linken und Putschversuche der rechten Gegner der Demokratie auseinanderzubrechen. Die Besetzung des Ruhrgebietes durch Frankreich löste zwar im übrigen Deutschland eine alle Parteirichtungen erfassende Welle des Solidaritätsgefühls mit den an der Ruhr passiven Widerstand leistenden Landsleuten aus, stürzte aber auch den Staat durch den totalen Zusammenbruch der Währung einerseits, die Versuche von Separatisten, unter dem Schutz der Besatzungsmacht das Rheinland aus dem Reichsverband zu lösen, die kommunistischen Aufstände in Sachsen und Thüringen und den Konflikt des Freistaates Bayern mit der Reichsregierung andererseits in seine gefährlichste Existenzkrise.

Mit dem Abbruch des Ruhrkampfes und der gelungenen Sanierung der Währung am Ende des Jahres 1923 beginnt die zweite Phase in der Geschichte der Republik, die eine Zeit der wirtschaftlichen Erholung und der relativen politischen Konsolidierung – auch im Bereich der Außenpolitik – genannt wird. Man hat diese Jahre von Ende 1923 bis Ende 1929 auch als die „Ära Stresemann" bezeichnet.

Das Reparationsproblem wurde mit der Unterstützung der Amerikaner im Dawesplan neu geregelt und mehr auf die deutschen wirtschaftlichen Möglichkeiten abgestimmt. Das Vertragswerk von Locarno führte das Deutsche Reich als gleichberechtigten Partner in den Kreis der europäischen Großmächte zurück, zugleich wurde die Aussöhnung mit dem französischen Nachbarn eingeleitet. Die Aufnahme Deutschlands in den Völkerbund war die Folge dieser maßvollen, an den Realitäten orientierten deutschen Außenpolitik. Im Bereich der Innenpolitik war der Abbau des instabilen Zustandes im Verhältnis der im Parlament vertretenen Parteien zueinander jedoch nicht erreicht worden.

Mit den Auswirkungen der Weltwirtschaftskrise auf Deutschland ab Ende Oktober 1929 endet diese Phase. Es beginnt der letzte Abschnitt der Geschichte der Republik, der gekennzeichnet ist durch die zunehmende Verschlechterung der wirtschaftlichen Situation und die sprunghaft ansteigenden Arbeitslosenzahlen auf der einen, die fortschreitende Auflösung der demokratischen Fundamente auf der anderen Seite. Die radikalen Parteien und Republikgegner auf den Flügeln erhielten starken Zulauf aus den Reihen der Arbeitslosen, der Enttäuschten und Entwurzelten.

Die Unfähigkeit des Reichstages, eine regierungsfähige Mehrheit zu bilden, führte im März 1930 dazu, daß der seit 1925 amtierende Reichspräsident und ehemalige Feldmarschall Paul von Hindenburg den Zentrumspolitiker und Finanzfachmann Heinrich Brüning zum Kanzler einer neuen Regierung ohne Bindung an Parteien und Parlament berief. Damit wurde eine Entwicklung eingeleitet, die in ihrer fortgesetzten Handhabung in den folgenden Jahren zur Ablösung des parlamentarischen Systems und zur Ausbildung eines autoritären Präsidialregimes führte. Die Entscheidung über das weitere Schicksal des deutschen Staates lag nun ausschließlich bei dem hochbetagten Reichspräsidenten, der ein überzeugter Anhänger der Monarchie geblieben war.

Den von ihm ausgewählten Reichskanzlern gelang es nicht, eine konstruktive Politik durchzuführen, mit der sie die Massenbewegung der Nationalsozialisten hätten stoppen oder deren Führer Adolf Hitler in ihre Regierungen einbinden können. Seit die NSDAP in der Reichstagswahl vom Juli 1932 die weitaus stärkste Fraktion im Reichstag stellte, forderte Hitler vom Reichspräsidenten für sich die ganze Regierungsgewalt.

Hindenburg hat lange gezögert, aus Abneigung gegen den Volkstribun, Hitler als Kandidaten für den Kanzlerposten überhaupt anzuerkennen. Erst, als sich mächtige und ihm nahestehende konservative Interssenverbände wie Großagrarier, Großindustrie und Hochfinanz – es waren wieder, wie schon am Anfang der Republik, die alten monarchischen Eliten – bei ihm für die Kanzlerschaft Hitlers mit Nachdruck einsetzten, gab er nach und beugte sich ihren Argumenten: Hitler werde als Kanzler in einem vorwiegend konservativen Kabinett, eingerahmt von starken konservativen Ministern, zwangsläufig seine radikalen politischen Vorstellungen den Realitäten anpassen und reduzieren.

Am 30. Januar 1933 legte Hitler mit seinem Kabinett als Kanzler den Eid auf die Verfassung des Weimarer Staates ab. Aber das schon Jahre vorher praktizierte präsidiale Regierungssystem bot ihm geradezu die Chance, die er kaltblütig zu nutzen verstand.

10.1 9. November 1918

Vom Matrosenaufstand in den Hafenstädten war der Funke der Revolution in wenigen Tagen auf fast alle Städte im Reich übergesprungen. Überall bildeten sich Arbeiter- und Soldatenräte, die die sofortige Beendigung der Feindseligkeiten und die Abdankung des Kaisers und der Landesfürsten verlangten. Aller Augen richteten sich auf Berlin. Was würde der Kaiser tun?

Kaiser Wilhelm II. besprach im Großen Hauptquartier der Obersten Heeresleitung (OHL), im belgischen Kurort Spa, mit seinen Generalen die militärische Lage und die Situation im Reich, die sich von Tag zu Tag mehr zuspitzte.

In Berlin wartete der Reichskanzler Prinz Max von Baden auf die entscheidende Nachricht des Kaisers. Die Führer der SPD hatten sich ultimativ bereit erklärt, die Regierungsgewalt zu übernehmen, um zu verhindern, daß die Radikalen die Macht an sich rissen und eine *Räterepublik* (▷ 10.4) errichteten.

Als die Nachricht aus Spa ausblieb, ließ der Reichskanzler eigenmächtig die Abdankungserklärung veröffentlichen, die erst Stunden später bestätigt wurde. Kurz nach der Veröffentlichung übertrug der letzte kaiserliche Reichskanzler die Regierungsgeschäfte an *Friedrich Ebert* (▷ 10.6), den Vorsitzenden der SPD, mit den Worten: „Herr Ebert, ich lege Ihnen das Deutsche Reich ans Herz." Ebert antwortete: „Ich habe zwei Söhne für dieses Reich verloren."

Eberts Ziel war es, mit den Führern der USPD, der Unabhängigen Sozialdemokratischen Partei Deutschlands, die sich während des Krieges von der SPD abgespalten hatte, zu einer Vereinbarung zu kommen, um die Einheit der Arbeiterbewegung wiederherzustellen und die extremen linken Gruppen wie den *Spartakusbund* (▷ 10.3) zu isolieren.

Bis zum Zusammentritt einer so schnell wie möglich zu wählenden Nationalversammlung sollte eine Übergangsregierung mit den bisherigen Mehrheitsparteien im Reichstag (neben SPD auch Zentrum und Fortschrittliche Volkspartei) gebildet werden. Die Entscheidung über die zukünftige Staatsform (parlamentarische Republik oder Monarchie) sollte der Nationalversammlung vorbehalten bleiben. Ebert war deshalb über das eigenmächtige Vorgehen seines Parteifreundes Philipp Scheidemann ungehalten, der, um dem Spartakistenführer Karl Liebknecht zuvorzukommen, von einem Fenster des Reichstages die Republik proklamiert hatte.

Mit der USPD-Führung kam es zu einer Verständigung über die Bildung einer provisorischen Regierung, den *Rat der Volksbeauftragten* (▷ 10.2).

Demonstrationszug von Soldaten und Arbeitern während der ersten Tage der Novemberrevolution 1918 durch das Brandenburger Tor

10.2 Rat der Volksbeauftragten

Nachdem der letzte kaiserliche Reichskanzler, Prinz Max von Baden, die Regierungsgeschäfte an *Friedrich Ebert* (▷ 10.6), den Vorsitzenden der SPD, übergeben hatte, wurde am 10. November 1918 als erste provisorische Regierung der Republik der Rat der Volksbeauftragten gebildet.

Durch die rasche Vereinbarung zwischen den Führern der SPD und der USPD, der 1917 von der SPD abgespaltenen Unabhängigen Sozialdemokratischen Partei Deutschlands, konnte der am gleichen Tag zusammentretenden Versammlung der Berliner Arbeiter- und Soldatenräte schon eine Regierung präsentiert werden. Die Versammlung nahm die Nachricht von der Einigung zwischen den beiden Arbeiterparteien mit großer Zustimmung auf und bestätigte auch die Regierungsbildung. Die von den Linksradikalen durchgesetzte Bildung eines Vollzugsrates als Kontrollorgan und „Gegenregierung" zum Rat der Volksbeauftragten hat keine Bedeutung erlangt.

Dem Rat der Volksbeauftragten gehörten die Sozialdemokraten Ebert, Scheidemann und Landsberg an sowie Haase, Dittmann und Barth von der USPD. Ebert und Haase führten gemeinsam den Vorsitz. Die drei Politiker

Der Rat der Volksbeauftragten Anfang 1919 (nach Austritt der USPD; von links): Otto Landsberg, Philipp Scheidemann, Gustav Noske, Friedrich Ebert, Rudolf Wissell

der USPD traten jedoch unter dem Druck ihrer Partei am 29. Dezember 1918 wieder aus der Regierung aus. Sie protestierten mit diesem Schritt gegen die Vorgänge bei der Niederwerfung eines Matrosenaufstandes in Berlin in den Weihnachtstagen. Nach dem von Ebert am 10. November 1918 mit General Groener von der Obersten Heeresleitung geschlossenen Pakt konnte die Regierung reguläre und intakte Truppen zur Wiederherstellung von Ruhe und Ordnung im Lande anfordern und einsetzen. Da die sozialdemokratische Republikanische Soldatenwehr versagt hatte, hatten Truppen diesen Aufstand Weihnachten 1918 niedergeworfen.

Der Rat der Volksbeauftragten wurde daraufhin durch die Sozialdemokraten Noske und Wissell ergänzt und regierte, unterstützt durch Staatssekretäre aus bürgerlichen Parteien, bis zur Übergabe der Regierungsgeschäfte an die *Nationalversammlung* (▷ 10.5) am 10. Februar 1919. Er hat mit der Ausschreibung der Wahlen für eine Nationalversammlung zum 19. Januar 1919 die Weichen für eine parlamentarische Demokratie gestellt.

10.3 Spartakusbund

Auf dem äußersten linken Flügel der SPD hatte sich 1916 eine oppositionelle Gruppe gebildet, nach ihrem illegal erscheinenden Presseorgan „Spartakusbriefe" zunächst „Spartakusgruppe" genannt, die sich nach der Abspaltung der USPD 1917 dieser Partei anschloß. Ihre Führer, Karl Liebknecht und Rosa Luxemburg, gründeten am 1. Januar 1919 zusammen mit anderen Linksradikalen die *KPD* (▷ 10.17).

Die Spartakisten wollten die Revolution vollenden und alle Macht den Räten übertragen. Nach dem Spartakusaufstand in Berlin im Januar 1919, der im Auftrage des Volksbeauftragten Noske von Freikorps blutig niedergeschlagen wurde, gerieten auch Liebknecht und Rosa Luxemburg in Gefangenschaft. Beide wurden beim Abtransport von Freikorpsoffizieren ermordet. Diese Mordtat brachte den regierenden Sozialdemokraten aus Kreisen der Arbeiterschaft den schweren Vorwurf der Komplizenschaft mit der Reaktion ein.

Das von Rosa Luxemburg, die von der Rechtspresse als Parteigängerin Moskaus verfemt worden war, verfaßte „Spartakusprogramm" unterschied sich in wesentlichen Punkten von der bolschewistischen Lehre Lenins. Es strebte zwar die Räterepublik an, doch tendierte es zu einem demokratischen Kommunismus: „Freiheit nur für die Anhänger der Regierung, nur für die Mitglieder einer Partei .... ist keine Freiheit. Freiheit ist immer nur Freiheit des anders Denkenden."

Die Führer des Spartakusbundes:
Karl Liebknecht und Rosa Luxemburg

10.4 Räterepublik

Ziel der linksradikalen Revolutionäre war die Errichtung einer Räterepublik. Alle Macht im Staate sollte auf die Arbeiter- und Soldatenräte übergehen, die sich überall im Lande gebildet hatten. Die oberste Gewalt im Staate sollte der aus den Räten zu wählende Zentralrat übernehmen, die Wirtschaft sollte vergesellschaftet werden.

Die Versammlung der Berliner Arbeiter- und Soldatenräte hatte am 10. November 1918 die von SPD und USPD vereinbarte provisorische Regierung, den Rat der Volksbeauftragten, anerkannt, ihr aber mit dem Vollzugsrat ein Kontrollorgan an die Seite gestellt, das die Mitregierung der Räte gewährleisten sollte. Diese Einrichtung hat jedoch gegenüber dem Rat der Volksbeauftragten keine spürbaren Funktionen ausüben können, da die Mehrzahl der Räte dem Plan Friedrich Eberts zuneigte, Wahlen zu einer Nationalversammlung auszuschreiben. Endgültig hat die Reichskonferenz aller Arbeiter- und Soldatenräte vom 16. bis 20. Dezember in Berlin sich für die Wahlen zur Nationalversammlung und damit für das parlamentarische System ausgesprochen.

Spätere Versuche linksextremer Gruppen, die sich v. a. in der *KPD* (▷ 10.17) zusammenschlossen, mit Streiks und der Ausrufung von Räterepubliken in verschiedenen Städten bzw. Ländern (so u. a. in Bremen, Braunschweig und in Bayern) die Revolution doch noch in ihrem Sinne zu vollenden und die Reichsregierung zu stürzen, wurden durch reguläre Reichswehreinheiten und Freikorps vereitelt, die teilweise mit brutaler Gewalt gegen die Aufständischen vorgingen und massenweise Erschießungen vornahmen.

Diese Vorgänge haben zu schweren Zerwürfnissen zwischen Teilen der Arbeiterschaft und der regierenden SPD, die dafür verantwortlich gemacht wurde, geführt und die Republik schon in ihrem Anfangsstadium erheblich belastet.

10.5 Nationalversammlung

Erstmalig in der deutschen Geschichte waren zu den vom *Rat der Volksbeauftragten* (▷ 10.2) ausgeschriebenen Wahlen zur Nationalversammlung am 19. Januar 1919 auch die

Die Abgeordneten der National- versammlung im Nationaltheater zu Weimar (Februar 1919)

Frauen zugelassen. Wahlberechtigt waren alle mindestens 20 Jahre alten Männer und Frauen. Die Wahlbeteiligung war hoch, sie betrug 83%.

Stärkste Partei wurde die SPD. Sie errang insgesamt 165 der 423 Mandate, war aber mit den erreichten 37,9% auf die Zusammenarbeit mit anderen Parteien angewiesen. Die Sozialdemokraten schlossen sich mit dem Zentrum, das 91 Mandate (= 19,7%) erhielt, und der aus der bisherigen Fortschrittlichen Volkspartei neu entstandenen, linksliberalen Deutschen Demokratischen Partei (DDP), die auf 75 Mandate (= 18,5%) gekommen war, zu einem Regierungsbündnis, der *Weimarer Koalition* (▷ 10.9), zusammen. Gemeinsam verfügten die drei Parteien, die schon im letzten kaiserlichen Reichstag eine Mehrheit besessen hatten, über 331 Mandate. Das waren über 78%. Die USPD errang nur 22 Mandate (= 7,6%).

Auf dem rechten Flügel erhielten die aus der Nationalliberalen Partei hervorgegangene Deutsche Volkspartei (DVP) 19 Sitze (= 4,4%) und die aus den ehemaligen konservativen Gruppierungen entstandene Deutschnationale Volkspartei (DNVP) 44 Sitze (= 10,3%). Beide Parteien waren als Anhänger der Monarchie Gegner des neuen Staates. Die Nationalversammlung wählte am 11. Februar 1919 *Friedrich Ebert* (▷ 10.6), den Vorsitzenden der SPD, zum ersten *Reichspräsidenten* (▷ 10.8) der Republik und beschloß am 22. Juni 1919 mit 262 Stimmen gegen die Stimmen von DVP, DNVP und USPD die *Weimarer Verfassung* (▷ 10.7).

10.6 Friedrich Ebert

Am 4. Februar 1871 als Sohn eines Schneidermeisters in Heidelberg geboren, lernte Ebert als Sattlergeselle in Mannheim früh das soziale Elend des Proletariats kennen. Er ging in die Gewerkschaftsarbeit und wurde 1889 Mitglied der SPD, 1893 Redakteur in Bremen und 1912 Reichstagsabgeordneter. Bei Kriegsbeginn trat Ebert in der SPD-Fraktion für den *Burgfrieden* (▷ 9.15) und die Bereitschaft zur Landesverteidigung ein, war aber ein entschiedener Gegner der Annexionspolitik. Seit 1913 Vorsitzender der SPD als Nachfolger August Bebels, setzte sich Ebert während des Krieges bald für einen Verständigungsfrieden ein. Im Januar 1918 suchte er bei Ausbruch des Berliner Munitionsarbeiterstreiks zu vermitteln und Ausweitungen zu verhindern.

Am 9. November 1918 übertrug ihm der letzte kaiserliche Reichskanzler die Regierungsgeschäfte. Im *Rat der Volksbeauftragten* (▷ 10.2) bemühte sich Ebert, die revolutionären Unruhen zu beenden und die Ausschreibung von Wahlen für eine Nationalversammlung durchzusetzen – mit dem Ziel, eine parlamentarische Demokratie zu errichten. Sein am 10. November 1918 geschlossener Pakt mit der Obersten Heeresleitung zur Wiederherstellung der Ordnung im Lande wurde ihm als Verrat an den Zielen der Arbeiterschaft und an der Revolution ausgelegt, weil er den Einsatz militärischer Verbände und *Freikorps* (▷ 10.14) gegen Arbeiteraufstände zur Folge hatte.

*Reichspräsident Friedrich Ebert
und der Oberbürgermeister von Köln,
Konrad Adenauer (1924)*

Am 11. Februar 1919 von der Nationalversammlung zum ersten *Reichspräsidenten* (▷ 10.8) der Republik gewählt, hat Ebert sich gewissenhaft bemüht, sein Amt mit Würde auszufüllen und stets ein Präsident für alle Schichten des Volkes zu sein. Am 24. Oktober 1922 bestätigte ihn der Reichstag mit überwältigender Mehrheit auf weitere drei Jahre in seinem Amt. Wegen der unsicheren politischen Situation hatten die Volksvertreter auf eine in der Verfassung vorgeschriebene Neuwahl durch das Volk verzichtet.

Von der sich verstärkenden rechten Opposition wurde Ebert jedoch zunehmend mit Verleumdungen und Verdächtigungen verfolgt. Schließlich mußte er sich gegen die Anklage des Landesverrats (wegen seiner seinerzeitigen Beteiligung an dem Munitionsarbeiterstreik) zur Wehr setzen. In dem Urteil vom Dezember 1924 wurde zwar der verantwortliche Redakteur wegen Beleidigung verurteilt, der Vorwurf des Landesverrats jedoch nicht zurückgewiesen. Ebert starb am 28. Februar 1925 an den Folgen einer in der Hetze der Prozeßtage verschleppten Blinddarmentzündung.

10.7 Weimarer Verfassung

Mit der Ausarbeitung einer Reichsverfassung hatte der *Rat der Volksbeauftragten* (▷ 10.2) bereits den Staatssekretär des Innern, den Berliner Staatsrechtler Professor Hugo Preuß, beauftragt. Seine ursprüngliche Absicht, mit einer Gebietsreform aus einer Anzahl etwa gleich großer Länder einen einheitlichen, zentralisierten Staat zu schaffen, stieß auf den Protest der Länder, insbesondere Preußens, und konnte nicht verwirklicht werden, weil die Länder auch nach dem Fortfall der Dynastien ein gewisses Maß an Eigenleben beibehalten wollten.

Die Verfassungsurkunde wurde am 11. August 1919 vom Reichspräsidenten unterzeichnet. Der Text der Verfassung ist in zwei Hauptteile gegliedert: Aufbau und Aufgaben des Reiches (Artikel 1–108) und Grundrechte und Grundpflichten der Deutschen (Artikel 109–165). Übergangs- und Schlußbestimmungen sind in den Artikeln 166–181 enthalten.

Die Verfassung beruhte auf dem Grundsatz der Volkssouveränität: „Alle Macht geht vom Volke aus." Das Volk regierte durch den in allgemeiner, gleicher, geheimer und unmittelbarer Wahl zustande gekommenen Reichstag. Die Reichsregierung war von dem Vertrauen der Mehrheit der Abgeordneten abhängig. Dem für vier Jahre gewählten Reichstag stand das Gesetzgebungsrecht zu. Er konnte zwischenzeitlich nur vom Reichspräsidenten aufgelöst werden. Neben dem Reichstag bestand der Reichsrat, das Gremium der Länderregierungen, der lediglich eine beratende Funktion und ein nur aufschiebendes Vetorecht besaß.

Die Weimarer Reichsverfassung, in die sowohl Gedanken des Freiherrn vom Stein als auch Verfassungsentwürfe der Frankfurter Paulskirche von 1848 eingeflossen sind, sollte in ihrem toleranten Geist den Bürgerkrieg in Deutschland beenden und ein Friedensvertrag zwischen allen politischen Gruppen in dem neuen Staat sein. Sie sollte auch den abseits stehenden Kräften im deutschen Volk den Weg in ein neues, republikanisches Deutschland öffnen. Sie ist dennoch – und gerade deshalb – bald auf heftige Kritik sowohl von links wie auch von rechts gestoßen. Besondere Rechte wurden in der Verfassung dem Amt des Reichspräsidenten zugewiesen.

10.8 Reichspräsident

Der Reichspräsident war vom Vertrauen des Reichstages unabhängig. Er wurde jeweils auf sieben Jahre und unmittelbar vom Volk gewählt. Er ernannte Reichskanzler und Reichsminister und konnte sie auch entlassen. Er hatte das Recht, den Reichstag aufzulösen. Als Inhaber des Oberbefehls über die *Reichswehr* (▷ 10.16) war er berechtigt, den Belagerungszustand über das ganze Reichsgebiet zu verhängen und in Fällen des Staatsnotstandes vorübergehend Verfassungsrecht der Bürger ganz oder teilweise außer Kraft setzen.

Diese außerordentlichen Vollmachten des Reichspräsidenten haben dem Staatsoberhaupt Züge eines „Ersatzkaisers" gegeben. Daß diese weitreichenden Befugnisse des Artikels 48 in der Hand eines Präsidenten, der kein überzeugter Anhänger der Republik war, zu folgenschweren Verwicklungen führen konnten, haben die Verfassungsväter nicht erkannt. Schon unter dem monarchisch gesinnten zweiten Reichspräsidenten, dem ehemaligen Feldmarschall *Paul von Hindenburg* (▷ 10.29) war diese Situation eingetreten. Die mißbräuchliche Handhabung des Artikels 48 hat unter Hindenburg Zug um Zug zur Auflösung des parlamentarischen Systems geführt und über das *Präsidialregime* (▷ 10.36) den nahtlosen Übergang zur nationalsozialistischen Diktatur ermöglicht.

10.9 Weimarer Koalition

Nach der Eröffnung der Nationalversammlung in Weimar bildeten die SPD, das Zentrum und die DDP (Deutsche Demokratische Partei) die erste republikanische Regierung. Gemeinsam hatten sie mit insgesamt 76 % der Stimmen die weit überwiegende Mehrheit des Volkes hinter sich. Ministerpräsident dieser Koalitionsregierung, der Weimarer Koalition, wurde der Sozialdemokrat Philipp Scheidemann. Die Voraussetzungen für ein Gelingen der parlamentarischen Arbeit schienen gegeben zu sein. Aber schon formierten sich auf den Flügeln rechts und links die Gegner der Demokratie zum Sturm auf den Staat. Der massive Einsatz von Freikorpsformationen gegen Aufstandsversuche der Linksradikalen führte zu einer starken Entfremdung zwischen der Arbeiterschaft und der SPD. Die Unterzeichnung des *Versailler Vertrages* (▷ 10.11) durch zwei Minister der Koalition rief eine hemmungslose Agitation der politischen Rechten gegen die Weimarer Parteien hervor, die *Dolchstoßlegende* (▷ 10.13) wurde in Umlauf gesetzt. Bei den Reichstagswahlen

Funktionsschema der Weimarer Verfassung

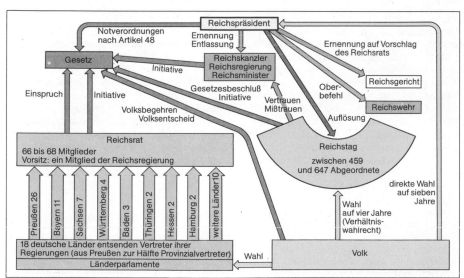

233

am 6. Juni 1920 verlor die Weimarer Koalition ihre absolute Mehrheit. Sie hat sie bis zum Ende der Republik nie wieder erreicht. Lediglich im größten Land der Republik, Preußen, bestand seit 1920 eine Regierung der Weimarer Koalition mit kurzen Unterbrechungen unter dem sozialdemokratischen Ministerpräsidenten Otto Braun bis 1932. Sie galt als stärkstes Bollwerk der Demokratie bis zu der *Reichsexekution* (▷ 10.37) des Reichskanzlers von Papen am 20. Juli 1932.

10.10 Parlamentarisches System/ Parteien der Republik

Das parlamentarische System hatte mit der Wahl zur Nationalversammlung über die Pläne der linksradikalen Revolutionäre, die *Räterepublik* (▷ 10.4), die Diktatur des Proletariats durchzusetzen, den Sieg davongetragen. Parlamentarisches System bedeutet eine Regierungsmethode, die auf dem Prinzip der Gewaltenteilung beruht. Das Parlament ist die aus den Parteien in Wahlen zustande gekommene Volksvertretung. Es übt die gesetzgebende Gewalt, die Legislative, aus. Die aus den die Mehrheit im Parlament bildenden Parteien aufgestellte Regierung besitzt die Regierungsgewalt, die Exekutive. Neben diesen beiden Institutionen steht – gleichberechtigt und unabhängig – die richterliche Gewalt, die Judikative. In einem funktionierenden parlamentarischen System sind grundsätzlich alle Parteien miteinander koalitionsfähig.

Die Parteien der Weimarer Republik zerfielen von Anfang an in zwei sich schon in ihrer Grundeinstellung extrem voneinander unterscheidende Gruppen, die den neuen Staat bejahenden und ihn tragenden Parteien und die die Republik und das parlamentarische System verneinenden und bis zur Zerstörung bekämpfenden Gruppierungen. Zwischen diesen beiden Gruppen gab es so gut wie keine Kompromißbereitschaft. Das hat die parlamentarische Arbeit der Weimarer Republik von Anbeginn an belastet und in Frage gestellt.

Die in der *Weimarer Koalition* (▷ 10.9) zusammengeschlossenen Parteien SPD, Zentrum und DDP waren in der Nationalver-

sammlung, abgesehen von einigen Splittergruppen, die drei großen, die junge Republik tragenden Parteien. Die USPD auf dem linken Flügel und die DVP und die DNVP auf dem rechten waren Gegner der parlamentarisch-demokratischen Republik.

Aber schon bei den ersten Reichstagswahlen am 6. Juni 1920, als die Bedingungen des *Versailler Vertrages* (▷ 10.11) bekannt geworden waren und die *Dolchstoßlegende* (▷ 10.13) in Umlauf gesetzt worden war, verloren die drei Parteien ihre Mehrheit, die sie nie wiedererlangen sollten. Dagegen errangen sowohl die USPD als auch die beiden Rechtsparteien starke Stimmengewinne. Eine bürgerliche Minderheitsregierung kam daraufhin zustande, weil sich jetzt die DVP unter dem Einfluß ihres Vorsitzenden Gustav Stresemann zu einer den Staat mittragenden Partei gewandelt hatte.

Auch die DNVP, die der Monarchie anhing, hat sich zeitweise an Regierungsbildungen beteiligt, bis sie 1928 unter ihrem neuen Vorsitzenden Alfred Hugenberg endgültig eine extrem rechtsradikale und den Weimarer Staat verneinende Position einnahm.

Die *KPD* (▷ 10.17) entwickelte sich seit Mitte der 20er Jahre zu einer unter dem Diktat Moskaus stehenden Kaderpartei, die die Weimarer Republik ebenso kompromißlos ablehnte und bekämpfte wie die rechtsradikale *NSDAP* (▷ 10.35), die jedoch erst am Ende der 20er Jahre in Erscheinung trat.

Die SPD hat nur noch einmal, 1928–30, mit Hermann Müller einen Kanzler gestellt, der eine große Koalition zwischen SPD, Zentrum, Bayerischer Volkspartei, DDP und DVP bildete. Als sie an innenpolitischen Meinungsverschiedenheiten zerbrach, war das parlamentarische System praktisch am Ende. Mit der Ernennung des Zentrumspolitikers *Heinrich Brüning* (▷ 10.33) zum Reichskanzler durch Reichspräsident *Paul von Hindenburg* (▷ 10.29), ohne daß der Reichstag eingeschaltet wurde, war der Weg in das Präsidialsystem beschritten. – Abb. S. 240/241.

10.11 Versailler Vertrag

Die Pariser Friedenskonferenz tagte seit dem 18. Januar 1919 unter dem Vorsitz des französischen Ministerpräsidenten Clemenceau im Beisein von Delegierten aus 32 Staaten. Vertreter der ehemaligen Feindmächte waren nicht zugelassen.

Die Entscheidungen fielen im wesentlichen im „Rat der Vier", zu dem neben dem französischen Ministerpräsidenten der amerikanische Präsident Wilson, der britische Premierminister Lloyd George und der italienische Regierungschef Orlando gehörten. Über die den besiegten Völkern aufzuerlegenden Friedensbedingungen kam es wiederholt zu heftigen Auseinandersetzungen zwischen den Verbündeten, bis schließlich die Delegationen der Unterlegenen zur Entgegennahme der Vertragsbestimmungen aufgefordert wurden. Die deutschen Abgesandten unter Führung des Grafen Brockdorff-Rantzau erhielten am 7. Mai 1919 das fertiggestellte Vertragswerk ausgehändigt. Eine mündliche Verhandlung wurde ihnen nicht zugestanden, sie konnten sich lediglich schriftlich zu den einzelnen Punkten äußern.

Die Bekanntgabe der Bedingungen rief in Deutschland über alle Parteien hinweg helle Empörung hervor. Deutschland sollte an seinen Grenzen, vornehmlich im Westen und Osten, Gebietsverluste von etwa 70 000 qkm hinnehmen und sämtliche Kolonien verlieren. Neben der demütigenden Behandlung der deutschen Delegation in Versailles waren es vor allem die Entwaffnungsbestimmungen, die geforderte Auslieferung des ehemaligen Kaisers und noch zu benennender Generale und Politiker als Kriegsverbrecher sowie besonders der *Kriegsschuld-Artikel* (▷ 10.12), in dem Deutschland die alleinige Schuld am Kriege anerkennen und die Verantwortung für alle entstandenen Schäden übernehmen sollte – das Ausmaß der zu übernehmenden Wiedergutmachungsleistungen, der *Reparationen* (▷ 10.18), war noch gar nicht abzusehen –, die auf einhellige und entschiedene Ablehnung im Volk und im Parlament stießen.

Die Regierung Scheidemann trat zurück. In der Nationalversammlung wurde unter dem Druck eines Ultimatums der Alliierten, den Krieg wieder aufzunehmen und Deutschland militärisch zu besetzen, wenn nicht binnen einer gesetzten Frist der Vertrag unterschrieben werde, heftig über die Frage der Unterzeichnung gestritten. Schließlich setzte sich die Ansicht durch, daß dem entwaffneten und wehrlosen Land keine andere Möglichkeit mehr

blieb, als den Vertrag zu akzeptieren. Am 28. Juni 1919 unterzeichneten die Minister Hermann Müller (SPD) und Hans Bell (Zentrum) den Vertrag. Obwohl sich alle Parteien in der Nationalversammlung vorher gegenseitig ehrenhafte Motive für ihre Einstellung zu dieser schicksalsschweren Entscheidung zugebilligt hatten, wurde dennoch die Annahme des Versailler Vertrages bald von der politischen Rechten den Parteien der Weimarer Koalition als Kapitulation und Verrat an der Nation angelastet.

Der Vertrag ist auch in Großbritannien und vor allem in den USA, die ihn nie ratifiziert haben, auf heftige Kritik gestoßen.

In der Sicht heutiger Historiker und im Rückblick der Generationen, die den totalen Zusammenbruch von 1945 erlebt haben, wird das Vertragswerk sehr viel objektiver und emotionsfreier gesehen. Zwar wird zugegeben, daß die Bestimmungen des Vertrages für die junge Demokratie eine außerordentliche Belastung bedeutet haben, zumal ihre Politiker im Glauben an die von Wilson zur Grundlage erhobene Völkerverständigung nach Versailles angereist waren. Es wird aber auch darauf hingewiesen, daß das Deutsche Reich in seinem Gefüge weitgehend erhalten blieb und in relativ kurzer Zeit, in der Ära *Stresemann* (▷ 10.25), wieder den Rang einer europäischen Großmacht einnehmen konnte. – Karte S. 236.

10.12 Kriegsschuld-Artikel (Artikel 231)

Der Artikel 231 des Versailler Vertrages, der in Deutschland von den Rechtsparteien bis weit in die Sozialdemokratie hinein und in vielen Bevölkerungsschichten so große Emotionen ausgelöst hat, lautet:

„Die alliierten und assoziierten Regierungen erklären, und Deutschland erkennt an, daß Deutschland und seine Verbündeten als Urheber für alle Verluste und Schäden verantwortlich sind, die die alliierten und assoziierten Regierungen und ihre Staatsangehörigen infolge des ihnen durch den Angriff Deutschlands und seiner Verbündeten aufgezwungenen Krieges erlitten haben."

Diese These von der Alleinschuld Deutschlands wurde das Fundament für alle Wiedergutmachungsforderungen der Alliierten.

10.13 Dolchstoßlegende

Die militärische Niederlage, die die Oberste Heeresleitung am 2. Oktober 1918 öffentlich vor den Parteiführern eingestand, wirkte auf die deutsche Bevölkerung wie ein furchtbarer Schock. Nach all den Siegesmeldungen, selbst noch aus den letzten Monaten, wollte man die Niederlage nicht zur Kenntnis nehmen. Schon bei der Begrüßung heimkehrender Fronttruppen in der Heimat tauchte das Wort „im Felde unbesiegt" auf.

Bald schon erschien das Wort „Dolchstoß" in der Rechtspresse, wurde die Revolution für die Niederlage verantwortlich gemacht. Die Dolchstoßlegende war geboren. Die Heimat sei der kämpfenden Front in den Rücken gefallen. Hindenburg untermauerte diese Deutung des Zusammenbruchs, indem er am 18. November 1919 vor dem Untersuchungsausschuß der Nationalversammlung sich auf die Aussage eines britischen Generals berief und erklärte, die deutsche Armee sei von hinten erdolcht worden.

Das unverändert große Ansehen, das der ehemalige Feldmarschall noch immer im deutschen Volk genoß, sorgte dafür, daß die Dolchstoßlegende – obwohl sachlich völlig unhaltbar – rasch eine außerordentlich große Verbreitung erfuhr und eine entsprechende Wirkung erzielte. Sie ist ständig von der politischen Rechten als Waffe im innenpolitischen Kampf gegen die Weimarer Parteien verwandt worden. Sie wurde schließlich in der Propaganda der Nationalsozialisten zum tödlichen Dolchstoß gegen die erste deutsche Republik.

10.14 Freikorps

Das besiegte Deutschland mußte sich im *Versailler Vertrag* (▷ 10.11) verpflichten, seine Fronttruppen zügig zu entwaffnen und ins Zivilleben zu überführen. Da viele jüngere Offi-

Deutschland nach dem Versailler Vertrag

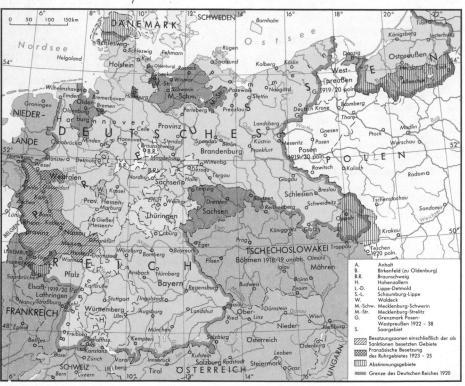

*Eine Abteilung des Werdenfelser
Freikorps auf dem Marsch durch München
(Mai 1919)*

ziere und Soldaten weder die Niederlage eingestehen noch sich entwaffnen lassen wollten, bildeten sich zahlreiche Freiwilligenverbände, die die noch bestehende Oberste Heeresleitung sowohl im Baltikum und den ungeschützten Grenzgebieten im Osten gegen polnische Übergriffe zum Einsatz brachte als auch im Reich zum Schutze der Regierung und zur Niederwerfung von revolutionären Unruhen und kommunistischen Aufständen einsetzte.

Diese Freiwilligenverbände waren zum größten Teil streng disziplinierte, auf eine Führerpersönlichkeit eingeschworene Männerbünde, zum Teil auch wilde Landsknechtshaufen. Obwohl Gegner des neuen republikanischen Staates, ließen sie sich dennoch von der Regierung gegen linksradikale Putschversuche einsetzen, weil sie die größte Gefahr im Sieg der Revolution und in einer Bolschewisierung Deutschlands sahen. Viele Freikorpsangehörige wurden später in die *Reichswehr* (▷ 10.16) übernommen, andere landeten in völkischen Verbänden und in der *NSDAP* (▷ 10.35).

10.15 Kapp-Putsch

Militante Rechtskreise, unterstützt durch Freikorpsführer und höhere Truppenkommandeure, hatten sich im Sommer 1919 zu einer „Nationalen Vereinigung" zusammengeschlossen mit dem Ziel, die Regierung zu stürzen und wieder die Monarchie zu errichten. Als von der Regierung die Auflösung zahlrei-

cher noch bestehender militärischer Einheiten und *Freikorps* (▷ 10.14) angeordnet wurde, um die Weisung der Interalliierten Militärkommission zu befolgen, fürchteten viele Offiziere und Soldaten um ihre Existenz und widersetzten sich dem Befehl der Regierung. Am 13. März 1920 besetzten Truppeneinheiten unter Führung des Generals von Lüttwitz das Berliner Regierungsviertel. Reichspräsident und Reichsregierung, die einige Tage vorher eine ultimative Rücktrittsforderung der Verschwörer abgewiesen hatten, waren nach Dresden ausgewichen. Der Kopf der Verschwörer, der ehemalige ostpreußische Generallandschaftsdirektor Wolfgang Kapp, der 1917 die Deutsche Vaterlandspartei mitgegründet hatte, übernahm die gesamte Gewalt als Reichskanzler. Er erklärte die bisherige Regierung für abgesetzt und die Nationalversammlung für aufgelöst.

Von Dresden aus forderte die Reichsregierung das deutsche Volk zum Widerstand und zum Ungehorsam gegen die Aufrührer auf. Die Gewerkschaften riefen den Generalstreik aus, der in ganz Deutschland von den Arbeitern und Angestellten befolgt wurde. Auch die höheren Beamten der Reichsbehörden verweigerten den Aufständischen den Gehorsam.

*Einmarsch der Truppen des Kapp-Putsches
mit der kaiserlichen Reichskriegsflagge
in Berlin (13. März 1920)*

Der Führer der KPD, Ernst Thälmann

Nach vier Tagen sahen die Putschisten ein, daß sie verloren hatten. Kapp flüchtete ins Ausland, die Truppen zogen sich in ihre Kasernen zurück.

10.16   Reichswehr

Die dem Deutschen Reich im *Versailler Vertrag* (▷ 10.11) zugestandene Streitmacht durfte eine Truppenstärke von 100 000 Mann für das Heer und 15 000 Mann für die Marine (einschließlich der Offiziere) nicht übersteigen. Die Reichswehr wurde eine Armee von längerdienenden Freiwilligen, ein Berufsheer. Den Oberbefehl führte nach der Weimarer Verfassung der Reichspräsident, im Frieden übte als sein Stellvertreter die Befehlsgewalt der Reichswehrminister aus. Oberste soldatische Spitze war der Chef der Heeresleitung. Diese Funktion übernahm nach dem Ende des Kapp-Putsches der General von Seeckt, obwohl dieser als Chef des Truppenamtes während des Kapp-Putsches sich geweigert hatte, Reichswehreinheiten gegen die Aufständischen vorgehen zu lassen („Reichswehr schießt nicht auf Reichswehr"). Seeckt machte aus der Reichswehr, indem er die Tagespolitik aus den Kasernen strikt verbannte, einen Staat im Staate. Mit dieser Ab-

schottung sollte die Truppe gegen alle Versuche der Regierung und der Parteien, demokratische Gesinnung zu verbreiten und die Reichswehr zu einer echten Streitmacht der Republik zu machen, abgesichert werden. Aus dieser Distanz zur Republik heraus war die Reichswehrführung unempfindlich gegenüber der dem Staat durch die Nationalsozialisten drohenden tödlichen Gefahr und ging 1933 widerstandslos zu Hitler über.

10.17   Kommunistische Partei Deutschlands (KPD)

Die Kommunistische Partei Deutschlands wurde durch den Zusammenschluß des *Spartakusbundes* (▷ 10.3) mit Bremer Linksradikalen auf einem Parteitag vom 30. Dezember 1918 bis 1. Januar 1919 in Berlin gegründet. Ihr Programm war die Vollendung der Revolution und die Errichtung einer Räterepublik Deutschland.

Der Generalstreik der Arbeiter, der im März 1920 den rechtsradikalen Kapp-Putsch zum Scheitern gebracht hatte, wurde in verschiedenen Gegenden des Reiches von KPD-Funktionären mit Unterstützung sowjetrussischer Instrukteure zu Aufständen gegen die Reichsregierung ausgeweitet. In Sachsen und Thüringen gingen bewaffnete Selbstschutzverbände der Arbeiter gegen Reichswehreinheiten und Freikorps vor, im Ruhrgebiet formierte sich eine „Rote Armee", die einige Wochen lang große Teile des Industriegebietes besetzt hielt und sich mit den von der Regierung gegen sie aufgebotenen Freikorps blutige Gefechte lieferte.

Dieses Vorgehen der sozialdemokratisch geführten Regierung gegen Arbeiter brachte der SPD bei den Reichstagswahlen vom 6. Juni 1920 erhebliche Verluste, die der USPD zugute kamen. Die KPD vermochte in dieser Wahl noch keine nennenswerten Stimmerfolge zu erzielen, sie profitierte aber von der Spaltung der USPD im Oktober 1920, deren linker Flügel sich der KPD anschloß. Erst jetzt wurde die KPD die Arbeiter-Massenpartei.

Während der durch die *Ruhrbesetzung* (▷ 10.20) und die Separatistenaktionen verursachten Notsituation des Reiches versuchte die KPD erneut, mit Rückendeckung Moskaus einen Umsturz im Reich auszulösen. Die

Reichsregierung aber reagierte prompt mit der Erklärung des Ausnahmezustandes und ließ in Sachsen und Thüringen durch Reichswehreinheiten die Aufstände im Keim ersticken. In den folgenden Jahren wurde die KPD nach inneren Fraktionskämpfen zur Kaderpartei, die stark von der sowjetischen Kommunistischen Partei abhängig war. Ihr Führer, Ernst Thälmann, trat bei den Reichspräsidentenwahlen 1925 und 1932 als Kandidat der Kommunisten an.

Die KPD sah in den Sozialdemokraten ihren politischen Hauptfeind. Dabei beachtete sie die Gefahr nicht, die mit dem rapiden Anwachsen der Nationalsozialisten heraufzog. Eine geschlossene Abwehrfront der Arbeiter gegen den Faschismus kam somit nicht zustande. Nach dem Regierungsantritt Hitlers wurde die KPD schnell zerschlagen, ihre Funktionäre, Reichstags- und Landtagsabgeordneten verhaftet und in Konzentrationslager eingewiesen. Thälmann wurde nach elfeinhalbjähriger KZ-Haft im August 1944 von der SS ermordet. Trotz aller Verfolgungen gelang es den Kommunisten, im Untergrund ihre Organisation in begrenztem Umfang aufrechtzuerhalten.

Reichskanzler Wirth und die russischen Delegierten Krassin und Tschitscherin (rechts) bei der Konferenz von Rapallo (1922)

Ruhrbesetzung durch die Franzosen 1923. Ein französischer Soldat bewacht einen Kohletransport

10.18 Reparationen

Im *Versailler Vertrag* (▷ 10.11) war eine genaue Fixierung der Wiedergutmachungsleistungen noch nicht vorgenommen worden. Eine Reparationskommission war gebildet worden, die als Vollstreckungsorgan mit weitreichenden Kontrollfunktionen ausgestattet worden war. Sie hatte die wirtschaftliche Leistungsfähigkeit der jungen Republik ständig zu überwachen.

1921 wurde die Gesamtsumme der Reparationen mit 132 Milliarden Goldmark, zahlbar in 30 Jahren, festgelegt. Das Reparationsproblem, das Ringen um erträgliche Zahlungsbedingungen und Sachlieferungen, um zeitweiligen Zahlungsaufschub, stand in den Jahren der Weimarer Republik im Vordergrund aller außenpolitischen Verhandlungen und hat auch die Innenpolitik schwer belastet. Auch die in späteren Vereinbarungen (*Dawesplan*, ▷ 10.24, und *Youngplan*, ▷ 10.30) verbesserten Zahlungsbedingungen stießen bei der politischen Rechten in Deutschland auf wütende Ablehnung und wurden als Verknechtung von Generationen gebrandmarkt. Erst die Konferenz von Lausanne im Sommer 1932 brachte eine Beendigung der Reparationszahlungen.

Wahlplakate 1920–1932

KPD 1932 *SPD 1932* *SPD 1932*

DDP 1920 *DDP 1928*

10.19 Rapallo

Anläßlich einer internationalen Wirtschaftskonferenz in Genua im April/Mai 1922, zu der neben einer deutschen Delegation erstmalig auch eine sowjetrussische Abordnung eingeladen war, kam es zu Sonderverhandlungen zwischen Russen und Deutschen im benachbarten Rapallo, die am 16. April zu einem Vertragsabschluß führten. In dem Vertrag von Rapallo, der auf deutscher Seite von Reichskanzler Wirth und Reichsaußenminister Rathenau, auf russischer Seite von Außenminister Tschitscherin unterzeichnet wurde, nahmen die beiden Staaten wieder diplomatische Beziehungen auf und verzichteten auf eine Erstattung der durch den Krieg verursachten Kosten und Schäden.

Die Westmächte wurden durch diesen überraschenden Vertragsabschluß der deutschen Regierung vor vollendete Tatsachen gestellt und zeigten sich über das eigenmächtige Vorgehen der Deutschen verärgert, zumal der Vertrag ihre eigenen Pläne durchkreuzte. Die deutsche Delegation hat jedoch in Genua deutlich zu machen versucht, daß der Vertrag von ihr nicht dazu benutzt werden würde, West gegen Ost auszuspielen und dadurch die deutsche Position international zu verändern. Innenpolitisch hat der Vertrag zwar eine gewisse Befriedigung darüber ausgelöst, daß die Deutschen begonnen hatten, ihre Handlungsfreiheit zurückzugewinnen, aber die Träume einer Minderheit, daß Deutschland nun eine stärker ostorientierte Politik betreiben und möglicherweise zusammen mit Rußland eine

Wahlplakate 1920–1932

Zentrum 1928

Zentrum 1930

DVP 1920

DNVP 1924

NSDAP 1932

NSDAP 1932

Revision der Grenzen gegenüber Polen anstreben würde, zerrannen schnell. Außenminister Rathenau wurde kaum einen Monat
später von Angehörigen einer antisemitischen
Vereinigung ermordet. – Abb. S. 239.

10.20 Ruhrbesetzung

Der französische Ministerpräsident Poincaré
beobachtete mit wachsendem Mißtrauen die
Bemühungen der Deutschen, unter Hinweis
auf ihre zerrütteten Währungsverhältnisse Erleichterungen und Aufschübe bei der Erfüllung der *Reparationen* (▷ 10.18) zu erreichen.
Als die Reparationskommission Ende 1922
einen Rückstand in Holz- und Kohlelieferun-
gen meldete, ließ Poincaré am 9. Januar 1923
das Ruhrgebiet besetzen. Die französischen
und belgischen Truppen sollten die Arbeit
der gleichzeitig entsandten Kontrollkommis-
sion, die die Reparationsleistungen zu überwachen hatte, absichern.

In Deutschland erhob sich ein Sturm der Entrüstung, der alle Parteien- und Klassengegensätze in den Hintergrund treten ließ. Die Reichsregierung protestierte gegen die Unrechtmäßigkeit der Besetzung und stellte umgehend alle Reparationsleistungen an Frankreich und Belgien ein. Sie rief die Bevölkerung des besetzten Gebietes zum passiven Widerstand auf. Als Arbeiter, Angestellte und Beamte sich den Anordnungen der Besatzungsmacht widersetzten, konterte diese mit der vollständigen Abschnürung des Gebietes vom übrigen Reich. Die Reichsregierung, die die streikende Bevölkerung durch Geldzahlungen und Sachleistungen in Milliardenhöhe unterstützte, hoffte, Frankreich würde die Unsinnigkeit seines Vorgehens einsehen und einlenken.

Poincaré jedoch blieb unbeugsam, obwohl sich das Ruhrunternehmen als ein großer wirtschaftlicher Fehlschlag entpuppte und das Vorgehen der französischen Regierung auch in Großbritannien und in den USA heftig kritisiert wurde.

Da die finanzielle Leistungsfähigkeit des Reiches wegen der Unterstützung des Ruhrkampfes völlig erschöpft, der Wert der Mark in immer schnellerem Tempo ins Bodenlose gesunken war, blieb der neuen deutschen Koalitionsregierung unter dem Reichskanzler *Gustav Stresemann* (▷ 10.25) nur der Abbruch des Widerstandes am 26. September. Das war zwar eine erneute Kapitulation vor Frankreich und damit eine ganz unpopuläre Maßnahme. Stresemann sah darin aber den einzigen Weg zu neuen Verhandlungen, die am Ende auch zur Aussöhnung zwischen den beiden Völkern führen könnten.

Zudem war die Einheit des Reiches gefährdet, weil Bestrebungen von Separatisten, eine selbständige rheinische Republik auszurufen und aus dem Reichsverband zu lösen, von Frankreich unterstützt wurden.

Als aber der Ruhrkampf abgebrochen war und die Franzosen einsahen, daß die Separatisten keinen Rückhalt im Volk besaßen, gaben sie ihre weiterreichenden Pläne auf und ließen die Separatisten fallen. Als bald darauf auch die zerrüttete deutsche Währung auf eine neue Grundlage gestellt wurde, waren die Voraussetzungen für eine Stabilisierung der innenpolitischen Lage geschaffen. – Abb. S. 239.

10.21 Inflation

Die Entwertung der Mark hatte bereits im 1. Weltkrieg mit der durch Kredite getragenen Kriegsfinanzierung begonnen. Sie setzte sich verstärkt nach Kriegsende durch die hohen Kriegsfolgelasten (Umstellung von Kriegs- auf Friedensproduktion, Wiedereingliederung der Soldaten, Unterstützung der Arbeitslosen, der Kriegsgeschädigten, Flüchtlinge und Verwundeten) sowie durch Demontagen und Reparationsverpflichtungen fort. Während die Gold- und Devisenbestände des Reiches mehr und mehr dahinschwanden, ergab sich infolge des fortwährenden überhöhten Banknotendrucks zur Befriedigung des Devisenbedarfs ein bald unübersehbarer Geldüberhang, durch den Warenknappheit, Preistreibereien, Spekulationen und Kapitalflucht ins Ausland ausgelöst wurden. Die finanzielle Unterstützung der im Ruhrkampf passiven Widerstand leistenden Bevölkerung beschleunigte die Inflation noch zusätzlich, der Wert der Mark sank nun rapide in eine bodenlose Tiefe.

Hatte ein US-Dollar im Juli 1914 4,20 Mark und im Juli 1919 bereits 14 Mark gekostet, so mußten im Januar 1922 schon 191,80 Mark für einen Dollar bezahlt werden. Im Januar 1923 kostete der Dollar bereits 17 972 Mark, im August 1923 war die Talfahrt der Mark bei 4 620 455 Mark pro Dollar angekommen und endete am 15. November 1923 mit der Notierung: 1 Dollar = 4,2 Billionen Mark.

Die Besitzer von Sachwerten wurden von der Inflation kaum betroffen. Da die Reichsbank nicht nur dem Staat, sondern auch der Industrie laufend kurzfristige Kredite aus der vermehrten Banknotenausgabe gab, konnten viele Unternehmer ihren Besitz beliebig ausbauen und erweitern und ihre Schuldverpflichtungen mit dem inzwischen weiter entwerteten Geld bezahlen, so daß ihre Neuerwerbungen praktisch nur geringfügige Kosten verursacht hatten. Einige Unternehmer wie der Großindustrielle Hugo Stinnes bauten sich so mit Hilfe der Inflation ein riesiges Wirtschaftsimperium auf. Auf der anderen Seite wurde der gesamte Mittelstand, der keine Sachwerte, sondern nur Geldersparnisse besaß, durch die völlige Entwertung der gesamten Sparguthaben besonders betroffen und verarmte. – Abb. S. 244.

10.22 Rentenmark

Nach dem Abbruch des Ruhrwiderstandes gelang es der Regierung der Großen Koalition unter Reichskanzler Gustav Stresemann, mit der Währungsreform im November 1923 die Talfahrt der deutschen Mark zu beenden, ohne ausländische Kapitalhilfe in Anspruch zu nehmen. Auf Grund eines Ermächtigungsgesetzes wurde durch Regierungsverordnung eine Rentenbank errichtet, die ab 15. November 1923 als neues Zahlungsmittel die Rentenmark (= 1 Billion Papiermark) herausgab. Da das Reich nicht genügend Goldvorräte besaß, wurde zur Deckung der neuen stabilen Währung der industrielle und landwirtschaftliche Grundbesitz herangezogen. Grundbesitz, Handel, Banken und Industrie wurden mit einer Hypothek im Werte von 3,2 Milliarden Rentenmark belastet. Dafür gab die Rentenbank 2,4 Milliarden Rentenmarknoten aus, die zur Hälfte an die Reichsregierung und zur Hälfte an die Reichsbank und andere

Wegen der Teilnahme am Hitlerputsch wurden neben Erich Ludendorff und Adolf Hitler (4. und 5. von rechts) unter anderem auch Wilhelm Frick (3. von links) und der spätere SA-Stabschef Ernst Röhm (2. von rechts) angeklagt

Banken flossen, von denen die Wirtschaft Kredite erhielt.

Das Experiment glückte, die Staatsausgaben wurden gleichzeitig erheblich gedrosselt. Durch Sparmaßnahmen (u. a. durch Gehaltskürzungen) und Steuererhöhungen füllten sich die Staatskassen rasch wieder; auch die Wirtschaft erholte sich schnell. Man sprach vom „Wunder der Rentenmark". Die Voraussetzungen für die Wiederaufnahme von Verhandlungen, die das Problem der *Reparationen* (▷ 10.18) neu und konstruktiver als bisher regeln konnten, waren nun geschaffen. Im Oktober 1924 wurde die endgültige Währung, die Reichsmark, eingeführt.

10.23 Hitlerputsch

In Bayern herrschten seit dem *Kapp-Putsch* (▷ 10.15) andere Verhältnisse als im übrigen Reich. Mehr als anderswo hatten sich hier sogenannte Einwohnerwehren gebildet, Selbstschutzorganisationen, die verhindern wollten, daß Linksradikale eine Räterepublik errichteten. Es waren vorwiegend deutschnationale, völkische Verbände. Die Abneigung gegen das „rote" Berlin und der Wunsch, in Bayern Sonderregelungen und -interessen durchzusetzen, führten zur Bildung von rechtsgerichteten Koalitionsregierungen, die vor allem von den Deutschnationalen und der katholi-

*Inflationsgeld von 1922 (mit späterem
Aufdruck)*

schen Bayerischen Volkspartei getragen wurden.
Aus einer der zahlreichen völkischen Splittergruppen hatte sich die *Nationalsozialistische
Deutsche Arbeiterpartei (NSDAP,* ▷ 10.35)
entwickelt. Ihr Führer war der aus Österreich
stammende *Adolf Hitler* (▷ 11.2). Er war im
übrigen Reich nahezu unbekannt, nahm aber
in Bayern inzwischen eine Schlüsselstellung
zwischen Landesregierung, Reichswehr und
nationalen Wehrverbänden in der gemeinsamen Abwehrhaltung gegenüber der Reichsregierung in Berlin ein.
Nachdem die Reichsregierung den passiven
Widerstand an der Ruhr abgebrochen hatte,
verkündete die bayerische Landesregierung
den Ausnahmezustand für das Land, die Führung der in Bayern stationierten Reichswehr-
verbände weigerte sich, Befehle der Reichsregierung auszuführen. Hitler versuchte nun,
die sich immer mehr zuspitzende Situation
auszunutzen und die bayerische Regierung zu
zwingen, sich offen gegen die Reichsregierung auszusprechen und mit bayerischen
Truppen und Wehrverbänden nach Berlin zu
marschieren (nach dem Vorbild der Faschi-
sten Mussolinis, die mit dem Marsch auf Rom
1922 die Macht in Italien übernommen hatten).
Die Landesregierung versagte sich aber
schließlich diesen abenteuerlichen Plänen
und ließ am 9. November 1923 den Marsch
der nationalsozialistischen Kolonnen durch
München, an deren Spitze neben Hitler der
ehemalige kaiserliche General *Ludendorff*
(▷ 9.30) marschierte, vor der Feldherrnhalle
durch Polizeieinheiten stoppen und ausein-
andertreiben.

Die NSDAP wurde verboten, Hitler und andere Parteiführer wurden verhaftet und zu Festungshaft verurteilt. Mit dem Ende des Hitlerputsches wurde auch der Konflikt zwischen der bayerischen Landesregierung und
dem Reich beigelegt.

10.24 Dawesplan

Mit der Aufgabe des Ruhrkampfes und der
Stabilisierung der Währung waren die Voraussetzungen für eine grundlegende Neuregelung der *Reparationen* (▷ 10.18) geschaffen.
Hatten die Reparationsverhandlungen bisher
noch ganz in der Atmosphäre des Gegensat-
zes zwischen Siegern und Besiegten stattgefunden, so änderte sich die Situation gegen
Ende des Jahres 1923 merklich, nicht zuletzt
dadurch, daß die USA als Hauptgläubiger ihre Politik der freiwilligen Isolation aufgaben
und wieder an den europäischen Konferenzen verstärkt teilnahmen. Ein unter dem
amerikanischen Finanzexperten Charles G.
Dawes gebildeter Sachverständigenausschuß
legte im Frühjahr 1924 einen neuen Finanzie-
rungsplan vor, der das Reparationsproblem
ausschließlich unter sachlichen Gesichts-
punkten und unter Zugrundelegung des wirtschaftlich Möglichen behandelte.
Eine Gesamtsumme der deutschen Reparationsleistungen wurde auch jetzt noch nicht
festgelegt, ebenso die Frage einer zeitlichen
Begrenzung nicht angesprochen. Der Plan
setzte aber für die nächsten 5 Jahre erträgli-
chere Jahresleistungen fest und erkannte die
Notwendigkeit einer Erholungspause für die
deutsche Wirtschaft an, zu deren Wiederbele-
bung eine internationale Anleihe von 800
Millionen Goldmark beigesteuert wurde.
Anstelle der Reparationskommission wurde
das Amt des Reparationsagenten in Berlin geschaffen, das den Transfer der deutschen Reparationszahlungen in fremde Währungen
durchzuführen und Rücksicht auf die deutsche Leistungsfähigkeit und die Stabilität der
Währung zu nehmen hatte. Der Dawesplan
wurde von den Rechtsparteien, die seine Ausführung als „Erfüllungspolitik" denunzier-
ten, heftig kritisiert, aber dann doch im
Reichstag mit der Mehrheit der Stimmen angenommen, weil ein Teil der DNVP-Abge-
ordneten unter dem Einfluß der Industrie
und der Landwirtschaft dafür stimmte.

10.25 Gustav Stresemann

Am 10. Mai 1878 in Berlin geboren, studierte Stresemann Nationalökonomie und wurde Syndikus in einem sächsischen Industriellenverband. Seit 1903 Angehöriger der Nationalliberalen Partei, wurde er 1907 Mitglied des Reichstages, 1917 Fraktionsvorsitzender. Im 1. Weltkrieg war Stresemann im Alldeutschen Verband ein Verfechter der Annexionspolitik. Nach dem Sturz der Monarchie gründete Stresemann 1918 die monarchistisch gesinnte Deutsche Volkspartei (DVP), die sich von der linksliberalen Deutschen Demokratischen Partei (DDP) deutlich abgrenzte. Als Mitglied der Nationalversammlung und des Reichstages wandelte sich Stresemann vom Monarchisten zum Realpolitiker und Befürworter des Weimarer Staates. Als Kanzler der Großen Koalition im Krisenjahr 1923 fand er den Mut, den aussichtslosen Widerstand gegen die *Ruhrbesetzung* (▷ 10.20) abzubrechen. Unter seiner Kanzlerschaft wurde die *Inflation* (▷ 10.21) gestoppt und mit der Einführung der Rentenmark die Stabilisierung der Währung erreicht.

Stresemann scheiterte als Reichskanzler am 23. November 1923 an der im Reichstag gestellten Vertrauensfrage, er blieb aber als Außenminister vom 30. November 1923 bis zu seinem Tode am 3. Oktober 1929 in allen folgenden Kabinetten die überragende Persönlichkeit. In dieser Zeit hat er die deutsche Politik so maßgeblich geprägt, daß manche Historiker diese kurze Zeitspanne der relativen Konsolidierung der Republik auch die „Ära Stresemann" genannt haben.

Die Wiederherstellung normaler Beziehungen zu Frankreich war sein Hauptanliegen, weil er erkannt hatte, daß nur auf diesem Wege die Rückkehr Deutschlands als gleichberechtigter Partner in den Kreis der europäischen Mächte erreicht werden konnte. Dazu mußte dem französischen Sicherheitsbedürfnis Rechnung getragen werden. Das Vertragswerk von *Locarno* (▷ 10.26) vom 16. Oktober 1925 schuf die Grundlagen für die von ihm und dem französischen Außenminister Aristide Briand in enger Übereinstimmung betriebene Aussöhnung der beiden ehemaligen Kriegsgegner.

Die Aufnahme Deutschlands in den *Völkerbund* (▷ 10.27) am 8. September 1926 war die Folge. In den Verhandlungen um das Zustandekommen des *Kellogg-Paktes* (▷ 10.28) im August 1928 spielte Stresemann, neben Briand, eine maßgebliche Rolle. Beiden war am 10. Dezember 1926 der Friedensnobelpreis verliehen worden.

Mit seiner sich an den Realitäten orientierenden maßvollen Revisionspolitik hat Stresemann für seine Person und für die deutsche Republik ein außerordentlich großes Vertrauenskapital in Europa und in den Vereinigten Staaten angesammelt, im innerdeutschen Bereich dagegen wurde er weiterhin von der Presse der Nationalisten als „Erfüllungspolitiker" beschimpft, selbst seine eigene Partei, die DVP, war nicht immer bereit, ihm zu folgen.

Stresemann hat sich konsequent und mit größter Energie bemüht, von den Franzosen die Zusage der sofortigen *Rheinland-Räumung* (▷ 10.31) zu erhalten. Aber Briand konnte ihm diese für Stresemanns innenpolitische Position so wichtige Zusage nicht

Gustav Stresemann und der französische Außenminister Aristide Briand (links)

geben, da er auf die in dieser Frage noch immer nicht konzessionsbereite Stimmung in der französischen Bevölkerung Rücksicht zu nehmen hatte. Als dann die Rheinland-Räumung zum 30. Juni 1930 endgültig zugesagt wurde, wenn Deutschland im Gegenzuge den *Youngplan* (▷ 10.30) akzeptierte, da ging dieser diplomatische Erfolg Stresemanns – das

Die Konferenz von Locarno

genannte Datum lag immerhin 5 Jahre vor dem im *Versailler Vertrag* (▷ 10.11) festgelegten Termin – in der zügellos-aggressiven nationalistischen Agitation gegen den Youngplan völlig unter.

Kurz vor seinem Tode hat sich Stresemann einmal bitter darüber beklagt, daß ihm seine französischen Partner nicht früher und mit Rücksicht auf seine exponierte Stellung eindrucksvollere Zugeständnisse gemacht haben, die er dem deutschen Volk als beachtliche außenpolitische Erfolge hätte präsentieren können. Das hätte ihn in die Lage versetzt, der gegen ihn gerichteten Agitation wirkungsvoller entgegenzutreten und für seine Politik die junge Generation zu gewinnen, die, wie er mit Sorge feststellte, im Begriff war, rechtsradikalen Volksverführern in die Hände zu fallen.

10.26 Locarno

Die Anregung zu der Konferenz von Locarno, die vom 5. bis 16. Oktober 1925 stattfand, hatte *Stresemann* (▷ 10.25) gegeben. Er bot den Westmächten die grundsätzliche Regelung des für die französische Politik so entscheidend wichtigen Sicherheitsproblems an, indem er vorschlug, die deutsch-französische und die deutsch-belgische Grenze sollten in einem Pakt für unabänderlich erklärt und garantiert werden.

In dem am 16. Oktober abgeschlossenen Vertragswerk von Locarno verzichteten Deutsch-

land, Frankreich und Belgien auf eine gewaltsame Veränderung ihrer gemeinsamen Grenzen. Großbritannien und Italien traten dem Abkommen als Garantiemächte bei. Die im *Versailler Vertrag* (▷ 10.11) festgelegte Westgrenze wurde somit von Deutschland endgültig anerkannt.

Das Vertragswerk fand international als Fundament für eine neue europäische Ordnung volle Anerkennung. In Deutschland dagegen liefen die Nationalisten Sturm gegen den Locarno-Vertrag und gegen Stresemann, dem sie vorwarfen, unnötig deutsche Rechtsansprüche aufgegeben zu haben.

Am Tage der Unterzeichnung der Verträge durch Reichskanzler und Außenminister in London (1. Dezember 1925) begannen die britischen Truppen mit der Räumung der 1. Zone des besetzten Rheinlandes. Aber die Hoffnungen der deutschen Regierung und aller der Verständigungspolitik Stresemanns positiv gegenüberstehenden Deutschen, daß nun nach Locarno zügig die Freigabe des gesamten, seit 1919 besetzten Gebietes erfolgen würde, wurden – vorerst – nicht erfüllt.

In den Locarno-Verträgen ging Deutschland auch sogenannte Schiedsabkommen mit Polen und der Tschechoslowakei ein, in denen die Vertragspartner auf eine gewaltsame Revision ihrer gemeinsamen Grenzen verzichteten. Stresemann lehnte jedoch die Aufforderung, entsprechend dem Garantiepakt für die Westgrenzen ein ähnliches Abkommen, ein „Ostlocarno", über die deutschen Ostgrenzen zu vereinbaren, kategorisch ab und behielt sich ausdrücklich den Anspruch auf eine spätere friedliche Revision der Verhältnisse im Osten vor.

10.27 Völkerbund

Der auf der Pariser Friedenskonferenz beschlossene Völkerbund entstammte einer Lieblingsvorstellung des amerikanischen Präsidenten Wilson, die er schon in seinen *Vierzehn Punkten* (▷ 9.27) verankert hatte. Durch einen solchen Bund aller Völker der Welt sollten zukünftig Kriegskatastrophen von vornherein unmöglich gemacht werden.

In Versailles waren 32 ehemalige Gegner Deutschlands sowie 13 Neutrale dem Völkerbund beigetreten. Deutschland und die übrigen ehemaligen Feindmächte blieben vorerst ausgeschlossen. Der Text der Völkerbundssatzung war Teil I des Versailler Vertrages. Das Ansehen und die Durchsetzungskraft des Völkerbundes waren schon im Anfang dadurch entscheidend geschwächt, daß die USA selbst dieser Institution nicht beitraten.

Oberstes Organ des Völkerbundes waren die Bundesversammlung und der Völkerbundsrat, die beide wie auch das Generalsekretariat ihren Sitz in Genf hatten. Die Bundesversammlung, in der jedes Mitglied eine Stimme besaß, tagte einmal im Jahr, dem Völkerbundsrat gehörten als ständige Mitglieder Großbritannien, Frankreich, Italien und Japan an, später kamen Deutschland und die UdSSR hinzu, neun Ratsmitglieder wurden jeweils für einen Zeitraum von drei Jahren in den Völkerbundsrat gewählt.

Die Aufnahme Deutschlands in den Völkerbund war in den Locarno-Verhandlungen verabredet worden; sie erfolgte am 8. September 1926, nachdem einige Probleme, u. a. wegen der möglichen, aus dem Status der Mitgliedschaft für Deutschland entstehenden Verpflichtung zur Teilnahme an Sanktionen gegen die Sowjetunion, geklärt und die gleichzeitige Anerkennung des Deutschen Reiches als ständiges Mitglied im Völkerbundsrat durchgesetzt worden waren. Strese-

manns Rede vor der Bundesversammlung, in der er wie sein Vorredner Briand auf die Bedeutung des Tages hingewiesen und eine neue Ära der Völkerverständigung angekündigt hatte, fand demonstrativen Beifall. Deutschland war wieder ein voll anerkanntes, gleichberechtigtes Mitglied der Völkerfamilie. Das war hauptsächlich Stresemann zu verdanken.

Die nationalsozialistische Reichsregierung unter Hitler hat im Oktober 1933 die Mitgliedschaft Deutschlands im Völkerbund wieder aufgekündigt.

10.28 Kellogg-Pakt

Der nach dem amerikanischen Außenminister Kellogg benannte Pakt, durch den zukünftig jeder Krieg moralisch unmöglich gemacht werden sollte – deshalb auch Kriegsächtungspakt genannt –, war auf eine Initiative des französischen Außenministers Briand zustande gekommen, der ein internationales Abkommen zur Friedenssicherung vorgeschlagen hatte. Kellogg hatte den Plan weiter ausgebaut. An die Stelle der militärischen Lösung eines Streitfalles sollte die friedliche Regelung jedes Problems vor einem Schiedsgericht treten. Fortan sollte der im nationalen

*Rede Gustav
Stresemanns vor
dem Völkerbund
(9. September 1929)*

Reichspräsident Paul von Hindenburg und Generaloberst Hans von Seeckt

Interesse geführte Angriffskrieg, den die Völkerbundsatzung unter gewissen Voraussetzungen noch zugelassen hatte, als völkerrechtswidrig gelten.

Bei den diesem Vertragsabschluß vorangegangenen Verhandlungen hatte sich neben den Amerikanern und Franzosen besonders die deutsche Delegation, an ihrer Spitze der schwer erkrankte Stresemann, hervorgetan. Am 27. August 1928 wurde der Pakt in Paris von 15 Nationen unterzeichnet, 45 weitere Länder, darunter auch die Sowjetunion, haben sich dem Pakt angeschlossen. Mit Stresemann betrat zum ersten Male nach dem Kriege wieder ein deutscher Außenminister französischen Boden. Wie sehr gerade seine Friedensarbeit jetzt auch in Frankreich anerkannt wurde, machte dieser Besuch deutlich. Überall, wo der deutsche Außenminister in der Öffentlichkeit zu sehen war und erkannt wurde, begrüßte ihn die französische Bevölkerung mit herzlichem Beifall.

10.29 Paul von Hindenburg

Paul von Beneckendorff und von Hindenburg, wie sein voller Name lautete, wurde am 2. Oktober 1847 in Posen als Sohn eines preußischen Offiziers und Gutsbesitzers geboren. Er nahm als junger Offizier am Deutsch-Französischen Krieg 1870/71 teil, wurde 1903 Kommandierender General und erhielt 1911 seinen Abschied aus der Armee.

Bei Kriegsausbruch 1914 reaktiviert, konnte er als Oberbefehlshaber der 8. Armee an der Ostfront zusammen mit seinem Generalstabschef Ludendorff die in Ostpreußen eingedrungenen russischen Armeen bei *Tannenberg* (▷ 9.17) und an den Masurischen Seen vernichtend schlagen. Seitdem von dem Mythos des „Siegers von Tannenberg" umgeben, übernahm Hindenburg Ende August 1916 zusammen mit Ludendorff (als 1. Generalquartiermeister) die *Oberste Heeresleitung* (OHL; ▷ 9.21), die unter der Regie der beiden Feldherren eine starke Machtposition gegenüber der Reichsregierung und zunehmend auch gegenüber dem Kaiser ausbaute.

Anfang November 1918 riet Hindenburg, um die Monarchie zu retten, Kaiser Wilhelm II. zur Abreise nach Holland. Zusammen mit dem Nachfolger Ludendorffs, dem General Groener, stellte er sich der neuen Regierung in Berlin zur Verfügung, um die revolutionären Unruhen im Lande zu bekämpfen und die Fronttruppen reibungslos in die Heimat zurückzuführen. Später trug er durch seine Aussage vor einem parlamentarischen Untersuchungsausschuß, der die Ursachen der Niederlage klären sollte, dazu bei, daß die *Dolchstoßlegende* (▷ 10.13) bekräftigt wurde und schwerwiegende Wirkungen erzielte.

Nach dem Tode des Reichspräsidenten Ebert wurde Hindenburg von den Rechtsparteien für den 2. Wahlgang am 26. April 1925 als Kandidat für die Nachfolge Eberts aufgestellt. Er siegte mit 14,6 Millionen Stimmen gegen den Kandidaten der Weimarer Koalition, den Zentrumspolitiker Wilhelm Marx, der 13,7 Millionen Stimmen erhielt. Hindenburg hat sich bemüht, sein Amt im Rahmen der Verfassung korrekt auszufüllen, aber nie einen Hehl daraus gemacht, daß er ein Anhänger der Monarchie geblieben war.

Als Hindenburg im März 1930 den Zentrumsführer *Heinrich Brüning* (▷ 10.33) zum Kanzler des Reiches ernannte, ohne das Parlament einzuschalten, schlug er den Weg zur Aushöhlung des parlamentarischen Systems und zur Errichtung eines *Präsidialregimes* (▷ 10.36) ein. Bei der Reichspräsidentenwahl im Frühjahr 1932 wurde er für eine weitere Amtsperiode wiedergewählt, jetzt allerdings mit den Stimmen der Parteien der Mitte und der Sozialdemokraten, während die Deutschnationalen und Nationalsozialisten die Kandidatur Adolf Hitlers unterstützten.

Nachdem Brüning – nicht zuletzt, weil er den Interessen der ostelbischen Großgrundbesitzer im Wege stand – von Hindenburg fallengelassen worden war, führte der Reichspräsident die Praxis des Präsidialregimes fort und ernannte, den Ratschlägen eines kleinen Kreises seiner Umgebung folgend, zu der auch sein Sohn gehörte, am 1. Juni 1932 Franz von Papen, am 3. Dezember 1932 den General Kurt von Schleicher und schließlich am 30. Januar 1933 Adolf Hitler, den Führer der NSDAP, zum Reichskanzler.

Zur Legitimation des NS-Regimes bereit und unfähig, der sich abzeichnenden Gewaltherrschaft entgegenzutreten, hat der von den Entscheidungen abgedrängte Hindenburg durch die Unterzeichnung der Verordnung zum Schutz von Volk und Staat vom 28. Februar 1933 (nach dem *Reichstagsbrand;* ▷ 11.3) wie durch seine Mitwirkung am *„Tag von Potsdam"* (21. März 1933; ▷ 11.4) zur Festigung der nationalsozialistischen Herrschaft beigetragen. Nach Hindenburgs Tod am 2. August 1934 übernahm Hitler selbst das Amt des Staatsoberhaupts.

10.30 Youngplan

Unter Vorsitz des amerikanischen Finanzmanagers Owen D. Young trat im Februar 1929 in Paris eine Sachverständigenkonferenz zusammen mit dem Ziel, das Problem der deutschen *Reparationen* (▷ 10.18) neu zu regeln, da sich herausgestellt hatte, daß die im *Dawesplan* (▷ 10.24) festgelegten Jahreszahlungen von der deutschen Wirtschaft nicht aufgebracht werden konnten. Auf deutscher Seite nahmen Reichsbankpräsident Hjalmar Schacht und der Großindustrielle Albert Vögler an dieser Konferenz teil. Der dort ausgearbeitete Youngplan legte die Höhe der Reparationssumme und die Dauer der zu leistenden Zahlungen endgültig fest. 112 Milliarden Goldmark sollten in 59 Jahresraten von durchschnittlich 2 Milliarden Mark gezahlt werden. Die neugegründete „Bank für Internationalen Zahlungsausgleich" in Basel übernahm die Verwaltung der deutschen Zahlungen.

Der neue Plan stellte in vielen Punkten eine wesentliche Verbesserung gegenüber dem Dawesplan dar. Das Deutsche Reich erhielt die alleinige Verantwortung für die Zahlungen in fremder Währung, die internationalen Kontrollen über Reichsbank und Reichsbahn entfielen. Aber die lange Dauer der Zahlungsverpflichtungen über Generationen rief Enttäuschung und Empörung in Deutschland hervor. Während die Reichsregierung und mit besonderer Eindringlichkeit Außenminister Stresemann sich für die Annahme des Planes durch den Reichstag einsetzten und darauf verwiesen, daß die Alliierten im Gegenzug zu der Ratifizierung des Youngplanes die vorzeitige Räumung des Rheinlandes zugesagt hatten, riefen die DNVP unter ihrem neuen Vorsitzenden, dem Rechtsextremisten Alfred Hugenberg, „Stahlhelm – der Bund der Frontsoldaten" und die bis dahin noch weitgehend unbekannte *NSDAP* (▷ 10.35) zu einem Volksbegehren auf und entfachten eine wüste Hetze gegen die Politiker, die den Youngplan befürworteten und unterschrieben. Das Volksbegehren für ein „Freiheitsgesetz", das u.a. für die Unterzeichner des Youngplans

Plakat zum Volksbegehren über die Annahme des Youngplanes (Ende 1929)

Zuchthausstrafen vorsah, erreichte knapp die erforderlichen 10% der Stimmen, der anschließend eingeleitete Volksentscheid scheiterte indessen am 22. Dezember 1929. Die von den Rechtsparteien inszenierte Volksbewegung hat dem deutschen Ansehen im Ausland erheblichen Schaden zugefügt, erschwerend kam hinzu, daß der Garant der deutschen Zuverlässigkeit, Gustav Stresemann, im Oktober 1929 gestorben war.

Der deutsche Reichstag ratifizierte den Youngplan am 12. März 1930 und machte damit den Weg frei für die *Rheinland-Räumung* (▷ 10.31) bis zum 30. Juni 1930. Der Youngplan wurde indessen im Zuge der Weltwirtschaftskrise durch das Abkommen von Lausanne vom 9. Juli 1932 aufgehoben, das bei einer Restschuld von 3 Milliarden Mark die deutschen Reparationsschulden löschte.

10.31 Rheinland-Räumung

Neben der Frage der *Reparationen* (▷ 10.18) hat kein aus dem *Versailler Vertrag* (▷ 10.11) entstandener Problemkreis das deutsche Volk in den zwanziger Jahren so permanent beschäftigt und in Unruhe versetzt wie die schmerzende Wunde der besetzten Rheinlande und die Frage ihrer vorzeitigen Räumung. Mit Inkrafttreten des Versailler Vertrages am 10. Januar 1920 waren die linksrheinischen

*Rückzug französischer Truppen aus
Koblenz im Zuge der Rheinland-Räumung
(November 1929)*

Gebiete des Deutschen Reiches und die rechtsrheinischen Brückenkopf-Städte Köln, Koblenz und Mainz von französischen und britischen Truppen besetzt worden. Der Vertrag sah eine Besatzungszeit von 15 Jahren vor, die von den Siegermächten beliebig abgekürzt, aber auch verlängert werden konnte.

Um diese Abkürzung der Besatzungszeit ging es vorrangig in allen Bemühungen des deutschen Außenministers *Stresemann* (▷ 10.25), seit er im Herbst 1923 – noch als Reichskanzler – den Kampf gegen die *Ruhrbesetzung* (▷ 10.20) abgebrochen und den Weg zu einer neuen konstruktiven Verhandlungspolitik mit dem französischen Nachbarn eingeschlagen hatte.

Noch während der Vorverhandlungen zur Konferenz von *Locarno* (▷ 10.26) war die Besetzung des Ruhrgebietes beendet worden, fast gleichzeitig erfolgte die Freigabe der seit 1921 besetzten Städte Düsseldorf, Duisburg und Ruhrort. Mit dem Abschluß des Vertragswerkes von Locarno schien nun die Zeit dafür überreif zu sein, die Frage der vorzeitigen Räumung des Rheinlandes auf den Verhandlungstisch zu legen. Die deutsche Bevölkerung erwartete, daß nach dem im Locarno-Vertrag ausgesprochenen deutschen Verzicht auf eine Revision der Westgrenzen Frankreich sich nun geneigter zeigen würde, in dieser Frage dem deutschen Verlangen entgegenzukommen.

Die erste Zone des Rheinlandes, die sogenannte Kölner Zone, wurde tatsächlich noch vor Ende des Jahres 1925 geräumt, zu weiteren Zugeständnissen aber waren die französischen Politiker vorerst noch nicht bereit. Stresemann rang weiter mit allen seinen Kräften um die Freigabe des besetzten Gebietes. In dem geheimnisumwitterten Gespräch mit seinem französischen Amtskollegen Briand am 17. September 1926 in Thoiry wurde versucht, die vorzeitige Rheinlandräumung mit einer von Frankreich gewünschten vorzeitigen Ableistung der gesamten Reparationsschulden zu koordinieren. Der Plan ließ sich aus mehreren Gründen nicht verwirklichen, unter anderem auch, weil in Frankreich sich der Widerstand gegen eine vorzeitige Aufgabe der Besetzung versteifte, wozu nicht zuletzt die nationalistischen Töne der Stresemanns besonnene Politik verunglimpfenden politischen Rechten in Deutschland beitrugen.

Versammlungen arbeitsloser Bergleute (hier in Hausdorf) zur Zeit der Wirtschaftskrise

Erst auf der Völkerbundstagung im September 1928 boten Großbritannien und Frankreich die endgültige vorzeitige Räumung der Rheinlande an, wenn Deutschland der vorgesehenen neuen Regelung der Reparationsfrage im *Youngplan* (▷ 10.30) zustimmte. Bis zum 30. Juni 1930 sollte die Freigabe des ganzen Rheinlandes beendet sein. Stresemann, bereits von einer schweren Krankheit gezeichnet, hat deshalb auf die Unterzeichnung des Youngplans gedrängt, der erst fünf Monate nach seinem Tod, am 12. März 1930, vom deutschen Reichstag angenommen wurde. Wie verabredet wurden die Rheinlande freigegeben, fünf Jahre vor der im Versailler Vertrag gesetzten Frist. Als Reichspräsident Hindenburg und Reichskanzler Brüning auf der Feste Ehrenbreitstein bei Koblenz die Befreiung der Rheinlande mit einem Festakt feierten, wurde in ihren Reden der Mann, der seit 1923 unermüdlich und tatsächlich bis zu seinem letzten Atemzuge um die Rheinlandräumung gekämpft hatte und dem die vorzeitige Freigabe zu verdanken war, nicht einmal erwähnt.

10.32 Weltwirtschaftskrise

Die deutsche Wirtschaft hatte sich in den Jahren nach der Inflation von 1923 relativ schnell erholt. Mit Hilfe vor allem amerikanischer Kredite war die Investitionsbereitschaft der Unternehmer kräftig unterstützt worden. Produktionsanlagen der Industriebetriebe und der Landwirtschaft konnten modernisiert, die Produktion und die Konkurrenzfähigkeit erheblich gesteigert werden.

Die Vereinigten Staaten waren der Geldgeber der europäischen Verbündeten im Krieg ebenso wie der Finanzier des Wiederaufbaus in Europa, einschließlich Deutschlands, in der Nachkriegszeit. Mit ihrer Geldpolitik und ihrer konkurrenzlosen Vorrangstellung am Weltmarkt erlebten die USA eine lange Phase der Hochkonjunktur. Aber diese Wirtschaftsblüte führte zu übermäßigen Investitionen und Aktienkäufen. Als im Oktober 1929 das ganze Ausmaß der Überproduktion sichtbar wurde und viele Aktien verkauft wurden, sanken die Kurse rapide. Ein Börsenkrach war die Folge, der „Schwarze Freitag" am 25. Oktober 1929.

Der daraufhin schlagartig einsetzende Abzug kurzfristiger amerikanischer Kredite, auf denen im wesentlichen der wirtschaftliche Aufbau beruht hatte, führte in Europa und besonders in Deutschland zu einer Katastrophe. Es kam zu zahlreichen Firmenzusammenbrüchen, Banken mußten ihre Schalter schließen. Massenentlassungen waren die Folge. Die Zahl der Arbeitslosen in Deutschland stieg sprunghaft an, von September 1929 bis September 1931 von 1,6 Millionen auf 4,3 Millionen. (Anfang 1933 wurden schon 6 Millionen überschritten.)

Während in den anderen europäischen Ländern die Folgen der Krise allmählich überwunden wurden, weitete sie sich in Deutschland wegen seiner instabilen innenpolitischen Verhältnisse zu einer gefährlichen Staatskrise aus. Die unversöhnlichen Gegner der Republik und des parlamentarischen Systems nutzten die allgemein verbreitete Katastrophenstimmung aus zu einer hemmungslosen Agitation gegen die vermeintlichen Verantwortlichen, Regierung, Parlament und Weimarer Parteien, denen sie vorwarfen, völlig versagt zu haben. Aus den Reihen der Entlassenen, Verarmten und Entwurzelten erhielten die Oppositionsparteien von rechts und links großen Zulauf, der sich in den folgenden Landtagswahlen und eklatant in der Reichstagswahl vom 14. September 1930 bemerkbar machte, die den Nationalsozialisten den ersten sensationellen Stimmengewinn von bisher 12 auf 107 Reichstagsmandate brachte.

Inzwischen hatte auch der Reichspräsident von Hindenburg aus der Krisenstimmung seine Konsequenzen gezogen und im März 1930, ohne das Parlament einzuschalten, den Zentrumspolitiker *Heinrich Brüning* (▷ 10.33) zum Reichskanzler ernannt. Damit war das parlamentarische System unterlaufen und der Weg zum *Präsidialregime* (▷ 10.36) beschritten.

10.33 Heinrich Brüning

Am 26. November 1885 in Münster geboren, studierte Heinrich Brüning zunächst für das höhere Lehramt, dann Volkswirtschaft; er war im Weltkrieg Frontoffizier und wurde 1920 Geschäftsführer des christlichen Deutschen Gewerkschaftsbundes, 1924 Reichstagsabgeordneter des Zentrums. Er machte sich bald einen Namen als Finanzfachmann und wurde 1929 Fraktionsvorsitzender.

Am 29. März 1930 vom Reichspräsident von Hindenburg unter Ausschaltung des Parlamentes zum Reichskanzler ernannt, stellte Brüning aus Fachexperten der bürgerlichen Parteien, die jedoch nicht an ihre Fraktionen gebunden waren, eine neue Regierungsmannschaft der Mitte auf – mit der Tendenz, auch die DNVP miteinzubeziehen. Brüning war von Anfang an bereit, in enger Anlehnung an den Reichspräsidenten auch ohne und sogar gegen den Reichstag zu regieren.

Bereits im Juli 1930 kam es zu einer Kraftprobe mit der Volksvertretung. Als eine Gesetzesvorlage im Reichstag keine Mehrheit fand

Reichskanzler Heinrich Brüning, Benito Mussolini (rechts) und Julius Curtius (links)

und das Kabinett Brüning beschloß, das Gesetz mittels einer Notverordnung des Reichspräsidenten durchzusetzen, machte das Parlament auf Antrag der SPD von seinem verfassungsmäßigen Recht Gebrauch und hob die Notverordnung wieder auf. Der Reichspräsident löste auf Vorschlag Brünings daraufhin den Reichstag auf und setzte die Notverordnung zur „Sicherung von Wirtschaft und Finanzen" in Kraft. Damit war der zweite Schritt zur Aushöhlung des Verfassungssystems durch die diktatorische Gewalt des Reichspräsidenten getan.

Es folgten die Reichstagswahlen vom 14. September 1930 mit dem sensationellen Aufstieg der *NSDAP* (▷ 10.35). Brüning regierte weiterhin durch wirtschafts- und finanzpolitische Notverordnungen mit dem Hauptziel, ein Ende der Reparationszahlungen zu erreichen, ohne vorerst auf die unaufhaltsam ansteigenden Arbeitslosenzahlen Rücksicht zu nehmen. Er konnte sich dabei auf die SPD stützen, die seinen Kurs mit Rücksicht auf die in Preußen noch regierende *Weimarer Koalition* (▷ 10.9) längere Zeit tolerierte.

Nach den Reichspräsidentenwahlen im Frühjahr 1932 kam es zu einer Vertrauenskrise zwischen dem Reichspräsidenten und Brüning. Unter anderem gab Hindenburg, der nur mit den Stimmen der bürgerlichen Mitte und der Sozialdemokraten wiedergewählt

werden konnte, während seine Gesinnungsgenossen, die Deutschnationalen, der Stahlhelm und die Nationalsozialisten Hitler als
Kandidaten aufgestellt hatten, Brüning die
Schuld an einer Entwicklung, die zu dieser
Wahl „in verkehrter Frontstellung" geführt
hatte. Er ließ ihn fallen. Brüning trat mit seinem Kabinett am 30. Mai 1932 zurück.

Er blieb Fraktionsvorsitzender des Zentrums
bis zu der erzwungenen Selbstauflösung der
Partei im Sommer 1933, später emigrierte er
in die USA, wo er am 30. März 1970 starb.

10.34 Harzburger Front

Schon beim Volksbegehren von 1929 gegen
den *Youngplan* (▷ 10.30) war es zu einer Kooperation der Rechtsparteien und nationalen
Verbände gekommen. Inzwischen waren die
Nationalsozialisten durch ihren aufsehenerregenden Wahlsieg vom 14. September 1930
zu einem unübersehbaren Faktor auf der innenpolitischen Bühne geworden.

Zusammen mit den Deutschnationalen
(DNVP), die unter ihrem Vorsitzenden Alfred
Hugenberg (seit 1928), dem Chef eines mächtigen Wirtschafts- und Presse-Imperiums und
Generaldirektor der Ufa, völlig von der – zeitweisen – Unterstützung der Republik abgerückt und zu einem kompromißlosen Kon-
frontationskurs gegenüber der Republik
übergegangen waren, dem Stahlhelm – Bund
der Frontsoldaten und weiteren nationalistischen Verbänden schlossen sich die Nationalsozialisten am 11. Oktober 1931 in Bad Harzburg zu einer Aktionsgemeinschaft im Kampf
gegen die Weimarer Republik zusammen, zur
sogenannten Harzburger Front.

Ihren Kampfeswillen und ihre Stärke demonstrierten sie mit gewaltigen Aufmärschen ihrer paramilitärischen Verbände und kriegerischen Reden ihrer Führer Hugenberg und
Hitler gegen die Republik, mit denen sie Eindruck auf den Reichspräsidenten machen
wollten. Aber mit ihrer Einigkeit war es wegen der zwischen den politischen Führern bestehenden Rivalitäten nicht weit her.

Nach der Machtergreifung vom 30. Januar
1933 saßen zwar Alfred Hugenberg und der
Stahlhelm-Führer Franz Seldte eine Zeitlang
mit im Kabinett Hitler, aber schon wenige
Monate später gerieten alle nationalen Verbände, ebenso wie die DNVP, in den Sog der

von Hitler schrittweise angesetzten Gleich-
schaltungsmaßnahmen und lösten sich auf. –
Abb. S. 254.

10.35 Nationalsozialistische Deutsche Arbeiter- partei (NSDAP)

1919 als Deutsche Arbeiterpartei gegründet,
wurde die nach dem Eintritt (September
1919) des berufslosen ehemaligen Gefreiten
Adolf Hitler (▷ 11.2) in Nationalsozialistische
Deutsche Arbeiterpartei umbenannte völkische Gruppe unter dem Einfluß Hitlers, der
im Juli 1921 ihr Vorsitzender wurde, eine die
Republik und die Weimarer Parteien erbittert
bekämpfende rechtsradikale Partei, die sich
in dem für das Entstehen antidemokratischer,
völkischer und rassistischer Kampfgruppen
günstigen Klima des Freistaates Bayern rasch
auszudehnen vermochte.

Nach dem Scheitern des *Hitlerputsches*
(▷ 10.23) am 9. November 1923 wurde die

*NSDAP-Plakat zur Reichstagswahl am
7. November 1932*

Adolf Hitler während einer Kundgebung der „nationalen Opposition" in Bad Harzburg;
rechts neben ihm der Vorsitzende der Deutschnationalen Volkspartei
Alfred Hugenberg; rechts außen „Stahlhelm"-Führer Theodor Duesterberg

Partei verboten, aber von Hitler nach seiner vorzeitigen Entlassung aus der Festungshaft seit 1925 aus übriggebliebenen Restgruppen wieder aufgebaut. Sie blieb aber in den Jahren der relativen Konsolidierung der Republik sowohl im Reich wie auch in den einzelnen Ländern bedeutungslos. Die Parteiorganisation wurde allerdings auf Reichsebene neu aufgebaut und in den angeschlossenen Verbänden der SA und SS sowie der Hitlerjugend straff gegliedert.

Mit dem Ansturm der Rechtsopposition im Volksbegehren gegen den *Youngplan* (▷ 10.30) und vor allem mit den Auswirkungen der *Weltwirtschaftskrise* (▷ 10.32) setzte der Massenzulauf zur NSDAP ein, deren Führer versprachen, das Programm zu haben, das allein aus Not und Elend heraus und zu neuer Größe des Vaterlandes führen könne. Mit den Reichstagswahlen vom 14. September 1930 wurden die Nationalsozialisten zweitstärkste Partei und damit ein Machtfaktor im politischen Leben, der die bisherige Parteienlandschaft völlig veränderte.

Von nun an wurde es die Taktik der Nationalsozialisten, die Tätigkeit des Parlaments, soweit es überhaupt noch unter dem jetzt herrschenden *Präsidialregime* (▷ 10.36) funktionierte, und die Regierungsarbeit zu stören.

Bei den Reichspräsidentenwahlen im Frühjahr 1932 stellten die Nationalsozialisten selbstbewußt ihren Führer Adolf Hitler gegen den amtierenden Präsidenten Paul von Hindenburg auf, der noch immer die Symbolfigur des kaiserlichen Deutschland war. Hitler unterlag, weil alle demokratischen Parteien von der SPD bis zur DVP sich hinter Hindenburg stellten. Mehr als die Hälfte aller Wähler entschieden sich für Hindenburg, fast zwei Drittel stimmten gegen Hitler.

Mit dem nach den Reichspräsidentenwahlen von der Regierung Brüning am 13. April 1932 erlassenen Verbot der SA und SS sollte dem zunehmenden Radikalismus auf den Straßen begegnet werden. Den weiteren Zulauf zu den Kampfverbänden der NSDAP hat diese Maßnahme, die schon kurz nach Brünings Sturz am 16. Juni 1932 wieder aufgehoben wurde, nicht behindert. Das zeigte sich bei den Reichstagswahlen vom 31. Juli 1932, bei denen die NSDAP mit 230 Abgeordneten und 37,8 % der Stimmen die weitaus größte Fraktion im Reichstag wurde. Sie stellte nun auch mit dem ehemaligen Weltkriegsflieger Hermann Göring den Reichstagspräsidenten.

Hitlers Vorstoß bei Hindenburg, ihm nunmehr den Regierungsauftrag zu erteilen, wurde am 13. August 1932 schroff zurückgewiesen. Diese in der Presse vom Präsidialamt veröffentlichte Abfuhr, der überhandnehmende Straßenterror der SA und die ersten Anzeichen einer beginnenden wirtschaftlichen Erholung führten, zusammengenommen, bei den erneuten Reichstagswahlen vom 6. November 1932 zu einer ersten empfindlichen Niederlage der Nationalsozialisten, die rund 4 Millionen Stimmen einbüßten, aber stärkste Partei blieben (196 Abgeordnete).

Als sich gegen Jahresende 1932 in Landtags- und Kommunalwahlen die Stimmenverluste der Nationalsozialisten verstärkt fortsetzten, hoffte man im Lager der bürgerlichen Parteien, daß die nationalsozialistische Erfolgskurve ihren Höhepunkt überschritten hätte. Aber in diesem Augenblick übertrug der greise Reichspräsident auf Anraten seiner Freunde und mächtiger Interessenverbände die Regierungsgewalt dem Führer der Nationalsozialisten.

Bei den letzten halbwegs freien Reichstagswahlen vom 5. März 1933, die schon durch den massiven Terror der SA gegenüber den Abgeordneten der KPD und SPD beeinträchtigt waren, erhielt die NSDAP mit 43,9 % der Stimmen nicht die erhoffte Mehrheit im Reichstag. Sie war auf die Hilfe der Deutschnationalen angewiesen, die 8 % erreichten. Hitler setzte jedoch mit Hilfe des *Ermächtigungsgesetzes* (▷ 11.5) Zug um Zug die Zerschlagung der anderen Parteien durch. Die NSDAP wurde und blieb bis zur Kapitulation die einzige, das politische Leben fortan total beherrschende Partei des Deutschen Reiches.

10.36 Präsidialregime

Als Reichspräsident von Hindenburg am 29. März 1930 den Zentrumspolitiker und Finanzexperten *Heinrich Brüning* (▷ 10.33) zum Reichskanzler ernannte, ohne den Reichstag einzuschalten, und ihn beauftragte, ein Kabinett von Fachministern ohne Bindung an das Parlament und seine Fraktionen aufzustellen, war der Weg zu einem präsidialen Regierungssystem beschritten. Dieser Entscheidung lag der Gedanke zugrunde, eine Regierungsmannschaft zu bilden, die unabhängig von den jeweiligen Parlamentsmehrheiten und somit weniger störanfällig war. Dieser Weg führte in seiner weiteren Handhabung zwangsläufig zur Ablösung des parlamentarischen Systems. Ausschlaggebend für den regierenden Reichskanzler war nun das Vertrauen des Staatsoberhauptes, des Reichspräsidenten.

Brüning war bereit, in enger Anlehnung an den Reichspräsidenten notfalls auch gegen das Parlament zu regieren. Seine unpopulären finanzpolitischen Sparmaßnahmen suchte er weitgehend mit Hilfe des Artikels 48 der Reichsverfassung, also durch vom Reichspräsidenten verfügte Notverordnungen durchzusetzen. Er stürzte Ende Mai 1932, weil ihm der Reichspräsident das Vertrauen entzogen hatte.

Typisch für das autoritäre Präsidialsystem war, daß der Kanzlersturz ebenso wie die Ernennung des neuen Kanzlers Franz von Papen durch Intrigenspiel in der Umgebung des Präsidenten verursacht wurde. Regisseur dieser Vorgänge war der Reichswehrgeneral Kurt von Schleicher, der in dem von Papen gebildeten „Kabinett der Barone" das Reichswehrministerium übernahm. Schleicher besaß in diesem reinen Präsidialkabinett, das sich als recht kurzlebig erweisen sollte, eine Schlüsselposition.

Als nach der Reichstagswahl vom 31. Juli 1932 die NSDAP mit 230 Mandaten die stärkste Fraktion im Reichstag bildete und dieser dem Kabinett Papen mit 512 gegen 42 Stimmen das Mißtrauen aussprach, ließ Papen

Verordnung des Reichspräsidenten Paul von Hindenburg über die Auflösung des Reichstags (4. Juni 1932)

den Reichstag erneut auflösen. Seinen Plan, keine Neuwahl anzuberaumen, mußte er fallenlassen, weil Hindenburg diesem Schritt, der einen Verfassungsbruch bedeutet hätte, seine Zustimmung versagte.

So erhielt Schleicher selbst am 3. Dezember 1932 von Hindenburg den Auftrag, ein neues Kabinett zu bilden. Schleicher, dem schon in der Papen-Regierung der Plan vorgeschwebt hatte, Hitler und die NSDAP durch Einbindung in die Regierung zu „zähmen", versuchte nun als Kanzler, im Rahmen eines von ihm entwickelten großen Arbeitsbeschaffungsprogramms auch die Gewerkschaften, die SPD-Führung und Teile der NSDAP unter dem sozialistisch orientierten Reichsorganisationsleiter Gregor Strasser an der Regierung zu beteiligen mit dem Ziel, die NS-Bewegung zu spalten und Hitler von der Macht fernzuhalten.

Die Absicht Schleichers, mit einem umfangreichen Arbeitsbeschaffungsprogramm alle sozialreformerischen Kräfte gegen die Massenarbeitslosigkeit zu mobilisieren, rief die Interessenverbände der Unternehmer und Großgrundbesitzer auf den Plan, die bei Hindenburg gegen diese sozialistischen Ideen des „roten" Generals protestierten und sich jetzt für die Kanzlerschaft Hitlers einsetzten, wie sie auch Papen empfahl. So mußte Schleicher am 28. Januar 1933 zurücktreten und Hitler den Weg ins Kanzleramt freigeben.

10.37 Reichsexekution gegen Preußen

In Preußen, dem größten Land der Weimarer Republik, hatte seit 1920 – mit kurzen Unterbrechungen – eine Regierung nach dem Muster der *Weimarer Koalition* (▷ 10.9) aus Sozialdemokraten, dem Zentrum und der DDP (bzw. der 1930 aus ihr hervorgegangenen Deutschen Staatspartei), zeitweise auch der DVP, bestanden unter dem sozialdemokratischen Ministerpräsidenten Otto Braun. Erst in den Landtagswahlen im April 1932 verlor sie ihre parlamentarische Mehrheit.

Am 20. Juli 1932 ließ Reichskanzler von Papen durch eine Notverordnung des Reichspräsidenten in einer staatsstreichartigen Aktion die amtierende preußische Regierung Braun für abgesetzt erklären. Papen übernahm als Reichskommissar die Regierungsgeschäfte in Preußen.

Die SPD, die mit diesem Gewaltakt ihre letzte intakte Machtposition und vor allem auch die Verfügungsgewalt über die preußische Polizei verlor, erhob zwar Protest, konnte sich aber weder zu energischem Widerstand noch – angesichts der Massenarbeitslosigkeit – zur Ausrufung eines Generalstreiks entschließen. Sie hat sich mit ihrem inaktiven Verhalten in dieser entscheidenden Situation als politische Kraft in Deutschland selbst isoliert und den Widerstandswillen ihrer Anhänger auch gegenüber dem Nationalsozialismus gelähmt.

Der von der preußischen Regierung angerufene Staatsgerichtshof verwarf zwar die Form und die Begründung der Absetzung, gestand jedoch dem Reichspräsidenten das verfassungsmäßige Recht zu, nach Ermessen Länderrechte aufzuheben und auf das Reich zu übertragen. Der Regierung Braun wurde in dem Urteil bescheinigt, weiterhin die rechtmäßige Vertretung des Landes Preußen im Reichsrat und gegenüber den Ländern zu sein. Ihre Befugnisse aber wurden nun durch den Reichskommissar von Papen und seine Beauftragten ausgeführt. Die Öffentlichkeit hat von diesem Schritt der Reichsregierung gegen die preußische Landesregierung wenig Notiz genommen; sie war inzwischen an diktatorische Handlungen des Staatsoberhaupts gewöhnt.

Daten

9. Nov. 1918	Abdankung Kaiser Wilhelms II./Ausrufung der Republik
10. Nov. 1918	Bildung des Rates der Volksbeauftragten
15. Jan. 1919	Karl Liebknecht und Rosa Luxemburg ermordet
19. Jan. 1919	Wahlen zur Nationalversammlung
6. Febr. 1919	Eröffnung der Nationalversammlung in Weimar
11. Febr. 1919	Friedrich Ebert 1. Reichspräsident
13. Febr.–20. Juni 1919	Regierung Philipp Scheidemann
21. Juni 1919	Gustav Bauer (SPD) wird Reichskanzler
28. Juni 1919	Unterzeichnung des Friedensvertrages von Versailles
11. Aug. 1919	Weimarer Reichsverfassung in Kraft
10. Jan. 1920	Versailler Vertrag in Kraft
13.–16. März 1920	Kapp-Putsch
27. März 1920	Hermann Müller (SPD) wird Reichskanzler
6. Juni 1920	1. Reichstagswahlen (Verluste der Weimarer Koalition)
25. Juni 1920	Konstantin Fehrenbach (Zentrum) wird Reichskanzler
26. Aug. 1920	früherer Finanzminister Matthias Erzberger ermordet
27. April 1921	Festsetzung der Reparationen auf 132 Mrd. Goldmark
10. Mai 1921	Joseph Wirth (Zentrum) wird Reichskanzler
16. April 1922	Vertrag von Rapallo
24. Juni 1922	Außenminister Walther Rathenau ermordet
22. Nov. 1922	Wilhelm Cuno (parteilos) wird Reichskanzler
11. Jan. 1923	Ruhrbesetzung
13. Jan.–26. Sept. 1923	passiver Widerstand
13. Aug. 1923	Gustav Stresemann (DVP) wird Reichskanzler
8./9. Nov. 1923	Hitlerputsch in München
15. Nov. 1923	Einführung der Rentenmark/Ende der Inflation
30. Nov. 1923	Wilhelm Marx (Zentrum) wird Reichskanzler
29. Aug. 1924	Dawesplan vom Reichstag angenommen
15. Jan. 1925	Hans Luther (parteilos) wird Reichskanzler
26. April 1925	Wahl Paul von Hindenburgs zum Reichspräsidenten
14. Juli 1925	Beginn der Räumung des Ruhrgebietes
16. Okt. 1925	Vertrag von Locarno
24. April 1926	deutsch-sowjetischer Freundschaftsvertrag
26. Mai 1926	Wilhelm Marx erneut Reichskanzler
8. Sept. 1926	Aufnahme Deutschlands in den Völkerbund
10. Dez. 1926	Friedensnobelpreis für Außenminister Stresemann
28. Juni 1928	Hermann Müller erneut Reichskanzler
27. Aug. 1928	Unterzeichnung des Kellogg-Paktes
25. Okt. 1929	New Yorker Börsenkrach/Beginn der Weltwirtschaftskrise
12. März 1930	Annahme des Youngplanes durch den Reichstag
29. März 1930	Heinrich Brüning (Zentrum) wird Reichskanzler
30. Juni 1930	vorzeitige Räumung des Rheinlandes beendet
14. Sept. 1930	Reichstagswahlen (NSDAP zweitstärkste Fraktion)
11. Okt. 1931	Bildung der Harzburger Front
10. April 1932	Wiederwahl Hindenburgs zum Reichspräsidenten
1. Juni 1932	Franz von Papen (Zentrum) wird Reichskanzler
9. Juli 1932	Konferenz von Lausanne (Ende der Reparationen)
6. Nov. 1932	Reichstagswahlen (Abnahme der NSDAP-Mandate)
3. Dez. 1932	General Kurt von Schleicher wird Reichskanzler

Kapitel 11: Das Dritte Reich

Einführung

Als Reichspräsident von Hindenburg am 30. Januar 1933 Adolf Hitler zum Reichskanzler ernannte, hatte die parlamentarische Demokratie der Weimarer Republik längst aufgehört zu funktionieren. Denn der Reichspräsident hatte schon seit 1930 ohne Beteiligung des Parlaments Reichskanzler eingesetzt und wieder entlassen.

Der Widerstand gegen die Machtübernahme der Nationalsozialisten war schwach. Weite Teile der deutschen Gesellschaft hatten kein Interesse an der Verteidigung der Demokratie: Die Reichswehr hatte in der Weimarer Republik von Anbeginn an eine Existenz als „Staat im Staate" geführt; die Wirtschaft hatte in Teilen Hitler schon vor seiner Kanzlerschaft unterstützt; die Landwirtschaft stand bereits erheblich unter nationalsozialistischem Einfluß; die Beamtenschaft nahm in ihrer nach wie vor überwiegend obrigkeitsstaatlichen Haltung die scheinbar legale Machtübernahme der Nationalsozialisten hin. Arbeiterparteien und Gewerkschaften fühlten sich durch die Massenarbeitslosigkeit entscheidend geschwächt, SPD und KPD waren überdies miteinander verfeindet; der Liberalismus war bereits politisch zerrieben worden; für den politischen Katholizismus stand das kirchliche Organisationsinteresse vor der Verteidigung einer Demokratie, die innerlich noch nicht voll akzeptiert war.

Auf der anderen Seite hatte die NSDAP unter Hitler seit 1930 wachsende Anziehungskraft auf die deutschen Wähler ausgeübt. Sie war eine Bewegung, die mit den parlamentarischen Parteien, die die Wirtschaftskrise nicht beheben konnten, nichts gemein haben wollte; eine Bewegung, die entschlossen war, die „Schmach von Versailles" auszulöschen. Das Programm der NSDAP, die eine nach dem Führerprinzip aufgebaute Massenpartei war, setzte sich aus älteren ideologischen Bestandteilen zusammen: Rassismus, insbesondere Antisemitismus, übersteigerter Nationalismus, dazu die Ideologie von einer „Volksgemeinschaft".

Der Reichstagsbrand vom 28. Februar 1933 gab den Anlaß, durch Notverordnung die wichtigsten Grundrechte außer Kraft zu setzen. Dennoch erreichten die Nationalsozialisten bei den Reichstagswahlen vom 5. März 1933 keine Mehrheit. Mit Einschüchterung und Drohung sicherte sich Hitler die notwendige Reichstagsmehrheit für das Ermächtigungsgesetz. Die Nationalsozialisten gingen nun daran, die Länder gleichzuschalten, und bauten neben den staatlichen Verwaltungen eine Nebenverwaltung auf der NSDAP-Ebene auf. In dieser Phase entstand bereits das Chaos sich überschneidender Kompetenzen, das für den NS-Staat kennzeichnend wurde und in dem allein der „Führer" Adolf Hitler die einzige unbestrittene Autorität war.

Mit der Zerschlagung der Gewerkschaften und aller anderen Parteien hatte die NSDAP im Sommer 1933 das Monopol der politischen Macht in Deutschland erobert. Das neue Regime gewann den Teil der Wirtschaft, der Hitler bisher nicht unterstützt hatte, mit seinen Aufrüstungsplänen, aber auch durch die Ausschaltung der Gewerkschaften und die Beseitigung der Tarifautonomie. Mit kreditfinanzierten Staatshaushalten wurde die Wirtschaftätigkeit belebt und die Arbeitslosigkeit allmählich abgebaut. Der 1936 verkündete Vierjahresplan hatte dann bereits das Ziel, die Fähigkeit zur Kriegführung zu erreichen.

Die Loyalität der Reichswehr gegenüber dem NS-Staat, die die Aufrüstungspläne begrüßte, aber ihr Monopol als Waffenträger der Nation durch die SA gefährdet sah, wurde durch die Mordaktion vom 30. Juni 1934 gesichert, die zugleich den Aufstieg der SS begründete. Gut einen Monat später – nach dem Tod Hindenburgs – schwor die Reichswehr ihren Treueid auf Adolf Hitler.

Nachdem schon im April 1933 ein Boykott jüdischer Geschäfte veranstaltet worden war, wurden die deutschen Juden mit den Nürnberger Gesetzen von 1935 aus dem deutschen Staatsvolk ausgestoßen. Am 9. November 1938 fand das nationalsozialistische Vorgehen gegen die Juden mit den Morden, Brandstiftungen und Zerstörungen der „Reichskristallnacht" einen vorläufigen Höhepunkt.

Außenpolitisch blieb das Regime zunächst weitgehend isoliert; dazu trug auch der Austritt aus dem Völkerbund im Oktober 1933 bei. Erst das deutsch-britische Flottenabkommen von 1935 brachte dem Reich einen außenpolitischen Erfolg. 1936 kam im Zusammenhang mit dem spanischen Bürgerkrieg die Achse Berlin–Rom zustande sowie das Bündnis mit Japan. Hitler ging nun daran, den Versailler Vertrag durch Drohung, Einschüchterung und Überrumpelung zu revidieren: Einführung der allgemeinen Wehrpflicht, Aufbau der Wehrmacht einschließlich einer Luftwaffe, Einmarsch in das entmilitarisierte Rheinland, „Anschluß" Österreichs und Annexion der Sudetengebiete.

Die Zerschlagung der Tschechoslowakei im März 1939 diente Hitler bereits zur Schaffung einer strategischen Ausgangsstellung für einen Krieg im Osten. Dieser Krieg zur Gewinnung von „Lebensraum" gehörte seit langem zu Hitlers politischen Vorstellungen; er hatte ihn bereits 1924/25 in seinem Buch „Mein Kampf" angekündigt. Zunächst versuchte die Reichsregierung, ein Arrangement mit Polen zu treffen und dieses als Verbündeten für einen Krieg gegen die Sowjetunion zu gewinnen. Nach dem Scheitern dieses Versuchs befahl Hitler, den Angriff auf Polen vorzubereiten. Zur Absicherung schloß er mit dem bisherigen Hauptgegner, der kommunistischen Sowjetunion, den Nichtangriffspakt vom 23. August 1939, in dessen geheimem Zusatzprotokoll die vierte Teilung Polens vereinbart wurde.

Mit dem deutschen Überfall auf Polen am 1. September 1939 begann der Zweite Weltkrieg. Großbritannien und Frankreich erklärten zwar zwei Tage später dem Deutschen Reich den Krieg, gingen jedoch nicht militärisch vor. Im ersten ihrer „Blitzkriege" warf die deutsche Wehrmacht in wenigen Wochen Polen nieder. Eine grausame Unterdrückungspolitik begann; mit der Ausrottung der Intelligenz sollte das polnische Volk seiner politischen Führung beraubt werden. Eine rigorose Umsiedlungspolitik vertrieb die polnische Bevölkerung aus den westlichen polnischen Gebieten, die als „Warthegau" und „Reichsgau Danzig-Westpreußen" mit dem Reich vereinigt wurden und in denen nun Volksdeutsche aus dem sowjetischen Einflußbereich angesiedelt wurden. Im „Generalgouvernement" Polen unternahmen die aus SS, Gestapo, SD und Polizei gebildeten Einsatzgruppen ihre Terror- und Vernichtungsaktionen – vor allem auch gegen die jüdische Bevölkerung.

Nach „Blitzkriegen" gegen Dänemark und Norwegen im April 1940 begann der deutsche Angriff im Westen am 10. Mai 1940 mit einem Überfall auf die neutralen Staaten Niederlande, Belgien und Luxemburg und führte am 14. Juni 1940 zur kampflosen Besetzung von Paris durch die deutsche Wehrmacht. Der deutsch-französische Waffenstillstand vom 22. Juni 1940 regelte die Besetzung des größten Teils von Frankreich durch die deutschen Truppen.

Mit Winston Churchill trat am 10. Mai 1940 ein Mann an die Spitze der britischen Politik, der unerbittlich zum Widerstand gegen Hitlerdeutschland entschlossen und in der Lage war, alle Fähigkeiten und den Kampfwillen der Briten auf die Niederringung des Aggressors zu richten. So stießen die „Friedensangebote", die Deutschland nach dem Sieg über Frankreich an Großbritannien machte, auf keinerlei Resonanz in London. Als er erkennen mußte, daß die Briten nicht auf seine Vorstellungen eingingen, gab Hitler den Befehl, die Invasion Großbritanniens vorzubereiten. Dem sollte auch der im August 1940 begonnene Luftkrieg gegen Großbritannien dienen, der nach großen Verlusten der deutschen Luftwaffe im Mai 1941 beendet wurde, ohne sein Ziel – die deutsche Luftherrschaft über Großbritannien – erreicht zu haben.

Bereits im Juli 1940 faßte Hitler den Entschluß zum Angriffskrieg gegen die Sowjetunion, den letzten möglichen Verbündeten Großbritanniens auf dem Kontinent. Verzögert wurde das Unternehmen durch den deutschen Überfall auf Jugoslawien im April 1941 und den Angriff auf Griechenland, der – ebenso wie das deutsche Afrikakorps in Nordafrika – dem italienischen Verbündeten zu Hilfe kommen sollte. Am 22. Juni 1941 begann der deutsche Überfall auf die Sowjetunion. Damit hatte sich Hitler – unter Bruch des Deutsch-Sowjetischen Nichtangriffspakts – seinem alten politischen Ziel des Vernichtungs- und Eroberungsfeldzugs im Osten zugewandt. Entsprechend grausam war das deutsche Vorgehen gegen die sowjetischen Truppen und gegen die als „jüdisch-bolschewistische Untermenschen" verteufelte Bevölkerung. Im Schatten des Ostkrieges errichtete und betrieb die SS die Maschinerie der Vernichtungslager. Fast 6 Millionen Angehörige des europäischen Judentums wurden in den Lagern von Deutschen organisiert und planvoll ermordet.

Der deutsche Vormarsch in der Sowjetunion blieb im Winter 1941 vor Moskau stecken. Doch zu diesem Zeitpunkt, am 11. Dezember 1941, erklärte Deutschland den USA den Krieg – in einer ungeheueren Fehleinschätzung der eigenen Kräfte wie des amerikanischen Potentials. Vorausgegangen war der Überfall des japanischen Verbündeten auf den amerikanischen Pazifikhafen in Pearl Harbor.

Mit dem offenen Kriegseintritt der USA war die Wende des Krieges eingeleitet. Das Jahr 1942 brachte dem Reich zwar noch Erfolge im atlantischen Seekrieg, beim Vormarsch zum Kaukasus und in Nordafrika. Die Niederlage der deutschen Wehrmacht bei Stalingrad Anfang 1943 aber bildete die Wende im Ostkrieg und leitete den Vormarsch der Roten Armee nach Westen ein. Der amerikanisch-britische Bombenkrieg gegen Deutschland, der im Mai 1942 begonnen hatte, wurde 1943 verstärkt und erreichte im November 1943 Berlin; Anfang 1944 hatten die Alliierten die Luftherrschaft über Deutschland errungen. Die alliierte Invasion Italiens seit Juli 1943 führte zum Sturz des verbündeten Mussolini. Unterdessen rückte die Rote Armee auf breiter Front nach Westen vor. Nach der alliierten Invasion in der Normandie im Juni 1944 wurden die deutschen Truppen von Osten, Süden und Westen auf die Reichsgrenzen zurückgedrängt.

Hitler, der das Attentat der deutschen Widerstandsbewegung vom 20. Juli 1944 überlebt und furchtbare Rache genommen hatte, verlor in seinem Führerhauptquartier zunehmend den Bezug zur politischen und militärischen Realität. Sein „Verbrannte-Erde-Befehl" vom März 1945 wurde freilich von den meisten Truppenführern nicht mehr befolgt. In Hitlers Sicht hatte das deutsche Volk versagt; es war zu schwach gewesen, die großen Pläne seines Führers zu verwirklichen. Wenige Tage nach dem Selbstmord Hitlers am 30. April erfolgte die bedingungslose Kapitulation des Deutschen Reiches am 8. Mai 1945. Der vom nationalsozialistischen Deutschland entfesselte 2. Weltkrieg hat insgesamt 53 Millionen Menschenleben gekostet; in seinem Ergebnis wurde der zwischen 1867 und 1871 entstandene deutsche Nationalstaat zerstört; die Gebiete östlich von Oder und Neiße wurden von Deutschland abgetrennt; vom verbliebenen Territorium bezogen die Hauptsiegermächte USA und Sowjetunion den westlichen bzw. den östlichen Teil in ihre jeweiligen Einflußsphären ein.

Man hat die Epoche der nationalsozialistischen Diktatur die dunkelste Zeit der deutschen Geschichte genannt. Freilich steht die Schreckensherrschaft nicht völlig unvermittelt in der deutschen Geschichte, viele ihrer Wurzeln liegen früher: ein radikaler Antisemitismus, der Traum von einer konfliktfreien Volksgemeinschaft, Unterordnung unter ein System von Befehl und Gehorsam, deutsches Weltmachtstreben. All diese älteren Elemente wurden in der sozialen Konfliktlage der beginnenden 1930er Jahre von Hitler, dessen Rolle als Integrationsfigur und unbedingte oberste Autorität für die NS-Bewegung unverzichtbar war, gebündelt und nach der Machtergreifung zunehmend radikalisiert. Der Krieg war im politischen Konzept der Nationalsozialisten von vornherein enthalten. Die Zeit der nationalsozialistischen Diktatur hat große Teile der deutschen Gesellschaft geprägt. Von daher stellt sich die Frage, ob mit dem Zusammenbruch am 8. Mai 1945 tatsächlich eine Stunde Null in der deutschen Geschichte gegeben war.

11.1   30. Januar 1933 – „Machtergreifung"

Am 30. Januar 1933 ernannte Reichspräsident *Paul von Hindenburg* (▷ 10.29) den Führer der Nationalsozialisten, *Adolf Hitler* (▷ 11.2), zum Kanzler des Deutschen Reiches. Der neuen Regierung, die sich „Kabinett der nationalen Konzentration" nannte, gehörten nur zwei Nationalsozialisten außer Hitler an, Wilhelm Frick als Innenminister und *Hermann Göring* (▷ 11.10) als Minister ohne Geschäftsbereich, dem aber als kommissarischem Innenminister von Preußen vom ersten Tage an der preußische Polizeiapparat unterstand. Im April 1933 übernahm der ehemalige Weltkriegsflieger Göring das Luftfahrtministerium. Gleichzeitig wurde er preußischer Ministerpräsident.

Den drei Nationalsozialisten standen acht konservative Minister gegenüber, darunter der DNVP-Vorsitzende und Pressekonzernchef Alfred Hugenberg als Wirtschafts- und Ernährungsminister, der frühere Reichskanzler Franz von Papen als Vizekanzler und Reichskommissar für Preußen sowie der „Stahlhelm"-Führer Franz Seldte als Arbeitsminister. Außenminister Konstantin Freiherr von Neurath und Finanzminister Johann Ludwig Graf Schwerin von Krosigk hatten bereits dem von Papen geleiteten „Kabinett der Barone" (*Präsidialregime*, ▷ 10.36) angehört. Hindenburg ernannte General Werner von Blomberg zum Reichswehrminister.

Papen hatte Hindenburg, der sich lange weigerte, den „böhmischen Gefreiten" überhaupt als Kanzlerkandidaten anzuerkennen, schließlich zu dem folgenschweren Schritt überreden können, indem er ihm sein „Zähmungskonzept" glaubhaft zu machen verstand. Hitler, so argumentierte Papen, würde in diesem konservativen Kabinett, von starken Persönlichkeiten eingerahmt, seine extremen Vorstellungen nicht verwirklichen können und sich in der politischen Alltagsarbeit allmählich verschleißen. „Wir haben ihn uns engagiert", äußerte sich Papen zuversichtlich. Die nationalen und nationalsozialistischen Verbände in und um Berlin feierten das Ereignis am Abend des 30. Januar mit einem Fackelzug. Formal gesehen, war die Ernennung Hitlers zum Reichskanzler, die von der NS-Propaganda als „Machtergreifung" gefei-

Die Ernennung Adolf Hitlers zum Reichskanzler am 30. Januar 1933 wird am gleichen Abend in Berlin von SA und „Stahlhelm" in einem Fackelzug gefeiert

ert wurde, ein normaler und legaler Regierungswechsel im Präsidialregime – der jedoch rasch die endgültige Zerstörung der demokratischen und rechtsstaatlichen Weimarer Verfassungsordnung zur Folge hatte.

11.2   Adolf Hitler

Als Sohn eines österreichischen Zollbeamten am 20. April 1889 in Braunau am Inn geboren, brach Hitler nach dem Tode seines Vaters (1903) seine Realschulausbildung in Steyr 1905 ab und lebte, mit Mal- und Zeichenstudien beschäftigt, bei seiner Mutter in Linz bis zu ihrem Tod 1907. Sein Versuch, in die Wiener Kunstakademie aufgenommen zu werden, scheiterte zweimal wegen nicht ausreichender Befähigung. In Wien bewegte sich Hitler vorwiegend im Milieu der Männerwohnheime, von der Waisenrente und dem Verkauf einiger seiner Bilder lebend, begegnete in der Vielvölkerstadt den sozialen und

Adolf Hitler in Rednerpose (1934)

schen in *Nationalsozialistische Deutsche Arbeiterpartei (NSDAP, ▷ 10.35)* umbenannt worden. In dem für völkisch-nationale und republikfeindliche Betätigungen günstigen politischen Klima in Bayern wurde Hitlers Partei rasch eine der aktivsten Gruppen, Hitler selbst zu einer Schlüsselfigur. Sein Versuch aber, die konservative bayerische Landesregierung zum Staatsstreich gegen die „rote" Reichsregierung in Berlin anzutreiben, mißlang am 9. November 1923 (▷ *Hitlerputsch,* 10.23). Hitler wurde zu fünf Jahren Festungshaft verurteilt, aber bereits Ende 1924 vorzeitig aus der Haftanstalt Landsberg am Lech entlassen. Während der Haftzeit entstand sein Rechtfertigungs- und Programmbuch „Mein Kampf", in dem er seine maßlosen politischen Ziele und extremen weltanschaulichen Vorstellungen offen aussprach. Er forderte den „rassisch reinen", „großgermanischen" Führerstaat, dem die Herrschaft über die „minderwertigen Mischrassen" und Völker zustand, und die „Ausschaltung" der Juden aus dem deutschen Volksleben.

Hitlers Plan, nach dem Wiederaufbau der Partei jetzt auf legalem Wege die Macht im Staat zu erringen, war bis 1929 kein Erfolg beschieden. Erst die Auswirkungen der *Weltwirtschaftskrise* (▷ 10.32) brachten den Durchbruch zur Massenpartei, wie er in dem Wahlerfolg vom 14. September 1930 zum Ausdruck kam. Bei den Reichspräsidentenwahlen im Frühjahr 1932 trat Hitler als Kandidat der Rechtsparteien gegen *Hindenburg* (▷ 10.29) an. Er verlor, konnte aber (im 2. Wahlgang) 36,8 % der Stimmen auf sich vereinen. Nach der Reichstagswahl vom Juli 1932 Führer der stärksten Partei, forderte Hitler jetzt vom Reichspräsidenten die Übertragung der Regierungsgewalt, die ihm aber erst am 30. Januar 1933 übergeben wurde.

Als Kanzler gelang es Hitler, mit Hilfe der Reichstagsbrandverordnung und des *Ermächtigungsgesetzes* (▷ 11.5) in wenigen Monaten alle demokratischen Einrichtungen auszuschalten und eine totalitäre Diktatur zu errichten. Die Reichswehr gewann er, indem er mit dem Blutbad vom 30. Juni 1934 („*Röhm-Putsch",* ▷ 11.13) die SA als mögliche Konkurrenz ausschaltete. Nach dem Tode Hindenburgs am 2. August 1934 ließ er die Reichswehr auf seinen Namen vereidigen und vereinigte in seiner Person unter dem Ti-

nationalen Problemen der Vorkriegszeit und schuf sich durch Lektüre von Zeitungen und tendenziösen Schriften und Büchern seine völkisch-antisemitische „Weltanschauung", in deren Mittelpunkt der Glaube an die „germanische Herrenrasse" stand, die es vor dem tödlichen Bazillus des „Weltjudentums" zu beschützen galt.

1913 siedelte er nach München über, um sich dem österreichischen Militärdienst zu entziehen, meldete sich aber als Freiwilliger bei Kriegsausbruch 1914 bei einem bayerischen Regiment und nahm am Krieg 1914–1918, mehrfach verwundet und mit dem Eisernen Kreuz 1. und 2. Klasse ausgezeichnet, als Meldegänger teil. Das Kriegsende erlebte er nach einer Gasverwundung im Lazarett Pasewalk in Vorpommern.

Nach seiner Genesung wandte sich Hitler der Politik zu. Anfangs wurde er von seinem Münchener Reichswehrkommando wegen seiner rednerischen Begabung als Schulungsredner eingesetzt; dabei kam er in Berührung mit einer neugegründeten „Deutschen Arbeiterpartei", der er beitrat. Bereits im Juli 1921 wurde Hitler erster Vorsitzender mit diktatorischen Vollmachten. Die Partei war inzwi-

tel „Führer und Reichskanzler" das Amt des Reichspräsidenten mit dem des Reichskanzlers. Vom Reichspropagandaminister *Joseph Goebbels* (▷ 11.14) gesteuert, breitete sich ein beispielloser Führerkult aus. Hitler wurde wegen seiner außenpolitischen Erfolge (Rückkehr des Saarlandes ins Reich, Flottenabkommen mit England 1935 und Anschluß Österreichs 1938) als „größter deutscher Staatsmann" seit Bismarck gefeiert. Mit in Abständen vorgetragenen Friedensbeteuerungen gelang es ihm, die Welt darüber zu täuschen, daß er im Begriff war, den großen Krieg vorzubereiten, in dem das deutsche Volk den angeblich benötigten *Lebensraum* (▷ 11.30) im Osten erobern sollte.

Seine Entschlossenheit, die Tschechoslowakei zu zerschlagen, wurde im Herbst 1938 durch das Einschreiten des britischen Premierministers Neville Chamberlain und das *Münchner Abkommen* (▷ 11.25) noch einmal vereitelt, aber im Frühjahr 1939 holte er mit der Besetzung der „Resttschechei" das Versäumte nach. Für den deutschen *Überfall auf Polen* (▷ 11.28) verschaffte Hitler sich mit dem *Hitler-Stalin-Pakt* (▷ 11.27) Rückendeckung und löste so den großen Krieg aus, da Großbritannien und Frankreich ihre Polen gegebene Garantie einlösten. Die Blitzsiege der rüstungstechnisch überlegenen deutschen Wehrmachtverbände in Polen, Dänemark, Norwegen und Frankreich stärkten Hitlers Position im Ansehen des deutschen Volkes und gaben der deutschen Opposition, die sich seit 1938 gebildet hatte und zur Rettung des Friedens einen Staatsstreich plante, keine Chance, für ihr Vorhaben im Volk Verständnis zu finden.

Der Umschwung setzte erst ein, als Hitler im Juni 1941 auch die Sowjetunion angriff und die deutschen Angriffsspitzen nach großen Anfangserfolgen im Winter 1941 vor Moskau zum Rückzug gezwungen wurden. Hitler schob die Schuld für das militärische Versagen den Generalen zu und übernahm selbst den Oberbefehl über das Heer. Aber der Nimbus von der Unbesiegbarkeit der deutschen Soldaten und der Unfehlbarkeit Hitlers war jetzt angeschlagen, er zerstob endgültig in der Katastrophe von *Stalingrad* (▷ 11.41) im Januar 1943. Mit dem auf Befehl Hitlers mit unmenschlicher Härte geführten „Weltanschauungskrieg" gegen die Sowjetunion waren

Der brennende Reichstag (Februar 1933)

auch seinen Direktiven zufolge die Aktionen zur Vernichtung der europäischen Juden in den Konzentrationslagern des Ostens angelaufen.

Während mit der Wende des Krieges seit 1943 die deutschen Truppen vor der Übermacht der Gegner immer weiter in Richtung auf die Reichsgrenzen zurückweichen mußten, die Briten und Amerikaner mit ihrer Landung in der Normandie im Juni 1944 (*Invasion,* ▷ 11.44) eine zweite Front im Westen gebildet hatten, versuchte die deutsche Widerstandsbewegung, durch Beseitigung Hitlers in letzter Minute noch das Schlimmste für Deutschland abzuwenden. Aber das Attentat vom *20. Juli 1944* (▷ 11.45) mißlang. Vom Bunker der Reichskanzlei aus erließ Hitler im März 1945 den Befehl „Verbrannte Erde" und sprach dem deutschen Volk als dem unterlegenen das Recht ab, zu überleben. Er entzog sich am 30. April 1945 der Verantwortung durch Selbstmord.

11.3 Reichstagsbrand

Am Abend des 27. Februar 1933 brannte das Reichstagsgebäude in Berlin. Es war Brandstiftung. Am Tatort wurde ein Holländer, Marinus van der Lubbe, festgenommen. Er bestritt, Mittäter gehabt zu haben.

263

Die Nationalsozialisten beschuldigten sofort die Kommunisten, den Brand gelegt zu haben – als Signal zum Aufstand gegen die neuen Machthaber. Hitler nutzte die Stunde und ließ schon am 28. Februar durch den Reichspräsidenten die „Verordnung zum Schutz von Volk und Staat" herausgeben, die sogenannte Reichstagsbrandverordnung. Durch sie wurden praktisch alle politischen Grundrechte der Weimarer Verfassung „bis auf weiteres" außer Kraft gesetzt. Eine Welle von Verhaftungen, vor allem kommunistischer Funktionäre und Reichstagsabgeordneter, setzte ein, die kommunistische Presse wurde verboten, zeitweise auch die sozialdemokratische.

In dem späteren Reichstagsbrandprozeß konnte eine Mitschuld kommunistischer Agenten nicht nachgewiesen werden, die angeklagten Kommunistenführer mußten freigesprochen werden. Nach wie vor aber bestehen Zweifel an der These der Alleintäterschaft des Holländers, der zum Tode verurteilt und hingerichtet wurde. Der naheliegende Verdacht, daß die Nationalsozialisten selbst den Brand gelegt haben könnten, um sich – vor den Reichstagswahlen – eine Handhabe zum Vorgehen gegen die KPD zu verschaffen, war unterschwellig sofort vorhanden, konnte aber während der nationalsozialistischen Herrschaft öffentlich nicht geäußert werden. Auch spätere Nachforschungen haben die Schuldfrage nicht eindeutig erhellen können.

11.4   Tag von Potsdam

In der Reichstagswahl vom 5. März 1933 erreichte die NSDAP ihr Ziel, die absolute Mehrheit, nicht, obwohl sie den Wahlkampf mit größtem Propagandaaufwand und massivem Terror gegenüber den politischen Gegnern geführt hatte. Sie erlangte 43,9 % der Stimmen und war nun auf die Hilfe der Deutschnationalen Volkspartei angewiesen, die 8 % erreichte.

Am 21. März trat der neue Reichstag in der Potsdamer Garnisonkirche zur feierlichen Eröffnung zusammen. Hitler ließ hier ein großes Schauspiel abrollen, das die Welt und das deutsche Volk von seiner Friedensliebe überzeugen sollte. Zugleich sollte die Übereinstimmung zwischen dem neuen nationalsozialistischen Deutschland und der alten preu-

ßisch-deutschen Tradition vor aller Welt dokumentiert werden: Gottesdienst und feierliche Eröffnung des Reichstages in der Begräbniskirche Friedrichs des Großen, die Traditionsfahnen der alten kaiserlichen Regimenter, der Reichspräsident selbst in der Uniform des kaiserlichen Generalfeldmarschalls und ihm gegenüber der Reichskanzler in feierlichdunklem Zivil, sich ehrfurchtsvoll vor der Heldengestalt verneigend.

Am „Tag von Potsdam" (21. März 1933) begrüßt Hitler den Reichspräsidenten Paul von Hindenburg

Diese Bilder gingen um die Welt, sie verfehlten ihre Wirkung nicht, nicht im Ausland und schon gar nicht im deutschen Volk. Aber die nächsten Schachzüge zur Erringung der ganzen Macht in Deutschland waren schon entworfen.

11.5   Ermächtigungsgesetz

Am 23. März 1933, zwei Tage nach dem nationalen Schauspiel von Potsdam, legte Hitler dem Reichstag das Ermächtigungsgesetz vor, das der Regierung für die Dauer von vier Jahren das Recht geben sollte, Gesetze – auch verfassungsändernde Gesetze – ohne Beteili-

Besetzung des Berliner Gewerkschaftshauses durch die SA am 2. Mai 1933

gung des Reichstages und des Reichsrates zu erlassen. Für die erforderliche Änderung der Verfassung war die Anwesenheit von zwei Dritteln der Abgeordneten des Reichstags notwendig, von denen wiederum zwei Drittel zustimmen mußten, sowie eine Zweidrittelmehrheit des Reichsrates. Hitler gelang es, mit der Zustimmung der bürgerlichen Parteien, insbesondere des Zentrums, die Zweidrittelmehrheit zu erhalten. Von den bei der Abstimmung anwesenden 538 Abgeordneten stimmten 444 mit „Ja", alle anwesenden 94 Sozialdemokraten lehnten das Ermächtigungsgesetz ab. Die 81 kommunistischen Abgeordneten fehlten, sie waren entweder seit dem *Reichstagsbrand* (▷ 11.3) verhaftet oder untergetaucht, ebenso die fehlenden 26 Sozialdemokraten.

Der SPD-Fraktionsvorsitzende Otto Wels rechtfertigte in einer mutigen Rede die Haltung seiner Fraktion mit der Verpflichtung zur wahren Demokratie, zu Menschlichkeit und Gerechtigkeit und prangerte die von der nationalsozialistisch geführten Regierung seit der Machtübernahme begangenen und geduldeten Unrechtshandlungen an.

Das für vier Jahre vorgesehene Gesetz ist mehrfach verlängert worden; der mit ihm verhängte Ausnahmezustand ist bis zum Zusammenbruch im Mai 1945 Verfassungswirklichkeit in Deutschland gewesen.

11.6 Gleichschaltung

Mit der Besetzung des Reichsinnenministeriums durch den Nationalsozialisten Wilhelm Frick und des preußischen Innenministeriums durch *Hermann Göring* (▷ 11.10) befand sich die Befehlsgewalt über die Polizeikräfte in der Hand der Nationalsozialisten. Göring verstärkte zudem die preußische Polizei mit der Aufstellung von 50 000 SA- und SS-Männern als Hilfspolizisten einseitig parteiisch für seine Maßnahmen gegen politische Gegner. *Heinrich Himmler* (▷ 11.31) übernahm den Befehl über die Münchener Polizei und danach über die politische Polizei in ganz Bayern.

Dieser Prozeß der Machtkonzentration wurde mit dem „Gesetz zur Gleichschaltung der Länder mit dem Reich" vom 31. März 1933 fortgesetzt – die Länderparlamente wurden ohne Neuwahlen nach dem Verhältnis der Reichstagswahl umgebildet. Mit der Einsetzung von „Reichsstatthaltern" durch das Gesetz vom 7. April 1933 wurde praktisch die Selbständigkeit der Länder aufgehoben. Mit dem Gesetz vom 30. Januar 1934 über den Neuaufbau des Reiches wurden die Länderparlamente ganz beseitigt. Damit war an die Stelle des bundesstaatlichen Charakters des Reiches ein durch die Partei kontrollierter staatlicher Zentralismus getreten.

Nach der Auflösung der Gewerkschaften und ihrer Zwangsüberführung in die *Deutsche Arbeitsfront* (▷ 11.9) wurden nacheinander die Parteien verboten oder gezwungen, sich selbst aufzulösen. Am 22. Juni 1933 erfolgte das Verbot der SPD, am 27. Juni erklärten die DNVP und die DVP die Selbstauflösung ihrer Parteiorganisationen. Der Führer der DNVP, Alfred Hugenberg, trat unter Protest als Reichsminister zurück. Als letzte der demokratischen Parteien löste sich am 5. Juli 1933 das Zentrum auf. Den Abschluß dieser Entwicklung bildete das am 14. Juli 1933 erlassene Gesetz gegen die Neubildung von Parteien, das die NSDAP als einzige politische Partei in Deutschland anerkannte und zugleich jeden Versuch einer Neubildung von Parteien mit Zuchthausstrafen bedrohte. Damit waren die letzten Reste der Demokratie beseitigt und der nationalsozialistische Einparteienstaat ohne nennenswerten Widerstand errichtet. Wo sich Widerstand regte, wurde er rücksichtslos gebrochen, wurden protestierende Parteiführer und Funktionäre in „Schutzhaft" genommen und in *Konzentrationslager* (▷ 11.39) eingewiesen.

11.7 Reichskonkordat

Während sich im Innern des Reiches die Machtergreifung der Nationalsozialisten zur totalen Diktatur ausweitete, errang die Reichsregierung ihren ersten außenpolitischen Erfolg mit dem Abschluß des Reichskonkordates, das am 20. Juli 1933 in Rom unterzeichnet wurde. Der Vatikan und das Deutsche Reich vereinbarten in diesem Vertrag die Regelung ihrer gegenseitigen Verhältnisse. Die Verhandlungen hatten auf deutscher Seite Vizekanzler von Papen und Prälat Kaas, der letzte Vorsitzende der Zentrumspartei, geführt, auf der Seite des Vatikans Kardinalstaatssekretär Pacelli – der spätere Papst Pius XII. Das Konkordat enthielt u. a. Bestimmungen über die öffentliche Ausübung des katholischen Bekenntnisses in Deutschland, über den Schutz katholischer nichtpolitischer Organisationen, über die Aufrechterhaltung der katholischen theologischen Fakultäten an den Hochschulen des Landes, über den Schutz des kirchlichen Eigentums, über die Beibehaltung und Neuerrichtung katholischer Bekenntnisschulen und

die Erteilung des katholischen Religionsunterrichts an den Schulen. Für den nationalsozialistischen Staat war der Entpolitisierungsartikel des Konkordats, der die katholischen Geistlichen von jeder parteipolitischen Betätigung ausschloß, von großer Bedeutung. Vor der Weltöffentlichkeit sollte der Konkordatsabschluß die Konzessionsbereitschaft Hitlers aufzeigen und den Verdacht der Kirchenfeindlichkeit des nationalsozialistischen Staates widerlegen. Als erstes völkerrechtliches Dokument bedeutete der Abschluß des Reichskonkordates für Hitler einen beträchtlichen und hochwillkommenen Prestigegewinn. Der Vatikan rechtfertigte seinen Schritt mit der offensichtlich klaren Einstellung des neuen Deutschland gegenüber dem Bolschewismus und der Gottlosenbewegung. Als sich später die Verletzungen des Konkordates in dem sich herausbildenden Kirchenkampf häuften, brandmarkte Papst Pius XI. die Übergriffe und das Vorgehen der Nationalsozialisten 1937 mit seiner Enzyklika „In brennender Sorge". – 1957 hat das Bundesverfassungsgericht in einem Urteil die fortdauernde Gültigkeit des Reichskonkordats für die Bundesrepublik Deutschland festgestellt.

11.8 Bekennende Kirche

Im Bereich der evangelischen Kirche wurde von den Nationalsozialisten die Bewegung der „Deutschen Christen" eindeutig gefördert, die an der Volkstumsideologie und dem Führerprinzip der Partei orientiert waren und eine überkonfessionelle deutsche Nationalkirche anstrebten. Sie fanden 1933 anfänglich in der evangelischen Pfarrerschaft große Resonanz und wurden von den Nationalsozialisten bewußt gefördert. Eine von den „Deutschen Christen" beherrschte Nationalsynode in Wittenberg wählte am 27. September 1933 den Pfarrer Ludwig Müller, Vertrauensmann Hitlers in kirchlich-evangelischen Angelegenheiten, zum „Reichsbischof".

Gegen diese Entwicklung entstand aus dem von Pfarrer Martin Niemöller ins Leben gerufenen „Pfarrernotbund" im Frühjahr 1934 die Widerstandsbewegung der Bekennenden Kirche. Sie stellte sich auf der Barmer Bekenntnissynode Ende Mai 1934 als die bekennende und rechtmäßige evangelische Kirche dar und setzte sich in einer öffentlichen Erklä-

*Hermann Göring
während einer
Gedenkfeier für
Albert Leo
Schlageter (1933)*

rung scharf mit den Irrtümern der „Deutschen Christen" auseinander. Die Verbreitung der Barmer Erklärung wurde verboten, die Predigten der Mitglieder der Bekennenden Kirche wurden von der Gestapo überwacht, oft wurden Pfarrer von der Kanzel herab verhaftet, Schriften der Organisation beschlagnahmt. Amtsenthebungen, Verhaftungen, Ausweisungen und Verurteilungen zu langjähriger KZ-Haft waren an der Tagesordnung.

Trotz aller Drangsalierungen konnte die Organisation der Bekennenden Kirche nicht zerschlagen werden. Immer wieder erhoben Kirchenvertreter öffentlich Protest gegen Judendeportationen, gegen das von Hitler befohlene Euthanasieprogramm, gegen die Konzentrationslager. Pfarrer Martin Niemöller, einer der unerbittlichsten Gegner des Regimes, wurde am 1. Juli 1937 verhaftet und verbrachte fast acht Jahre in Konzentrationslagern. Erst gegen Kriegsende wurde er von deutschen Soldaten befreit.

11.9 Deutsche Arbeitsfront

Hitler ließ den 1. Mai, den traditionellen Kampftag der Arbeiterbewegung, zum „Tag der nationalen Arbeit" und erstmals zum gesetzlichen Feiertag erklären. Schon der 1. Mai 1933 wurde mit eindrucksvoll inszenierten Massenkundgebungen, an denen auch die bestehenden Gewerkschaften teilnahmen, festlich begangen. Die Massen der Arbeiter, die bei der letzten Reichstagswahl am 5. März 1933 ihre Stimmen nicht den Nationalsozialisten, sondern der SPD oder der KPD gegeben hatten, sollten mit diesen Maifeiern für die Partei Hitlers gewonnen werden. Die Hoffnung der Gewerkschaftsführer, daß sich nun eine Zusammenarbeit zwischen ihren Organisationen und der „Nationalsozialistischen Betriebszellenorganisation" (NSBO) anbahnen würde, zerstoben bereits am folgenden Tage; denn an diesem 2. Mai besetzten in ganz Deutschland SA- und SS-Einheiten alle Gewerkschaftshäuser. Leitende Funktionäre wurden verhaftet, das Gewerkschaftsvermögen beschlagnahmt. Wenige Tage später wurden alle Gewerkschaftsmitglieder in die neue, Arbeitgeber und Arbeitnehmer einheitlich erfassende Organisation der „Deutschen Arbeitsfront" (DAF) zwangsüberführt. Auch die christlichen Gewerkschaften wurden kurz danach aufgelöst und ihre Mitglieder in die DAF eingereiht. In der Deutschen Arbeitsfront, so verkündete die Parteipresse, sei die deutsche Volksgemeinschaft verwirklicht, seien die alten Klassengegensätze aufgehoben. Die Tarifautonomie der Sozialpartner wurde durch die neu geschaffene Institution des staatlichen „Treuhänders der Arbeit" ersetzt. Die Mitgliedschaft in der DAF war formell freiwillig, doch wurde auf die Arbeitnehmer starker Druck ausgeübt, der Organisation beizutreten (1942: ca. 25 Millionen Mitglieder). Die Deutsche Arbeitsfront war, gestützt auf ihr hohes Beitragsaufkommen und auf das

Werbeplakat der Organisation „Kraft durch Freude", die von der Deutschen Arbeitsfront getragen wurde

Vermögen der aufgelösten Gewerkschaften, Trägerin der „Nationalsozialistischen Gemeinschaft Kraft durch Freude" (KdF; Gestaltung von Urlaub und Reisen, Durchführung der Volksbildung).

11.10 Hermann Göring

Bei der Errichtung der Diktatur in Deutschland und der rücksichtslosen Verfolgung und Ausschaltung der politischen Gegner war Hermann Göring Hitlers wichtigster Mitstreiter. In der Reichsregierung vom 30. Januar 1933 war er Minister ohne Geschäftsbereich. Als kommissarischem Innenminister (und bald als Ministerpräsident) von Preußen unterstand ihm der gesamte preußische Polizeiapparat, den er noch durch 50 000 SA- und SS-Männer verstärkte und brutal gegen alle Regimegegner einsetzte: „Ich habe kein Gewissen, mein Gewissen heißt Adolf Hitler!" Geboren am 12. Januar 1893 in Rosenheim als Sohn eines Kolonialbeamten, im 1. Weltkrieg

hochdekorierter Jagdflieger und letzter Kommandeur des Jagdgeschwaders Richthofen, war Göring 1922 zur NSDAP gestoßen und von Hitler mit der Führung der SA beauftragt worden. Nach dem gescheiterten *Hitlerputsch* (▷ 10.23) am 9. November 1923 entzog sich Göring der Verhaftung durch die Flucht ins Ausland. Nach seiner Rückkehr wurde er einer der engsten Mitarbeiter Hitlers, 1932 Reichstagspräsident.

Beim sogenannten „*Röhm-Putsch*" (▷ 11.13) war Göring einer der radikalsten Vollstrecker der Mordbefehle vom 30. Juni 1934. In der Blomberg-Fritsch-Affäre 1938 hatte er die Hand im Spiel – in der Hoffnung, selbst Oberbefehlshaber der Wehrmacht zu werden. Als Beauftragter für den *Vierjahresplan* (▷ 11.21) ab 1936 war er der wichtigste Mann in der Wiederaufrüstung. Hitler unterstrich seine Sonderstellung in der Parteihierarchie am Tage des Kriegsbeginns, am 1. September 1939, als er ihn öffentlich zu seinem Nachfolger bestimmte.

Als Oberbefehlshaber der Luftwaffe (seit 1935) vernachlässigte Göring den rechtzeitigen Aufbau starker Jagdgeschwader zur Verteidigung des heimatlichen Luftraumes, weil er sich der Forderung Hitlers anschloß, vorrangig Bomberverbände als Offensivwaffe aufzustellen. So kam es schon bald nach dem Scheitern der *Luftschlacht um England* (▷ 11.33) zu den ersten schweren Bombenangriffen auf deutsche Städte und schließlich zu der nahezu totalen Luftüberlegenheit der Alliierten in den letzten beiden Kriegsjahren.

Göring hat 1939 zwar versucht, über seine guten Auslandsverbindungen den Ausbruch des Krieges noch zu verhindern. Später war er mitverantwortlich für die Deportation ausländischer Zwangsarbeiter für die deutsche Rüstungsindustrie wie auch für die Vernichtungsaktionen gegen die europäischen Juden. Weil er in den letzten Kriegswochen von dem in Berlin eingeschlossenen Hitler ultimativ die Übergabe der Staatsgeschäfte forderte, entfernte Hitler ihn aus der Partei und allen seinen Ämtern. Göring geriet in amerikanische Gefangenschaft und wurde im *Nürnberger Kriegsverbrecherprozeß* (▷ 12.6) am 1. Oktober 1946 zum Tode durch den Strang verurteilt, entzog sich aber seiner Hinrichtung durch Einnahme von Gift (15. Oktober 1946). – Abb. S. 267.

11.11 Bücherverbrennung

Joseph Goebbels (▷ 11.14), seit dem 13. März 1933 Reichsminister für Volksaufklärung und Propaganda im Kabinett Hitlers, war der Initiator der schon im Frühjahr 1933 einsetzenden Aktionen gegen mißliebige, zum Teil jüdische Schriftsteller, Wissenschaftler, Künstler und Publizisten. Am 10. Mai 1933 wurden in Berlin und anderen deutschen Universitätsstädten unter großem propagandistischem Aufwand Aktionen zur „Verbrennung undeutschen Schrifttums" von nationalsozialistischen Studenten durchgeführt. Mit „Feuersprüchen" wurden als „entartet" und „undeutsch" bezeichnete Bücher vieler namhafter Autoren auf die Scheiterhaufen geworfen. Zu den Verfemten gehörten Heinrich Mann, Sigmund Freud, Karl Marx, Kurt Tucholsky, Carl von Ossietzky, Erich Kästner und viele andere.

Viele der Verfemten flohen oder wanderten aus, darunter fast alle deutschen Schriftsteller von Rang, einige begingen Selbstmord. In der deutschen Öffentlichkeit wurden diese Vorgänge mehr oder weniger hingenommen; Erschrecken zeigte sich nur dort, wo Angehörige oder Freunde betroffen waren. Einige der wenigen, die ihrer Empörung öffentlich Ausdruck gaben, war Ricarda Huch. Sie protestierte in einem Brief an den Präsidenten der Preußischen Akademie der Künste, als diese begann, ihre jüdischen Mitglieder auszuschließen, und erklärte ostentativ ihren Austritt aus der Akademie.

11.12 Hitlerjugend

In ihrem Bestreben, das deutsche Volk nach ihren Vorstellungen im „nationalsozialistischem Geist" zu erziehen, setzten Hitler und die Partei auf die Jugend. Möglichst alle deutschen Jungen und Mädchen sollten zwischen dem 10. und 18. Lebensjahr in der Nachwuchsorganisation der NSDAP, der Hitlerjugend (HJ), erfaßt werden. Zu Beginn des Jahres 1933 gehörten der HJ knapp 110 000 Mitglieder an, im Sommer 1933 bereits über 3,5 Millionen und Ende 1938 etwa 8,7 Millionen. Inzwischen waren alle bündischen und konfessionellen (mit Ausnahme der katholischen) Jugendverbände und sonstigen Jugendgruppen aufgelöst und in die HJ übernommen worden.

Fahrten und Zeltlager, Geländespiele, Lagerfeuer und Heimabende vermochten viele Jugendliche in den ersten Jahren anzuziehen und zu begeistern, zumal die Ideale der bündischen Jugendbewegung größtenteils weiter zu gelten schienen. Auch der Grundsatz „Jugend muß durch Jugend geführt werden" sprach viele junge Menschen in ihrem Stre-

Bücherverbrennung vor der Humboldt-Universität in Berlin (10. Mai 1933)

Hitlerjugend: Trommlerzug des Deutschen Jungvolks

ben nach Selbständigkeit und Selbstverwirklichung an.

Das Reichsgesetz vom 1. Dezember 1936 erklärte die HJ zur Staatsjugend, die Mitgliedschaft wurde somit jedem Jugendlichen zur Pflicht gemacht. Zunehmend gewann im HJ-Dienst – im Zusammenhang mit der Aufrüstung und der Kriegsvorbereitung – die vormilitärische Ausbildung und „Wehrertüchtigung" an Bedeutung. In den letzten Kriegsmonaten wurden Angehörige der HJ im Kriegsdienst eingesetzt, als Flakhelfer oder im *Volkssturm* (▷ 11.49), viele starben einen sinnlosen Tod oder gerieten in Gefangenschaft.

Aufbau: Deutsches Jungvolk (10- bis 14jährige Jungen), Hitlerjugend (14- bis 18jährige Jungen), Jungmädel (10- bis 14jährige Mädchen), Bund Deutscher Mädel (14- bis 18jährige Mädchen).

11.13 „Röhm-Putsch"

Die von der NSDAP schon früh aufgebaute SA (Sturmabteilung), ursprünglich als Saalschutz bei Veranstaltungen gedacht, war nach der Machtübernahme durch die erheblichen Neuaufnahmen (verächtlich als „Märzgefallene" bezeichnet) zu einem Millionenheer angewachsen, in dem Vorstellungen von einer weitgehenden sozialen Umgestaltung Deutschlands verbreitet waren. Die Führer der SA, an der Spitze ihr Stabschef Ernst Röhm, ein ehemaliger Offizier, sahen in ihrer straff geführten Organisation den Grundstock einer neuzubildenden Volksmiliz, in die

unter ihrer Regie auch die Reichswehr eingegliedert werden sollte. Gegen derartige Pläne und wild kursierende Gerüchte von einer „zweiten Revolution" suchte sich die konservative Reichswehrführung bei Hitler abzusichern. Da Hitler die Generale für seine Aufrüstungs- und Kriegsvorbereitungspläne dringend benötigte, entschied er sich für sie und gegen die sozialrevolutionären Ideen der SA-Führer.

Von der SS geschürte Gerüchte über angebliche Putschpläne der SA-Führung nahm Hitler zum Anlaß, die gesamte oberste SA-Führung anläßlich einer Führertagung am 30. Juni 1934 verhaften und ohne Gerichtsverhandlung ermorden zu lassen. Die Generale der Reichswehr, denen Hitler nun den Beweis geliefert hatte, daß die Reichswehr als Waffenträger der Nation unbestritten blieb, nahmen es widerspruchslos hin, daß im Zuge der Mordaktionen auch andere alte Widersacher Hitlers beseitigt wurden, darunter zwei Generale – einer von ihnen war Kurt von Schleicher, der letzte Reichskanzler. Zu den Ermordeten gehörten auch einige der engsten Mitarbeiter des Vizekanzlers von Papen, der ehe-

Ernst Röhm (rechts) und Hitler (1934)

Joseph Goebbels während einer Rede in Berlin (um 1931)

malige bayerische Staatskommissar von Kahr zur Zeit des Hitler-Putsches 1923, und Gregor Strasser, vordem Organisationsleiter der NSDAP.

Hitler ließ nachträglich durch ein vom Reichspräsidenten von Hindenburg unterzeichnetes Gesetz vom 3. Juli 1934 die Morde „als Staatsnotwehr" für „rechtens" erklären. Um vor der Öffentlichkeit der Mordaktion nachträglich eine moralische Rechtfertigung zu geben, beklagte sich Hitler in einer Reichstagsrede am 13. Juli 1934 über die homosexuellen Neigungen Röhms und anderer SA-Führer. Die SA war für immer entmachtet, aber nun begann der Aufstieg der *SS* (▷ 11.31) als Eliteformation der Partei.

11.14 Joseph Goebbels

Wichtigster und an allen Entwicklungen und Entscheidungen in Partei und Staat maßgeblich beteiligter Gefolgsmann Hitlers neben *Hermann Göring* (▷ 11.10) war Joseph Goebbels. Geboren am 29. Oktober 1897 in Rheydt als Sohn eines Buchhalters, studierte er Philosophie, Kunstgeschichte und Literaturwissenschaft und promovierte zum Dr. phil. Im Jahre 1924 kam er zur NSDAP, gehörte zunächst dem sozialistischer orientierten linken Flügel der Partei unter Gregor Strasser an, schwenkte dann jedoch ganz auf die Linie Hitlers ein, der ihn 1926 zum Gauleiter von Berlin-Brandenburg machte. Hier, in den von der KPD beherrschten Arbeitervierteln, wurde Goeb-

bels durch seine demagogischen Fähigkeiten und seine rednerische Begabung eine der profiliertesten Gestalten in der Führungsgruppe der NSDAP. 1929 machte Hitler ihn zusätzlich zum „Reichspropagandaleiter" der NSDAP.

Zusammen mit Göring hat Goebbels entscheidend dazu beigetragen, daß der durch die Wahlniederlagen der Jahreswende 1932/33 niedergeschlagene Hitler nicht resignierte. Als Reichsminister für Volksaufklärung und Propaganda (ab 13. März 1933) hat Goebbels mit psychologisch geschickten Methoden Hitlers Machtstellung auszubauen verstanden und den „Führermythos" geschaffen, wobei er alle verfügbaren Mittel und vorrangig die Massenmedien Rundfunk, Presse und Film für die Inszenierung eines maßlos übersteigerten Personenkultes um die Person des „Führers" einsetzte. Das Schauspiel des *Tages von Potsdam* (▷ 11.4), die Massenaufmärsche zum 1. Mai und anderen Gedenktagen und die organisatorisch in höchster Perfektion gestalteten *Reichsparteitage* (▷ 11.15) waren sein Werk. Nicht nur die Deutschen sollten von der Größe und Einmaligkeit der nationalsozialistischen Bewegung überzeugt, auch das Ausland sollte von der Kraft des neuen Deutschland beeindruckt werden. So sehr wie er hat niemand zur Festigung der nationalsozialistischen Diktatur im deutschen Volk beigetragen. Goebbels hat auch die ersten antisemitischen Ausschreitungen vom 1. April 1933, die *Bücherverbrennungen*

(▷ 11.11) vom Mai 1933 und später die Judenverfolgungen in der von den Nazis zynisch so
bezeichneten *Reichskristallnacht* (▷ 11.17)
vom 9. November 1938 inszeniert.

Dem sich nach der Katastrophe von *Stalingrad* (▷ 11.41) abzeichnenden Stimmungsum-
schwung in Deutschland suchte Goebbels mit
einer Fanatisierung der Massen und dem
Aufruf zum *totalen Krieg* (▷ 11.42) zu begegnen. Hitler ernannte seinen treuesten Gefolgsmann in seinem *politischen Testament*
(▷ 11.50) zum Reichskanzler. Goebbels aber
folgte Hitler mit Frau und Kindern am 1. Mai
1945 in den Tod.

11.15   Reichsparteitage

Höhepunkte der raffiniert auf Massenpsychose eingestellten nationalsozialistischen
Propaganda unter der Regie von *Joseph Goebbels* (▷ 11.14) waren die alljährlich mit gewal-
tigem Aufwand aufgezogenen Reichsparteitage. Sie fanden auf dem eigens dafür geschaffenen Reichsparteitagsgelände bei Nürnberg
statt. In überdimensionalen Großveranstal-
tungen der Partei und ihrer Gliederungen,
später auch des Arbeitsdienstes und der
Wehrmacht, mit Fahnenaufmärschen und
gottesdienstähnlichen Kultfeiern, deren Höhepunkt immer der Einzug des „Führers"
war, sollte die völlige Übereinstimmung des
deutschen Volkes mit der Partei und der Poli-

*Plakat zum Reichsparteitag der NSDAP
1935 in Nürnberg*

tik Hitlers vor aller Welt immer wieder zum
Ausdruck gebracht werden. Die Teilnehmer
an diesen Großkundgebungen sollten von der
überwältigenden Größe der Nation und dem
Erlebnis der unverbrüchlichen Volksgemeinschaft durchdrungen werden. Dieser Massenpsychose sind viele Menschen in diesen Jahren erlegen. Der für 1939 geplante „Reichsparteitag des Friedens" mußte wegen des
deutschen Überfalls auf Polen abgesagt werden.

11.16   Nürnberger Gesetze

Mit dem von Goebbels organisierten Juden-
boykott vom 1. April 1933 gegen jüdische Geschäfte, Banken, Ärzte und Rechtsanwälte
war die NSDAP erstmals nach der Machtübernahme öffentlich ihrem antisemitischen
Programm entsprechend gegen jüdische Mitbürger vorgegangen. Am 7. April 1933 wurde
mit dem „Gesetz zur Wiederherstellung des
Berufsbeamtentums" die rechtliche Grundlage für die Entfernung „nichtarischer" Beamter aus ihren Stellungen geschaffen. Diffamierungen und Demütigungen jüdischer
Menschen rissen fortan nicht mehr ab. An der

*Reichsparteitag der NSDAP 1935 in
Nürnberg*

Spitze der antisemitischen Hetzkampagnen stand das in Nürnberg erscheinende Schmierblatt „Der Stürmer" des fränkischen Gauleiters Julius Streicher.

Endgültig zu Staatsbürgern minderen Rechts wurden die deutschen Juden durch die auf dem Reichsparteitag am 15. September 1935 in Nürnberg erlassenen Gesetze, das „Reichsbürgergesetz" und das „Gesetz zum Schutze des deutschen Blutes und der deutschen Ehre". Mit dem „Reichsbürgergesetz" wurden politische Rechte und die Verleihung von Ehrenämtern vom Nachweis der „arischen Abstammung" abhängig gemacht. Den jüdischen Mitbürgern wurde das Reichsbürgerrecht vorenthalten. Das „Blutschutzgesetz" verbot unter Androhung von Zuchthausstrafen Eheschließungen und außereheliche Beziehungen zwischen Juden und „Staatsangehörigen deutschen oder artverwandten Blutes" als Rassenschande. Juden wurde außerdem untersagt, „arische" Hausangestellte unter 45 Jahren zu beschäftigen. Die Verfolgung und ständige Diskriminierung der jüdischen Mitbürger in Deutschland hatte mit diesen Gesetzen, die in der ganzen Welt als Pervertierung des Rechtsstaatsgedankens schärfstens verurteilt wurden, eine juristische Grundlage erhalten.

11.17 „Reichskristallnacht"

Als Ende Oktober 1938 Tausende von ehemals polnischen Juden von der Reichsregierung nach Polen abgeschoben wurden und einem ungewissen Schicksal entgegengingen, weil die polnische Regierung zunächst die Wiederaufnahme verweigerte, erschoß ein junger Jude, dessen Eltern zu den Ausgewiesenen gehörten, am 7. November 1938 in Paris den deutschen Botschaftsrat Ernst vom Rath, der selbst ein Gegner der Hitlerdiktatur war. Der Racheakt hatte den deutschen Botschafter treffen sollen.

Dieser Mord wurde der Anlaß zu den von Goebbels gesteuerten Ausschreitungen gegen jüdische Bürger und Geschäfte in ganz Deutschland in der Nacht vom 9. zum 10. November 1938, bei denen überall die Synagogen in Brand gesteckt, jüdische Geschäfte und Wohnungen demoliert und jüdische Menschen, die sich zur Wehr setzten, verprügelt oder sogar ermordet wurden. Der Sach-

Den nationalsozialistischen Terroraktionen der „Reichskristallnacht" am 9. November 1938 fielen Menschen und viele jüdische Einrichtungen zum Opfer. Das Bild zeigt die brennende Synagoge in der Oranienburger Straße in Berlin

schaden belief sich auf mehrere hundert Millionen Reichsmark. Im Laufe der Aktionen wurden über 26000 Juden verhaftet und in *Konzentrationslager* (▷ 11.39) verschleppt.

Den geschädigten Juden wurde schließlich noch durch eine Verordnung eine Geldbuße von rund einer Milliarde Reichsmark für die entstandenen Schäden auferlegt, die an das Deutsche Reich zu entrichten war. Die jüdischen Geschäftsinhaber wurden gezwungen, ihre Firmen in „arische" Hände zu überge-

273

ben. Weitere Gesetze und Verordnungen schalteten die Juden jetzt auch aus dem Wirtschaftsleben sowie aus kulturellen und wissenschaftlichen Einrichtungen aus.

Bis zum Pogrom vom 9. November 1938 waren trotz aller Diskriminierungen bisher nur rund 170 000 jüdische Bürger, etwa ein Drittel der jüdischen Bevölkerung in Deutschland, ausgewandert. In der Führungsspitze der Nationalsozialisten, die für die Vorgänge des 9. November zynisch die Bezeichnung „Reichskristallnacht" erfanden, begannen jetzt Überlegungen über die „Lösung der Judenfrage", wobei vorerst eine Massenausweisung (z. B. nach Madagaskar) erörtert wurde.

11.18 Rheinlandbesetzung

Am 7. März 1936 rückten auf Befehl Hitlers deutsche Truppenverbände in das gemäß dem *Versailler Vertrag* (▷ 10.11) entmilitarisierte Rheinland ein. Hitler verstieß mit dieser Aktion zugleich gegen den *Locarno-Vertrag* (▷ 10.26) von 1925, in dem für das Deutsche Reich der damalige Außenminister Gustav Stresemann ausdrücklich die Entmilitari-

Truppen der deutschen Wehrmacht marschieren am 7. März 1936 in das entmilitarisierte Rheinland ein – hier über die Rheinbrücke in Mainz

sierung des Rheinlandes anerkannt hatte. Hitler begründete sein Vorgehen mit dem zwischen Frankreich und der Sowjetunion im Mai 1935 geschlossenen Beistandspakt, der vor wenigen Tagen von der französischen Nationalversammlung ratifiziert worden war; durch ihn sei der Locarno-Vertrag zuerst verletzt worden. In einer Rede vor dem Reichstag am 7. März unterstrich Hitler seine Friedensbereitschaft und kündigte die Rückkehr Deutschlands in den *Völkerbund* (▷ 10.27) an.

Die Besetzung des Rheinlandes war ein außerordentlich riskantes Unternehmen. Hätten Frankreich und Belgien mit einer militärischen Gegenaktion geantwortet, wäre Hitler gezwungen gewesen, die deutschen Verbände wieder zurückzuziehen. Die Wehrmacht wäre nicht in der Lage gewesen, einem Einmarsch der Westmächte nennenswerten Widerstand zu leisten. Hitler selbst gab später zu: „Die 48 Stunden nach dem Einmarsch ins Rheinland sind die aufregendste Zeitspanne in meinem Leben gewesen." Aber die Franzosen marschierten nicht, da Großbritannien nicht bereit war, eine militärische Unternehmung zu unterstützen. So blieb es bei einer schwächlichen Protestnote und der Verurteilung Deutschlands vor dem Völkerbundsrat wegen Vertragsbruchs, über die Hitler sich unbeeindruckt hinwegsetzte. Die zurückhaltende Reaktion der Westmächte auf die Rheinlandbesetzung verschaffte Hitler einen beträchtlichen Prestigegewinn im deutschen Volk, und sie gab ihm die Gewißheit, daß sich mit entschlossenem Auftreten gegenüber den „schlappen" Demokratien erfolgreiche Politik machen ließ. Die Chance, Hitler bereits zu diesem frühen Zeitpunkt und mit den besten Erfolgsaussichten in seinem ungestümen Vorwärtsdrang energisch entgegenzutreten, war vertan.

11.19 Achse Berlin – Rom

Hitler brauchte für seine aggressive Außenpolitik Verbündete. Sein Wunschpartner Großbritannien blieb bei allem Verständnis für die von Hitler betriebene Revisionspolitik distanziert. So näherte er sich jetzt dem faschistischen Italien unter dem Diktator Benito Mussolini, den er wegen seiner Erfolge bewunderte und dessen theatralisch-pomphaftes Auftreten ihm wesensverwandt war. Noch

*Adolf Hitler
beim Staatsbesuch
im verbündeten
Italien 1938,
neben ihm
Benito Mussolini*

1934 war der erste Annäherungsversuch Hitlers kläglich gescheitert, hatte Mussolini durch den italienischen Truppenaufmarsch an der Südtiroler Grenze zum Mißlingen des nationalsozialistischen Umsturzversuches in Österreich beigetragen und den Bestrebungen einiger österreichischer Kreise, die auf einen Anschluß an das nationalsozialistische Deutschland gerichtet waren, eine unmißverständliche Antwort erteilt.

Nachdem aber Deutschland sich 1936 an den europäischen Sanktionsmaßnahmen gegen Italien nicht beteiligte, das sich anschickte, Abessinien zu erobern, sondern mit dringend benötigten Rohstofflieferungen zu Hilfe kam, änderte sich Mussolinis Einstellung gegenüber Deutschland. Der Ausbruch des spanischen Bürgerkrieges führte bald zu einer intensiven deutsch-italienischen Interventionspolitik und zu konkreter militärischer Zusammenarbeit an der Seite Francos. Am 25. Oktober 1936 wurde anläßlich des Besuches des italienischen Außenministers Graf Ciano in Berlin ein deutsch-italienisches Abkommen geschlossen, für das wenige Tage später Mussolini in einer Rede die Bezeichnung „Achse Berlin–Rom" prägte. Deutschland erkannte offiziell die italienische Annexion Abessiniens an, beide Staaten sprachen die diplomatische Anerkennung der spanischen Gegenregierung unter Franco aus. Die gemeinsame Interventionspolitik im spanischen Bürgerkrieg wurde mit der Entschlossenheit beider

Staaten zum Kampf gegen den Bolschewismus begründet.

Die Übereinkunft erhielt mit dem am 22. Mai 1939 zwischen beiden Staaten geschlossenen Stahlpakt einen festen Bündnisvertrag. Der Pakt trug einen ausgesprochen offensiven Charakter und diente der Vorbereitung des deutschen *Überfalls auf Polen* (▷ 11.28). Für Hitler war der Abschluß des Bündnisvertrages und das enge Engagement mit dem faschistischen Italien im spanischen Bürgerkrieg das Fundament, von dem aus er jetzt zu eigener, gewaltsamer Annexions- und Eroberungspolitik überging, während Mussolini sich sowohl in der Sudetenkrise 1938 wie auch unmittelbar vor dem deutschen Überfall auf Polen 1939 bemühte, Hitler in seinem gewalttätigen, den Krieg einkalkulierenden Vorgehen aufzuhalten.

11.20 Antikominternpakt

Die antikommunistische Grundeinstellung des nationalsozialistischen Deutschland nahm die japanische Regierung zum Anlaß, die Aufnahme von Verhandlungen mit dem Deutschen Reich über eine gegen die Sowjetunion gerichtete Zusammenarbeit beider Staaten anzuregen. Am 25. November 1936 wurde in Berlin der Antikominternpakt abgeschlossen, dessen Hauptziel es war, der „kommunistischen Zersetzung" durch die Aktivitäten der Kommunistischen Internationale (Komintern) entgegenzuwirken. Dem auf fünf Jahre vereinbarten Vertrag war ein geheimes Zusatzprotokoll beigefügt, in dem sich beide Partner gegenseitige Neutralität im Falle eines nicht provozierten Angriffs oder einer Angriffsdrohung der Sowjetunion auf eines der beiden Länder versprachen und die Versicherung abgaben, keine Verträge mit der Sowjetunion abzuschließen, die gegen den Geist dieses Abkommens verstoßen würden. Italien, das sich im November 1937 dem Antikominternpakt anschloß, wurde die Existenz des geheimen Zusatzprotokolls verschwiegen. Hitler hat sich mit dem am 23. August 1939 geschlossenen *Hitler-Stalin-Pakt* (▷ 11.27) über die im Zusatzprotokoll abgegebene Versicherung hinweggesetzt.

11.21 Vierjahresplan

Auf dem Reichsparteitag in Nürnberg kündigte Hitler am 9. September 1936 einen Vierjahresplan für die Aufrüstung und die Erlangung der wirtschaftlichen Autarkie an. In einer Denkschrift hierzu ordnete er an, in vier Jahren müsse die Wehrmacht einsatzfähig und die deutsche Wirtschaft kriegsbereit sein. Die Reichsregierung verkündete den Wirtschaftsplan durch Verordnung am 18. Oktober 1936; Beauftragter für den Vierjahresplan wurde *Hermann Göring* (▷ 11.10). Mit dem Vierjahresplan ging die marktwirtschaftlich geprägte Phase relativer Autonomie zu Ende, in der die private Großindustrie seit 1933 bei grundsätzlicher Zustimmung zu Hitlers Auf-

Angehörige des Reichsarbeitsdienstes beim Appell auf dem Reichsparteitag von 1934 in Nürnberg

rüstungsplänen gearbeitet hatte. Die Einflußnahme der Partei und die Eingriffe des Staates wurden erheblich verstärkt, wenngleich keineswegs eine Umstellung auf volle Planwirtschaft erfolgte.

Entsprechend den Zielen des Vierjahresplans wurden der Privatwirtschaft auf Schwerpunktgebieten staatliche Produktionsprogramme verordnet. In den staatlichen Planungsprozeß, dessen Organisation unter Göring unübersichtlich und stark auf persönlichen Beziehungen aufgebaut war, wurden zahlreiche Vertreter der Privatwirtschaft offiziell einbezogen. Mit den „Reichswerken Hermann Göring" baute der Staat einen eigenen Konzern im Bereich der Schwerindustrie auf; die SS gründete eigene Wirtschaftsbetriebe. Der Vierjahresplan beschränkte im Interesse der schwerindustriellen Produktion den Konsum der Bevölkerung; sie sollte später mit den Kriegsgewinnen aus dem angestrebten Krieg entschädigt werden.

1940 verlängert, verlor der Vierjahresplan unter den Bedingungen der Kriegswirtschaft zunehmend an Bedeutung. Rüstungsminister Albert Speer (ab 1942) übernahm als Hauptverantwortlicher die Organisation der Kriegswirtschaft, in der die staatliche Planung verstärkt und ausgedehnt wurde.

11.22 Reichsarbeitsdienst

Auf der Arbeitslagerbewegung bündischer Studenten in den Jahren nach dem 1. Weltkrieg aufbauend, hatte bereits die Regierung Brüning 1931 zur Bekämpfung der Massenarbeitslosigkeit einen freiwilligen Arbeitsdienst eingerichtet. Von der Regierung Hitler wurde diese Einrichtung übernommen. Bereits 1934 wurde die Arbeitsdienstpflicht für Studenten eingeführt, die Zulassung zum Studium davon abhängig gemacht, daß vorher der Arbeitsdienst geleistet worden war.

Am 26. Juni 1935 wurde nun für alle Männer und Frauen zwischen 18 und 25 Jahren eine halbjährige Arbeitsdienstpflicht eingeführt und hierfür die Organisation des Reichsarbeitsdienstes (RAD) geschaffen. Der Reichsarbeitsdienst hat in seinen Anfangsjahren wesentlich zur Senkung der immer noch hohen Arbeitslosenzahlen beigetragen. In der Vorstellung der Parteiideologen sollte er durch das gemeinsame Arbeitserlebnis der jungen

Menschen aus allen Berufen das Bewußtsein der „Volksgemeinschaft" verstärken, das in den Formationen der *Hitlerjugend* (▷ 11.12) begründet worden war.
Während die Frauen vorwiegend in der Landwirtschaft und in bäuerlichen Haushalten eingesetzt wurden, geriet der Arbeitsdienst der männlichen Jugend neben den Aufgaben im Straßenbau und zur Bodenkultivierung zunehmend in den Bereich militärischer Hilfsdienste und vormilitärischer Ausbildung. Zusammen mit der ebenfalls 1935 eingeführten Wehrpflicht stellte der Arbeitsdienst einen festen Abschnitt im Leben eines jeden jungen Deutschen im Dritten Reich dar.

11.23 Wehrmacht

Die *Reichswehr* (▷ 10.16) war zum Zeitpunkt der nationalsozialistischen Machtübernahme neben dem Reichspräsidenten die einzige noch intakte Institution im Staate, auf die die konservativen Regierungsmitglieder setzten, wenn sie glaubten, Hitler in der Regierungsarbeit „einrahmen" und „zähmen" zu können. Aber bereits am 3. Februar 1933 stimmte die versammelte Generalität dem von Hitler vorgetragenen Programm uneingeschränkt zu, in dem er neben der „Ausrottung des Marxismus" und der Beseitigung des „Krebsschadens der Demokratie" den Aufbau der Wehrmacht und die Aufrüstung angekündigt und dabei auch einen Krieg zur „Eroberung neuen Lebensraumes im Osten" nicht ausgeschlossen hatte. Schon hier gab er den Generalen die Versicherung, daß nur die Reichswehr der Waffenträger der Nation sei und der SA lediglich innenpolitische Aufgaben zuständen. Diese Zusage löste Hitler auf brutale Weise mit dem Blutbad vom 30. Juni 1934 im sogenannten *„Röhm-Putsch"* (▷ 11.13) ein. Mit der Einführung der allgemeinen Wehrpflicht am 16. März 1935, mit der Hitler sich über die Bestimmung des *Versailler Vertrages* (▷ 10.11) hinwegsetzte, begann auch zugleich der zügige Ausbau der nun offiziell in „Wehrmacht" umbenannten Reichswehr mit den Teilstreitkräften Heer, Marine und Luftwaffe. Oberbefehlshaber der Wehrmacht war der Reichskriegsminister von Blomberg, Oberbefehlshaber der neugeschaffenen Luftwaffe wurde der Reichsluftfahrtminister *Hermann Göring* (▷ 11.10). Am 24. August 1936 wurde im Rahmen der Wehrpflicht die zweijährige Dienstzeit eingeführt. Fortan war die Wehrmacht auch auf den Reichsparteitagen mit imponierenden Paraden sichtbar, bei denen die wachsende Stärke der Streitkräfte und ihre Ausrüstung mit modernsten Waffen und Gerät den anwesenden Spitzen von Partei und Staat sowie dem versammelten diplomatischen Korps vorgeführt wurde. 1936–39 kämpften deutsche Truppen (die sogenannte Legion Condor) auf der Seite Francos im spanischen Bürgerkrieg. 1939 hatte das Heer eine Stärke von 2,6 Millionen, die Luftwaffe von 400 000, die Marine von 50 000 Mann.
Aber Hitlers aggressive, auf den Krieg zusteuernde Politik wurde nicht von allen Generalen bedenkenlos mitgetragen. Als von Blomberg und der Oberbefehlshaber des Heeres, Generaloberst von Fritsch, gemeinsam mit Reichsaußenminister von Neurath Hitler Anfang November 1937 ihre Bedenken gegen eine so riskante Politik vortrugen, waren sie für den Diktator als Oberbefehlshaber untragbar geworden. Von Blomberg konnte er zwingen, seinen Abschied einzureichen, als eine Polizeiakte über das Vorleben seiner Frau auftauchte, die er gerade im Januar 1938 – mit Hitler und Göring als Trauzeugen – geheiratet hatte. Im Fall Fritsch half nur eine schmutzige Intrige, die Göring und Himmler inszenierten, um auch dessen Rücktritt zu erzwingen. Eine zufällige Namensähnlichkeit wurde bewußt ausgenutzt, um Fritsch dem Verdacht auszusetzen, homosexuelle Neigungen zu haben (Blomberg-Fritsch-Affäre). Obwohl ein Ehrengericht das Intrigenspiel entlarvte und die absolute Integrität des Generals feststellte, wurde Fritsch dennoch nicht wieder als Oberbefehlshaber eingesetzt.
Hitler hatte sein Ziel erreicht. Er übernahm jetzt selbst die Befehlsgewalt unmittelbar und schuf mit dem Oberkommando der Wehrmacht (OKW) eine ihm direkt unterstellte Führungsspitze mit ihm treu ergebenen Offizieren.

11.24 Anschluß Österreichs

Nach der Auflösung des Vielvölkerstaates Österreich-Ungarn am Ende des 1. Weltkrieges hatten die Deutschösterreicher spontan den Anschluß an das Deutsche Reich beschlossen, der jedoch von den Siegermächten

In Linz begrüßt die Bevölkerung die in Österreich einmarschierten Truppen der deutschen Wehrmacht (12. März 1938)

im *Versailler Vertrag* (▷ 10.11) untersagt wurde. Die nun entstandene Republik Österreich mußte ihre wirtschaftlichen und sozialen Strukturen ganz neu aufbauen und war dabei auf die Hilfe der Alliierten und die Gewährung von Krediten angewiesen.

Auch in Österreich war 1933 ein autoritäres Regierungssystem unter Leitung des christlich-sozialen Bundeskanzlers Engelbert Dollfuß entstanden, der das Parlament ausschaltete, die kommunistische und nationalsozialistische Partei verbot (1934 auch die Sozialdemokratie ausschaltete) und mit einem parteiähnlichen Kampfverband, der „Vaterländischen Front", zu regieren versuchte. Außenpolitisch wurde sein Kurs von Ungarn und dem faschistischen Italien Mussolinis gestützt.

Bei einem Putschversuch der Nationalsozialisten im Juli 1934 wurde Dollfuß ermordet. Der Putsch aber mißlang, weil die von Hitler-Deutschland erwartete Unterstützung wegen der drohenden Haltung Mussolinis unterblieb. Zwischen Deutschland und Österreich kam zwar im Juli 1936 ein Abkommen zustande, das die freundschaftlichen Beziehungen zwischen beiden Staaten wiederherstellte, aber die sich rasch verstärkende Zusammenarbeit zwischen dem nationalsozialistischen Deutschland und dem faschistischen Italien

ließ die Alpenrepublik mehr und mehr in eine Außenseiterposition geraten. Als Hitler sich die Gewißheit verschafft hatte, daß Mussolini einem Anschluß Österreichs an Deutschland nicht mehr im Wege stehen werde, schlug er dem österreichischen Bundeskanzler Kurt Schuschnigg gegenüber eine andere Sprache an. Zuerst verlangte er von ihm die Aufnahme nationalsozialistischer Führer in seine Regierung, dann forderte er brüsk seinen Rücktritt und die Übergabe der Regierung an den Nationalsozialisten Arthur Seyß-Inquart. Obwohl alle Bedingungen erfüllt wurden, ließ Hitler am 12. März 1938 auf ein angebliches Ersuchen Seyß-Inquarts hin deutsche Truppen in Österreich einrücken. Er war inzwischen darüber informiert worden, daß Großbritannien ebenfalls den Anschluß Österreichs an das Deutsche Reich hinnehmen werde.

Die deutschen Soldaten wurden von der österreichischen Bevölkerung mit großem Jubel begrüßt. Unter einem Meer von Fahnen und Glockengeläut hielt Hitler Einzug in seine österreichische Heimat. Am 14. März 1938 trat das „Gesetz über die Wiedervereinigung Österreichs mit dem Deutschen Reich" in Kraft. Die nationalsozialistische Propaganda verkündete der Welt: Der „Führer" hat die „Ostmark heim ins Reich geholt!" Das

„Großdeutsche Reich", das viele erträumt hatten, war nun Wirklichkeit geworden.

11.25 Münchner Abkommen

Hitlers Popularität war nach dem so reibungslos verlaufenen *Anschluß Österreichs* (▷ 11.24) auf einem Höhepunkt angelangt. Die Meinung, er werde alles, was er anpacke, zu einem guten Ende führen, war allgemein verbreitet. Aber Hitler plante noch im März 1938 den nächsten Coup, die Zerschlagung der Tschechoslowakei. Indem er die seit dem Ende des 1. Weltkrieges im tschechoslowakischen Vielvölkerstaat lebenden Deutschen anstachelte, ihre Autonomieforderungen immer höher zu schrauben, so daß sie für den tschechoslowakischen Staat nicht mehr annehmbar wurden, löste er die Sudetenkrise aus. Die zwischen den 3,5 Millionen Sudetendeutschen und dem tschechoslowakischen Staat sich verschärfenden Spannungen nahm Hitler jetzt zum Anlaß, die Abtretung des vorwiegend von Deutschen bewohnten Sudetenlandes an das Deutsche Reich zu fordern. Sein offen der Wehrmachtführung gegenüber geäußerter „unabänderlicher Entschluß, die Tschechoslowakei in absehbarer Zeit durch eine militärische Aktion zu zerschlagen", veranlaßte den Generalstabschef des Heeres, Generaloberst Ludwig Beck, gegen Hitlers unverhüllte Kriegspläne zu protestieren und von seinem Amt zurückzutreten. Um ihn und

seinen Nachfolger im Amt, General Franz Halder, bildete sich jetzt eine Widerstandsgruppe, die, um den Krieg zu verhindern, zum Staatsstreich entschlossen war und der britischen Regierung signalisierte, Hitlers aggressivem Vorgehen entgegenzutreten. Der britische Premierminister Neville Chamberlain aber glaubte, mit Konzessionsbereitschaft Hitler von einem gewaltsamen Schritt gegen die Tschechoslowakei abhalten zu können. Er bot seine Vermittlungsdienste an und flog am 15. und 22. September 1938 zu Besprechungen mit Hitler nach Deutschland. Als Hitler auf dem Einmarsch der Wehrmacht in die Tschechei und auf der Abtretung des Sudetenlandes beharrte, mußte Chamberlain die Hilfe Mussolinis in Anspruch nehmen, um doch noch zu einem Abkommen auf friedlichem Wege zu gelangen. Das von Chamberlain, Mussolini, Hitler und dem französischen Ministerpräsidenten Édouard Daladier am 30. September 1938 unterzeichnete Münchner Abkommen verpflichtete die Tschechoslowakei, ab 1. Oktober die Sudetengebiete zu räumen, die gleichzeitig von deutschen Truppen besetzt wurden. Großbritannien und Frankreich garantierten der Tschechoslowakei die Existenz ihres Reststaates. Hitler und Chamberlain unterzeichneten am 30. September eine deutsch-britische Nichtangriffs- und Konsultationserklärung, in der sich beide Politiker verpflichteten, für die friedliche Regelung aller Streitfragen einzutreten. Hitler erklärte,

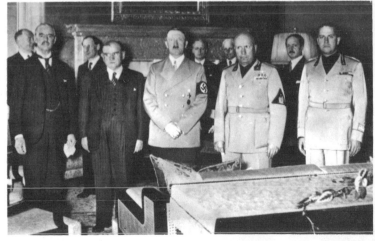

Nach der Unterzeichnung des Münchner Abkommens. Im Vordergrund von links nach rechts: Neville Chamberlain, Édouard Daladier, Adolf Hitler, Benito Mussolini; rechts außen der italienische Außenminister Galeazzo Ciano

keine weiteren territorialen Ansprüche mehr zu haben.

11.26 Protektorat Böhmen-Mähren

Der britische Premierminister Neville Chamberlain glaubte, mit dem im *Münchner Abkommen* (▷ 11.25) erzielten Ergebnis den „Frieden für unsere Zeit" gerettet zu haben. Für Hitler aber bedeutete das Abkommen von München nur eine ärgerliche Verzögerung seiner Pläne. Die „Zerschlagung der Resttschechei" als Vorbedingung für seinen Angriffskrieg gegen Polen zur Gewinnung von *Lebensraum* (▷ 11.30) für das deutsche Volk wurde nicht aus dem Auge gelassen und schon im Frühjahr 1939 vollzogen.

Während die Slowakei sich am 14. März 1939 aus dem tschechoslowakischen Staatsverband löste, ihre Unabhängigkeit erklärte, dann aber ein Vasallenstaat Hitler-Deutschlands wurde, mußte der tschechoslowakische Staatschef Emil Hacha, in einer Nachtsitzung in Berlin von Hitler und Göring unter schwersten psychischen Druck gesetzt, ein Abkommen unterzeichnen, das „das Schicksal des tschechischen Volkes und Landes vertrauensvoll in die Hände des Führers des Deutschen Reiches legt". Noch in der Nacht zum 15. März begann die Wehrmacht, Böhmen und Mähren zu besetzen. Hitler verkündete

Reaktion von Prager Bürgern auf den Einmarsch deutscher Truppen (März 1939)

die Errichtung des „Reichsprotektorates Böhmen und Mähren". Die Länder wurden dem Deutschen Reich eingegliedert mit eingeschränkter Souveränität, eigenem Staatsoberhaupt und eigener Regierung, die freilich unter der strikten Oberaufsicht des Reichsprotektors stand. Erster Reichsprotektor wurde der bisherige Außenminister Konstantin Freiherr von Neurath, den Hitler anläßlich der Blomberg-Fritsch-Krise Anfang Februar 1938 durch den überzeugten Nationalsozialisten Joachim von Ribbentrop ersetzt hatte.

Hitler hatte nun aber endgültig das Vertrauen Chamberlains verloren, der am 31. März 1939 der polnischen Regierung eine Garantieerklärung für den Fall eines deutschen Angriffs auf Polen gab, der sich Frankreich anschloß.

11.27 Hitler-Stalin-Pakt

Die nationalsozialistische Propaganda hatte neben dem bereits im Parteiprogramm von 1920 als Hauptfeind bezeichneten „Weltjudentum" besonders den „Weltbolschewismus" erbittert bekämpft und die von der Kommunistischen Internationale ausgehenden Bestrebungen, die westlichen Staaten zu unterwandern und die Weltrevolution vorzubereiten. Auch in dem 1936 mit Japan abgeschlossenen *Antikominternpakt* (▷ 11.20) war diese antikommunistische Frontstellung deutlich zum Ausdruck gekommen, die auch in der westlichen Welt Sympathien fand.

Die Nachricht vom Abschluß des Deutsch-Sowjetischen Nichtangriffspaktes vom 23. August 1939, zu dem der deutsche Außenminister von Ribbentrop nach Moskau gereist war, wurde deshalb in Frankreich und Großbritannien, die zur gleichen Zeit mit Moskau über eine Koalition gegen Hitlerdeutschland verhandelten, als Sensation größten Ausmaßes empfunden. Auch in Deutschland löste der „Hitler-Stalin-Pakt" höchstes Erstaunen aus, auch bei hohen Parteifunktionären, da man ja ganz andere Töne aus der Parteipresse gewohnt war. Jetzt aber pries das Reichspropagandaministerium den Vertragsabschluß enthusiastisch als Hitlers Meisterstück. Hitler hatte nun freie Bahn für den Angriff auf Polen, außerdem glaubte er, Großbritannien und Frankreich würden jetzt nicht wagen, wegen Polen mit dem Deutschen Reich einen Krieg zu beginnen.

Der sowjetische Außenminister Wjatscheslaw Molotow bei der Unterzeichnung des Deutsch-Sowjetischen Nichtangriffspakts (23. August 1939); stehend dahinter Iossif Stalin (rechts) und der deutsche Außenminister Joachim von Ribbentrop

In einem geheimen Zusatzprotokoll zum Vertrag waren die gegenseitigen Interessensphären abgesteckt worden. Deutschland erklärte sein Desinteresse an Finnland, Estland und Lettland, erhob aber Anspruch auf Litauen. Die Sowjetunion bekundete ihr Interesse an

Bessarabien in Südosteuropa. Polen wurde erneut geteilt, die Demarkationslinie sollte durch die Flüsse Narew, Weichsel und San festgelegt werden.

11.28 Überfall auf Polen

Das Verhältnis zu Polen war in der Zeit der Weimarer Republik ständig gespannt, weil keine Reichsregierung und keine deutsche Partei die im *Versailler Vertrag* (▷ 10.11) getroffene Ostgrenzenregelung mit dem die Provinz Ostpreußen vom Reich trennenden „polnischen Korridor" und dem Sonderstatus Danzigs als „Freie Stadt" anerkannte. Ausgerechnet Hitler überraschte die Weltöffentlichkeit und das deutsche Volk mit dem Deutsch-Polnischen Nichtangriffspakt vom 26. Januar 1934, der beide Partner für zehn Jahre zu einem friedlichen Interessenausgleich verpflichtete. Hitler benötigte den Vertrag, um die Friedensbereitschaft seines Regimes unter Beweis zu stellen und ungestört im Innern die nationalsozialistische Diktatur vollenden zu können. Wenige Wochen nach dem *Münchner Abkommen* (▷ 11.25) schlug Hitler der polnischen Regierung eine grundlegende Neuregelung der beiderseitigen Grenzen vor. Hauptpunkte des Vorschlages waren eine exterritoriale Autobahn durch den polnischen Korridor nach Ostpreußen und die Rückkehr Danzigs zum Reich. Hitler dachte zu diesem Zeitpunkt noch an ein Arrangement mit Polen gegen die Sowjetunion, bei dem Polen Kriegs-

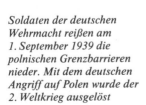

Soldaten der deutschen Wehrmacht reißen am 1. September 1939 die polnischen Grenzbarrieren nieder. Mit dem deutschen Angriff auf Polen wurde der 2. Weltkrieg ausgelöst

Im Zuge der nationalsozialistischen Rassenpolitik wurden vor allem aus den besetzten Ländern Osteuropas zahllose Menschen verschleppt. Viele von ihnen wurden zum Arbeitseinsatz in deutschen Betrieben verpflichtet. Das Bild zeigt eine junge Ukrainerin bei der Firma Siemens & Halske

gewinne in der Ukraine in Aussicht gestellt wurden.

Die Situation änderte sich aber, nachdem Hitler im März 1939 die „Resttschechei" besetzt hatte und Polen im Besitz der Garantieversprechen der Westmächte war. Mit dem Abschluß des *Hitler-Stalin-Paktes* (▷ 11.27) hatte sich Hitler endgültig für ein Zusammengehen mit der Sowjetunion gegen Polen entschieden. So ließ er die noch in letzter Minute unternommenen Vermittlungsversuche Großbritanniens und Italiens scheitern und verschaffte sich mit dem von der SS inszenierten, angeblich von polnischen Freischärlern auf den Sender Gleiwitz ausgeführten Überfall vom 31. August 1939 ein unglaubwürdiges Alibi zur Eröffnung der Kriegshandlungen gegen Polen.

Die am 3. September überreichten Kriegserklärungen Großbritanniens und Frankreichs lösten, da sie nicht erwartet worden waren, in der Reichskanzlei ratlose Betroffenheit aus, die Göring, der über einen schwedischen Verbindungsmann noch letzte Friedensinitiativen versucht hatte, zu der Bemerkung veranlaßte: „Wenn wir diesen Krieg verlieren, dann möge uns der Himmel gnädig sein." Den von Norden, Westen und Süden angreifenden, an Zahl und Bewaffnung weit überlegenen deutschen Armeen waren die polnischen Truppen trotz tapferen Widerstandes nicht gewachsen. In mehreren Kesselschlachten wurde der Großteil der polnischen Streitkräfte zur Kapitulation gezwungen. Am 17. September begann auch der Einmarsch der sowjetischen Armeen. Warschau gab erst am 27. September, dem dritten Tag des von Hitler befohlenen Bombardements, auf.

Deutsche und Russen legten am 28. September die endgültige Grenzlinie am Bug fest, ganz Zentralpolen mit der Hauptstadt Warschau kam unter deutsche Militärverwaltung. Die baltischen Staaten einschließlich Litauens und das vorwiegend von Weißruthenen und Ukrainern bewohnte Ostpolen wurden in den sowjetischen Machtbereich eingegliedert.

11.29 Generalgouvernement

Die anfänglich unter Militärverwaltung gestellten besetzten polnischen Gebiete wurden am 12. Oktober 1939 zu einem „Generalgouvernement für die besetzten polnischen Gebiete" zusammengefaßt und einem Hitler unmittelbar unterstellten Generalgouverneur übergeben, dem Leiter des Rechtsamts der NSDAP, Hans Frank. Er war verantwortlich für die nun einsetzende brutale Besatzungspolitik, die darauf abzielte, durch Ausschaltung und Vernichtung der polnischen Intelligenz das polnische Volk führerlos zu machen und Platz zu schaffen für den für die „germanische Herrenrasse" vorgesehenen *Lebensraum* (▷ 11.30). Ihm zur Seite stand der von Hitler zum „Reichskommissar für die Festigung deutschen Volkstums" ernannte Reichsführer SS und Chef der deutschen Polizei *Heinrich Himmler* (▷ 11.31), der mit rücksichtslosen Terrormaßnahmen Ausrottungspolitik betrieb und eine „Germanisierung" des Ostraumes anstrebte.

Die westlichen, zum Teil von Deutschen besiedelten polnischen Gebiete wurden am 1. November 1939 als „Warthegau" und

„Reichsgau Danzig-Westpreußen" mit dem Deutschen Reich vereint. Die polnische Bevölkerung dieser Provinzen wurde in das Generalgouvernement ausgewiesen. Die ursprünglich zur Wahrnehmung sicherheitspolitischer und nachrichtendienstlicher Aufgaben aufgestellten Einsatzgruppen aus Angehörigen der Gestapo, des Sicherheitsdienstes, von SS- und Polizeieinheiten erhielten mehr und mehr „Sonderaufgaben", womit in der Sprache der deutschen Besatzungsmacht ausgesprochene Terror- und Vernichtungsaktionen getarnt wurden.

Die jüdische Bevölkerung wurde zusammengetrieben und in mehreren Städten in Ghettos gepfercht. Das Tragen des Judensterns wurde hier zuerst angeordnet. Gleichzeitig begann Himmler mit der Umsiedlung sogenannter Volksdeutscher aus den baltischen Staaten, aus der Ukraine und Weißrußland, die in diesen Gebieten seit Jahrhunderten ansässig gewesen waren. Über 900 000 Volksdeutsche wurden bis Mitte 1944 in das „Großdeutsche Reich" umgesiedelt. In der Zeit der deutschen Besatzung von 1939 bis 1945 sind mehr als 6 Millionen Polen, darunter rund 3 Millionen Juden, ums Leben gekommen.

11.30 „Lebensraum"-Politik

Schon in seinem Bekenntnisbuch „Mein Kampf" hatte Hitler 1925 als eines der wichtigsten Ziele seines außenpolitischen Programms die Gewinnung von neuem „Lebensraum" für das deutsche Volk hervorgehoben. Er dachte dabei nicht nur an die Rückgewinnung der im *Versailler Vertrag* (▷ 10.11) abgetretenen deutschen Gebiete, sondern an die Eroberung eines geschlossenen Gebietes im Osten. Mehrfach hatte er dabei die Ukraine erwähnt.

Diesem Ziel dienten im wesentlichen alle von Hitler nach der Machtübernahme getroffenen Maßnahmen, die Aufrüstung der *Wehrmacht* (▷ 11.23), der *Vierjahresplan* (▷ 11.21) und der Ausbau des „Großdeutschen Reiches". Wiederholt hatte er auch den Spitzen der Wehrmacht dieses Ziel deutlich vorgestellt, erstmals am 3. Februar 1933, zuletzt am 23. Mai 1939: „Danzig ist nicht das Objekt, um das es geht. Es handelt sich für uns um die Erweiterung des Lebensraumes im Osten ...". Der die Welt überraschende Abschluß des *Hitler-Stalin-Pakts* (▷ 11.27) vom 23. August 1939 bedeutete nicht die Aufgabe der auf die Ukraine zielenden deutschen „Lebensraum"-Politik. Schon im September 1940 war der Überfall auf die Sowjetunion fest in Hitlers Gesamtkriegsplan einbezogen. Und mit dem Beginn des Rußlandfeldzuges (*Unternehmen Barbarossa*, ▷ 11.35) setzte sogleich die psychologische Kriegführung der nationalsozialistischen Eroberungs- und Rassenpolitik ein. Die Soldaten der Ostfront wurden durch „Führerbefehle" auf die neuen Gegner eingestimmt, die als von der jüdisch-bolschewistischen Ideologie verseuchte Angehörige einer minderen Rasse hingestellt wurden, als Untermenschen, die es zu unterwerfen und unschädlich zu machen gelte. Aber gerade dieses Überlegenheitsbewußtsein und die aus ihm resultierende unmenschliche deutsche Besatzungspolitik in Osteuropa haben dazu geführt, daß sich die sowjetische Bevölkerung im Widerstand gegen die „großgermanischen" Eroberer zusammenfand und die Rote Armee schließlich die Wende des Krieges herbeiführte. Spätestens mit der Katastrophe von *Stalingrad* (▷ 11.41) im Januar 1943 war Hitlers „Lebensraum"-Politik endgültig gescheitert. Millionen Deutsche zahlten am Ende des Krieges mit dem Verlust ihrer Heimat und ihrer Vertreibung aus den deutschen Ostgebieten für den Größenwahnsinn ihres „Führers".

11.31 Heinrich Himmler und der SS-Staat

Einer der mächtigsten Männer in der Führungsspitze des Dritten Reiches war der Reichsführer SS und Chef der deutschen Polizei Heinrich Himmler. Geboren in München am 7. Oktober 1900 als Sohn eines Gymnasialdirektors, wuchs Himmler in einem gutbürgerlichen, katholischen Milieu auf, meldete sich 1917 als Kriegsfreiwilliger, kam aber nicht mehr zum Fronteinsatz. Nach dem Kriege studierte er Landwirtschaft und beendete sein Studium mit dem Diplom. Im August 1923 kam er zur NSDAP und nahm am *Hitlerputsch* (▷ 10.23) vom 9. November 1923 teil. Früh wurde er Mitglied der sogenannten Schutzstaffel, der Leibwache Hitlers. Im Januar 1929 übernahm er diese aus knapp 300

Heinrich Himmler

Mann bestehende Einheit und baute sie zu einer Eliteformation innerhalb der SA als parteiinterne Polizeitruppe aus. Mit der Machtübernahme wurde Himmler kommissarischer Polizeipräsident in München, danach Kommandeur der politischen Polizei in Bayern; er richtete in Dachau eines der ersten *Konzentrationslager* (▷ 11.39) ein. Ihm als Leiter der politischen Polizei und der Gestapo übertrug Göring die Liquidierung der SA-Führungsspitze am 30. Juni 1934. Nach der Entmachtung der SA wurde die SS eine selbständige Organisation. Als Reichsführer SS unterstand Himmler direkt dem „Führer". Die KZ wurden der SS unterstellt. Seit Juni 1936 besaß Himmler auch die Kontrolle über die gesamte deutsche Polizei, baute die Gestapo reichseinheitlich aus und führte die personelle Verschmelzung von SS und Polizei durch. Unter dem einem „Blut und Boden"-Kult anhängenden Himmler wurde die SS zu einem elitären Männerorden. Mit dem Beginn des Krieges entstand neben der Wehrmacht die Waffen-SS, eine mit modernsten Waffen ausgerüstete Kampftruppe, deren Divisionen im Fronteinsatz mit den Heeresverbänden konkurrierten.

Als „Reichskommissar für die Festigung des deutschen Volkstums" führte Himmler in den besetzten Ostgebieten eine brutale Umsiedlungs- und „Germanisierungs"-Politik durch.

Er wurde durch die von ihm gesteuerten Einsatzgruppen der Organisator der Terrormaßnahmen und der Massenmorde und der Initiator der zur „Endlösung der Judenfrage" eingeleiteten Vernichtungsaktionen. Himmler baute sich mit den verschiedenen Ämtern seines SS- und Polizeiapparates eine nahezu allgegenwärtige und perfekt funktionierende Macht auf, so daß man von einem „SS-Staat" gesprochen hat. Das Reichssicherheitshauptamt (RSHA) war die zentrale Kommandostelle für die Sicherheitsdienste des Staates und der Partei.

Als die ersten Rückschläge an den Fronten die nahende Wende im Kriegsgeschehen ankündigten, wurde Himmlers Machtapparat noch weiter ausgebaut. Im August 1943 wurde er Reichsinnenminister, nach dem gescheiterten Attentat vom *20. Juli 1944* (▷ 11.45) ernannte Hitler ihn zum Oberbefehlshaber des Ersatzheeres und beauftragte ihn mit der gnadenlosen Verfolgung der Verschwörer. In den letzten Kriegsmonaten versuchte Himmler mit den Westalliierten in Verbindung zu treten mit dem Ziel, an der Westfront den Krieg zu beenden und auf seiten der Westmächte den Krieg gegen die Sowjetunion mit der deutschen Wehrmacht fortzusetzen. Hitler hat ihn deswegen in seinem politischen Testament aus der Partei und allen seinen Ämtern ausgestoßen. In der Verkleidung eines Feldpolizisten geriet Himmler in britische Gefangenschaft und nahm sich, als er erkannt wurde, am 23. Mai 1945 das Leben.

11.32 Frankreichfeldzug

Im Gegensatz zu führenden Generalen der Wehrmacht, die in Erinnerung an die Erfahrungen von 1914 vor einem überstürzten Angriff im Westen warnten und zugleich auf die Befestigungsanlagen der Maginotlinie hinwiesen, wollte Hitler die Siegesstimmung in der Truppe nach dem „Blitzsieg" über Polen ausnutzen und sofort den Angriffsbefehl gegen Frankreich geben. Der für Anfang November 1939 angesetzte Angriffstermin mußte jedoch insgesamt 29mal verschoben werden, zuletzt wegen der kurzfristig angeordneten Blitzfeldzüge gegen Dänemark und Norwegen am 9. April 1940, mit denen die bevorstehende Besetzung Norwegens durch britische Truppen vereitelt wurde.

Zur Unterzeichnung des Waffenstillstands mit Frankreich ließ Hitler (2. von rechts, daneben Rudolf Heß und Hermann Göring) den gleichen Salonwagen in den Wald von Compiègne bringen, in dem 1918 der deutsch-französische Waffenstillstand geschlossen worden war

Am 10. Mai begann schließlich der deutsche Angriff im Westen, bei dem – wie schon 1914 – die Neutralität der Niederlande und Belgiens mißachtet wurde. Nachdem die Niederlande nach einem Luftangriff auf Rotterdam am 15. Mai zur Aufgabe des Widerstandes gezwungen wurden und die belgische Armee am 28. Mai kapitulierte, gelang den weit überlegenen deutschen Panzerverbänden der Durchbruch durch die Ardennen und der rasche Vorstoß bis an die Kanalküste bei Abbéville (20. Mai), wodurch die alliierten Streitkräfte in zwei Teile auseinandergebrochen wurden. Die auf Dünkirchen zurückfluten den Einheiten des britischen Expeditionskorps konnten vor der drohenden Einschnürung und Gefangennahme in einer beeindrukkenden Aktion, allerdings ohne schwere Waffen und Gerät, nach England übergesetzt werden – begünstigt auch dadurch, daß den deutschen Panzerdivisionen auf Anordnung Hitlers befohlen wurde, ihren zügigen Vormarsch für einige Tage anzuhalten. Mit dem Vorstoß der deutschen Armeen auf Paris am 5. Juni begann der zweite Abschnitt des Feldzuges. Schon am 14. Juni wurde Paris nahezu kampflos besetzt. Die gefürchtete Maginotlinie wurde jetzt von rückwärts aufgerollt. Am 18. Juni bat der neue französische Ministerpräsident, Marschall Pétain, im 1. Weltkrieg Verteidiger von *Verdun* (▷9.19), um einen

Waffenstillstand. Am 22. Juni 1940 wurde der Waffenstillstand im Wald von Compiègne in dem gleichen Salonwagen unterzeichnet, in dem am 11. November 1918 die deutsche Delegation die alliierten Waffenstillstandsbedingungen entgegengenommen hatte.

Der größte Teil Frankreichs blieb von der Wehrmacht besetzt, im südlichen, unbesetzten Teil residierte die Regierung Pétain mit Sitz in Vichy. Hitler, der mit dem Befehl zum Durchbruch durch die Ardennen einen vorher schon vom Oberkommando des Heeres abgelehnten Feldzugsplan des Generals von Manstein aufgegriffen hatte, konnte jetzt den überwältigenden Sieg auf sein Konto buchen. Selbst die geschulten Generalstabsoffiziere begannen, an Hitlers „Feldherrngenie" zu glauben. Hitler selbst entwickelte ein Unfehlbarkeitsbewußtsein, das dem Rat der Generalität nicht mehr zugänglich war.

11.33 Luftschlacht um England

Nach wie vor war es Hitlers Wunsch, so bald wie möglich den Kampf mit Großbritannien zu beenden, um sich in seinem weltpolitischen Programm mit dem Inselstaat zu arrangieren. Großbritannien sollte die deutsche Vormachtstellung auf dem Kontinent anerkennen, Deutschland würde im Gegenzug mit der britischen Führungsrolle auf den Weltmeeren, auch gegenüber den Vereinigten Staaten, einverstanden sein. In Großbritannien aber war am 10. Mai 1940 der bisherige Premierminister Neville Chamberlain, der lange an seiner Beschwichtigungspolitik (= Appeasementpolitik) festgehalten hatte, durch den sehr viel härteren Winston Churchill abgelöst worden. Mit ihm betrat der Mann die weltpolitische Bühne, der wie kein zweiter zum unerbittlichen Widersacher des deutschen Diktators wurde und entschlossen war, auch die schwierigsten Situationen durchzustehen, um den Tyrannen zur Strecke zu bringen. Ein Friedens- und Verhandlungsangebot Hitlers nach dem Frankreichfeldzug ließ Churchill unbeachtet. So gab Hitler schließlich, wenn auch halbherzig, den Befehl, die Invasion der Insel vorzubereiten. Vorbedingung für das Gelingen dieses Unternehmens war, zuerst über dem britischen Luftraum die eindeutige Luftherrschaft zu erringen.

Zerstörungen im Londoner Stadtteil Holborn nach einem deutschen Bombenangriff

Am 13. August 1940 begann deshalb mit einem Großangriff deutscher Luftwaffenverbände die Luftschlacht um England. In dem nun einsetzenden Luftkrieg erlitten beide Seiten schwere Verluste, die aber auf deutscher Seite weitaus stärker ins Gewicht fielen, weil mit den über Großbritannien abgeschossenen Maschinen zugleich die bestausgebildeten Besatzungen durch Tod oder Gefangenschaft verlorengingen. Die deutschen Bomberverbände, die weit in englisches Gebiet eindran-

gen, waren gegenüber der britischen Flugabwehr und den britischen Jägern ungenügend geschützt, weil die deutschen Jagdmaschinen den Begleitschutz nur begrenzt ausführen konnten und wegen Treibstoffmangels vorzeitig umkehren mußten. Das Ziel, die Luftherrschaft zu erringen, wurde nicht erreicht. Es war die erste Niederlage Hitlers. Der Invasionsplan wurde schon im Oktober 1940 wieder aufgegeben, der Luftkrieg jedoch noch bis zum Frühjahr 1941 in intensiver Form fortgesetzt. Dabei kam es zu den ersten schweren Luftangriffen auf britische Städte mit hohen Verlusten unter der Bevölkerung. Die Industriestadt Coventry wurde durch massierte Bombenangriffe am 14. November 1940 nahezu völlig zerstört.

Die deutsche Luftwaffe verlor bis Ende März 1941 2 265 Maschinen. Hitler aber war nun entschlossen, die Sowjetunion anzugreifen und als möglichen Bündnispartner Großbritanniens auszuschalten.

11.34 Atlantik-Charta

In dem schweren Abwehrkampf gegen den inzwischen den Kontinent nahezu beherrschenden deutschen Diktator trat jetzt mehr und mehr diejenige Macht auf die Seite Großbritanniens, die schon den 1. Weltkrieg entschieden hatte, die Vereinigten Staaten von Amerika. Ihr Präsident Franklin D. Roosevelt erhielt mit dem am 11. März 1941 beschlossenen Leih- und Pachtgesetz (Lend-Lease-Act) vom Kongreß die unbeschränkte Vollmacht, mit Waffen, Ausrüstung und Lebensmitteln die Länder zu unterstützen, die nach Ansicht des Präsidenten in ihrem Kampf gegen die Diktaturen gestärkt werden mußten. Mit diesem Gesetz stellten sich die USA eindeutig an die Seite Großbritanniens.

Nach dem Beginn des deutschen Angriffs auf die Sowjetunion trafen der amerikanische Präsident und der britische Premier auf einem Schlachtschiff im Atlantik am 14. August 1941 zusammen und verkündeten die Grundzüge eines gemeinsamen Kriegs- und Nachkriegsprogramms, das unter dem Namen „Atlantik-Charta" in die Geschichte eingegangen ist. Es enthielt folgende acht Grundprinzipien: 1. Verzicht auf jede territoriale Vergrößerung; 2. territoriale Veränderungen nur mit Zustimmung der betroffenen Völker; 3. das

Recht aller Völker, ihre Regierungsform selbst zu bestimmen; 4. gleichberechtigter Zugang aller Völker zum Welthandel und zu den Rohstoffen; 5. wirtschaftliche Zusammenarbeit aller Nationen zur Erlangung besserer Arbeitsbedingungen, wirtschaftlichen Ausgleichs und sozialer Sicherheit; 6. Aufbau einer alle Völker umfassenden Friedensordnung; 7. Freiheit der Meere; 8. allgemeiner Gewaltverzicht, vorher aber Entwaffnung der Aggressoren, dann Errichtung eines umfassenden Sicherheitssystems. Bis zum Kriegsende haben insgesamt 45 im Krieg gegen die Achsenmächte stehende Nationen diese Grundsätze anerkannt. Sie sind weitgehend in die Charta der Vereinten Nationen aufgenommen worden. Mit der Atlantik-Charta haben die USA für die Zeit nach dem Kriege ihren Anspruch angemeldet, in der Weltpolitik eine Führungsrolle zu übernehmen.

11.35 Unternehmen Barbarossa

Der am 23. August 1939 abgeschlossene *Hitler-Stalin-Pakt* (▷ 11.27) war für Hitler nur eine taktische Vereinbarung auf Zeit, die er mit dem Todfeind der nationalsozialistischen Weltanschauung getroffen hatte, um für sein Unternehmen gegen Polen freie Hand zu haben. Schon nach dem *Frankreichfeldzug* (▷ 11.32) im Sommer 1940 entwickelte Hitler vor den Spitzen der Wehrmacht seinen Angriffsplan gegen die Sowjetunion („Unternehmen Barbarossa"). Nach dem Sieg, den Hitler, aber auch die Wehrmachtführung, erwarteten, würde Großbritannien, so argumentierte Hitler, verhandlungsbereiter sein, da ihm dann der letzte „Festlandsdegen" verlorengegangen wäre.

Noch während der Vorbereitungen für das Unternehmen Barbarossa überfiel die deutsche Wehrmacht Anfang April 1941 Jugoslawien und Griechenland, deren Armeen in wenigen Wochen zur Kapitulation gezwungen wurden. Nachdem auch das bereits in Griechenland gelandete britische Expeditionskorps vertrieben worden war, befand sich jetzt Südosteuropa mit den verbündeten Staaten Ungarn, Rumänien, Bulgarien und der Slowakei fest in deutscher Hand. Aber der Angriff gegen die Sowjetunion hatte sich dadurch bis zum 22. Juni 1941 verzögert. Dieser

Titelblatt einer antisowjetischen Propagandabroschüre der NSDAP (1942)

verspätete Angriffstermin sollte sich für die weitere deutsche Kriegführung nachteilig auswirken. Die schnellen Anfangserfolge der deutschen Armeen mit großen Geländegewinnen in den ersten Wochen und Monaten verführten die nationalsozialistische Propaganda zu der Feststellung, der endgültige Zusammenbruch des Sowjetregimes sei nur noch eine Frage von Tagen oder wenigen Wochen. Dann aber blieb der Angriff der Heeresgruppe Mitte vor Moskau zuerst im Schlamm stecken und wurde schließlich von dem einsetzenden extrem kalten Winter gestoppt, ja, die gegen diese tiefen Temperaturen völlig unzulänglich ausgerüsteten deutschen Soldaten mußten im Kampf mit den frisch herangeführten und bestausgerüsteten sowjetischen Eliteverbänden zum ersten Mal den Rückzug antreten und schwere Verluste hinnehmen. Hitler schob die Schuld für diesen Rückschlag den Armeebefehlshabern zu, obwohl gerade sie vor dem russischen Winter gewarnt hatten, und übernahm nun selbst den Oberbefehl über das Heer. In einer Sammelaktion wurde das deutsche Volk aufgerufen, Decken, warme Winterbekleidung und Skier für die Soldaten der Ostfront zu spenden. Daß der Krieg gegen die Sowjetunion nicht in einem Blitzfeldzug zu gewinnen war, wurde mit

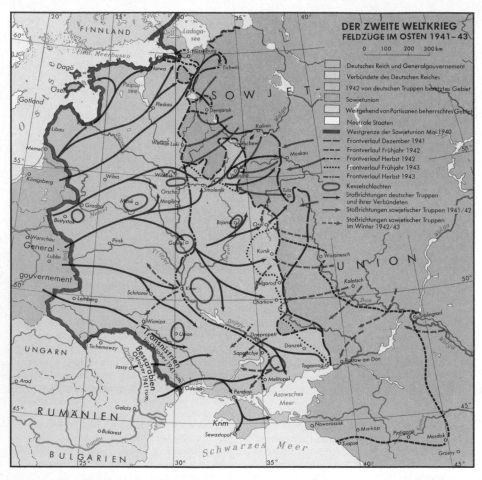

DER ZWEITE WELTKRIEG
FELDZÜGE IM OSTEN 1941–43

0   100   200   300 km

- Deutsches Reich und Generalgouvernement
- Verbündete des Deutschen Reiches
- 1942 von deutschen Truppen besetztes Gebiet
- Sowjetunion
- Weitgehend von Partisanen beherrschtes Gebiet
- Neutrale Staaten
- Westgrenze der Sowjetunion Mai 1940
- Frontverlauf Dezember 1941
- Frontverlauf Frühjahr 1942
- Frontverlauf Herbst 1942
- Frontverlauf Frühjahr 1943
- Frontverlauf Herbst 1943
- Kesselschlachten
- Stoßrichtungen deutscher Truppen und ihrer Verbündeten
- Stoßrichtungen sowjetischer Truppen 1941/42
- Stoßrichtungen sowjetischer Truppen im Winter 1942/43

dem schweren Rückschlag des Winters 1941/42 deutlich.

Stalin andererseits gelang es, die Völker seines Riesenreiches erfolgreich zum „Großen Vaterländischen Krieg" gegen die Eroberer aufzurufen und in erbittertem Widerstand zu einen, was nicht zuletzt auf die von Hitler angeordnete grausame Kriegführung gegenüber den „jüdisch-bolschewistischen Untermenschen" zurückging. Anfänglich waren die deutschen Truppen, vor allem in der Ukraine, von einem Teil der sowjetischen Bevölkerung als Befreier vom stalinistischen Joch empfangen worden, doch war die Kooperationsbereitschaft infolge der unmenschlichen Besatzungspolitik der SS- und SD-Einheiten bald

in Haß und entschlossenen Widerstandswillen umgeschlagen, aus dem sich der Partisanenkrieg entwickelte.

Im Sommer 1942 konnten die deutschen Verbände noch einmal zügig bis nach *Stalingrad* (▷ 11.41) und zu den Höhen des Kaukasus vorrücken, aber die von Hitler befohlene doppelte Unternehmung führte zu einer Überforderung der deutschen Kräfte. In Stalingrad gelang die Eroberung der Stadt nur teilweise, die mit dem einbrechenden zweiten Winter vorgetragene sowjetische Gegenoffensive führte zur Einschnürung der 6. Armee und zu ihrem Untergang Anfang Februar 1943. Und die bis zum Kaukasus vorgedrungenen Panzereinheiten mußten, um nicht abgeschnitten

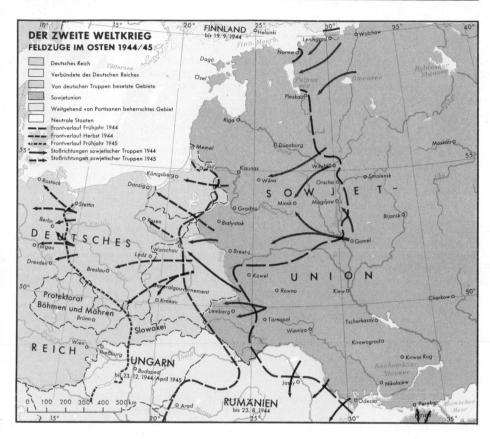

DER ZWEITE WELTKRIEG
FELDZÜGE IM OSTEN 1944/45

Deutsches Reich
Verbündete des Deutschen Reiches
Von deutschen Truppen besetzte Gebiete
Sowjetunion
Weitgehend von Partisanen beherrschtes Gebiet
Neutrale Staaten
Frontverlauf Frühjahr 1944
Frontverlauf Herbst 1944
Frontverlauf Frühjahr 1945
Stoßrichtungen sowjetischer Truppen 1944
Stoßrichtungen sowjetischer Truppen 1945

zu werden, einen schnellen Rückzug antreten. Von nun an war der Krieg im Osten von Abwehrschlachten und Rückzugsbewegungen geprägt, wobei nach und nach die deutschen Armeen auf die Reichsgrenzen zurückgedrängt wurden. Anfang Januar 1945 begann der sowjetische Großangriff auf das Reichsgebiet. Er endete mit der Einnahme Berlins am 2. Mai und der Kapitulation der deutschen Wehrmacht am 8. Mai 1945.

11.36 Hitlers Kriegserklärung an die USA

Am 7. Dezember 1941 überfiel die japanische Luftwaffe die in Pearl Harbor (Hawaii) zusammengezogene amerikanische Pazifikflotte und versenkte oder beschädigte einen Großteil der Kriegsschiffe, zerstörte die Flugplät-

ze, Flugzeughallen und zahlreiche Flugzeuge. Das war der Beginn des Krieges in Ostasien. Am 11. Dezember erklärte Hitler den USA den Krieg, Italien schloß sich an. Hitlers europäischer Krieg war so zum Weltkrieg geworden.

Der *Antikominternpakt* (▷ 11.20) verpflichtete Hitler nicht, seines Bündnispartners wegen in den Krieg gegen die Vereinigten Staaten einzutreten. Die Japaner hatten Deutschland von ihrem Vorhaben nicht unterrichtet, so daß die deutsche Seite völlig überrascht wurde. Aber die Art und Weise des japanischen Vorgehens gegen die ahnungslosen Amerikaner imponierte Hitler, so daß er dem Überfall uneingeschränkt zustimmte. Zudem war der amerikanische Präsident F. D. Roosevelt für ihn seit langem ein erklärter Feind, den er immer wieder in seinen Reden attackierte und verhöhnte. Allerdings hatten die deutschen

U-Boote bisher den strikten Befehl, sich amerikanischen Schiffen gegenüber zurückzuhalten, obwohl Roosevelt schon im September 1941 die US-Flotte angewiesen hatte, auf deutsche Schiffe zu schießen. Mit der Kriegserklärung wollte Hitler offensichtlich, beflügelt durch die japanische Aktion, dem erwarteten Schritt Roosevelts zuvorkommen, um der Welt zu beweisen, daß weiterhin die Initiative im Kriegsgeschehen von ihm ausging, und zugleich davon ablenken, daß gerade sein Konzept im Rußlandfeldzug gescheitert war. Dabei hat er aber die militärische Stärke der Vereinigten Staaten und ihre Eingriffsmöglichkeiten in Europa bei gleichzeitigem Krieg mit Japan falsch eingeschätzt. Auch seine Berechnung, daß nun die Japaner die Sowjetunion in Ostasien angreifen würden, erwies sich als eine Fehlspekulation. Während Japan seinen eigenen Krieg unabhängig von den Verbündeten und ohne jede Absprache allein führte, schlossen sich Großbritannien und die USA zu einer festen Kriegskoalition zusammen und knüpften jetzt auch Verbindungen zur Sowjetunion. Das Ergebnis ihrer ersten politisch-militärischen Planungsbesprechung lautete „Germany first", und das bedeutete die Niederringung Deutschlands und die Auslöschung der Hitlerdiktatur als oberstes Ziel ihrer Kriegsanstrengungen.

11.37 Afrika-Feldzug

Zur Unterstützung der in Nordafrika kämpfenden italienischen Divisionen, die durch einen britischen Großangriff ab Dezember 1940 in schwere Bedrängnis geraten waren, ordnete Hitler im Januar 1941 die Aufstellung eines deutschen Afrikakorps an, das in Tripolis im Februar 1941 an Land ging und unter seinem Befehlshaber, General Erwin Rommel, zum Angriff antrat. Nach ersten erfolgreichen Kämpfen mußte Rommel gegen weit überlegene britische Streitkräfte die deutschen und italienischen Verbände fast bis in die Ausgangsstellungen zurücknehmen, da Hitler, der den Krieg gegen die Sowjetunion vorbereitete, ihm den benötigten Nachschub an Waffen, Ausrüstung und Mannschaften versagte.

Erst im Januar 1942 konnte Rommel erneut zum Angriff übergehen, nachdem sich durch die Verlegung deutscher See- und Luftstreit-

kräfte an die Mittelmeerfront die Nachschublage verbessert hatte. Jetzt gelang es den Verbänden des Afrikakorps unter dem bei seinen Soldaten beliebten, auch von seinen Gegnern geschätzten Rommel, der den ehrenden Beinamen „Wüstenfuchs" erhielt, bis El Alamein (100 km vor Alexandria) vorzustoßen. Der Versuch aber, den Angriff bis zum Sueskanal voranzutragen, scheiterte an dem sich verstärkenden Widerstand, vor allem jedoch an dem erneut versiegenden Nachschub. Da die Flieger der Royal Air Force zudem nahezu den gesamten Luftraum beherrschten, trat Rommel mit seinen Verbänden Anfang November 1942 den Rückzug entlang der Küste an, obwohl Hitler den Befehl gegeben hatte, die erreichten Stellungen um jeden Preis zu halten. Inzwischen aber war die Lage für das Afrikakorps durch die Landung amerikanischer und britischer Einheiten bei Casablanca, Oran und Algier (7. November 1942) nahezu hoffnungslos geworden. Am 13. Mai 1943 – Rommel war bereits im März 1943 zur Übernahme neuer Aufgaben versetzt worden – kapitulierten die Reste des legendären Afrikakorps bei Tunis. 250 000 deutsche und italienische Soldaten gingen in die Gefangenschaft.

11.38 Wannseekonferenz/ „Endlösung der Judenfrage"

Hitler hatte schon in seinem Bekenntnisbuch „Mein Kampf" seine Absicht kundgetan, im Falle einer Machtübernahme eines Tages das Judentum aus dem deutschen Volksleben „auszumerzen". Nach der Machtergreifung der Nationalsozialisten hatte er wiederholt diesen Plan als unverrückbares Ziel bezeichnet. In Deutschland und nach dem Anschluß auch in Österreich war schon vor dem Krieg die Zahl der jüdischen Bürger infolge der ständigen Diffamierungen und Demütigungen nach Erlaß der *Nürnberger Gesetze* (▷ 11.16), schließlich nach dem Judenpogrom des 9. November 1938, der sogenannten *Reichskristallnacht* (▷ 11.17), durch Auswanderung, die sich allmählich zur Massenflucht ausweitete, um mehr als die Hälfte vermindert worden. Mit Kriegsbeginn steigerten sich die Drangsalierungen jüdischer Menschen zu brutalen Terrormaßnahmen, besonders in den besetzten

Ostgebieten, wo Himmlers berüchtigte Einsatzgruppen die jüdische Bevölkerung in Ghettos zusammentrieben und durch Massenexekutionen dezimierten.

Die letzte und höchste Steigerung der unmenschlichen Barbarisierung begann mit dem Rußlandfeldzug (▷ 11.35), den Hitler zum „Weltanschauungskrieg" gegen das „jüdisch-bolschewistische Untermenschentum" erklärt hatte. Jetzt wurde auch der ursprüngliche Plan, die europäischen Juden geschlossen nach Madagaskar umzusiedeln, zugunsten der Deportation in den Ostraum aufgegeben. Im Auftrage Hitlers wies Göring am 31. Juli 1941 den SS-Gruppenführer und Chef des Reichssicherheitshauptamtes (RSHA) Reinhard Heydrich, die rechte Hand Himmlers, an, eine Gesamtplanung für die „Endlösung der Judenfrage" zu erstellen. Heydrich erläuterte seinen Plan am 20. Januar 1942 den Vertretern derjenigen Reichsministerien und obersten Parteidienststellen, die in irgendeiner Form mit dieser Aktion befaßt waren. Das Protokoll dieser Wannseekonferenz entstammt den Aufzeichnungen des SS-Sturmbannführers Eichmann.

Heydrich entwickelte in bürokratischer Tarnsprache sein Vorhaben. Die im Herrschaftsbereich der SS liegenden europäischen Länder sollten systematisch „gesäubert" werden, die Juden „in geeigneter Weise im Osten zum Einsatz kommen", wobei schon einkalkuliert wurde, daß dabei „zweifellos ein Großteil durch natürliche Verminderung ausfallen wird." Der übrigbleibende Teil „wird entsprechend behandelt werden müssen, da dieser, eine natürliche Auslese darstellend, bei Freilassung als Keimzelle eines neuen jüdischen Aufbaues anzusprechen ist." Mit dieser grausam-nüchternen Amtssprache war eindeutig die Ausrottung, auch die der Kinder, vorprogrammiert. Schwerbeschädigte und Weltkriegsteilnehmer mit Auszeichnungen sollten von diesen Deportationen ausgenommen und in Altersghettos eingewiesen werden. Diese scheinheilige Maßnahme sollte nach Heydrichs Worten „mit einem Schlage die vielen Interventionen" ausschalten. Eichmann erhielt den Auftrag, die bürokratisch-technischen Vorarbeiten zu leisten. Niemand von den anwesenden Behördenvertretern erhob Widerspruch. Auf der Wannseekonferenz waren damit die organisatorisch-tech-

Häftlinge aus dem Konzentrationslager Sachsenhausen-Oranienburg brechen in der Tongrube Material für die Ziegelei. Dieses Bild wurde im Jahre 1939 aufgenommen

Tote in einem Massengrab im Konzentrationslager Bergen-Belsen. Die Aufnahme entstand nach der Befreiung des Lagers im April 1945

nischen Voraussetzungen für den größten Völkermord der Weltgeschichte geschaffen worden.

11.39 Konzentrationslager

Bereits in den ersten Wochen nach der Machtübernahme waren von der SA und der SS politische Gegner in sogenannte „wilde" Konzentrationslager eingewiesen worden. Eines der ersten war das von dem Münchener SS-Führer *Heinrich Himmler* (▷ 11.31) eingerichtete KZ Dachau, im Bereich der Berliner SA entstand das Lager Oranienburg. Kommunistische Funktionäre und Abgeordnete, auch Sozialdemokraten, Publizisten waren die ersten Opfer, die „in Schutzhaft" genommen wurden, wie die amtliche Verlautbarung meldete.

Konzentrationslager waren keine Erfindung der Deutschen, aber sie wurden von den Nationalsozialisten zu einem mit höchster Perfektion funktionierenden System zur Ausschaltung der Regimegegner und aller sonstwie unliebsamen Personen entwickelt – bis zur Vernichtung ganzer Völker.

Nach der Liquidierung der SA-Führerschaft im angeblichen „Röhm-Putsch" wurden die Konzentrationslager geschlossen, bald aber wieder unter der Regie der SS neu eingerichtet und ausgebaut. Jetzt wurden neben den politischen Gegnern auch andere Personengruppen eingewiesen: Angehörige religiöser Sekten, Ordensgeistliche, Pfarrer beider Konfessionen, Juden, Polen, Zigeuner, Homosexuelle sowie „Arbeitsscheue" und „Gewohnheitsverbrecher".

Mit Beginn des 2. Weltkrieges wurde das KZ-System erheblich ausgebaut, zahlreiche neue Lager entstanden in den eroberten polnischen Gebieten. Unter ihnen ist das im Juni 1940 eingerichtete KZ *Auschwitz* (▷ 11.40) in seiner räumlichen Ausdehnung wie in seiner Vernichtungskapazität das größte Todeslager der Weltgeschichte geworden. Die Zahl der KZ wuchs während des Krieges auf 22 an mit 165 Außenstellen (= Arbeitslagern). In den Lagern waren die Häftlinge hilflos der brutalen Willkür der Wachmannschaften ausgesetzt. Durch die rücksichtslose Ausbeutung der Häftlinge in den den Lagern zugeordneten Wirtschaftsbetrieben und Rüstungswerken mit elfstündiger Arbeitszeit bei völlig unzureichender Ernährung, unter fortwährenden Schikanen, stundenlangen Ordnungsappellen und durch Seuchen war die Sterblichkeit un-

ter den Lagerinsassen außerordentlich hoch. Seit Beginn des Krieges bestand die Mehrzahl der Inhaftierten aus Angehörigen der unterworfenen Völker, der Anteil der deutschen Häftlinge betrug bei Kriegsende nur noch 5–10%. Die Gesamtzahl der KZ-Insassen stieg jetzt sprunghaft an, bis März 1942 waren es bereits 100000, bis Januar 1945 sogar über 700000, nicht mitgerechnet die unregistriert in den KZ Vergasten.

In verstärktem Maße wurden seit Beginn des Rußlandfeldzuges in Konzentrationslagern Massenerschießungen durchgeführt. Auf der *Wannseekonferenz* (▷ 11.38) am 20. Januar 1942 wurde die Vernichtung des europäischen Judentums organisatorisch festgelegt. Die dort beschlossenen Transporte der europäischen Juden in den Osten gingen ausschließlich in die Vernichtungslager Bełżec, Chełmno, Lublin-Majdanek, Sobibór, Treblinka und Auschwitz-Birkenau.

Tausende von Häftlingen sind durch die an ihnen vorgenommenen medizinischen und nahrungsmittelchemischen Experimente ums Leben gekommen. Als sich die Front den osteuropäischen KZ näherte, befahl Himmler den Abtransport der Häftlinge in Richtung Westen, ließ die Vergasungen einstellen und ordnete zudem an, die bei früheren Massenerschießungen verscharrten Leichen auszugraben und zu verbrennen. Auf den Rücktransporten sind in den letzten Monaten noch einmal unzählige Häftlinge durch völlige Erschöpfung und um sich greifende Seuchen gestorben. Man schätzt die Zahl der von den Nationalsozialisten insgesamt in den KZ Inhaftierten auf 7,2 Millionen, von denen nur etwa 500000 überlebten. – Abb. S. 291.

11.40 Auschwitz

Wegen der Nähe zur oberschlesischen Industrie wurde Auschwitz im Juni 1940 auf Anordnung *Himmlers* (▷ 11.31) zum größten Konzentrationslager des SS-Staates ausgebaut. Die Gesamtausdehnung einschließlich der Nebenlager betrug 40 qkm. In Erwartung billiger Arbeitskräfte errichtete die I. G. Farbenindustrie AG im Frühjahr 1941 in unmittelbarer Nähe ein Bunawerk. Diese Firma entwickelte auch das Giftgas Zyklon B, das im September 1941 erstmalig an etwa 900 sowjetischen Kriegsgefangenen „mit Erfolg erprobt" wurde. Daraufhin wurde die Massenvergasungsaktion zur Vernichtung der Juden Europas im Lager Auschwitz gemäß dem in der *Wannseekonferenz* (▷ 11.38) vorgestellten Organisationsplan angeordnet. Aus 23 europäischen Ländern rollten nun die Transporte mit den in Güterwagen eingepferchten Männern, Frauen und Kindern nach Auschwitz und in die anderen Vernichtungslager.

Bei der Ankunft in Auschwitz-Birkenau begann bereits an der Rampe unmittelbar nach dem Ausladen aus den Güterwagen die „Selektierung". SS-Ärzte und -Offiziere untersuchten die in zwei Marschsäulen nach Geschlechtern getrennt Angetretenen auf ihre Arbeitsfähigkeit. Die halbwegs Gesunden und Arbeitsfähigen wurden aussortiert und in Arbeitslager gebracht, es waren im Durchschnitt etwa 25% der jeweiligen Gesamtzahl, die übrigen, meist Greise, Frauen und Kinder traten sogleich den Weg in die Gaskammern an. Die Gesamtzahl dieser sofort vergasten Juden wurde nirgends registriert. Nach den Angaben des ehemaligen Kommandanten von Auschwitz, Höß, sollen allein in diesem Vernichtungslager 1135000 Menschen vergast worden sein. Die Gesamtzahl der in die Arbeitslager eingewiesenen registrierten Juden betrug in Auschwitz 405000, davon etwa ein Drittel Frauen. Von diesen Häftlingen sind noch einmal rund 260000 umgekommen. Himmler ließ am 1. November 1944 die Vergasungen einstellen, vor dem Herannahen der Roten Armee wurden Gaskammern und Krematorien gesprengt. Mit etwa 60000 Häftlingen trat die Wachmannschaft des KZ Auschwitz den Fußmarsch nach Westen an, ein großer Teil der Häftlinge starb unterwegs an Entkräftung oder Seuchen. 5000 zurückgebliebene, kranke Häftlinge fanden die Russen vor, als sie am 27. Januar 1945 in Auschwitz einrückten. Insgesamt sind in den Vernichtungslagern mindestens 3 Millionen Juden vergast worden.

11.41 Stalingrad

Im Sommer 1942 waren die deutschen Armeen im Süden der Ostfront erneut zu einem Großangriff angetreten, um jetzt – nach der Niederlage im Winterkrieg vor Moskau 1941/1942 – doch noch die Sowjetunion niederzuwerfen. Zwei Ziele sollten mit diesem Vor-

Deutsche Soldaten in Stalingrad auf dem Weg in die sowjetische Kriegsgefangenschaft

marsch erreicht werden: die Eroberung der Stadt Stalingrad, des Rüstungs- und Verkehrszentrums an der Wolga, und die Inbesitznahme der Ölfelder im Raum Baku im Kaukasus. Mit dem Entschluß, beide ehrgeizigen Ziele gleichzeitig in getrennten Operationen in Angriff zu nehmen, hatte sich Hitler gegen die Vorstellungen der Generale durchgesetzt, die den Vorstoß auf den Kaukasus erst nach der vollständigen Besetzung des Raumes um Stalingrad unternehmen wollten. Beide Ziele wurden nicht erreicht; zwar stießen deutsche Verbände bis in den Kaukasus vor, aber dann hatte sich die Offensive festgelaufen. Auch Stalingrad konnte nicht ganz in Besitz genommen werden. In erbitterten Häuser- und Straßenkämpfen mit den Verteidigern der Stadt von August bis November 1942 erlitten die deutschen und rumänischen Verbände schwere Verluste, während die Sowjets immer neue und frische Divisionen heranführten. Sie traten am 19. November zum Gegenangriff an und konnten bereits wenige Tage später den Ring um die Stadt schließen. Der deutsche Befehlshaber, Generaloberst Paulus, beschloß, Stalingrad aufzugeben und nach Westen durchzubrechen. Aber Hitler lehnte ab und befahl, den Platz unbedingt zu halten, zumal Göring zugesichert hatte, die eingeschlossene Armee über Wochen aus der Luft mit allem Notwendigen zu versorgen. Inzwischen hatte auch der Winter mit strengem Frost eingesetzt. Grimmige Kälte und unzureichende Verpflegung zermürbten die er-

schöpften Soldaten, denen vorgegaukelt wurde, ein Entlastungsstoß deutscher Armeen würde sie in Kürze aus ihrer mißlichen Lage befreien. Aber die zur Entlastung angesetzten Truppenverbände blieben 48 km vor dem Kessel liegen. Am 31. Januar und 2. Februar 1943 ergaben sich die Reste der in zwei Kessel auseinandergebrochenen Armee. 146 000 deutsche und rumänische Soldaten waren gefallen, 90 000 völlig erschöpfte, kranke und verwundete Männer gingen in die Gefangenschaft, nur etwa 6 000 haben überlebt und sind nach Jahren in die Heimat zurückgekehrt. Hitler, der schon in einer Rede am 8. November 1942 mit der Eroberung Stalingrads geprahlt hatte, suchte jetzt den Untergang der 6. Armee als grandioses germanisches Heldenepos hinzustellen. Aber immer mehr Menschen in Deutschland ahnten, daß mit Stalingrad eine Wende des Krieges eingetreten war.

11.42 „Totaler Krieg"

In Deutschland breitete sich nach dem Schock, den die Katastrophe von *Stalingrad* (▷ 11.41) ausgelöst hatte, eine gedrückte Stimmung aus, zumal immer häufiger deutsche Städte das Ziel alliierter Bombenangriffe waren. Von der Siegeszuversicht der ersten Kriegsjahre war nicht mehr viel zu spüren. Um dieser Stimmung entgegenzuwirken, rief der Propagandaminister *Joseph Goebbels* (▷ 11.14) in einer Massenkundgebung im

Berliner Sportpalast am 18. Februar 1942 vor eigens dafür ausgesuchten Parteimitgliedern das deutsche Volk zum entschlossenen Widerstand und zu äußerster Kraftanstrengung auf. Goebbels' Rede gipfelte in Suggestivfragen an die Versammelten, mit denen er an die Opferbereitschaft und die Treue zum „Führer" appellierte und die von den fanatisierten Massen mit Beifallsstürmen und dem Bekenntnis zur unbedingten Gefolgschaftstreue beantwortet wurden:
„Ich frage euch: Seid ihr und ist das deutsche Volk entschlossen, wenn der Führer es befiehlt, zehn, zwölf und, wenn nötig, vierzehn und sechzehn Stunden täglich zu arbeiten und das Letzte herzugeben für den Sieg? ... Die Engländer behaupten, das deutsche Volk wehrt sich gegen die totalen Kriegsmaßnahmen der Regierung. Es will nicht den totalen Krieg, sondern die Kapitulation." (Zurufe: „Niemals, niemals, niemals!"). „Ich frage euch: Wollt ihr den totalen Krieg? Wollt ihr ihn, wenn nötig, totaler und radikaler, als wir ihn uns heute überhaupt noch vorstellen können?" Zehn dieser Fragen stellte Goebbels, zehnmal antwortete die Masse mit lautem „Ja".
Mit dieser über den Rundfunk verbreiteten Kundgebung wollte Goebbels den Westmächten, die auf ihrem Gipfeltreffen in Casablanca im Januar 1943 beschlossen hatten, den Krieg bis zur bedingungslosen Kapitulation der deutschen Streitkräfte fortzusetzen, die Antwort erteilen. Die auf ihre Stunde wartenden Gruppen des deutschen *Widerstands* (▷ 11.43) haben den Entschluß der Alliierten, von den Deutschen die bedingungslose Kapitulation zu erzwingen, bedauert, weil er eine Solidarisierung weiter Bevölkerungskreise mit dem Regime bewirkte.

11.43 Widerstand

Widerstand gegen das nationalsozialistische Regime hat es von Anfang an und in vielfältiger Form gegeben. Er begann bereits bei denjenigen – und es waren nicht wenige –, die es verstanden, sich trotz ständiger, massiver Bearbeitung durch Parteipropaganda in Presse und Rundfunk, am Arbeitsplatz, sogar im Privatleben der unmittelbaren Beeinflussung zu entziehen und der Massenpsychose nicht zu erliegen. Das schon war gefährlich, noch viel

mehr, Mitmenschen zu unterstützen, die verfolgt wurden, ihr Untertauchen zu ermöglichen oder ihnen zur Flucht ins rettende Ausland zu verhelfen.
Die mit der Reichstagsbrandverordnung vom 28. Februar 1933 gejagten Kommunisten waren die ersten, die in den Untergrund gingen und versuchten, ihre zerschlagene Organisation wieder aufzubauen. Nach Beginn des Krieges gegen die Sowjetunion (Juni 1941) gelang der Gestapo die Zerschlagung einer Verschwörergruppe, die im Kontakt mit dem sowjetischen Geheimdienst gestanden hatte und deren führende Köpfe in mehreren Reichsministerien gesessen hatten. Die Gestapo gab ihr den Namen „Rote Kapelle". SPD- und Gewerkschaftsführer wie Wilhelm Leuschner und Julius Leber arbeiteten im Untergrund mit den bürgerlichen Kräften des Widerstandes zusammen, deren zentrale Gestalt der ehemalige Leipziger Oberbürgermeister Carl Friedrich Goerdeler war, und mit den oppositionellen Gruppen innerhalb der Wehrmacht. Deren maßgebliche Führungspersönlichkeit war der in der Sudetenkrise 1938 zurückgetretene Generalstabschef Ludwig Beck. Während des Krieges gewann zunehmend auch der sogenannte Kreisauer Kreis um den Grafen Helmuth James von Moltke, auf dessen Gut Kreisau sich Regimegegner aller politischen Richtungen zusammenfanden, an Einfluß. Der Kreisauer Kreis befaßte sich mit der erhofften sittlichen und politischen Erneuerung nach dem Sturz der NS-Herrschaft. Evangelische und katholische Geistliche gehörten von Anfang an zu den Widerstandskreisen. Immer wieder erhoben sie Protest gegen Unrechtsmaßnahmen und Gewalttaten der Machthaber und büßten dafür oft mit jahrelanger KZ-Haft oder Tod. Solange Hitler durch seine politischen Erfolge in der Vorkriegszeit und die Blitzsiege der Wehrmacht im deutschen Volk als „größter deutscher Staatsmann" seit Bismarck und als „Feldherrngenie" ein fast unerschütterliches Ansehen genoß, erschien es den Männern und Frauen des Widerstandes so gut wie unmöglich, Hitler durch ein Attentat aus dem Wege zu räumen und diese Tat, wenn sie gelang, vor dem deutschen Volk als Rettungsaktion vor der Katastrophe zu rechtfertigen. Erst mit der Verschlechterung der militärischen Situation und der um sich greifenden

Personen und Gruppen unterschiedlicher politischer Herkunft gehörten zur deutschen Widerstandsbewegung gegen den Nationalsozialismus.
Obere Reihe (von links): Hans und Sophie Scholl („Weiße Rose"); der Jesuitenpater Alfred Delp und der Sozialdemokrat Julius Leber, die dem Kreisauer Kreis angehörten.
Untere Reihe (von links): Carl Friedrich Goerdeler; Claus Graf Schenk von Stauffenberg; Ludwig Beck; Harro Schulze-Boysen, der führend in der „Roten Kapelle" tätig war

Erkenntnis, daß der Krieg nicht mehr zu gewinnen sein würde, stiegen die Chancen der Opposition. Aber alle Versuche, mit den Alliierten Verbindungen aufzunehmen und von diesen Zugeständnisse für einen günstigeren Frieden anstelle der geforderten bedingungslosen Kapitulation zu erhalten, schlugen ebenso fehl wie mehrere Attentatspläne auf Hitler. Nach der Katastrophe von *Stalingrad* (▷ 11.41) waren auch in der Bevölkerung kritische Stimmen laut geworden, vor allem an den Universitäten. Münchener Studenten verfaßten Flugblätter und riefen zum Widerstand gegen die verbrecherische Politik Hitlers auf. Der Opfergang der jungen Menschen der „Weiße Rose" um die Geschwister Hans und Sophie Scholl endete mit der Hinrichtung, aber er zeigte der Welt, daß es noch ein anderes Deutschland gab. Das Scheitern des Attentats vom *20. Juli 1944* (▷ 11.45) führte

zur Verhaftung vieler Frauen und Männer des Widerstands, von denen die meisten nach Schauprozessen vor dem *Volksgerichtshof* (▷ 11.46) hingerichtet wurden.

11.44 Invasion

Stalin hatte seit Beginn der militärischen Zusammenarbeit mit den Westmächten diese gedrängt, zur Entlastung seiner dem Druck der deutschen Streitkräfte allein ausgesetzten Armeen in Europa eine zweite Front zu errichten. Nach dem mißlungenen alliierten Landeunternehmen bei Dieppe im August 1942 gab Hitler den Befehl zum Ausbau einer gewaltigen Verteidigungslinie von den Pyrenäen bis zur niederländischen Küste, um eine erneute Landung der Alliierten von vornherein unmöglich zu machen. Der von der Parteipropaganda hochgepriesene, unüberwindliche Atlantikwall war allerdings bis 1944 erst in Teilen fertiggestellt. Die deutsche Führung erwartete die Invasion an der Kanalküste. Als aber die alliierte Invasionsflotte unter dem Befehl des amerikanischen Generals Eisenhower sich in den ersten Stunden des 6. Juni 1944 auf die Küste der Normandie zubewegte, hatte die deutsche Luftaufklärung die gewaltige, in Südengland zusammengestellte Armada überhaupt nicht wahrgenommen, und das deutsche Oberkommando war noch, als die ersten Schiffe gesichtet wurden, davon überzeugt, es handele sich um ein Ablenkungsmanöver. So wurde versäumt, den in den Bunkerstellungen an der Küste liegenden Einheiten die dringend benötigten Verstärkungen heranzuführen, um – nach dem Plan des Feldmarschalls Rommel – den gelandeten Gegner sofort wieder ins Meer zurückwerfen zu können.

Den Alliierten gelang es mit erheblicher Luftunterstützung und unter dem Feuerschutz der gesamten Schiffsgeschütze, Brückenköpfe zu bilden und die Bunkerlinie zu überwinden. Zudem hatten noch in der Nacht Lastensegler auf einer Strandbreite von 100 km Luftlandetruppen hinter der deutschen Küstenverteidigungslinie abgesetzt, die zusammen mit abgesprungenen Fallschirmjägern trotz schwerer

Verluste die Verbindung zu den gelandeten Einheiten herzustellen vermochten. Die erdrückende Luftüberlegenheit der Alliierten entschied schließlich den Kampf in der Normandie. Dennoch gelang erst am 30. Juli 1944 den alliierten Panzerverbänden der Durchbruch durch den deutschen Einschnürungsring bei Avranches. Jetzt konnten sich die angloamerikanischen Armeen entfalten und in zügigem Vormarsch, unterstützt von den aus dem Untergrund auftauchenden französischen Widerstandskämpfern der Résistance, tief nach Frankreich eindringen. Am 25. August rückten amerikanische und französische Einheiten in Paris ein. Damit war die letzte Phase des Krieges angebrochen, der Sturm der alliierten Armeen von Ost und West auf die Grenzen des Deutschen Reiches begann.

11.45 20. Juli 1944

Bei den Männern und Frauen der deutschen *Widerstandsbewegung* (▷ 11.43) waren seit der Sudetenkrise 1938 mannigfache Überlegungen angestellt worden, wie man Hitler in den Weg treten könne, um die vorhersehbare Katastrophe, in die seine Politik das deutsche Volk führen mußte, noch abzuwenden. Doch

Alliierte Truppen bei der Landung an der französischen Atlantikküste (Juni 1944)

297

erst in den Kriegsjahren hatte sich in der Widerstandsbewegung die Erkenntnis allgemein durchgesetzt, daß nur der Tod des Diktators die Voraussetzung für ein Gelingen des Staatsstreiches sein konnte. Nachdem bereits mehrere Attentatspläne schon im Vorstadium gescheitert waren, ruhten jetzt, im Sommer 1944, die letzten Hoffnungen der Verschwörer auf dem jungen Oberst Claus Graf Schenk von Stauffenberg. Der nach seiner schweren Verwundung in Afrika als Stabschef zum Ersatzheer versetzte Offizier hatte als einziger aus dem Kreis des Widerstandes direkten Zugang zu den Lagebesprechungen im Führerhauptquartier. Er war zum entschiedenen Gegner des Hitlerregimes durch ein Erlebnis geworden, als er im Osten Zeuge einer Massenexekution von Frauen und Kindern durch SS-Einheiten geworden war. Stauffenberg mußte persönlich die von ihm eingestellte Zeitbombe in seiner Aktentasche in den Besprechungsraum bringen, aber zugleich hatte er die Aufgabe, mit der Bekanntgabe des Schlüsselwortes „Hitler ist tot" die Aktion „Walküre" auszulösen, den Staatsstreich einzuleiten, mit dem im Reich und in den besetzten Gebieten die Wehrmachtbefehlshaber sofort alle höheren SS- und Parteidienststellen besetzen, die SS entwaffnen und die SS- und Parteiführer verhaften sollten.

Der Anschlag gelang nur halb, die Bombe explodierte, aber Hitler wurde nur leicht verletzt, weil ein Teilnehmer der Besprechung die Aktentasche mit der Zeitbombe kurz vorher vom Platz des „Führers" weg und zur Seite gestellt hatte. Stauffenberg, der erst drei Stunden nach dem Attentat wieder in Berlin eintraf, glaubte, daß Hitler tot sei, und gab das Startzeichen zur Auslösung der Aktion. Doch da waren schon Nachrichten aus dem Führerhauptquartier durchgesickert, daß Hitler am Leben geblieben war. Jetzt weigerten sich einige der Armeebefehlshaber, Weisungen aus Berlin entgegenzunehmen, wenn Hitler lebte, andere distanzierten sich sogleich von jeglichen Staatsstreichsplänen, zumal jetzt aus dem Führerhauptquartier Befehle telefonisch durchgegeben wurden, den Verschwörern den Gehorsam zu verweigern. Der Kommandeur des Berliner Wachbataillons, der den Auftrag hatte, den Propagandaminister Goebbels zu verhaften, wurde von diesem persönlich mit Hitler verbunden, der ihm den Befehl gab, sofort den Aufstand niederzuschlagen. In dem Wirrwarr, der sich in den Abendstunden des 20. Juli im Gebäude des Heeresersatzamtes in der Berliner Bendlerstraße abspielte, brach der Aufstand zusammen. Stauffenberg und drei weitere Offiziere wurden noch in der Nacht im Hof der Bend-

Mussolini und Hitler besichtigen am Nachmittag des 20. Juli 1944 den Ort des fehlgeschlagenen Attentats

Der Präsident des Volksgerichtshofs, Roland Freisler, verliest Urteile gegen Widerstandskämpfer des 20. Juli 1944

lerstraße erschossen. Hitler übertrug dem Reichsführer SS Himmler das Oberkommando des Ersatzheeres und beauftragte ihn, die Verschwörer und alle Mitwisser zu verhaften. Gegen die Familienangehörigen wurde „Sippenhaft" verhängt. Durch unglückliche Umstände fiel der Gestapo Material in die Hände, aus dem die Verbindungen der militärischen Verschwörer zu zivilen Widerstandsgruppen zu erkennen waren. Insgesamt sind aus dem engeren Widerstandskreis etwa 200 Männer und Frauen vor den *Volksgerichtshof* (▷ 11.46) geschleppt und später hingerichtet worden; die Zahl der im weiteren Zusammenhang mit den Vorgängen des 20. Juli Verhafteten wird auf rund 7000 geschätzt; bis zum Kriegsende wurden Tausende hingerichtet.

Hitler versuchte, die hinter dem Attentat stehenden Kreise verächtlich zu machen und ihre Bedeutung abzuschwächen, indem er verkündete, es habe sich um eine „ganz kleine Clique ehrgeiziger Offiziere" gehandelt. Er selbst nahm seine Errettung zum Anlaß, wieder einmal die „Vorsehung" zu zitieren, die ihn vor dem Tode bewahrt habe, damit er sein großes Werk vollenden könne.

Welche Chancen zur Beendigung des Krieges und zur Demokratisierung ein Gelingen des Staatsstreichs tatsächlich eröffnet hätte, bleibt allerdings ungewiß.

11.46 Volksgerichtshof

Nach dem Scheitern des Attentats vom *20. Juli 1944* (▷ 11.45) nahmen nun Hitler und Himmler, der jetzt zum Befehlshaber des Ersatzheeres ernannt wurde, die Verfolgung der dem Widerstand zugerechneten Personengruppen auf. Die Offiziere wurden aus der Wehrmacht ausgestoßen und ebenso wie die verhafteten Zivilisten zur Aburteilung dem Volksgerichtshof übergeben. Dieses 1934 eingerichtete Sondergericht, das sich mit politischen Straftaten wie „Wehrkraftzersetzung", „Wehrdienstentziehung", Spionage u. a. als erste und letzte Instanz befaßte, unterstand seit 1942 dem Präsidenten Roland Freisler. Besonders unter der Präsidentschaft Freislers wurde der Volksgerichtshof zu einem gefürchteten Instrument nationalsozialistischer Terrorjustiz. Von den jeweils fünf Richtern der sechs Senate brauchten nur zwei, der Vorsitzende und ein Beisitzer, Juristen zu sein, die drei anderen von Hitler ernannten Laienbeisitzer kamen aus der Wehrmacht, der Polizei oder der Partei.

Die Verfahren gegen die Mitglieder der Widerstandsbewegung leitete Freisler größtenteils persönlich. Er ließ die Angeklagten unter entwürdigenden Umständen vor Gericht auftreten, schrie in seinem Verhör die Angeklag-

Bergungsarbeiten in der Berliner Kantstraße nach einem Luftangriff (1945)

ten unentwegt an und ließ sie kaum zu Wort kommen. Die ihrem sicheren Tod entgegengehenden Widerstandskämpfer haben dennoch ihre Einstellung zum Regime und zu Hitler mannhaft vertreten. Hitler ließ die Hauptverhandlungen ebenso filmen wie auch die grausame Hinrichtungsprozedur. Der Volksgerichtshof hat insgesamt bis Ende 1944 über 5 200 Todesurteile gefällt, die auch vollstreckt worden sind. Freisler kam Anfang Februar 1945 bei einem Luftangriff ums Leben. Die Opfer der nationalsozialistischen Blutjustiz haben mit ihrem kompromißlosen Widerstand gegen das Unrechtsregime und mit ihrem tapferen Leiden und Sterben der Welt bewiesen, daß es auch in der dunkelsten Zeit der deutschen Geschichte noch ein anderes Deutschland gab.

11.47 Luftkrieg über Deutschland

Während in Großbritannien und in den USA der Luftwaffe von vornherein eine eigene strategische Bedeutung zugemessen wurde, sah die deutsche Führung die Aufgabe der Luftstreitkräfte mehr im Zusammenwirken mit den Bodentruppen. Das hatte zur Folge, daß in der deutschen Rüstung dem Bau von Kurzstreckenjägern und Kampfflugzeugen der Vorzug gegeben wurde, während der

Schwerpunkt der angloamerikanischen Rüstung auf Langstreckenbombern und entsprechenden Langstrecken-Begleitjägern lag. Bereits in der *Luftschlacht um England* 1940 (▷ 11.33) wirkte sich dies nachteilig für die deutsche Seite aus, als die deutschen Bomberverbände, deren Bombenlastkapazität ohnehin beschränkt war, ohne Begleitschutz der britischen Abwehr ausgesetzt waren. Und dennoch, der Luftkrieg mit massiven Bombenangriffen gegen Städte und die Zivilbevölkerung war von Hitler eröffnet worden. Er hatte 1940 großsprecherisch verkündet, er werde englische Städte „ausradieren".

Voll zur Wirkung kam der Einsatz alliierter Langstreckenbomber und Begleitjäger ab Frühjahr 1942. Der erste Großangriff von tausend Bombern traf Köln am 30./31. Mai 1942. Die ab 1943 auch bei Tage einfliegenden Verbände hatten anfänglich schwere Verluste aufzuweisen, gegen die sich allmählich herausbildenden Flächenangriffe war jedoch die deutsche Luftabwehr nahezu hilflos. Ab November 1943 begann die systematische Bombardierung der Reichshauptstadt, ab Anfang 1944 hatten die Alliierten die Luftherrschaft über dem Reichsgebiet eindeutig errungen. Jetzt wurde, nahezu unbehelligt von der deutschen Abwehr, eine Stadt nach der anderen in Trümmer gelegt. Trotz furchtbarer Zerstörungen konnte aber die deutsche Kriegswirtschaft nicht entscheidend getroffen werden, das Produktionsniveau wurde sogar bis Ende 1944 noch gesteigert. Die Belastung der Zivilbevölkerung – insgesamt sind etwa 500 000 Menschen im Luftkrieg ums Leben gekommen – war ungeheuer groß, aber der Bombenkrieg bewirkte gerade, daß sich die Menschen in den Luftschutzkellern und in den Trümmern ihrer Städte mit ihrer Führung solidarisierten, daß sich ihr Wille zum Durchhalten bis zu der immer wieder angekündigten Wende des Krieges durch die angeblichen „Wunderwaffen des Führers", die es gar nicht gab, versteifte.

Den letzten Höhepunkt der alliierten Bombenangriffe bildete die Zerstörung Dresdens am 13. und 14. Februar 1945, wo mindestens 35 000 Menschen, darunter Tausende von Flüchtlingen, ums Leben kamen. Am Ende des Krieges waren fast alle deutschen Großstädte und viele mittlere und kleine Städte durch Bombenangriffe in Trümmer gelegt, über 50% der Verkehrs- und Industrieanlagen waren zerstört.

11.48 Konferenz von Jalta

Als sich die politischen Führer der drei Hauptalliierten, Roosevelt, Churchill und Stalin – die Großen Drei –, zur Konferenz auf der Krim vom 4. bis 11. Februar 1945 trafen, standen die alliierten Armeen bereits an den Grenzen des Deutschen Reiches. Aachen war am 21. Oktober 1944 als erste deutsche Stadt besetzt worden, die letzte deutsche Gegenoffensive in den Ardennen war zurückgeschlagen worden, die Rote Armee war zu ihrem Großangriff gegen Ostpreußen, Schlesien und Berlin angetreten.

Trotz der bereits in Geheimberichten auftauchenden Meinungsverschiedenheiten zwischen den Verbündeten über die Behandlung der durch die Rote Armee befreiten osteuropäischen Länder hatten die Teilnehmer der Konferenz doch den Eindruck, gemeinsam „einen ersten großen Friedenssieg gewonnen zu haben." Die Sowjetunion versprach, in etwa zwei bis drei Monaten nach der deutschen Kapitulation in den Krieg gegen Japan einzutreten. Als Ostgrenze Polens wurde die sogenannte Curzonlinie festgelegt, sie entsprach etwa der 1939 zwischen Hitler und Stalin ausgehandelten Demarkationsgrenze. Polen soll-

te dafür „beträchtlichen" Gebietszuwachs im Westen erhalten, die genaue Festlegung der abzutretenden deutschen Gebiete erfolgte jetzt noch nicht. Stalin sprach jedoch bereits von der Oder-Neiße-Linie. Die Entscheidung darüber wurde auf die nächste Konferenz der Großen Drei verschoben (*Potsdamer Konferenz* ▷ 12.4). Die Teilnahme Frankreichs an der vorgesehenen Militärregierung in Deutschland wurde verabredet sowie die Aufteilung des Reichsgebietes in vier Besatzungszonen, ferner die Errichtung einer Kommission zur Festsetzung der deutschen Reparationen. Übereinstimmung erzielten die Konferenzteilnehmer auch über die Fragen der Entmilitarisierung und Entnazifizierung der Deutschen. Ungeklärt blieb die zukünftige wirtschaftliche Gestaltung Deutschlands, doch war Roosevelt jetzt weitgehend von dem Morgenthau-Plan abgerückt, nach dem Deutschland radikal in ein Agrarland zurückverwandelt werden sollte.

11.49 Volkssturm

Am 25. September 1944 verordnete Hitler zur Verteidigung der bedrohten Heimatgebiete die Bildung eines deutschen Volkssturms. Er sollte alle Männer zwischen 16 und 60 Jahren umfassen, die noch nicht zur Wehrmacht ein-

Die „Großen Drei" auf der Konferenz von Jalta im Februar 1945: Winston Churchill, Franklin D. Roosevelt und Iossif W. Stalin

gezogen worden waren, somit alle bisher ihres Berufes wegen vom Wehrdienst Freigestellten (Facharbeiter, Bauern usw.). Der Volkssturm sollte den Kampf der Wehrmacht unterstützen. Die militärische Ausrüstung, Organisation und Ausbildung übernahm als Befehlshaber des Ersatzheeres der Reichsführer SS Himmler. Die Aufstellung der Volkssturmeinheiten wurde den jeweiligen Gauleitern der Partei übertragen. Hitler erwartete, daß sein Aufruf zur Bildung des Volkssturms einen Aufstand der Massen zur Verteidigung der Heimat auslösen würde. Aber die Fanatisierung des Volkes blieb aus. Die Ausbildung der Volkssturmmänner war völlig unzureichend, ihre Bewaffnung mit Ausnahme der Panzerfaust dürftig, ihr militärischer Wert war ungenügend, wie auch die von ihnen angelegten Panzersperren weitgehend wertlos waren. Ihr Einsatz im Kampfgebiet war somit unverantwortlich und führte nur zu hohen Verlusten unter den unerfahrenen jungen und alten Männern des letzten Aufgebotes.

11.50 Hitlers politisches Testament

Im letzten Abschnitt des Krieges, als sich die Armeen der Verbündeten von West und Ost auf die Mitte des Reiches zubewegten und sich der Zusammenbruch Deutschlands immer klarer abzeichnete, erließ Hitler vom Bunker der Reichskanzlei aus immer unsinnigere Befehle, die seinen physischen und psychischen Verfall erkennen ließen. Am

Angehörige des Volkssturms bei der Waffenausbildung (April 1945)

19. März 1945 ordnete er an, daß beim Heranrücken des Feindes alle Industrie- und Versorgungsanlagen, Verkehrs- und Nachrichteneinrichtungen zerstört werden sollten. Diesen „Verbrannte-Erde-Befehl", den jedoch die meisten Truppenkommandeure nicht mehr befolgten, rechtfertige Hitler dem Rüstungsminister Speer gegenüber, der auf die negativen Folgen für die überlebende Zivilbevölkerung hingewiesen hatte, mit der Bemerkung: „... Es ist nicht notwendig, auf die Grundlagen, die das Volk zu seinem primitivsten Weiterleben braucht, Rücksicht zu nehmen ... denn das Volk hätte sich als das schwächere erwiesen, und dem stärkeren Ostvolk gehöre dann ausschließlich die Zukunft." Als am 12. April 1945 Hitler der Tod des amerikanischen Präsidenten Roosevelt mitgeteilt wurde, glaubte er, nun werde die unnatürliche Kriegskoalition der Gegner auseinanderbrechen und sich eine günstige Wende im Kriegsgeschehen einstellen, wie seinerzeit im Siebenjährigen Krieg, als der Tod der russischen Zarin Elisabeth den Preußenkönig Friedrich aus einer nahezu hoffnungslosen Lage befreit hatte. Aber es änderte sich nichts, der Krieg wurde auch unter dem neuen Präsidenten der USA, Harry S. Truman, fortgesetzt. Als auch die mehr in Hitlers Phantasie als in der Realität existierende Armee Wenck, die den russischen Einschließungsring um Berlin aufbrechen sollte, nicht in Erscheinung trat, faßte Hitler den Entschluß, sich das Leben zu nehmen.

In seinem am 29. April 1945 verfaßten „politischen Testament" suchte er sich selbst in schwülstig-theatralischen Formulierungen von jeder Schuld am Kriege reinzuwaschen, der von jenen Staatsmännern angestiftet worden sei, „die entweder jüdischer Herkunft waren oder für jüdische Interessen arbeiteten." Er stieß seine alten Kampfgefährten *Göring* (▷ 11.10) und *Himmler* (▷ 11.31) aus der Partei und allen Ämtern aus, weil sie hinter seinem Rücken Verhandlungen mit dem Feind aufgenommen hätten, und schloß sein Testament mit dem beschwörenden Appell an die Überlebenden „zur peinlichen Einhaltung der Rassengesetze und zum unbarmherzigen Widerstand gegen den Weltvergifter aller Völker, das internationale Judentum".

Hitler hatte nichts hinzugelernt. Das waren dieselben Formulierungen, mit denen er am

Beginn seiner politischen Laufbahn in der Nachkriegssituation nach 1918 die Massen aufzuhetzen begonnen hatte. Er sah sich von Verrat und Treulosigkeit umgeben. Die Einsicht, daß er Fehler gemacht, geirrt haben könnte mit furchtbaren Auswirkungen für unendlich viele Menschen, kam ihm nicht. Theatralisch-makaber war auch seine letzte Handlung, die Heirat mit seiner langjährigen Lebensgefährtin Eva Braun, wenige Stunden vor dem gemeinsamen Selbstmord am 30. April 1945.

11.51 Bedingungslose Kapitulation

Mit der Verkündung ihres Kriegszieles der bedingungslosen Kapitulation schon im Januar 1943 in Casablanca hatten Churchill und Roosevelt auch den Widerstandswillen des deutschen Volkes gestärkt und erreicht, daß sich große Teile der Bevölkerung mit ihrer militärischen und politischen Führung solidarisierten. Der deutschen *Widerstandsbewegung* (▷ 11.43) war damit die Möglichkeit genommen, die noch zögernden Frontbefehlshaber für den gegen Hitler geplanten Staatsstreich zu gewinnen, weil sie auch für den Fall der Beseitigung Hitlers keine Zusage von den Alliierten in Händen hatten, dann eine güstigere Friedensregelung zu erreichen.

Nun aber war der Krieg endgültig verloren, Amerikaner und Sowjets gaben sich an der Elbe bei Torgau die Hand, die von der Sowjetarmee eingeschlossene Reichshauptstadt stand vor dem Fall, Hitler hatte sich im Bunker unter der in Trümmern liegenden Reichskanzlei der Verantwortung durch Selbstmord entzogen. Es war eine Illusion zu glauben, Amerikaner und Russen würden sich schon in der Stunde des Endsieges entzweien, Amerikaner und Briten würden nun plötzlich gemeinsam mit den noch intakten deutschen Armeen die Sowjets wieder aus Mitteleuropa vertreiben. Aber viele hofften darauf, auch der von Hitler zum Nachfolger als Reichspräsident und Oberbefehlshaber der Wehrmacht ernannte Großadmiral Dönitz, der von Flensburg-Mürwik aus die Reichsgeschäfte, soweit sie noch funktionierten, weiterzuführen versuchte. Dönitz, der soeben noch dem deut-

Auf dem Reichstag hißt ein Soldat der Roten Armee die sowjetische Flagge (2. Mai 1945)

schen Volk in bewußter Verfälschung der Tatsachen den „Heldentod des Führers" mitgeteilt hatte, begriff nicht, daß die Alliierten an ihrem Vorgehen gegenüber Deutschland auch nach dem Tode Hitlers bis zur bedingungslosen Kapitulation der Wehrmacht festhalten wollten. Dönitz hat aber die nun doch als unvermeidlich erkannte Gesamtkapitulation so lange hinauszuzögern versucht, bis ein möglichst großer Teil der sich nach Westen absetzenden Truppen und der Flüchtlingsströme vor dem Zugriff der Roten Armee in Sicherheit gebracht war. So gelang es, etwa 2 bis 3 Millionen Menschen in den Bereich der Westalliierten zu überführen.

Am 2. Mai 1945 kapitulierte Berlin, am gleichen Tag trat die am 29. April unterzeichnete deutsche Teilkapitulation in Italien in Kraft, weitere Teilkapitulationen folgten am 4. Mai in Süd- und Nordwestdeutschland. Die von General Eisenhower geforderte Gesamtkapitulation des Deutschen Reichs wurde am 7. Mai im amerikanischen Hauptquartier in Reims unterzeichnet, am 8. Mai auf Wunsch Stalins im sowjetischen Hauptquartier in Berlin-Karlshorst wiederholt.

Daten

30. Jan. 1933	Hitler wird Reichskanzler („Machtergreifung")
27. Febr. 1933	Reichstagsbrand
5. März 1933	Reichstagswahl
23. März 1933	Ermächtigungsgesetz
2. Mai 1933	Auflösung der Gewerkschaften
20. Juli 1933	Konkordat zwischen dem Deutschen Reich und dem Vatikan
14. Okt. 1933	Austritt Deutschlands aus dem Völkerbund
26. Jan. 1934	Nichtangriffspakt mit Polen
30. Juni 1934	sogenannter „Röhm-Putsch"
2. Aug. 1934	Tod des Reichspräsidenten von Hindenburg
	Hitler wird Staatsoberhaupt als „Führer und Reichskanzler"
16. März 1935	Einführung der allgemeinen Wehrpflicht und Aufbau der Wehrmacht
18. Juni 1935	Deutsch-Britisches Flottenabkommen
15. Sept. 1935	„Nürnberger Gesetze" (Entrechtung der jüdischen Bevölkerung)
7. März 1936	Besetzung der entmilitarisierten Zone des Rheinlandes
25. Okt. 1936	Achse Berlin–Rom
25. Nov. 1936	Antikominternpakt mit Japan
12. März 1938	Einmarsch deutscher Truppen in Österreich
29. Sept. 1938	Münchner Abkommen
1. Okt. 1938	Einmarsch deutscher Truppen in sudetendeutsche Gebiete
9. Nov. 1938	organisiertes Judenpogrom („Reichskristallnacht")
15. März 1939	Einmarsch deutscher Truppen in die Tschechoslowakei
22. Mai 1939	Militärbündnis mit Italien („Stahlpakt")
23. Aug. 1939	Deutsch-Sowjetischer Nichtangriffspakt („Hitler-Stalin-Pakt")
1. Sept. 1939	Überfall auf Polen
3. Sept. 1939	britische und französische Kriegserklärung an das Deutsche Reich
9. April 1940	Besetzung Dänemarks und Norwegens
10. Mai 1940	Beginn des Westfeldzuges
22. Juni 1940	Waffenstillstand mit Frankreich
13. Aug. 1940	Beginn der Luftschlacht gegen Großbritannien
30. März 1941	Angriff des deutschen Afrikakorps unter Rommel
6. April 1941	Beginn des Angriffs gegen Jugoslawien und Griechenland
22. Juni 1941	Beginn des Angriffs gegen die Sowjetunion
11. Dez. 1941	Kriegserklärung Hitlers an die USA
20. Jan. 1942	Wannseekonferenz („Endlösung der Judenfrage" eingeleitet)
30./31. Mai 1942	1. Großangriff auf Köln (1000 Bomber)
7. Nov. 1942	Landung der Alliierten in Nordafrika
19. Nov. 1942	Beginn der sowjetischen Gegenoffensive bei Stalingrad
25. Jan. 1943	Roosevelt und Churchill fordern auf der Konferenz von Casablanca „bedingungslose Kapitulation" Deutschlands
31. Jan./2. Febr. 1943	Kapitulation der 6. Armee in Stalingrad
18. Febr. 1943	Goebbels verkündet im Berliner Sportpalast den „totalen Krieg"
13. Mai 1943	Kapitulation der deutsch-italienischen Heeresgruppe Afrika
28. Nov.–1. Dez. 1943	Gipfelkonferenz der Alliierten in Teheran
6. Juni 1944	Invasion der Alliierten in der Normandie
20. Juli 1944	fehlgeschlagenes Attentat auf Hitler im Führerhauptquartier
4.–11. Febr. 1945	Gipfelkonferenz von Jalta
30. April 1945	Hitler begeht Selbstmord
7./8. Mai 1945	Kapitulation der deutschen Wehrmacht in Reims und Berlin-Karlshorst

Kapitel 12: Neuanfang 1945–1949

Einführung

Mit der bedingungslosen Kapitulation der deutschen Wehrmacht am 8. Mai 1945 und der vollständigen Besetzung des Reichsgebiets durch die Truppen der alliierten Kriegsgegner schien die deutsche Geschichte an einem Nullpunkt angekommen zu sein. Zusammengebrochen war nicht nur die nationalsozialistische Herrschaft; der vom Deutschen Reich 1939 entfesselte Krieg hatte auch den deutschen Nationalstaat zerstört. Die alliierten Siegermächte – die USA, die Sowjetunion, Großbritannien und Frankreich – übten nun die oberste Staatsgewalt auf deutschem Boden aus und teilten das Land in vier Besatzungszonen auf; die Reichshauptstadt Berlin wurde einem eigenen Viermächtestatus unterstellt und in vier Sektoren unterteilt. Die östlichen Gebiete Deutschlands bis zur Oder-Neiße-Linie wurden abgetrennt und von Stalin zunächst eigenmächtig, schließlich jedoch mit Billigung der Westmächte, sowjetischer bzw. polnischer Verwaltung übergeben.

Man hat für den Zusammenbruch auch das Wort von der „Stunde Null" geprägt. Und in der Tat schienen die Deutschen vor dem Nichts zu stehen. Denn es hatten sich nicht nur Ideologie und System des Nationalsozialismus als verbrecherisch und zerstörerisch erwiesen, zerbrochen schienen auch viele Traditionen und Wertvorstellungen der Deutschen. Konnten Werte wie Nation, Autorität, Fleiß und Ordnung noch Orientierung geben, nachdem sie vom NS-System vereinnahmt worden waren? Aber bot ein Bruch mit der eigenen Geschichte nicht auch die Chance einer völligen Neuorientierung, eines wirklichen Neuanfangs? Nicht wenige haben das Wort von der Stunde Null so aufgefaßt. Doch zunächst bedeutete „Stunde Null" auch, daß

alles darniederlag: Wohnungen, Verkehrsverbindungen und Versorgungseinrichtungen waren zerstört, die Probleme der nackten Existenzsicherung standen im Vordergrund – verschärft durch den Zustrom von Millionen von Flüchtlingen und Vertriebenen aus den Ostgebieten.

Die Alliierten faßten auf der Gipfelkonferenz von Potsdam (17. Juli bis 2. August 1945) Beschlüsse über die Behandlung des besiegten und besetzten Deutschland. Einigkeit herrschte über die vollständige Vernichtung des deutschen Rüstungspotentials, die Aburteilung und Bestrafung der Kriegsverbrecher und die Säuberung des politischen Lebens in Deutschland vom Nationalsozialismus und vom Militarismus. Grundsätzlich einig waren sich die Siegermächte auch über einen demokratischen Neuaufbau Deutschlands, wobei ihre unterschiedlichen Vorstellungen über Demokratie ausgeklammert blieben und erst in der Praxis zutage traten. Der Beschluß, ganz Deutschland als wirtschaftliche Einheit zu behandeln, wurde in der Folgezeit nicht verwirklicht. Dies lag zum einen bereits in der Struktur der Besatzungsherrschaft selbst begründet. Die vier Mächte hatten als oberste Instanz den Alliierten Kontrollrat mit Sitz in Berlin errichtet, der nur bei einstimmiger Beschlußfassung handeln konnte. Gleichzeitig jedoch übte jeder der alliierten Militäroberbefehlshaber in seiner Besatzungszone eigenverantwortlich die Besatzungsherrschaft aus. Zum anderen war geregelt worden, daß jede Besatzungsmacht ihre Reparationsansprüche zunächst aus ihrer eigenen Besatzungszone befriedigen sollte.

Wenn auch seit der Kapitulation die gesamte Macht in Deutschland bei den vier Alliierten lag, entwickelte sich doch bald wieder politisches Leben unter den Deutschen selbst. Um die dringenden Aufgaben bei der Versorgung der deutschen Bevölkerung überhaupt bewältigen zu können, beauftragten die alliierten Truppenbefehlshaber politisch unbelastete Deutsche und setzten sie als Bürgermeister und Landräte, bald auch als Ministerpräsidenten ein. Bereits im Sommer 1945 wurde auch die Bildung demokratischer Parteien zugelassen. Das sich bildende neue Parteiensystem ging in vielem auf die Strukturen der Weimarer Republik zurück, nicht zuletzt deshalb, weil die meisten Parteigründer aktive Politiker der Weimarer Zeit gewesen waren. Eine echte Neugründung hingegen stellte die CDU/CSU dar. Ihr gelang es, protestantische Schichten einzubeziehen, die in der Weimarer Republik ihre politische Heimat großenteils bei den Deutschnationalen, aber auch bei den liberalen Parteien gehabt hatten, und so eine große Volkspartei der rechten Mitte zu werden. Die liberalen Parteigründer waren erfolgreich bei dem Versuch, die historische Spaltung in Rechts- und Linksliberale zu überwinden. Die Neu- oder Wiedergründungen der Parteien vollzogen sich faktisch auf der lokalen oder regionalen Ebene, nachdem die bereits im Juni 1945 unter der Aufsicht der Sowjets in Berlin erfolgten Parteibildungen ihren gesamtdeutschen Anspruch nicht hatten durchsetzen können.

Besonders augenfällig wurde dies am Beispiel der SPD, deren Berliner Zentralausschuß am 15. Juni 1945 die „organisatorische Einheit der deutschen Arbeiterklasse" forderte. Diese zum Teil auch in den Westzonen erhobene Forderung wurde von Kurt Schumacher, der sich anschickte, die Führung der Partei in den Westzonen zu übernehmen, strikt abgelehnt. Bereits im Oktober 1945 kam es daher auf der Reichskonferenz der SPD in Wennigsen bei Hannover zur organisatorischen Trennung der SPD: Der Zentralausschuß sollte künftig für die sowjetische Zone, Schumacher für die Westzonen zuständig sein.

Die KPD hatte am 11. Juni 1945 als erste Partei ihren Aufruf in Berlin veröffentlicht, in dem sie für Deutschland eine bürgerlich-demokratische und antifaschistische Ordnung forderte. Eine Vereinigung mit der SPD lehnte sie zu diesem Zeitpunkt ab. Als sie jedoch erkennen mußte, daß sie weniger Anhänger

gewinnen konnte als erwartet, forcierte sie ab Oktober 1945 mit Hilfe der sowjetischen Besatzungsmacht den Zusammenschluß mit der SPD in der sowjetischen Zone. Die unter massivem politischem Druck im April 1946 erfolgte Vereinigung von KPD und SPD zur SED ließ sozialdemokratischer Aktivität in der sowjetischen Zone keinen Raum mehr.

Das Bündnis der Mächte, die gemeinsam das nationalsozialistische Deutschland niedergerungen hatten, zerbrach bereits in der frühen Nachkriegszeit. Aus dem 2. Weltkrieg waren die USA und die Sowjetunion als die beiden Weltmächte hervorgegangen. Gegensätze in der inneren Struktur und in ihren weltpolitischen Zielsetzungen führten zu Konflikten an vielen Orten der Welt. Ein „heißer" Krieg zwischen den USA, die seit 1945 über die Atombombe verfügten, und der Sowjetunion wurde von beiden sorgsam vermieden. Aber seit 1946/47 entwickelte sich ein „kalter" Krieg zwischen Ost und West, der sich in unzähligen regionalen Konflikten manifestierte, die teils kriegerisch, teils mit den Mitteln diplomatischen und politischen Drucks ausgetragen wurden. Deutschland war eines der Hauptfelder dieses kalten Krieges, in dem keine Seite der anderen strategisch wertvolles Terrain in der Mitte Europas überlassen wollte. Dies hatte unmittelbare Auswirkungen auf die Politik der Besatzungsmächte in Deutschland. Das dem Westen zugehörige Frankreich spielte dabei insoweit eine Sonderrolle, als es sich bis etwa 1948 vordringlich von dem Interesse leiten ließ, die Bildung eines starken deutschen (Gesamt-)Staates zu verhindern.

Der kalte Krieg sollte nicht ohne Einfluß bleiben auf die politische Diskussion der Deutschen über die Gestaltung des künftigen Deutschland. Was die Wirtschafts- und Gesellschaftsordnung angeht, gab es in den ersten Jahren eine breite politische Tendenz zugunsten von Sozialisierung und Mitbestimmung, die sich in allen Landesverfassungen bzw. entsprechenden Landesgesetzen niederschlug. Die Durchführung in den Ländern der Westzonen wurde allerdings durch die USA mit der Begründung verhindert, die Wirtschaftsordnung sei allein Sache des künftigen Gesamtstaates. In den Sog des Ost-West-Konflikts geriet auch die Diskussion über die zukünftige außenpolitische Orientierung Deutschlands. Während für die Anlehnung an die Sowjetunion in den Westzonen nur wenige plädierten, gab es – nicht nur – in der CDU einen heftigen Streit zwischen den Anhängern einer Anbindung an den Westen, deren Wortführer Konrad Adenauer war, und den Vertretern eines „Dritten Weges" zwischen Kapitalismus und Kommunismus.

Diese Diskussionen verloren an Bedeutung, je deutlicher die amerikanisch-britische Politik wurde, die Bildung eines westdeutschen Teilstaates anzustreben. Vorform hierzu wurde der unter französischem und sowjetischem Protest zum 1. Januar 1947 erfolgte Zusammenschluß der amerikanischen und der britischen Besatzungszone zur Bizone – geboren auch aus den Versorgungsschwierigkeiten des Winters 1945/46. Unter der Aufsicht der beiden Alliierten erhielt die Bizone ein Parlament („Wirtschaftsrat"), einen Länderrat und eine Exekutive. Nicht zuletzt im Wirtschaftsrat zeigte sich, daß die wirtschaftspolitische Diskussion in der CDU von den Sozialisierungsforderungen des Ahlener Programms (Februar 1947) sich zum Konzept der sozialen Marktwirtschaft entwickelte. Zusammen mit der FDP setzte die Unionsfraktion im Wirtschaftsrat die Berufung des parteilosen Ludwig Erhard zum Direktor der Verwaltung für Wirtschaft durch. Die Einbeziehung der Westzonen in die Marshallplanhilfe, die die USA zum Aufbau der europäischen Wirtschaft und zur Abwehr des Kommunismus aufgelegt hatten, bildete einen weiteren Schritt im Prozeß der Teilung Deutschlands. Voraussetzung für die Wirksamkeit der Marshallplanhilfe war die Neuordnung der Währungsverhältnisse. Die in allen Westzonen am 20./21. Juni 1948 durchgeführte Währungsreform brachte einen harten Schnitt für die Sparer und begünstigte die Sachwertbesitzer. Zusammen mit der weitgehenden Aufhebung der Zwangswirtschaft trug sie wesentlich zum wirtschaftlichen Aufbau der kommenden Jahre bei.

Die Sowjets führten wenige Tage später in ihrer Zone eine eigene Währungsreform durch. Die Einführung der Westzonenwährung in den Westsektoren Berlins wurde zum Auslöser der Berliner Blockade vom 24. Juni 1948 bis 12. Mai 1949. Stalin machte damit den Versuch, durch Aushungern der West-Berliner Bevölkerung und durch massiven Druck auf die Westmächte die Bildung eines gegen die Sowjetunion gerichteten westdeutschen Teilstaates zu verhindern. Der Versuch scheiterte am Widerstandswillen der West-Berliner und am entschlossenen Handeln der Amerikaner und Briten bei der Errichtung der Luftbrücke. Die Berliner Blockade, der erste Höhepunkt des kalten Krieges, beschleunigte den Prozeß der westdeutschen Staatsbildung, die zudem nun stärker als vorher unter antikommunistischem Vorzeichen stand.

Nachdem die Widerstände Frankreichs überwunden waren, beauftragten die drei westlichen Militärgouverneure die Ministerpräsidenten der Länder am 1. Juli 1948 damit, eine Verfassung ausarbeiten zu lassen. Unter Hervorhebung des provisorischen Charakters der Staatsbildung erarbeitete der von den Länderparlamenten der Westzonen gewählte Parlamentarische Rat vom September 1948 bis Mai 1949 das Grundgesetz für die Bundesrepublik Deutschland. In der sowjetischen Zone hatte sich bereits Ende 1947 auf Betreiben der SED eine Volkskongreßbewegung „für Einheit und gerechten Frieden" gebildet. Der aus ihr hervorgegangene Deutsche Volksrat hatte bis zum Oktober 1948 eine „Verfassung der Deutschen Demokratischen Republik" erarbeitet, die von der provisorischen Volkskammer der DDR am 7. Oktober 1949 in Kraft gesetzt wurde.

Fragt man sich nun, ob die „Stunde Null" wirklich genutzt wurde, kann man folgendes feststellen: An Überlegungen und Diskussionen über die Zukunft Deutschlands hat es nicht gefehlt. Viele Ansätze wurden freilich verschüttet, als Deutschland zum Hauptfeld des weltpolitischen Ost-West-Gegensatzes wurde. Letztlich bestimmende Faktoren für die Entwicklung Deutschlands waren die Besatzungsmächte. In der Ostzone wurde der zunächst zugesicherte eigene deutsche Weg bald verlassen und der Wille der Sowjetunion für die Gestaltung von Politik und Gesellschaft verbindlich. In den Westzonen zeigte u. a. der abrupte Abbruch der Entnazifizierung – mit gesellschaftspolitischen Spätfolgen in der Bundesrepublik – sowie der Verlauf der Sozialisierungsdebatte, daß die USA spätestens ab 1947 die Priorität auf den raschen Aufbau eines privatwirtschaftlich verfaßten, mit dem Westen verbundenen westdeutschen Staates legten.

12.1 Der Zusammenbruch

Der 2. Weltkrieg, den Hitler vom Zaun gebrochen hatte, um „Lebensraum" für das deutsche Volk zu erobern und ein „großgermanisches" Reich zu errichten, war mit der *bedingungslosen Kapitulation* (▷ 11.51) der deutschen Wehrmacht am 8. Mai 1945 zu Ende gegangen. Das nationalsozialistische Dritte Reich war damit zusammengebrochen, das von Bismarck gegründete Deutsche Reich hatte faktisch zu bestehen aufgehört. Mit der vollständigen Besetzung des deutschen Reichsgebietes durch die Armeen der Anti-Hitler-Koalition erlebten die Deutschen die bitterste Stunde in ihrer Geschichte, die totale Niederlage stand am Ende des von Goebbels fanatisch ausgerufenen *totalen Krieges* (▷ 11.42). Doch zugleich war es die Stunde der Befreiung von der nationalsozialistischen Terrorherrschaft, was freilich viele erst später begriffen. Zusammengebrochen waren nicht nur das Regime und der Staat, großenteils zusammengebrochen waren infolge des Krieges auch die lebensnotwendigen Einrichtungen:

Blick auf die Ruinen Dresdens am Ende des 2. Weltkriegs

Verkehrs- und Transporteinrichtungen waren zerstört, Eisenbahn und Post waren lahmgelegt, fast alle Behörden und Dienststellen hatten sich aufgelöst. Die großen Städte, aber auch viele mittlere und kleine, lagen in Trümmern, rund 5 Millionen Wohnungen waren total oder erheblich zerstört. Die Menschen in den Städten hausten in Kellern unter Trümmern, in Barackenlagern oder notdürftig hergerichteten Behelfswohnungen. In zahlreichen Städten war zudem die Versorgung mit Elektrizität und Gas, selbst mit Wasser zusammengebrochen. Die den Armeen nachfolgenden alliierten Militärverwaltungen hatten vorrangig die wichtigsten Transportprobleme zu lösen und die Bevölkerung mit dem Notwendigsten an Lebensmitteln, Brennstoffen und Bekleidung zu versorgen. Dazu waren sie von Anfang an auf die Mitarbeit der Deutschen angewiesen. Aus Männern und Frauen, die sie für politisch unbelastet hielten, wählten sie die Hilfskräfte aus, setzten Bürgermeister, Landräte und Ministerpräsidenten ein. Außerordentlich verschärft wurde die katastrophale Versorgungslage in den ersten Monaten und Jahren durch den anhaltenden Zustrom von Flüchtlingen und Vertriebenen aus dem Osten.

Man hat die damalige Situation der Deutschen mit dem Wort von der „Stunde Null" gekennzeichnet: Fast alles war zerstört, die materiellen, aber auch die immateriellen Werte. Die Hauptsorge galt bei den meisten der unmittelbaren Existenzerhaltung, doch zugleich schien die Situation Deutschlands völlig offen zu sein. Verbreitet war die Einstellung, man könne nun die Vergangenheit völlig hinter sich lassen und mit der Gestaltung der Zukunft bei Null anfangen.

12.2 Alliierter Kontrollrat

Mit dem Abkommen „über das Kontrollsystem in Deutschland" vom 14. November 1944 hatte die von den USA, der Sowjetunion und Großbritannien gebildete Europäische Beratende Kommission, der im November 1944 auch Frankreich beitrat, festgelegt, daß nach dem Sieg der Alliierten die oberste Gewalt in Deutschland von den vier Oberbefehlshabern der Streitkräfte Frankreichs, Großbritanniens, der USA und der Sowjetunion ausgeübt werden sollte – und zwar, wie das Potsdamer Abkommen vom 2. August 1945 erklärte, „von jedem in seiner Besatzungszone, sowie gemeinsam in ihrer Eigenschaft als Mitglieder des Kontrollrates in den Deutschland als Ganzes betreffenden Fragen." In ihrer Berliner Erklärung vom 5. Juni 1945 kündigten die vier Oberbefehlshaber die Errichtung des Alliierten Kontrollrates an, der am 30. August 1945 erstmals an die Öffentlichkeit trat.

Der Kontrollrat, der im Gebäude des ehemaligen Berliner Kammergerichts tagte, bestand aus den Oberbefehlshabern der vier Siegermächte in Deutschland, die gleichzeitig als Militärgouverneure in ihrer jeweiligen Besatzungszone die oberste Verwaltungsbehörde darstellten. Der Kontrollrat, dessen Beschlüsse nur einstimmig gefaßt werden konnten, wurde unterstützt von einem Koordinierungsausschuß, dem die Stellvertreter der vier Militärgouverneure angehörten, und einem Kontrollstab, der aus mehreren sachlich gegliederten Direktorien bestand. Die im Potsdamer Abkommen vorgesehene Bildung zentraler deutscher Verwaltungsabteilungen unter der Leitung des Kontrollrats scheiterte am Einspruch Frankreichs.

Der Kontrollrat befaßte sich zunächst v. a. mit der Aufhebung nationalsozialistischer Gesetze und Verordnungen und in Ausführung des Potsdamer Abkommens mit Entnazifizierung, Entmilitarisierung und Demontage. Er hatte allerdings keine eigene Exekutivgewalt, sondern war darauf angewiesen, daß seine Beschlüsse, die in Form von Proklamationen, Befehlen, Gesetzen und Direktiven ergingen, von den Militärgouverneuren in den jeweiligen Besatzungszonen durchgeführt wurden. Besonders bei der Herstellung der wirtschaftlichen Einheit Deutschlands, wie sie das Potsdamer Abkommen vorschrieb, konnte sich der Alliierte Kontrollrat nicht auf ein gemeinsames Vorgehen einigen.

Der beginnende *kalte Krieg* (▷ 12.15), das Mißtrauen zwischen den westlichen Alliierten und der Sowjetunion, eigene Vorstellungen Frankreichs und die unterschiedliche Entwicklung in den Besatzungszonen lähmten zunehmend die Funktionsfähigkeit des Kontrollrats. Seine Tätigkeit endete schließlich in der Sitzung vom 20. März 1948 mit einem Eklat, als der sowjetische Vertreter aus Protest gegen die Londoner Sechsmächtekon-

Der Alliierte Kontrollrat wurde von den Oberbefehlshabern der alliierten Streitkräfte gebildet. Das Bild zeigt den britischen Feldmarschall Bernard Law Montgomery (links), den amerikanischen General Dwight D. Eisenhower (Mitte), rechts daneben den sowjetischen Marschall Georgi K. Schukow im Juni 1945

ferenz, auf der sich die Westalliierten auf eine gemeinsame staatliche Ordnung für ihre Besatzungszonen einigten, den Sitzungssaal für immer verließ.

12.3 Besatzungszonen und Bildung der Länder

Die alliierten Kriegsgegner Deutschlands hatten bereits im Herbst 1944 sowie auf der *Konferenz von Jalta* (▷ 11.48) festgelegt, Deutschland nach der militärischen Besetzung in drei Besatzungszonen aufzuteilen, die jeweils einer der alliierten Mächte – USA, UdSSR, Großbritannien – zugewiesen werden sollten. Eine Sonderregelung für die Reichshauptstadt Berlin sah die Aufteilung in drei Sektoren vor. Frankreich wurde nach der Konferenz von Jalta in den Kreis der Besatzungsmächte aufgenommen und erhielt aus Teilen der amerikanischen und der britischen Zone eine eigene Besatzungszone im Südwesten Deutschlands sowie einen eigenen Sektor im Nordwesten Berlins. Die britische Zone bestand aus dem nordwestlichen Deutschland, die amerikanische aus Süddeutschland sowie Bremen und Bremerhaven. Die Sowjetunion hatte aus ihrer Besatzungszone, die Mittel- und Ostdeutschland umfaßte, ohne Absprache mit den Westmächten bereits das nördliche Ostpreußen unter ihre Verwaltung und das übrige Ostdeutschland bis zur Oder-Neiße-Linie unter polnische Verwaltung gestellt.

Das Land Preußen war durch die Grenzen der Besatzungszonen mehrfach zerschnitten – wie auch die Länder Baden und Württemberg. Zum Teil unter Beibehaltung alter Ländergrenzen bildeten die Besatzungsmächte in ihren jeweiligen Zonen Länder, deren Verwaltungen mit Deutschen besetzt wurden. In der sowjetischen Zone wurden bereits im Juli 1945 die Länder Sachsen, Sachsen-Anhalt, Thüringen, Brandenburg und Mecklenburg gebildet. Die US-Militärregierung proklamierte im September 1945 die Länder Bayern, Hessen, Württemberg-Baden und im Januar 1947 Bremen. Ab Mitte 1946 wurden in der britischen Zone die Länder Nordrhein-Westfalen, Niedersachsen, Schleswig-Holstein und Hamburg gebildet, in der französischen Zone Baden, Württemberg-Hohenzollern und Rheinland-Pfalz; das Saarland erhielt einen Sonderstatus. – Karte S. 312.

12.4 Konferenz von Potsdam und Potsdamer Abkommen

Vom 17. Juli bis zum 2. August 1945 fand in Potsdam das letzte Gipfeltreffen der „großen Drei" der Anti-Hitler-Koalition statt. Die Westmächte waren von vornherein geschwächt: Sie mußten in die Verhandlungen mit neuen, außenpolitisch unerfahrenen Repräsentanten gehen. Für den am 12. April 1945 verstorbenen Präsidenten Roosevelt vertrat sein Nachfolger Truman die USA, und der britische Premierminister Churchill wurde nach den Unterhauswahlen während der Konferenz am 28. Juli durch den Führer der siegreichen Labour Party, Attlee, abgelöst. Schwerwiegender war, daß Stalin mit seinem eigenmächtigen Vorgehen in Ostdeutschland seine Verbündeten vor vollendete Tatsachen gestellt hatte. Er hatte der kommunistisch geführten polnischen Regierung als Entschädi-

gung für die an die Sowjetunion abzutretenden ostpolnischen Gebiete Ostdeutschland bis zur Oder-Neiße-Linie übergeben. Hierüber kam es im Lauf der Konferenz zu harten Auseinandersetzungen mit den Westmächten, die aber schließlich im Potsdamer Abkommen vom 2. August 1945 die Oder-Neiße-Linie als Westgrenze Polens de facto anerkannten. Unter dem Vorbehalt einer endgültigen Regelung durch den Friedensvertrag stimmten sie zu, daß die ostdeutschen Gebiete bis zur Oder-Neiße-Linie aus der sowjetischen Besatzungszone Deutschlands herausgenommen und unter sowjetische bzw. polnische Verwaltung gestellt wurden. Gleichzeitig stimmten die Westmächte der „Überführung" der Deutschen aus diesen Gebieten sowie aus Polen, Ungarn und der Tschechoslowakei zu, womit die bereits in vollem Gang befindliche *Vertreibung* (▷ 12.5) legalisiert wurde.

Hinsichtlich der Behandlung Deutschlands legte das Potsdamer Abkommen politische Grundsätze fest: „Der deutsche Militarismus und Nazismus werden ausgerottet", und es sollen alle notwendigen Maßnahmen getroffen werden, „damit Deutschland niemals mehr seine Nachbarn oder die Erhaltung des Friedens in der ganzen Welt bedrohen kann." Es sei nicht die Absicht der Alliierten, „das deutsche Volk zu vernichten oder zu versklaven", ihm solle vielmehr die Möglichkeit gegeben werden, „sich darauf vorzubereiten,

Die Teilnehmer der Konferenz von Potsdam: Winston Churchill, Harry Truman, Iossif Stalin (von links nach rechts)

*Vertriebene aus
den deutschen
Ostgebieten
kommen mit Trecks
in die westlichen
Besatzungszonen
(November 1945)*

sein Leben auf einer demokratischen und friedlichen Grundlage wiederaufzubauen". Als Ziele der Alliierten bei der Besetzung Deutschlands wurden genannt: völlige Abrüstung und Entmilitarisierung, Ausschaltung der gesamten für Kriegsproduktion geeigneten Industrie, völlige und endgültige Auflösung aller bewaffneten Verbände sowie der militärischen Traditions- und Kriegervereine, Auflösung der NSDAP und ihrer angeschlossenen Gliederungen, Umgestaltung des politischen Lebens auf demokratischer Grundlage, Aufhebung nazistischer Gesetze, Verhaftung und Aburteilung der Kriegsverbrecher, Entfernung von Nationalsozialisten aus öffentlichen und halböffentlichen Ämtern sowie aus verantwortlichen Posten der Privatwirtschaft, demokratische Erneuerung des Erziehungs- und des Gerichtswesens, Dezentralisierung der Verwaltung, Wiederherstellung der lokalen Selbstverwaltung, Zulassung aller demokratischen Parteien in ganz Deutschland.

Ausdrücklich wurde festgelegt, daß die wirtschaftliche Einheit Deutschlands gewahrt werden sollte. Dieser Grundsatz wurde jedoch bereits mit der Vereinbarung entwertet, daß jede Besatzungsmacht ihre Ansprüche auf Reparationen vor allem aus ihrer Zone befriedigen solle (mit einer Ausnahmeregelung zugunsten der Sowjetunion).

Die Verwendung von Begriffen, die in Ost und West ganz verschiedene Inhalte hatten, ermöglichte in der Folgezeit die völlig unterschiedliche Auslegung des Potsdamer Abkommens nach der Interessenlage der jeweiligen Siegermacht.

12.5 Vertreibung/ Aussiedlung

Die im *Potsdamer Abkommen* (▷ 12.4) von den Westmächten akzeptierte „Überführung der deutschen Bevölkerung oder deutscher Bevölkerungselemente, die in Polen, der Tschechoslowakei und in Ungarn geblieben sind, nach Deutschland" sollte „in geregelter und menschlicher Weise" abgewickelt werden. Die Vertreibung der Deutschen hatte jedoch schon lange vor der Konferenz von Potsdam eingesetzt und die erste große Flüchtlingswelle der vor den Truppen der Roten Armee zusammen mit den Einheiten der deutschen Wehrmacht nach Westen fliehenden Bevölkerung abgelöst. Auch die dritte Welle, die nun organisierte Vertreibung, offiziell Aussiedlung genannt, ging für die meisten Betroffenen in einer unmenschlichen und brutalen Weise vor sich. Die Ausgewiesenen konnten meist nur das, was sie am Körper trugen, mit sich nehmen, oft wurden selbst

Besatzungszonen in Deutschland und Österreich nach dem 2. Weltkrieg

noch ihre armseligen Gepäckstücke durchsucht und ihnen abgenommen.

Insgesamt sind aus den deutschen Ostgebieten und den angrenzenden Staaten Polen, Tschechoslowakei und Ungarn etwa 12 Millionen Deutsche vertrieben worden. Die Angaben über die Menschenverluste während dieser Fluchtbewegungen und Zwangsaussiedlungen sind wegen der damaligen chaotischen Zustände nur ungenau. Übereinstimmend schätzt man heute die Zahl der Toten und Vermißten auf über zwei Millionen.

Acht Millionen Flüchtlinge und Vertriebene fanden in den Westzonen eine vorerst mehr als notdürftige Zuflucht. Die Aufnahme dieser Menschenmassen in einem vom Krieg weitgehend zerstörten Land, in dem nicht einmal für die alteingesessene und ausgebombte Bevölkerung ausreichender Wohnraum zur Verfügung stand, in dem eine katastrophale Versorgungslage herrschte, brachte für die Militärregierungen und die deutschen Verwaltungsstellen zusätzliche und schier unlösbare Probleme mit sich.

*Nürnberger Prozeß
gegen die Haupt-
kriegsverbrecher.
Hinter der Barriere
die Angeklagten*

Daß nicht Verzweiflung und Resignation um sich griffen, daß es am Ende doch gelang, nach einer langen Zeit mit großer Geduld ertragener Unzulänglichkeiten die Schwierigkeiten zu meistern und den Anfang zu einem neuen, menschenwürdigen Leben zu finden, daß die Heimatvertriebenen schließlich voll integriert wurden, gehört zu den großen menschlichen und politischen Leistungen der Deutschen in den ersten Jahren nach dem Krieg.

12.6 Nürnberger Kriegsverbrecherprozeß

Bereits während des Krieges, nämlich in der Moskauer Dreimächteerklärung vom 30. November 1943 über die „deutschen Grausamkeiten in Europa", hatten die alliierten Gegner Deutschlands die Bestrafung von Kriegsverbrechen angekündigt. Am 8. August 1945 schlossen sie ein „Abkommen über die Verfolgung der Hauptkriegsverbrecher der europäischen Achse" und erließen ein „Statut für den Internationalen Militärgerichtshof", der durch die vier Hauptalliierten besetzt wurde. In Nürnberg, am Ort der nationalsozialistischen *Reichsparteitage* (▷ 11.15), begann vor dem Internationalen Militärgerichtshof am 20. November 1945 der Prozeß gegen 22 Hauptangeklagte, der am 1. Oktober 1946 mit

den Urteilsverkündungen endete. Am 16. Oktober 1946 folgte die Vollstreckung von zehn Todesurteilen.

Die Berichte über die trotz einiger zeitbedingter Einschränkungen mit größter Sorgfalt ablaufende Prozeßführung beschäftigten ein Jahr lang die Zeitungen in aller Welt. Die zielstrebig auf den Krieg und die Eroberung neuen Lebensraumes für das deutsche Volk ausgerichtete Aggressionspolitik Hitlers wurde eindeutig nachgewiesen. Das umfangreiche Beweismaterial füllte in einer 1947 vom Internationalen Militärgerichtshof herausgegebenen Dokumentensammlung 42 Bände. Das ganze Ausmaß der im Auftrage Hitlers begangenen Verbrechen, insbesondere der Völkermord an den Juden, wurde offengelegt und rief Entsetzen in der Welt, aber auch im deutschen Volk, hervor.

Angeklagt waren neben den Mitgliedern der obersten nationalsozialistischen Führungsschicht kollektiv folgende Organisationen: NSDAP, Gestapo, Sicherheitsdienst (SD), SA, SS, die Reichsregierung und das Oberkommando der Wehrmacht (OKW). Die vier Anklagepunkte lauteten: 1. Teilnahme an der Planung oder Verschwörung zu einem Verbrechen gegen den Frieden; 2. Verbrechen gegen den Frieden, d. h. Angriffskrieg; 3. Kriegsverbrechen, d. h. Verletzung der internationalen Kriegskonventionen; 4. Verbrechen gegen die Menschlichkeit, hier vor allem Völkermord.

Drei der Hauptverantwortlichen, nämlich Hitler, Goebbels und Himmler, hatten sich der Anklage bereits durch Selbstmord entzogen. Von den 22 Angeklagten wurden 12 zum Tode durch den Strang verurteilt, von ihnen entging Göring der Hinrichtung durch Selbstmord, gegen den Reichsleiter der NSDAP, Martin Bormann, erging das Todesurteil in Abwesenheit. Unter den zehn Hingerichteten waren der Reichsaußenminister Ribbentrop, der Chef des OKW Keitel, der Reichsinnenminister Frick und der NSDAP-Gauleiter von Franken, Julius Streicher. Sieben Angeklagte wurden zu Haftstrafen zwischen 10 Jahren und lebenslänglich verurteilt. Unter den drei Freisprüchen stießen die für Franz von Papen und für den früheren Reichsbankpräsidenten Hjalmar Schacht auf Unverständnis.

Der Gerichtshof verurteilte ferner das Führerkorps der NSDAP, die Gestapo, den SD (Sicherheitsdienst) und die SS als verbrecherische Organisationen; nicht verurteilt wurden die SA, die Reichsregierung, der Generalstab und das Oberkommando der Wehrmacht.

Die zu Haftstrafen verurteilten Kriegsverbrecher wurden in das eigens dafür hergerichtete

Fragebögen zur Entnazifizierung werden vor einem Polizeirevier eingesammelt

Kriegsverbrechergefängnis in Berlin-Spandau gebracht, in dem abwechselnd Kommandos der vier Besatzungsmächte die Bewachung übernahmen. Alle Häftlinge sind inzwischen, zum Teil vorzeitig, auf freien Fuß gesetzt worden – mit Ausnahme des zu lebenslänglicher Haft verurteilten Rudolf Heß.

12.7 Entnazifizierung

Im Zuge der von ihnen beabsichtigten Umgestaltung des politischen Lebens in Deutschland trafen die Siegermächte auf Grund des *Potsdamer Abkommens* (▷ 12.4) Maßnahmen zur Säuberung des öffentlichen Lebens von Anhängern des Nationalsozialismus. Diese Entnazifizierung nahm in den einzelnen Besatzungszonen einen sehr unterschiedlichen Verlauf.

In der sowjetischen Zone stand sie im Zusammenhang mit den dort eingeleiteten Maßnahmen zur Umgestaltung der Wirtschafts- und Gesellschaftsstruktur (Bodenreform, Enteignungen, Verstaatlichungen) und diente in erster Linie der Ausschaltung von Klassengegnern. Die sowjetische Militäradministration führte die Säuberungen relativ schnell und rigoros durch, vor allem in der Justiz, in der Verwaltung und bei den Lehrern, reihte aber ebenso rasch ehemalige nominelle NSDAP-Mitglieder in die neuentstandene SED ein.

Die meisten Verfahren fanden in der US-Zone statt, wo die Entnazifizierung auch am strengsten durchgeführt wurde. Hier wie in den anderen Zonen mußten die Betroffenen einen Fragebogen, der 131 Fragen enthielt, beantworten. Die US-Militärregierung hatte mit Deutschen besetzte Spruchkammern und Berufungskammern eingerichtet, die die Entnazifizierungsverfahren gerichtsförmig abwickelten und die Betroffenen jeweils in eine der fünf Kategorien einstuften: Hauptschuldige, Belastete, Minderbelastete, Mitläufer, Entlastete. Den in die drei ersten Kategorien Eingestuften drohten Strafen von der Einweisung in ein Arbeitslager (bis zu zehn Jahren) über Berufsverbot, Amtsverlust oder Pensionsverlust bis zur Aberkennung des aktiven und passiven Wahlrechts; für Mitläufer waren Geldbußen vorgesehen.

Die oft willkürlich erscheinenden Entscheidungen der Spruchkammern riefen Unmut in der deutschen Bevölkerung hervor, auch bei erklärten Nazigegnern. Die große Zahl der Verfahren – in Bayern etwa waren rund zwei Drittel der Bevölkerung von der Entnazifizierung berührt – führte dazu, daß zunächst die leichteren Fälle entschieden wurden, während die Verfahren gegen schwerer Belastete zurückgestellt wurden. Als dann die amerikanische Regierung im beginnenden kalten Krieg das Interesse an einer Weiterführung der Säuberungsmaßnahmen verlor, wurde die Entnazifizierung bis zum 31. März 1948 abrupt eingestellt, ohne daß die Verfahren gegen schwerer Belastete abgeschlossen wurden. Dies führte erneut zu Kritik („Die Kleinen hängt man, die Großen läßt man laufen") und zu einer politischen Belastung beim Aufbau der Bundesrepublik Deutschland.

Die französischen Besatzungsbehörden nahmen die Entnazifizierung auf dem reinen Verwaltungswege und vor allem unter dem Gesichtspunkt politischer Zweckmäßigkeit. Die britische Militärregierung gab der Effektivität der aufzubauenden deutschen Verwaltung eindeutigen Vorrang vor der politischen Säuberung und beschäftigte zahlreiche ehemalige Beamte des Dritten Reichs. Sie behielt sich bis Mitte 1947 alle Entscheidungen über Entnazifizierungsmaßnahmen selbst vor; der Übergang auf deutsche Stellen verzögerte sich, bis die Entnazifizierung 1948 im Zuge der Entstehung des westdeutschen Staates bedeutungslos wurde und nunmehr statt der Säuberung vorrangig der Rehabilitierung diente.

12.8 Demokratisierung/ Bildung der Parteien

Die Demokratisierung des politischen Lebens in Deutschland war eines der wichtigsten Ziele der Alliierten auf den großen Kriegskonferenzen gewesen – wenn auch ihre Auffassungen von Demokratie sehr unterschiedlich waren. Das *Potsdamer Abkommen* vom 2. August 1945 ($\triangleright$ 12.4) sah die Dezentralisierung der politischen Struktur und eine lokale Selbstverwaltung nach demokratischen Grundsätzen vor. In ganz Deutschland sollten alle demokratischen Parteien zugelassen werden. Während Amerikaner und Briten in ihren Besatzungszonen erst im August bzw. September 1945 offiziell die Bildung von Parteien zu-

Wahlplakate zu den ersten Berliner Wahlen im Oktober 1946

ließen, hatten die Sowjets schnell gehandelt. Bereits am 10. Juni 1945 gaben sie in einem Befehl den Weg zur Bildung demokratischer Parteien in ihrer Besatzungszone frei – wohl auch deshalb, weil sie vor dem Einrücken der Westalliierten in Berlin (im Juli 1945) auf die in der alten Reichshauptstadt gegründeten und einen gesamtdeutschen Anspruch erhebenden Parteien Einfluß gewinnen wollten. Schon am 11. Juni 1945 – zeitlich offensichtlich mit dem sowjetischen Erlaß abgestimmt – erfolgte der Aufruf des Zentralkomitees der KPD, der bewußt alle sozialistischen oder kommunistischen Forderungen vermied und sich gerade auch an bürgerliche Kräfte wandte. Einer der Unterzeichner war *Walter Ulbricht* ($\triangleright$ 13.39), der wenige Tage vor Kriegsende als Leiter einer Gruppe deutscher Exilkommunisten aus Moskau nach Berlin eingeflogen worden war, die sofort die Parteiarbeit in Deutschland wieder aufnehmen sollte. Wenige Tage später – am 15. Juni 1945 – trat in Berlin der Zentralausschuß der SPD in seinem Aufruf mit weitgehenden Sozialisierungsvorstellungen hervor und forderte – im Gegensatz zur KPD – in „moralischer Wiedergutmachung politischer Fehler der Vergangenheit" die Vereinigung der beiden Arbeiterparteien. In Hannover hatte nach dem Einmarsch der Alliierten, aber noch vor Kriegsende, der ehemalige SPD-Reichstagsabgeordnete *Kurt Schumacher* (▷ 12.11) Parteimitglieder um sich versammelt und mit dem Wiederaufbau der SPD-Organisation begonnen. Schumacher lehnte den gesamtdeutschen Führungsanspruch des Berliner Zentralausschusses der SPD ebenso ab wie dessen Forderung nach Vereinigung mit der KPD. Auf der „Reichskonferenz" der SPD in Wennigsen bei Hannover am 5./6. Oktober 1945 einigte man sich, daß der Zentralausschuß für die sowjetische Zone und Schumacher für die Westzonen zuständig sein sollten. Das bedeutete bereits die organisatorische Spaltung der Partei, die in der sowjetischen Zone 1946 mit der KPD zur *SED* (▷ 12.12) zusammengeschlossen wurde.

Während SPD und KPD organisatorisch an ihre Traditionen aus der Weimarer Republik anknüpften, stellte die Bildung einer liberalen Partei, die im Westen schließlich den Namen *FDP* (▷ 12.10) annahm, den Versuch dar, den seit der Bismarckzeit in zwei Parteien gespaltenen Rechts- und Linksliberalismus in einer Partei zusammenzufassen. Eine echte Neugründung war hingegen die als überkonfessionelle Volkspartei angelegte *CDU* (▷ 12.9).

12.9 CDU/CSU

Wichtigste Gründungsorte der Christlich Demokratischen Union Deutschlands (CDU) waren Berlin, Köln und Frankfurt am Main. Die CDU entstand als neue Partei aus einer christlich-bürgerlichen Sammlungsbewegung, die aus der Erfahrung des Widerstandes gegen den Nationalsozialismus in beiden großen Konfessionen eine überkonfessionelle christliche Partei anstrebte. Ehemalige katholische Zentrumspolitiker, christliche Gewerkschafter, Protestanten, die in der Weimarer Zeit der DDP, DVP oder DNVP angehört hatten, fanden sich in der neuen Partei zusammen. An der Spitze der CDU in Berlin und in der sowjetischen Zone stand seit Dezember 1945 Jakob Kaiser, dessen Programm eines „christlichen Sozialismus" auch in der

Jakob Kaiser (CDU) bei den Berliner Wahlen vom Oktober 1946

CDU der Westzonen verbreitet Zustimmung erhielt. In der sowjetischen Zone schloß sich die CDU dem Block der antifaschistischen Parteien an und verlor im Zuge der Entstehung der DDR fast völlig an politischer Bedeutung. In Köln wurde am 17. Juni 1945 die „Christlich-Demokratische Partei" gegründet, in Frankfurt am 15. September 1945 die „Christliche Demokratische Volkspartei". Alle regionalen Gruppierungen einigten sich auf der Reichstagung vom 14. bis 16. Dezember 1945 in Bad Godesberg auf den gemeinsamen Namen „Christlich Demokratische Union", ohne jedoch eine Gesamtorganisation zu bilden. Die am 13. Oktober 1945 gegründete „Christlich-Soziale Union in Bayern" (CSU) behielt ihren Namen wie auch ihre Selbständigkeit bei. Auch die CSU war eine überkonfessionelle Parteineugründung, aber konservativer und stärker föderalistisch orientiert als die CDU.

Wichtigste Persönlichkeit der CDU wurde bald *Konrad Adenauer* (▷ 13.4), der Anfang 1946 den Parteivorsitz sowohl im Rheinland wie in der britischen Zone übernahm – erster Bundesvorsitzender der CDU wurde er 1950. Die Programmatik des „christlichen Sozialismus", im Rheinland unter anderem von Karl Arnold verkörpert, fand Eingang in das Ahlener Programm, das die CDU der britischen

Zone am 3. Februar 1947 verabschiedete. Der Einfluß der Gewerkschafter in der Partei ging in der Folgezeit freilich zurück, das Schwergewicht verlagerte sich auf den bürgerlichen und industriellen Flügel. In Abkehr vom Ahlener Programm, das jedoch nicht annulliert wurde, bekannte sich die CDU der britischen Zone in ihren Düsseldorfer Leitsätzen vom Juli 1949 zum Konzept einer privatwirtschaftlich verfaßten sozialen Marktwirtschaft, wie es Professor *Ludwig Erhard* (▷ 14.6) vertrat.

12.10 FDP/LDPD

Die liberalen Parteigründungen nach dem Krieg wurden vor allem von ehemaligen Politikern der DDP, aber auch der DVP betrieben. Sie zielten auf eine Überwindung der traditionellen Spaltung in rechts- und linksliberale Parteiorganisationen. In Berlin wurde am 5. Juli 1945 die Liberal-Demokratische Partei Deutschlands (LDPD) unter Wilhelm Külz gegründet, die einen gesamtdeutschen Anspruch erhob, faktisch aber auf die sowjetische Zone beschränkt blieb. Der wichtigste Schwerpunkt liberaler Parteigründungen in den Westzonen lag in Württemberg und Baden, wo *Theodor Heuss* (▷ 13.6) und Reinhold Maier die Demokratische Volkspartei (DVP) aufbauten. In Hamburg wurde im September 1945 die „Partei der Freien Demokraten" gegründet, die der späteren Bundespartei den Namen gab. Auf Zonenebene entstanden liberale Parteiorganisationen im Januar 1946 in der britischen, im September 1946 in der amerikanischen Zone, in der französischen Zone erst später. Bei aller programmatischen Vielfalt war den Liberalen die Ablehnung kirchlichen Einflusses auf den Staat und das Eintreten für eine privatwirtschaftliche Ordnung gemeinsam.

Die im März 1947 gegründete lockere gesamtdeutsche Parteiorganisation brach im Januar 1948 wieder auseinander, nachdem sich die LDPD in der sowjetischen Zone am Deutschen Volkskongreß (▷ 12.22) beteiligte und zunehmend unter den Einfluß der SED geriet. Die Landesparteien in den Westzonen schlossen sich am 11. Dezember 1948 in Heppenheim an der Bergstraße zur Freien Demokratischen Partei unter dem Vorsitz von Theodor Heuss zusammen.

12.11 Kurt Schumacher

Geboren in Culm (Westpreußen) am 13. Oktober 1895, verlor Schumacher als Kriegsfreiwilliger im 1. Weltkrieg einen Arm; er studierte Jura und Nationalökonomie. 1918 wurde er Mitglied des Berliner Arbeiter- und Soldatenrates. 1920–24 war er Redakteur der sozialdemokratischen „Schwäbischen Tagwacht" in Stuttgart, 1924–31 SPD-Landtagsabgeordneter in Württemberg. Seit 1930 Mitglied des Reichstags, gehörte Schumacher zu den SPD-Politikern, die den konsequenten Kampf gegen den Nationalsozialismus mit einer geistigen und organisatorischen Erneuerung der SPD verbinden wollten. Von 1933 bis 1943 und nochmals 1944 war Schumacher in KZ-Haft.

Noch vor dem Kriegsende am 8. Mai 1945 begann er von Hannover aus mit dem Wiederaufbau der SPD und wurde rasch deren führender Politiker in den westlichen Besatzungszonen. Er widersetzte sich mit aller Schärfe der nun von vielen Sozialdemokraten gestellten Forderung nach Vereinigung mit der KPD. Im Mai 1946 wurde er zum Vorsitzenden der SPD gewählt. Trotz seiner schweren Erkrankung durch die Folgen der KZ-Haft – u. a. mußte ihm ein Bein abgenommen werden – widmete sich Schumacher mit gro-

Wahlversammlung der FDP 1948 in Berlin. Theodor Heuss am Rednerpult

*Kurt Schumacher
bei einer SPD-
Kundgebung in
Frankfurt am Main
(1947)*

ßer Energie und Leidenschaft der politischen Arbeit und wurde neben seinem erfolgreicheren Gegenspieler Konrad Adenauer der profilierteste deutsche Politiker der ersten Nachkriegsära. In der Wirtschaftspolitik vertrat er ein sozialistisches Konzept und bekämpfte die Wiederherstellung privatkapitalistischer Verhältnisse.

Seine Hoffnung, ja Gewißheit, daß die SPD die führende Rolle in der deutschen Nachkriegspolitik übernehmen werde, erfüllte sich aufgrund der Wahlergebnisse nicht. So wurde Schumacher 1949 der erste Oppositionsführer des Deutschen Bundestages. Er lehnte Adenauers Politik der Westintegration ab, weil er befürchtete, daß durch sie die Wiedervereinigung Deutschlands für lange Zeit verhindert werden würde. Er starb am 20. August 1952 in Bonn.

12.12   SED

„Wir sind der Auffassung, daß der Weg, Deutschland das Sowjetsystem aufzuzwingen, falsch wäre ...", war im Gründungsaufruf der KPD vom 11. Juni 1945 (▷ 12.8) betont worden. Der Forderung nach der Vereinigung der beiden Arbeiterparteien, die von vielen Sozialdemokraten und vom Zentralausschuß

der SPD erhoben wurde, verweigerten sich die Kommunisten zunächst. Offensichtlich wollten sie zuerst die eigene Organisation festigen und in Zusammenarbeit mit der Sowjetischen Militäradministration in Deutschland (SMAD) wichtige Personalentscheidungen in der sowjetischen Zone beeinflussen. Außerdem bestand bei den KPD-Politikern wohl die Erwartung, mit ihrem antifaschistisch-demokratischen Programm eine breite Anhängerschaft gewinnen zu können. Nachdem sich jedoch herausgestellt hatte, daß die KPD einen sehr viel geringeren Zulauf als die SPD und die bürgerlichen Parteien hatte, forderte die KPD nun ab Oktober 1945 ihrerseits die Vereinigung mit der SPD. Die SPD und ihr Berliner Zentralausschuß unter Otto Grotewohl, der nun Vorbedingungen für eine Vereinigung mit der KPD stellte, gerieten unter massiven Druck der sowjetischen Besatzungsmacht; es kam auch zu Verhaftungen einzelner SPD-Funktionäre. Eine Urabstimmung unter den Parteimitgliedern über den Zusammenschluß wurde von der SMAD unterbunden. Die nur in den Westsektoren Berlins am 31. März 1946 durchgeführte Urabstimmung unter den SPD-Mitgliedern (rund 73 % beteiligten sich) ergab 82,2 % der Stimmen gegen eine Vereinigung mit der KPD.

Doch der Zentralausschuß der SPD hatte dem Druck der Verhältnisse nachgegeben; ein SPD-Parteitag der sowjetischen Zone am 19./20. April 1946 billigte den Zusammenschluß, der am 21./22. April 1946 auf dem Vereinigungsparteitag, dem 1. Parteitag der Sozialistischen Einheitspartei Deutschlands (SED) vollzogen wurde. Den Vorsitz der SED übernahmen gemeinsam der Kommunist Wilhelm Pieck und der Sozialdemokrat Otto Grotewohl. Die Positionen in der Partei wurden zunächst paritätisch von Sozialdemokraten und Kommunisten besetzt. Anläßlich des Abfalls Jugoslawiens von Moskau 1948 erfolgte die Umwandlung der SED in eine zentralgelenkte, der Sowjetunion untergeordnete Kaderpartei. Die These vom besonderen deutschen Weg zum Sozialismus wurde ausdrücklich widerrufen und 1949 sagte die SED-Führung dem „Sozialdemokratismus" den Kampf an.

12.13 Bizone

Das *Potsdamer Abkommen* (▷ 12.4) hatte festgelegt, daß ganz Deutschland als wirtschaftliche Einheit behandelt werden sollte. Welch negative Auswirkungen es hatte, daß diese Bestimmung nicht verwirklicht wurde, zeigte sich bereits bei der Versorgungskatastrophe im Winter 1945/46. Die französische Besatzungsmacht verhinderte hartnäckig die Errichtung deutscher Zentralbehörden. Die USA schlugen daraufhin eine gemeinsame Wirtschaftsverwaltung für die drei übrigen Zonen vor, stießen damit aber bei Briten und Sowjets auf Ablehnung. Nach den Pariser Außenministerkonferenzen forderten die USA am 20. Juli 1946 im Alliierten Kontrollrat unter Bezug auf das Potsdamer Abkommen mehrseitige Verträge zwischen den Besatzungsmächten in Deutschland, um die wirtschaftlichen Probleme zu bewältigen. Während die Sowjetunion den amerikanischen Vorschlag ablehnte und Frankreich sich ausweichend verhielt, stimmten die Briten zehn Tage später zu. Die damit eingeleitete Wende in der amerikanischen und britischen Deutschlandpolitik kam am deutlichsten in der berühmt gewordenen Rede des amerikanischen Außenministers James F. Byrnes am 6. September 1946 in Stuttgart vor deutschen Politikern zum Ausdruck, in

der Byrnes bei den Deutschen für die baldige Errichtung eines nichtkommunistischen deutschen Kernstaates warb.

Am 1. Januar 1947 trat der amerikanisch-britische Vertrag über die Bildung des Vereinigten Wirtschaftsgebietes der Bizone in Kraft. Die Organisation der Bizone wurde zweimal geändert; seit Februar 1948 hatte sie folgende Gestalt: Oberstes Organ war der Wirtschaftsrat, eine parlamentarische Versammlung, deren 104 Mitglieder von den Länderparlamenten entsandt wurden. Der Länderrat wurde aus je zwei Vertretern der acht Landesregierungen gebildet; die Exekutive bildeten sechs Verwaltungen (Ernährung und Landwirtschaft, Verkehr, Wirtschaft, Finanzen, Post- und Fernmeldewesen, Arbeit), deren Direktoren vom Wirtschaftsrat gewählt wurden und unter einem Oberdirektor zusammen den Verwaltungsrat bildeten. Wirtschaftlich ergänzten sich die amerikanische und die britische Zone sehr gut. Die britische Zone verfügte v. a. über Rohstoffe und Grundstoffindustrien, die amerikanische v. a. über verarbeitende Industrie; der Anteil der Landwirtschaft war in beiden Zonen etwa gleich groß. Die Bizone umfaßte eine Bevölkerung von 39 Millionen Menschen. Amerikaner und Briten

Wilhelm Pieck (links) und Otto Grotewohl, die beiden ersten Vorsitzenden der SED am 21. April 1946

Der amerikanische Außenminister James F. Byrnes bei seiner berühmt gewordenen Rede in Stuttgart am 6. September 1946

hatten sich bei der Bildung der Bizone ausdrücklich auf das Potsdamer Abkommen bezogen und Sowjets und Franzosen zum Beitritt ihrer Zonen aufgefordert. Trotz des Drängens der deutschen Repräsentanten in der französischen Zone vollzog Frankreich erst am 8. April 1949 den Beitritt seiner Zone zum Vereinigten Wirtschaftsgebiet, das damit zur „Trizone" wurde. Im Prozeß der *Teilung Deutschlands* (▷ 12.15) wurden Bizone und Trizone zu Vorläufern bei der Bildung der Bundesrepublik Deutschland.

12.14 Sozialistischer oder kapitalistischer Weg?

Mit der Bildung demokratischer Parteien in den Westzonen begann bald eine lebhafte Diskussion über die künftige Wirtschaftsverfassung, bei der Forderungen nach Sozialisierung sowie nach Mitbestimmung auf Betriebs- und Unternehmensebene im Vordergrund standen. In der SPD und bei den Gewerkschaften war die Meinung vorherrschend, daß die politische Macht der Schwerindustrie, die die Machtergreifung der Nationalsozialisten ausschlaggebend unterstützt hatte, in der neu aufzubauenden Wirtschaftsstruktur durch Sozialisierung und Mitbestimmung der Arbeitnehmer gebrochen werden mußte. Ganz ähnliche Vorstellungen enthielten auch die Entwürfe der Berliner Christdemokraten um Jakob Kaiser mit ihrem „christ-

lichen Sozialismus". Auch im Ahlener Programm der *CDU* (▷ 12.9) der britischen Zone vom Februar 1947 wurde festgestellt, daß „die Zeit der unumschränkten Herrschaft des privaten Kapitalismus vorbei ist". Kohle und Eisenindustrie sollten vergesellschaftet, die Großbetriebe entflochten werden. Die Sozialisierungsforderungen fanden Eingang in die 1946/47 verabschiedeten Landesverfassungen. Am weitesten ging dabei der Artikel 41 der hessischen Verfassung: „Mit Inkrafttreten dieser Verfassung werden 1. in Gemeineigentum überführt: der Bergbau (Kohle, Kali, Erze), die Betriebe der Eisen- und Stahlerzeugung, die Betriebe der Energiewirtschaft und das an Schienen oder Oberleitungen gebundene Verkehrswesen". Die amerikanische Besatzungsmacht verlangte eine gesonderte Volksabstimmung über den Artikel 41, die am 1. Dezember 1946 gleichzeitig mit der Abstimmung über den übrigen Text der Verfassung stattfand und 71 % der Stimmen für den Sozialisierungsartikel erbrachte. Daraufhin setzten die Amerikaner den Vollzug dieses Artikels aus. Die Durchführung ähnlicher Verfassungsbestimmungen oder Gesetze in den Ländern der Westzonen scheiterte am Einspruch der USA – dem sich auch die britische Besatzungsmacht beugte –, die künftige Wirtschaftsordnung sei erst von dem zu errichtenden Gesamtstaat festzulegen. So kam es, daß die Sozialisierungsvorstellungen nicht Wirklichkeit wurden.

Während sich die FDP von Anfang an gegen Sozialisierung aussprach, setzte sich in der CDU in den Jahren 1948/49 *Ludwig Erhards* (▷ 14.6) Konzept der *sozialen Marktwirtschaft* (▷ 13.25) durch, das auf dem Privateigentum an den Produktionsmitteln basiert und dem Staat Schutz- und Korrekturaufgaben zuweist. Eine verfassungsrechtliche Entscheidung für eine bestimmte Wirtschaftsordnung hat der Parlamentarische Rat im Grundgesetz nicht getroffen. Nach zahlreichen wirtschaftspolitischen Vorentscheidungen, u. a. der Abschaffung der Zwangswirtschaft, der *Währungsreform* (▷ 12.19) und dem *Marshallplan* (▷ 12.18), brachte das Ergebnis der ersten Bundestagswahl 1949 eine Gesetzgebungsmehrheit für die Verwirklichung der sozialen Marktwirtschaft und die Ablehnung des planwirtschaftlichen und sozialistischen Konzepts der SPD.

12.15 „Kalter Krieg" und Teilung Deutschlands

Bald nach der Beendigung des 2. Weltkriegs entwickelte sich der weltpolitische Gegensatz zwischen der Sowjetunion einerseits und den USA und den anderen Westmächten andererseits. Das Vorgehen der Sowjetunion in Mittel- und Osteuropa, auch hinsichtlich der deutsch-polnischen Grenze, hatte das Mißtrauen und den Unwillen der Westmächte erweckt. Bereits am 5. März 1946 beschwor Churchill in einer Rede in den USA das Bild vom „Eisernen Vorhang", der von Stettin bis Triest über Europa niedergegangen sei. Die Sowjetunion ihrerseits fühlte sich vom expansiv auftretenden Kapitalismus der USA bedroht, der das Verlangen nach freiem Welthandel und offenen Märkten mit der politischen Forderung verband, den Grundsätzen liberaler Demokratie weltweite Geltung zu verschaffen. Von daher bemühte sich die Sowjetunion, ihre im Krieg durch die Rote Armee geschaffene Einflußsphäre durch Förderung der kommunistischen Parteien und v. a. mit polizeistaatlichen Mitteln zu konsolidieren. Amerikanisch-sowjetische Interessenkonflikte in Iran, in Griechenland und in der Türkei 1946/47 markierten den Beginn des kalten Krieges – ein „heißer" Krieg zwischen den beiden Weltmächten wurde von beiden sorgsam vermieden. Die nun betriebene amerikanische Politik der Eindämmung („containment") ging von der Teilung der Welt in eine amerikanische und eine sowjetische Einflußsphäre aus, beantwortete jedoch jeden sowjetischen Versuch einer Änderung des Status quo mit militärischem Gegendruck.
Auf das besiegte und besetzte Deutschland wirkte sich der kalte Krieg besonders stark aus. Die Sowjetunion beurteilte die von der US-Regierung vorgeschlagene wirtschaftliche Vereinigung der Besatzungszonen zur Verbesserung der Versorgung der Bevölkerung – ebenso wie später den Marshallplan – als gezielte Maßnahmen des amerikanischen Wirtschaftsimperialismus, zumal auch die von ihr immer wieder erhobene Forderung nach einer Beteiligung an der Kontrolle des Ruhrgebietes von den Briten abgelehnt wurde. Die sowjetische Deutschlandpolitik wurde von den USA entsprechend der Eindämmungsdoktrin als der Versuch angesehen, ganz Deutschland in die sowjetische Einflußsphäre einzubeziehen. Alle Aktionen der Machtstabilisierung in der sowjetisch besetzten Zone wurden unter diesem Blickwinkel betrachtet. Dabei bleibt die Frage offen, ob nicht das deutschlandpolitische Konzept Stalins weniger auf Einbeziehung Deutschlands in den eigenen Machtbereich abzielte als vielmehr darauf, den Anschluß Deutschlands an den kapitalistischen Westen zu verhindern und ein bürgerliches, neutrales, der Sowjetunion nicht feindlich gegenüberstehendes Gesamtdeutschland zu schaffen. Die amerikanische Führung jedenfalls meinte vor der Alternative zu stehen, ganz Deutschland an die Sowjetunion zu verlieren oder die Teilung Deutschlands zu akzeptieren; sie entschied sich für die Errichtung eines westdeutschen Teilstaates. Der Versuch Stalins, dies mit der *Berliner Blockade* 1948/49 (▷ 12.20), dem bis dahin schwersten Konflikt der Westmächte mit der UdSSR in der Nachkriegszeit, zu verhindern, schlug fehl. So führte die Politik der Siegermächte im kalten Krieg zur Gründung der Bundesrepublik Deutschland und der Deutschen Demokratischen Republik im Jahre 1949.

12.16 Münchner Ministerpräsidentenkonferenz

In Ost und West waren deutsche Politiker bemüht, miteinander im Gespräch zu bleiben und der drohenden Teilung Deutschlands entgegenzuwirken. Jakob Kaiser, der Vorsitzende der CDU in der Sowjetzone, hatte im März 1947 in der interzonalen Arbeitsgemeinschaft der CDU/CSU durchgesetzt, daß aus allen Zonen die Führungsgremien der Parteien eingeladen werden sollten, um in Form einer ständigen Konferenz die Vorstufe zu einer parlamentarischen Vertretung des ganzen deutschen Volkes zu schaffen. Diese Initiative wurde in den Parteien der Westzonen positiv aufgenommen, scheiterte aber am Widerstand des SPD-Vorsitzenden *Kurt Schumacher* (▷ 12.11), der eine Konferenz mit der SED ablehnte, solange die SPD in der sowjetischen Zone nicht wieder zugelassen war. Jetzt nahmen die Ministerpräsidenten der Länder den Gedanken einer gesamtdeutschen Vertretung auf. Der bayerische Ministerpräsident Hans Ehard (CSU) lud zu einer Zusammenkunft aller Länderregierungschefs für den 6. und 7. Juni 1947 nach München ein. Die Teilnahme der Ministerpräsidenten aus der sowjetischen Zone war zunächst unsicher. Als sie dann doch zur Vorbesprechung am Abend des 5. Juni eintrafen, beanstandeten sie, daß bereits eine feste Tagesordnung vorlag. Da ihre Änderungswünsche nur zum Teil Berücksichtigung fanden, reisten sie wieder ab, bevor die Konferenz begonnen hatte.

Das Scheitern dieses einzigen Versuchs, mit Hilfe einer gesamtdeutschen Konferenz die Spaltung Deutschlands zu verhindern, hatte mehrere Ursachen, die alle bereits im Vorfeld des Treffens lagen: Auf Betreiben Schumachers hatten die Regierungschefs der britischen Zone sich darauf geeinigt, daß die Konferenz sich nicht mit rein politischen Themen befassen dürfe. Auch Frankreich hatte den Ministerpräsidenten seiner Zone zur Auflage gemacht, daß nur wirtschaftliche Themen behandelt werden dürften. Auf der anderen Seite waren die Ministerpräsidenten der sowjetischen Zone auf Drängen Ulbrichts mit der bindenden Weisung versehen worden, „als Tagesordnungspunkt den Antrag auf Bildung einer deutschen Zentralverwaltung durch Verständigung der demokratischen deutschen Parteien und Gewerkschaften zur Schaffung eines deutschen Einheitsstaates zu stellen und im Fall einer Ablehnung sofort die Konferenz zu verlassen".

12.17 Schwarzmarkt

In den ersten Nachkriegsjahren war die Versorgungslage der deutschen Bevölkerung äußerst angespannt. Die in den letzten Kriegsjahren eingeführte Bewirtschaftung aller Konsumgüter wurde von den Militärregierungen beibehalten. Aber es war nicht einmal gesichert, daß man die auf den Lebensmittelkarten eingedruckten Güter regelmäßig erhielt. Da infolge der Kriegswirtschaft große Geldvorräte vorhanden waren, denen nur ein minimales Warenangebot gegenüberstand, kam es zur Ausbildung eines üppig blühenden Schwarzmarktes, vor allem in den Städten. Hier war gegen viel Geld oder im Tauschhandel Ware gegen Ware nahezu alles zu beschaffen. Eine große Rolle spielte dabei die sogenannte Zigarettenwährung. Wer „Ami-Zigaretten" besaß, konnte damit Butter, Brot und andere Lebensmittel auf dem schwarzen Markt erstehen. Ein großer Teil der Bevölkerung hat sich an diesen irregulären Geschäften beteiligt, um zu überleben. Mit der *Währungsreform* (▷ 12.19) und dem darauf sich normalisierenden Warenangebot in den Geschäften verschwand der Schwarzmarkt.

12.18 Marshallplan

Die wirtschaftliche Not in den Ländern Europas, vor allem auch in den Besatzungszonen Deutschlands, war in den Augen der amerika-

Teilnehmer der Münchner Ministerpräsidentenkonferenz im Juni 1947 (von links nach rechts): Theodor Steltzer (Schleswig-Holstein), Hans Ehard (Bayern), Rudolf Amelunxen (Nordrhein-Westfalen), Christian Stock (Hessen), Hinrich Wilhelm Kopf (Niedersachsen), Reinhold Maier (Württemberg-Baden), Wilhelm Kaisen (Bremen)

nischen Regierung ein entscheidendes Hindernis, der befürchteten weiteren Ausbreitung des Kommunismus wirksam entgegentreten zu können. Die bisherigen Anleihen der USA erwiesen sich als ungenügend, weitere Kredite waren in der amerikanischen Öffentlichkeit unpopulär. So bot der neue amerikanische Außenminister George C. Marshall am 5. Juni 1947 allen europäischen Ländern ein Hilfsprogramm an. Die Sowjetunion lehnte am 2. Juli 1947 eine Teilnahme daran ab, wenige Tage später auch die Staaten in ihrem Einflußbereich. Die meisten anderen europäischen Staaten sowie die Westzonen Deutschlands wurden in den Marshallplan einbezogen, der am 3. April 1948 vom amerikanischen Kongreß verabschiedet wurde.

Die Hilfsleistungen wurden auf Vorschlag der neugegründeten Organisation für europäische wirtschaftliche Zusammenarbeit (OEEC) in Paris verteilt. Die Hilfe umfaßte Sachlieferungen, vor allem Geschenke von Lebensmitteln und Rohstoffen, sowie Kredite. In den europäischen Ländern wurden die Gegenwerte für die empfangenen Hilfen in inländischen Zahlungsmitteln bei der jeweiligen Zentralbank gesammelt. So entstanden in den einzelnen Ländern investierbare Fonds, die eigene wirtschaftliche Aktivitäten anregten. Der DM-Fonds bei der Bank deutscher Länder wurde vor allem für Investitionen in den Grundstoffindustrien, in der Landwirtschaft, im Verkehrswesen, in der Forschung, in der Exportförderung und im Wohnungsbau verwendet. Bis 1957 erhielten die drei Westzonen und West-Berlin bzw. die Bundesrepublik Deutschland, die dem Abkommen am 15. Dezember 1949 beigetreten war, Hilfeleistungen in Höhe von 1,7 Milliarden Dollar, die den raschen wirtschaftlichen Aufbau und das spätere „Wirtschaftswunder" ermöglichten. Der Marshallplan hat aber auch zur Spaltung Deutschlands und Europas nicht unwesentlich beigetragen.

12.19 Währungsreform

Eine Vorbedingung für die Einbeziehung der Westzonen in den *Marshallplan* (▷ 12.18) war die grundlegende Bereinigung der Währungsverhältnisse. Durch die nationalsozialistische Kriegswirtschaft war eine riesige Geldmenge entstanden, der nur ein geringes Warenange-

Jugendliche werden von der Polizei auf Schwarzmarktgüter durchsucht (1947)

bot gegenüberstand. Am 19. Juni 1948 – einem Samstag – wurde ein Währungsgesetz der drei westlichen Militärgouverneure durch Rundfunk und Extrablätter bekanntgegeben. Nachdem auch die Bank deutscher Länder gegründet war, wurde die Währungsreform am 20./21. Juni durchgeführt. Jeder Bewohner der Westzonen erhielt im Umtausch gegen 60 Reichsmark ein sogenanntes Kopfgeld von 40 Deutschen Mark, im August noch einmal 20 DM; Unternehmen erhielten für jeden beschäftigten Arbeitnehmer 60 DM. Löhne, Gehälter, Pensionen, Renten, Mieten und Pachtzinsen wurden im Verhältnis 1 : 1 umgestellt, die meisten anderen Verbindlichkeiten 10 : 1. Der Währungsschnitt traf besonders hart die Besitzer von Sparguthaben, die im Verhältnis 100 : 6,5 abgewertet wurden. Demgegenüber wurden die Besitzer von Sachwerten wie Grund und Boden, Häusern, Produktionsbetrieben, Lagern begünstigt – eine Grundentscheidung für die künftige Vermögensverteilung.

Am 20. Juni 1948 verkündete Ludwig Erhard, der Direktor für Wirtschaft in der Trizonenverwaltung, eigenmächtig – ohne Zustimmung der Besatzungsmächte – die weitgehende Aufhebung der Bewirtschaftung und Preisbindung. Über Nacht wurde nun plötzlich in den Geschäften alles, was bisher gesetzwidrig zurückgehalten worden war, angeboten; der Schwarzmarkt verschwand spurlos. Die Sowjetzonenverwaltung zog am 23. Juni 1948 mit einer eigenen Währungsreform nach, die auf ganz Berlin ausgedehnt werden sollte. Als

Währungsreform im Juni 1948: Umtausch-stelle in Hamburg

die Westmächte die DM-Währung in den Westsektoren Berlins einführten, begannen die Sowjets mit der *Berliner Blockade* (▷ 12.20), die von den Westmächten mit einer Luftbrücke beantwortet wurde.

12.20 Berliner Blockade

Die Reichshauptstadt Berlin war bei Kriegsende allein von der Sowjetarmee erobert worden, aber bereits im Protokoll der Europäischen Beratenden Kommission vom 12. September 1944 hatten die Alliierten den Dreimächtestatus (später den Viermächtestatus) der Stadt und die Einteilung in entsprechende Sektoren festgelegt. Regelungen für den Verkehr der westlichen Truppeneinheiten oder gar der Zivilbevölkerung zwischen den Westzonen und West-Berlin durch die sowjetische Zone waren nicht getroffen worden. Lediglich bezüglich des Luftverkehrs wurde Ende November 1945 vereinbart, drei Luftkorridore von Hamburg, Hannover und Frankfurt am Main nach Berlin einzurichten, ferner eine alliierte Kontrollzone über dem Stadtgebiet von Berlin.
Nachdem der *Alliierte Kontrollrat* (▷ 12.2) durch den Auszug der Sowjets am 20. März 1948 funktionsunfähig geworden war, kam es zu Behinderungen westalliierter Truppen-

transporte auf den Zufahrtswegen nach Berlin. Bereits damals richteten Amerikaner und Briten eine kleine Luftbrücke ein. Als die westlichen Alliierten die DM-Währung der Westzonen auch in den Westsektoren Berlins einführten, verhängte die Sowjetunion am 24. Juni 1948 eine totale Sperre der Schienen- und Straßenwege, einige Tage später auch der Wasserwege von und nach West-Berlin. Damit waren die Westsektoren auch von den Stromlieferungen aus dem Ostsektor und der Zufuhr von Frischmilch und anderen Lebensmitteln aus der sowjetischen Zone abgeschnitten. Mit dem Anspruch, Berlin liege auf dem Territorium der sowjetischen Besatzungszone, trat jetzt die Sowjetunion aggressiv gegen die Rechte der Westmächte auf Grund des Viermächtestatus auf. Sie wollte durch Aushungern die West-Berliner Bevölkerung mürbe machen und die westlichen Besatzungsmächte zur Aufgabe ihrer Position in Berlin zwingen.
Auf diese Kampfansage reagierten Amerikaner und Briten mit der Einrichtung einer Luftbrücke. Initiator war der amerikanische Militärgouverneur Lucius D. Clay. In einer einmaligen organisatorischen, technischen und menschlichen Leistung wurden während der elfmonatigen Blockade in etwa 195 000 Flügen fast 1,5 Millionen Tonnen Lebensmittel, Kohle, Baumaterialien und andere Güter nach Berlin eingeflogen. Alle 2 bis 3 Minuten landete eine Maschine auf einem der drei West-Berliner Flughäfen. An die verunglückten Piloten der Luftbrücke erinnert das Luftbrückendenkmal vor dem Flughafen Berlin-Tempelhof. Zum Repräsentanten des Widerstandswillens der Bevölkerung in West-Berlin wurde Ernst Reuter (SPD), der sein Amt als Oberbürgermeister bis Dezember 1948 auf Grund eines sowjetischen Vetos nicht ausüben konnte. Mit der Berliner Blockade, die den ersten gefährlichen Höhepunkt des kalten Krieges bildete, strebte die Sowjetunion das politische Ziel an, die sich abzeichnende Einbindung Westdeutschlands und West-Berlins in den westlichen Staatenblock zu verhindern. Tatsächlich hat die Blockade diesen Prozeß beschleunigt, da die Zusammenarbeit zwischen den USA, Großbritannien und den deutschen Politikern in den Westzonen gestärkt wurde. Nachdem die Sowjets erkannt hatten, daß sie ihre Ziele nicht durchsetzen

Während der Berliner Blockade stellten die USA und Großbritannien mit ihrer Luftbrücke die Versorgung West-Berlins sicher

konnten, beendeten sie nach Geheimverhandlungen mit den USA und einem Abkommen der vier Mächte am 12. Mai 1949 die Berliner Blockade.

Während der Blockadezeit erfolgte auch die politische und verwaltungsmäßige Spaltung Berlins. Nach dem Auszug der Sowjets aus der alliierten Stadtkommandantur am 16. Juni 1948 bildeten die Westmächte im Dezember 1948 eine Drei-Mächte-Kommandantur in West-Berlin und bestätigten die Wahl Ernst Reuters zum Oberbürgermeister durch die am 5. Dezember nur in den Westsektoren gewählte Stadtverordnetenversammlung. Seit dem 20. November 1948 amtierte Friedrich Ebert (SED), der Sohn des früheren Reichspräsidenten, als Oberbürgermeister im sowjetischen Sektor Berlins, der 1949 zur Hauptstadt der DDR erklärt wurde.

12.21 Parlamentarischer Rat

Im Zuge des *kalten Kriegs* (▷ 12.15) zwischen Ost und West nahmen die Überlegungen der Amerikaner und Briten zur Errichtung eines westdeutschen Teilstaates zunehmend konkrete Gestalt an. Die bis dahin bestehenden Widerstände Frankreichs konnten auf der Londoner Sechsmächtekonferenz abgebaut werden, an der vom 23. Februar bis 5. März

und vom 20. April bis 1. Juni 1948 die drei westlichen Besatzungsmächte sowie die Niederlande, Belgien und Luxemburg als unmittelbare westliche Nachbarn Deutschlands teilnahmen. Die Londoner Empfehlungen bildeten die Grundlage für die „Frankfurter Dokumente", die die Militärgouverneure den Ministerpräsidenten der westdeutschen Länder am 1. Juli 1948 übergaben. Die Ministerpräsidenten wurden darin aufgefordert, eine Verfassunggebende Nationalversammlung einzuberufen, die spätestens am 1. September 1948 zusammentreten sollte. Weiterhin wurde ein *Besatzungsstatut* (▷ 13.7) angekündigt, das die Beziehungen zwischen einer künftigen deutschen Regierung und den Besatzungsmächten regeln sollte. Die Ministerpräsidenten, die vom 8. bis 10. Juli im Hotel „Ritterstürz" in Koblenz tagten, hoben bei ihrer Stellungnahme zu den „Frankfurter Dokumenten" hervor, daß vermieden werden müsse, „die Spaltung zwischen West und Ost zu vertiefen". Sie wehrten sich gegen den Staatscharakter des zu errichtenden Gebildes und plädierten für ein Provisorium, das einen gemeinsamen organisatorischen Rahmen für den Bereich der Westzonen bilden sollte. Dementsprechend lehnten sie den Begriff „Verfassung" ab und schlugen stattdessen ein „Grundgesetz" vor – der Hamburger Bürgermeister Max Brauer hatte diesen Begriff in die Debatte eingeführt. Auch eine Volksabstimmung über den Verfassungsentwurf lehnten sie ab, die Länderparlamente sollten das Grundgesetz ratifizieren. In den beiden letztgenannten Punkten konnten sich die deutschen Länderregierungschefs durchsetzen, sie erreichten auch, daß das Grundgesetz nicht von einer vom Volk gewählten Nationalversammlung, sondern von einem Parlamentarischen Rat erarbeitet wurde, dessen 65 Mitglieder von den Länderparlamenten bestimmt wurden.

Ihre grundsätzlichen Bedenken gegenüber einer westdeutschen Teilstaatsbildung schoben die Ministerpräsidenten jedoch beiseite, nachdem der US-Militärgouverneur Lucius D. Clay mit Konsequenzen für das eingeschlossene Berlin gedroht und der Berliner Oberbürgermeister Ernst Reuter darauf hingewiesen hatte, daß die befürchtete Spaltung Deutschlands bereits Wirklichkeit geworden sei.

Ein von den Ministerpräsidenten berufener Verfassungskonvent erarbeitete in Herrenchiemsee vom 10. bis 23. August einen Verfassungsentwurf und am 1. September 1948 trat in Bonn der Parlamentarische Rat zusammen. Ihm gehörten je 27 Abgeordnete der CDU/CSU und der SPD an, 5 der FDP, je 2 der KPD, der DP und des Zentrums. Hinzu kamen 5 Abgeordnete aus Berlin, die lediglich beratendes Stimmrecht besaßen. Zum Präsidenten des Parlamentarischen Rates wurde Konrad Adenauer gewählt, den Vorsitz des Hauptausschusses übernahm Carlo Schmid (SPD).

Nach langen, oft kontrovers geführten Debatten, vor allem über die Vorschläge der Militärgouverneure und über die Finanz- und Kompetenzverteilung zwischen Bund und Ländern, wurde das *Grundgesetz* für die Bundesrepublik Deutschland (▷ 13.1) am 8. Mai 1949 mit 53 gegen 12 Stimmen angenommen. Dagegen stimmten die Abgeordneten der KPD, der DP und des Zentrums sowie sechs der acht CSU-Abgeordneten. Mit Ausnahme Bayerns, dem die neue Staatsordnung zu zentralistisch angelegt war, stimmten die Landtage aller westdeutschen Länder dem Grundgesetz zu. Die drei Militärgouverneure genehmigten das Grundgesetz am 12. Mai, am 23. Mai 1949 wurde es verkündet und trat am 24. Mai 1949 in Kraft.

12.22 Deutscher Volksrat

Am 6. und 7. Dezember 1947 trat in Berlin der „Deutsche Volkskongreß für Einheit und gerechten Frieden" zusammen, dessen Delegierte auf eine Initiative der SED hin aus Parteien und Massenorganisationen der sowjetischen Zone gewählt worden waren, zum geringen Teil auch aus den Westzonen stammten. Angesichts der erkennbaren Tendenz der Amerikaner und Briten, einen westdeutschen Teilstaat zu errichten, verlangte der Kongreß – dabei die sowjetische Deutschlandpolitik unterstützend – die Vorbereitung eines Friedensvertrages sowie eine gesamtdeutsche Regierung „aus Vertretern aller demokratischen Parteien" und gründete die von der SED geführte „Volkskongreßbewegung für Einheit und gerechten Frieden". Der 2. Volkskongreß, der am 17. und 18. März 1948 tagte, lehnte den *Marshallplan* (▷ 12.18) ab, erkannte die Oder-Neiße-Linie an und beschloß ein Volksbegehren zur deutschen Einheit. Er wählte den 1. Deutschen Volksrat, der 400 Mitglieder, davon 100 aus den Westzonen, umfaßte. Der Verfassungsausschuß des Volksrates unter der Leitung Otto Grotewohls erarbeitete auf der Grundlage eines SED-Entwurfs vom November 1946 den Entwurf einer „Verfassung der Deutschen Demokratischen Republik", der vom Volksrat am 22. Oktober

Der Parlamentarische Rat bei der Verkündung des Grundgesetzes am 23. Mai 1949

Proklamation der Deutschen Demokratischen Republik durch den Deutschen Volksrat am 7. Oktober 1949. Wilhelm Pieck am Mikrophon

1948 gebilligt und am 19. März 1949 formell beschlossen wurde. Die 1 400 Delegierten aus der sowjetischen Zone, die am 3. Deutschen Volkskongreß (29. und 30. Mai 1949) teilnahmen, waren von der Bevölkerung am 15. und 16. Mai auf Grund einer Einheitsliste mit vorher festgelegtem Schlüssel, der der SED die Kontrolle über den Kongreß garantierte, gewählt worden. Der Protest in der Bevölkerung zeigte sich allerdings in 31,5% Nein-Stimmen sowie 6,7% ungültigen Stimmen. Aus den Westzonen nahmen 610 Delegierte am 3. Volkskongreß teil, der ganz im Zeichen der Reaktion auf die Verabschiedung des Bonner Grundgesetzes stand. Der Kongreß nahm ebenfalls die Verfassung der Deutschen Demokratischen Republik an und wählte den 2. Deutschen Volksrat, der am 7. Oktober 1949 zusammentrat, sich als provisorische Volkskammer der DDR konstituierte, ein „Manifest der Nationalen Front des demokratischen Deutschland" (in der die Volkskongreßbewegung aufging) beschloß und Otto Grotewohl mit der Bildung einer Regierung beauftragte. Damit war die Gründung der DDR vollzogen.

Daten

5. Juni 1945	Berliner Erklärung der vier Oberbefehlshaber
9. Juni 1945	Errichtung der Sowjetischen Militäradministration in Deutschland (SMAD)
10. Juni 1945	Zulassung demokratischer Parteien in der SBZ und in Berlin
11. Juni 1945	Gründungsaufruf der KPD in Berlin
15. Juni 1945	Gründung der SPD in Berlin
26. Juni 1945	Gründung der CDU in Berlin; Gründung der UN in San Francisco
5. Juli 1945	Gründung der LDPD in Berlin
17. Juli–2. Aug. 1945	Konferenz von Potsdam (2. Aug.: Potsdamer Abkommen)
6./9. Aug. 1945	Atombomben auf Hiroshima und Nagasaki
30. Aug. 1945	Errichtung des Alliierten Kontrollrats
19. Sept. 1945	Bildung der Länder Bayern, (Nord-)Württemberg-Baden und Hessen (US-Zone)
20. Nov. 1945– 1. Okt. 1946	Nürnberger Hauptkriegsverbrecherprozeß
21./22. April 1946	Vereinigung von KPD und SPD der SBZ zur SED
23. Aug. 1946	Bildung der Länder Schleswig-Holstein, Hannover (später Niedersachsen) und Nordrhein-Westfalen (britische Zone)
6. Sept. 1946	Stuttgarter Rede von US-Außenminister Byrnes
20. Sept. 1946	1. Berliner Magistratswahlen
2. Dez. 1946	amerikanisch-britisches Abkommen über Bizone
3. Febr. 1947	Ahlener Programm der CDU
15. Febr. 1947	Auflösung Preußens durch Kontrollratsgesetz Nr. 46
12. März 1947	Trumandoktrin
5. Juni 1947	US-Außenminister Marshall verkündet Wiederaufbauprogramm für Europa (Marshallplan)
6.–8. Juni 1947	Münchner Ministerpräsidentenkonferenz
14. Juni 1947	Deutsche Wirtschaftskommission in der SBZ
25. Juni 1947	Konstituierung des bizonalen Wirtschaftsrates
6./7. Dez. 1947	Tagung des 1. Deutschen Volkskongresses in Ost-Berlin
20. Febr.–1. Juni 1948	Sechsmächtekonferenz in London
20. März 1948	Sowjets verlassen Alliierten Kontrollrat
16. Juni 1948	Sowjets verlassen Berliner alliierte Stadtkommandantur
20. Juni 1948	Währungsreform in den Westzonen/Aufhebung der Zwangswirtschaft
23. Juni 1948	Währungsreform in der SBZ
24. Juni 1948– 12. Mai 1949	Berliner Blockade
26. Juni 1948	Beginn der Luftbrücke
1. Juli 1948	Frankfurter Dokumente
10.–23. Aug. 1948	Verfassungskonvent von Herrenchiemsee
1. Sept. 1948	Konstituierung des Parlamentarischen Rates in Bonn
5. Dez. 1948	Wahl der 1. West-Berliner Stadtverordnetenversammlung
19. März 1949	Deutscher Volksrat billigt Verfassung für eine „Deutsche Demokratische Republik"
4. April 1949	Gründung der NATO in Washington
8. April 1949	Trizone
5. Mai 1949	Gründung des Europarates in London
8. Mai 1949	Annahme des Grundgesetzes
23. Mai 1949	Verkündung des Grundgesetzes

Kapitel 13: Adenauerzeit (1949–1961)

Einführung

Die Bildung eines westlich orientierten, westdeutschen Teilstaates aus den drei Westzonen ging weit mehr auf die Initiative der Westmächte zurück als auf Wünsche und Vorstellungen westdeutscher Politiker. Amerikaner und Briten gaben auf der Londoner Sechsmächtekonferenz im Frühjahr 1948 den Anstoß dazu, daß aus dem Zusammenschluß der drei Westzonen ein westdeutscher Teilstaat mit „regierungsartiger Verantwortung" entstand. Diese Pläne lehnten die Ministerpräsidenten der westdeutschen Länder anfangs ebenso ab wie die Bemühungen der Sowjetunion und der SED-Führung, mit der Volkskongreßbewegung die deutsche Einheit im kommunistischen Sinne als Volksbewegung voranzutreiben.

Schon im Parlamentarischen Rat, der das Grundgesetz ausarbeitete, spielte die Persönlichkeit eine Rolle, die nach der Konstituierung des ersten Deutschen Bundestages die junge Bundesrepublik nachhaltig prägte: Konrad Adenauer. Er verstand es, den von ihm geführten Regierungen, seiner Partei und ihrer Bundestagsfraktion seinen Stempel aufzudrücken und seinen Willen durchzusetzen. Keiner seiner Nachfolger im Amt des Bundeskanzlers hat so rigide Gebrauch von der im Grundgesetz verankerten Richtlinienkompetenz des Bundeskanzlers gemacht wie er. Eine der vielen Adenauer-Karikaturen aus den fünfziger Jahren zeigte Adenauer mit seinem „Schattenkabinett": ihn jeweils als Minister, den eigentlichen Fachminister nur als Schlagschatten.

Adenauers großer Gegenspieler im zweiten deutschen Teilstaat, der Deutschen Demokratischen Republik, hielt sich dagegen mehr im Hintergrund und baute seine staatliche Position erst Ende der fünfziger, Anfang der sechziger Jahre aus. Walter Ulbricht hatte die Stalinschen Säuberungen der 1930er Jahre in Moskau als opportunistischer Emigrant überlebt. An Zähigkeit und taktischem Gespür war er den meisten seiner Gegner weit überlegen. Als 1. Sekretär der SED war er der wichtigste Mann in der neuen DDR. Die starke Stellung der SED, die er mit sowjetischer Hilfe aufgebaut hatte, erlaubte ihm diese Form der Herrschaft.

Außenpolitisch war die Epoche 1949 bis 1961 vor allem durch den kalten Krieg gekennzeichnet, der in die deutschlandpolitischen Entscheidungen der ehemaligen Anti-Hitlerkoalition hineinspielte. Deutlich wurde dies vor allem in der Frage der Wiederbewaffnung. Unter Führung der USA wurde – vor allem nach dem Ausbruch des Koreakrieges – der Verteidigungsbeitrag der Bundesrepublik erörtert und der Aufbau der Bundeswehr psychologisch vorbereitet, auch wenn dies die meisten Deutschen zu dieser Zeit noch ablehnten. In der DDR verfügte man in der Deutschen Volkspolizei über ein paramilitärisches Instrument, das man in die Kasernierte Volkspolizei und 1956 schließlich in die Nationale Volksarmee umwandelte.

Schwerpunkt der bundesdeutschen Außenpolitik war die Westintegration der Bundesrepublik. Ziel der Adenauerschen Politik war zwar die Wiedervereinigung Deutschlands, in erster Linie wollte er aber zunächst die volle Souveränität für die Bundesrepublik Deutschland erreichen. Dies schien ihm nur möglich durch die enge Anlehnung an die USA. Mit ihrer Hilfe gelang ein beispielloser wirtschaftlicher Aufschwung, der die Bundesrepublik zum geschätzten Verhandlungspartner vieler Staaten werden ließ. Mit der Anerkennung der deutschen Schuld an den Judenmorden in der Zeit des Dritten Reichs und der Bereitschaft, Wiedergutmachung zu leisten, gewann die Bundesrepublik auch wieder an moralischem Ansehen.

Heftige innenpolitische Kontroversen zwischen SPD-Opposition und Bundesregierung gab es um die Außenpolitik. Zwar war die SPD der frühen fünfziger Jahre antikommunistisch eingestellt, doch verfocht sie lebhaft und nachdrücklich die Wiedervereinigung Deutschlands. Sie war bereit, dafür auch einen Status als neutrales Land in Kauf zu nehmen. Die in ihren Augen überstürzte Politik der Westintegration bedeutete für die SPD die Zementierung der deutschen Spaltung. Erst als sie mit ihrem Deutschland-Plan auch bei der Sowjetunion auf Ablehnung stieß, begann die Umorientierung. Die Hinwendung zur Marktwirtschaft im Godesberger Programm und die große deutschlandpolitische Rede Herbert Wehners 1960 im Deutschen Bundestag markierten den Wendepunkt in der Politik der SPD.

Ein Problem von vorrangiger innenpolitischer Bedeutung war die Situation der Empfänger von Sozialleistungen, die auch durch den beginnenden Wirtschaftsaufschwung nicht gebessert wurde, sondern eine umfassende Reform des gesamten Sozialwesens erforderte. Kernstück dieser Reform wurde die Rentenreform 1957, an der zwar alle Parteien gleichmäßig beteiligt waren, für die aber letztlich nur die CDU unter Bundeskanzler Adenauer die Früchte einstreichen konnte, als sie die Bundestagswahl 1957 mit absoluter Mehrheit gewann.

Daneben war eine der Hauptschwierigkeiten der Bundesregierung vor allem die Eingliederung der Flüchtlinge und der ehemaligen Kriegsgefangenen. Für diese Gruppen mußten nicht nur Arbeitsplätze bereitgestellt werden, sondern es galt auch dafür Sorge zu tragen, daß erlittene Vermögensverluste ersetzt und Rentenansprüche geklärt wurden. Mit dem Heimkehrergesetz und dem Lastenausgleichsgesetz wurden die entscheidenden Grundlagen zu einer erfolgreichen Einbindung in die Gesellschaft der neuen Bundesrepublik gelegt.

Die DDR dagegen zeigte ein anderes Bild. Hier galt es nach Meinung der SED-Führung

den Sozialismus aufzubauen. Daneben mußten umfangreiche Reparationsleistungen für die Sowjetunion erbracht werden. Ziel der Ulbrichtschen Wirtschaftspolitik war zunächst einmal die Ankurbelung der Schwerindustrie als Grundlage des wirtschaftlichen Lebens der DDR. Mit Hilfe der Planwirtschaft und rigoroser Festsetzung von Arbeitsnormen suchte man diesem Ziel näher zu kommen. Dabei scheute man auch nicht vor Täuschung zurück; so manches Übertreffen der Arbeitsnorm wie das des Berghauers Hennecke war nur auf die gute Vorbereitung und eine gut organisierte Zuarbeit beim „Rekordversuch" zurückzuführen. Unter den Bedingungen des täglichen Lebens waren solche Leistungen nicht möglich. Innenpolitische Gegner waren dem Terror und der Willkür staatlicher und Parteidienststellen ausgesetzt. Der Protest gegen Arbeitsdruck und Terror entlud sich im Arbeiteraufstand vom 17. Juni 1953. Anders als die Bundesrepublik lehnte die DDR eine Wiedergutmachung an Israel ab. Ihr Standpunkt war, daß sie nicht der Rechtsnachfolger des untergegangenen Deutschen Reiches sei; mit der Gründung des „ersten deutschen Arbeiter- und Bauernstaates" sei ein neuer Staat entstanden. Schon früh suchte Ulbricht seine Zweistaatentheorie durchzusetzen. Seine bedingungslose Anlehnung an die Sowjetunion sorgte für einen Abbau des sowjetischen Mißtrauens und gab der DDR zu Beginn der 1960er Jahre auch außenpolitischen Spielraum.

Auch im Innern entwickelten sich die beiden deutschen Teilstaaten auseinander. In der Bundesrepublik machte sich, nachdem die Gefahr eines Krieges 1950/51 gebannt war, Zufriedenheit breit. Man arbeitete hart und lange, zog sich in Familie oder Vereine zurück und suchte – wenn meist auch unbewußt – gleichsam den Anschluß an die Vorkriegszeit, die Jahre der nationalsozialistischen Herrschaft blendete man weitgehend aus. Im Arbeitsleben gelang die stufenweise Einführung der 40-Stunden-Woche, dies wiederum machte sich auf dem Arbeitsmarkt durch Arbeitskräftemangel bemerkbar und stellte die Weichen für die Anwerbung der „Gastarbeiter" genannten ausländischen Arbeitnehmer in den 1960er Jahren. Im großen und ganzen bot die Gesellschaft der Bundesrepublik ein Bild selbstzufriedener Gemütlichkeit.

*Die erste Sitzung des Deutschen Bundestages
am 7. September 1949*

Gleichzeitig waren die fünfziger Jahre gerade in der Bundesrepublik das Jahrzehnt einer stürmischen Modernisierung. Seine Energien bezog dieser Modernisierungsschub aus der Währungsreform und dem Wiederaufbau. Die Währungsreform legte die Grundlage, sie war das äußere Zeichen, daß die wirtschaftliche Entwicklung vorwärtsging. Der Wiederaufbau war zwingende Notwendigkeit, denn die Kriegszerstörungen mußten beseitigt, den Menschen Wohnungen und Arbeitsstätten gebaut werden. Für den Städtebau war dies die einmalige Chance, alte Städte völlig neu zu planen. Der Wiederaufbau der zerstörten Frankfurter Altstadt z. B. wurde erst gar nicht mehr ernsthaft erwogen, sondern es wurden teilweise völlig neue Straßenzüge angelegt. Beim Wohnungsbau knüpfte man zum Teil an die Wohnungsbauten zur Zeit der Weimarer Republik an. Im Industrie- und Verwaltungsbau ging man von dem pompösen Baustil des Dritten Reichs ab. Helle, lichtdurchflutete Gebäude entstanden, mit großen weit geschwungenen Treppenhäusern. Auch nach außen wurde so demonstriert, daß hier eine neue, offene Gesellschaft entstand, die sich deutlich absetzen wollte gegen die nationalsozialistische Zeit. Die Bundesrepublik zeigte sich als moderner und wohlhabender Staat.

Dieses Bild hatte seinen Reiz vor allem für die Bewohner der DDR. Sie waren von der wirtschaftlichen Entwicklung des Westens abgekoppelt, durften nicht am Marshallplan teilnehmen und litten unter dem Terror der SED. Dies alles führte dazu, daß man in der DDR die Zustände doppelt unerträglich fand und aus ihrem Machtbereich zu entkommen suchte. Die Flüchtlingszahlen ließen den wirtschaftlichen Kollaps der DDR befürchten, denn es flohen gerade diejenigen, die die Last des wirtschaftlichen Aufbaus hätten tragen sollen: die arbeitsfähige Bevölkerung. Erst mit der Abriegelung des Übergangs in den Westen 1961 gelang der DDR-Führung die Eindämmung der Fluchtbewegung. Damit begann für die DDR eine Phase der Konsolidierung; von wirtschaftlichen Experimenten wurde nun auch Abstand genommen. Bundesrepublik und DDR mußten sich nun mit dem ungeliebten anderen Staat auseinandersetzen und sich miteinander arrangieren.

13.1 Grundgesetz

Das vom *Parlamentarischen Rat* (▷ 12.21) erarbeitete Grundgesetz als Verfassungsgrundlage des zu bildenden westdeutschen Teilstaates wurde am 23. Mai 1949 durch den Präsidenten des Parlamentarischen Rates, Konrad Adenauer, ausgefertigt und verkündet und trat am 24. Mai 1949 als Verfassung der Bundesrepublik Deutschland in Kraft. Um den provisorischen Charakter dieser Staatsbildung nachdrücklich zu betonen und die deutsche Frage offen zu halten, wurde der staatsrechtliche Begriff „Verfassung" vermieden.

Mit dem Inkrafttreten des Grundgesetzes war die *Bundesrepublik Deutschland* (▷ 13.2) als parlamentarische Demokratie entstanden.

In Erinnerung an die Jahre der nationalsozialistischen Herrschaft legte der Parlamentarische Rat größten Wert auf die Verankerung der Grund- und Menschenrechte in der Verfassung. So beginnt das Grundgesetz in Artikel 1 mit dem Bekenntnis zur Würde des Menschen: „Die Würde des Menschen ist unantastbar. Sie zu achten und zu schützen ist Verpflichtung aller staatlichen Gewalt. Das Deutsche Volk bekennt sich darum zu unverletzlichen und unveräußerlichen Menschenrechten als Grundlage jeder menschlichen Gemeinschaft, des Friedens und der Gerechtigkeit in der Welt. ..."

In der *Weimarer Verfassung* von 1919 (▷ 10.7) findet sich ein solcher Artikel nicht; die Grundrechte sind hier erst im zweiten Hauptteil der Verfassung ab Artikel 109 aufgeführt. So sind die Grundrechte in der Bundesrepublik Deutschland die Basis, auf der dieser Staat aufgebaut ist. Für jeden Bürger dieses Staates sind sie einklagbar vor den Gerichten. Das Grundgesetz gliedert sich in 14 Abschnitte, denen eine Präambel vorangestellt ist. In der Präambel wird ausdrücklich auf den provisorischen Charakter dieses deutschen Teilstaates hingewiesen: „... hat das Deutsche Volk in den Ländern ..., um dem staatlichen Leben für eine Übergangszeit eine neue Ordnung zu geben, kraft seiner verfassunggebenden Gewalt dieses Grundgesetz für die Bundesrepublik Deutschland beschlossen. Es hat auch für jene Deutschen gehandelt, denen mitzuwirken versagt war. Das gesamte Deutsche Volk bleibt aufgefordert, in freier Selbst-

bestimmung die Einheit und Freiheit Deutschlands zu vollenden." In Artikel 146 wird bestimmt, daß das Grundgesetz seine Gültigkeit verliert „an dem Tage, an dem eine Verfassung in Kraft tritt, die vom Deutschen Volke in freier Entscheidung beschlossen worden ist."

In Abschnitt I (Artikel 1–19) sind die Grundrechte niedergelegt. Abschnitt II (Artikel 20–37) enthält Regelungen über die Staatsform der Bundesrepublik Deutschland und über das Verhältnis von Bund und Ländern. Die Abschnitte III–VI (Artikel 38–69) sind den Verfassungsorganen Bundestag, Bundesrat, Gemeinsamer Ausschuß, Bundespräsident und Bundesregierung gewidmet. Abschnitt VII (Artikel 70–82) behandelt die Zuständigkeit und das Verfahren bei der Gesetzgebung. In den Abschnitten VIII und VIIIa (Artikel 83–91b) folgen Bestimmungen über die Ausführung der Bundesgesetze, die Bundesverwaltung und die Gemeinschaftsaufgaben. Der Rechtsprechung ist Abschnitt IX (Artikel 92–104) gewidmet. In Abschnitt X (Artikel 104a–115) schließen sich Regelungen über das Finanzwesen, in Abschnitt Xa (Artikel 115a bis 115l) über den Verteidigungsfall an. In Abschnitt XI (Artikel 116–146) finden sich Übergangs- und Schlußbestimmungen. Das Grundgesetz geht als Verfassungsgesetz allen anderen Rechtsnormen vor. Es kann nur durch ein Gesetz geändert werden, das den Wortlaut des Grundgesetzes ausdrücklich ändert oder ergänzt und der Zustimmung von zwei Dritteln der Mitglieder des Bundestages und zwei Dritteln der Stimmen des Bundesrates bedarf. Dies ist bis April 1985 durch 35 Gesetze geschehen. Bestimmte elementare Verfassungsgrundsätze dürfen auch durch Verfassungsänderungen nicht beseitigt werden.

Die Alliierten genehmigten das Grundgesetz am 12. Mai 1949 mit einigen, im *Besatzungsstatut* (▷ 13.7) aufgeführten Vorbehalten.

13.2 Bundesrepublik Deutschland – Politisches System

Der *Parlamentarische Rat* (▷ 12.21) hatte dem neuen Staatsgebilde, das aus dem Zusammenschluß der drei Westzonen mit der Verkün-

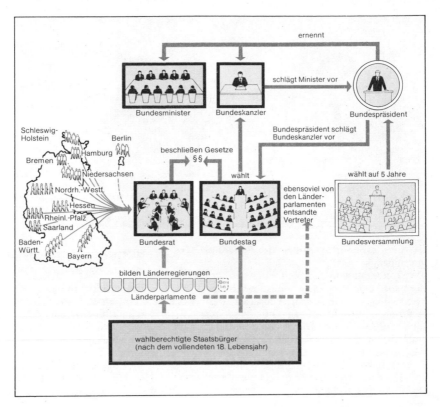

ernennt

Bundesminister Bundeskanzler schlägt Minister vor Bundespräsident

Bundespräsident schlägt
Bundeskanzler vor

Schleswig-Holstein
Berlin
Bremen Hamburg
Niedersachsen
Nordrh.-Westf.
Hessen
Rheinl.-Pfalz
Saarland
Baden-Württ.
Bayern

beschließen Gesetze
§§

wählt auf 5 Jahre

wählt

ebensoviel von
den Länder-
parlamenten
entsandte
Vertreter

Bundesrat Bundestag Bundesversammlung

bilden Länderregierungen
Länderparlamente

wahlberechtigte Staatsbürger
(nach dem vollendeten 18. Lebensjahr)

Bundesrepublik Deutschland.
Schematische Darstellung des politischen
Systems (Stand von 1985)

dung des *Grundgesetzes* (▷ 13.1) entstanden
war, einen neuen Namen gegeben.
Der Begriff „Bundesrepublik" bezeichnete
die Staatsform mit der den Bundesstaat kenn-
zeichnenden Aufteilung der staatlichen Aufgaben zwischen dem Bund als Gesamtstaat
und den Ländern als Gliedstaaten. Die Hin-
zufügung „Deutschland" sollte darauf hin-
weisen, daß dieser Teilstaat den Anspruch erhob, für das ganze Deutschland zu sprechen.
Das Volk als Souverän ist im Deutschen Bundestag repräsentativ vertreten. Der Deutsche
Bundestag ist als oberstes Organ der Legislative der Mittelpunkt des politischen Lebens
und von keinem anderen Verfassungsorgan
abhängig; sein Präsident ist daher nach dem
Bundespräsidenten der zweithöchste Repräsentant der Bundesrepublik. Die (im Regel-

fall) 496 Abgeordneten werden in allgemeinen, freien, gleichen und geheimen Wahlen
vom Volk gewählt; die nicht voll stimmbe-
rechtigen 22 Abgeordneten aus West-Berlin
werden vom Berliner Abgeordnetenhaus bestimmt. In der Zusammensetzung des Bundestages spiegeln sich somit die gesellschaftlichen Gruppierungen und Kräfte wider. Der
Deutsche Bundestag wählt den Bundeskanzler und kann ihn auf dem Wege des konstruktiven Mißtrauensvotums (d. h. indem er mit
absoluter Mehrheit einen neuen Bundeskanzler wählt) auch wieder stürzen. Der Bundeskanzler wird nach seiner Wahl vom *Bundespräsidenten* (▷ 13.3) ernannt. Er schlägt
sodann die von ihm ausgewählten Minister
und Staatssekretäre dem Bundespräsidenten
zur Ernennung vor. Bundeskanzler und Bundesminister bilden gemeinsam die Bundesregierung („Kabinett"), in der dem Bundeskanzler die Richtlinienkompetenz zusteht.
Die Bundesregierung ist als oberstes Organ

333

Theodor Heuss wird als erster Bundespräsident vereidigt (12. September 1949)

der Exekutive vom Vertrauen des Bundestages abhängig.

Der Bundesrat wurde als Vertretung der Länder neben dem Bundestag in das Regierungssystem eingebaut und fungiert quasi als zweite Kammer, obgleich dies im Grundgesetz so nicht vorgesehen ist. Durch den Bundesrat sind die Bundesländer an der Gesetzgebung des Bundes beteiligt. Jedem Bundesland stehen im Bundesrat mindestens drei Stimmen zu. Hamburg, Bremen und das Saarland verfügen über drei Stimmen, die Länder mit mehr als 2 Millionen Einwohnern besitzen vier Stimmen (Hessen, Rheinland-Pfalz und Schleswig-Holstein), Länder mit mehr als 6 Millionen Einwohnern fünf Stimmen (Niedersachsen, Nordrhein-Westfalen, Baden-Württemberg und Bayern). Berlin ist im Bundesrat mit vier Delegierten vertreten, die aber nur beratendes Stimmrecht haben. Für die Dauer eines Jahres wird im Turnus ein Ministerpräsident oder (bei den Stadtstaaten) Bürgermeister zugleich Präsident des Bundesrates. Nach dem Grundgesetz ist der jeweilige Bundesratspräsident der Stellvertreter des Bundespräsidenten, wenn dieser erkrankt oder aus anderen Gründen an der Ausübung seines Amtes gehindert ist.

Im September 1951 wurde als weiteres oberstes Verfassungsorgan das Bundesverfassungsgericht mit Sitz in Karlsruhe errichtet, das über die Einhaltung der rechtsstaatlichen Ordnung zu wachen hat. Seine Entscheidungen binden alle anderen staatlichen Organe, auch den Deutschen Bundestag.

13.3 Bundespräsident und Bundesversammlung

Der Bundespräsident ist das Staatsoberhaupt der *Bundesrepublik Deutschland* (▷ 13.2). Er wird von der Bundesversammlung gewählt, die ausschließlich für die Wahl des Bundespräsidenten geschaffen wurde. Sie wird vom Präsidenten des Deutschen Bundestages einberufen und besteht aus den Abgeordneten des Bundestages und einer gleichen Anzahl von Mitgliedern, die von den Landtagen nach den Grundsätzen der Verhältniswahl delegiert werden. Die Amtszeit des Bundespräsidenten dauert fünf Jahre, seine einmalige Wiederwahl ist möglich. Der *Parlamentarische Rat* (▷ 12.21) hatte sich bemüht, die Fehler der *Weimarer Verfassung* (▷ 10.7) von vornherein auszuschalten, und deshalb nicht nur auf die direkte Wahl durch das Volk verzichtet, sondern auch dem Bundespräsidenten im wesentlichen rein repräsentative Aufgaben zugewiesen. Er schlägt dem Deutschen Bundestag einen Kandidaten für das Amt des Bundeskanzlers vor, ernennt und entläßt auf Ersuchen des Deutschen Bundestages den Bundeskanzler und auf dessen Vorschlag hin die Bundesminister. Der Bundespräsident vertritt die Bundesrepublik Deutschland völkerrechtlich und schließt im Namen des Bundes Verträge mit auswärtigen Staaten. Er beglaubigt und empfängt die Botschafter und Gesandten der ausländischen Staaten, mit denen diplomatische Beziehungen gepflegt werden. Außerdem werden von ihm die Bundes-

richter, Bundesbeamten, Offiziere und Unter-
offiziere der deutschen Bundeswehr ernannt
und entlassen. Im Einzelfall übt der Bundespräsident das Begnadigungsrecht aus.

Die Befugnisse des Bundespräsidenten werden im Falle seiner Verhinderung oder bei
vorzeitiger Erledigung des Amtes durch den
Präsidenten des Bundesrates wahrgenommen.

Zum ersten Bundespräsidenten wählte die
Bundesversammlung am 12. September 1949
den Vorsitzenden der *FDP* (▷ 12.10) Professor *Theodor Heuss* (▷ 13.6).

13.4 Konrad Adenauer

Erster Bundeskanzler der *Bundesrepublik
Deutschland* (▷ 13.2) wurde der Präsident des
Parlamentarischen Rates (▷ 12.21) und Vorsitzende der *CDU* (▷ 12.9) Konrad Adenauer.
Geboren in Köln am 5. Januar 1876, schlug
Adenauer nach juristischem und volkswirt-
schaftlichem Studium die Anwaltslaufbahn
ein. 1906 trat er dem Zentrum bei, 1908 wurde
er Beigeordneter der Stadt Köln und war dort
von 1917 bis 1933 Oberbürgermeister. 1920
bis 1933 war er außerdem Mitglied und Präsident des Preußischen Staatsrates.

In der Zeit der Weimarer Republik trat er
während des deutsch-französischen Konfliktes anläßlich der *Ruhrbesetzung* (▷ 10.20) für
einen von Preußen losgelösten rheinischen
Teilstaat innerhalb des Deutschen Reiches,
aber in Anlehnung an Frankreich, ein, um zur
Entschärfung der Gegensätze beizutragen.
Von den Nationalsozialisten wurde Adenauer
aus allen Ämtern entlassen; nach dem 20. Juli
1944 war er für einige Monate inhaftiert.

Nach dem Krieg setzte ihn die amerikanische
Militärverwaltung wieder als Kölner Oberbürgermeister ein, die britische Militärverwaltung entließ ihn aber bald wieder „wegen
Unfähigkeit". Parteipolitisch aktiv wurde
Adenauer in der neugegründeten CDU, in der
er schnell Führungsfunktionen übernahm.
1946 wurde er zum Vorsitzenden der CDU
der britischen Zone gewählt, 1950 bis 1966
war er Bundesvorsitzender der Partei. Am 1.
September 1948 wählte ihn der Parlamentarische Rat zu seinem Präsidenten. Mit nur einer
Stimme Mehrheit erreichte Adenauer am 15.
September 1949 seine Wahl zum ersten Bundeskanzler, ein Amt, das er bis 1963 behielt.

*Bundeskanzler Adenauer mit dem
amerikanischen Außenminister John Foster
Dulles (links) im September 1954*

Dreimal, 1953, 1957 und 1961, gewann die
CDU/CSU mit ihm die Bundestagswahlen,
jedesmal mit deutlichem Abstand vor der
SPD, 1957 errang sie sogar knapp die absolute Mehrheit. Adenauer hat die Politik dieser
Zeit geprägt, so daß – auch wegen seiner langen Amtsperiode – von einer Adenauer-Ära
gesprochen wird.

*Konrad Adenauer bei seinem Besuch in
Moskau im September 1955. Er reicht
dem sowjetischen Ministerpräsidenten
Nikolai Bulganin die Hand, rechts
neben Adenauer der sowjetische Parteichef
Nikita Chruschtschow*

Seine herausragenden Leistungen waren vor allem die konsequent und zielstrebig betriebene Zurückgewinnung der deutschen Souveränität und die im erbitterten Kampf mit der Opposition durchgehaltene Westintegration der Bundesrepublik. Die sich abzeichnende Vertiefung der Spaltung nahm Adenauer in Kauf in der Annahme, daß nur durch die Westintegration und eine Politik der Stärke gegenüber der Sowjetunion die Wiedervereinigung erreicht werden könne.

Schon früh, nämlich im März 1949 und wieder im Sommer/Herbst 1950, signalisierte Adenauer die deutsche Bereitschaft, einen Verteidigungsbeitrag im Rahmen einer europäischen Armee zu leisten. Dies geschah vor dem Hintergrund des Koreakrieges und der internationalen Diskussion um einen solchen Beitrag. Als Gegenleistung für den Verteidigungsbeitrag forderte das Kabinett die Souveränität für die Bundesrepublik. Ende August 1950 wurde ein entsprechendes Memorandum an den amerikanischen Hochkommissar McCloy übergeben.

Zu den großen Leistungen Adenauers gehörten auch die Wiederaufnahme der Gespräche mit Repräsentanten des neuen Staates Israel mit dem Bekenntnis zur Wiedergutmachung und vor allem die Aussöhnung mit Frankreich. Der am 22. Januar 1963 in Paris unterzeichnete Elysée-Vertrag (*Deutsch-Französischer Vertrag,* ▷ 14.2) begründete eine enge Zusammenarbeit auf allen Gebieten.

Bei seinem Besuch in Moskau 1955 erreichte Adenauer die Aufnahme diplomatischer Beziehungen zwischen der Bundesrepublik und der Sowjetunion und – innenpolitisch von größerer Bedeutung – die Rückkehr der bisher noch festgehaltenen rund 10 000 deutschen Kriegsgefangenen. In der Mitte seiner vierten Amtsperiode trat Adenauer am 15. Oktober 1963 als Bundeskanzler zurück, starkem Druck auch in den eigenen Reihen nachgebend. Zu seinem Nachfolger wurde am 16. Oktober 1963 der bisherige erfolgreiche Wirtschaftsminister *Ludwig Erhard* (▷ 14.6), der „Vater der sozialen Marktwirtschaft", vom Deutschen Bundestag gewählt. Adenauer starb am 19. April 1967 in Rhöndorf.

13.5 Erstes Kabinett Adenauer

Der 1. Deutsche Bundestag wurde am 14. August 1949 nach einem nur für diese erste Wahl gültigen Wahlgesetz gewählt. 60 % der Abgeordneten wurden als Direktkandidaten in den Wahlkreisen gewählt, die restlichen 40 % der Mandate wurden unter Anrechnung der Direktmandate über Landeslisten auf die Parteien verteilt. Die Gesamtzahl der Abgeordneten betrug 402. Die *CDU/CSU* (▷ 12.9) erhielt 31,0 % und 139 Mandate, die *SPD* (▷ 8.28) 29,2 % und 131 Mandate, die *FDP* (▷ 12.10) errang 11,9 % und erhielt 52 Sitze. Ferner wa-

*Wahlwerbung der Parteien
vor der ersten
Bundestagswahl am
14. August 1949*

Theodor Heuss mit dem Regierenden Bürgermeister von Berlin Ernst Reuter (1952)

ren vertreten: die Deutsche Partei (DP, 17 Sitze), die Bayernpartei (17), das *Zentrum* (▷ 8.27) (10), die *KPD* (▷ 10.17) (15), die Wirtschaftliche Aufbauvereinigung (12), die Deutsche Rechtspartei (5) und der Südschleswigsche Wählerverband (1).

Am 15. September 1949 wählte der Bundestag den Bundeskanzler. Der CDU-Vorsitzende der britischen Zone, *Konrad Adenauer* (▷ 13.4), erhielt 202 Stimmen und war somit mit der kleinsten Mehrheit von einer Stimme gewählt. Am 20. September stellte Bundeskanzler Adenauer sein Koalitionskabinett vor, das von den Parteien CDU/CSU, FDP und DP gebildet wurde. Ihm gehörten 13 Ressortminister an, ein Außenministerium gab es noch nicht, da die auswärtige Politik noch den Besatzungsmächten vorbehalten war. Führer der Opposition im Bundestag wurde der SPD-Fraktionsvorsitzende *Kurt Schumacher* (▷ 12.11).

Dringendste Aufgaben der ersten Bundesregierung und des Parlamentes waren die soziale Eingliederung der Millionen von Flüchtlingen und Vertriebenen und die Versorgung der Kriegsopfer. Zunächst mußte das staatliche Versicherungssystem finanziell wieder in Gang gebracht werden. Das Bundesversorgungsgesetz regelte bundeseinheitlich die Versorgung der Kriegsopfer, das Gesetz über Hilfsmaßnahmen für Heimkehrer kümmerte sich um die Heimkehrerentschädigung, das *Lastenausgleichsgesetz* (▷ 13.26) versuchte,

die Verluste der Vertriebenen und Flüchtlinge zu registrieren und nach Möglichkeit auszugleichen. Der Wohnungsbau (▷ 13.14) wurde gefördert und erste Verhandlungen mit dem Staat Israel und jüdischen Organisationen über die zu leistende *Wiedergutmachung* (▷ 13.13) geführt.

Adenauer war von Anfang an bestrebt, den neuen Staat eng an die Westmächte anzulehnen. Er bot dabei auch schon früh einen deutschen Verteidigungsbeitrag an, um dafür Souveränitätsrechte für die Bundesrepublik zu erhalten. Er stieß mit dieser Politik auf heftigen Widerstand bei den Sozialdemokraten, die befürchteten, eine zu enge Westintegration könne die Chance der Wiedervereinigung aufs Spiel setzen, aber auch in der eigenen Partei. Adenauer konnte sich schließlich durchsetzen und für seine Politik die Zustimmung der Mehrheit der Bundesbürger erhalten. Bei der Wahl zum 2. Deutschen Bundestag am 6. September 1953 erzielte die CDU/CSU beträchtliche Stimmengewinne und erreichte mit 49,9 % der Mandate fast die absolute Mehrheit.

13.6 Theodor Heuss

Am 12. September 1949 wählte die erste Bundesversammlung (▷ 13.3) den Vorsitzenden der *Freien Demokratischen Partei* (▷ 12.10), Theodor Heuss, zum ersten Bundespräsidenten der Bundesrepublik Deutschland. Am 31.

Januar 1884 in Brackenheim geboren, studierte Heuss Kunstgeschichte und Volkswirtschaft und schloß sich nach dem Studium dem Kreis um Friedrich Naumann an, der ihn in seinen politischen und sozialen Ideen entscheidend prägte. Er war 1905–12 Schriftleiter der von Naumann herausgegebenen Zeitung „Die Hilfe" und 1912–18 der „Neckarzeitung". 1920–24 war er Studienleiter und dann bis 1933 Dozent an der Hochschule für Politik in Berlin. 1924–28 und 1930–33 wirkte Heuss als Mitglied des Reichstags in der Deutschen Demokratischen Partei, der er 1918 beigetreten war. Mit seiner Fraktion stimmte er am 23. März 1933 widerstrebend dem Ermächtigungsgesetz zu. Während des Dritten Reiches mußte er seine publizistisch-politische Tätigkeit einschränken.

Nach dem Zusammenbruch wurde Heuss 1945/46 der erste Kultusminister in Württemberg-Baden und war dort 1945–49 Mitglied des Landtages für die Demokratische Volkspartei. Er setzte sich nachdrücklich für die Vereinigung der liberalen Parteien der westlichen Besatzungszonen ein und erreichte dieses Ziel 1948 mit der Gründung der Freien Demokratischen Partei, deren Vorsitzender er 1948 wurde. Im *Parlamentarischen Rat* (▷ 12.21) arbeitete er maßgeblich am *Grundgesetz* (▷ 13.1) mit. Das Grundgesetz weist dem Bundespräsidenten in deutlicher Abkehr von der Verfassung der Weimarer Republik lediglich repräsentative Aufgaben als Staatsoberhaupt zu. Heuss war es zu verdanken, daß dieses Amt in der Öffentlichkeit zu hohem Ansehen gelangt ist. Heuss knüpfte bewußt an die demokratischen, geistigen und politischen Traditionen an, die die nationalsozialistische Herrschaft unterbrochen hatte. Das Schwergewicht seines innenpolitischen Wirkens legte er auf den Ausgleich der politischen Gegensätze. Seine Staatsbesuche trugen wesentlich zum wachsenden Ansehen der Bundesrepublik Deutschland im Ausland bei. Theodor Heuss wurde 1954 von der Bundesversammlung eindeutig in seinem Amt bestätigt. Eine dritte Amtszeit, für die das Grundgesetz hätte geändert werden müssen und die ihm 1959 angetragen worden war, lehnte er ab. 1959 wurde Theodor Heuss mit dem Friedenspreis des Deutschen Buchhandels ausgezeichnet. Er starb am 12. Dezember 1963 in Stuttgart.

13.7 Besatzungsstatut

Wenige Wochen vor dem Inkrafttreten des *Grundgesetzes* (▷ 13.1), am 10. April 1949, wurde der *Parlamentarische Rat* (▷ 12.21) über das auf der Außenministerkonferenz in Washington ausgearbeitete Besatzungsstatut informiert, das nie offiziell übergeben wurde, aber am 21. September 1949 in Kraft trat.

Durch das Statut erhielten Bund und Länder die volle gesetzgebende, vollziehende und rechtsprechende Gewalt übertragen. Die Besatzungsmächte behielten sich aber hinsichtlich einiger Sachgebiete die Zuständigkeit vor. Vor allem betraf dies:

„Abrüstung und Entmilitarisierung, einschließlich der damit zusammenhängenden naturwissenschaftlichen Forschungsgebiete, der Verbote und Beschränkungen für die Industrie und die zivile Luftfahrt;
Kontrollmaßnahmen hinsichtlich der Ruhr, Rückerstattungen, Reparationen, Dekartellisierung, Entflechtung, Nicht-Diskriminierung im Geschäftsverkehr, ausländische Vermögenswerte in Deutschland und vermögensrechtliche Ansprüche gegen Deutschland;
Auswärtige Angelegenheiten ...;
Verschleppte und die Zulassung von Flüchtlingen;
Schutz, Ansehen und Sicherheit der alliierten Streitkräfte ...;
Beachtung des Grundgesetzes und der Landesverfassungen;
Kontrolle über Außenhandel und Devisenwirtschaft ..."

Die Besatzungsbehörden behielten sich jedoch auch das Recht vor, die „Ausübung der vollen Regierungsgewalt ganz oder teilweise wieder aufzunehmen, wenn sie der Ansicht sind, daß dies aus Sicherheitsgründen oder zur Aufrechterhaltung der demokratischen Regierungsform in Deutschland ... unumgänglich ist."

Die Besatzungsmächte sprachen aber auch ihre Bereitschaft aus, nach zwölf Monaten das Statut zu überprüfen mit dem Ziel, „die Zuständigkeit der deutschen Behörden ... zu erweitern." Seit 1951 wurden die Vorbehaltsrechte der Alliierten weiter abgebaut; am 5. Mai 1955 wurde mit Inkrafttreten der Pariser Verträge, in die die Bestimmungen des Deutschlandvertrages eingingen, das Besatzungsstatut aufgehoben.

Die Hohen Kommissare John McCloy (USA), André François-Poncet (Frankreich) und Brian Robertson (Großbritannien) teilen Adenauer das Inkrafttreten des Besatzungsstatuts mit. Adenauer betrat den Teppich, auf dem nur die Hohen Kommissare stehen sollten

13.8 Petersberger Abkommen

Bundeskanzler *Adenauer* (▷ 13.4) bemühte sich ständig, Bestimmungen des *Besatzungsstatutes* (▷ 13.7) zu revidieren und für die Bundesrepublik weitere Souveränitätsrechte zu erhalten.

Berühmt wurde das sogenannte „Teppichfoto" vom Antrittsbesuch des Bundeskanzlers mit einigen seiner Minister bei der Alliierten Hohen Kommission in deren Sitz im Hotel auf dem Petersberg bei Königswinter. Der Teppich, auf dem die Hohen Kommissare standen, sollte die Distanz zwischen den Alliierten und den Deutschen dokumentieren. Adenauer erkannte die Situation und betrat seinerseits bei der Begrüßung ebenfalls den Teppich.

Im Petersberger Abkommen vom 22. November 1949, also gerade zwei Monate nach Inkrafttreten des Besatzungsstatutes, erreichte Adenauer eine erste vertragliche Revision des Statutes. Die Bundesrepublik erhielt die Erlaubnis, konsularische Beziehungen zu ausländischen Mächten aufzunehmen und internationalen Organisationen beizutreten. Bestimmte Beschränkungen im Bau von Hochseeschiffen wurden aufgehoben und der teilweise oder vollständige Demontagestopp bei zahlreichen Werken im Ruhrgebiet, im Rheinland und in West-Berlin verfügt. Das Abkommen betraf auch die Gesetzgebung über die Kartellentflechtung und die Genehmigung des Marshallplanes. Die Bundesrepublik trat der Internationalen Ruhrbehörde bei und erzielte Übereinstimmung für einen Beitritt zum *Europarat* (▷ 13.11).

13.9 Deutsche Demokratische Republik – Politisches System

Im Gegenzug zur Gründung der *Bundesrepublik Deutschland* (▷ 13.2) entstand auf dem Gebiet der Sowjetischen Besatzungszone mit der Verabschiedung einer Verfassung am 7. Oktober 1949 die Deutsche Demokratische Republik. Der am 30. Mai 1949 aus der Volkskongreßbewegung gebildete 2. *Deutsche Volksrat* (▷ 12.22) konstituierte sich selbst an diesem Tage als provisorische Volkskammer, zum Parlament des neuen Staates. Am 10. Oktober 1949 bestimmten die fünf Länderparlamente der sowjetischen Zone eine provisorische Länderkammer aus 34 Abgeordneten. Volkskammer und Länderkammer wählten am 11. Oktober 1949 den SED-Vorsitzenden Wilhelm Pieck zum ersten Präsidenten der DDR; am 12. Oktober bestätigte die Volkskammer die erste DDR-Regierung unter dem Ministerpräsidenten Otto Grotewohl. Die DDR-Verfassung war bereits am 30. Mai 1949 vom Dritten Deutschen Volkskongreß gebilligt worden und trat am 7. Oktober 1949 in Kraft.

Die erste Verfassung dieses anderen deutschen Teilstaates erinnerte noch stark an die

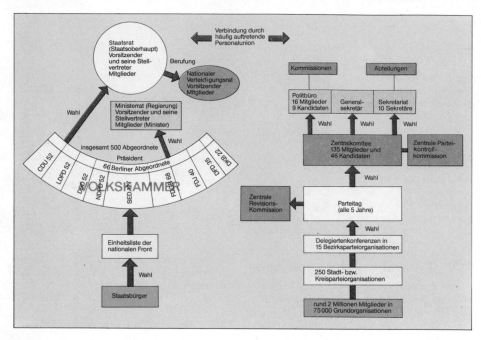

Deutsche Demokratische Republik.
Schematische Darstellung des
politischen Systems (Stand von 1985)

Weimarer Verfassung (▷ 10.7). Sie garantierte die Grundrechte des Bürgers, so z. B. die Rede-, Presse-, Versammlungs- und Religionsfreiheit, schützte das Eigentum und nannte auch das Streikrecht. 1968 wurde eine neue Verfassung verkündet, die 1974 nochmals geändert wurde. Nach der jetzigen Verfassung der DDR ist der von der Volkskammer gewählte Staatsrat das kollektive Staatsoberhaupt; der Vorsitzende des Staatsrats vertritt die DDR völkerrechtlich. Dem Parlament, der Volkskammer, ist der Staatsrat verantwortlich. Oberstes Organ der Exekutive ist der Ministerrat der DDR. Er wird ebenfalls von der Volkskammer gewählt und leitet in ihrem Auftrag die einheitliche Durchführung der Staatspolitik; auch der Ministerrat ist für seine Tätigkeit der Volkskammer verantwortlich. Nach Artikel 48 der Verfassung ist die Volkskammer das oberste staatliche Machtorgan der DDR mit der alleinigen verfassungs- und gesetzgebenden Kompetenz. Für ihre Arbeit gilt der Grundsatz der Einheit von Beschlußfassung und Durchführung. Die Volkskammer besteht aus 500 Abgeordneten, die nach Einheitslisten gewählt werden. Die 66 Ost-Berliner Abgeordneten werden seit der Änderung des Wahlgesetzes 1979 nicht mehr von der Ost-Berliner Stadtverordnetenversammlung delegiert, sondern direkt gewählt. Das Mehrparteiensystem der DDR ist nicht als ein in Parteien ausgedrückter Ideenpluralismus zu verstehen. Alle Parteien bekennen sich in ihren Programmen zur sozialistischen Gesellschaftsordnung, in deren Rahmen sie die Interessen der von ihnen repräsentierten Bevölkerungsschichten vertreten. Der Zusammenschluß der Parteien und der Massenorganisationen, in denen die SED einen vorherrschenden Einfluß ausübt, in der am 7. Oktober 1949 gegründeten Nationalen Front ist die Konsequenz des ideologisch begründeten und in der Verfassung verankerten Führungsanspruchs der SED in Staat und Gesellschaft der DDR.

Wichtiges innenpolitisches Instrument der SED-Führung wurde das 1950 gebildete Ministerium für Staatssicherheit, das über ein ausgedehntes Spitzelnetz verfügt und für die innere Sicherheit der DDR zuständig ist.

13.10 Schumanplan/ Montanunion

Die Forderung Frankreichs nach Internationalisierung des Ruhrgebietes war in den Nachkriegsjahren von Amerikanern und Briten ebenso zurückgewiesen worden wie die Ansprüche der Sowjetunion auf eine Beteiligung an der Kontrolle und Ausbeutung der Ruhrindustrie. Auf Drängen Frankreichs wurde dann jedoch auf der Londoner Sechsmächtekonferenz 1948 das Ruhrproblem eingehend behandelt und am 28. April 1949 im Ruhrstatut eine internationale Kontrollbehörde für die Ruhr geschaffen, an der Belgien, Frankreich, Großbritannien, Luxemburg, die Niederlande und die USA beteiligt waren. Das Ruhrgebiet blieb Bestandteil des deutschen Staatsgebietes, die wirtschaftliche Auswertung wurde jedoch der Kontrollbehörde übertragen.

Im *Petersberger Abkommen* (▷ 13.8) vom 22. November 1949 erklärte sich die Regierung Adenauer bereit, der Ruhrbehörde beizutreten. Dieser Schritt führte zu einer heftigen Kontroverse mit dem Oppositionsführer im Deutschen Bundestag, *Kurt Schumacher* (▷ 12.11), der die Anerkennung der Ruhrkontrolle ablehnte und Adenauer vorwarf, ein „Kanzler der Alliierten" zu sein.

Am 9. Mai 1950 erwähnte der französische Außenminister Robert Schuman in einer Regierungserklärung zum ersten Mal öffentlich die Idee einer „Fusion" der deutschen und französischen Kohle- und Stahlproduktion.

Schuman erinnerte damit an die Zeit vor dem 1. Weltkrieg, als sich Ruhrkohle und lothringische Minette ergänzt hatten, und griff dabei ein vorangegangenes Angebot Adenauers auf. Dieser Produktionsgemeinschaft sollten sich weitere europäische Länder anschließen können. Schumans Ziel war eine deutsch-französische Union als Basis eines „auf föderalistischer Grundlage" organisierten Europa. Ein erster Schritt dazu war nach Auffassung des französischen Außenministers – aber auch Adenauers – die Koordination und Kooperation bei den Grundstoffindustrien.

Am 20. Juni 1950 nahmen Delegationen der Regierungen Belgiens, der Niederlande, Luxemburgs, Frankreichs, Italiens und der Bundesrepublik Deutschland über diesen „Schuman-Plan" Vertragsverhandlungen auf. Der Vertrag über die Gründung der Europäischen Gemeinschaft für Kohle und Stahl (EGKS) – bekannt geworden unter dem Namen „Montanunion" – wurde am 18. April 1951 in Paris unterzeichnet. Er trat am 23. Juni 1952 in Kraft. Gleichzeitig wurde das Ruhrstatut aufgehoben. Die Montanunion wurde einer der Grundpfeiler der *Europäischen Gemeinschaft* (▷ 13.32 und 15.2).

13.11 Europarat

Die in den ersten Nachkriegsjahren von vielen führenden Politikern europäischer Staaten angestellten Überlegungen über einen stärkeren politischen und wirtschaftlichen Zusammenschluß führten am 5. Mai 1949 zur

Adenauer mit Staatssekretär Walter Hallstein im Ministerausschuß des Europarats, nachdem die Bundesrepublik Deutschland Vollmitglied des Europarats geworden ist (Mai 1951). Rechts der französische Außenminister Robert Schuman

Unterzeichnung eines Statutes durch Vertreter von zehn europäischen Staaten (Belgien, Dänemark, Frankreich, Großbritannien, Irland, Italien, Luxemburg, die Niederlande, Norwegen, Schweden), mit dem der Europarat gegründet wurde. Noch 1949 traten Griechenland und die Türkei hinzu. Die Bundesrepublik Deutschland wurde am 31. März 1950 eingeladen, dem Europarat vorerst als assoziiertes Mitglied, ebenso wie das Saarland, beizutreten. Am 2. Mai 1951 wurde sie Vollmitglied des Europarates.

Der Europarat – mit zur Zeit 21 Mitgliedstaaten – erstrebt „einen stärkeren Zusammenschluß seiner Mitglieder zum Schutz und zur Förderung der Ideale und Prinzipien, die ihr gemeinsames Erbe sind, und zum Besten ihres wirtschaftlichen und sozialen Fortschritts."

Organe des Europarats sind: 1. das Ministerkomitee (die Außenminister der Mitgliedsstaaten), 2. die Parlamentarische Versammlung (zusammengesetzt aus den von den nationalen Parlamenten entsandten Abgeordneten, deren Zahl sich nach der Größe der einzelnen Mitgliedstaaten richtet; die Bundesrepublik Deutschland hat 18 Vertreter), 3. das Generalsekretariat, das die Sekretariatsaufgaben für die Versammlungs- und Regierungsexpertenausschüsse wahrnimmt. Der Europarat erläßt keine unmittelbar geltenden Rechtsakte; seine Organe äußern sich in der Form von Entschließungen und Empfehlungen. Wichtig sind die in Empfehlungen enthaltenen Konventionen, vor allem die Europäische Menschenrechtskonvention, gegen deren Verletzung auch von den eigenen Bürgern eines Staates das Rechtsschutzsystem dieser Konvention in Anspruch genommen werden kann.

13.12 Interzonenhandel

Mit dem heute durch die Bezeichnung „innerdeutscher Handel" ersetzten Begriff „Interzonenhandel" ist der Warenaustausch zwischen der *Bundesrepublik Deutschland* (▷ 13.2) und der *DDR* (▷ 13.9) gemeint. Eine erste innerdeutsche Vereinbarung kam unmittelbar nach der Gründung der beiden deutschen Staatsgebilde am 8. Oktober 1949 im Frankfurter Abkommen zustande. Es hatte aber bereits seit 1946 verschiedene Interzonenvereinbarungen zwischen den von den westlichen Alliierten besetzten Zonen bzw. dem Vereinigten Wirtschaftsgebiet und der sowjetisch besetzten Zone gegeben.

Im Frühherbst 1951, am 20. September, wurden die Wirtschaftsbeziehungen zwischen der Bundesrepublik Deutschland einschließlich West-Berlins und der DDR einschließlich Ost-Berlins neu geregelt. Das Berliner Abkommen wurde 1968 neu gefaßt und ist im wesentlichen bis heute gültig. Zur Überwindung der Währungsunterschiede wurde die Bezeichnung „Verrechnungseinheit" (1 DM-West = 1 DM-Ost = 1 VE) geschaffen. Alle Zahlungen werden über zentrale Verrechnungskonten bei der Deutschen Bundesbank bzw. der Staatsbank der DDR abgewickelt. Das bilaterale Verrechnungssystem funktioniert, zusätzlich haben beide Zentralbanken einander einen zinslosen Überziehungskredit (Swing) eingeräumt. Abwicklungsorgane sind für die Bundesrepublik die „Treuhandstelle Industrie und Handel" (bis 1981 Treuhandstelle für den Interzonenhandel) in West-Berlin, für die DDR das Ministerium für Außenhandel in Ost-Berlin.

Der innerdeutsche Handel gilt nicht als Außenhandel, ist andererseits aber auch kein Binnenhandel. Er muß, da er selbständige und unterschiedliche Währungsgebiete betrifft, nach besonderen Regeln abgewickelt werden. Diese Sonderstellung des Interzo-

Bundeskanzler Adenauer und der israelische Ministerpräsident David Ben Gurion im Waldorf-Astoria-Hotel in New York (März 1960)

nenhandels ist auch bei der Gründung der *EWG* (▷ 13.32) berücksichtigt worden. Nach dieser Regelung wird er in der EWG als Binnenhandel (innerdeutscher Handel) angesehen. Somit ist die DDR als Nutznießer der EWG-Vergünstigungen ein Quasimitglied dieser Gemeinschaft.

Jährlich werden Listen über die zu handelnden Warengruppen zusammengestellt. Die wichtigsten Warengruppen in den Lieferungen der Bundesrepublik sind Maschinen, elektrotechnische und chemische Erzeugnisse, bei den Lieferungen der DDR überwiegen Textilien und Bekleidung, land- und forstwirtschaftliche Produkte, Holzwaren und Mineralölerzeugnisse.

13.13 Wiedergutmachung

Schon auf der *Konferenz von Jalta* (▷ 11.48) war grundsätzlich festgelegt worden, daß das Deutsche Reich nach der *Kapitulation* (▷ 11.51) die während des Krieges und unter der Herrschaft der Nationalsozialisten angerichteten Zerstörungen in den von ihnen besetzten Ländern wiedergutzumachen hätte. Auf der *Konferenz von Potsdam* (▷ 12.4) wurde von den USA das Prinzip der Reparationsentnahme auf Zonenbasis durchgesetzt, d. h., jede Besatzungsmacht sollte ihre Reparationsansprüche aus der eigenen Zone abdecken. Der Sowjetunion wurden für den Wiederaufbau ihres stark zerstörten Landes zusätzliche Reparationsleistungen aus den Westzonen zugestanden, die aber schon im Mai 1946 durch den auf Betreiben des amerikanischen Militärgouverneurs verhängten Demontagestopp abgeblockt wurden. Die besonders rigoros betriebene Demontage durch die sowjetische Besatzungsmacht in ihrer Zone belastete den wirtschaftlichen Normalisierungsprozeß und den Wiederaufbau dort weit stärker als die Besatzungspolitik in den Westzonen. Hier wurden mit der Einrichtung des vereinigten Wirtschaftsgebietes der *Bizone* (▷ 12.13) Maßnahmen zur strukturellen Verbesserung der wirtschaftlichen Situation eingeleitet.

Die Rückerstattung feststellbarer Vermögensverluste an Opfer des NS-Regimes hatten schon die alliierten Militärregierungen angeordnet. Die neuentstandene Bundesrepublik Deutschland nahm den großen Komplex der Wiedergutmachung für die Personengruppen und Völker auf, die in der NS-Zeit aus rassischen, religiösen und politischen Gründen verfolgt worden waren. Am 27. September 1951 erklärte die Bundesregierung mit einhelliger Zustimmung des Deutschen Bundestages ihre Bereitschaft zur Wiedergutmachung gegenüber Israel. Am 10. September 1952 wurde das Wiedergutmachungsabkommen mit Israel unterzeichnet. Die Bundesrepublik Deutschland verpflichtete sich, innerhalb von zwölf Jahren 3 Mrd. DM zu zahlen. Weitere Abkommen wurden mit mehreren jüdischen Organisationen für Rückerstattungsansprüche der außerhalb Israels lebenden jüdischen Flüchtlinge geschlossen. Im Gegensatz zur Bundesrepublik lehnte die DDR Wiedergutmachungsleistungen ab, da sie sich nicht als Nachfolgestaat des Dritten Reiches versteht.

Das Bundesentschädigungsgesetz vom 29. Juni 1956 definierte den Begriff des vom NS-Regime Verfolgten und regelte alle bereits laufenden Verfahren; damit wurde die Entschädigung der Opfer des Nationalsozialismus in die Wege geleitet. Entschädigungsleistungen waren u. a. Renten, Abfindungen, Kostenersatz für Heilverfahren, Kranken- und Hinterbliebenenversorgung, Darlehen und Ausbildungsbeihilfen.

13.14 Sozialer Wohnungsbau

Die katastrophale Wohnungssituation am Ende des Krieges verschärfte sich in den ersten Nachkriegsjahren durch die Millionen Vertriebenen aus den Ostgebieten (▷ 12.5), die in den Westzonen eine neue Heimat suchten. Wegen fehlender Materialien konnte eine Bautätigkeit, die fühlbare Verbesserungen hätte bringen können, vorerst nicht beginnen. In den zerstörten Städten und Stadtteilen begnügte man sich anfangs damit, die Trümmer aufzuräumen und die nur halbzerstörten Häuser und Wohnungen notdürftig als Behelfsunterkünfte wiederherzurichten. Der Wiederaufbau von Wohnungen war deshalb eine der vorrangigsten sozialpolitischen Aufgaben der Bundesrepublik Deutschland. In den Jahren 1949/50 wurden 503 900 Wohnungen fertiggestellt, darunter über 400 000 im Rahmen des öffentlich geförderten Wohnungsbaus.

Großbaustelle des sozialen Wohnungs-baus (1956)

Das erste Wohnungsbaugesetz vom 24. April 1950 regelte bundeseinheitlich den Wiederaufbau von Wohnungen, begünstigte vorwiegend jedoch den sozialen Wohnungsbau („Bau von Wohnungen, die nach Größe, Ausstattung und Miete bzw. Belastung für die breiten Schichten des Volkes bestimmt und geeignet sind"). Das Bauvorhaben dieses 1. Wohnungsbaugesetzes sah die Errichtung von 1,8 Millionen Sozialwohnungen vor (in einem Zeitraum von sechs Jahren). In den Städten und Gemeinden teilten die Wohnungsämter die Wohnungen nach der Bedürftigkeit den jeweils Anspruchsberechtigten zu. Nach statistischen Erhebungen bestand 1950 noch ein Defizit von 4,8 Millionen Wohnungen. 1951/52 wurden über 850 000 Wohnungen gebaut, etwa 20% davon finanzierte die öffentliche Hand.
Durch die Neufassung vom 25. August 1953 und das 2. Wohnungsbaugesetz vom 27. Juni 1956 wurde zunehmend auch der private Eigenheimbau gefördert. Seit Mitte der fünfziger Jahre ging der Anteil des sozialen Wohnungsbaus zugunsten des privaten mehr und mehr zurück, der durch das Wohnungsbauprämiengesetz von 1952 erste zusätzliche Förderung erhielt. Die Wohnungszwangswirtschaft und damit auch verbunden die Mietpreisbindung mußten jedoch bis 1960 noch beibehalten werden.

13.15 Mitbestimmung und Betriebsverfassung

Unmittelbar nach dem Zusammenbruch 1945 hatten in zahlreichen Betrieben, deren Leiter geflohen oder von den Alliierten verhaftet worden waren, Arbeiter und Angestellte unter der Führung von Betriebsräten die Produktion weitergeführt. Bald bildete sich auch wieder eine Gewerkschaftsbewegung, die sich für die Bundesrepublik Deutschland 1949 im Deutschen Gewerkschaftsbund (DGB) organisierte. Der DGB bestand aus 16 nach Branchen unterschiedenen Einzelgewerkschaften und definierte sich als parteipolitisch unabhängige Einheitsgewerkschaft – im Gegensatz zu den Richtungsgewerkschaften der Weimarer Republik und des Kaiserreiches.
In der Montanindustrie (Kohle, Eisen, Stahl) Nordrhein-Westfalens hatte nach 1945 die Gewerkschaft bei der britischen Besatzungsmacht erreicht, daß die Aufsichtsräte der unter britischer Verwaltung stehenden Unternehmen mit je fünf Vertretern der Aktionäre und der Arbeitnehmer sowie einem neutralen Aufsichtsratsmitglied besetzt wurden („paritätische Mitbestimmung"). Den Vorständen dieser Unternehmen gehörte ein Arbeitsdirektor an, dem vor allem das Personalwesen unterstand und der im Einvernehmen mit Betriebsräten und Gewerkschaft bestellt wurde.

Gegenüber Bundestag und Bundesregierung vertraten die Gewerkschaften nach 1949 ihre Forderungen nach gesetzlicher Verankerung dieser Montanmitbestimmung, ihrer Ausweitung und nach volkswirtschaftlicher Mitbestimmung der Arbeitnehmer oberhalb der Unternehmensebene. Unter dem Druck eines Streikaufrufs in der Stahl- und Eisenindustrie einigten sich am 11. Januar 1951 der DGB-Vorsitzende Hans Böckler und Bundeskanzler Adenauer auf einen Kompromiß: Die bisher praktizierte Form der Mitbestimmung wurde festgeschrieben (Gesetz vom 21. Mai 1951), blieb jedoch auf die Montanindustrie beschränkt; die weitergehenden gewerkschaftlichen Forderungen kamen nicht zum Zuge. Adenauers Regierungspartner FDP und DP wandten sich gegen das Gesetz, es konnte nur mit Hilfe der SPD verabschiedet werden.

Die Mitwirkung der Arbeitnehmer und der Betriebsräte im Betrieb, die bisher nur in einem Gesetz des Alliierten Kontrollrats festgelegt war, wurde durch das Betriebsverfassungsgesetz vom 11. Oktober 1952 einheitlich geregelt. Danach waren in den Betrieben Betriebsräte zu wählen, die u. a. bei personellen Angelegenheiten, bei der Ordnung des Betriebes, der Arbeitszeit und der Urlaubsplanung mitbestimmten. In wirtschaftlichen Angelegenheiten erhielten die Betriebsräte freilich nur Informationsrechte. Die Aufsichtsräte in Kapitalgesellschaften wurden zu einem Drittel mit Arbeitnehmervertretern besetzt.

Erst in den 60er Jahren gelang es den Gewerkschaften wieder, das Thema Mitbestimmung in die öffentliche Diskussion zu tragen, die auch mit dem *Mitbestimmungsgesetz* von 1976 (▷ 15.17) nicht beendet wurde. Bereits 1972 hatte das neue *Betriebsverfassungsgesetz* (▷ 14.26) die Rechte der Arbeitnehmer und der Betriebsräte im Betrieb erweitert.

13.16 Deutschlandvertrag

Der Deutschlandvertrag regelte das Ende des Besatzungsregimes in der Bundesrepublik Deutschland und gab dieser die Rechte eines souveränen Staates. Er entstand im Zusammenhang mit den Bemühungen um einen deutschen Beitrag zur Verteidigung des Westens, die auf Betreiben der USA unter dem Eindruck des Koreakrieges und der wachsenden Spannungen zwischen Ost und West in Gang gekommen waren und eine Einbindung und Kontrolle der aufzustellenden deutschen Truppen in der projektierten *Europäischen Verteidigungsgemeinschaft* (*EVG,* ▷ 13.17) vorsahen. Da ein eigenständiger deutscher Verteidigungsbeitrag eine Ablösung des *Besatzungsstatuts* (▷ 13.7) von 1949 voraussetzte, fanden sich die drei Westmächte seit Dezember 1950 zu Verhandlungen bereit, deren Ergebnis der Deutschlandvertrag war, dessen Inkrafttreten jedoch gemäß Artikel 11 an das Zustandekommen der EVG gebunden war.

Bundeskanzler Konrad Adenauer unterzeichnet den Deutschlandvertrag (26. Mai 1952)

Im einzelnen regelte der Deutschlandvertrag die Aufhebung des Besatzungsstatuts und der Alliierten Hohen Kommission und die Übertragung der Souveränität an die Bundesrepublik Deutschland, vorbehaltlich der Rechte und Verantwortung der drei Mächte „in bezug auf Berlin und auf Deutschland als Ganzes einschließlich der Wiedervereinigung Deutschlands und einer friedensvertraglichen Regelung", sowie das Recht zur Stationierung von Streitkräften und zur Regelung des Notstandes zum Schutze dieser Streitkräfte (Artikel 5,2, erloschen seit dem Erlaß der *Not-*

standsgesetzgebung von 1968, ▷ 14.16). Er verpflichtete die Bundesrepublik Deutschland in ihrer Politik auf die Prinzipien der UN und die im Statut des Europarats festgelegten Ziele und alle Unterzeichner auf das gemeinsame Ziel der Wiedervereinigung Deutschlands in Freiheit und eines frei vereinbarten Friedensvertrages für ganz Deutschland (Artikel 7).

Der Deutschlandvertrag wurde ergänzt durch den Truppenvertrag, der Rechte und Pflichten der ausländischen Streitkräfte regelte, den Finanzvertrag, der den Beitrag der Bundesrepublik Deutschland zum Unterhalt dieser Streitkräfte festlegte, sowie den Überleitungsvertrag zur Regelung aus Krieg und Besatzung entstandener Fragen.

Nachdem der Deutschlandvertrag noch 1952 in Großbritannien und den USA ratifiziert worden war, wurde er nach heftigen innenpolitischen und verfassungsrechtlichen Streitigkeiten in der Bundesrepublik erst 1953 ratifiziert. Die Ratifikation des EVG-Vertrages in der französischen Nationalversammlung scheiterte jedoch am 30. August 1954. Auf der Londoner Neun-Mächte-Konferenz der sechs EVG-Staaten und Großbritanniens, der USA und Kanadas vom 28. September bis 3. Oktober 1954 wurde daraufhin der Beitritt der Bundesrepublik zur NATO, die Bildung der *Westeuropäischen Union (WEU,* ▷ 13.20) und eine Anpassung des Deutschlandvertrages beschlossen und in den Pariser Verträgen am 23. Oktober 1954 vollzogen. Nach der Ratifizierung dieser Verträge trat der Deutschlandvertrag in modifizierter Form am 5. Mai 1955 in Kraft.

13.17 Europäische Verteidigungsgemeinschaft (EVG)

Die EVG stellte den Versuch dar, im Zeichen des *kalten Krieges* (▷ 12.15) eine effektive kontinentale Verteidigungsmacht der späteren EWG-Staaten Frankreich, Italien, Belgien, Niederlande, Luxemburg und Bundesrepublik Deutschland zu schaffen, die Risiken einer Wiederbewaffnung der Bundesrepublik durch eine supranationale Organisation aufzufangen und durch diese zugleich die europäische Einigung zu fördern. Wichti-

ge Impulse verdankte die EVG einem Vorschlag Winston Churchills vom 11. August 1950 zur Bildung einer „Europa-Armee" und dem Plan des französischen Ministerpräsidenten René Pleven vom Oktober 1950. Die durch den Vertrag vom 27. Mai 1952 in Paris abgeschlossenen Verhandlungen der sechs Staaten sahen die Verschmelzung der nationalen Streitkräfte unter einem gemeinsamen Oberbefehl (mit Ausnahme der für die Kolonien benötigten Truppen) vor. Die Grundeinheiten bis zur Division sollten national, die höheren Einheiten, die Kommandobehörden und die Logistik supranational organisiert sein. Status, Ausrüstung, Ausbildung und Dienstzeit der Soldaten der EVG sollten gleich sein. Das um je drei Vertreter Frankreichs, Italiens und der Bundesrepublik Deutschland verstärkte Parlament der Montanunion sollte die Versammlung der EVG bilden, die Leitung war einem Ausschuß von neun Mitgliedern und einem Ministerrat zugedacht. Der EVG-Vertrag wurde von den Parlamenten der Beneluxstaaten, Italiens und der Bundesrepublik gebilligt, scheiterte jedoch in der Pariser Nationalversammlung am 30. August 1954 an den französischen Bedenken gegen einen Souveränitätsverzicht. Auch in der Bundesrepublik war die Wiederbewaffnung Gegenstand harter innenpolitischer Auseinandersetzungen.

Während die militärpolitischen Konsequenzen des Fehlschlags der EVG durch die Aufnahme der Bundesrepublik Deutschland in die *Westeuropäische Union* (▷ 13.20) und die *NATO* (▷ 13.19) aufgefangen wurden, konnten die Folgen für die Bemühungen um eine supranationale Einigung Europas nicht überwunden werden.

13.18   17. Juni 1953

Am 5. März 1953 starb der sowjetische Partei- und Regierungschef Stalin. Von seinen Nachfolgern erwartete man ein Nachlassen des innenpolitischen Terrors und eine Verbesserung des Verhältnisses zu den Westmächten. Auch die innenpolitische Situation in der DDR geriet in Bewegung. Gerüchte kursierten, daß die doktrinäre und am stalinistischen Herrschaftssystem festhaltende SED-Generalsekretär Walter Ulbricht abgelöst werden solle.

Der neu ernannte sowjetische Hochkommissar Wladimir Semjonow hatte angeblich entsprechende Weisungen aus Moskau mitgebracht, falls die SED-Führung den sowjetischen Wünschen nach mehr Flexibilität nicht entsprechen sollte.

Ende Mai 1953 hatte der Ministerrat noch eine allgemeine Erhöhung der Normen verkündet und damit erhebliche Unruhe hervorgerufen und die Fluchtbewegung aus der DDR verstärkt, hinzu kamen die schlechte Versorgung mit Lebensmitteln und der staatliche Terror durch willkürliche Verhaftungen. Unter sowjetischem Druck machte das SED-Politbüro wirtschaftliche Zugeständnisse und verkündete den „neuen Kurs". Er brachte Lockerungen des Drucks, Rücknahme von Preiserhöhungen und Verbesserungen im Konsum. Die am 28. Mai beschlossene Erhöhung der Normen für Industriebetriebe und die Bauwirtschaft um 10% wurde jedoch nicht zurückgenommen. Daraufhin streikten und demonstrierten am 16. Juni die Bauarbeiter in der Ost-Berliner Stalinallee. Daraus entwickelte sich am 17. Juni der Arbeiteraufstand in der gesamten DDR, in dessen Verlauf es in mehr als 250 Orten, darunter alle Industriezentren, zu Streiks und Demonstrationen kam. Rund 10% der Arbeitnehmer beteiligten sich am Aufstand. Die ursprünglich wirtschaftlichen Forderungen entwickelten sich schnell über die Rücknahme der Normenerhöhungen zu weitgehenden politischen Forderungen wie dem Rücktritt der Regierung, der Ablösung Ulbrichts, freien Wahlen. Die SED-Führung war der Lage nicht gewachsen; sie verlor die Kontrolle und ließ den Aufstand durch sowjetische Truppen niederschlagen. Die Zahl der Todesopfer wird zwischen 25 und 300 angegeben, die Zahl der Verhafteten auf 1 200 geschätzt. Als Folge des Aufstandes konnte Ulbricht seine Machtposition festigen und wieder mit sowjetischer Rückendeckung rechnen, seine innerparteilichen Gegner wurden ausgeschaltet.

Die Westmächte hatten, um ein Kriegsrisiko zu vermeiden, auf ein von der Bevölkerung erwartetes Eingreifen in Ost-Berlin verzichtet und sich auf schriftliche Proteste beschränkt.

Der 17. Juni 1953 wurde durch ein Bundesgesetz am 4. August 1953 zum gesetzlichen Feiertag erklärt.

13.19 Nordatlantikpakt (NATO)

Am 4. April 1949 war der Nordatlantikpakt (NATO = North Atlantic Treaty Organization) vor dem Hintergrund des sich verschärfenden Ost-West-Konfliktes von Belgien, Dänemark, Frankreich, Großbritannien, Island, Italien, Kanada, Luxemburg, den Niederlanden, Norwegen, Portugal und den USA abgeschlossen worden. 1952 traten Griechenland und die Türkei, 1982 Spanien dem Bündnis bei.

Im Rahmen der Verhandlungen über die Pariser Verträge vom 23. Oktober 1954 nach dem Scheitern der *EVG* (▷ 13.17) wurde der Eintritt der Bundesrepublik Deutschland in die NATO vorbereitet und mit dem Inkrafttreten der Verträge am 5. Mai 1955 vollzogen. Die Bundesrepublik Deutschland erlangte damit wieder ihre Souveränität, die allerdings hinsichtlich der Sonderrechte der alliierten Truppen erheblichen Einschränkungen unterworfen blieb.

In der politischen Organisation ist das oberste Organ der Ständige Rat (NATO-Rat), in dem alle Mitgliedsländer Sitz und Stimme haben. Er tritt unter Vorsitz des Generalsekretärs zu Konsultationen über politische Entscheidungen der Allianz auf Botschafterebene wöchentlich, auf Ministerebene zweimal jährlich zusammen.

17. Juni 1953: Ost-Berliner bewerfen sowjetische Panzer mit Steinen

Aufhebung des Besatzungsstatuts am 5. Mai 1955. Die Bundesrepublik wird souverän und tritt am gleichen Tag der NATO bei

Zentrales militärisches Gremium ist der Militärausschuß. Ihm gehören die Stabschefs der beteiligten Länder mit Ausnahme Frankreichs an, das aus der militärischen Organisation 1966 ausgeschieden, aber Mitglied der politischen Organisation geblieben ist; Griechenland hatte 1974–80 auf die militärische Mitarbeit verzichtet. Der Militärausschuß berät den Ständigen Rat in militärstrategischen Fragen. Das Bündnisgebiet ist in drei Kommandobereiche mit integrierten Kommandostäben eingeteilt, jeweils geleitet von einem alliierten Oberbefehlshaber: Europa (SACEUR mit dem Hauptquartier SHAPE in Casteau, Belgien), Atlantik (SACLANT in Norfolk, USA) und Ärmelkanal (CHINCHAN in Northwood, Großbritannien).

Die Streitkräfte der Mitgliedsstaaten sind teils der NATO bereits unterstellt, teils für die NATO zu irgendeinem Zeitpunkt in Friedenszeiten oder automatisch im Mobilmachungsfall vorgesehen, teils verbleiben sie unter nationalem Oberbefehl. Von den Streitkräften der deutschen *Bundeswehr* (▷ 13.29) sind die Verbände der Luftraumüberwachung und der Luftverteidigung auch in Friedenszeiten voll der NATO unterstellt, im Verteidigungsfall unterstehen auch das Feldheer und die Seestreitkräfte der operativen Führung der NATO.

Die Verteidigungskonzeption der NATO stützt sich auch nach der inzwischen eingeleiteten Entspannung auf das atomare Abschreckungspotential und die militärische Präsenz der USA in Europa.

13.20 Westeuropäische Union (WEU)

Im Zuge des Ost-West-Konflikts wurde im Oktober 1954 im Rahmen der Pariser Verträge ein kollektiver Beistandspakt abgeschlossen. Der Pakt änderte die antideutsche Defensivallianz des Brüsseler Vertrages vom 17. März 1948 in ein aus den Benelux-Staaten, der Bundesrepublik Deutschland, Frankreich, Großbritannien und Italien bestehendes Verteidigungssystem. Es bildete einen Ersatz für die gescheiterte *Europäische Verteidigungsgemeinschaft* (▷ 13.17) und schuf mit den Bestimmungen über die Rüstungskontrolle und Rüstungsbegrenzung für die Bundesrepublik Deutschland eine Voraussetzung für deren Eintritt in die *NATO* (▷ 13.19).

Die Organe der WEU sind: 1. Rat der WEU (Außenminister der Mitgliedsstaaten) mit dem Ständigen Rat (in London akkreditierte Botschafter) als Hilfsorgan; 2. Versammlung, zusammengesetzt aus den insgesamt 89 Vertretern der WEU-Staaten in der Beratenden Versammlung des Europarats; 3. Generalsekretariat (in London); 4. Amt für Rüstungskontrolle (zur Überwachung vor allem der Beschränkungen bei der deutschen Wiederaufrüstung); 5. Ständiger Rüstungsausschuß. Für die militärischen Aufgaben der WEU ist der NATO-Oberbefehlshaber zuständig. Entgegen anfänglichen Hoffnungen wurde die WEU nicht zur Basis der politischen Einigung Westeuropas, sie stellte jedoch zeitweise ein wichtiges Bindeglied zwischen den Europäischen Gemeinschaften und Großbritannien dar.

13.21 Warschauer Pakt

Wenige Tage nach der Aufnahme der Bundesrepublik Deutschland in die NATO unterzeichneten am 14. Mai 1955 in Warschau Vertreter Albaniens, Bulgariens, der DDR, Polens, Rumäniens, der Tschechoslowakei, der UdSSR und Ungarns einen „Vertrag über Freundschaft, Zusammenarbeit und gegenseitigen Beistand"; gleichzeitig wurde ein „Vereintes Kommando der Streitkräfte" gebildet. Der Warschauer Pakt stellt ein Gegenstück zum *Nordatlantikpakt* (▷ 13.19) dar und hat zum Teil dessen Vertragsformulierungen fast wörtlich übernommen.

Neben dem Rat für gegenseitige Wirtschaftshilfe ist der Warschauer Pakt die wichtigste multilaterale Organisation der europäischen kommunistischen Staaten. Veranlaßt durch die Mitgliedschaft der Bundesrepublik Deutschland in der NATO, dürfte die Errichtung des Warschauer Paktes auf das sowjetische Bestreben zurückzuführen sein, vertraglich gesicherte Rechte zur Stationierung ihrer Truppen in den Staaten Ostmittel- und Südosteuropas zu erhalten. Heute sieht die UdSSR den Zweck des Bündnisses vornehmlich darin, ein Gegengewicht gegen die NATO zu bilden, die Streitkräfte der europäischen kommunistischen Staaten einheitlich zusammenzufassen und diese Staaten möglichst eng an sich zu binden. Der Warschauer Pakt, der seiner Struktur nach ganz auf die Hegemonie der UdSSR zugeschnitten ist, wurde durch Truppenstationierungsverträge der UdSSR mit Polen (1956), der DDR (1957), Rumänien (1957), Ungarn (1957) und der ČSSR (Oktober 1968) ergänzt.

Der Warschauer Vertrag verpflichtet zu Konsultationen in allen wichtigen Fragen der internationalen Politik, vor allem bei Gefahr für die Sicherheit eines der Vertragspartner, zu gegenseitigem militärischem Beistand bei einem bewaffneten Überfall in Europa auf einen oder mehrere Teilnehmerstaaten sowie zur Unterstellung aller (im Falle der DDR) oder von Teilen der Streitkräfte unter ein gemeinsames Oberkommando. Die Kündigung der Mitgliedschaft durch Ungarn am 1. November 1956 im Verlauf des Ungarischen Volksaufstandes wurde durch die bewaffnete sowjetische Intervention unwirksam gemacht. Die Zahl der Mitgliedstaaten blieb bis 1968, als Albanien seinen offiziellen Austritt aus dem Warschauer Pakt mitteilte, formell unverändert.

Als politisches Führungsorgan des Warschauer Paktes fungiert ein Politischer Beratender Ausschuß, in dem jeder Teilnehmerstaat vertreten ist. 1956 wurden zwei Hilfsorgane mit Sitz in Moskau gebildet: ein Vereinigtes Sekretariat und eine Ständige Kommis-sion, deren Kompetenz sich auf die Ausarbeitung von Empfehlungen in außenpolitischen Fragen erstreckt. Das militärische Führungsorgan des Warschauer Paktes ist das Vereinte Oberkommando der Streitkräfte mit Sitz in Moskau. 1969 wurden zwei weitere Institutionen, der Militärrat und das Komitee der Verteidigungsminister, geschaffen. An der Spitze des Vereinten Oberkommandos steht der Oberbefehlshaber (immer ein sowjetischer Offizier), dem neben seinen Stellvertretern ein aus Vertretern der einzelnen nationalen Generalstäbe gebildeter Stab der Vereinten Streitkräfte zur Seite steht.

13.22 KPD-Verbot

Die *Kommunistische Partei Deutschlands* (*KPD*, ▷ 10.17) war auch in den Westzonen wiedererstanden und 1946/47 in fast allen Landesregierungen vertreten gewesen. Die Errichtung eines westdeutschen Teilstaates lehnte sie jedoch ab. Bei der ersten Bundestagswahl im August 1949 errang sie 5,7% der

Das Gebäude des Bundesvorstands der KPD in Düsseldorf am Tag des Parteiverbots durch das Bundesverfassungsgericht (17. August 1956)

Stimmen und zog mit 15 Abgeordneten in den ersten Deutschen Bundestag ein. Bei der zweiten Wahl zum Deutschen Bundestag scheiterte sie mit nur noch 2,2 % der Stimmen an der inzwischen eingeführten Fünfprozentklausel. Ab 1951 ging die Partei zu den bundesdeutschen Parteien deutlich auf Distanz und verfolgte eine revolutionäre Politik. Sie rief zum Kampf auf gegen die „Ausbeuter des deutschen Volkes" und die „Handlanger der Imperialisten"; erst ein „revolutionärer Sturz des Adenauer-Regimes" könne die deutsche Wiedervereinigung bringen. Diese Parolen gaben für die Bundesregierung den Anstoß, die Partei vom Bundesverfassungsgericht verbieten zu lassen. Ursprünglich sollte dies gleichzeitig mit dem Verbot der rechtsextremistischen Sozialistischen Reichspartei (SRP) geschehen. Beide Parteien gaben in ihrer Argumentation den Westmächten Anlaß zu Besorgnis. Aber erst im November 1955 konnten im Bundesverfassungsgericht die Verhandlungen über den Verbotsantrag der Bundesregierung beginnen. Am 17. August 1956 wurde das Urteil verkündet und die KPD verboten mit der Begründung, sie stehe nicht auf dem Boden des *Grundgesetzes* (▷ 13.1). Als Endziel strebe sie die sozialistische Revolution an, um im Sinne des Marxismus-Leninismus die Diktatur des Proletariats zu errichten.

In der Öffentlichkeit und in den Debatten des Deutschen Bundestages ist lange über die Richtigkeit und Zweckmäßigkeit des Urteils diskutiert worden. Die Gegner des Verbotes argumentierten, daß die KPD in der illegalen Weiterarbeit im Untergrund gefährlicher werden könne als in der Legalität. Wie die Wahlen von 1953 und auch die folgenden Landtags- und Kommunalwahlen bewiesen hatten, konnte die Partei keine beachtenswerte Rolle mehr spielen. Erst 1968 wurde sie unter leicht verändertem Namen als Deutsche Kommunistische Partei wieder neu gegründet, ihre Mitgliederzahl war von 75 000 im Jahre 1956 auf 7 500 zum Zeitpunkt der Neugründung gesunken.

13.23 Freie Deutsche Jugend (FDJ)

Die FDJ ist die einzige offiziell zugelassene Jugendorganisation der DDR und nimmt im System der Massenorganisationen einen wichtigen Platz ein. Sie ist die Nachwuchsorganisation (Kaderreserve) der *SED* (▷ 12.12), deren führende Rolle sie in ihrem Statut anerkennt. Ihre Aufgaben sind die politische Organisierung der Jugend in Grundorganisationen, die ab den Mitgliedern in Wohnstätten, Betrieben, Erziehungsstätten usw. gebildet werden, die ideologische und fachliche Erziehung der Jugend und die Freizeitgestaltung. Mit der Bildung relativ kleiner Grundorganisationen verfolgt die FDJ das Ziel, möglichst viele Jugendliche in die aktive Verbandsarbeit einzubeziehen. Der FDJ angeschlossen ist der Kinderverband Pionierorganisation „Ernst Thälmann".

Die FDJ wurde am 7. März 1946 unter der Leitung des heutigen Generalsekretärs der SED, Erich Honecker, als überparteiliche Jugendorganisation gegründet. Ihre Ausrichtung auf die *KPD* (▷ 10.17) und später die *SED* (▷ 12.12) war 1952 beendet. Seitdem ist sie verpflichtet, in ihren Reihen den Marxismus-Leninismus zu verbreiten, die Beschlüsse der SED durchzuführen und sich an der vormilitärischen Ausbildung zu beteiligen.

Die FDJ hat rund 2,2 Millionen Mitglieder; nach offiziellen Angaben besitzen etwa 70 % der Jugendlichen zwischen 14 und 25 Jahren die Mitgliedschaft. Besonders hoch ist der Anteil der Schüler und Studenten. Die Funktionäre der Jugendorganisation sind vielfach zugleich Mitglied der SED, in deren Politbü-

Wilhelm Pieck und der FDJ-Vorsitzende Erich Honecker unter den Teilnehmern einer Großkundgebung der FDJ in Leipzig (Juni 1949)

ro auch der 1. Sekretär der FDJ Sitz und Stimme hatte. Ebenso ist sie als Fraktion in den Volksvertretungen vertreten. So gehörten z. B. ab 1963 40 von 500 Mitgliedern der Volkskammer (▷ 13.9) der FDJ als Mitglied an. Gemeinsam mit den anderen Massenorganisationen sichert sie auf diese Weise das Übergewicht der SED in diesen Gremien.

13.24 Planwirtschaft

Im Gegensatz zu der Entwicklung in der *Bundesrepublik Deutschland* (▷ 13.2) wurde in der *DDR* (▷ 13.9) entsprechend dem zentralistischen Staatsaufbau nach dem Muster der UdSSR die Planwirtschaft eingeführt, d. h. die zentral und nach langfristigen Plänen gelenkte, von politisch motivierten Zielsetzungen beeinflußte Wirtschaftsordnung. Der Staat dirigiert und kontrolliert zentral die gesamten wirtschaftlichen Vorgänge. Mit den ebenfalls planwirtschaftlich organisierten Ostblockländern ist die DDR im Rat für gegenseitige Wirtschaftshilfe (RGW) verbunden.

Grundlage der wirtschaftlichen Planung sind die stark durch politische Zielsetzungen bestimmten Perspektivpläne, die stufenweise in Mehrjahrplänen (häufig Fünfjahrplänen) und schließlich in Jahresplänen verwirklicht werden sollen. Gegenstand der Planung für einen Vollzugszeitraum sind die Verteilung der Produktionsfaktoren (einschließlich der Roh-, Hilfs- und Betriebsstoffe) auf die Branchen bzw. Regionen und schließlich auf die Produktionseinheiten (Betriebe, Kombinate), die Festsetzung von Verrechnungspreisen sowie die Bestimmung der Sollwerte der Produktionsergebnisse. Der Gesamtplan wird in verschiedene Teilpläne (Investitions-, Produktions-, Konsumsplan) und schließlich in Einzelpläne eingeteilt.

Der erste Fünfjahrplan der DDR (1951 bis 1955) hatte vorrangig das Ziel, die Industrieproduktion zu verdoppeln und die Folgen von Kriegszerstörung, Reparationen und rücksichtsloser sowjetischer Demontage zu beseitigen. Dementsprechend wurden Energieerzeugung, Schwerindustrie, chemische Industrie und Maschinenbau auf- und ausgebaut. Die Konsumindustrie wurde dagegen weitgehend vernachlässigt. Die Planziele wurden jedoch vor allem bei den Grundstoff-

industrien nicht erreicht, und der Bedarf der Industrie wurde nicht gedeckt.

Der zweite Fünfjahrplan (ab 1956) konnte erst 1958 in Kraft treten und mußte, da die Planziele nicht erreicht wurden, abgebrochen werden. Er ging 1959 in einen Siebenjahrplan über. Mit dem Perspektivplan bis 1970 wurde dann versucht, das Scheitern des Siebenjahrplans 1963 abzufangen. Nun bemühte sich die SED-Führung um eine realistischere Wirtschaftspolitik, die auch die Förderung des Konsumbereichs einschloß. Seitdem ist die DDR-Wirtschaft durch ein langsames Wachstum gekennzeichnet. Gleichwohl werden die Planvorgaben selten erfüllt oder gar übertroffen.

Für den Planungsvorgang lassen sich in der DDR drei Ebenen unterscheiden: An der Bestimmung der Planziele wirken die wichtigen politischen und Verwaltungsorgane mit, vor allem das Politbüro der SED, der Ministerrat und die Staatliche Plankommission. Dies ist die zentrale Ebene. Die Staatliche Plankommission ist das zentrale Organ des Ministerrats für die Planung. Grundsatzfragen legt sie dem Ministerrat zur Entscheidung vor. Auf der mittleren Ebene fungieren die Bezirksplankommissionen als Organ der Bezirksräte für die Territorialplanung. Für die örtliche Planung zuständig ist schließlich die Kreisplankommission, die dem Kreisrat zuarbeitet und ihm auch unterstellt ist; zugleich ist sie der Bezirksplankommission nachgeordnet.

13.25 Soziale Marktwirtschaft

Nach dem Krieg galt es, die darniederliegende Wirtschaft möglichst schnell wieder aufzubauen. Zunächst wurde in fast allen Ländern nach der sozialistischen Idee der zentral gelenkten Wirtschaft gehandelt. Zentrale Lenkung und Zuteilung – in Deutschland seit Beginn des 2. Weltkrieges praktiziert – schien die einzige Möglichkeit zu sein, den Bedarf der Menschen an Nahrungsmitteln, Kleidung, Kohlen usw. einigermaßen gleichmäßig und gerecht zu decken. Man sah dies zwar als Notmaßnahme an, doch konnte sich niemand auch auf längere Sicht andere Lösungen vorstellen oder sehen, wie andere Lösungen zu praktizieren wären. Ihren Niederschlag fand der Gedanke der zentralen Lenkung der Wirtschaft sogar bei der *CDU* (▷ 12.9), die in ihrem Ahlener Programm von 1947 auch die Vergesellschaftung der Grundstoffindustrien nicht ausschließen mochte. Während die britische Militärverwaltung solchen sozialistischen Vorstellungen durchaus folgen konnte, stießen diese Gedanken auf Ablehnung bei den amerikanischen Dienststellen. Vor allem General Lucius D. Clay war klar, daß die Wirtschaft nur in Schwung kommen konnte, wenn für den Wiederaufbau genügend Kredite bereitgestellt würden. Kredite für eine von sozialistischen Theorien beherrschte Volkswirtschaft wären aber weder vom amerikanischen Kongreß noch von der amerikanischen Wirtschaft zu erhalten gewesen. So zielte Clay in der amerikanischen Besatzungszone darauf ab, ein möglichst liberales Wirtschaftssystem aufzubauen. Natürlich suchten die Vertreter der widerstreitenden Richtungen die Schlüsselpositionen in den Länderregierungen und den zentralen Organen des Vereinigten Wirtschaftsgebietes mit ihren jeweiligen Anhängern zu besetzen. Mit Viktor Agartz als Direktor des Verwaltungsamtes für Wirtschaft der Bizone gelangte ein exponierter Sozialist in eine Schlüsselposition. Die Vertreter einer liberaleren Wirtschaftspolitik – vor allem im süddeutschen Raum angesiedelt – sammelten sich um den parteilosen bayerischen Wirtschaftsminister Ludwig Erhard. Im März 1948 wurde Erhard zum Direktor der Verwaltung für Wirtschaft des Vereinigten Wirtschaftsgebietes gewählt. Erhards am 21. April 1948 verkündetes Programm sah die Liberalisierung der Wirtschaft vor. Währungsreform und Marshallplanhilfe seien geeignet, den Wirtschaftsaufschwung zu sichern. Produktion und Konsum müßten mehr Freiheit haben, Wettbewerb und Leistungswille seien das Gebot der Stunde. In der Folgezeit entwickelte Erhard das Konzept der sozialen Marktwirtschaft, das der Bundesrepublik Deutschland einen steilen wirtschaftlichen Aufstieg, das sogenannte „Wirtschaftswunder", ermöglichte.

Dieses Modell sieht bei grundsätzlicher Befürwortung und Absicherung der wirtschaftlichen Freiheit eine Regulierungs- und Kontrollfunktion des Staates vor, um ein Höchstmaß an sozialer Gerechtigkeit zu gewährleisten. Der Staat übernimmt die Aufgabe, sozial unerwünschte Entwicklungen der Marktwirt-

schaft rechtzeitig zu korrigieren, den freien Wettbewerb unter anderem vor der Beeinträchtigung durch Kartelle und Monopole zu schützen und die Einkommens- und Vermögensverteilung im Interesse der nicht am Wirtschaftsprozeß beteiligten Bevölkerungsgruppen zu steuern. Bestimmte Bereiche der Volkswirtschaft wie Raumordnung und Strukturpolitik, die der Privatinitiative nicht überlassen werden können, werden vom Staat geregelt. Dem Staat obliegt es ferner, die Stabilität des Geldwertes zu sichern und dazu auch die Konjunktur zu dämpfen.

13.26 Lastenausgleich

In den Anfangsjahren der Bundesrepublik Deutschland mußten für die besonders geschädigten Bevölkerungsgruppen wie Kriegsopfer, Ausgebombte, Flüchtlinge Gesetze geschaffen werden, auf Grund derer Hilfen für die dringendste Beseitigung der Not bereitgestellt werden konnten.

Im Dezember 1950 wurde das Bundesversorgungsgesetz verabschiedet, das die Versorgung der Kriegsopfer, der Kriegsbeschädigten und ihrer Hinterbliebenen bundeseinheitlich regelte. Das Gesetz über Hilfsmaßnahmen für Heimkehrer, das die ehemaligen Kriegsgefangenen und die Angehörigen von Kriegsgefangenen versorgte, hatte schon im Juni den Deutschen Bundestag passiert.

Von größter Bedeutung war das Lastenausgleichsgesetz vom 14. August 1952. Es sollte nach den Grundsätzen der sozialen Gerechtigkeit Schäden und Verluste der Vertriebenen und Flüchtlinge aus den deutschen Ostgebieten und aus der Sowjetischen Besatzungszone (bzw. aus der DDR) auszugleichen versuchen. Zur Feststellung der Schäden und Verluste sowie zur Festsetzung der Beträge der Vermögensabgabe jener Bevölkerungsteile, die durch die Kriegsereignisse oder nur gering betroffen waren, wurde ein umfassendes und kompliziertes Gesetzgebungswerk und ein umfangreicher Bearbeitungsapparat in den Lastenausgleichsämtern geschaffen. Die Leistungen unterscheiden sich vor allem nach folgenden Kategorien: Hauptentschädigung zur Abgeltung von Vermögensschäden, Wohnraumhilfen, Eingliederungsdarlehen, Renten, Unterhaltshilfen, Hausratentschädigung, Entschädigung im Währungsausgleich für Sparguthaben Vertriebener und Darlehen zur Förderung der Flüchtlingssiedlung. Trotz aller gesetzgeberischen Bemühungen und außerordentlichen Leistungen – bis Dezember 1980 wurden rund 104 Milliarden DM für Entschädigungshilfen nach dem Lastenausgleichsgesetz ausgegeben – dauerte es Jahre, bis die größte Not gelindert war.

13.27 Dynamische Rente

1951 hatten die Sozialleistungen einen Anteil von 36,5 % am Bundeshaushalt, vier Jahre später betrug dieser Anteil sogar 42 %: rund 9,8 Mrd. DM bei einem Gesamthaushalt von 29,6 Mrd. DM. Trotz dieses hohen Anteils waren die Empfänger von Sozialleistungen der ärmste Personenkreis in der Gesellschaft. Immerhin waren 1955 rund 20 % der Bevölkerung von Sozialleistungen abhängig; die Sozial-Enquête (Untersuchungsbericht über die soziale Situation der Bevölkerung) von 1955 erfaßte etwa 1 Million Haushalte, die unter der offiziellen Armutsgrenze von 130,– DM Monatseinkommen lagen. Das Sozialsystem der Bundesrepublik mußte also umfassend reformiert werden, und Bundeskanzler Adenauer kündigte in seiner Regierungserklärung zu Beginn seiner zweiten Amtszeit eine solche Reform auch an.

Diskussionen um eine Reform hatte es seit dem Zusammenbruch des Deutschen Reiches 1945 gegeben. Zwei grundsätzliche Richtungen standen sich in den Auseinandersetzungen gegenüber: Sozialdemokraten und Gewerkschaften fochten für eine Einheitsversicherung mit gleichen Leistungen für alle Berufsgruppen und einheitlicher Verwaltung. Die in Sonderkassen Versicherten waren in das Einheitssystem einzubeziehen, um dessen Leistungsfähigkeit zu verbessern und zugunsten der ärmeren Bevölkerung stärker mit Sozialabgaben zu belasten. Dagegen forderten die Wirtschaftsverbände eine Restauration des bisherigen gegliederten Versicherungssystems, in dem jede Gruppe eigene Versicherungen hatte. In den Diskussionen konnten sich schließlich die Befürworter des traditionellen Systems durchsetzen.

Es erwies sich aber schon bald, daß das tradierte System in vielem reformbedürftig war. Das Konzept der Einheitsversicherung, von den Sozialdemokraten immer noch vertreten, wurde von der Regierung abgelehnt, bewirkte aber, daß in den anderen Parteien und Gruppierungen intensiv nach Plänen und Lösungen gesucht wurde. Bis 1955 lagen aber keine konkreten Entwürfe vor, und es stand zu befürchten, daß die groß angekündigte Sozialreform versanden würde.

Adenauer seinerseits drängte – auch mit Blick auf die Bundestagswahl 1957 – auf die Reform. Mitte 1955 war aber auch klar, daß eine umfassende Reform im Rest der Legislaturperiode nicht mehr zu schaffen sein würde. So mußten sich Adenauer und das federführende Bundesarbeitsministerium unter Anton Storch, dem Vorsitzenden der CDU-Sozialausschüsse, mit einer Teilreform begnügen. Die Sozial-Enquête hatte deutlich gemacht, daß die Sozialrentner in der größten Not lebten. Eine Rentenreform konnte also die schlimmsten Notfälle und gleichzeitig rund die Hälfte der Sozialleistungsfälle erfassen. Als Konzept für die Reform bot sich ein Modell an, das ein Kölner Privatdozent in die Diskussion brachte. Dieses Modell bestand darin, daß die Erwerbstätigen der arbeitenden Generation einen Teil ihres Bruttoeinkommens in die Rentenkasse zahlten, die den Betrag an die Rentner weitergab. Dem Beitragszahler wurden Punkte gutgeschrieben, die sich an der Höhe seines Beitrages orientierten. Aus diesen Punkten und dem jährlichen Beitrag konnte dann der Rentenwert errechnet werden. Auf diese Weise war die Rente mit dem Bruttoeinkommen der Beitragszahler gekoppelt – die dynamische Rente war erfunden. Dieses Modell konnte sich im nun einsetzenden Streit der Parteien und Ministerien auch im wesentlichen durchsetzen. Die SPD rückte im Verlauf der Diskussionen, an denen auch die Öffentlichkeit sich lebhaft beteiligte, von der Einheitsversicherung ab und brachte einen noch weitergehenden Entwurf im Bundestag ein. Im Januar 1957 passierte die Reform in zweiter Lesung den Deutschen Bundestag. Rückwirkend zum 1. Januar wurde sie wirksam, ab Mai wurden die fälligen Nachzahlungen und Erhöhungen geleistet. In der Arbeiterversicherung stiegen die Renten um durchschnittlich 65 %, in der Angestelltenversicherung um fast 72 %. Der von Adenauer geführten CDU brachte unter anderem diese Reform bei den Bundestagswahlen im September 1957 die absolute Mehrheit.

13.28 Hallsteindoktrin

Schon kurz nach ihrer Gründung erhob die *Bundesrepublik Deutschland* (▷ 13.2) den Anspruch, die allein legitimierte Vertreterin der deutschen Interessen zu sein und für alle Deutschen in Ost und West zu sprechen (Alleinvertretungsanspruch). Begründet wurde dieser Anspruch damit, daß im westlichen Teil Deutschlands eine Regierung im Amt sei, die aus freien Wahlen hervorgegangen war, während in der *DDR* (▷ 13.9) eine Parteidiktatur herrsche. Die Sowjetunion und die übrigen Ostblockstaaten und die DDR selber hatten die sogenannte Zweistaatentheorie entwickelt. Diese besagte, daß auf dem Gebiet des ehemaligen Deutschen Reichs zwei souveräne deutsche Staaten entstanden seien.

Die Bundesregierung suchte mit allen Mitteln zu verhindern, daß weitere Staaten mit der DDR diplomatische Beziehungen aufnahmen und damit die DDR als Staat anerkannten.

Bei dem Besuch Bundeskanzler *Adenauers* (▷ 13.4) in Moskau im September 1955 war die Aufnahme diplomatischer Beziehungen zwischen der Sowjetunion und der Bundesrepublik und damit der Austausch von Botschaftern vereinbart worden. Die Sowjetunion aber hatte bereits 1954 diplomatische Beziehungen zur DDR aufgenommen.

Walter Hallstein (links) und der Diplomat Wilhelm Grewe, die geistigen Urheber der Hallsteindoktrin. Aufnahme von 1955

Begründet wurde die Aufnahme diplomatischer Beziehungen zur Sowjetunion zum einen damit, daß diese eine der vier Besatzungsmächte war, und zum anderen hoffte man, die Freilassung der noch in sowjetischen Lagern befindlichen deutschen Kriegsgefangenen zu erreichen. Bereits bei der Rückreise nach Bonn überlegte die deutsche Delegation, wie der befürchteten Flut diplomatischer Anerkennungen der DDR wirksam begegnet werden könne. Der Leiter der Politischen Abteilung des Auswärtigen Amtes, Wilhelm Grewe, stellte dabei einen Problemkatalog auf, aus dem Grewe und Adenauers außenpolitischer Berater Walter Hallstein die sogenannte „Hallsteindoktrin" entwickelten. In der Regierungserklärung vom 23. September 1955 war dieser Grundsatz der deutschen Außenpolitik dann formuliert. Die Bundesrepublik Deutschland werde – auf Grund ihres demokratisch legitimierten Alleinvertretungsanspruchs für das gesamte deutsche Volk – mit keinem Staat diplomatische Beziehungen aufnehmen oder unterhalten, der seinerseits in diplomatischen Beziehungen mit der DDR stehe oder solche eingehe.

Gestützt auf das wirtschaftliche Potential und die Entwicklungshilfeleistungen der Bundesrepublik, erwies sich die Hallsteindoktrin als effektives Mittel, die diplomatische Anerkennung der DDR durch nichtkommunistische Staaten zu verhindern. Sie führte zum Abbruch der diplomatischen Beziehungen mit Jugoslawien 1957 und Kuba 1963, verhinderte aber auf lange Sicht auch eine flexiblere deutsche Außenpolitik. Fragwürdig wurde die Doktrin vollends, als die Bundesrepublik 1967 diplomatische Beziehungen zu Rumänien und 1969 wieder zu Jugoslawien aufnahm. Nach der Bildung der *sozialliberalen Koalition* aus SPD und FDP (▷ 14.17) wandelte sich die bundesdeutsche *Ostpolitik* (▷ 14.20) grundlegend. Mit dem *Deutsch-Sowjetischen Vertrag* (▷ 14.22) 1970 und vor allem dem *Grundlagenvertrag* (▷ 14.30) mit der DDR 1972 wurde die Hallsteindoktrin endgültig gegenstandslos.

13.29 Bundeswehr

Mit der Aufnahme der *Bundesrepublik Deutschland* (▷ 13.2) in die *NATO* (▷ 13.19) war die Aufstellung westdeutscher Streitkräf-

Bundeskanzler Adenauer besucht in Andernach fünf Kompanien der neu aufgestellten Bundeswehr (Januar 1956). Links: Verteidigungsminister Theodor Blank

te und damit die auch zu dieser Zeit noch heftig umstrittene Wiederaufrüstung verbunden. Ende 1955 wurden die ersten Einheiten der Bundeswehr aufgestellt. Vorher aber mußte das Grundgesetz geändert werden. Das Gesetz zur Ergänzung des Grundgesetzes vom 26. März 1954 begründete die Wehrhoheit der Bundesrepublik, ein weiteres Ergänzungsgesetz vom 19. März 1956 bezog die Streitkräfte in die Rechtsordnung der Bundesrepublik Deutschland ein und schuf die allgemeine Wehrpflicht. Bis dahin waren lediglich Freiwillige eingestellt worden.

Die Bundeswehr wurde von vornherein der Kontrolle des Deutschen Bundestages unterstellt. Ein Verteidigungsausschuß wurde eingerichtet und die Position des Wehrbeauftragten geschaffen. Dieser wacht im Auftrage des Deutschen Bundestages über die Einhaltung der Grundrechte in der Bundeswehr. An ihn kann sich jeder Soldat wenden, wenn er seine Grundrechte verletzt sieht. Wegen einer Beschwerde beim Wehrbeauftragten darf der Soldat auch keine dienstlichen Nachteile erleiden oder gar belangt werden. Der Wehrbeauftragte hat den Beschwerden nachzugehen und jährlich dem Deutschen Bundestag zu berichten.

Die Soldaten der deutschen Bundeswehr sind entweder Wehrpflichtige, Soldaten auf Zeit oder Berufssoldaten. Die Befehls- und Kommandogewalt liegt beim Bundesminister der Verteidigung, im Verteidigungsfall geht sie jedoch auf den Bundeskanzler über. Damit ist die zivile Führung der Bundeswehr sicherge-

stellt. Oberste militärische Spitze (unterhalb des Verteidigungsministers) ist der Generalinspekteur der Bundeswehr. Ihm ist der Führungsstab der Streitkräfte zugeordnet, in dem die drei Teilstreitkräfte vertreten sind.

Die Bundeswehr ist ein Bestandteil des demokratischen Staates. Um Fehlentwicklungen zu vermeiden wie in der Weimarer Republik, als die *Reichswehr* (▷ 10.16) bewußt zu einem „Staat im Staate", zu einem Fremdkörper in der republikanischen Wirklichkeit, geformt worden war, entwickelte man das Konzept der Inneren Führung. Diese zielt darauf ab, den Soldaten sowohl in die Gesellschaft als auch in die Streitkräfte zu integrieren und dabei möglichst wenige Grundrechte einzuschränken. So haben alle Soldaten beispielsweise das aktive und passive Wahlrecht zu den parlamentarischen Gremien und das Koalitionsrecht, also das Recht, sich zusammenzuschließen.

In das Grundgesetz wurde der Artikel 12a eingefügt, der die Pflicht zum Wehrdienst regelt. Das Recht auf Kriegsdienstverweigerung war bereits 1949 bei den Beratungen des Parlamentarischen Rats in den Katalog der Grundrechte aufgenommen worden. Niemand soll gegen sein Gewissen zum Dienst mit der Waffe gezwungen werden dürfen. Diese Kriegsdienstverweigerer haben jedoch einen Ersatzdienst (Zivildienst) in den Bereichen Sozialwesen oder Natur- und Umweltschutz zu leisten. Dieser Dienst darf seit 1985 um bis zu einem Drittel länger sein als der Wehrdienst.

13.30 Nationale Volksarmee (NVA)

Die Nationale Volksarmee ist die Armee der DDR. Sie entstand 1956 aus den seit 1952 bestehenden Verbänden der Kasernierten Volkspolizei und den seit 1950 getarnt aufgebauten See- und Luftstreitkräften. Offizielles Gründungsdatum ist der 1. März 1956, als die ersten Einheiten der Kasernierten Volkspolizei in die NVA überführt wurden. Bereits am 28. Januar 1956 hatte der Politische Beratende Ausschuß des *Warschauer Paktes* (▷ 13.21) beschlossen, die Einheiten der NVA in die Vereinigten Streitkräfte einzubeziehen und dem gemeinsamen Oberkommando zu unterstellen. Die NVA versteht sich als „sozialistische Armee", die unter Führung der SED ihren revolutionären Klassenauftrag im Staat erfüllt.

Das Ministerium für Nationale Verteidigung ist die oberste Kommandobehörde, sein Hauptstab ist das Oberkommando des Heeres. Die Seestreitkräfte (Volksmarine) und die Luftstreitkräfte besitzen eigene Oberkommandos. Seit dem 24. Januar 1962 besteht in der DDR die allgemeine Wehrpflicht, vorher rekrutierte sich die NVA aus Freiwilligen. Um die Einheiten personell aufzufüllen, mußten SED und FDJ bis 1962 oft wenig erfolgreiche Kampagnen veranstalten, die für den Eintritt in die NVA warben.

Heute ist die NVA – auch nach dem Urteil westlicher Militärbeobachter – eine der am besten ausgerüsteten und kampfstärksten Armeen des Ostblocks.

13.31 Opposition in der SED

Der Arbeiteraufstand vom *17. Juni 1953* (▷ 13.18) und der anhaltende Flüchtlingsstrom in den freien Westen zeigten mit aller Deutlichkeit, daß die SED und ihre Politik nicht populär waren. Aber schon vor diesen Ereignissen 1953 gab es innerhalb der SED oppositionelle Strömungen, die sich vor allem gegen den Generalsekretär *Walter Ulbricht* (▷ 13.39) und seine Herrschaftsmethoden richteten. In einer ersten Säuberungswelle wurden 1948–50 die ehemaligen SPD-Mitglieder in der SED erfaßt, die bereits gegen den Zusammenschluß von KPD und SPD (▷ 12.12) votiert hatten. Sie hatten sich hauptsächlich gegen die Umformung der SED zu einer stalinistischen Partei gewandt. Auch der Arbeiteraufstand 1953 war von innerparteilichen Differenzen und oppositionellen Strömungen begleitet. Justizminister Fechner beispielsweise wurde wegen seiner Kritik an der Terrorwelle nach dem Aufstand verhaftet.

In der zweiten Hälfte der 1950er Jahre, als nach dem XX. Parteitag der KPdSU die Entstalinisierungswelle begann, wurde vor allem Kritik an der bürokratischen Wirtschaftspoli-

Militärparade der Nationalen Volksarmee in Berlin (Ost)

Während der 50er Jahre regte sich gegen den Kurs Ulbrichts auch innerhalb der SED Opposition, die mit Unterdrückungsmaßnahmen beantwortet wurde. Justizminister Max Fechner verlor 1953 sein Amt und war bis 1956 in Haft. Rudolf Herrnstadt, Chefredakteur des „Neuen Deutschland" und Kandidat des Politbüros, wurde 1953 entmachtet. Der Philosoph Wolfgang Harich war 1957–64 in Haft. Karl Schirdewan, Mitglied des Politbüros, verlor 1958 alle Parteifunktionen (von links nach rechts)

tik geübt, die viel zum Scheitern der Wirtschaftspläne (▷ 13.24) beitrug. Gegen diese „revisionistischen Strömungen" ging die SED-Führung in aller Schärfe vor. Die führenden Köpfe, wie die Philosophen Wolfgang Harich und Ernst Bloch, der Chemiker Robert Havemann und andere, die für einen „humaneren Sozialismus" entraten, verloren ihre Lehrstühle. Harich wurde 1957 zu zehn Jahren Haft verurteilt und kam Ende 1979 vorübergehend in die Bundesrepublik, Bloch floh 1961; Havemann, 1964–66 aller Ämter enthoben, weigerte sich, die DDR zu verlassen, und wurde bis zu seinem Tod 1982 systematisch isoliert. Die Wirtschaftswissenschaftler Fritz Behrens und Arne Benary, die für eine „Produzentenselbstverwaltung" nach jugoslawischem Muster eintraten, wurden beide gemaßregelt. Innerhalb der Führung der SED, im Politbüro, verloren Karl Schirdewan und Ernst Wollweber ihre Ämter, als sie sich für eine Fortsetzung der Entstalinisierung einsetzten.

Nach dem Selbstverständnis der DDR verkörpert sich im Staat die Herrschaft des Volkes; Kritik und Opposition richten sich demnach gegen das Volk und müssen deshalb verfolgt werden. Auf diese Weise wird Opposition gegen das herrschende System kriminalisiert. Gleichwohl sind oppositionelle Strömungen gegen die Herrschaft der SED auch in der Gegenwart immer wieder zu registrieren. Spektakuläre Aktionen, wie die Aberkennung der DDR-Staatsbürgerschaft für den Lyriker und Kabarettisten Wolf Biermann anläßlich einer Reise in die Bundesrepublik, die Verhaftung und Abschiebung Rudolf Bahros, die Übersiedlung der Lyriker Reiner Kunze und Sarah Kirsch oder der Umgang der DDR-Behörden mit der Friedensbewegung in der DDR belegen dies.

13.32 Europäische Wirtschaftsgemeinschaft (EWG)

Die sechs Staaten, die sich im April 1951 in der *Montanunion* (▷ 13.10) zu einer gemeinsamen Kohle- und Stahlpolitik zusammengeschlossen hatten, wollten auf dem Weg der europäischen Integration trotz aller Rückschläge weitergehen. Am 25. März 1957 unterzeichneten die Außenminister in Rom die sogenannten Römischen Verträge, die am 1. Januar 1958 in Kraft traten, und gründeten damit zwei europäische Institutionen: EURATOM sollte Forschung und friedliche Anwendung der Atomenergie koordinieren und vorantreiben, mit dem Gründungsvertrag für die Europäische Wirtschaftsgemeinschaft (EWG) suchte man die Integration Europas zunächst einmal auf wirtschaftlichem Gebiet zu beschleunigen.

Die Unterzeichnung der Römischen Verträge zur Gründung der EWG und der EURATOM am 25. März 1957

Im Rahmen der EWG sollte ein gemeinsamer Markt gebildet werden, der für alle Mitgliedsländer als Binnenmarkt und nicht mehr als Auslandsmarkt galt. Als weitere Stufe war eine gemeinsame Wirtschaftspolitik nach einheitlichen Grundsätzen vorgesehen. Dritter Schritt war nach den damaligen Überlegungen die Währungsunion mit gemeinsamer Währung oder wenigstens starr fixierten Wechselkursen.

Ziel des Zusammenschlusses war die Hebung des Lebensstandards der Bevölkerung und eine ständige harmonische Ausweitung der Wirtschaftätigkeit. Dieses Ziel sollte durch die Errichtung des gemeinsamen Marktes und mit Hilfe einer abgestimmten Wirtschaftspolitik erreicht werden.

Zur Erfüllung der mit dem Integrationsprozeß verbundenen Aufgaben waren einige Organe vorgesehen: Die parlamentarische Versammlung übte ein Beratungs- und Kontrollrecht aus; ihre Mitglieder waren Abgeordnete der nationalen Parlamente. Dem Rat der EWG gehören die Regierungsvertreter der nationalen Regierungen an; dabei handelt es sich je nach Gegenstand der Beratung um den zuständigen Fachminister oder seinen Stellvertreter. Der Rat hat die Entscheidungsbefugnis, wobei bei Abstimmungen das Prinzip der Einstimmigkeit gilt. Als gleichsam geschäftsführendes Organ schuf man die EWG-Kommission, die aus den von den Regierungen ernannten Mitgliedern bestand. Sie muß die Ratsbeschlüsse in praktische Politik um-

setzen. Erstes deutsches Mitglied der EWG-Kommission und 1958–67 deren erster Präsident war Adenauers außenpolitischer Berater Walter Hallstein.

Eine Reihe weiterer Einrichtungen sollte das Ziel der Integration erreichen helfen: Die Zollunion (seit 1. Januar 1970) sieht den Abbau der Zölle untereinander vor, die gemeinsame Agrarpolitik wird finanziert durch den Europäischen Ausrichtungs- und Garantiefonds für die Landwirtschaft, im Personenverkehr und Niederlassungsrecht wurde größere Freizügigkeit vereinbart. Die Europäische Investitionsbank hat die Aufgabe, durch Darlehen und Bürgschaften die Projekte zu unterstützen, mit denen regionale Benachteiligungen ausgeglichen werden sollen.

1967 wurden die Institutionen von Montanunion, EURATOM und EWG miteinander vereint, so daß seitdem für die drei Gemeinschaften gemeinsame Organe bestehen: Europäisches Parlament, Europäischer Rat und Europäische Kommission. Die ersten direkten Wahlen zum Europäischen Parlament fanden 1979 statt. Die Gemeinschaften wurden 1973 um Großbritannien, Dänemark und Irland erweitert, 1981 kam Griechenland hinzu, ab 1. Januar 1986 sind Spanien und Portugal ebenfalls Mitglieder der EG. Hinzu kommen seit 1975 zahlreiche assoziierte Mitglieder aus dem afrikanischen, karibischen und pazifischen Raum (sogenannte AKP-Staaten), denen die EG in den Verträgen von Lomé Zollvergünstigungen einräumte. Auch der innerdeutsche Handel (▷ 13.12) hat Anteil an den EG-Regelungen.

Die politische Union, die bei der Unterzeichnung der Römischen Verträge angestrebt worden war, ist allerdings bisher noch nicht erreicht worden.

13.33 Kampf dem Atomtod

Die zum Teil sehr heftigen und langandauernden Debatten in der Öffentlichkeit und im Deutschen Bundestag über den deutschen Wehrbeitrag und die Wiederaufstellung deutscher Streitkräfte waren kaum abgeklungen und die deutsche *Bundeswehr* (▷ 13.29) im Aufbau begriffen, als im Bereich der Verteidigungspolitik ein neues, politischen Sprengstoff enthaltendes Problem auf die Bundesrepublik zukam. Der amerikanische NATO-Oberbefehlshaber, General Lauris Norstad, forderte Ende Februar 1957 die Ausrüstung der Bundeswehr mit Atomwaffen. Zu diesem Zeitpunkt hatte sich bereits die Erkenntnis durchgesetzt, daß die USA und die Sowjetunion sich in ihrer Rüstung auf den Zustand des atomaren Patts hinbewegten. Die NATO entwickelte deshalb neue strategische Konzepte und bezog dabei taktische Atomwaffen mit einer Reichweite bis zu 150 Meilen in ihre Überlegungen ein. Bundeskanzler Adenauer und Verteidigungsminister *Franz Josef Strauß* (▷ 15.26) sprachen sich für die Ausrüstung der Bundeswehr mit Atomwaffen aus, um die Gesamtverteidigung des Westens zu stärken. Adenauer forderte gleichzeitig auf der NATO-Ratstagung im Dezember 1957 einen west-östlichen Entspannungsdialog.

Gegen die NATO-Pläne erhob sich Anfang 1958 stürmischer Protest in der deutschen Öffentlichkeit und im Parlament. Schon im April 1957 hatten 18 Atomwissenschaftler im sogenannten Göttinger Manifest gegen die atomare Bewaffnung Stellung genommen. Wenig später forderte die SPD in einem Antrag, daß weder die Bundeswehr mit Atomwaffen ausgerüstet werden solle noch solche Waffen auf dem Gebiet der Bundesrepublik gelagert werden dürften. Im März 1958 erließ ein überparteiliches Komitee den Aufruf „Kampf dem Atomtod", der auf der Linie der SPD-Anträge im Bundestag lag und von der SPD und den Gewerkschaften auch organisatorisch getragen wurde.

Vor dem Hintergrund der erregten deutschen Öffentlichkeit trug der Deutsche Bundestag Ende März 1958 eine leidenschaftliche Atomdebatte aus, die mit der Resolution der Regierungsparteien CDU/CSU und DP endete, „die Bundeswehr mit den modernsten Waffen auszurüsten, wenn sich dies politisch und strategisch als notwendig erweisen sollte." SPD und DGB suchten nun im außerparlamentarischen Raum mit Protestaktionen die Entscheidung zu revidieren. Der DGB hielt sich jedoch wegen der vielen CDU-Wähler unter seinen Mitgliedern relativ zurück; der Gedanke der SPD, ein Plebiszit zu beantragen, scheiterte am Bundesverfassungsgericht. Letztlich scheiterte die Anti-Atomtod-Bewegung aber an der prinzipiellen Haltung der NATO-Länder, die Ratsbeschlüsse durchzuführen, und am festen Führungswillen der Bundesregierung.

Nachdem die CDU die Landtagswahlen in Nordrhein-Westfalen im Juli 1958 deutlich für sich hatte entscheiden können und die Unterstützung von DGB und SPD für die Anti-Atomtod-Kampagne nachgelassen hatte, verlor diese Bewegung ihre Bedeutung.

Der sowjetische Partei- und Regierungschef Nikita Chruschtschow im Juli 1958 bei einem Besuch in Ost-Berlin.
Links und rechts hinter ihm: Walter Ulbricht und Otto Grotewohl

13.34 Rapacki-Plan

Die Aufnahme der *Bundesrepublik Deutschland* (▷ 13.2) in die *NATO* (▷ 13.19) und der *DDR* (▷ 13.9) in den *Warschauer Pakt* (▷ 13.21) 1955/56 zog die Aufstellung von Streitkräften in beiden deutschen Staaten nach sich. Seitdem suchten die Politiker in Ost und West auch immer wieder nach Wegen, um die deutschen Teilstaaten aus den jeweiligen Bündnissen herauszubrechen. Damit verbunden war immer der Versuch, durch Abrüstungspläne und den Vorschlag von atomwaffenfreien Zonen in Europa von dem atomaren Patt und dem „Gleichgewicht des Schreckens" wieder wegzukommen.

In seiner Rede vor der 12. UN-Vollversammlung am 2. Oktober 1957 legte der polnische Außenminister Adam Rapacki seinen Plan vor, die Herstellung und Stationierung von Atomwaffen auf den Gebieten Polens, der Tschechoslowakei und beiden Teilen Deutschlands zu verbieten. Der Zeitpunkt für die Veröffentlichung dieses Planes war insofern geschickt gewählt, als zu dieser Zeit in der Bundesrepublik die Auseinandersetzungen um die atomare Bewaffnung der deutschen Bundeswehr und die Anti-Atomtod-Kampagne (▷ 13.33) in vollem Gang war.

Der Rapacki-Plan fand volle Unterstützung bei der Sowjetunion und der DDR. Mit detaillierten Angeboten an die drei Westmächte und die beteiligten Staaten in Mitteleuropa griff Rapacki seinen Plan am 14. Februar 1958 erneut auf. Er bezog dabei auch eine Verpflichtung der Atommächte mit ein, keinen Atomwaffeneinsatz gegen das Gebiet der vorgesehenen atomwaffenfreien Zone einzuplanen. Seitens der Westmächte wurden die Vorschläge Rapackis, die noch mehrfach in abgewandelter Form vorgetragen wurden, mit dem Argument abgelehnt, daß sich dadurch das militärische Gleichgewicht in Europa wegen der konventionellen Überlegenheit der UdSSR zugunsten des Warschauer Paktes verschieben würde.

13.35 Berlin-Ultimatum

In den Diskussionen um die Zukunft Mitteleuropas und ein Auseinanderrücken der Machtblöcke hatte sich auch die DDR zu Wort gemeldet und in mehreren Noten an die Bundesrepublik eine „Konföderation" beider deutscher Staaten auf der Basis der Gleichrangigkeit als Vorstufe einer späteren Wiedervereinigung vorgeschlagen. Diese von der Sowjetunion unterstützten Pläne wurden jedoch von der Bundesregierung im Einverständnis mit den Westmächten zurückgewiesen und als Versuch gewertet, die Bundesrepublik aus dem westlichen Bündnis herauszulösen.

Godesberger Parteitag der SPD im November 1959. Im Vordergrund spricht Willy Brandt mit dem Parteivorsitzenden Erich Ollenhauer; daneben Herbert Wehner

Im November 1958 wurden die Deutschlandfrage und die Situation Berlins durch den sowjetischen Partei- und Regierungschef Nikita Chruschtschow erneut in den Vordergrund der Weltpolitik gerückt. In einer Rede am 10. November 1958 betonte er, daß es ein Recht der westlichen Alliierten, in Berlin zu bleiben, nicht mehr geben könne. Am 27. November überreichte er sein Ultimatum an die drei Westmächte und forderte die Umwandlung Berlins in eine „selbständige politische Einheit" mit dem Status einer „entmilitarisierten Freien Stadt". Innerhalb eines halben Jahres müßten die Verhandlungen über Berlin diese Lösung haben, ansonsten werde die Sowjetunion mit der Regierung der DDR treffen, daß diese die ihr zustehenden Hoheitsrechte auszuüben habe. Dies gelte dann auch für die alliierten Militärtransporte. Schon vor dem Ultimatum hatte die DDR-Volkspolizei begonnen, amerikanische Transporte durch die DDR zu behindern und teilweise sogar zu beschlagnahmen, was wiederum das NATO-Oberkommando alarmierte, das Pläne erwog, notfalls gewaltsam gegen die DDR-Volkspolizei vorzugehen.

Die Teilnehmer der NATO-Ratstagung im Dezember 1958 lehnten die sowjetische Forderung entschieden ab. In einer Note vom 10. Januar 1959 machte Chruschtschow deutlich, daß es ihm auf eine totale Änderung der Verhältnisse in Deutschland und das Hinausdrängen der Westmächte ankam, als er den Entwurf eines Friedensvertrages verschickte. Der Vertragsentwurf ging von zwei deutschen Staaten und einer entmilitarisierten „Freien Stadt Berlin" aus. Bundesregierung und Opposition suchten ihrerseits Gegenvorstellungen auszuarbeiten und vor allem die Westmächte zur Ablehnung des Ultimatums und zur Erneuerung der Garantien für Berlin zu bewegen.

Sowohl der sogenannte „Globke-Plan" der Regierung (benannt nach dem Staatssekretär im Bundeskanzleramt, Hans Globke) als auch der „Deutschland-Plan" der SPD schlossen eine Anerkennung der DDR nicht von vornherein aus. Der „Globke-Plan" lehnte jedoch eine entmilitarisierte Bundesrepublik ab, für Groß-Berlin schien eine solche Lösung möglich. Nach einer Übergangszeit sollten nach diesem Plan freie Wahlen in ganz Deutsch-

land stattfinden und die Wiedervereinigung einleiten. Der „Deutschland-Plan" hingegen ging von der Rüstungskontrollzone des *Rapacki-Plans* (▷ 13.34) aus, wollte aber hinsichtlich des Status für Berlin nicht so weit wie der „Globke-Plan" gehen. Auch hier standen am Schluß Überlegungen für ein wiedervereinigtes Deutschland, die sich allerdings an den SED-Vorstellungen der „Konföderation" orientierten.

Die Politik der westlichen Regierungen und der Bundesregierung zielte jedoch darauf, die Sowjetunion zu Verhandlungen zu bewegen. Als am 11. Mai 1959 der sowjetische Außenminister Andrei Gromyko einer Konferenz der Außenminister zustimmte, war deutlich geworden, daß die Sowjetunion nicht unter allen Umständen an dem bis zum 27. Mai befristeten Ultimatum festhalten würde. Im Juni 1959 trat in Genf die Viermächtekonferenz zusammen, die die Deutschlandfrage und damit auch die Berlinfrage behandelte. Die beiden deutschen Teilstaaten wurden eingeladen, Beobachterdelegationen zu den Verhandlungen zu entsenden. – Abb. S. 359.

13.36 Godesberger Programm

Seit dem Tod *Kurt Schumachers* 1952 (▷ 12.11) vollzog sich in der SPD ein tiefgreifender Wandel, der bei den Vorstandswahlen auf dem Stuttgarter Parteitag 1958 seinen deutlichsten Ausdruck fand. Von dem 33köpfigen Vorstand wurden elf Mitglieder neu gewählt, darunter unter anderen *Willy Brandt* (▷ 14.18), *Helmut Schmidt* (▷ 15.9) und Gustav Heinemann. Gleichzeitig wurde nun auch die innerparteiliche Diskussion um ein neues Programm verstärkt. Bislang konnten sich die Sozialdemokraten immer noch nur auf das Heidelberger Programm von 1925 beziehen, das immer wieder durch kurzfristige Wahl- und Aktionsprogramme ergänzt wurde.

Ende Januar 1959 beschloß das SPD-Präsidium, die seit 1957 laufenden Diskussionen zu kanalisieren und im November 1959 in Bad Godesberg einen außerordentlichen Programm-Parteitag abzuhalten, auf dem das neue Parteiprogramm beraten und verabschiedet werden sollte. Maßgeblich war daran *Herbert Wehner* (▷ 14.9) beteiligt, der schließlich auch die grundsätzliche Zustimmung der SPD zur NATO- und Europapolitik Adenauers durchsetzte.

Die marxistischen Grundpositionen wurden im Godesberger Programm aufgegeben, an ihre Stelle traten Freiheit, Gerechtigkeit und Solidarität als neue Ziele, die die Partei anstrebte. Statt der Beseitigung der kapitalistischen Produktionsverhältnisse durch Sozialisierung und Planwirtschaft wurde die Mitbestimmung zur Kontrolle wirtschaftlicher Macht gefordert.

Entscheidend für die positive Aufnahme des Programms in der deutschen Öffentlichkeit wurde der Verzicht auf die Sozialisierung. Mit dem neuen Programm überwand die SPD den traditionellen Widerspruch von revolutionär-marxistischer Programmatik und ihrer eher sozialreformerischen Praxis. Hinzu kamen der Abbau der Frontstellung zu den Kirchen und ein klares Bekenntnis zur Landesverteidigung. Damit wurde die SPD, in der inzwischen viele Akademiker und Intellektuelle Mitglieder geworden waren und die ihre Struktur als Arbeiterpartei zu verlieren begann, auch für weite bürgerliche Schichten wählbar.

„Die Sozialdemokratische Partei ist von einer Partei der Arbeiter zu einer Partei des Volkes geworden. Sie will die Kräfte, die durch die industrielle Revolution und durch die Technisierung aller Lebensbereiche entbunden wurden, in den Dienst von Freiheit und Gerechtigkeit für alle stellen ..." Das neue Parteiprogramm wurde auf dem Godesberger Parteitag 13.–15. November 1959 nahezu einstimmig angenommen; nur 16 der insgesamt 340 Delegierten stimmten dagegen. Das Godesberger Programm und die damit verbundene Wandlung der SPD führten die Partei aus ihrem Tief und machten sie seit 1961 auch für die CDU grundsätzlich koalitionsfähig.

13.37 Landwirtschaftliche Produktions- genossenschaften (LPG)

Die Agrarpolitik der DDR zielte von Anfang an auf eine Kollektivierung der Landwirtschaft nach sowjetischem Muster. Der Bodenreform 1945 und einer ersten Enteignungswelle 1952/53, die vorwiegend Großbe-

triebe erfaßte, folgte in den Jahren 1959 und 1960 mit großem propagandistischem Aufwand die Zwangskollektivierung. Obwohl das LPG-Gesetz von 1959 ausdrücklich die Freiwilligkeit des Eintritts in die Produktionsgenossenschaft betont, wurde der Zusammenschluß von der SED mit massivem Druck gegenüber den zurückhaltenden Bauern betrieben.

Nach dem Grad der Vergesellschaftung und der daraus folgenden Verteilung der genossenschaftlichen Einkünfte werden unterschieden: LPG-Typ I: genossenschaftliche Bewirtschaftung des Ackerlandes und, falls das jeweilige Statut dies vorsieht, auch des Grünlandes und der Waldflächen; LPG-Typ II: Aufbau einer genossenschaftlichen Viehwirtschaft auf der Grundlage eines langfristigen Perspektivplans; LPG-Typ III: Alle land- und forstwirtschaftlichen Flächen, alle Maschinen und Geräte sowie alles Vieh werden in die LPG eingebracht; Ackerland und Vieh zur persönlichen Nutzung unterliegen Höchstbegrenzungen (z. B. 0,5 ha Ackerland je Familie).

Die Folge der Kollektivierung war zum einen ein Bruch im Selbstverständnis der Bauern, die auf den Status staatlich besoldeter, unselbständiger Landarbeiter gedrückt wurden. Zum andern zogen viele Bauernfamilien die Flucht in die Bundesrepublik diesem Status vor mit entsprechenden Konsequenzen für die Nahrungsmittelversorgung der DDR. Ab 1960 wurden die LPGs zu neuen Betriebsformen veranlaßt, die das Ziel der überbetrieblichen Zusammenarbeit hatten. Als Konsequenz folgte daraus der Zusammenschluß zu Kooperativen mit speziellem Anbau- bzw. Zuchtauftrag.

13.38 DDR-Flüchtlinge

Seit dem Ende des Krieges gab es eine starke Fluchtbewegung der Bevölkerung aus den mitteldeutschen sowjetisch besetzten Gebieten in das westliche Deutschland. Auch nach Gründung der *DDR* (▷ 13.9) riß der Flüchtlingsstrom nicht ab. Schon im Jahre 1949 wurde in den Notaufnahmelagern in West-Berlin und in der Bundesrepublik die Zahl von fast 130 000 Flüchtlingen registriert. Sie stieg in den frühen fünfziger Jahren weiter an und war wohl zum einen auf die Kollektivierung in der Landwirtschaft und die Verstaatlichung der Privatwirtschaft, zum andern wohl auch auf den im Westen bemerkbaren wirtschaftlichen Aufschwung, das sogenannte „Wirtschaftswunder", zurückzuführen.

Einen Höhepunkt von über 330 000 Flüchtlingen verzeichnete das Jahr 1953, bedingt durch den Arbeiteraufstand vom *17. Juni 1953* (▷ 13.18) und die darauffolgende Verhaftungs- und Terrorwelle.

Flüchtlinge aus der DDR bei der Ankunft im Notaufnahmelager Berlin-Marienfelde

Auch in den nächsten Jahren war die Zahl der registrierten Flüchtlinge extrem hoch. Diese „Abstimmung mit den Füßen", wie man die Absetzbewegung auch bezeichnet hat, betraf vor allem die im arbeitsfähigen Alter stehenden DDR-Bürger. Etwa 50% der Flüchtlinge waren Jugendliche unter 25 Jahren, fast 60% waren werktätig, im Rentenalter standen weniger als 10% der Flüchtlinge. Der härtere politische Kurs der SED, die Zwangskollektivierung in der Landwirtschaft führten 1960 erneut zu einem starken Anschwellen der Fluchtbewegung, die in das Jahr 1961 hinein lawinenartige Ausmaße annahm: Bis zum *13. August 1961* (▷ 13.40) kamen über 155 000 in den Westen, nach dem 13. August waren es immer noch fast 52 000 Menschen, die teilweise unter Lebensgefahr die DDR verließen. Die meisten von ihnen kamen über die Berliner Sektorengrenzen in den Westen der Stadt, von wo sie nach Registrierung in den Flücht-

lingslagern in die Bundesrepublik ausgeflogen wurden.

Wenn auch die DDR-Führung in den ersten Jahren triumphiert hatte, daß nur die Systemfeinde das Land verlassen würden, stellte sie doch sehr schnell fest, daß die DDR in eine wirtschaftliche Katastrophe geraten müßte, sollte der menschliche Aderlaß in diesem Ausmaß weitergehen. 1957 wurde deshalb neben einer Verschärfung der Kontrollen auch der Reiseverkehr beschränkt und der Straftatbestand der „Republikflucht" eingeführt.

Gerüchte, daß der Fluchtweg über West-Berlin nicht mehr lange bestehen bleiben würde, ließen die Flüchtlingszahlen 1961 weiter erheblich ansteigen, bis der Bau der Berliner Mauer am 13. August 1961, mit der die DDR alle Verbindungen zwischen ihrem Sektor und den drei Westsektoren kappte, dem Flüchtlingsstrom ein Ende setzte. Von 1949 bis zum 13. August flohen 2 686 942 Menschen in den Westen, bis 1977 waren es insgesamt 2 864 146 Menschen, die die DDR verlassen hatten.

13.39 Walter Ulbricht

Geboren am 30. Juni 1893 in Leipzig als Sohn eines Schneiders, erlernte Ulbricht das Tischlerhandwerk. 1912 trat er in die *SPD* (▷ 8.28) ein, war von 1915 bis 1918 Soldat und wurde 1919 Mitglied der neugegründeten *KPD* (▷ 10.17). 1923 war Ulbricht bereits Mitglied des Zentralkomitees; 1924 schob man ihn auf einen Posten bei der Kommunistischen Internationale ab; 1925 kehrte er nach Deutschland zurück. 1926–28 war er Abgeordneter des sächsischen Landtags, 1928–33 Reichstagsabgeordneter der KPD. Nach der Machtübernahme der Nationalsozialisten emigrierte Ulbricht nach Frankreich und 1938 in die Sowjetunion. 1943 war er an der Gründung des Nationalkomitees Freies Deutschland beteiligt. Bereits Ende April 1945 kehrte er mit einer Gruppe in Moskau ausgebildeter Parteifunktionäre, der „Gruppe Ulbricht", nach Berlin zurück, mit der er sofort die Wiedergründung der KPD betrieb.

Nach der Bildung der *SED* (▷ 12.12) wurde er deren stellvertretender Vorsitzender und Mitglied des Zentralsekretariats. 1950–53 war Ulbricht Generalsekretär der Partei, danach bis 1971 1. Sekretär, ab 1949 auch Mitglied der Volkskammer. Nach dem Tode des ersten Staatspräsidenten der DDR, Wilhelm Pieck, wurde Ulbricht der Vorsitzende des 1960 neu geschaffenen Staatsrates und gleichzeitig der Vorsitzende des Nationalen Verteidigungsrates.

Ulbricht bestimmte zwei Jahrzehnte lang die Entwicklung der DDR und der SED und war, als er alle seine Rivalen in der Partei ausgeschaltet hatte, der einflußreichste Mann der DDR. Die Führungspositionen in Staat und Partei waren in ihm vereint.

Unter Ulbricht wurde die DDR zur zweitstärksten Industriemacht im Bereich des Ostblocks und zum zuverlässigsten Gefolgsmann der Sowjetunion. Nachdem er lange Jahre dogmatisch die Positionen der UdSSR vertreten hatte und zu Stalins Lebzeiten dessen eifriger Anhänger gewesen war, versuchte Ulbricht Mitte der 1960er Jahre, die Rolle der DDR aufzuwerten und eine Lockerung der sowjetischen Vorherrschaft zu erreichen.

Walter Ulbricht bei einer Pressekonferenz (Januar 1960)

Durch eine auf die Effizienz der Wirtschaft ausgerichtete Politik trug er gleichzeitig zu einer gewissen Stabilität der DDR bei. Doch trat er – vermutlich unter sowjetischem Druck, aber wohl auch aus Altersgründen – am 3. Mai 1971 als 1. Sekretär der SED zurück und machte *Erich Honecker* (▷ 15.7) Platz. Er verlor den Vorsitz im Nationalen Verteidigungsrat und allen politischen Ein-

fluß, obwohl er, inzwischen erkrankt, bis zu seinem Tode (er starb am 1. August 1973 in Ost-Berlin) Vorsitzender des Staatsrates blieb.

13.40 13. August 1961: Mauerbau in Berlin

Auf einer internationalen Pressekonferenz in Ost-Berlin hatte der Staatsratsvorsitzende der DDR *Walter Ulbricht* (▷ 13.39) am 15. Juni 1961 auf die Frage eines westdeutschen Journalisten geantwortet: „Ich verstehe Ihre Frage so, daß es in Westdeutschland Menschen gibt, die wünschen, daß wir die Bauarbeiter der Hauptstadt der DDR dazu mobilisieren, eine Mauer aufzurichten. Mir ist nicht bekannt, daß eine solche Absicht besteht. Die Bauarbeiter unserer Hauptstadt beschäftigen sich hauptsächlich mit Wohnungsbau, und ihre Arbeitskraft wird dafür voll eingesetzt. Niemand hat die Absicht, eine Mauer zu errichten!"

Nach der Veröffentlichung dieses Interviews stiegen die Flüchtlingszahlen noch einmal kräftig an (*DDR-Flüchtlinge,* ▷ 13.38). Im August 1961 flohen 47 433 Menschen aus der DDR und Ost-Berlin in den Westen. Die ableugnende Bemerkung Ulbrichts und kursierende Gerüchte schienen ihnen Beweis genug, daß eine totale Abriegelung des Berliner Ostsektors unmittelbar bevorstand.

Am Morgen des 13. August 1961 begann die SED-Führung mit dem Bau einer Mauer, die ihren Sektor gegenüber dem Westen hermetisch abriegelte. Die Bauarbeiten wurden von Volkspolizei und Nationaler Volksarmee überwacht. Alle Verkehrsverbindungen zwischen beiden Teilen Berlins waren damit unterbrochen. Gleichzeitig führte die DDR an allen Grenzen nach West-Berlin und zur Bundesrepublik scharfe Kontrollen ein.

Bundesregierung und Westmächte mußten diesen Gewaltakt hilflos hinnehmen, der Protest der westlichen Alliierten gegen den Mauerbau blieb wirkungslos. In der Bundesrepublik lief der Wahlkampf für die Bundestagswahlen im September 1961 auf Hochtouren. Entsprechend waren die Parteispitzen durch Wahlkampfveranstaltungen sehr stark beansprucht. Einig war man sich aber durchaus in dem Bemühen, den Vorfall nicht eskalieren zu lassen und die Bevölkerung von spontanen

Grenzsoldaten der DDR und West-Berliner Bürger an der neuerrichteten Mauer im Bezirk Kreuzberg (26. August 1961)

Aktionen abzuhalten. *Willy Brandt* (▷ 14.18), der Regierende Bürgermeister von Berlin, stellte sich einer Demonstration entgegen, deren Teilnehmer die aufgestellten Zäune und Sperreinrichtungen am liebsten niedergerissen hätten. Bundeskanzler Adenauer war ebenfalls um Abwiegelung bemüht und wirkte auf die Westmächte entsprechend ein; er setzte sein Wahlkampfprogramm fort und besuchte erst am 16. August das jetzt geteilte Berlin. Dieses Verhalten, das man in der deutschen Öffentlichkeit nicht verstand, kostete ihn bei der Wahl im September wohl die absolute Mehrheit.

Die Westalliierten waren schon früh durch Geheimdienstberichte über mögliche Sperraktionen informiert worden. Bereits im Frühsommer 1961 hatten sie aber auch der Sowjetunion signalisiert, daß sie ihr im Ostsektor Berlins relativ freie Hand lassen würden. Durch die seit 1959 permanent laufende Berlin-Krise (▷ 13.35) kannte man die sowjeti-

sche Zwangslage, daß man aus der Politik des Experimentierens in der Deutschlandfrage heraus wollte und die DDR stabilisieren mußte. Eine Maßnahme war die Abriegelung des offenen Übergangs in die Westsektoren der Stadt. Damit mußte aus sowjetischer Sicht notwendigerweise der Status der Stadt geändert werden; Maximalziel blieb die Einbeziehung Groß-Berlins in die DDR. Für die Westmächte, die angesichts der Haltung der Bundesregierung ein zu großes Risiko nicht eingehen wollten, kam es darauf an, die Sowjetunion zu Verhandlungen zu bewegen; sie konnten dort aber hart bleiben, wo es um ihre Interessen ging: bei ihren Zugangswegen nach Berlin und dem Recht, weiterhin auch die Ostsektoren der Stadt zu betreten.

Willy Brandt, der die Gefahr sah, daß Berlin einen von der Bundesrepublik abgekoppelten neutralen Status erhalten könnte, erreichte an Bundeskanzler und Auswärtigem Amt vorbei durch eine direkte Initiative bei Präsident Kennedy eine erneute amerikanische Garantieerklärung für Berlin. Die endgültige Teilung der Stadt war aber nicht mehr rückgängig zu machen.

Daten

14. Aug. 1949	Wahlen zum 1. Deutschen Bundestag
7. Sept. 1949	Konstituierung von Bundestag und Bundesrat
12. Sept. 1949	Theodor Heuss wird Bundespräsident
15. Sept. 1949	Konrad Adenauer wird Bundeskanzler
21. Sept. 1949	Besatzungsstatut in Kraft
7. Okt. 1949	Gründung der DDR
13. Okt. 1949	Gründung des Deutschen Gewerkschaftsbundes
22. Nov. 1949	Petersberger Abkommen
1950–1953	Koreakrieg
18. April 1951	Europäische Gemeinschaft für Kohle und Stahl (Montanunion)
25. Mai 1951	Mitbestimmungsgesetz für die Montanindustrie
20. Sept. 1951	Interzonenabkommen
10. März 1952	Angebot Stalins zur Wiedervereinigung Deutschlands
26. Mai 1952	Deutschlandvertrag
27. Mai 1952	Vertrag über Europäische Verteidigungsgemeinschaft
23. Juli 1952	Auflösung der Länder der DDR
14. Aug. 1952	Lastenausgleichsgesetz
10. Sept. 1952	Wiedergutmachungsvertrag mit Israel
11. Okt. 1952	Betriebsverfassungsgesetz
27. Febr. 1953	Londoner Schuldenabkommen
5. März 1953	Tod Stalins
17. Juni 1953	Volksaufstand in der DDR
6. Sept. 1953	Bundestagswahl
20. Okt. 1953	2. Kabinett Adenauer
23. Okt. 1954	Pariser Verträge (Beitritt der Bundesrepublik zu NATO und WEU)
5. Mai 1955	Souveränitätserklärung der Bundesrepublik
14. Mai 1955	Unterzeichnung des Warschauer Paktes
15. Mai 1955	Österreichischer Staatsvertrag
9.–13. Sept. 1955	Staatsbesuch Adenauers in Moskau
23. Sept. 1955	Hallsteindoktrin
23. Okt. 1955	Abstimmung über das Saarstatut
12. Nov. 1955	Gründung der Bundeswehr
18. Jan. 1956	Gründung der Nationalen Volksarmee
27. Jan. 1956	Beitritt der DDR zum Warschauer Pakt
17. Aug. 1956	Verbot der KPD
23. Okt. 1956	Beginn des ungarischen Volksaufstands
29. Okt.–6. Nov. 1956	Sueskrise
1. Jan. 1957	Eingliederung des Saarlandes in die Bundesrepublik
23. Febr. 1957	Verkündung der Rentenreform (dynamische Rente)
25. März 1957	Römische Verträge (Gründung von EWG und EURATOM)
15. Sept. 1957	Bundestagswahl (absolute Mehrheit der CDU/CSU)
2. Okt. 1957	Rapacki-Plan
28. Okt. 1957	3. Kabinett Adenauer
27. Okt. 1958	Berlin-Ultimatum Chruschtschows
1. Juli 1959	Heinrich Lübke wird Bundespräsident
15. Nov. 1959	Godesberger Programm der SPD
14. April 1960	LPG-Programm in der DDR abgeschlossen
30. Juni 1960	Bundessozialhilfegesetz
12. Sept. 1960	Walter Ulbricht wird Vorsitzender des neugeschaffenen Staatsrats
13. Aug. 1961	Bau der Berliner Mauer

Kapitel 14: Vom Mauerbau zum Grundvertrag (1961–1972)

Einführung

Der Bau der Berliner Mauer vom 13. August 1961 an markierte das Scheitern sowohl der DDR als auch der Bundesrepublik Deutschland in jeweils entscheidenden politischen Fragen. In der DDR war der Versuch mißlungen, eine sozialistische Gesellschaftsordnung aufzubauen, die von der Bevölkerung bejaht, ja gegenüber dem westlichen Kapitalismus als überlegen betrachtet wurde. Millionen von Menschen, darunter viele jüngere und qualifizierte Arbeitskräfte, hatten die DDR verlassen und waren in die Bundesrepublik gegangen. Um das Ausbluten des eigenen Staates zu verhindern, riegelte die DDR ihre Grenzen fast hermetisch ab. Die besondere Lage Berlins führte dabei zu dem bis dahin unvorstellbaren Vorgang, daß quer durch eine europäische Metropole eine Mauer gebaut wurde.

Aber der Mauerbau zeigte auch das Scheitern der bisherigen Deutschlandpolitik der Bundesregierung, des Versuchs nämlich, gemeinsam mit den Westmächten durch eine „Politik der Stärke" die Sowjetunion zu veranlassen, „die Zone herauszugeben", und so die Wiedervereinigung Deutschlands zu erreichen. Die Amerikaner griffen militärisch nicht ein, als unter sowjetischem Schutz die Berliner Mauer errichtet wurde, und respektierten damit – wie schon am 17. Juni 1953 und beim Ungarnaufstand 1956 – die sowjetische Machtsphäre. Die Erkenntnis, daß es einen kurzen Weg zur deutschen Einheit nicht gab, ja daß in der nun entstandenen Lage die Verbindungen zwischen den Menschen in beiden Teilen Deutschlands abzureißen drohten und damit die Einheit der Nation zusätzlich in Gefahr war, löste in der Bundesrepublik einen politischen Umdenkungsprozeß aus.

In der DDR begann nach dem Mauerbau eine Phase der wirtschaftlichen und politischen Stabilisierung. Die DDR-Bevölkerung, der die Möglichkeit zum Überwechseln in die Bundesrepublik genommen war, begann sich mit dem Staat und den Verhältnissen stärker als früher zu arrangieren. Mit dem nach 1963 eingeführten Neuen Ökonomischen System der Planung und Leitung der Volkswirtschaft brachte die SED dynamische Elemente in die Planwirtschaft ein und motivierte durch materielle Anreize die Betriebe wie die Einzelnen zu verstärktem Engagement in der Produktion. Die damit erreichten wirtschaftlichen Ergebnisse machten die DDR zur stärksten kommunistischen Industriemacht nach der Sowjetunion. Der Stolz auf diese Leistungen drückte sich – ähnlich wie in der Bundesrepublik – in dem Gefühl „Wir sind wieder wer" aus und ging mit einer stärkeren Identifikation der DDR-Bürger mit ihrem Staat einher.

Die DDR-Führung unter Ulbricht verstärkte ihre Bemühungen um internationale Anerkennung und betonte die Eigenstaatlichkeit der DDR. Dem Gesetz über die Staatsbürgerschaft von 1967 folgte am 6. April 1968 die neue Verfassung der DDR, die nun als „sozialistischer Staat deutscher Nation" bezeichnet wurde. Walter Ulbricht, der maßgebliche Politiker der DDR seit ihrer Gründung 1949, wurde 1971 von Erich Honecker als Erster Sekretär der SED abgelöst und behielt bis zu seinem Tod 1973 nur sein Amt als Vorsitzender des Staatsrates, verlor jedoch seinen politischen Einfluß. Ulbrichts Ablösung bildet eine Zäsur in der Geschichte der DDR. Man hat vermutet, daß auch die sowjetische Parteiführung sich von der Ablösung Ulbrichts, der unter den kommunistischen Parteiführern als loyalster Gefolgsmann Moskaus galt, eine flexiblere Haltung der DDR in der begonnenen Ost-West-Entspannung versprach. Ulbrichts Konzept einer „sozialistischen Menschengemeinschaft" wurde nun von der SED als zu harmonisches Bild der gesellschaftlichen Entwicklung verworfen.

In der Bundesrepublik Deutschland endete die Ära Adenauer früher. Bei der Bundestagswahl 1961 verlor die CDU/CSU ihre absolute Mehrheit, und der 85jährige Adenauer mußte in den Koalitionsverhandlungen mit der FDP, die im Wahlkampf seine Ablösung gefordert und 12,8 % der Stimmen erreicht hatte, seinen Rücktritt während der Legislaturperiode zugestehen. Der Abschluß des Deutsch-Französischen Freundschaftsvertrages und die Staatsbesuche der französischen Staatspräsidenten Charles de Gaulle und des amerikanischen Präsidenten John F. Kennedy waren noch einmal glanzvolle Höhepunkte seiner Kanzlerzeit.

Die große Zeit seines Nachfolgers Ludwig Erhard, unumstrittener Vater des deutschen Wirtschaftswunders und die Wahllokomotive für die Kanzlerpartei in allen Bundestagswahlen, war fast schon vorbei, als er – gegen den erklärten Willen Adenauers – im Oktober 1963 die Kanzlerschaft antrat. Nach drei Jahren stürzte Erhard über die in der wirtschaftlichen Rezession 1966 entstandene Haushaltskrise.

Die Regierungskrise wurde im Dezember 1966 durch die Bildung der Großen Koalition zwischen CDU/CSU und SPD gelöst, an deren Spitze Kurt Georg Kiesinger (CDU) als Bundeskanzler und der SPD-Vorsitzende Willy Brandt als Vizekanzler und Außenminister standen. Zur raschen Überwindung des wirtschaftlichen Abschwungs trug auch die vorbildliche Zusammenarbeit zwischen dem Wirtschaftsminister Karl Schiller (SPD) und dem Finanzminister Franz Josef Strauß (CSU) bei. Mit der Bildung der Großen Koalition hatte Herbert Wehner, der führende Parteistratege der SPD, ein wichtiges Zwischenziel erreicht, nämlich durch eine Regierungsbeteiligung die Regierungsfähigkeit der SPD unter Beweis zu stellen. Die Große Koalition hat bedeutende innenpolitische Reformen verwirklicht, die der Modernisierung der westdeutschen Gesellschaft dienten. In der Außenpolitik blieb sie jedoch eher unbeweglich.

Die Bildung einer Regierung aus CDU/CSU und SPD, die von über 90 % der Bundestagsabgeordneten unterstützt wurde, hatte zur Folge, daß die innenpolitischen Konflikte im Parlament nicht mehr in der bis dahin gewohnten Weise öffentlich debattiert wurden. Das Fehlen einer wirksamen Opposition im Bundestag trug mit zur Entstehung der sogenannten außerparlamentarischen Opposition (APO) bei. Die tieferen Wurzeln der Protestbewegung, die etwa um die gleiche Zeit in vielen westlichen Industriestaaten entstand, lagen allerdings im Aufbegehren eines Teils der Jugendlichen und jungen Erwachsenen gegen gesellschaftliche und politische Erstarrung und Verkrustung. Der Protest richtete sich keineswegs nur gegen politische Verhältnisse im engeren Sinne – etwa gegen den Vietnamkrieg oder die Notstandsgesetze –, sondern erfaßte viele menschliche Lebensbereiche. Als antiautoritäre Bewegung strebte die APO eine „Kulturrevolution" an, indem sie die Machtverhältnisse in Ehe und Familie, Schulen und Universitäten, Betrieben und Verwaltung, gesellschaftlichen und politischen Organisationen kritisch „hinterfragte", und erreichte dabei – zum Teil mit großer zeitlicher Verzögerung – Veränderungen, die sich am stärksten im Wandel des Lebensstils und Lebensgefühls und der Umgangsformen auswirkten. Die angestrebte Umwälzung der gesellschaftlichen Machtverhältnisse blieb freilich aus. Die APO war und blieb in ihrem Kern eine Studentenbewegung, hatte jedoch Ausläufer wie die Lehrlings- und Schülerbewegung und die Frauenbewegung und wirkte in die Parteien (vor allem SPD und FDP) und einen Teil der Gewerkschaften hinein.

Man hat gesagt, daß ohne die APO das Bundestagswahlergebnis von 1969, das die Bildung der sozialliberalen Koalition zur Folge hatte, nicht möglich gewesen wäre. Der „Machtwechsel", der sich durch die Wahl des Sozialdemokraten Gustav Heinemann zum Bundespräsidenten im März 1969 angekündigt hatte, traf die CDU/CSU unvorbereitet und machte es ihr zunächst fast unmöglich, sich nach 20 Jahren als führende Regierungspartei in ihrer neuen Rolle als parlamentarische Opposition zurechtzufinden. Die Folge war eine fast permanente Kampfsituation im

Bundestag, wobei die knappe parlamentarische Mehrheit der Regierung Brandt/Scheel bei der CDU/CSU die Hoffnung nährte, über Nacht doch wieder die Regierung übernehmen zu können. Hauptkonfliktfeld der politischen Auseinandersetzung war die neue Deutschland- und Ostpolitik der sozialliberalen Koalition. Vor allem in der SPD und in der FDP hatte nach dem Mauerbau von 1961 Nachdenken über eine neue Deutschland- und Ostpolitik eingesetzt. Die Gedanken bewegten sich dabei in beiden Parteien in eine ähnliche Richtung und bildeten die Grundlage eines neuen deutschland- und ostpolitischen Konzepts, das nun von der sozialliberalen Koalition in praktische Politik umgesetzt wurde. Ausgangspunkt war dabei die Erkenntnis, daß ohne Krieg die bestehende Lage und die Grenzen in Europa nicht verändert werden können. Nun war zu fragen: Wie kann die Bundesrepublik unter dieser Voraussetzung zu erträglichen nachbarschaftlichen Beziehungen mit den osteuropäischen Staaten gelangen, auch unter Berücksichtigung der einsetzenden allgemeinen Ost-West-Entspannung? Wie kann die Bundesrepublik ein geregeltes Verhältnis zur DDR herstellen, das es ermöglicht, trotz der staatlichen Teilung den Zusammenhalt der deutschen Nation v. a. durch vermehrte Kontakte zwischen den Menschen zu wahren? Wie kann die Lebensfähigkeit West-Berlins auf Dauer gesichert werden? Der Ansatz zur Lösung bestand in dem Mittel der Gewaltverzichtsverträge, die schon die Regierung Erhard 1966 den osteuropäischen Staaten angeboten hatte, die nun aber konkret auf die bestehenden Grenzen bezogen wurden und in die die DDR einbezogen wurde. Das bedeutete die Anerkennung der Oder-Neiße-Linie als Westgrenze Polens und der DDR als zweiten deutschen Staat – wenngleich nicht als Ausland.

Brandts langjähriger politischer Berater Egon Bahr, der die ostpolitische Konzeption der SPD maßgeblich bestimmt hatte, wurde – nunmehr Staatssekretär im Bundeskanzleramt – mit den Vorverhandlungen in Moskau und mit den Verhandlungen mit der DDR beauftragt. An seiner Verhandlungsführung entzündete sich die heftige Kritik der CDU/CSU, unterstützt von einigen Presseorganen, die durch Indiskretionen aus den Verhandlungen für Aufregung sorgten. Kern der Vorwürfe war, daß die Bundesregierung ohne Not Rechtspositionen räume, die von den unionsgeführten Bundesregierungen entwickelt und aufrechterhalten worden waren. Manche Kritiker erhoben gegenüber der SPD den Vorwurf nationaler Unzuverlässigkeit („Ausverkauf Deutschlands") und des einvernehmlichen Zusammenspiels mit den „Genossen" der kommunistischen Staatsführungen. Von den westlichen Verbündeten freilich erfuhr die Ostpolitik der Bundesregierung einhellige Zustimmung, zumal sie sich in die Politik der Ost-West-Entspannung einfügte, die von den USA unter Nixon und Kissinger betrieben wurde.

Der Bundesregierung gelang es, die Verträge mit Moskau und Warschau wirksam werden zu lassen, auch das im politischen Zusammenhang stehende Viermächteabkommen über Berlin trat in Kraft, und der Grundlagenvertrag mit der DDR konnte paraphiert werden, bevor der Bundestag im November 1972 neu gewählt wurde. Die Konzentration der sozialliberalen Koalition auf die Ostpolitik und die damit verbundenen innenpolitischen Auseinandersetzungen führten dazu, daß die meisten der 1969 angekündigten inneren Reformen liegenblieben. Somit sind die innenpolitischen Leistungen der ersten Regierung Brandt/Scheel geringer einzuschätzen als die der Großen Koalition.

Im Laufe der Legislaturperiode seit 1969 waren im Zusammenhang mit der Ostpolitik eine Reihe von Abgeordneten, vornehmlich der FDP, unter Beibehaltung ihres Bundestagsmandats zur CDU oder CSU übergetreten. Dadurch war die ohnehin knappe Koalitionsmehrheit immer mehr zusammengeschmolzen. Eigene Erfolge bei Landtagswahlen ließen in der CDU/CSU den Entschluß reifen, durch ein konstruktives Mißtrauensvotum Bundeskanzler Brandt zu stürzen und durch Rainer Barzel zu ersetzen. Die Opposition rechnete bei der geheimen Abstimmung, die am 27. April 1972 stattfand, auf weitere Stimmen aus der Koalition. Der Versuch scheiterte, doch hatte auch die Regierung keine Mehrheit mehr; der Bundeshaushalt konnte nicht verabschiedet werden. Brandt erreichte daher über das Mittel der Vertrauensfrage die vorzeitige Auflösung des Bundestages und Neuwahlen am 19. November 1972, die die Koalition eindrucksvoll bestätigten.

14.1 „Spiegelaffäre"

Das Hamburger Nachrichtenmagazin „Der Spiegel" hatte sich in seiner Ausgabe vom 10. Oktober 1962 in einem Artikel des Redakteurs Conrad Ahlers unter dem Titel „Bedingt abwehrbereit" mit dem NATO-Manöver „Fallex 62" befaßt und dabei die Bonner Verteidigungspolitik kritisiert. Am 26. Oktober 1962, kurz nach 21 Uhr, wurden die Redaktionsräume des „Spiegel" im Hamburger Pressehaus von etwa 50 Polizisten besetzt. Unter dem Verdacht des publizistischen Landesverrats, der landesverräterischen Betätigung und der aktiven Bestechung wurden auf Antrag der Bundesanwaltschaft der Herausgeber Rudolf Augstein und die Chefredakteure sowie – in seinem spanischen Urlaubsort – Conrad Ahlers verhaftet. Die Redaktionsräume wurden durchsucht und wochenlang besetzt gehalten, um belastendes Material aufzuspüren.

Diese Polizeiaktion, an der auch Dienststellen der Bundeswehr beteiligt waren und in der, wie sich erst später herausstellte, auch der Verteidigungsminister *Strauß* (▷ 15.26) selbst seine Hände im Spiel hatte, führte zu einer heftigen innenpolitischen Auseinandersetzung unter starker Beteiligung der Bevölkerung und schließlich zu einer Regierungskrise, als die FDP-Minister aus Protest gegen das Verhalten des Verteidigungsministers aus der Koalitionsregierung austraten. In einer leidenschaftlich geführten Bundestagsdebatte mußte sich Bundeskanzler *Adenauer* (▷ 13.4) gegen den Vorwurf der SPD-Opposition zur Wehr setzen, mit Mitteln des Staates gegen das Grundrecht der Pressefreiheit verstoßen zu haben. Strauß, der erst nach langem Leugnen seine Beteiligung an der Verhaftung des Redakteurs Ahlers zugab, verlor sein Ministeramt bei der notwendig gewordenen Regierungsneubildung am 14. Dezember 1962; ebenso mußten zwei beteiligte Staatssekretäre aus dem Verteidigungs- und dem Justizministerium ihre Ämter aufgeben. Der Bundesgerichtshof lehnte 1965 die Eröffnung des Hauptverfahrens gegen Augstein und Ahlers ab, weil der Inhalt des „Spiegel"-Artikels nicht der Geheimhaltung unterlag. Die Verfassungsbeschwerde des „Spiegel" scheiterte 1966 beim Bundesverfassungsgericht, weil nur vier der acht Verfassungsrichter einen Verstoß gegen die Pressefreiheit feststellten.

14.2 Deutsch-Französischer Vertrag

Die zielstrebigen Bemühungen Bundeskanzler *Adenauers* (▷ 13.4) um eine Aussöhnung mit Frankreich hatten schon am Beginn der 50er Jahre zur Zusammenarbeit mit dem französischen Außenminister Robert Schuman geführt und zum Zusammenschluß der deutschen und französischen Kohle- und Stahl-

In vielen Städten demonstrieren Bürger gegen die Polizeiaktion beim „Spiegel" und für die Pressefreiheit.
Das Bild zeigt einen Sitzstreik von Studenten vor der Frankfurter Hauptwache (Oktober 1962)

produktion in der Montanunion entsprechend dem *Schumanplan* (▷ 13.10). Weitere Abkommen folgten (*EWG* und EURATOM, ▷ 13.32). Die Machtübernahme de Gaulles in Frankreich (1958) brachte anfänglich Spannungen im Verhältnis der beiden Staaten mit sich, da de Gaulle den übernationalen Zusammenschluß Europas ablehnte, stattdessen ein starkes „Europa der Vaterländer" anstrebte, in dem Frankreich die Führungsrolle zufallen sollte.

In mehreren persönlichen Begegnungen zwischen de Gaulle und Adenauer wurde jedoch die deutsch-französische Aussöhnung weiter betrieben. Am 22. Januar 1963 besiegelten die beiden Staatsmänner die deutsch-französische Freundschaft in dem sogenannten Élysée-Vertrag. In diesem Vertrag verpflichteten sich beide Regierungen zu ständiger Konsultation und zu regelmäßigen Treffen, bei denen Fragen der Außen-, Wirtschafts-, Verteidigungs- und Kulturpolitik beraten werden sollten. Ein verstärkter deutsch-französischer Jugendaustausch wurde beschlossen, aus dem das deutsch-französische Jugendwerk entstanden ist. Die gemeinsamen Treffen und Konferenzen – sie finden zweimal im Jahr statt – sind seitdem von allen nachfolgenden Staats- und Regierungschefs eingehalten worden.

Der Deutsch-Französische Vertrag ist als ein epochales Ereignis gefeiert worden, weil er einen Schlußstrich setzte unter die jahrhundertelange Rivalität zwischen den beiden Nachbarvölkern. Daß dennoch Unterschiede in der Bewertung bestehender Verträge und der sich daraus ergebenden Schwerpunkte der Politik weiterbestanden, wird durch die Präambel deutlich, die auf Drängen des Deutschen Bundestages dem Vertrag vorangestellt wurde. In ihr wurde ausdrücklich sichergestellt, daß durch „diesen Vertrag die Rechte und Pflichten aus den von der Bundesrepublik Deutschland abgeschlossenen multilateralen Verträgen unberührt bleiben." Während de Gaulle eine eigenständigere Politik Europas, auch gegenüber den USA, befürwortete und Frankreich 1966 aus den militärischen Bindungen an die NATO herauslöste, betonte die Bundesrepublik, allein schon mit Rücksicht auf West-Berlin, die enge Anlehnung an die Vereinigten Staaten und das atlantische Bündnis. Ungeachtet dieser Diffe-

Im Deutsch-Französischen Vertrag von 1963 besiegelten Konrad Adenauer und der französische Staatspräsident Charles de Gaulle – hier im Juli 1962 in Paris – die Aussöhnung ihrer beiden Völker

renzen ist die deutsch-französische Freundschaft, die die beiden großen alten Männer 1963 besiegelt hatten, zu einem festen Bestandteil der europäischen Politik geworden.

14.3 Das „Neue Ökonomische System" der DDR

In der DDR hatte sich nach dem *Mauerbau in Berlin vom 13. August 1961* (▷ 13.40) eine Wandlung vollzogen. Der ständige, die wirtschaftliche Entwicklung lähmende und sich allmählich zur wirtschaftlichen Katastrophe ausweitende Aderlaß durch die Massenflucht der Bevölkerung war gestoppt worden. Die Menschen, denen nun die Möglichkeit der Flucht über die Sektorengrenzen nach West-Berlin genommen war, begannen zwangsläufig, sich mit der Situation abzufinden und sich mit dem Regime zu arrangieren. Andererseits suchte die Parteiführung bald, durch entgegenkommende Maßnahmen die Bevölkerung mehr zur Mitarbeit zu gewinnen. Zur

*Ausgabe von Passier-
scheinen an West-Berliner
Bürger in einer Schule
in Berlin-Neukölln
(Dezember 1963)*

Reformierung des Wirtschaftssystems verordneten das Zentralkomitee der SED und der
Ministerrat der DDR im Juni 1963 die Einführung des „Neuen Ökonomischen Systems
der Planung und Leitung der Volkswirtschaft".

Danach sollte die staatliche Plankommission
jeweils für fünf bis sieben Jahre einen Perspektivplan aufstellen und mit den unteren
Organen entsprechende Jahrespläne ausarbeiten. Eine besondere Rolle übernahmen in
diesem Planungssystem die Vereinigungen
Volkseigener Betriebe (VVB), denen eine größere Handlungs- und Verantwortungsfreiheit
zugebilligt wurde. Durch ein Prämiensystem
wurden die Betriebe angeregt, Gewinne zu er-
wirtschaften, mit denen sie sich stärker an den
Investitionen zu beteiligen hatten; Arbeitnehmer sollten durch leistungsabhängige Löhne
und Prämien motiviert werden; die Industrie-
preise wurden reformiert. Damit wurde der
Versuch unternommen, die Schwierigkeiten
der zentralen Planwirtschaft durch Elemente
des wirtschaftlichen Wettbewerbs zu überwinden. Mit der Verwirklichung des Neuen
Ökonomischen Systems wurde die DDR der
Vorreiter für die kommunistischen Nachbar-
länder auf dem Felde wirtschaftlicher Reformversuche. Das Neue Ökonomische System führte in der DDR rasch zu einer wirtschaftlichen Stabilisierung und bildete die
Ausgangsbasis für den Aufstieg der DDR zur
zweitstärksten Industriemacht im Bereich des
„Rates für gegenseitige Wirtschaftshilfe"

(RGW). Wegen Wachstumsschwierigkeiten
wurden die wirtschaftlichen Reformen 1970
zugunsten verstärkter zentraler Planung abgebrochen.

14.4 Passierscheinabkommen

Mit dem Mauerbau vom 13. August 1961 und
der damit vollzogenen Abriegelung des sowjetischen Sektors von den drei Westsektoren
in Berlin war auch den West-Berlinern die
Möglichkeit genommen, ihre Verwandten
und Bekannten im Ostsektor der Stadt zu be-
suchen. Andererseits waren die zahlreichen
Bewohner Ost-Berlins und der DDR, die in
West-Berlin ihrer Beschäftigung nachgegan-
gen waren, seit dem Mauerbau von ihren Ar-
beitsplätzen abgeschnitten.

Bemühungen des Senats von West-Berlin, wenigstens in der Weihnachtszeit 1963 die Mauer durchlässiger zu machen, führten schließlich in Verhandlungen mit der DDR, die mit
Zustimmung der Bundesregierung direkt zwischen dem Berliner Senat und Behörden der
DDR geführt wurden, zum ersten Passierscheinabkommen am 17. Dezember 1963. 28
Monate nach dem Bau der Mauer erhielten
mit diesem Abkommen West-Berliner die
Möglichkeit, ihre Verwandten im Ostsektor
der Stadt in der Zeit zwischen dem 19. Dezember 1963 und dem 5. Januar 1964 zu besu-
chen. Vor den in den Westsektoren eingerichteten Ausgabestellen für Passierscheine
bildeten sich endlose Schlangen warten-

der Menschen. Insgesamt wurden 1,2 Millionen Besucher aus West-Berlin im Ostteil der Stadt gezählt. Die DDR war bemüht, dem Passierscheinabkommen den Charakter eines völkerrechtlichen Vertrages zu geben, Bundesregierung und Senat behandelten die Angelegenheit als eine verwaltungstechnische Vereinbarung. Auf Grund weiterer Passierscheinabkommen (Oktober/November 1964, Jahreswechsel 1964/65 und 1965/66, Ostern und Pfingsten 1966) wurden von der West-Berliner Bevölkerung rund 4,3 Millionen Passierscheine für Verwandtenbesuche in Ost-Berlin in Anspruch genommen.

Nach 1966 kamen keine Passierscheinabkommen mehr zustande; erst auf Grund des *Viermächteabkommens über Berlin* (▷ 14.24) erfolgte 1972 im Grundlagenvertrag eine generelle – wesentlich verbesserte – Regelung des Besuchsverkehrs von West-Berlin nach Ost-Berlin.

14.5 Auschwitz-Prozeß/ Vergangenheits-bewältigung

In den Jahren 1963 bis 1966 fanden in Frankfurt am Main Prozesse gegen Angehörige des SS-Aufsichtspersonals im Vernichtungslager *Auschwitz* (▷ 11.40) statt. Unter anderem wurde der Adjutant des Lagerkommandanten zu 14 Jahren Zuchthaus verurteilt. In der Weltöffentlichkeit lösten einzelne Freisprüche und das zum Teil niedrige Strafmaß Empörung aus. Die deutsche Öffentlichkeit wurde in den Presseberichten aus dem Gerichtssaal erneut mit den Verbrechen konfrontiert, die deutsche Männer und Frauen an den ihnen hilflos ausgelieferten Lagerhäftlingen begangen hatten. Die vom Aufwind des Wirtschaftsaufschwungs verwöhnten Bundesbürger mußten die Erfahrung machen, daß die Vergangenheit, die sie so gern verdrängen wollten, sie nicht losließ. Schon 1959/60 hatten zahlreiche Hakenkreuzschmierereien und Schändungen jüdischer Friedhöfe gezeigt, daß der Ungeist des Antisemitismus noch immer nicht ausgestorben war. Damals hatte man eine gründlichere politische Bildung der Jugend – die Täter waren meist ganz junge Menschen gewesen – gefordert; dafür engagierte sich insbesondere auch die Bundeszentrale für politische Bildung (1952–63 unter dem Namen Bundeszentrale für Heimatdienst).

Wieder war die Reaktion der Bevölkerung ganz unterschiedlich auf diese erneute Begegnung mit der jüngsten Vergangenheit. Viele reagierten mit aufrichtiger Bestürzung und Betroffenheit, für sie waren die Urteile des Gerichtes zum Teil viel zu milde, sie verlangten harte Bestrafung, rückhaltlose weitere Aufklärung und Strafverfolgung der noch nicht dingfest gemachten Verbrecher. Sie fanden es unerträglich, daß möglicherweise viele Menschen, die sich im Dritten Reich an Ver-

22 Angehörige des SS-Aufsichtspersonals im Vernichtungslager Auschwitz standen ab 20. Dezember 1963 in Frankfurt vor Gericht. Im Vordergrund die Angeklagten Wilhelm Boger, Victor Capesius, Oswald Kaduk, Emil Hantl

brechen beteiligt hatten, noch immer unerkannt und straffrei unter ihnen lebten, vielleicht sogar in angesehenen Berufen und in verantwortlichen Positionen tätig waren. Andere verlangten, man solle endlich einen Schlußstrich ziehen unter die Vorgänge der NS-Vergangenheit. Und noch andere sprachen sogar von fortwährender „Nestbeschmutzung", die beendet werden müsse. Manche verstiegen sich zu der Behauptung, die Verbrechen an den Juden, an Polen und Russen, an Zigeunern und Geisteskranken habe es gar nicht gegeben, sie seien nur eine Erfindung der Siegermächte, um das deutsche Volk demütigen und vor der Welt schuldig sprechen zu können. Das Wort von der „Auschwitz-Lüge" war geboren.

In diesen Jahren konnte die neugegründete rechtsradikale *Nationaldemokratische Partei Deutschlands* (▷ 14.12) zunehmend Anhänger und Wähler gewinnen, was im Ausland aufmerksam und mit Sorge beobachtet wurde. Die Deutschen, so schien es, hatten große Mühe, ihre jüngste Vergangenheit zu bewältigen. Die Herausforderung durch den Rechtsradikalismus war mit ein Argument für den Zusammenschluß der großen Parteien CDU/CSU und SPD in der *Großen Koalition* (▷ 14.7).

14.6 Ludwig Erhard

Erhard wurde am 4. Februar 1897 in Fürth (Bayern) geboren, studierte nach kaufmännischer Lehre und Teilnahme am 1. Weltkrieg Volks- und Betriebswirtschaft und war seit 1928 wissenschaftlich in Nürnberg tätig. 1945 wurde er Professor in München und Wirtschaftsberater der amerikanischen Militärregierung, 1945/46 war er bayerischer Minister für Handel und Gewerbe. Seit März 1948 Direktor der Verwaltung für Wirtschaft des Vereinigten Wirtschaftsgebiets (*Bizone,* ▷ 12.13), bereitete Ludwig Erhard die *Währungsreform* (▷ 12.19) vor und erklärte – an den Besatzungsmächten vorbei – am 20. Juni 1948 für wichtige Wirtschaftsbereiche das Ende der Zwangswirtschaft.

Nach der Gründung der Bundesrepublik Deutschland trat Erhard als Bundeswirtschaftsminister in das *erste Kabinett Adenauer* (▷ 13.5) ein und blieb in diesem Amt auch in allen folgenden von Adenauer ge-

führten Bundesregierungen bis 1963. Er hatte mit dem von ihm politisch durchgesetzten Konzept der *sozialen Marktwirtschaft* (▷ 13.25) wesentlichen Anteil am schnellen wirtschaftlichen Wiederaufstieg der Bundesrepublik Deutschland. Der erfolgreiche Wirtschaftsminister hat als „Wahllokomotive" erheblich dazu beigetragen, daß die *CDU/CSU* (▷ 12.9) unter Adenauer die Bundestagswahlen 1953, 1957 und 1961 mit deutlichem Vorsprung vor der SPD gewinnen konnte. Als daher 1961 der 85jährige Adenauer in der Auseinandersetzung mit dem Koalitionspartner FDP sich verpflichten mußte, nach der Hälfte der neuen Legislaturperiode das Amt des Bundeskanzlers einem jüngeren Nachfolger zu übergeben, wurde ganz selbstverständlich in der Öffentlichkeit die Nominierung Erhards erwartet. Die CDU/CSU-Fraktion hat ihn schließlich zum neuen Bundeskanzler vorgeschlagen, obwohl sich Adenauer hartnäckig gegen die Kandidatur Erhards gesträubt hat.

Als Bundeskanzler (seit Oktober 1963) konnte Erhard im September 1965 erneut die Bundestagswahl mit der CDU/CSU gewinnen, aber bei der Regierungsbildung ergaben sich erhebliche Schwierigkeiten durch die starken Gegensätze zwischen der CSU und der FDP, die sich hartnäckig und erfolgreich gegen einen Eintritt des CSU-Vorsitzenden *Strauß* (▷ 15.26) in die neue Koalitionsregierung zur Wehr setzte. In der Außenpolitik versuchte Erhard, im Zuge der weltweit einsetzenden Entspannungspolitik neue Initiativen zur Normalisierung der Beziehungen zu den Staaten des Warschauer Paktes zu entwickeln. Er bot den osteuropäischen Ländern mit seiner Friedensnote vom 25. März 1966 Gewaltverzichtsabkommen an. Weil jedoch die DDR hierbei ausgeklammert wurde und die Bundesregierung unbeirrt an der *Hallsteindoktrin* (▷ 13.28) festhielt, brachte dieser Schritt keinen Erfolg. Da Erhard und sein Außenminister Gerhard Schröder als sogenannte „Atlantiker" dem engen Kontakt zu den USA und dem atlantischen Bündnis den Vorrang gegenüber den Europa-Vorstellungen des französischen Staatspräsidenten de Gaulle einräumten, kühlte sich das deutsch-französische Verhältnis merklich ab. Demgegenüber setzten die sogenannten „Gaullisten" in der CDU/CSU, angeführt von Franz

Josef Strauß, auf eine enge Zusammenarbeit mit Frankreich.

Innenpolitisch setzte 1966 eine nicht erwartete wirtschaftliche Rezession ein, die zu Arbeitslosigkeit und zu einer sich rasch verschärfenden Haushaltskrise führte. Im Streit um den Haushaltsausgleich brach schließlich die Regierungskoalition auseinander, die FDP-Minister traten am 27. Oktober 1966 zurück. Die empfindliche Wahlniederlage der CDU im bevölkerungsreichsten Land Nordrhein-Westfalen im Juli 1966 wurde von seinen Parteifreunden dem Führungsstil Erhards angelastet. Als in den Landtagswahlen in Hessen und Bayern im November 1966 die rechtsradikale NPD überraschend viele Stimmen erhielt, begannen Spitzenpolitiker der CDU/CSU, während Erhard noch mit einem Minderheitskabinett regierte, mit der SPD Verhandlungen über die Bildung einer *Großen Koalition* (▷ 14.7) und entschieden sich für *Kurt Georg Kiesinger* (▷ 14.8) als neuen Bundeskanzler. Erhard trat am 30. November 1966 zurück.

Am 23. Mai 1967 gab er auch den Parteivorsitz der CDU, den er seit März 1966 innegehabt hatte, an Kiesinger ab. Mit seiner Wahl zum Ehrenvorsitzenden der CDU hat die Parteiführung eine nachträgliche Wiedergutmachung angestrebt. Erhard starb am 5. Mai 1977 in Bonn. Als „Vater des deutschen Wirtschaftswunders" ist er in die deutsche Nachkriegsgeschichte eingegangen. – Abb. S. 376.

14.7 Große Koalition

Die sich rasch verschärfende wirtschaftliche Rezession mit hohem Haushaltsdefizit und schnell ansteigenden Arbeitslosenzahlen auf der einen Seite, die Sorge um das Anwachsen des *Rechtsradikalismus* (▷ 14.12) andererseits waren die wesentlichen Motive für den Entschluß der Politiker in beiden großen Parteien, miteinander Gespräche über eine zu bildende Große Koalition zu führen, die ausschließlich zur Bewältigung der Krisenpunkte gedacht war und von vornherein zeitlich begrenzt sein sollte.

Am 1. Dezember 1966 wählte der Bundestag den bisherigen Ministerpräsidenten von Baden-Württemberg, *Kurt Georg Kiesinger* (▷ 14.8), zum Bundeskanzler, der noch am selben Tag sein Kabinett der Großen Koali-

Das Kabinett der Großen Koalition tagt im Park des Palais Schaumburg (Juli 1967)

tion aus CDU/CSU und SPD vorstellte. Stellvertreter des Kanzlers und Außenminister wurde der Vorsitzende der SPD und bisherige Regierende Bürgermeister von Berlin, *Willy Brandt* (▷ 14.18).

Der Koalitionswechsel innerhalb einer Wahlperiode und die Bildung einer Großen Koalition bedeuteten einen Markstein in der Geschichte der Bundesrepublik, wie es auch Kiesinger in seiner Regierungserklärung zum Ausdruck brachte. Die Beseitigung des Haushaltsdefizits und die Überwindung der wirtschaftlichen Rezession, die mit steigender Arbeitslosigkeit verbunden war, lagen als unmittelbare Aufgaben vor der Koalition. Das *Stabilitätsgesetz* (▷ 14.10) und die Einrichtung der *konzertierten Aktion* (▷ 14.11) sollten hierzu als Instrumente dienen; sie wirkten lange darüber hinaus. Mit dem Wirtschaftsminister Karl Schiller (SPD) und dem Finanzminister Franz Josef Strauß (CSU) standen zwei Ressortchefs von hohem Sachverstand zur Verfügung, deren gute Zusammenarbeit zu den wirtschafts- und finanzpolitischen Erfolgen der Großen Koalition beitrug.

In den drei Jahren ihres Bestehens hat die Große Koalition weitere wichtige Reformvorhaben zur Modernisierung von Staat und Gesellschaft verabschiedet: Die Finanzverfas-

*Bundeskanzler Ludwig Erhard (links)
mit seinem Amtsvorgänger Konrad Adenauer
(1964)*

*Bundeskanzler Kurt Georg Kiesinger (rechts)
mit dem französischen Staatspräsidenten
Charles de Gaulle (1967)*

sungsreform regelte die Verteilung des Steueraufkommens zwischen Bund und Ländern neu und führte die „Gemeinschaftsaufgaben" ein, die von Bund und Ländern gemeinsam betrieben und finanziert werden. Auf dem Felde von Bildung und Wissenschaft erhielt der Bund erweiterte Kompetenzen; Hochschulbau, Bildungsplanung und überregionale Forschungsförderung wurden Gemeinschaftsaufgaben; die nichtschulische berufliche Bildung wurde erstmals bundeseinheitlich im Berufsbildungsgesetz geregelt. Die Strafrechtsreform brachte die Abschaffung des Zuchthauses und eine Liberalisierung unter anderem im Sexualstrafrecht. Die ursprünglich ins Auge gefaßte Einführung eines Mehrheitswahlrechts, das zu einem Zweiparteiensystem geführt hätte, scheiterte schließlich an der SPD.

In der Ostpolitik waren neue Ansätze in der Regierungserklärung nicht erkennbar. Zwar betonte Kiesinger die intensive Fortsetzung der Bemühungen um ein „zunehmendes gegenseitiges Vertrauen" zur Sowjetunion und ebenfalls zu Polen, aber auch diese Bundesregierung beharrte auf dem Standpunkt, „... die einzige deutsche Regierung (zu sein), die berechtigt ist, für das ganze deutsche Volk zu sprechen." Die uneingeschränkte Geltung der *Hallsteindoktrin* (▷ 13.28) wurde freilich bereits im Januar 1967 mit der Aufnahme di-

plomatischer Beziehungen zu Rumänien durchbrochen. Insgesamt gelang es auch der Großen Koalition nicht, die ostpolitische Erstarrung zu überwinden.

Die Bildung der Großen Koalition wurde in weiten Kreisen der Bevölkerung zur Bewältigung der wirtschaftlichen und politischen Probleme für notwendig gehalten, von vielen Menschen aber auch sehr kritisch gesehen, weil damit das normale parlamentarische Kräftespiel zwischen Regierungspartei(en) und starker Opposition zum Erliegen kam. Die 49 Oppositionsabgeordneten der FDP konnten der überwältigenden Mehrheit der insgesamt 447 CDU/CSU- und SPD-Abgeordneten keine wirkungsvolle Kraft entgegenstellen. Dies trug mit zur Entstehung von Protestbewegungen außerhalb des Parlaments, der sogenannten *außerparlamentarischen Opposition* (▷ 14.15), bei, die das politische und gesellschaftliche System der Bundesrepublik in Frage stellten.

Schon in den Vorbereitungen zur Bundestagswahl am 28. September 1969 waren die Gemeinsamkeiten zwischen den Parteien der Großen Koalition so gut wie verbraucht. Die Wahl des sozialdemokratischen Politikers und bisherigen Justizministers Gustav W. Heinemann zum neuen Bundespräsidenten am 5. März 1969 mit den Stimmen der SPD und der FDP deutete bereits an, daß nach 20 Jahren CDU-geführter Regierungen eine neue politische Konstellation bevorstand.

14.8 Kurt Georg Kiesinger

Geboren am 6. April 1904 in Ebingen, studierte Kiesinger Jura, Geschichte und Philosophie und war 1935–39 Rechtsanwalt beim Kammergericht Berlin, 1940–45 wissenschaftlicher Hilfsarbeiter und stellvertretender Leiter der Rundfunkabteilung im Auswärtigen Amt. 1945–47 in Ludwigsburg interniert, wurde Kiesinger 1948 Landesgeschäftsführer der CDU in Südwürttemberg-Hohenzollern. 1949–58 und 1969–80 gehörte er dem Bundestag an; er hatte den Vorsitz im Vermittlungsausschuß 1950–58 und im auswärtigen Ausschuß 1954–58 inne. 1958–66 war Kiesinger Ministerpräsident von Baden-Württemberg. Am 1. Dezember 1966 vom Bundestag zum Bundeskanzler gewählt, bildete Kiesinger am gleichen Tage eine Regierung der *Großen Koalition* (▷ 14.7) aus CDU/CSU und SPD, die die schwierigsten, von seinem Vorgänger *Ludwig Erhard* (▷ 14.6) übernommenen Probleme (wirtschaftliche Rezession, Haushaltsdefizit, bedrohliches Anwachsen des Rechtsradikalismus) möglichst rasch in den Griff bekommen sollte.

Kiesinger versuchte in der Außenpolitik zusammen mit seinem sozialdemokratischen Außenminister *Willy Brandt* (▷ 14.18) eine vorsichtige Neuorientierung in Richtung auf die Staaten des Ostblocks, ohne dabei in der deutschen Frage den Alleinvertretungsanspruch aufzugeben. So blieb auch der vom DDR-Ministerpräsidenten Willi Stoph begonnene Briefwechsel mit Kiesinger vom Mai bis September 1967 am Ende ohne Ergebnis, in dem Stoph Verhandlungen zur Normalisierung der Beziehungen und Anerkennung der bestehenden Grenzen vorgeschlagen hatte, während Kiesinger lediglich bereit war, Gespräche über eine Erleichterung der menschlichen Beziehungen zu führen. Kiesinger, der wegen seiner Mitgliedschaft in der NSDAP während des Dritten Reiches Kritik hinnehmen mußte, gewann mit der CDU/CSU die Bundestagswahl im September 1969 zwar mit 46,1% der Stimmen gegenüber der SPD, die allerdings mit 42,7% erhebliche Stimmengewinne zu verzeichnen hatte. Da aber SPD und FDP beschlossen, miteinander eine Koalitionsregierung zu bilden, mußte Kiesinger mit den Christdemokraten in die Opposition gehen. Er war Bundesvorsitzender der CDU von 1967 bis 1971, danach Ehrenvorsitzender.

14.9 Herbert Wehner

Geboren in Dresden am 11. Juli 1906 als Sohn eines Schuhmachers, trat Wehner nach Realschule und kaufmännischer Lehre 1927 in die *KPD* (▷ 10.17) ein. 1930 wurde er stellvertretender Sekretär der KPD in Sachsen, 1930/31 war er Mitglied des sächsischen Landtages und stellvertretender Vorsitzender der KPD-Fraktion. 1932 wurde Wehner als „Technischer Sekretär" des KPD-Politbüros enger Mitarbeiter des Parteivorsitzenden Ernst Thälmann. Nach der nationalsozialistischen Machtergreifung 1933 arbeitete Wehner bis 1935 illegal in Deutschland für die verbotene KPD, danach vor allem im westlichen Ausland, ab 1937 in Moskau bei der Komintern, die ihn 1941 nach Schweden schickte. Dort wurde er 1942 wegen „Gefährdung der schwedischen Freiheit und Neutralität" zu einem Jahr Haft verurteilt. Er wurde aus der KPD ausgeschlossen und vollzog den Bruch mit dem Kommunismus. 1946 kehrte er nach Deutschland zurück und trat der SPD bei; bald zählte er zum engsten Kreis um den SPD-Vorsitzenden *Kurt Schumacher* (▷ 12.11).

Wehner gehörte dem Bundestag von 1949 bis 1983 an (1949–66 Vorsitzender des Bundestagsausschusses für gesamtdeutsche Fragen). Stellvertretender Bundesvorsitzender der

Herbert Wehner (1980)

SPD war Wehner von 1958 bis 1973. Als führender Parteistratege war er maßgeblich an der Gestaltung und Durchsetzung des *Godesberger Programms* (▷ 13.36) und an der Umwandlung der SPD von einer Klassen- in eine linke Volkspartei beteiligt. Die von ihm mit durchgesetzte Zustimmung der SPD zur Westpolitik Adenauers vertrat er am 30. Juni 1960 in einer großen außenpolitischen Rede vor dem Bundestag. Wehner trat schon früh für eine große Koalition zwischen der CDU/CSU und der SPD ein, mit der die „Regierungsfähigkeit" der Sozialdemokraten unter Beweis gestellt werden sollte. In der *Großen Koalition* (▷ 14.7) 1966–69 war Wehner Bundesminister für gesamtdeutsche Fragen. Mit Beginn der *sozialliberalen Koalition* (▷ 14.17) übernahm Wehner den Vorsitz der SPD-Fraktion im Bundestag. Er setzte sich mit großem Engagement für die Deutschland- und *Ostpolitik* (▷ 14.20) der neuen Bundesregierung ein. Mit seinen kämpferischen Reden und leidenschaftlichen Zwischenrufen in hitzigen Debatten brachte Wehner Schwung und Farbe in den Bundestag. Nach dem Sturz der von Bundeskanzler *Helmut Schmidt* (▷ 15.9) geführten Regierung im Oktober 1982 kandidierte Herbert Wehner bei den Wahlen im März 1983 nicht mehr für ein Bundestagsmandat.

14.10 Stabilitätsgesetz

Die Überwindung der wirtschaftlichen Rezession, die auf viele Menschen wie ein Schock gewirkt und Erinnerungen an die *Weltwirtschaftskrise* von 1929 (▷ 10.32) und ihre unglückseligen Folgen hervorgerufen hatte, war eine Hauptaufgabe der 1966 gebildeten *Großen Koalition* (▷ 14.7). Das „Gesetz zur Förderung der Stabilität und des Wachstums der Wirtschaft" vom 8. Juni 1967 schuf die Voraussetzungen dazu, indem mit staatlichen Maßnahmen (Auftragsprogrammen) der negativen Entwicklung, die in die Krise geführt hatte, gegengesteuert wurde. Bund und Länder, die eine mittelfristige Finanzplanung zu erstellen haben, werden mit dem Gesetz auf die Ziele des sogenannten „magischen Vierecks" verpflichtet: Vollbeschäftigung, Geldwertstabilität, außenwirtschaftliches Gleichgewicht und wirtschaftliches Wachstum.

Durch eine Konjunkturausgleichsrücklage sollen in Zeiten des Nachfrageüberhanges Mittel eingebracht werden, die in einer Periode der Konjunkturabschwächung zur Wirtschaftsbelebung wieder freigegeben werden können. Die Bundesregierung hat seither jährlich im Januar einen Jahreswirtschaftsbericht vorzulegen, in dem die voraussichtliche

Erste Gesprächsrunde der konzertierten Aktion am 14. Februar 1967 (von links nach rechts): Rolf Spaethen (DAG), Ludwig Rosenberg (DGB), Otto Brenner (IG Metall), Rudolf Sperner (IG Bau), Bundeswirtschaftsminister Karl Schiller, Fritz Berg (Bundesverband der deutschen Industrie), Herbert van Hüllen (Bundesvereinigung der Deutschen Arbeitgeberverbände), Ernst Schneider (Deutscher Industrie- und Handelstag), Bundestagsabgeordneter Klaus Dieter Arndt

wirtschaftliche Entwicklung prognostiziert und zugleich zu dem jeweils zum 15. November erstellten Gutachten des Sachverständigenrates zur gesamtwirtschaftlichen Entwicklung Stellung bezogen werden soll.

Mit dem Stabilitätsgesetz und den darin verankerten Einrichtungen wie der *konzertierten Aktion* (▷ 14.11) und der Aufstellung eines Konjunkturrates für die öffentliche Hand vermochte die Regierung der Großen Koalition relativ rasch die Krise zu überwinden.

14.11 Konzertierte Aktion

Die vom Sachverständigenrat (nach ausländischen Vorbildern) empfohlene Einrichtung der konzertierten Aktion wurde von Bundeswirtschaftsminister Karl Schiller aufgegriffen und erstmalig am 14. Februar 1967 durchgeführt. An der Besprechung nahmen die am Wirtschaftsprozeß beteiligten Gruppen und Institutionen teil: Arbeitgeberverbände und Gewerkschaften, die Gebietskörperschaften, also Vertreter des Bundes, der Länder und Gemeinden, sowie Vertreter der Landwirtschaft. Die konzertierte Aktion wurde auch im *Stabilitätsgesetz* (▷ 14.10) verankert.

Anhand sogenannter „Orientierungsdaten", die vom Bundeswirtschaftsminister über die voraussichtliche wirtschaftliche Entwicklung vorgegeben wurden, sollten alle am Wirtschaftsprozeß beteiligten Institutionen und Verbände die Situation ausloten und ihr Verhalten aufeinander abstimmen. Die konzertierte Aktion wurde zu einer festen Einrichtung von 1967 bis 1977. Die Gewerkschaften zogen sich jedoch ab 1977 aus dieser Gesprächsrunde zurück, als die Arbeitgeber beim Bundesverfassungsgericht Klage gegen das *Mitbestimmungsgesetz von 1976* (▷ 15.17) erhoben hatten.

14.12 NPD und Rechtsradikalismus

Eine rechtsradikale Partei gab es bereits seit 1946, die Deutsche Reichspartei (DRP); sie konnte 1949 bei den ersten Bundestagswahlen 1,8 % der Stimmen und 5 Mandate gewinnen – eine 5 %-Klausel gibt es erst seit 1953. Von der DRP spaltete sich 1949 die Sozialistische Reichspartei (SRP) ab, die nach dem

Neonazis mit ihrem Anführer Michael Kühnen (Mitte) 1978

Führerprinzip organisiert war und die NS-Ideologie propagierte. Sie erreichte 1951 bei den Landtagswahlen in Niedersachsen 11 % und in Bremen 7,7 %. Vom Bundesverfassungsgericht wurde die SRP 1952 als Nachfolgeorganisation der NSDAP verboten. Ein Teil ihrer Anhänger ging zur DRP über, die bei den folgenden Bundestagswahlen erfolglos blieb (1953: 1,1 %; 1957: 1,0 %, 1961: 0,8 %), allerdings 1959 in Rheinland-Pfalz mit 5,1 % der Stimmen ein Landtagsmandat erringen konnte.

Da um die Jahreswende 1959/60 gehäuft auftretenden antisemitischen Vorfälle – Schändungen jüdischer Friedhöfe und Hakenkreuzschmierereien an Hausfronten – zeigten, daß man noch immer mit dem Wiederaufleben rechtsradikaler und nazistischer Kräfte rechnen mußte. 1964 entstand in Hannover aus dem Zusammenschluß der DRP mit verschiedenen Rechtsgruppen die Nationaldemokratische Partei Deutschlands (NPD). Sie wurde zum Sammelbecken rechtsextremer, neofaschistischer Kräfte, der es in kurzer Zeit gelang, traditionelle rechtsradikale Anhängerreservate zu mobilisieren und in der Zeit der wirtschaftlichen Rezession auch andere Protestwähler zu gewinnen. Bei den hessischen Landtagswahlen am 6. November 1966 erzielte die NPD mit 7,9 % der Stimmen einen aufsehenerregenden Anfangserfolg; insgesamt konnte sie 1966/67 in sechs Landesparlamente einziehen. Ihr bestes Ergebnis erzielte die NPD bei den Landtagswahlen in Baden-Württemberg am 28. April 1968 mit

*Der einmillionste Gastarbeiter in der
Bundesrepublik, der Portugiese Armado
Sa. Rodrigues, wird auf dem Bahnhof
Köln-Deutz begrüßt und erhält ein
Moped als Geschenk (1964)*

9,8% der Stimmen. Die aus einer Mischung von Nationalismus, Rassismus und autoritär-romantischem Staatsdenken des 19. Jahrhunderts zusammengesetzten politischen Leitbilder der NPD zielten in unrealistischer Verkennung der weltpolitischen Situation auf ein wiedervereintes, freies Deutschland in einem freien Europa. Die Rückgabe der Ostgebiete stand ebenso auf ihrem Programm wie die Forderung nach Beendigung der NS-Prozesse, die einseitig auf deutsche Kriegsverbrechen gerichtet seien.

An den Bundestagswahlen 1969 nahm die NPD teil, blieb aber mit 4,3% der Stimmen unter der Sperrklausel. Immerhin hatte sie fast 1,5 Millionen Wähler gewinnen können. Damit aber war der Höhepunkt der NPD-Erfolge bereits überschritten. Bis 1972 verlor sie sämtliche Landtagsmandate, bei der vorgezogenen Bundestagswahl 1972 fiel ihr Stimmenanteil auf 0,6% zurück.

Dennoch ist der Rechtsextremismus und Neofaschismus in der Bundesrepublik nicht tot. In den letzten Jahren haben mehrfach

neonazistische Gruppen, die zum Teil mit ausländischen Gruppen in Verbindung stehen, mit Gewaltaktionen von sich reden gemacht. Zu den von der NS-Ideologie beeinflußten Organisationen gehören u. a. die sogenannten Wehrsportgruppen, in denen mit extrem hartem militärischem Drill junge Mitglieder in allen Waffentechniken ausgebildet und international für terroristische Anschläge geschult werden.

Die vom Bundesinnenminister 1983 verbotene „Aktionsfront Nationaler Sozialisten/Nationale Aktivisten" unter Führung des ehemaligen Bundeswehrleutnants Michael Kühnen bezeichnete sich als „legalen Arm der nationalsozialistischen Bewegung der neuen Generation in der Tradition der SA".

14.13 Gastarbeiter

Mit dem Wirtschaftsaufschwung um die Mitte der 50er Jahre, der sich zu dem unerwarteten Wirtschaftswunder ausweitete, gingen die anfänglich hohen Arbeitslosenzahlen relativ rasch zurück, und es kam bald zu ersten Erscheinungen von Arbeitskräftemangel in einzelnen Sektoren wie z. B. in der Landwirtschaft und im Baugewerbe. Um diesem Zustand abzuhelfen, setzte die Anwerbung ausländischer Arbeitskräfte ein. Diese vor allem aus den südeuropäischen Mittelmeerländern, später vor allem aus der Türkei in die Bundesrepublik strömenden Arbeitnehmer wurden mit offenen Armen aufgenommen. Für sie wurde der Name „Gastarbeiter" gefunden.

Bereits im Jahre 1964 wurde der einmillionste Gastarbeiter, ein Portugiese, in der Bundesrepublik Deutschland begrüßt. Bis 1972 verdoppelte sich diese Zahl noch und stieg auf 2 158 551, um bis 1984 auf rund 1 593 000 zurückzugehen. Die stärkste Ausländergruppe stellen die Türken mit 500 000, gefolgt von den Jugoslawen (rund 290 000) und Italienern (rund 210 000). Während es in den ersten Jahren vornehmlich darum ging, die ausländischen Arbeitnehmer in ihre Betriebe zu integrieren und dort rechtlich abzusichern, verlagerte sich der Schwerpunkt des Ausländerproblems allmählich dadurch, daß viele Gastarbeiter ihre Familien nachholten, auf Fragen der Integration in die Gesellschaft und besonders auf die Schul- und Berufsausbildung der ausländischen Kinder.

Mit der Verschlechterung der wirtschaftlichen Situation in der Bundesrepublik und dem Anwachsen der Arbeitslosenzahlen seit Mitte der 70er Jahre veränderte sich bei vielen Menschen in Deutschland die Einstellung zu den ausländischen Mitbürgern. Vor allem in industriellen Ballungszentren, wo der Anteil der Ausländer an der Bevölkerung besonders hoch ist, kam es wiederholt zu ausländerfeindlichen Aktionen, die meist von rechtsradikalen Gruppen ausgingen. Die überwiegende Mehrheit der Bundesbürger verurteilt freilich derartige Ausschreitungen. Zahlreiche, besonders junge Menschen bemühen sich intensiv um die Integration der ausländischen Arbeitnehmer und ihrer Familien in das gesellschaftliche Leben in der Bundesrepublik.

14.14 Der „sozialistische Staat deutscher Nation"

Die Versuche der Bundesregierungen Erhard und Kiesinger, die Beziehungen zu den kommunistischen Staaten an der DDR vorbei zu verbessern, veranlaßten die DDR zu verstärkten Anstrengungen, die Eigenständigkeit ihres Staates unter Beweis zu stellen.
Im Februar 1965 wurde der Staatsratsvorsitzende *Walter Ulbricht* (▷ 13.39) in Ägypten bei einem Staatsbesuch mit allen Ehren eines Staatsoberhauptes empfangen, im Juni 1965 stattete der jugoslawische Staatschef Tito der DDR seinen ersten offiziellen Besuch ab. Diese Ereignisse trugen zusammen mit der inneren Konsolidierung durch die Wirtschaftsreformen (*Neues Ökonomisches System*, ▷ 14.3) sehr dazu bei, das Selbstbewußtsein der DDR-Führung zu stärken und die Eigenständigkeit des zweiten deutschen Staates zu betonen.
Während der DDR-Ministerratsvorsitzende Stoph 1967/68 in einem Briefwechsel mit Bundeskanzler Kiesinger den Versuch unternahm, mit der Bundesrepublik zu einem gegenseitigen Abkommen und damit zur Anerkennung der DDR als gleichberechtigter deutscher Staat zu kommen, wurde intensiv die Abgrenzung gegenüber dem westdeutschen Staat vorangetrieben: Am 20. Februar 1967 erließ die DDR-Regierung das „Gesetz über die Staatsbürgerschaft der DDR", mit

dem gegenüber der Ansicht der Bundesregierung, daß es nur eine einheitliche deutsche Staatsbürgerschaft gebe, vollendete Tatsachen geschaffen wurden. Im Juni 1968 verfügte die DDR-Regierung die Einführung des Paß- und Visumzwangs im Reiseverkehr zwischen der Bundesrepublik und West-Berlin einerseits und der DDR andererseits sowie im Transitverkehr zwischen der Bundesrepublik und West-Berlin; sie setzte einen Mindestumtausch von 10 DM pro Tag und Person beim Aufenthalt in der DDR und 5 DM beim Aufenthalt in Ost-Berlin fest. Und am 6. April 1968 gab sich die DDR eine neue Verfassung. In dieser Verfassung bezeichnete sich die DDR als „sozialistischen Staat deutscher Nation", in dem „unter Führung der Arbeiterklasse und ihrer marxistisch-leninistischen Partei" der Sozialismus verwirklicht werde.

14.15 Studentenunruhen/ Außerparlamentarische Opposition (APO)

Die Studentenbewegung in den USA, die sich vor allem gegen den Krieg der Vereinigten Staaten in Vietnam richtete und die gleichen Bürgerrechte für die schwarze Bevölkerung forderte, griff ab Mitte der 60er Jahre auch auf deutsche und andere europäische Universitätsstädte über. Zuerst erhob sich an der Freien Universität in West-Berlin der Protest der Studenten gegen die verkrusteten Hochschulverhältnisse („Unter den Talaren der Muff von tausend Jahren"). Als nach der Bildung der *Großen Koalition* (▷ 14.7) die Opposition im Bundestag auf die kleine FDP-Fraktion beschränkt war, weitete sich der Protest der Studenten in Verbindung mit anderen oppositionellen Gruppen in der Bundesrepublik zur sogenannten außerparlamentarischen Opposition aus.
Der Protest der vorwiegend von der jungen Generation getragenen Opposition, der begleitet war vom Aufkommen eines neuen Lebensgefühls, richtete sich gegen alle überkommenen Autoritäten in Schule, Elternhaus, Gesellschaft und Staat sowie gegen diktatorische Staatsformen in der Welt. Als anläßlich des Staatsbesuches des iranischen Schahs Resa Pahlevi in der Bundesrepublik und in West-Berlin Studenten gegen das Unrechtsre-

gime in Iran protestierten und bei einer Demonstration am 2. Juni 1967 in West-Berlin
der Student Benno Ohnesorg durch eine Poli-
zeikugel getötet wurde, kam es zur Eskalation
der Protestbewegung, die nun nahezu alle
Universitätsstädte erfaßte.

Störungen von Universitätsveranstaltungen,
Blockaden des Straßenverkehrs durch de-
monstrative Sitzstreiks auf belebten Plätzen
und Straßen („sit-in") häuften sich; Brandan-
schläge gegen das Verlagshaus des Axel-
Springer-Konzerns in West-Berlin, gegen
Kaufhäuser (erstmals am 3. April 1968 in
Frankfurt) als Zentren der Übermacht des
„Systems" und des „Konsumterrors" zeigten
den Übergang der Protestaktionen zur Gewaltanwendung.

Nach einem Attentat auf den Studentenführer Rudi Dutschke am 11. April 1968 kam es
in mehreren Universitätsstädten erneut zu
Demonstrationen und Aktionen gegen Zei-
tungsbetriebe des Springer-Konzerns. Weitere Demonstrationen und ein Sternmarsch auf
Bonn am 11. Mai 1968, an dem sich rund
30 000 Menschen beteiligten, richteten sich
gegen die vom Bundestag diskutierte *Notstandsverfassung* (▷ 14.16), die am 30. Mai
1968 verabschiedet wurde.

Die aus einer Vielfalt von ideologischen Wurzeln, meist aus der marxistischen Gedanken-
welt, entwickelten Vorstellungen der Studen-
tenrevolte fanden, obwohl ein Zusammenhang mit der Arbeiterbewegung stets betont
wurde, keine Zustimmung in den Arbeitneh-
merschichten, die den spektakulären Aktionen mit Ablehnung und Unverständnis be-
gegneten. Lediglich beim Kampf gegen die
Notstandsgesetze kam es zu einem Bündnis
mit den Gewerkschaften. Mit Ausnahme einiger kleiner Gruppen, die schließlich in den
Terrorismus (▷ 15.11) abglitten und im Untergrund weiter agierten, verebbte die Studentenbewegung gegen Ende des Jahres 1969. Ihr
bleibendes Ergebnis war eine nachhaltige
Veränderung der politischen Kultur in der
Bundesrepublik. Viele Anhänger der APO
fanden ihre politische Heimat bei der SPD,
ein kleinerer Teil auch bei FDP und DKP sowie bei den maoistischen K-Gruppen.

14.16 Notstandsverfassung

Im *Deutschlandvertrag* (▷ 13.16) vom 26. Mai
1952 (in der Fassung vom 23. Oktober 1954)
war festgelegt worden, daß die den drei ehemaligen Besatzungsmächten Frankreich,
Großbritannien und USA noch zustehenden
und von ihnen ausgeübten Rechte bezüglich
des Schutzes und der Sicherheit ihrer in der
Bundesrepublik stationierten Streitkräfte auf
deutsche Behörden übergehen sollten, sobald
diese von der deutschen Gesetzgebung die
entsprechenden Vollmachten erhalten haben
würden, um die Sicherheit dieser Streitkräfte

*Demonstration der
außerparlamentarischen
Opposition in Berlin
gegen den Vietnamkrieg
(Februar 1968). In der
Bildmitte Rudi Dutschke*

zu gewährleisten. Das hieß: Wollte man diese Einschränkung der Souveränität der Bundesrepublik aufheben, mußten Gesetze für jede Art von Notsituationen beschlossen und in das Grundgesetz eingebaut werden. Die Diskussion um die Notstandsgesetze begann bereits mit dem ersten Entwurf des Bundesinnenministeriums im Jahre 1958. Dieser und die weiteren Entwürfe 1960 und 1963, die die Rechte der Exekutive sehr stark ausweiteten, fanden nicht die notwendige Mehrheit im Parlament. Die Große Koalition griff nun das Problem wieder auf und sah es als eine vordringliche und lösbare Aufgabe an, Notstandsgesetze zu beschließen und damit die alliierten Vorrechte abzulösen.

Die jetzt unter Mitarbeit der SPD neugestalteten Notstandsgesetze wurden im Bundestag am 30. Mai 1968 mit der notwendigen Zweidrittelmehrheit – gegen die Stimmen der FDP – angenommen. Die Debatte über diese Gesetze hatte sowohl im Parlament als auch in der Öffentlichkeit zu heftigen Auseinandersetzungen geführt. Außerhalb des Parlaments waren es vor allem die Gewerkschaften und die Studenten, die Protestkundgebungen im ganzen Land durchführten und von der Annahme der Notstandsgesetze einen unerträglichen Machtzuwachs für den Staat erwarteten, der damit diktatorische Vollmachten erhalte.

Mit der am 28. Juni 1968 in Kraft getretenen Notstandsverfassung war der Gesetzgeber bemüht, eine mißbräuchliche Anwendung zu verhindern, wie sie der Artikel 48 der *Weimarer Verfassung* (▷ 10.7) dem Reichspräsidenten *von Hindenburg* (▷ 10.29) bei der Ausschaltung des Reichstags ermöglicht hatte. So wird die Feststellung des Verteidigungsfalls auf Antrag der Bundesregierung vom Bundestag mit Zustimmung des Bundesrates getroffen. Stehen dem rechtzeitigen Zusammentritt des Bundestages unüberwindliche Hindernisse entgegen, trifft der Gemeinsame Ausschuß die Feststellung. Dieses Gremium besteht aus 11 Mitgliedern des Bundesrats (ein Vertreter je Bundesland) und 22 Bundestagsabgeordneten, die nach dem Stärkeverhältnis der Fraktionen bestimmt werden. Stehen dem Zusammentritt des Bundestages weiterhin unüberwindliche Hindernisse entgegen, so tritt der Gemeinsame Ausschuß im Verteidigungsfall an die Stelle von Bundestag

und Bundesrat. Die Stellung des Bundesverfassungsgerichts darf nicht eingeschränkt werden.

Die Gesetzgebungskompetenz und die Weisungsbefugnisse des Bundes gegenüber den Ländern werden im Verteidigungsfall erweitert. In verschiedene Grundrechte kann z. T. erheblich eingegriffen werden; dies gilt auch für den inneren Notstand oder im Katastrophenfall. Einige der vorgesehenen Maßnahmen können schon vor dem Verteidigungsfall getroffen werden, wenn der Bundestag den Spannungsfall feststellt. – Abb. S. 384.

14.17 Sozialliberale Koalition/ Machtwechsel

Die Große Koalition war in den Augen der meisten Unions- und SPD-Politiker von vornherein nur ein Bündnis auf Zeit gewesen. Schon bei der Bundespräsidentenwahl am 5. März 1969 in Berlin hatte der Kandidat der SPD, Bundesjustizminister Gustav W. Heinemann, im dritten Wahlgang über den (auch von der NPD unterstützten) Kandidaten der CDU/CSU, Bundesverteidigungsminister Gerhard Schröder, den Sieg davongetragen, weil ihm auch der größte Teil der Wahlmänner der FDP ihre Stimme gegeben hatte. Das war ein deutliches Signal für eine Koalitionsbereitschaft von SPD und FDP aufgefaßt worden.

Bei der Bundestagswahl vom 28. September 1969 errang die CDU/CSU 242 Parlamentssitze, die SPD 224 und die FDP 30 Mandate. Der SPD-Vorsitzende und amtierende Außenminister *Willy Brandt* (▷ 14.18) meldete unmittelbar nach der Wahl seinen Anspruch an, die Führung einer aus SPD und FDP gebildeten Bundesregierung zu übernehmen. Die FDP stimmte der Koalition zu.

Zwei Tage nach seiner Wahl durch den Bundestag stellte Bundeskanzler Brandt – der erste sozialdemokratische deutsche Kanzler seit 1930 – am 22. Oktober 1969 sein Kabinett vor. Vizekanzler und Außenminister wurde der FDP-Vorsitzende *Walter Scheel* (▷ 14.19). In seiner Regierungserklärung kündigte Brandt am 28. Oktober 1969 ein sehr umfangreiches innenpolitisches Reformprogramm an mit dem Anspruch, „mehr Demokratie wagen" zu wollen. In der Deutschlandpolitik erkannte er

*Demonstration gegen die Notstandsgesetze
(Mai 1968)*

die DDR als anderen deutschen Staat an und
bot ihr Verhandlungen auf Regierungsebene
an. In der Außen- und Sicherheitspolitik berief sich die neue Bundesregierung auf die
Friedensnote Bundeskanzler Erhards vom
März 1966 und die Regierungserklärung Bundeskanzler Kiesingers vom Dezember 1966.
Sie kündigte die Unterzeichnung des Atom-
waffensperrvertrages an. Mit dem Bekenntnis
zum westlichen Bündnis und zu den USA verband Brandt die Absicht, auch mit der Sowjetunion und den anderen Staaten des Warschauer Pakts Verständigung herbeizuführen,
um den Frieden in Europa und in der Welt sicherer zu machen. Damit war die Entschlossenheit der sozialliberalen Regierung angesprochen, in der *Ostpolitik* (▷ 14.20) neue Wege einzuschlagen.

*Bundeskanzler Willy Brandt und Vize-
kanzler Walter Scheel, die Architekten
der ersten sozialliberalen Koalition
(Oktober 1970)*

14.18 Willy Brandt

Willy Brandt wurde am 18. Dezember 1913 in
Lübeck als Herbert Ernst Karl Frahm geboren.
Er legte 1932 das Abitur ab; 1930 war er
der SPD beigetreten, 1931 jedoch zu der von
der SPD abgesplitterten Sozialistischen Arbeiterpartei (SAP) übergetreten. Nach der nationalsozialistischen „Machtergreifung" 1933
mußte Brandt emigrieren; in Norwegen studierte er Geschichte und war als Journalist tätig, unter anderem berichtete er 1937 für skan-
dinavische Zeitungen vom spanischen Bürgerkrieg. 1938 von den deutschen Behörden
ausgebürgert, nahm er die norwegische
Staatsbürgerschaft an und mußte 1940, nach
der deutschen Besetzung Norwegens, nach
Schweden fliehen. 1945 kehrte er als Korre-
spondent skandinavischer Zeitungen nach
Deutschland zurück und war 1947 Presseatta-
ché der norwegischen Militärmission in Berlin. Nach seiner Wiedereinbürgerung unter
seinem Schriftstellernamen Willy Brandt
1947 schloß er sich erneut der SPD an und
wurde 1948/49 als Vertreter des SPD-Partei-
vorstandes nach Berlin entsandt. 1949 bis
1957 war Brandt Mitglied des Bundestages,
erneut seit 1969. Seit 1950 gehörte er auch
dem Berliner Abgeordnetenhaus an und war
1953 bis 1957 dessen Präsident. Als Regierender Bürgermeister von Berlin (1957–66) wurde er weit über die Grenzen Deutschlands bekannt. In den Bundestagswahlkämpfen 1961
und 1965 als Kanzlerkandidat der SPD Adenauer bzw. Erhard unterlegen, wurde Brandt,
seit 1964 Bundesvorsitzender der SPD, 1966
Vizekanzler und Außenminister der *Großen
Koalition* (▷ 14.7). Nach der Bundestagswahl
1969 bildete Brandt als Bundeskanzler mit
der FDP die *sozialliberale Koalition* (▷ 14.17).
In der jetzt von Brandt und Außenminister
Scheel (FDP) forcierten, auf neue Grundlagen gestellten *Ostpolitik* (▷ 14.20) kam es zu
den Vertragsabschlüssen mit den kommunistischen Staaten sowie zum Viermächteabkommen über Berlin. Brandt, der für seinen
Beitrag zur politischen Entspannung in Europa 1971 mit dem Friedensnobelpreis ausgezeichnet wurde, mußte jeden Schritt seiner
Ostpolitik in erbittertem Ringen mit der
CDU/CSU-Opposition durchsetzen. Ein gegen ihn im April 1972 beantragtes *Mißtrauensvotum* (▷ 14.27) der CDU/CSU schei-

In enger Abstimmung mit den westlichen Verbündeten betrieb die sozialliberale Koalition ihre Ostpolitik. Links: Bundeskanzler Brandt bei US-Präsident Nixon (Mitte) und Henry Kissinger, die eine neue Phase der Entspannungspolitik einleiteten (September 1973). Rechts: Brandt empfängt den sowjetischen Parteichef Leonid Breschnew in Bonn (Mai 1973)

terte jedoch. In der auf Grund der Pattsituation im Bundestag vorgezogenen Bundestagswahl im November 1972 errang Brandt mit der SPD, die nun mit 45,8% der Stimmen stärkste Bundestagsfraktion wurde, einen klaren Sieg über die Opposition. Er trat jedoch im Mai 1974 wegen der *Guillaume-Affäre* (▷ 15.8) als Bundeskanzler zurück. Brandt blieb als Parteivorsitzender die Integrationsfigur der SPD, wurde 1976 Vorsitzender der Sozialistischen Internationale und war von 1977 bis 1980 auch Vorsitzender der internationalen Nord-Süd-Kommission.

14.19 Walter Scheel

Geboren am 8. Juli 1919 in Solingen, legte Scheel 1938 das Abitur ab und war von 1939 bis 1945 Soldat. 1946 trat er der FDP bei und gehörte von 1950 bis 1953 dem Landtag von Nordrhein-Westfalen an, von 1953 bis 1974 dem Bundestag. Unter den Bundeskanzlern Adenauer und Erhard war Scheel von 1961 bis 1966 Bundesminister für wirtschaftliche Zusammenarbeit. 1967 bis 1969 Vizepräsident des Bundestages, übernahm er 1968 den Parteivorsitz der FDP (bis 1974).
Nach der Bundestagswahl 1969 bildete Scheel mit dem SPD-Vorsitzenden *Willy Brandt* (▷ 14.18) die *sozialliberale Koalition*

(▷ 14.17) und wurde Vizekanzler und Außenminister. Gemeinsam mit Brandt brachte er die neue *Ostpolitik* (▷ 14.20) in Gang und verteidigte sie in langen und heftigen Bundestagsdebatten gegen die Opposition von CDU und CSU. 1974 wurde Scheel mit den Stimmen der SPD und FDP zum Bundespräsidenten gewählt. Er siegte über den Kandidaten der CDU/CSU *Richard von Weizsäcker* (▷ 15.32). Seine Amtszeit endete am 30. Juni 1979; er wurde Ehrenvorsitzender der FDP.

14.20 Ostpolitik

Die Ostpolitik der Bundesrepublik Deutschland hatte eigentlich mit der Moskaureise des Bundeskanzlers Adenauer im September 1955 und der anschließenden Aufnahme diplomatischer Beziehungen zur Sowjetunion begonnen. Sie konnte sich freilich in der Folgezeit nicht entfalten, da die Bundesregierung die Anerkennung ihrer Rechtsposition verlangte: u. a. Beharren auf den Grenzen von 1937, Nichtanerkennung der DDR und der in der *Hallsteindoktrin* (▷ 13.28) formulierte Alleinvertretungsanspruch. Die Bemühungen des Außenministers Gerhard Schröder (1961–66), im Kontakt mit den osteuropäischen Staaten Bewegung in die Ostpolitik zu bringen, scheiterten, weil Bonn in seine Bemühungen Moskau und Ost-Berlin nicht einbezogen hatte und nicht zur Anerkennung der DDR als selbständigem Staat bereit war.

Auch die *Große Koalition* (▷ 14.7) hielt noch, obwohl sie ihre Bereitschaft zu neuen Initiativen in der Deutschland- und Ostpolitik deutlich herausstellte, an den alten Grundsatzpositionen fest. Es kam zwar zu Sondierungsgesprächen mit Moskau, auch mit den übrigen Ostblockstaaten und zu einem Briefwechsel zwischen Bundeskanzler Kiesinger und dem DDR-Ministerpräsidenten Stoph, aber konkrete Ergebnisse auf Regierungsebene und Fortschritte in der Normalisierung der Beziehungen wurden nicht erzielt. Eine Ausnahme bildete Rumänien, mit dem im Januar 1967 die Aufnahme diplomatischer Beziehungen vereinbart wurde.

In der *sozialliberalen Koalition* (▷ 14.17) waren nun mit den Vorsitzenden von SPD und FDP, Willy Brandt und Walter Scheel, zwei Partner zusammengetroffen, die entschlossen waren, durch konsequenten Abbau der Konfrontation mit allen Ostblockstaaten einschließlich der DDR zu Verhandlungen zu kommen und – ausgehend von der bestehenden Lage – Abmachungen zu erreichen, die zur Entspannung in Europa und zur Sicherung des Friedens beitragen konnten. Erklärtes Motiv für diese Politik war das Interesse der Bundesrepublik, den Zusammenhalt der ganzen deutschen Nation durch vermehrten Austausch zwischen den Menschen in der Bundesrepublik und in der DDR zu wahren und die Lebensfähigkeit West-Berlins zu sichern. Inzwischen hatten auch die Sowjetunion, Polen und die DDR ihre Bereitschaft erkennen lassen, mit der Bundesrepublik in konkrete Verhandlungen einzutreten.

Im Zusammenhang mit den Verhandlungen über den *Moskauer Vertrag* (▷ 14.22), den *Warschauer Vertrag* (▷ 14.23) und den *Grundlagenvertrag* (▷ 14.30) wurde in der Bundesrepublik zwischen Regierung und Opposition ein heftiger *innenpolitischer Kampf um die Ostpolitik* (▷ 14.28) geführt.

14.21 Brandt/Stoph-Treffen in Erfurt und Kassel

Die Gespräche zwischen der Bundesregierung und den Regierungen in Moskau und Warschau über den Abschluß von Verträgen waren bereits eingeleitet, als es im Januar/Februar 1970 auch zu einem Briefwechsel zwischen Bundeskanzler Brandt und DDR-Ministerpräsident Stoph und zur Vereinbarung zweier Gipfeltreffen kam: am 19. März 1970 in Erfurt und am 21. Mai 1970 in Kassel.

Die Vorverhandlungen zu diesen Treffen waren außerordentlich schwierig. Die sozialliberale Regierung war entschlossen, die Einheit der deutschen Nation zu wahren und die völkerrechtliche Anerkennung der DDR, die die DDR-Vertreter forderten, zu verweigern. Brandts Formulierung zur deutsch-deutschen Situation in seiner Regierungserklärung vom 28. Oktober 1969 hatte den Standpunkt der Bundesrepublik klar festgelegt: „Auch wenn zwei Staaten in Deutschland existieren, sind sie doch füreinander nicht Ausland; ihre Beziehungen zueinander können nur von besonderer Art sein."

Seit der gescheiterten *Münchner Ministerpräsidentenkonferenz* (▷ 12.16) vom Juni 1947 hatte es keine offiziellen Begegnungen zwischen Spitzenpolitikern der beiden sich auseinanderentwickelnden deutschen Staaten gegeben. So sah man in Ost und West diesem Treffen mit größter Spannung und hohen Erwartungen entgegen. Während in Erfurt die Bevölkerung die Absperrungen der Polizei durchbrach und Bundeskanzler Brandt demonstrativ spontane Sympathiebekundungen darbrachte, kam es in Kassel zu Störaktionen rechtsextremer Entspannungsgegner, die nach dem relativ harmonisch verlaufenen Erfurter Treffen die Begegnung in nüchterner, fast frostiger Atmosphäre ausklingen ließen. Die Standpunkte waren nach den beiden Treffen unverändert geblieben. Die DDR beharrte auf der vollen völkerrechtlichen Anerkennung, während Bundeskanzler Brandt, der die Gleichberechtigung der DDR anerkannte und den Austausch von Bevollmächtigten, nicht aber von Botschaftern, vorschlug, betonte: „.... Beide Staaten haben ihre Verpflichtungen zur Wahrung der Einheit der deutschen Nation." Da in den gleichzeitig laufenden Verhandlungen in Moskau ausdrücklich die Verbesserung der Beziehungen zwischen beiden deutschen Staaten als notwendig hervorgehoben worden war, ging auch das Gespräch zwischen Bonn und Ost-Berlin trotz der vorerst festgestellten Unver-

Bei seinem Besuch in Polen anläßlich der Unterzeichnung des Warschauer Vertrages ehrt Bundeskanzler Willy Brandt am Mahnmal des Warschauer Ghettos die Opfer des nationalsozialistischen Terrors (7. Dezember 1970)

einbarkeit der jeweiligen Standpunkte auf Staatssekretärsebene weiter.

Die von Bundeskanzler Brandt beim Kasseler Treffen vorgelegten 20 Punkte als Vorentwurf für ein zwischen beiden deutschen Staaten zu schließendes Abkommen bildeten den Umriß für den am 21. Dezember 1972 unterzeichneten *Grundlagenvertrag* (▷ 14.30) zwischen der Bundesrepublik Deutschland und der DDR. – Abb. S. 388.

14.22 Moskauer Vertrag

Die Vorverhandlungen in Moskau führte ab Ende Januar 1970 der Staatssekretär im Bundeskanzleramt und enge Vertraute Willy Brandts, Egon Bahr. Sie gestalteten sich anfänglich schwierig, da die sowjetische Seite auf der völkerrechtlichen Anerkennung der DDR durch Bonn bestand, während die Bundesrepublik vorrangig ein Gewaltverzichtsabkommen anstrebte. Im Verlauf der Gespräche und nach Abstimmung mit dem amerikanischen Präsidenten Richard Nixon gab die Bundesregierung Bahr freie Hand, auch „konkrete Tatbestände" miteinzubeziehen, also auch über die Grenzen zu sprechen. Das deutsche Eingehen auf die von dem sowjetischen Außenminister Andrei Gromyko geforderten Grenzgarantien hatte auf sowjetischer Seite zur Folge, daß jetzt die völkerrechtliche Anerkennung der DDR im Zusammenhang

mit dem Vertragsabschluß fallengelassen wurde. Das vorzeitig durch eine Indiskretion in der Bundesrepublik bekanntgewordene Verhandlungsdokument – als sogenanntes Bahr-Papier in einer westdeutschen Illustrierten veröffentlicht – führte zu einer heftigen innenpolitischen Auseinandersetzung, da die Opposition darin den Beweis zu erkennen glaubte, daß die Bundesregierung zu eilfertig verhandelt und unveräußerliche Rechtspositionen aufgegeben oder nicht sorgfältig genug abgesichert habe.

Die Abschlußverhandlungen in Moskau führte Bundesaußenminister Walter Scheel. Am 12. August 1970 fand in Moskau die Unterzeichnung des Vertrages durch die Regierungschefs Brandt und Kossygin sowie durch die Außenminister Scheel und Gromyko statt. Der Vertrag besteht aus vier Artikeln. Während in Artikel I beide Staaten bekunden, „die Normalisierung der Lage in Europa und die Entwicklung friedlicher Beziehungen zwischen allen europäischen Staaten zu fördern", wird in Artikel II die Verpflichtung ausgesprochen, „sich ... in ihren gegenseitigen Beziehungen... der Drohung mit Gewalt oder der Anwendung von Gewalt zu enthalten". In Artikel III verpflichten sich beide Staaten, „die territoriale Integrität aller Staaten in Europa in ihren heutigen Grenzen uneingeschränkt zu achten, sie erklären, daß sie keine Gebietsansprüche gegen irgend jemand ha-

Deutsch-deutsches Gipfeltreffen am 21. Mai 1970 in Kassel. DDR-Ministerpräsident Willi Stoph (links) und Bundeskanzler Brandt

ben und solche in Zukunft auch nicht erheben werden, sie betrachten heute und künftig die Grenzen aller Staaten in Europa als unverletztlich ... einschließlich der Oder-Neiße-Linie, die die Westgrenze der Volksrepublik Polen bildet, und der Grenze zwischen der Bundesrepublik Deutschland und der Deutschen Demokratischen Republik". In Artikel IV wird vermerkt, daß die von beiden Staaten früher abgeschlossenen zwei- und mehrseitigen Verträge durch diesen Vertrag nicht berührt werden.

Zur unmißverständlichen Klarstellung der Position der Bundesrepublik Deutschland schrieb Bundesaußenminister Scheel an den sowjetischen Außenminister Gromyko den sogenannten „Brief zur deutschen Einheit", der von der Sowjetunion ohne Widerspruch entgegengenommen wurde und somit nach völkerrechtlichen Gepflogenheiten Bestandteil des Vertragswerks wurde. In diesem Brief betonte Scheel, daß der „Vertrag nicht im Widerspruch zu dem politischen Ziel der Bundesrepublik Deutschland steht, auf einen Zustand des Friedens in Europa hinzuwirken, in dem das deutsche Volk in freier Selbstbestimmung seine Einheit wiedererlangt".

14.23 Warschauer Vertrag

Seit Anfang des Jahres 1970 waren auch Vorverhandlungen über einen Vertrag zur Normalisierung der gegenseitigen Beziehungen mit Polen im Gange, die auf deutscher Seite Staatssekretär Duckwitz leitete. In der Endphase der Verhandlungen legten die beiden Außenminister den endgültigen Text fest. Der Vertrag wurde am 7. Dezember 1970 von Bundeskanzler Brandt, dem polnischen Ministerpräsidenten Cyrankiewicz sowie den Außenministern Scheel und Jędrychowski unterzeichnet.

Im Artikel I wird festgestellt, daß die durch die *Potsdamer Konferenz* (▷ 12.4) festgelegte Oder-Neiße-Linie „die westliche Staatsgrenze der Volksrepublik Polen bildet". Beide Seiten bekräftigen die „Unverletzlichkeit ihrer bestehenden Grenzen jetzt und in der Zukunft" und verpflichten sich zur uneingeschränkten Achtung ihrer territorialen Integrität. „Sie erklären, daß sie gegeneinander keinerlei Gebietsansprüche haben und solche auch in Zukunft nicht erheben werden." Artikel II enthält den Verzicht auf Gewaltanwendung und -androhung, Artikel III den Willen zur vollen Normalisierung (Austausch von Botschaftern) und umfassenden Entwicklung der gegenseitigen Beziehungen. In einer Anlage zum Vertragswerk sprach die polnische Regierung die Regelung humanitärer Fragen an und erklärte ihre Bereitschaft, im Zuge der Familienzusammenführung Einwohner mit unbestreitbar deutscher Volkszugehörigkeit ausreisen zu lassen. Außerdem bestätigte die polnische Regierung noch einmal ihre auf ganz Deutschland bezogene Erklärung vom 24. August 1953, mit der sie von 1954 an auf weitere Reparationsleistungen verzichtet hat.

Bei seinem Warschauer Aufenthalt legte Bundeskanzler Brandt am 7. Dezember 1970 auch einen Kranz am Denkmal für die Opfer des jüdischen Ghettoaufstandes nieder. Protokollarisch unvorhergesehen, ehrte er dabei die Ghetto-Opfer, indem er für eine Gedenkminute niederkniete. Das Bild ging um die Welt. Die in dieser ungewöhnlichen Geste zum Ausdruck kommende Absicht, die Bitte um Versöhnung, wurde gerade im polnischen Volk mit Anteilnahme aufgenommen und verstanden, nicht hingegen in Teilen der deutschen Öffentlichkeit, die Brandts Verhalten als überzogen und unangebracht bezeichneten. Politisch bedeutsamer war allerdings die inhaltliche Kritik an dem Vertragswerk selbst (▷ 14.28). – Abb. S. 387.

14.24 Viermächteabkommen über Berlin

Im Zuge der allgemeinen Entspannungspolitik zwischen Ost und West begannen im März 1970 Gespräche zwischen den vier Siegermächten des 2. Weltkrieges über eine neue Berlin-Regelung. Die Botschafter der USA, Großbritanniens und Frankreichs in Bonn und der sowjetische Botschafter in der DDR trafen sich im ehemaligen alliierten Kontrollratsgebäude in West-Berlin. Nicht nur die *Berliner Blockade* 1948/49 (▷ 12.20) und das *Berlin-Ultimatum* Chruschtschows von 1958 (▷ 13.35) hatten gezeigt, wie ungesichert die Situation West-Berlins innerhalb der sowjetisch besetzten Zone bzw. der DDR war; auch nach dem *Mauerbau* 1961 (▷ 13.40) gab es immer wieder für die DDR-Führung Anlässe, den Verkehr zwischen der Bundesrepublik und Berlin empfindlich zu stören. Diesen unbefriedigenden und anfälligen Zustand durch eine Neuregelung endgültig zu bereinigen und damit die Lebensfähigkeit West-Berlins auf Dauer zu sichern, war das Bestreben der deutschen Bundesregierung und der westlichen Schutzmächte. Anfänglich zeichnete sich in den Botschaftergesprächen kein Fortschritt ab. Nachdem jedoch der *Moskauer Vertrag* (▷ 14.22) unterzeichnet war und der *Warschauer Vertrag* (▷ 14.23) weitgehend feststand, ließ die Bundesregierung in Absprache mit den Westmächten in Moskau verlauten, eine Ratifizierung des Moskauer Vertrages werde sich im Bundestag nicht durchsetzen lassen, wenn nicht gleichzeitig eine zufriedenstellende Berlin-Regelung abgeschlossen worden sei.

Da die Sowjetunion auch daran interessiert war, daß es im Gesamtrahmen der neuen deutschen *Ostpolitik* (▷ 14.20) zugleich zu einem Abkommen zwischen beiden deutschen Staaten kam, da sie darüber hinaus seit langem das Zustandekommen einer gesamteuropäischen Sicherheitskonferenz anstrebte

Unterzeichnung des Viermächteabkommens über Berlin durch die Botschafter Frankreichs, Großbritanniens, der UdSSR und der USA am 3. September 1971

(*Konferenz über Sicherheit und Zusammenarbeit in Europa,* ▷ 15.13), tat sie das Ihre dazu, daß das Viermächteabkommen am 3. September 1971 von den Botschaftern abgeschlossen werden konnte. Das Viermächteabkommen bestätigte die Verantwortlichkeiten und Rechte der vier Mächte unter Wahrung ihrer unterschiedlichen Rechtspositionen und legte fest, daß die bestehende Lage nicht einseitig verändert werden solle. Damit war auch die Anwesenheit der drei Westmächte in Berlin bekräftigt. Die Sowjetunion verpflichtete sich dazu, daß der „Transitverkehr von zivilen Personen und Gütern zwischen den Westsektoren Berlins und der Bundesrepublik Deutschland auf Straßen, Schienen- und Wasserwegen durch das Territorium der Deutschen Demokratischen Republik ohne Behinderungen sein wird, daß dieser Verkehr erleichtert werden wird, damit er in der einfachsten und schnellsten Weise vor sich geht, und daß er Begünstigung erfahren wird". Mit dieser Bestimmung war der DDR das alleinige Verfügungsrecht über den Berlinverkehr, das sie zu häufigen und willkürlichen Störaktionen benutzt hatte, genommen.

Weitere wichtige Regelungen betrafen die „Bindungen zwischen den Westsektoren Berlins und der Bundesrepublik Deutschland", die „aufrechterhalten und entwickelt werden" sollen, erhebliche Erleichterungen für West-Berliner bei Reisen in die DDR und die bestätigte und erweiterte Interessenvertretung West-Berlins durch die Bundesrepublik Deutschland im Ausland.

Eingeschränkt wurden die Bindungen West-Berlins an die Bundesrepublik mit dem Hinweis, daß „diese Sektoren so wie bisher kein Bestandteil (konstitutiver Teil) der Bundesrepublik Deutschland sind und auch weiterhin nicht von ihr regiert werden". Die Lage in und um Berlin, das ein Vierteljahrhundert lang einer der Hauptkonfliktpunkte der Weltpolitik war, wurde durch das Viermächteabkommen von 1971 entspannt und stabilisiert.

14.25 Transitabkommen

Den deutschen Stellen in Ost und West war die Detailausführung der im *Viermächteabkommen über Berlin* (▷ 14.24) festgelegten Regelungen übertragen worden. Seit März 1971 liefen Gespräche zwischen dem Berliner Se-

nat und der DDR-Regierung über eine umfangreiche Regelung des Reise- und Besucherverkehrs von West-Berlin nach Ost-Berlin und in die DDR, die am 20. Dezember 1971 zum Abschluß gebracht werden konnte. Gleichzeitig verhandelten Egon Bahr, Staatssekretär im Bundeskanzleramt, und der DDR-Staatssekretär, Michael Kohl, über ein Transitabkommen, das den Verkehr zwischen der Bundesrepublik Deutschland und West-Berlin regeln sollte; es wurde am 17. Dezember 1971 in Bonn unterzeichnet. Beide Abkommen traten als Ergänzungen zum Viermächteabkommen zusammen mit diesem am 3. Juni 1972 in Kraft.

Die Menschen in beiden deutschen Staaten und besonders auch die Berliner haben nach dem Abschluß dieser Vereinbarungen die deutlichen Verbesserungen dankbar empfunden und entsprechend genutzt. Die Zahl der West-Berliner, die Besuche in Ost-Berlin und in der DDR vornahmen, stieg ab 1972 sprunghaft an, ebenso die Zahl der Reisen zwischen der Bundesrepublik Deutschland und West-Berlin.

14.26 Betriebsverfassungsgesetz 1972

Zu einem der bedeutendsten innenpolitischen Reformgesetze der ersten Regierung Brandt/Scheel wurde das Betriebsverfassungsgesetz vom 15. Januar 1972, das die Vorschriften des Betriebsverfassungsgesetzes von 1952 ablöste. Bei der Bildung der sozialliberalen Koalition im Oktober 1969 war auf massiven Druck der FDP hin vereinbart worden, daß die Koalition keine Gesetzesinitiative zur Einführung der paritätischen Mitbestimmung außerhalb des Bereichs der Montanindustrie einbringen würde. Damit war der Weiterentwicklung der Mitbestimmung auf Unternehmensebene, wie sie die SPD und die Gewerkschaften seit langem anstreben, ein Riegel vorgeschoben. Erst 1976 wurde hier ein Koalitionskompromiß erreicht (▷ 15.17). In der Frage der betrieblichen Mitbestimmung waren schon in der vorangegangenen Legislaturperiode Gesetzentwürfe zur Novellierung des Betriebsverfassungsgesetzes von 1952 eingebracht worden. Die sozialliberale Koalition führte diese Arbeiten weiter, so daß das neue Betriebsverfassungsgesetz am 10. November

1971 vom Bundestag verabschiedet werden konnte. Das neue Gesetz regelte umfassend die Stellung der Gewerkschaften im Betrieb und verschaffte ihnen ein Zugangsrecht zum Betrieb. Die Institutionen der Betriebsvertretung wurden ausgebaut (Gesamt- und Konzernbetriebsräte, Jugendvertretungen). Die Betriebsräte erhielten erweiterte Mitbestimmungs- und Mitwirkungsrechte. So wurde die erzwingbare Mitbestimmung unter anderem auf die vorübergehende Verkürzung oder Verlängerung der betriebsüblichen Arbeitszeit, die Einführung und Anwendung technischer Einrichtungen zur Leistungsüberwachung und die Unfallverhütung ausgedehnt. Die Mitbestimmung der Betriebsräte bei personellen Einzelmaßnahmen wurde durch Verfahrensänderung verstärkt. Neu aufgenommen wurden in das Gesetz individuelle Rechte des Arbeitnehmers gegenüber dem Arbeitgeber, so das Recht, in betrieblichen Angelegenheiten, die seine Person betreffen, gehört zu werden, ein Vorschlagsrecht für die Gestaltung des Arbeitsplatzes und des Arbeitsablaufs, Einsicht in die Personalakte und ein Beschwerderecht des Arbeitnehmers.

14.27 Mißtrauensvotum gegen Bundeskanzler Brandt

Die CDU/CSU vermochte die ihr durch die Bildung der *sozialliberalen Koalition* (▷ 14.17) nach der Bundestagswahl vom 28. September 1969 zugewiesene Rolle der Opposition nach 20jähriger Regierungszeit nur schwer zu akzeptieren; sie war nicht in der Lage, den Machtverlust als einen ganz normalen Vorgang in einem funktionierenden parlamentarisch-demokratischen Staatswesen anzuerkennen. Sie setzte alles daran, schon lange vor Ablauf dieser Zeit die Regierungsmacht zurückzugewinnen.

Die neue *Ostpolitik* (▷ 14.20) der sozialliberalen Koalition war das Feld, auf dem die jetzige Opposition zum Sturm auf die Regierung ansetzte und wo die kontroversen Grundeinstellungen mit größter Heftigkeit aufeinanderprallten. Dabei war es das von Anfang an angestrebte, kaum verhüllte Ziel der Opposition, die nur schwache parlamentarische Mehrheit der Regierungskoalition (254 : 242

Stimmen) zum Einsturz zu bringen. Das schien zu gelingen, nachdem bereits im Oktober 1970 drei Abgeordnete des konservativen Flügels der FDP, darunter der frühere FDP-Vorsitzende Erich Mende, im Januar 1972 der SPD-Abgeordnete Hupka, Vorsitzender der Landsmannschaft Schlesien, und am 23. April 1972 der FDP-Abgeordnete Helms jeweils unter Beibehaltung ihrer Mandate zur CDU/CSU gewechselt hatten.

Da zudem in den letzten Landtagswahlen die SPD meist Stimmenverluste hinnehmen mußte, während die CDU zum Teil deutliche Stimmengewinne erzielte – in Baden-Württemberg erreichte sie am 23. April 1972 die absolute Mehrheit –, glaubte die Bundestagsfraktion der CDU/CSU, das im Grundgesetz vorgesehene konstruktive Mißtrauensvotum gegen Bundeskanzler Brandt beantragen zu können. Sie argumentierte, daß die Bundesregierung für ihre Politik keine Mehrheit mehr im Lande besitze. Der Bundestag wurde aufgefordert, den Vorsitzenden der CDU/CSU-Bundestagsfraktion und CDU-Vorsitzenden Rainer Barzel zum neuen Bundeskanzler zu wählen und den Bundespräsidenten zu ersuchen, Bundeskanzler Willy Brandt zu entlassen. Die Opposition glaubte sich ihrer Sache sicher zu sein, weil sie mit weiteren Stimmen aus der Koalition in der geheimen Abstimmung rechnete. Die Abstimmung am 27. April 1972 ergab für Barzel jedoch nur 247 Stimmen, 249 wären notwendig gewesen. So war das konstruktive Mißtrauensvotum gescheitert.

Dieser im Grundgesetz vorgesehene Vorgang des konstruktiven Mißtrauensvotums ist bei einem Teil der Bevölkerung auf Ablehnung gestoßen, weil damit das Ergebnis der Bundestagswahl vom September 1969 revidiert worden wäre, ohne daß die Wähler sich dazu hätten äußern können. Gegen das Mißtrauensvotum fanden in vielen Städten Demonstrationen und Arbeitsniederlegungen statt. Weil aber auch die Regierung keine Mehrheit im Bundestag mehr hatte („parlamentarisches Patt"), stellte Bundeskanzler Brandt am 20. September 1972 die Vertrauensfrage mit der Absicht, nach dem einkalkulierten Scheitern der Vertrauensabstimmung die Auflösung des Bundestages und Neuwahlen zu erreichen. In diesen Neuwahlen zum Bundestag vom 19. November 1972 erzielten

Deutscher Bundestag am 27. April 1972:
Das konstruktive Mißtrauensvotum gegen
Bundeskanzler Brandt scheiterte

beide Regierungsparteien deutliche Stimmengewinne; die SPD wurde erstmals stärkste Bundestagsfraktion. So konnte die Regierungskoalition aus SPD und FDP nun mit einer klaren Mehrheit von 271 Abgeordneten (CDU/CSU 225 Abgeordnete) gestärkt ihre Arbeit fortsetzen.

14.28 Innenpolitischer Kampf um die Ostpolitik

Die Initiativen der sozialliberalen Koalition in der Deutschland- und *Ostpolitik* (▷ 14.20) bauten auf Vorarbeiten der *Großen Koalition* (▷ 14.7) auf. Von Anfang an standen Bundeskanzler Brandt und sein Außenminister und Vizekanzler Scheel in ständiger Absprache und Übereinstimmung mit den westlichen Bündnispartnern. Das Ziel der Bundesregierung, mit dem Abschluß von Verträgen einen Beitrag zur Friedenssicherung zu leisten und die Entspannung in Europa voranzutreiben, fand die volle Zustimmung der Verbündeten und stand im Rahmen der im Bündnis gemeinsam betriebenen Entspannungspolitik gegenüber dem Osten. In der Bundesrepublik kam es jedoch zwischen Regierung und Opposition zu einer langanhaltenden und sich

im Laufe der Verhandlungen in Moskau, Warschau und Ost-Berlin ständig verschärfenden Kontroverse über die unterschiedlichen Standpunkte zur Ost- und Deutschlandpolitik und über die einzelnen Verhandlungsschritte und -ergebnisse.

Kernpunkte waren vor allem die Frage, ob die Hinnahme der bestehenden Grenzen in den Verträgen eine endgültige Anerkennung der Oder-Neiße-Linie als Westgrenze Polens bedeuten würde, und die Befürchtung, mit dem Abschluß eines Vertrages mit der DDR die völkerrechtliche Anerkennung des zweiten deutschen Staates auszusprechen. Schon Brandts Bemerkungen in seiner Regierungserklärung vom 28. Oktober 1969: „Auch wenn zwei Staaten in Deutschland existieren, sind sie doch füreinander nicht Ausland..." wurde von Rednern der Opposition scharf kritisiert und als „dunkle Stunde für dieses Haus, für unser Volk" bezeichnet. Als im Juli 1970 Unterlagen aus den Verhandlungen des Staatssekretärs Egon Bahr, das sogenannte „Bahr-Papier", in Moskau durch eine Indiskretion in der „Bild-Zeitung" und in der Illustrierten „Quick" vorab veröffentlicht wurden, glaubte die Opposition den Beweis für ihre Behauptung in der Hand zu haben, daß die Verhandlungen von deutscher Seite übereilt und nicht sorgfältig genug geführt und Rechtspositionen in dilettantischer Weise aufs Spiel gesetzt würden. Die Behandlung der Ostverträge im Bundesrat und im Bundestag führte im Februar 1972 zu einer mehrtägigen Redeschlacht. Nach dem Scheitern des *Mißtrauensvotums gegen Bundeskanzler Brandt* (▷ 14.27) rangen sich die Bundestagsfraktionen zu einer „gemeinsamen Entschließung" (17. Mai 1972) durch, mit der der Versuch gemacht wurde, Gemeinsamkeiten für die Abstimmung über die Ostverträge und bezüglich der darin erwähnten „heute tatsächlich bestehenden Grenzen" zu formulieren. Zur Deutschlandpolitik wird in der gemeinsamen Erklärung festgestellt: „Die Politik der Bundesrepublik Deutschland, die eine friedliche Wiederherstellung der nationalen Einheit im europäischen Rahmen anstrebt, steht nicht im Widerspruch zu den Verträgen ... Mit der Forderung auf Verwirklichung des Selbstbestimmungsrechts erhebt die Bundesrepublik Deutschland keinen Gebiets- oder Grenzänderungsanspruch".

Eine breite Mehrheit für die Ratifizierung der Verträge konnte die gemeinsame Entschließung, der 491 Abgeordnete zustimmten, gleichwohl nicht herbeiführen. Bei der Schlußabstimmung am 17. Mai 1972 stimmten dem Moskauer Vertrag 248 Abgeordnete zu, 10 stimmten mit „Nein", 238 enthielten sich der Stimme, dem Warschauer Vertrag stimmten ebenfalls 248 Abgeordnete zu. Hier ergaben sich 17 „Nein"-Stimmen und 231 Enthaltungen. Bei Stimmenthaltung des größten Teils der CDU/CSU-Fraktion waren damit die Verträge im Bundestag angenommen. Am 19. Mai 1972 ratifizierte auch der Bundesrat – bei Stimmenthaltung der CDU/CSU-geführten Länder – die beiden Ostverträge.

14.29 Verkehrsvertrag

Am 22. September 1972 billigte der Bundestag einstimmig bei 9 Enthaltungen der CDU/CSU den von den Staatssekretären Egon Bahr und Michael Kohl ausgehandelten und am 26. Mai 1972 unterzeichneten Verkehrsvertrag. Er trat am 17. Oktober 1972 in Kraft und war der erste Vertrag zwischen den beiden Staaten in Deutschland, den diese aus eigenem Recht und nicht im Rahmen alliierter Vereinbarungen schlossen. In ihm wurden alle praktisch-technischen Fragen des Verkehrs auf der Straße, Schiene und auf dem Wasser geregelt.

Das Vertragswerk enthält neben dem eigentlichen Vertragstext, Protokollvermerken und einem Briefwechsel auch eine „Information der DDR zu Reiseerleichterungen". Danach können mehrmals im Jahr Verwandte und Bekannte in der DDR besucht werden. Auch Reisen in die DDR aus kommerziellen, sportlichen, kulturellen und religiösen Gründen sowie Touristenreisen sind möglich. DDR-Bürger können bei dringenden Familienangelegenheiten in die Bundesrepublik reisen. Bisher hatte die DDR lediglich Bürgern im Rentenalter die Reise in die Bundesrepublik Deutschland gestattet.

14.30 Grundlagenvertrag

Die sozialliberale Koalition hatte schon in ihrer ersten Regierungserklärung am 28. Oktober 1969 den Anspruch vorgetragen, das Ver-

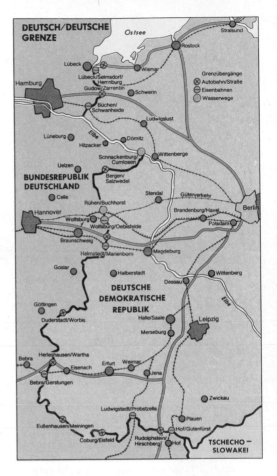

hältnis zwischen den beiden Staaten in Deutschland grundsätzlich neu zu regeln und in eine gesicherte und normale Form zu bringen. Die von Bundeskanzler Brandt im Kasseler Treffen mit dem DDR-Ministerratsvorsitzenden Stoph am 21. Mai 1970 (▷ 14.21) vorgelegten 20 Punkte bildeten die Vorlage für den auszuhandelnden Vertrag. Wie beim *Transitabkommen* (▷ 14.25) und beim *Verkehrsvertrag* (▷ 14.29) wurden die Verhandlungen von Staatssekretär Bahr für die Bundesrepublik Deutschland und Staatssekretär Kohl für die DDR geführt. Am 16. August 1972 begannen die offiziellen Verhandlungen über den Grundlagenvertrag (häufig auch Grundvertrag genannt), die am 8. November 1972 mit der Paraphierung in Bonn und am

Die Verhandlungsführer der Bundesrepublik Deutschland und der DDR, Egon Bahr (links) und Michael Kohl, nach der Unterzeichnung des Grundlagenvertrages am 21. Dezember 1972

21. Dezember 1972 mit der Unterzeichnung in Ost-Berlin abgeschlossen wurden.

Beide Vertragspartner verpflichteten sich, zueinander normale gutnachbarliche Beziehungen auf der Grundlage der Gleichberechtigung aufzubauen, sich von den Prinzipien der UN-Charta leiten zu lassen und gegenseitig auf Gewaltanwendung und die Drohung mit Gewalt zu verzichten. Die Unverletzlichkeit der zwischen ihnen bestehenden Grenze, die uneingeschränkte Achtung ihrer territorialen Integrität, die Beschränkung der Hoheitsgewalt jedes der beiden Staaten auf das eigene Staatsgebiet und die Respektierung der Unabhängigkeit und Selbständigkeit jedes der beiden Staaten in seinen inneren und äußeren Angelegenheiten wurden ausdrücklich bekräftigt. Die Vertragspartner sind sich darin einig, friedliche Beziehungen besonders zwischen den europäischen Staaten zu fördern und zu den Bemühungen um eine kontrollierte internationale Rüstungsbegrenzung und Abrüstung beizutragen. Im Zuge der Norma-

lisierung ihrer Beziehungen erklärten sich beide Seiten bereit, praktische und humanitäre Fragen zu regeln und eine Reihe von Abkommen über Zusammenarbeit auf verschiedenen Gebieten zu schließen. Der Austausch von ständigen Vertretungen wurde ebenfalls vereinbart.

Die dem Vertrag beigefügten Protokolle, Briefe und Dokumente beziehen sich unter anderem auf Arbeitsmöglichkeiten für Journalisten, Reiseerleichterungen, Familienzusammenführung sowie auf den Eintritt beider Staaten in die UN. Wie beim Abschluß des *Moskauer Vertrages* (▷ 14.22) übergab die Bundesregierung einen Brief zur deutschen Einheit. Das Bundesverfassungsgericht lehnte am 31. Juli 1973 eine Verfassungsklage Bayerns ab und erklärte den Grundlagenvertrag für „mit dem Grundgesetz vereinbar". Es verwies aber hinsichtlich einer künftigen friedensvertraglichen Regelung auf das Fortbestehen der Viermächteverantwortung für Deutschland als Ganzes.

Daten

17. Sept. 1961	Bundestagswahl
14. Nov. 1961	4. Kabinett Adenauer
24. Jan. 1962	Einführung der allgemeinen Wehrpflicht in der DDR
26. Okt. 1962	Beginn der „Spiegelaffäre"
19. Nov. 1962	Rücktritt von Verteidigungsminister Franz Josef Strauß
14. Dez. 1962	5. Kabinett Adenauer
22. Jan. 1963	Deutsch-Französischer Freundschaftsvertrag
23.–26. Juni 1963	Staatsbesuch Kennedys
15. Okt. 1963	Rücktritt Adenauers
16. Okt. 1963	Ludwig Erhard wird Bundeskanzler
17. Dez. 1963	1. Passierscheinabkommen
1963–1966	Auschwitz-Prozesse
12. Juni 1964	Freundschaftsvertrag zwischen Sowjetunion und DDR
1. Juli 1964	Heinrich Lübke zum 2. Mal Bundespräsident
24. Sept. 1964	Willi Stoph Vorsitzender des DDR-Ministerrats
12. Mai 1965	Aufnahme diplomatischer Beziehungen zu Israel
19. Sept. 1965	Bundestagswahl
26. Okt. 1965	2. Kabinett Erhard
25. März 1966	Friedensnote der Regierung Erhard
1. Dez. 1966	Kurt Georg Kiesinger Bundeskanzler; Große Koalition
14. Febr. 1967	1. konzertierte Aktion
20. Febr. 1967	Gesetz über DDR-Staatsbürgerschaft
2. Juni 1967	Tod von Benno Ohnesorg
8. Juni 1967	Stabilitätsgesetz
1. Juli 1967	Vereinigung der 3 Europäischen Gemeinschaften
6. April 1968	neue DDR-Verfassung
11. April 1968	Attentat auf Rudi Dutschke
30. Mai 1968	Verabschiedung der Notstandsgesetze
1. Juli 1968	Zollunion der EG
21. Aug. 1968	Einmarsch von Truppen des Warschauer Pakts in die ČSSR
5. März 1969	Wahl Gustav Heinemanns zum Bundespräsidenten
28. Sept. 1969	Bundestagswahl
20. Okt. 1969	Willy Brandt Bundeskanzler; sozialliberale Koalition
28. Nov. 1969	Unterzeichnung des Atomwaffensperrvertrags
19. März 1970	1. Treffen Brandt/Stoph in Erfurt
21. Mai 1970	2. Treffen Brandt/Stoph in Kassel
12. Aug. 1970	Moskauer Vertrag
7. Dez. 1970	Warschauer Vertrag
3. Mai 1971	Rücktritt Ulbrichts als 1. Sekretär der SED; Nachfolger Erich Honecker
3. Sept. 1971	Viermächteabkommen über Berlin
10. Dez. 1971	Friedensnobelpreis für Brandt
17./20. Dez. 1971	Transitabkommen
15. Jan. 1972	neues Betriebsverfassungsgesetz
27. Febr. 1972	Mißtrauensvotum gegen Brandt gescheitert
17. Mai 1972	Ratifizierung der Ostverträge im Bundestag
26. Mai 1972	Verkehrsvertrag
3. Juni 1972	Viermächte-Schlußprotokoll zum Abkommen über Berlin; Inkrafttreten der Ostverträge
19. Nov. 1972	Bundestagswahl
15. Dez. 1972	2. Kabinett Brandt
21. Dez. 1972	Grundlagenvertrag

Kapitel 15: Deutsch-deutsche Verantwortung (1972–1985)

Einführung

Auf Grund ihres eindrucksvollen Wahlsieges vom 19. November 1972 mit einer komfortablen Mehrheit im Bundestag ausgestattet, hätte die sozialliberale Koalition nun an die zügige Verwirklichung der in der vergangenen Legislaturperiode angekündigten, aber liegengebliebenen innenpolitischen Reformen gehen können. Doch in dieser Hinsicht ließ die zweite Regierung Brandt/Scheel das Jahr 1973, in dem zudem kein Landtagswahlkampf stattfand, weitgehend ungenutzt verstreichen. Die wirtschaftspolitischen Bemühungen richteten sich darauf, die überhitzte Konjunktur und die damit einhergehenden Preissteigerungen zu dämpfen. Dem Ansehen der Bundesregierung nicht zuträglich war die öffentliche Diskussion, die um die Fernhaltung von Extremisten vom öffentlichen Dienst eingesetzt hatte. Der Bundeskanzler und die Länderregierungschefs hatten im Januar 1972 hierzu den sogenannten Radikalenerlaß beschlossen.

Am 1. Januar 1973 war aus der EWG der sechs Gründerstaaten die Gemeinschaft der Neun geworden, wozu das politische Engagement der Regierung Brandt – und ihrer Vorgängerinnen – maßgeblich beigetragen hatte. Neben Dänemark und Irland trat den Europäischen Gemeinschaften auch Großbritannien bei. Von dessen langer parlamentarisch-demokratischer Tradition erwartete man sich auch eine innere Stärkung der Gemeinschaft – eine Hoffnung, die sich nicht erfüllen sollte. Die Vertragspolitik mit den östlichen Nachbarn der Bundesrepublik wurde im Dezember 1973 mit dem Abschluß des Deutsch-Tschechoslowakischen Vertrages fortgesetzt. Ein weiteres Ergebnis der sozialliberalen Ostpolitik bildete die Aufnahme der Bundesrepublik Deutschland und der DDR in die Organisation der Vereinten Nationen im September 1973. Wohl hatte die Bundesrepublik seit langem in den Unter- und Sonderorganisationen der UN mitgearbeitet, doch nun wurden die beiden deutschen Staaten Vollmitglieder des internationalen Zusammenschlusses, den die damaligen Feindstaaten Hitlerdeutschlands 1945 gegründet hatten.

Die massive Verteuerung des Erdöls im Gefolge des 4. israelisch-arabischen Krieges (Jom-Kippur-Krieg) vom Oktober 1973 – von den arabischen Ölförderländern als politische Waffe eingesetzt und von den westlichen Ölkonzernen ausgenutzt – hob auf drastische Weise die Knappheit dieses Rohstoffs und die Abhängigkeit der Industriegesellschaften vom Öl ins allgemeine Bewußtsein. Außer der Verteuerung des Erdöls gehörte auch der Zusammenbruch des Weltwährungssystems (1973) zu den Ursachen der Wirtschaftskrise, die nun die westlichen Industriestaaten erfaßte. In der Bundesrepublik stieg die Zahl der Arbeitslosen 1974 auf über eine halbe Million und betrug in den Jahren 1975/76/77 jeweils über eine Million.

Der Führungsstil von Bundeskanzler Brandt wurde schon seit 1973 in den eigenen Reihen kritisiert. Der Fraktionsvorsitzende der SPD Wehner hatte gar von Moskau aus an der Ostpolitik der Bundesregierung und am Bundeskanzler Kritik geübt. In diese Situation platzte Ende April 1974 die Verhaftung Günter Guillaumes, der als Referent im Kanzleramt einer der engen Mitarbeiter Brandts war, unter dem Verdacht der Spionagetätigkeit für die DDR. Für die Fahrlässigkeiten im Zusammenhang mit der Agentenaffäre übernahm der Bundeskanzler selbst die politische Verantwortung und erklärte am 6. Mai 1974 seinen Rücktritt.

Die SPD bestimmte Helmut Schmidt zum Nachfolger, und am 16. Mai 1974 wählte der Bundestag mit den Stimmen von SPD und FDP Schmidt zum Bundeskanzler. Am Tag zuvor hatte die Bundesversammlung den bisherigen Vizekanzler und Außenminister Walter Scheel (FDP) zum Bundespräsidenten gewählt, nachdem Gustav Heinemann auf die Kandidatur für eine zweite Amtsperiode verzichtet hatte. In dem SPD-FDP-Kabinett, das Bundeskanzler Schmidt am 17. Mai vorstellte, übernahm daher der bisherige Innenminister Hans-Dietrich Genscher die Ämter des Außenministers und des Vizekanzlers; er wurde wenig später auch Vorsitzender der FDP. Unter dem Motto „Kontinuität und Konzentration" begann die Regierung Schmidt/Genscher bei Fortführung der bisherigen Außenpolitik die innenpolitischen Reformvorhaben unter den Bedingungen der Wirtschaftskrise einzuschränken. Die Erhaltung und Sicherung des Bestehenden trat nun in den Vordergrund, die Innenpolitik der sozialliberalen Koalition gewann konservative Züge.

Der politische Konservatismus in Gestalt der CDU/CSU stand freilich auch zur neuen Bundesregierung in unvermindert scharfer Opposition. In der Union hatte ein Wechsel der politischen Führung stattgefunden. Rainer Barzel, der schon 1972 seine Vorstellungen zur Ostpolitik in der Fraktion nicht hatte durchsetzen können und als Kanzlerkandidat bei der Bundestagswahl 1972 eine schwere Niederlage hatte erleiden müssen, trat im Mai/Juni 1973 als Vorsitzender der CDU/CSU-Bundestagsfraktion und als Bundesvorsitzender der CDU zurück. Ein Sonderparteitag der CDU wählte im Juni 1973 den rheinland-pfälzischen Ministerpräsidenten Helmut Kohl zum neuen Parteivorsitzenden. Kohl führte die Union dann auch als Kanzlerkandidat in die Bundestagswahl von 1976 und übernahm nach der Wahlniederlage die Führung der Unionsfraktion im Bundestag.

Die anhaltende Opposition der CDU/CSU gegen die Ostpolitik der Regierung Schmidt zeigte sich auch in den Auseinandersetzungen um den deutschen Beitrag zur Konferenz über Sicherheit und Zusammenarbeit in Europa (KSZE). In der grundsätzlichen Ablehnung der Konferenz stand die Union – zusammen mit Albanien – in Europa allein. Gewiß, viele der Absichtserklärungen, die die Staats- und Regierungschefs von 35 Staaten (einschließlich der USA und Kanada) in der Schlußakte von Helsinki am 1. August 1975 unterzeichneten, waren angesichts des weiterbestehenden Ost-West-Konflikts zunächst rhetorischer Natur, doch wurden mit der KSZE in ganz Europa politische Prozesse in Gang gesetzt, denen sich auch die kommunistischen Staaten nicht völlig entziehen konnten. Bei fester Verankerung im westlichen Bündnis entwickelte die Regierung Schmidt/Genscher die von der Regierung Brandt/Scheel begonnene Ostpolitik weiter.

In der DDR vollzog sich der Übergang von Ulbricht zu Honecker schrittweise. Nachdem Ulbricht das politisch entscheidende Amt des Ersten Sekretärs der SED schon 1971 an Honecker abgegeben hatte, wurde nach Ulbrichts Tod 1973 zunächst der bisherige Ministerpräsident Willi Stoph Vorsitzender des Staatsrats. Dieses Amt übernahm 1976 zusätzlich Erich Honecker, mittlerweile Generalsekretär der SED, während Stoph wieder Vorsitzender des Ministerrats wurde. Nach dem Abschluß des Grundlagenvertrages 1972 wurde die DDR von fast allen Staaten der Erde diplomatisch anerkannt und gleichzeitig mit der Bundesrepublik im September 1973 in die UN aufgenommen. Das jahrelang von der DDR-Führung beharrlich verfolgte Ziel der internationalen Anerkennung war damit erreicht. Gegenüber der Bundesrepublik betrieb die DDR ihre Politik der Abgrenzung weiter. Gerade die durch die Vertragspolitik verstärkten Kontakte zwischen den Menschen in beiden deutschen Staaten und das Beharren der Bundesrepublik auf der Einheit der deutschen Nation führte die DDR-Führung dazu, die grundsätzlichen Unterschiede im politischen und gesellschaftlichen System hervorzuheben. Für zahlreiche Institutionen und Organisationen der DDR erfolgten Namensänderungen, bei denen der Bestandteil „deutsch" oder „Deutschland" gestrichen wurde. 1974 wurde schließlich der Begriff „deutsche Nation" aus der Verfassung der DDR herausgenommen. Regimekritiker wie Robert Havemann, Rudolf Bahro oder Wolf Biermann wurden unterschiedlichen repressiven Maßnahmen unterzogen (Hausarrest, Haft, Abschiebung und Ausbürgerung).

Die Bundesrepublik Deutschland erlebte im Jahr 1977 einen Höhepunkt terroristischer Aktionen der „Rote Armee Fraktion" (RAF) und ihrer Nachfolgeorganisationen. Im April wurden Generalbundesanwalt Siegfried Buback und zwei seiner Begleiter in Karlsruhe auf offener Straße erschossen. Im Juli folgte der Mordanschlag auf den Vorstandssprecher der Dresdner Bank, Jürgen Ponto. Und im September wurde der Präsident der Spitzenverbände der Industrie und der Arbeitgeber, Hanns-Martin Schleyer, entführt und ermordet. Die Herausforderung durch den Terrorismus hat die Bundesrepublik, im ganzen gesehen, durch besonnenes Handeln und ohne größere Beeinträchtigungen der Rechtsstaatlichkeit bestanden.

Der anhaltenden Wirtschaftskrise suchte die Regierung Schmidt durch nationale und internationale Maßnahmen zu begegnen. Die staatliche Kreditaufnahme wurde ausgeweitet und der Arbeitslosigkeit mit beschäftigungswirksamen öffentlichen Programmen erfolgreich gegengesteuert. Bundeskanzler Schmidt war – auch nachdem die konzertierte Aktion 1977 geplatzt war – um einen wirtschaftspolitischen Konsens mit Gewerkschaften und Unternehmern bemüht. International suchte die Bundesregierung eine Abstimmung der Wirtschaftspolitik und die Verhinderung protektionistischer Maßnahmen zu erreichen. Hierzu diente auch die Teilnahme an den jährlichen Wirtschaftsgipfelkonferenzen der wichtigsten westlichen Staaten seit 1975. Die wirtschaftliche Zusammenarbeit mit den kommunistischen Staaten wurde ausgebaut. Nach der Bundestagswahl von 1980, bei der die Auseinandersetzung Schmidt–Strauß zu einem überraschend klaren Ergebnis für die sozialliberale Koalition führte, schien die Regierungspolitik ihre sozialdemokratische Prägung mehr und mehr zu verlieren. Der Abstand zwischen dem Bundeskanzler, der auf der Höhe seines Ansehens in der deutschen Bevölkerung und in der Welt stand, und seiner – nach wie vor von Willy Brandt geführten – Partei vergrößerte sich. Einschnitte im Sozialbereich lösten Proteste aus den Reihen der SPD und von den Gewerkschaften aus. Als dann die FDP zur Behebung der Krise weitere Belastungen der sozial Schwächeren bei Schonung der höheren Einkommensschichten forderte, brach die Koalition im September 1982 auseinander. Von schweren innerparteilichen Auseinandersetzungen begleitet, vollzog die FDP den Wechsel zur Koalition mit der CDU/CSU und ermöglichte die Wahl Helmut Kohls zum Bundeskanzler im konstruktiven Mißtrauensvotum am 1. Oktober 1982. Die Regierung Kohl/Genscher wurde durch die vorgezogene Bundestagswahl vom 6. März 1983 eindrucksvoll bestätigt. Der im Wahlkampf versprochene Aufschwung zeigte sich zwar in einer Belebung der Wirtschaft, die Arbeitslosigkeit freilich stieg von 1,8 Millionen (1982) auf 2,2 Millionen (1984/85). Gegen den Widerstand einer breiten Friedensbewegung, der sich auch die SPD anschloß, setzte die Bundesregierung 1983 die Stationierung amerikanischer Mittelstreckenraketen in der Bundesrepublik durch.

Seit der Wahl von 1983 sind im Bundestag mit der Fraktion der Grünen auch die neuen sozialen Bewegungen politisch vertreten, die in den 70er Jahren in Gestalt von Bürgerinitiativen, Frauen- und alternativer Bewegung entstanden waren. Die Etablierung der Grünen, die 1985 in Hessen sogar eine Koalitionsregierung mit der SPD bildeten, kann als Beweis für die Erneuerungsfähigkeit des politischen Systems der Bundesrepublik gelten. Den Grünen war es gelungen, ein vorhandenes Unbehagen an der modernen industriellen Gesellschaft zu artikulieren und die Erhaltung der natürlichen Lebensgrundlagen zu einem der vorrangigen politischen Themen in der Bundesrepublik zu machen.

Die Regierungskoalition der CDU/CSU und FDP überstand die Belastungen durch eine Reihe von Affären, in die verschiedene Bundesminister verwickelt waren. Die Flick-Affäre führte zum Rücktritt von Wirtschaftsminister Lambsdorff, der auf seiten der FDP einer der Architekten der Koalition mit der Union gewesen war. Die gehäuften Spionagefälle des Jahres 1985 blieben letztlich ohne Einfluß auf das Verhältnis zur DDR, das die Regierung Kohl, aufbauend auf der Deutschlandpolitik der sozialliberalen Koalition, weiterentwickelt hatte. Die DDR-Führung ihrerseits hatte auch nach dem Bonner Regierungswechsel an dem Bemühen festgehalten, die verschärfte weltpolitische Ost-West-Spannung möglichst wenig auf das deutsch-deutsche Verhältnis durchschlagen zu lassen.

15.1 Radikalenerlaß

Am 28. Januar 1972 beschlossen Bundeskanzler Brandt und die Ministerpräsidenten der Länder „Grundsätze über die Mitgliedschaft von Beamten in extremistischen Organisationen", die u. a. die Überprüfung von Bewerbern für den öffentlichen Dienst regeln sollten. Der Beschluß nahm Bezug auf die Beamtengesetze, nach denen die Angehörigen des öffentlichen Dienstes verpflichtet sind, sich zur freiheitlichen demokratischen Grundordnung im Sinne des Grundgesetzes zu bekennen. Dieser sogenannte Extremistenbeschluß ist vor allem unter der Bezeichnung „Radikalenerlaß" in die öffentliche Diskussion geraten, weil er in den Bundesländern ganz unterschiedlich ausgelegt wurde und in einer Reihe von Fällen zu Entscheidungen geführt hat, die als „Berufsverbote" im In- und Ausland auf heftige Kritik gestoßen sind. Besonders in der CDU und der CSU war die Sorge verbreitet, daß die aus den *Studentenunruhen* (▷ 14.15) der 60er Jahre hervorgegangenen linken Gruppierungen eine Gefahr für den Bestand des Staates darstellten, zumal die Wortführer der Studentenbewegung die Parole vom „langen Marsch durch die Institutionen" ausgegeben hatten.

Politiker der SPD und der FDP erhoben schon bald Bedenken gegen den Extremistenbeschluß und seine zum Teil sehr fragwürdige Praktizierung, v. a. gegen die Überprüfung Tausender von Bewerbern durch den Verfassungsschutz. Das Bundesverfassungsgericht erklärte 1975, die Entscheidung über die Eignung eines Bewerbers sei nicht von seiner Mitgliedschaft in einer als verfassungsfeindlich eingestuften, aber nicht als verfassungswidrig verbotenen Partei, sondern von seinem Verhalten und seiner Persönlichkeit abhängig zu machen. Der von der SPD-FDP-Regierung daraufhin im Bundestag eingebrachte und verabschiedete Gesetzentwurf „zur Änderung dienstrechtlicher Vorschriften" scheiterte an der CDU/CSU-Mehrheit im Bundesrat. So kam es zur Spaltung der Bundesländer in dieser Frage. Während die unionsregierten Länder am Extremistenbeschluß in der alten Form festhielten, wandten ab 1976 die von der SPD regierten Länder und der Bund die liberaleren Regelungen des gescheiterten Gesetzentwurfes an.

15.2 EG/Europa der Neun

1967 hatten *EWG* (▷ 13.32), *Montanunion* (▷ 13.10) und Europäische Atomgemeinschaft gemeinsame Organe der Europäischen Gemeinschaften (EG) gebildet: Ministerrat, Kommission, Europäisches Parlament und Europäischer Gerichtshof (der Europäische Rat als Gremium der Staats- bzw. Regierungschefs kam 1974 hinzu). Dem Drängen der übrigen fünf Mitgliedsstaaten (Bundesrepublik Deutschland, Italien, Niederlande, Belgien, Luxemburg) auf ein schnelleres Fortschreiten zur angestrebten politischen Union setzte Frankreich Widerstand entgegen. Staatspräsident de Gaulle lehnte eine Entwicklung der EG zum supranationalen Zusammenschluß ab und warb bei den Partnern für sein Konzept eines „Europa der Vaterländer". De Gaulle widersetzte sich auch der von den übrigen EG-Mitgliedern angestrebten Erweiterung der Sechsergemeinschaft namentlich um Großbritannien, das nach de Gaulles Einschätzung eine zu enge Partnerschaft mit den USA unterhielt.

Im Gegenzug zur Gründung der EWG (1957) hatten Großbritannien, Dänemark, Norwegen, Österreich, Portugal, Schweden und die Schweiz 1960 die Europäische Freihandelsassoziation (EFTA) gebildet, die als handelspolitischer Zusammenschluß in Konkurrenz zur EWG trat, in ihren Zielsetzungen jedoch bescheidener blieb.

Der Radikalenerlaß führte über Jahre hinweg zu Protesten und Demonstrationen. Hier eine Protestaktion in Frankfurt (Februar 1977)

399

*Konstituierende Sitzung des ersten direkt
gewählten Europäischen Parlaments
in Straßburg (Juli 1979)*

Die Erweiterung der EG war dennoch auf der
europäischen Tagesordnung geblieben. 1969
schließlich konnte Bundeskanzler Brandt auf
der Haager Gipfelkonferenz der EG seinen
Vorschlag durchsetzen, erneut Beitrittsver-
handlungen mit Großbritannien, Dänemark,
Irland und Norwegen aufzunehmen. Die
Konferenz erklärte gleichzeitig die Über-
gangsphase zur Errichtung eines gemeinsamen Marktes in der EWG für abgeschlossen –
die Zollunion war 1968 fast vollständig verwirklicht worden – und beschloß, nunmehr
eine Währungs- und Wirtschaftsunion zu verwirklichen. Die Beitrittsverträge konnten im
Januar 1972 unterzeichnet werden; am 1. Januar 1973 wurden Großbritannien, Dänemark und Irland Mitglieder der EG – in Norwegen hatte sich in einer Volksabstimmung
die Mehrheit gegen den EG-Beitritt ausgesprochen. Nach vielen vergeblichen Anläufen
gelang es, für 1979 die erste direkte Wahl des
Europäischen Parlaments durchzusetzen.
Wenngleich die Wahlbeteiligung in den neun
Staaten der EG sehr unterschiedlich war, bildeten doch Wahlkampf und Wahl einen
wichtigen Beitrag zum europäischen Bewußtsein der Bürger. Doch es blieb nicht beim Europa der Neun: Am 1. Januar 1981 trat Griechenland, am 1. Januar 1986 Spanien und
Portugal den Europäischen Gemeinschaften
bei. Weitere Länder des Mittelmeerraumes
(darunter die Türkei, die die volle Mitgliedschaft anstrebt) und über 60 Staaten der Dritten Welt sind mit der EWG durch Assoziie-
rungsverträge verbunden.

15.3 UN-Aufnahme beider deutscher Staaten

In einem Zusatzprotokoll zum *Grundlagenvertrag* (▷ 14.30) hatten die Bundesrepublik
und die DDR 1972 miteinander verabredet, in
zeitlicher Abstimmung einen Antrag auf Mitgliedschaft in den Vereinten Nationen zu stellen. Am 18. September 1973 wurden anläßlich
der 28. Vollversammlung der Vereinten Nationen (UN, = United Nations) in New York
die DDR als 133. und die Bundesrepublik
Deutschland als 134. Mitglied in die Weltor-
ganisation aufgenommen. Bundesaußenminister Walter Scheel nannte in seiner Rede vor
der UN-Vollversammlung die Prinzipien der
Selbstbestimmung, der Entspannung und des
Gewaltverzichtes als außenpolitische Leitli-
nien der Bundesregierung für ihre Mitarbeit
in den Vereinten Nationen. Er versicherte den
Delegierten: „Wo immer eine Schlacht um
die Befreiung des Menschen von leiblicher
Not, um sein Recht auf menschenwürdige

Existenz geschlagen wird, dort werden Sie die Bundesrepublik Deutschland in der ersten Reihe der Kämpfer finden. Immer wieder ist die Rede von der einen, der anderen, der Dritten Welt. Ich vermag den tieferen Sinn einer solchen Unterscheidung nicht zu erkennen. Sollten wir nicht statt dessen in Solidarität den Kampf gegen die Armut führen, gemeinsam als Bürger einer Welt? Wenn eine Politik dies möglich macht, so ist es die Politik der Entspannung. Meine Regierung hat daran mitgearbeitet. Die Entspannung soll keinen Exklusivcharakter haben, sie soll allen nützen. Der Abbau von Konfrontation kann Energien freisetzen. Sie sollen zur Überwindung wirtschaftlicher und sozialer Ungerechtigkeiten eingesetzt werden ..."
Die DDR erreichte mit der Aufnahme in die UN ihr Ziel einer weltweiten Anerkennung.

15.4 Ölkrise

Im 4. israelisch-arabischen Krieg vom Oktober 1973 setzten die arabischen Staaten, auch die nicht unmittelbar am Krieg beteiligten, erstmals das Öl als politische Waffe ein. Noch während des Krieges erhöhten die arabischen Ölförderstaaten drastisch den Ölpreis und beschlossen kontinuierliche Produktionsein-

Die Ölkrise führte im November/Dezember 1973 zur Verordnung eines Fahrverbots an vier Sonntagen. Hier das Autobahnkreuz Duisburg-Kaiserberg an einem der „autofreien Sonntage"

Die beiden deutschen Delegationen in der UN-Vollversammlung (1973). Im Vordergrund die DDR-Delegation mit Außenminister Otto Winzer, jenseits des Gangs die Delegation der Bundesrepublik Deutschland mit Außenminister Walter Scheel

schränkungen. Über die USA und die Niederlande wurde wegen deren proisraelischer Haltung ein Lieferboykott verhängt, der sich auch auf die übrigen westeuropäischen Staaten auswirkte. Die OPEC (Organisation der Erdöl exportierenden Länder), der auch eine Anzahl nichtarabischer Ölförderstaaten angehörte, zog mit ihrer Preispolitik nach. Der Rohölpreis, der 1970 noch 1,40 US-Dollar pro Barrel (= 158,8 Liter) betragen hatte, vervierfachte sich 1973. Die westlichen Ölkonzerne verstanden es, die Verknappung des Ölangebots für sich auszunutzen, und erzielten kräftige Gewinnsteigerungen.
In der Bundesrepublik Deutschland bestand die unmittelbare Reaktion auf die Ölkrise in einer Einschränkung des Energieverbrauchs, in der Verordnung von vier autofreien Sonntagen im November/Dezember 1973 und in der zeitweisen Einführung von Geschwindigkeitsbeschränkungen („Tempo 100" auf Autobahnen). Schlagartig wurde damit der breiten Öffentlichkeit die Abhängigkeit von den Erdölimporten und die begrenzte Verfügbarkeit des Rohstoffes Öl deutlich. Die Ölkrise war einer der auslösenden Faktoren für die schwerste *Wirtschaftskrise* (▷ 15.24) seit

Kriegsende, von der ab 1973/74 die westlichen Industriestaaten betroffen wurden. 1974 und in den folgenden Jahren nahm die OPEC weitere Preiserhöhungen vor. Durch die Revolution in Iran 1979 wurde eine zweite Ölkrise ausgelöst, die den Rohölpreis auf knapp 23 Dollar pro Barrel steigen ließ; den bisherigen Höchststand erreichte der Ölpreis im Oktober 1981 mit 34 Dollar.

15.5 Prager Vertrag

Im Rahmen der von der sozialliberalen Bundesregierung betriebenen *Ostpolitik* (▷ 14.20) wurden nach dem Abschluß des Moskauer und des Warschauer Vertrages sowie des Grundlagenvertrages mit der DDR im Mai 1973 auch Verhandlungen mit der tschechoslowakischen Regierung aufgenommen. Schon seit 1971 waren Vorgespräche geführt worden, die nur sehr mühsam vorankamen. Schwierigkeiten bereitete v. a. die Frage, ob das *Münchner Abkommen* von 1938 (▷ 11.25), in dem die Unterzeichnerstaaten Deutschland, Italien, Großbritannien und Frankreich die Tschechoslowakei zur Abtretung der mehrheitlich von Deutschen bewohnten Sudetengebiete gezwungen hatten, als ungültig „von Anfang an" bezeichnet werden sollte oder nur allgemein als nicht mehr gültig. Die Tschechoslowakei bestand auf der Ungültigkeitserklärung „von Anfang an", die Bundesregierung befürchtete, daß sich daraus unübersehbare Folgen staats- und privatrechtlicher Art ergeben könnten. In den Verhandlungen konnte im wesentlichen der deutsche Standpunkt durchgesetzt werden, d. h., das Münchner Abkommen wurde im Vertrag als „nichtig" bezeichnet; daraus sollten nachteilige Rechtsfolgen für die Betroffenen oder materielle Ansprüche der Tschechoslowakei nicht abgeleitet werden können. Die Formulierungen über den Gewaltverzicht und die Unverletzlichkeit der Grenzen waren dem Text des Warschauer Vertrages angepaßt. Am 11. Dezember 1973 unterzeichneten die Regierungschefs Brandt und Štrougal sowie die Außenminister Scheel und Chňoupek in Prag den Deutsch-Tschechoslowakischen Vertrag. Am selben Tag wurden die diplomatischen Beziehungen zwischen beiden Staaten aufgenommen.

Zehn Tage später wurde in Bonn, Sofia und Budapest mitgeteilt, daß auch zwischen der Bundesrepublik Deutschland und Bulgarien sowie Ungarn diplomatische Beziehungen aufgenommen wurden. – Abb. S. 404.

15.6 DDR-Verfassung

Auch nach dem Tode Walter Ulbrichts am 1. August 1973 hielt die DDR an ihrer Politik der Abgrenzung gegenüber der Bundesrepublik fest. Die vermehrten Kontakte, die mit der Verbesserung der Beziehungen zwischen beiden deutschen Staaten entstanden waren, lösten bei der DDR-Führung Befürchtungen hinsichtlich der Identität und Stabilität des eigenen Staates aus. Gegenüber der Hervorhebung der Einheit der deutschen Nation und der gemeinsamen deutschen Geschichte und Kultur durch die Bundesrepublik stellte die

Erich Honecker bei seiner Rede in Gera am 13. Oktober 1980

DDR-Führung die grundsätzlichen Unterschiede im politischen und gesellschaftlichen System heraus.

Die Verfassung der DDR aus dem Jahre 1968, die die Verfassung von 1949 abgelöst hatte, wurde 1974 erneut geändert. Gestrichen wurden alle Hinweise auf die deutsche Nation und auf Deutschland. Das Bündnis mit der Sowjetunion wurde jetzt als unwiderruflich in der Verfassung verankert.

Den Vorsitz im Staatsrat und damit die Funktion des Staatsoberhaupts übernahm 1976 *Erich Honecker* (▷ 15.7), der bereits 1971 Walter Ulbricht im politisch entscheidenden Amt des Ersten Sekretärs des ZK der SED abgelöst hatte. Ulbricht war noch bis zu seinem Tode 1973 Staatsratsvorsitzender geblieben; sein Nachfolger in diesem Amt wurde der bisherige Ministerpräsident Stoph, der 1976 erneut den Vorsitz im Ministerrat übernahm.

15.7 Erich Honecker

Honecker wurde am 25. August 1912 als Sohn eines Bergmanns in Neunkirchen/Saar geboren. Er erlernte das Dachdeckerhandwerk, trat 1926 dem Kommunistischen Jugendverband Deutschlands und 1929 der KPD bei; seit 1930 war er hauptamtlicher Funktionär. Nach der Machtübernahme der Nationalsozialisten arbeitete er im Untergrund, wurde 1935 verhaftet und 1937 vom Volksgerichtshof zu 10 Jahren Zuchthaus verurteilt. 1945 wurde er aus dem Zuchthaus Brandenburg befreit und von der KPD-Führung mit dem Aufbau der Jugendorganisation *FDJ* (▷ 13.23) beauftragt, deren Vorsitzender er 1946–55 war. Seit 1946 ununterbrochen im Parteivorstand bzw. Zentralkomitee der SED, war Honecker 1950 bis 1958 Kandidat, ab 1958 Mitglied des Politbüros und Sekretär des ZK für Sicherheitsfragen. Im Mai 1971 löste er *Ulbricht* (▷ 13.39) als Erster Sekretär des ZK ab, wurde im Juni Vorsitzender des Nationalen Verteidigungsrates und im November 1971 Mitglied des Staatsrates. Im Oktober 1976 wurde er auch Vorsitzender des Staatsrates, nachdem seine Parteiposition im Mai 1976 in „Generalsekretär" umbenannt worden war. Damit war Honecker erster Mann in Partei und Staat. Auch unter Honecker blieben die Beziehungen zwischen beiden deutschen Staaten störanfällig, die auf Abgren-

Günter Guillaume (rechts) mit Bundeskanzler Willy Brandt

zung gegenüber der Bundesrepublik fixierte Politik der SED wurde fortgesetzt. Die drastische Erhöhung der Zwangsumtauschsätze für Besucher der DDR und Ost-Berlins im Herbst 1980, die gezielt gegen den Besucherstrom aus der Bundesrepublik und West-Berlin gerichtet war, bildete einen Tiefpunkt im Verhältnis zwischen der DDR und der Bundesrepublik. Honecker hat sich allerdings in der durch den sowjetischen Einmarsch in Afghanistan (1979) ausgelösten schweren Ost-West-Krise sichtlich bemüht, die Spannungen nicht auf das deutsch-deutsche Verhältnis durchschlagen zu lassen und negative Auswirkungen auf die innerdeutschen Verbindungen zu verhindern. In diesem Bestreben sah er sich von Bundeskanzler Helmut Schmidt unterstützt, mit dem er im Dezember 1981 am Werbellinsee in der DDR zu einem dreitägigen Gespräch zusammentraf. Honecker hat auch nach dem Regierungswechsel in Bonn im Oktober 1982 und selbst noch nach dem Stationierungsbeschluß des Bundestages (November 1983) seine Gesprächsbereitschaft aufrechterhalten.

15.8 Guillaume-Affäre

Am 25. April 1974 gab die Bundesanwaltschaft bekannt, daß im Bundeskanzleramt ein enger Mitarbeiter des Bundeskanzlers Willy Brandt festgenommen worden sei, weil er im Verdacht stand, Spionage für die DDR betrieben zu haben. Günter Guillaume war, wie Bundesjustizminister Jahn in der Debatte des Bundestages berichtete, 1956 als angeblicher Flüchtling in die Bundesrepublik gekommen. Er war jedoch Mitarbeiter des Ministeriums für Staatssicherheit der DDR und Offizier der Nationalen Volksarmee. Seit diesem Zeitpunkt hatte er nachrichtendienstlich gearbeitet und war im wesentlichen auf die Parteiarbeit der SPD angesetzt worden. 1970 war er in das Bundeskanzleramt gekommen und hatte dort seit 1972 im Kanzlerbüro die Parteitermine des Bundeskanzlers zu organisieren sowie den Schriftverkehr mit Parteigliederungen und Mitgliedern zu führen.

Während sich Bundeskanzler Brandt tief betroffen und menschlich enttäuscht zeigte, forderte die Opposition die Untersuchung des Falles und Aufklärung über die Hintergründe. Brandt übernahm am 6. Mai 1974 in einem Schreiben an Bundespräsident Gustav Heinemann persönlich die Verantwortung für die Fahrlässigkeiten im Zusammenhang mit der Guillaume-Affäre und erklärte seinen Rücktritt vom Amt des Bundeskanzlers. Die SPD nominierte den bisherigen Bundesfinanzminister *Helmut Schmidt* (▷ 15.9), der am 16. Mai 1974 vom Bundestag zum Kanzler gewählt wurde.

Guillaume und seine Frau wurden Ende 1975 wegen schweren Landesverrates zu 13 bzw. 8 Jahren Gefängnis verurteilt. Sie wurden 1981 in die DDR abgeschoben. – Abb. S. 403.

15.9 Helmut Schmidt

Geboren am 23. Dezember 1918 in Hamburg als Sohn eines Studienrates, nahm Schmidt als Soldat und Offizier am 2. Weltkrieg teil, studierte 1946 bis 1949 Staatswissenschaften und trat 1946 in die SPD ein. 1947/48 war Schmidt Bundesvorsitzender des Sozialistischen Deutschen Studentenbundes (SDS), 1949 bis 1953 bei der Behörde für Wirtschaft und Verkehr in Hamburg tätig, ab 1952 Verkehrsdezernent. 1953–62 Mitglied des Bundestages, machte er sich einen Namen als Verteidigungsexperte. Als Innensenator in Hamburg (1961–65) wurde Schmidt durch sein energisches Eingreifen während der Sturmflutkatastrophe von 1962 weit über Hamburgs Grenzen hinaus bekannt. Seit 1965 wieder im Bundestag, wurde Schmidt 1967 Fraktionsvorsitzender der SPD, 1968–84 war er einer der beiden Stellvertreter des Partei

Unterzeichnung des Deutsch-Tschechoslowakischen Vertrages am 11. Dezember 1973 in Prag.
Am Tisch von links nach rechts: Bundesaußenminister Scheel, Bundeskanzler Brandt,
Ministerpräsident Lubomír Štrougal, Außenminister Bohuslav Chňoupek;
hinter Brandt stehend: Parteichef Gustav Husák

Bundeskanzler Helmut Schmidt auf dem Parteitag der SPD vom Dezember 1979 in Berlin, der ihn als stellvertretenden Parteivorsitzenden bestätigte

Außenminister Hans-Dietrich Genscher auf dem FDP-Parteitag in Hamburg (Oktober 1974), wo er zum Bundesvorsitzenden der Partei gewählt wurde

vorsitzenden. In der sozialliberalen Koalitionsregierung wurde Schmidt 1969 Verteidigungsminister, im Juli 1972 (nach dem Rücktritt Karl Schillers) Bundesminister für Wirtschaft und Finanzen; im Dezember 1972 gab er das Wirtschaftsressort an Hans Friderichs (FDP) ab.

Nach dem Rücktritt Bundeskanzler *Brandts* (▷ 14.18) im Zusammenhang mit der *Guillaume-Affäre* (▷ 15.8) wurde Schmidt mit den Stimmen von SPD und FDP zum Bundeskanzler gewählt. In seiner Regierungserklärung betonte Schmidt, die Leitworte der neuen Regierung seien „Kontinuität und Konzentration". Einige Reformvorhaben wurden im Hinblick auf die *Wirtschaftskrise* (▷ 15.24) zurückgestellt, die Entspannungspolitik dagegen konsequent fortgesetzt. Nach den von der SPD-FDP-Koalition gewonnenen Bundestagswahlen von 1976 und 1980 wurde Schmidt erneut zum Bundeskanzler gewählt. Bei der Abwehr des *Terrorismus* (▷ 15.11) bewies Schmidt Härte und Durchhaltevermögen, aber auch Augenmaß, so daß der liberale Rechtsstaat letztlich ohne größere Beeinträchtigungen blieb. Wegen seiner staatsmännischen und volkswirtschaftlichen Fähigkeiten erwarb sich Schmidt hohes internationales Ansehen. Mit dem französischen Staatspräsidenten Valéry Giscard d'Estaing, mit

dem ihn eine persönliche Freundschaft verband, setzte er die Vertiefung der deutschfranzösischen Zusammenarbeit fort.

Die anhaltende Weltwirtschaftskrise, die sich, wie in den anderen Industriestaaten, auch in der Bundesrepublik mit einem stetigen Ansteigen der Arbeitslosenzahlen und wachsendem Haushaltsdefizit auswirkte, führte nach 1980 zu Meinungsverschiedenheiten in der SPD-FDP-Koalition und schließlich zum Bruch. Helmut Schmidt, der sich zudem wachsendem Widerstand aus der eigenen Partei gegen den *NATO-Doppelbeschluß* (▷ 15.30) gegenübersah, wurde am 1. Oktober 1982 durch ein konstruktives Mißtrauensvotum der CDU/CSU-Opposition im Bündnis mit der Mehrheit der FDP-Fraktion unter Führung Genschers gestürzt. Neuer Bundeskanzler wurde der CDU-Vorsitzende Helmut Kohl.

15.10 Hans-Dietrich Genscher

In Reideburg bei Halle/Saale am 21. März 1927 geboren, studierte Genscher nach dem Abitur 1946–49 Jura in Halle und Leipzig. Er war nach 1945 zunächst Mitglied der LDPD der sowjetischen Zone. 1952 ging er in die

Links: Der Tatort in Köln, an dem Hanns-Martin Schleyer am 5. September 1977 entführt wurde und seine vier Begleiter erschossen wurden. Rechts: Schleyer in der Gewalt der RAF-Terroristen. Das Bild übersandten die Entführer einer französischen Zeitung zusammen mit einer brieflichen Aufforderung an die deutsche Bundesregierung, ihre Fahndungsaktivitäten aufzugeben

Bundesrepublik Deutschland und arbeitete ab 1954 als Rechtsanwalt. 1959–65 war Genscher Geschäftsführer der FDP-Bundestagsfraktion, daneben 1962–64 Bundesgeschäftsführer der FDP, seit 1965 Mitglied des Bundestages, 1968–74 stellvertretender Parteivorsitzender der FDP. In der sozialliberalen Koalitionsregierung ab 1969 Bundesinnenminister, ergriff er u.a. wichtige Initiativen im Umweltschutz. In der im Mai 1974 neugebildeten SPD-FDP-Regierung unter Helmut Schmidt wurde Genscher Außenminister und Vizekanzler, nachdem sein Vorgänger Walter Scheel zum Bundespräsidenten gewählt worden war. Auch im Parteivorsitz der FDP trat Genscher im Oktober 1974 die Nachfolge Scheels an. Die Koalitionsregierung Schmidt/Genscher wurde in den Bundestagswahlen 1976 und 1980 bestätigt.

Bereits im Sommer 1981 schrieb Genscher an seine Parteifreunde, es müsse eine „Wende" in der deutschen Politik stattfinden. 1982 vollzog er auf der Suche nach einer neuen Mehrheit den Wechsel zur Koalition mit der CDU/CSU in der Hoffnung, damit die in der Koalition mit der SPD aufgetretenen Schwierigkeiten und Meinungsverschiedenheiten bei der Bekämpfung der Wirtschaftskrise besser lösen und zugleich den deutlich erkennbaren Stimmenverlust der FDP bei den Landtagswahlen aufhalten zu können. Bundeskanzler

Schmidt wurde am 1. Oktober 1982 mit der CDU/CSU und der Mehrheit der Stimmen der FDP durch ein konstruktives Mißtrauensvotum gestürzt. Genscher blieb in der neuen Koalitionsregierung aus CDU, CSU und FDP unter Bundeskanzler Kohl Außenminister und Vizekanzler, trat aber 1984 von seinem Posten als Parteivorsitzender zurück.

15.11 Terrorismus

Aus einem kleinen Teil der studentischen Protestbewegung hatte sich nach 1968 eine terroristische Gruppierung unter dem Namen „Rote Armee Fraktion" (RAF) gebildet, die nach den Namen zweier ihrer Anführer auch Baader-Meinhof-Gruppe genannt wurde. Mit Brandanschlägen auf Kaufhäuser hatte es 1968 begonnen, später folgte eine Serie von Bombenanschlägen, vorwiegend gegen Einrichtungen der Polizei oder der amerikanischen Armee. Die terroristischen Aktivitäten der RAF standen anfangs noch unter einer sozialrevolutionären Zielsetzung, während sie später vor allem der Freipressung inhaftierter Terroristen dienten und schließlich in Gewaltausübung um der Gewalt willen übergingen. Die Terroristen arbeiteten aus dem Untergrund, sie hatten anfänglich mit Hilfe von Sympathisanten ein Netz von Stützpunkten aufgebaut. Durch Banküberfälle verschafften sie sich Geldmittel, durch Einbrüche in Behörden erbeuteten sie Blankoausweise und Stempel für die Anfertigung von falschen Pässen.

1972 gelang der Polizei die Festnahme der führenden RAF-Mitglieder. Doch diese setzten in der Haft ihren Kampf gegen die westdeutsche Gesellschaft fort. Sie riefen zu neuen terroristischen Aktionen auf und setzten das Mittel des Hungerstreiks ein. Der Häftling Holger Meins starb an den Folgen des Hungerstreiks trotz Zwangsernährung. Einen Tag später, am 10. November 1974, ermordeten RAF-Mitglieder den Berliner Kammergerichtspräsidenten Günther von Drenkmann. Mit der Entführung des Berliner CDU-Vorsitzenden Peter Lorenz am 27. Februar 1975 erpreßte ein Terrorkommando der „Bewegung 2. Juni", daß fünf inhaftierte Gesinnungsgenossen nach Südjemen ausgeflogen wurden. Der von Bundeskanzler Schmidt geleitete Krisenstab hatte beschlossen, zur Rettung eines Menschenlebens rechtsstaatliche Grundsätze auszusetzen und den Terroristen nachzugeben. Eine weitere Demütigung des Staates wollte die Bundesregierung nicht hinnehmen, sie war aber auch bemüht, nicht durch Überreaktion das demokratische Staatswesen in einen Polizeistaat zu verwandeln.

Eine neue Welle von terroristischen Brand- und Sprengstoffanschlägen erreichte in den Morden des Jahres 1977 einen Gipfelpunkt an Brutalität. Dem Mordanschlag auf den Generalbundesanwalt Siegfried Buback auf offener Straße in Karlsruhe am 7. April 1977 fielen auch zwei seiner Begleiter zum Opfer. Dem Mord an dem Vorstandssprecher der Dresdner Bank, Jürgen Ponto, am 30. Juli 1977 folgte die Entführung des Arbeitgeberpräsidenten Hanns-Martin Schleyer am 5. September 1977, dessen vier Begleiter bei dem Überfall in Köln erschossen wurden. Auch jetzt wieder wollten die Entführer die Freilassung von elf Häftlingen erpressen. Der große Krisenstab, dem unter Leitung des Bundeskanzlers auch Oppositionsvertreter angehörten, suchte Schleyers Leben zu retten, ohne der Forderung der Terroristen nachgeben zu müssen. Die seit langem bekannten internationalen Verflechtungen des Terrorismus wurden erneut deutlich, als am 13. Oktober 1977 palästinensische Luftpiraten eine Lufthansamaschine mit 91 Insassen entführten und die Freilassung der elf deutschen und zweier türkischer Häftlinge forderten. Am 18. Oktober stürmte das Sonderkommando GSG 9 des Bundesgrenzschutzes das Flugzeug auf dem Flughafen von Mogadischu (Somalia) und befreite die Geiseln. Wenige Stunden später wurden die in Stuttgart-Stammheim inhaftierten RAF-Anführer Baader, Ensslin und Raspe in ihren Zellen tot aufgefunden. Das Untersuchungsergebnis lautete: Selbstmord durch Pistolenschüsse. Nicht geklärt werden konnte, wie die Waffen in die Zellen gelangt waren. Einen Tag später fand man die Leiche des ermordeten Arbeitgeberpräsidenten Schleyer im Elsaß.

Die Auseinandersetzung mit dem linksextremistischen Terrorismus hielt auch in den folgenden Jahren an. Neuen Terroranschlägen standen immer wieder Fahndungserfolge der Polizei gegenüber. Daneben hat sich seit Ende der 70er Jahre in der Bundesrepublik ein rechtsextremistischer Terrorismus herausgebildet, dessen gewaltsame Aktionen sich insbesondere gegen Minderheiten (Juden, Ausländer), aber auch gegen amerikanische Einrichtungen wenden. Nicht selten bezwecken sie durch unberechenbare Brutalität eine allgemeine Einschüchterung der Bevölkerung und zielen letztlich auf die Errichtung eines „starken Staates".

15.12 Stammheimer Prozesse gegen RAF-Mitglieder

„Stammheim" wurde in der Geschichte der Bundesrepublik zum Synonym für die strafrechtliche Auseinandersetzung mit dem *Terrorismus* (▷ 15.11) der „Rote Armee Fraktion" (RAF), obwohl Terroristenprozesse auch an anderen Orten stattfanden. Auf dem Gelände der Strafanstalt in Stuttgart-Stammheim war eigens ein mit aufwendigen Sicherheitseinrichtungen ausgestattetes Gerichtsgebäude errichtet worden. Hier begann am 21. Mai 1975 vor dem Oberlandesgericht Stuttgart der Prozeß gegen die ersten Anführer der RAF, Andreas Baader, Ulrike Meinhof, Gudrun Ensslin und Jan-Carl Raspe. Gericht und Bundesanwaltschaft sahen sich vor die Aufgabe gestellt, mit den Mitteln des Strafrechts die kriminellen Taten von Angeklagten zu ahnden, die für sich den Status von Kriegsgefangenen und die Anwendung des Kriegsrechts reklamierten. Im Verlauf des Verfahrens stellte die Verteidigung zahlreiche Befangenheitsanträge, nach dem 85. Antrag wurde im Januar 1977 der Vorsitzende Richter von der Prozeßführung entbunden; es kam zu einem zeitweiligen Prozeßboykott von seiten der Verteidiger sowie zu Hungerstreiks der Angeklagten. Die Justiz griff andererseits zu rechtsstaatlich bedenklichen Maßnahmen wie der Entpflichtung sämtlicher Wahlverteidiger bis auf einen, Fortsetzung des Verfahrens in Abwesenheit der Angeklagten und Abhören der Gespräche zwischen Anwälten und Angeklagten. Die Urteile wurden am 25. April 1977 verkündet. Baader, Raspe und Gudrun Ensslin erhielten lebenslängliche Haftstrafen wegen vollendeten bzw. versuchten Mordes in mehreren Fällen sowie wegen Bildung einer kriminellen Vereinigung. Ulrike Meinhof hatte im Mai 1976 Selbstmord verübt. Die Urteile erlangten keine Rechtskraft, da die Verteidigung Revision einlegte, die mit dem Tod der Angeklagten im Oktober 1977 gegenstandslos wurde.

In der Auseinandersetzung mit dem Terrorismus haben Erfahrungen aus dem Stammheimer Baader-Meinhof-Prozeß zu einer Reihe von Änderungen im Strafprozeßrecht geführt, die allgemein die Rechte von Angeklagten und Verteidigern einschränkten.

15.13 KSZE-Konferenz in Helsinki

Die Mitgliedsstaaten des Warschauer Pakts hatten 1967 den Vorschlag einer Europäischen Sicherheitskonferenz gemacht, an der alle europäischen Staaten teilnehmen sollten. 1968 griffen die NATO-Staaten den Vorschlag auf. Doch erst nachdem im Zuge der neuen *Ostpolitik* (▷ 14.20) die Gewaltverzichtsverträge der Bundesrepublik Deutschland mit der Sowjetunion, Polen und der DDR in Kraft getreten waren und der SALT-I-Vertrag zwischen den USA und der Sowjetunion abgeschlossen war, wurde die „Konferenz über Sicherheit und Zusammenarbeit in Europa" (KSZE) am 3. Juli 1973 eröffnet. Die westlichen Staaten hatten durchsetzen können, daß auch die USA und Kanada als Vollmitglieder teilnahmen, so daß die Außenminister von 35 Staaten in Helsinki zusammentrafen. Es schloß sich eine zweite Phase der KSZE von September 1973 bis Juli 1975 in Genf an, die der Ausarbeitung der Schlußdokumente diente. Beim Gipfeltreffen in Helsinki vom 30. Juli bis zum 1. August 1975 unterzeichneten die Staats-, Regierungs- oder Parteichefs der Teilnehmerstaaten die KSZE-Schlußakte, die freilich keinen verbindlichen Vertrag darstellt, sondern lediglich gemeinsame Absichtserklärungen der beteiligten Regierungen enthält.

Unterzeichnung der KSZE-Schlußakte am 1. August 1975 in Helsinki. Im Vordergrund von links nach rechts: SED-Chef Erich Honecker, US-Präsident Gerald Ford und der österreichische Bundeskanzler Bruno Kreisky

Die Staats- bzw. Regierungschefs von sieben westlichen Staaten treffen sich im Juli 1981 beim Wirtschaftsgipfel in Ottawa

Danach sollen sich die Teilnehmerstaaten von zehn Prinzipien leiten lassen: u. a. Gewaltverzicht, Unverletzlichkeit der Grenzen und territoriale Integrität der Staaten, friedliche Regelung von Streitfällen, Nichteinmischung in innere Angelegenheiten, Achtung der Menschenrechte und Grundfreiheiten, Gleichberechtigung und Selbstbestimmungsrecht der Völker, Zusammenarbeit zwischen den Staaten. Außerdem wurden vertrauensbildende Maßnahmen (wechselseitige Manöverbeobachtung, Ankündigung von größeren Manövern und Truppenbewegungen) sowie wirtschaftliche, wissenschaftliche und technische Kooperation und Zusammenarbeit bei der Förderung menschlicher Kontakte über die Grenzen hinweg vereinbart.

Die deutsche Bundesregierung hat sich gegen den heftigen Widerstand der CDU/CSU-Opposition an allen Phasen des KSZE-Prozesses aktiv beteiligt.

KSZE-Nachfolgekonferenzen fanden 1977/ 1978 in Belgrad und 1980–83 in Madrid statt, bei denen die westliche Seite u. a. auf die Einhaltung der Menschenrechte in den kommunistischen Staaten drängte. In Madrid wurde auch die Einberufung einer „Konferenz über Vertrauensbildung und Abrüstung in Europa" (KVAE) vereinbart, die am 17. Januar 1984 in Stockholm eröffnet wurde.

15.14 Die Wirtschaftsgipfel

Die nach dem Zusammenbruch des Weltwährungssystems und der Ölkrise 1973/74 ausgebrochene Wirtschaftskrise hatte alle Industriestaaten des Westens erfaßt. Die Gefahr bestand, daß jedes Land die wirtschaftlichen Probleme auf eigene Faust zu lösen versuchte und dabei – etwa durch Zollschranken oder andere Handelsbeschränkungen – den anderen Staaten zusätzlichen Schaden zufügte, wie dies bei der Weltwirtschaftskrise ab 1929 der Fall gewesen war.

In dieser Situation lud der französische Staatspräsident Valéry Giscard d'Estaing die Staats- bzw. Regierungschefs der Bundesrepublik Deutschland, Großbritanniens, Italiens, Japans und der USA vom 15. bis zum 17. November 1975 nach Schloß Rambouillet bei Paris ein. Am nächsten Treffen im Juni 1976 in Puerto Rico nahm zusätzlich der kanadische Premierminister teil. Diese Wirtschaftsgipfel, wie sie genannt wurden, fanden nun in jedem Jahr zwischen Mai und Juli in einem der sieben Teilnehmerländer statt – im Juli 1978 und im Mai 1985 in Bonn.

Das Ziel, das sich Giscard d'Estaing und der mit ihm in enger politischer Zusammenarbeit verbundene deutsche Bundeskanzler Schmidt mit diesen Zusammenkünften gesetzt hatten, nämlich eine Abstimmung der Wirtschafts- und Finanzpolitik der jeweiligen Länder sowie die Abwehr protektionistischer Maßnahmen, wurde häufig nicht erreicht. So konnten die übrigen Partner bisher beim amerikanischen Präsidenten Reagan nicht den Abbau des riesigen Haushaltsdefizits der USA durchsetzen, dessen Auswirkungen in Form von hohen Zinsen den westeuropäischen Staaten, aber auch der Dritten Welt, großen wirtschaftlichen Schaden zufügen. Dennoch boten die Wirtschaftsgipfel wertvolle Gelegenheiten zum Meinungsaustausch und zu persönlichen Begegnungen der wichtigsten Politiker der westlichen Welt. Seit dem Treffen von Williamsburg (USA) 1983 wurde vor allem auf amerikanisches Betreiben die ursprüngliche Begrenzung auf die Wirtschafts- und Finanzpolitik aufgegeben und allgemeinpolitische Thematik einbezogen.

15.15 Frauenbewegung

Das Gleichberechtigungsgebot des Grundgesetzes hatte zwar verfassungsrechtlich verbindlich Männer und Frauen gleichgestellt, doch die tatsächliche Diskriminierung der Frauen in der Gesellschaft wurde keineswegs beseitigt. In Ausbildung, beruflicher Entwicklung, Entlohnung, bei der Besetzung öffentlicher Ämter und auf vielen anderen Feldern waren die Frauen weiterhin benachteiligt, als sich Ende der 1960er Jahre – im Zusammenhang mit der Studentenbewegung und unter dem Einfluß der neuen Frauenbewegung in den USA – autonome, politisch links orientierte Frauengruppen bildeten. Die Bewegung, die zum Teil an die Frauenbewegung des 19. und frühen 20. Jahrhunderts anknüpfte, differenzierte sich bald in einen sozialistischen Flügel und einen feministischen Flügel, der vorrangig gegen die historisch überkommene Vorherrschaft der Männer in Staat und Gesellschaft (Patriarchat) kämpfte. Diese Flügelbildung wurde allerdings bald überdeckt durch den gemeinsamen Kampf der Frauenbewegung für die politisch sehr umstrittene Abschaffung der Strafvorschriften des § 218 (▷ 15.16) gegen den Schwangerschaftsabbruch.

Nach dem für die Frauenbewegung enttäuschenden Ergebnis bei der Reform des § 218 (1976) zogen sich die feministischen Gruppen großenteils aus der direkten politischen Auseinandersetzung zurück und konzentrierten sich auf die Ziele der Selbstverwirklichung, Selbstbestimmung und Selbsthilfe der Frauen. Mit Frauenzentren, Frauencafés, mit

Demonstration für die Emanzipation der Frauen am Internationalen Frauentag in Frankfurt (8. März 1982)

Frauen demonstrieren in Hamburg gegen den Abtreibungsparagraphen 218 (1974)

Frauenhäusern (für mißhandelte Frauen), mit Frauenzeitschriften wie der 1976 entstandenen „Courage" und der 1977 von Alice Schwarzer gegründeten „Emma" etablierte sich die feministische Frauenbewegung als Initiatorin einer Frauenkultur, die freilich nur einen Bruchteil der Frauen in der Bundesrepublik erfaßte. Die feministische Frauenbewegung wurde ein wichtiger Teil der *alternativen Bewegung* (▷ 15.21) und hatte Anteil an der Entstehung der Partei der *Grünen* (▷ 15.22), wirkte aber auch in die anderen Parteien und die Gewerkschaften hinein.

15.16 § 218

Bereits seit der Jahrhundertwende wurde in Deutschland eine Diskussion um die Strafwürdigkeit des Schwangerschaftsabbruchs geführt. Das Strafgesetzbuch des Deutschen Reiches aus dem Jahre 1871 bedrohte die Selbstabtreibung in § 218 mit Zuchthaus bis zu fünf Jahren. In der Weimarer Republik war die Bestrafung der Abtreibung außerordentlich umstritten; 1926 wurde das Strafmaß herabgesetzt. Das nationalsozialistische Regime verschärfte die Strafbestimmungen. Ab 1943 wurde die Fremdabtreibung im Falle eines „Angriffs auf die Lebenskraft des deutschen Volkes" mit dem Tode bestraft. Nach 1945 wurde gemäß § 218 Strafgesetzbuch die Selbstabtreibung mit bis zu fünf, die Fremd-

abtreibung mit bis zu zehn Jahren Freiheitsstrafe bedroht.

Mit dem Ziel, durch teilweise Rücknahme der Strafandrohung eine legale Lösung unzumutbarer Konfliktlagen zu ermöglichen – man schätzte eine Dunkelziffer von 75 000 bis 300 000 illegalen Abtreibungen pro Jahr –, legte die SPD-FDP-Regierung 1972 einen Gesetzentwurf zur Änderung des § 218 vor, der eine weitgefaßte Indikationenlösung vorsah, wegen der vorzeitigen Auflösung des Bundestages jedoch nicht abschließend beraten werden konnte. Nach der Bundestagswahl vom November 1972 brachten die Fraktionen der SPD und der FDP einen Gesetzentwurf ein, nach dem der Schwangerschaftsabbruch durch einen Arzt innerhalb der ersten drei Monate seit der Empfängnis straffrei sein sollte, wenn zuvor eine Beratung der Schwangeren stattgefunden hatte. Diese Fristenregelung wurde als 5. Strafrechtsreformgesetz vom Bundestag gegen die Stimmen der CDU/CSU und gegen einen Einspruch des Bundesrates verabschiedet und am 18. Juni 1974 verkündet. Die Regelung konnte jedoch nicht in Kraft treten, da sie vom Bundesverfassungsgericht auf Antrag Bayerns und Baden-Württembergs am 25. Februar 1975 für verfassungswidrig erklärt wurde.

Das Gesetzgebungs- wie das Verfassungsgerichtsverfahren waren von einer leidenschaftlichen öffentlichen Diskussion begleitet.

Während die *Frauenbewegung* (▷ 15.15) zu Demonstrationen aufrief und dagegen protestierte, daß – wieder einmal – Männer über das Schicksal von Frauen bestimmten, entfachte die katholische Kirche eine Kampagne gegen die Fristenregelung. Zwischen den Parolen „Mein Bauch gehört mir" und „Abtreibung ist Mord" spielte sich die öffentliche Auseinandersetzung ab.

Mit den Stimmen der SPD und FDP wurde schließlich das 15. Strafrechtsänderungsgesetz angenommen, das am 21. Juni 1976 in Kraft trat und eine umfassende medizinisch-soziale Indikationenregelung einführte. Danach bleibt ein Schwangerschaftsabbruch u. a. dann straffrei, wenn er in den ersten zwölf Wochen von einem Arzt vorgenommen wird zur Abwendung einer Notlage, die so schwer wiegt, daß von der Schwangeren die Fortsetzung der Schwangerschaft nicht verlangt werden kann. Voraussetzung für die Straflosigkeit ist, daß die Schwangere vor dem Eingriff einen Arzt und eine anerkannte Beratungsstelle konsultiert hat.

15.17 Mitbestimmung 1976

Den nach dem 2. Weltkrieg verstärkt vorgetragenen Forderungen nach Mitbestimmung der Arbeitnehmer auf der Unternehmensebene wurde mit dem Mitbestimmungsgesetz von 1951 nur für die Montanindustrie (Kohle und Stahl) Rechnung getragen. Im übrigen Bereich der Wirtschaft wurde für Kapitalgesell-

schaften im Betriebsverfassungsgesetz 1952 die Besetzung eines Drittels der Aufsichtsratsitze durch Arbeitnehmer vorgeschrieben (*Mitbestimmung und Betriebsverfassung,* ▷ 13.15). So blieb die Forderung der Gewerkschaften und der SPD bestehen, die paritätische Mitbestimmung nach dem Montanmodell auf die ganze Wirtschaft auszudehnen. Die Regierung der Großen Koalition (1966–69) beschäftigte sich mit dem Problem, bestellte aber zunächst einmal bei Professor Kurt Biedenkopf ein Gutachten, das sich dann gegen die Einführung der paritätischen Mitbestimmung aussprach. Die erste Regierung Brandt/Scheel klammerte die Frage aus und beschränkte sich auf die Reform der betrieblichen Mitbestimmung im *Betriebsverfassungsgesetz 1972* (▷ 14.26).

Nach der Bundestagswahl von 1972 ging die sozialliberale Koalition das Problem der überbetrieblichen Mitbestimmung an. Zwischen den Koalitionspartnern bestanden zunächst unüberbrückbare Gegensätze, da die FDP die Verfügungsgewalt der Kapitalseite nicht eingeschränkt wissen wollte. Nach langem Ringen wurde schließlich ein Kompromiß gefunden, der die Grundlage des am 1. Juli 1976 in Kraft getretenen Mitbestimmungsgesetzes bildete: Danach sind die Aufsichtsräte von Unternehmen mit mehr als 2 000 Beschäftigten zu gleichen Teilen mit Vertretern der Anteilseigner und der Arbeitnehmer zu besetzen. Die Gewerkschaften können mindestens zwei Arbeitnehmervertre-

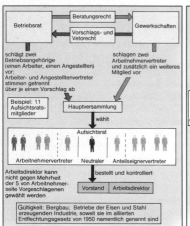
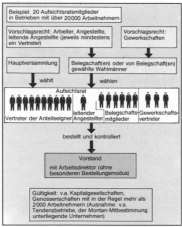

Beteiligung der Arbeitnehmer im Aufsichtsrat nach dem Mitbestimmungsgesetz für die Montanindustrie (links) und nach dem Mitbestimmungsgesetz von 1976 (rechts)

Der Bau der Startbahn West des Frankfurter Flughafens stieß auf den Widerstand zahlreicher Bürgerinitiativen.
Das Bild zeigt eine Protestdemonstration auf dem Baugelände (Oktober 1982)

ter entsenden, die übrigen Arbeitnehmersitze werden auf Arbeiter, Angestellte und leitende Angestellte aufgeteilt. Geht im Aufsichtsrat die Abstimmung über einen Gegenstand unentschieden aus, so hat der mit dem Vertrauen der Anteilseigner ausgestattete Vorsitzende bei einer erneuten Abstimmung zwei Stimmen, mit denen er den Ausschlag geben kann. Dies gilt auch bei der Wahl der Vorstandsmitglieder.

Auch nach dem Inkrafttreten des Gesetzes gingen die Auseinandersetzungen weiter. Die Gewerkschaften, deren Forderung nach paritätischer Mitbestimmung nicht erfüllt wurde, kritisierten, daß durch Unternehmensaufspaltungen das Gesetz teilweise unterlaufen wurde. Die Unternehmerverbände, die durch das Gesetz das Recht auf Eigentum verletzt sahen, legten Verfassungsbeschwerde ein, scheiterten damit jedoch beim Bundesverfassungsgericht.

15.18 Nord-Süd-Konflikt und deutsche Entwicklungspolitik

In den 1970er Jahren begann sich die Erkenntnis durchzusetzen, daß der Gegensatz zwischen den Industriestaaten der nördlichen Erdhalbkugel und der Dritten Welt mindestens die gleiche politische Brisanz hat wie der Ost-West-Konflikt. Das rasche Bevölkerungswachstum in vielen Ländern der Dritten Welt führt bei einer unterentwickelten Landwirtschaft zu Ernährungsproblemen bis hin zu Hungerkatastrophen. Dem gegenüber steht die Welt der Industriestaaten in West und Ost, die für Hunderte von Milliarden Dollar jährlich eine atomare Hochrüstung unterhält und eine Überproduktion von Nahrungsmitteln aufweist.

Einen Ausgleich der Gegensätze versucht bisher mit geringem Erfolg der Nord-Süd-Dialog zu schaffen – etwa im Rahmen der Konferenz über internationale wirtschaftliche Zusammenarbeit (seit 1975). Wichtige Forderungen der Dritten Welt sind dabei die Stabilisierung der Rohstoffpreise und der Zugang zu den Märkten der Industriestaaten. 1971 konstituierte sich eine unabhängige „Nord-Süd-Kommission" unter dem Vorsitz von Willy Brandt, deren 1980 vorgelegte Vorschläge für einen partnerschaftlichen Ausgleich zwischen Nord und Süd allerdings keinen Eingang in die politische Praxis fanden. Die finanzielle

*Erdnußernte in Kamerun.
Der deutsche Berater
(rechts) gehört zu einer
Gruppe von Entwicklungs-
helfern, die Möglichkeiten
zur Technisierung der
Landwirtschaft untersucht*

Lage vieler Entwicklungsländer hat sich in den 80er Jahren, auch auf Grund der amerikanischen Hochzinspolitik, dramatisch verschlechtert. Viele Staaten sind nicht mehr in der Lage, mit ihren Exporterlösen Zins und Tilgung für ihre Kredite zu bezahlen.

Die staatliche Entwicklungshilfe der Bundesrepublik Deutschland betrug 1950 bis 1982 insgesamt 82 Milliarden DM, sie umfaßt technische Hilfe (Bildungshilfe, Beratungshilfe), Kapitalhilfe (Kredite, Bürgschaften) und Güterhilfe (Nahrungsmittel, Medikamente, Investitionsgüter). Der größere Teil der Hilfe wird direkt mit den einzelnen Entwicklungsländern abgewickelt, ein kleinerer Teil über internationale Organisationen. Hinzu kommt die private Entwicklungshilfe von kirchlichen und anderen Organisationen (1950–82: 6,5 Milliarden DM). Die deutsche Entwicklungshilfe der 50er und 60er Jahre war stark von dem Bestreben geprägt, in der Dritten Welt Verbündete für die deutschlandpolitischen Ziele der Bundesrepublik zu gewinnen und die internationale Anerkennung der DDR zu verhindern. Seit den 70er Jahren fördert die Entwicklungspolitik der Bundesrepublik im Sinne einer Befriedigung der Grundbedürfnisse vor allem die Erschließung der ländlichen Räume und die Modernisierung der Landwirtschaft. Hatte die sozialliberale Koalition Entwicklungsländer mit sozialreformerischer Orientierung als besonders förde-

rungswürdig gesehen, so berücksichtigt die Regierung Kohl seit 1982 wieder in erster Linie ein gutes Verhältnis der Empfängerländer zum Westen.

15.19 Bürgerinitiativen

In den Jahren 1968/69 entstanden in der Bundesrepublik die ersten Bürgerinitiativen, d. h. von politischen Parteien und sonstigen Verbänden unabhängige Zusammenschlüsse gleichgesinnter Bürger, die die Interessen ihrer Mitglieder, einzelner Bevölkerungsgruppen oder der Bevölkerung insgesamt verfolgen. Den Anstoß zur Bildung von Bürgerinitiativen gaben tatsächliche – oder vermeintliche – Mängel, Mißstände oder Fehlplanungen vor allem auf den Gebieten von Bildung und Erziehung, Verkehr, Stadtplanung und Umweltschutz. In ihren Anfangszeiten richteten sich Bürgerinitiativen meist auf kommunale Probleme, sie waren locker organisiert und handelten laienhaft, doch nahm im Lauf der Jahre ihr Organisationsgrad wie auch das politische Geschick ihrer Vertreter zu.

Im politischen und juristischen Kampf gegen den Bau von Kernkraftwerken erreichten sie z. B. in Whyl, Kalkar und Brokdorf mehrfach Baustopps und erzwangen neue Entscheidungsverfahren, in Gorleben beeinflußten sie die Entscheidung der niedersächsischen Landesregierung gegen eine Wiederaufbereitungsanlage. Bürgerinitiativen hatten 1983 erheblichen Anteil an der Verhinderung der Volkszählung.

Die rasch zunehmende Bedeutung der Bürgerinitiativen warf die Frage auf, ob dies als Folge eines Versagens des politischen Systems zu werten sei, ob Regierungen und Verwaltungen nicht an den Interessen der betroffenen Bürger vorbei geplant und entschieden hätten, ob der tatsächliche Bürgerwille über die Parteien nicht mehr in den politischen Entscheidungsgremien zur Geltung komme.

Festzustellen ist, daß die Arbeit der Bürgerinitiativen das politische System der Bundesrepublik modifiziert hat: Der Monopolanspruch der politischen Parteien bei der politischen Willensbildung wurde zurückgedrängt. Andererseits hat die wachsende Bedeutung der Bürgerinitiativen in der Arbeit der Parteien selbst – wenn auch in unterschiedlichem Maße – ihren Niederschlag gefunden, indem unter der Wirkung des äußeren Drucks bisher vernachlässigte Themen und neue politische Sichtweisen in die innerparteiliche Diskussion eingeführt wurden. An der Grundstruktur des parlamentarischen Systems haben die Bürgerinitiativen nichts ändern können. Diese Erkenntnis führte mit dazu, daß seit Ende der 1970er Jahre aus der Bürgerinitiativbewegung heraus selbst die Bildung einer politischen Partei, nämlich der *Grünen* (▷ 15.22), erfolgreich betrieben wurde. – Abb. S. 413.

15.20 Energiepolitik/ Kernenergie

Die *Ölkrise* 1973 (▷ 15.4) hatte die Abhängigkeit der Bundesrepublik von importierten Energieträgern und den hohen Stellenwert der Energiepolitik deutlich gemacht.

Die Prognosen der 70er Jahre gingen noch von einem stetigen Wachstum der Wirtschaft und von hohen Zuwachsraten beim Energieverbrauch aus. Die staatliche Energiepolitik zielte auf eine Verringerung des Anteils von Erdöl, dessen Bezug aus dem Ausland mit vielerlei politischen Risiken behaftet war, und auf den Ausbau der Energiegewinnung aus Erdgas, heimischer Kohle und aus Kernenergie.

Die Absicht, den Bau von Kernkraftwerken zu forcieren, stieß jedoch in der Bevölkerung auf Widerstand. Besonders im Umkreis geplanter Kraftwerksstandorte wurden massive Befürchtungen hinsichtlich mangelnder Sicherheit der Kraftwerksanlagen und möglicher Gesundheitsgefährdungen laut. Es bildeten sich lokale und regionale *Bürgerinitiativen* (▷ 15.19), die mit Demonstrationen, aber auch mit juristischen Mitteln gegen die geplanten Kernkraftwerke vorgingen. In kurzer Zeit entstand eine bundesweite Anti-Kernkraft-Bewegung. An Standorten wie Whyl (in Baden) oder Brokdorf (in Schleswig-Holstein) kam es zu Großdemonstrationen und Bauplatzbesetzungen, auch zu gewaltsamen Auseinandersetzungen zwischen Demonstranten und Polizei. Die breite öffentliche Diskussion über die Kernenergie führte mit dazu, daß die ursprünglichen Planungen revidiert wurden – der Zuwachs beim Energieverbrauch stellte sich als weit niedriger heraus – und die Zahl der geplanten Kernkraftwerke verringert wurde.

Kritiker der Kernenergie warnten vor dem „Atomstaat", der, um die Sicherheit der atomaren Anlagen gegen Mißbrauch oder terroristische Aktionen zu gewährleisten, einen riesigen Überwachungsapparat aufbauen müßte. Dies aber hätte die Zerstörung der freiheitlichen Demokratie zur Folge.

Nicht gelöst ist nach wie vor die Frage der Entsorgung der radioaktiven Abfälle, die für den Menschen noch nach Tausenden von Jahren eine Gefahr darstellen. Im Gegensatz zur Kernenergie wurde in der Bundesrepublik die Erforschung alternativer Energien nur mit bescheidenen Mitteln gefördert. Dazu gehören u. a. die Nutzung von Sonnenenergie, Erdwärme und Windkraft, aber auch von Biogas. Das Energiesparen ist in den letzten Jahren immer mehr in den Vordergrund gerückt – auch aus Gründen des Umweltschutzes. Vielerlei Maßnahmen wurden in Angriff genommen, wie die Wärmedämmung der Gebäude, die Nutzung der bei der Stromerzeugung entstehenden Wärme (Kraft-Wärme-Kopplung) in Verbindung mit dem Ausbau von Fernwärmenetzen, die Rückführung von Abwärme (auch in der Industrie).

15.21 Alternative Bewegung

Seit den 1970er Jahren bildeten sich in verschiedenen westlichen Industriestaaten

*Hausbesetzer, die – wie hier in Berlin –
gegen die Vernichtung von Wohnraum
protestieren, gehörten von Anfang
an zur alternativen Bewegung*

Gruppen meist jüngerer Menschen, die der modernen Industriegesellschaft skeptisch bis ablehnend gegenüberstehen und eigene – alternative – Formen wirtschaftlicher, gesellschaftlicher und politischer Organisation entwickelten.

Diese Gruppen kritisieren an der modernen Industriegesellschaft, daß die Lebensverhältnisse in keiner Weise mehr überschaubar seien. Alles sei im großen Maßstab organisiert, eine weitverzweigte staatliche Bürokratie, Großparteien, Großverbände, große Gewerkschaftsorganisationen beherrschten die Gesellschaft. Die Wirtschaft sei von Großkonzernen, die Produktion von Großtechnologien geprägt. Die vorherrschende Wirtschaftsweise zerstöre zunehmend die natürlichen Lebensgrundlagen und mache die Menschen zu Sklaven der Produktion und des Konsums. Tiefes Mißtrauen herrscht bei der alternativen Bewegung gegenüber den Methoden der politischen Willensbildung im parlamentarischen System, das von den Parteien dominiert wird. Die Auffassung, diesen Charakter der Gesellschaft von innen heraus nicht wirksam verändern zu können, führte zu dem Versuch, die eigenen Lebensverhältnisse wenigstens zum Teil selbst in alternativen Formen zu bestimmen.

Die alternative Bewegung in der Bundesrepublik hat sich aus *Bürgerinitiativen* (▷ 15.19),

aus Protestgruppen (z. B. der Hausbesetzerbewegung), aus der Frauenbewegung, Arbeitsloseninitiativen usw. entwickelt. Unter den einzelnen Gruppen bestehen nur lockere Verbindungen. Im politischen Bereich gibt es Verflechtungen vor allem mit den *Grünen* (▷ 15.22) und mit der *Friedensbewegung* (▷ 15.29).

Neben Projekten im kulturellen und sozialen Bereich sind mittlerweile im Rahmen der alternativen Bewegung zahlreiche Wirtschaftsprojekte entstanden, die zumeist in genossenschaftlicher Form geführt werden. Dazu gehören Handwerksbetriebe, Druckereien, Buch- und Zeitungsverlage, Dienstleistungs- und Einzelhandelsbetriebe, alternative Buchhandlungen, Gastwirtschaften und ökologisch ausgerichtete landwirtschaftliche Betriebe. Gefördert werden solche Projekte nicht nur durch Einrichtungen innerhalb der alternativen Bewegung wie etwa den Verein „Netzwerk Selbsthilfe", sondern auch durch öffentliche Mittel.

Kritiker haben eingewandt, die Anhänger der alternativen Bewegung hätten sich lediglich in den Nischen der Industriegesellschaft niedergelassen, ihr Wirtschaften sei mittelbar oder unmittelbar von der Existenz eben dieser Industriegesellschaft abhängig, und letztlich würden auch deren Einrichtungen wie etwa das Gesundheits- oder das Sozialversicherungssystem beansprucht.

15.22 Die Grünen

Vor allem aus den *Bürgerinitiativen* (▷ 15.19) der Umweltschutzbewegung entstanden bereits gegen Ende der 1970er Jahre in verschiedenen Teilen der Bundesrepublik „grüne Listen", die sich an Kommunal- und Landtagswahlen beteiligten. Durch Zusammenschluß dieser regionalen Vereinigungen mit der „Grünen Aktion Zukunft" sowie unter Beteiligung von Gruppen der Frauen- und der alternativen Bewegung entstand Anfang 1980 auf Bundesebene die Partei „Die Grünen", die die Grundwerte „ökologisch – sozial – basisdemokratisch – gewaltfrei" vertritt.

Es gelang den Grünen, die Erhaltung der natürlichen Lebensgrundlagen des Menschen zu einem der vorrangigen Themen der politischen Diskussion zu machen. Dabei haben die Grünen früher und radikaler als andere politische Kräfte die bis dahin allgemein akzeptierte These in Frage gestellt, daß nur ein stetiges Wirtschaftswachstum den Bestand von Gesellschaft und Demokratie in der Bundesrepublik sichern könne. Die pazifistische Grundorientierung der Grünen führte zu ihrer aktiven Mitarbeit in der *Friedensbewegung* (▷ 15.29). Sie lehnen die Militärblöcke ab und plädieren für den Austritt der Bundesrepublik Deutschland aus der NATO.

Nachdem sie bei der Bundestagswahl von 1980 nur 1,5 % der Stimmen gewonnen hatten, konnten die Grünen 1983 mit 5,6 % der Stimmen die Fünfprozentklausel überwinden, so daß erstmals seit der Wahl von 1957 wieder mehr als drei Fraktionen im Bundestag vertreten waren. Die Frage der Beteiligung an der politischen Macht ist innerhalb der Partei nach wie vor umstritten. Ein Teil der Grünen, die sogenannten Fundamentalisten ("Fundis"), lehnt die Teilnahme an der staatlichen Machtausübung ab – wegen des Zwangs zu Kompromissen, wegen der Entfernung von der Basis und wegen der Einbindung in ein System, das doch radikal verändert werden

*Das Schiff „Beluga" der internationalen Umweltschutzorganisation Greenpeace liegt in Hamburg vor dem Spezialverbrennungsschiff „Vulcanus II".
Protestaktion gegen die Verbrennung giftiger Abfälle auf hoher See*

Wahlplakat der Grünen im Bundestagswahlkampf 1983

WIR HABEN DIE ERDE VON UNSEREN KINDERN NUR GEBORGT.

DIE GRÜNEN

soll. Ein anderer Teil der Partei, die sogenannten Realpolitiker ("Realos"), will über die Beteiligung an der Macht ein Maximum grüner Programmatik in die Wirklichkeit umsetzen. Vor allem die SPD wird als möglicher Bündnispartner betrachtet; die Formen der Zusammenarbeit reichen dabei von der Unterstützung von Minderheitsregierungen von Fall zu Fall bis hin zur förmlichen Koalition – wie sie im Herbst 1985 in Hessen gebildet wurde.

Auf große Ablehnung bei den anderen Parteien stieß das von den Grünen eingeführte Verfahren der Ämterrotation: Die Grünen wechselten während der Legislaturperiode ihre Abgeordneten aus, damit – so die Begründung – die Verbindung zwischen Mandatsträgern und Basis nicht verlorengehe. Mittlerweile sind bei den Grünen selbst die Bedenken gegen diese Praxis gewachsen, und die Partei hat in großen Teilen von der Rotation Abstand genommen.

15.23 Ende des Wachstums/ Umweltschutz

Als im Jahre 1972 die Wissenschaftler des Club of Rome in ihrem Bericht „Die Grenzen des Wachstums" vor der Zerstörung der Erde durch ein weiterhin ungehemmtes Wirtschaftswachstum warnten, wurden sie kaum

Protestkundgebung des DGB in Stuttgart gegen Arbeitslosigkeit und Sozialabbau (Oktober 1982)

gehört. Zu sehr war die Gesellschaft der Bundesrepublik – wie die der anderen Industriestaaten – im Wachstumsdenken befangen. Der soziale Konsens und damit die Stabilität der demokratischen Ordnung war ganz wesentlich auf dem ständigen Wachstum der Wirtschaft aufgebaut, da die Einkommens- und Vermögensumverteilung jeweils nur aus dem Zuwachs erfolgte.

Nachdem die Ölkrise von 1973 gezeigt hatte, daß die Energieträger ein knapper und teurer Rohstoff sind, und nachdem in der Auseinandersetzung um die *Kernenergie* (▷ 15.20) auch die Frage nach den Grenzen des Wachstums erstmals breit diskutiert worden war, setzte sich seit Ende der 1970er Jahre bei immer mehr Menschen die Erkenntnis durch, daß es nicht unbegrenzt weitergehen könne mit immer mehr Autos, immer mehr Straßen, immer mehr chemischen Produkten.

Während der Anfang der 1970er Jahre begonnene staatliche Umweltschutz sich zunächst darauf konzentrierte, bereits entstandene Umweltschäden zu beseitigen, wandte sich die Umweltpolitik seit Ende des Jahrzehnts – angestoßen nicht zuletzt durch die Aktivitäten der *Bürgerinitiativen* (▷ 15.19) und der *Grünen* (▷ 15.22) – verstärkt der vorbeugenden Vermeidung von Umweltproblemen zu. So wird seither viel kritischer gefragt, ob diese oder jene Straßenbaumaßnahme, die eine weitere Versiegelung des Bodens und Abholzung des Waldes erfordert, wirklich notwendig ist. Und zahlreiche Industriebetriebe stehen unter dem Druck der Öffentlichkeit, ihre Produktionsweise umzustellen, um die Schä-

digung der Luft, des Wassers oder des Bodens zu reduzieren. Das rasch fortschreitende Waldsterben, das erst 1984 von der breiten Öffentlichkeit registriert wurde, erfordert schnelle Lösungen bei der Reduzierung der Schadstoffe, die durch den Autoverkehr, die Industrie und die Raumheizung in die Luft abgegeben werden.

Im Grundsatz scheint die frühere Kontroverse „Umweltschutz gegen Arbeitsplätze" überwunden zu sein, vielmehr setzt sich zunehmend die Erkenntnis durch, daß Umweltschutz, der sich unter Aufbietung aller Intelligenz der modernen Technologien bedient, Arbeitsplätze schafft. Da alle Maßnahmen zum Schutz und zur Wiederherstellung der Umwelt bezahlt werden müssen, wird der Lebensstandard wohl nicht in dem Maße wie bis zur Mitte der 70er Jahre steigen. Doch möglicherweise gelingt es einer konsequenten Umweltpolitik, den nächsten Generationen eine bewohnbare Welt zu hinterlassen.

15.24 Wirtschaftskrise und Arbeitslosigkeit

Im Gefolge der *Ölkrise* (▷ 15.4) von 1973 geriet die Bundesrepublik Deutschland wie die anderen westlichen Industriestaaten in eine Wirtschaftskrise, bei der zunächst vornehmlich die Inlandsnachfrage und die Beschäftigung zurückgingen, während die Inflation anhielt („Stagflation").

Neben der explosionsartigen Verteuerung des Erdöls, die Geld aus den Industriestaaten in die Ölförderländer abzog, hatte diese schwerste Wirtschaftskrise seit Kriegsende eine Reihe anderer Ursachen, so den Zusammenbruch der internationalen Währungsordnung im Jahr 1973, der durch die Schwäche des US-Dollars auf Grund der inflatorischen Finanzierung des Vietnamkrieges hervorgerufen wurde. Im Verlauf der Krise zeigten sich Schwächen in der Wirtschaftsstruktur der Bundesrepublik. Regionale Unterschiede traten verstärkt zutage: Mittlerweile spricht man von einem Süd-Nord-Gefälle, wobei die Küstenregionen besonders stark von der Arbeitslosigkeit betroffen sind – aber auch das Ruhrgebiet, das in den 50er Jahren der Motor des „Wirtschaftswunders" gewesen war. In den „alten Industrien" wie Kohle, Stahl, Schiffbau waren belastende Überkapazitäten entstanden. Die auf den deutschen Markt drängende Konkurrenz japanischer Produkte machte der elektronischen, der optischen, aber auch der Autoindustrie der Bundesrepublik zu schaffen. Zunehmend boten auch „Billiglohnländer" der Dritten Welt ihre Produktion an, so daß z. B. die deutsche Textilindustrie in Schwierigkeiten geriet. Die Tatsache, daß ungelernte Arbeitnehmer weit stärker von Arbeitslosigkeit betroffen wurden, wies auf Defizite im Ausbildungsbereich hin. Im Vergleich mit den meisten anderen westlichen Industriestaaten war freilich die wirtschaftliche Lage der Bundesrepublik immer

noch gut. Die Regierung Schmidt suchte die Krise auf internationaler (*Wirtschaftsgipfel,* ▷ 15.14) und nationaler Ebene zu bekämpfen. 1978 gelang es, die Arbeitslosigkeit unter die Einmillionengrenze zu drücken, und 1979 und 1980 hatte die Bundesrepublik weniger als 900 000 Arbeitslose. Allerdings erhöhten die von der Bundesregierung aufgelegten beschäftigungswirksamen Programme die Verschuldung des Staates und wirkten inflationsfördernd. Nach der Bundestagswahl von 1980 drängte in der erneuerten sozialliberalen Koalition die FDP auf eine Verringerung der staatlichen Kreditaufnahme, lehnte weitere Beschäftigungsprogramme ab und verlangte in weit stärkerem Maße als Bundeskanzler Schmidt Einschnitte im Sozialbereich. In den Jahren 1981 und 1982 verringerte sich das Bruttosozialprodukt („Minuswachstum") und erreichte 1982 real nur die Größe des Jahres 1979. Die Arbeitslosigkeit stieg 1981 auf 1,3 Millionen und 1982 auf 1,8 Millionen. Dieses Problem, auf dessen Hintergrund 1982 die sozialliberale Koalition zerbrach, konnte auch von der CDU/CSU-FDP-Regierung unter Bundeskanzler Kohl nicht bewältigt werden. Zwar wuchs 1983 und 1984 das Bruttosozialprodukt, konnten die Inflationsrate und die staatliche Kreditaufnahme gesenkt werden, doch lag die Arbeitslosigkeit auf einem Höchststand von 2,2 Millionen.

Bundeskanzler Helmut Schmidt (links) bei seinem Besuch in der DDR mit SED-Generalsekretär Erich Honecker in Güstrow (Dezember 1981)

Die Gewerkschaften haben unter Hinweis darauf, daß bei weiterhin steigender Arbeitsproduktivität, aber ausbleibender Steigerung des Absatzes die Zahl der Arbeitsplätze zwangsläufig abnimmt, die Forderung nach Arbeitszeitverkürzung erhoben. Die Tarifauseinandersetzung um eine Verkürzung der Wochenarbeitszeit von 40 auf 35 Stunden führte in der Metall- und in der Druckindustrie im Frühsommer 1984 zu einem wochenlangen Arbeitskampf. Der schließlich gefundene Kompromiß (38,5 Stunden und Flexibilisierung der Arbeitszeit) wurde mittlerweile auch von einigen anderen Branchen übernommen.

15.25 Deutsch-deutsche Verantwortung

Der Einmarsch sowjetischer Truppen in Afghanistan Ende 1979 löste eine deutliche Verschlechterung der Ost-West-Beziehungen aus. Eine weitere Verschärfung der Ost-West-Spannungen ergab sich aus der innenpolitischen Entwicklung in Polen, wo sich im Sommer 1980 nach massenhaften Streiks die unabhängige Gewerkschaft Solidarność gebildet hatte. Im Westen schloß man ein militärisches Eingreifen der Sowjets in Polen nicht aus. Als dann der neue amerikanische Präsident Reagan (seit Januar 1981) seinerseits die politische Konfrontation mit der Sowjetuni-

Franz Josef Strauß auf dem Münchner Oktoberfest (1979)

on verschärfte, war vielerorts davon die Rede, daß die am Ende der 1960er Jahre begonnene Ost-West-Entspannung beendet sei.

Das Bemerkenswerte in dieser Siatuation war nun, daß die Regierungen beider deutscher Staaten bemüht waren, die negativen Auswirkungen der verschärften Ost-West-Spannungen auf das deutsch-deutsche Verhältnis in Grenzen zu halten. Die Kontakte zwischen Bonn und Ost-Berlin wurden in vollem Umfang aufrechterhalten, ja sogar intensiviert. Der Bonner Regierungswechsel im Oktober 1982 stellte dabei keine Zäsur dar, zumal die Regierung Kohl die Deutschlandpolitik der sozialliberalen Koalition fortsetzte und weiterentwickelte.

Eine Reihe praktischer Fragen wurde geregelt: Nach dem Besuch Bundeskanzler Schmidts in der DDR verfügte die DDR im Februar 1982 Erleichterungen im Reiseverkehr in die Bundesrepublik. Am Zustandekommen eines Milliardenkredits westdeutscher Banken an die DDR, für den die Bundesrepublik bürgte, war 1983 maßgeblich Franz Josef Strauß beteiligt. Im Januar 1984 übernahm der Berliner Senat die S-Bahn in West-Berlin von der DDR. Über 10 000 DDR-Bürger konnten zwischen Februar und Mai 1984 auf ihren Wunsch in die Bundesrepublik ausreisen.

Im Zusammenhang mit der *Debatte um die Stationierung* amerikanischer Mittelstreckenraketen in der Bundesrepublik (▷ 15.30) betonten beide deutschen Regierungen, von deutschem Boden dürfe nie mehr ein Krieg ausgehen. Es wurde das Wort von der Verantwortungsgemeinschaft der beiden deutschen Staaten im Hinblick auf die Sicherung des Friedens geprägt. Dies zeigt den Wandel, der durch die Aufnahme und Entwicklung der deutsch-deutschen Beziehungen gegenüber den 50er und 60er Jahren eingetreten ist, als die Bundesrepublik, die DDR und Berlin jeweils im Zentrum der Ost-West-Spannungen standen. – Abb. S. 419.

15.26 Franz Josef Strauß

Geboren am 6. September 1915 in München als Sohn eines Metzgermeisters, studierte Strauß nach dem Abitur Latein, Griechisch und Geschichte und war 1939–45 Soldat. Die amerikanische Besatzungsbehörde bestellte

*Bundespräsident Karl Carstens (vorne,
2. von links) mit dem ersten Kabinett Kohl
(Oktober 1982)*

ihn 1945 zum stellvertretenden Landrat, zum
Landrat in Schongau wurde er 1946 gewählt
(bis 1949). Strauß war Mitgründer der CSU
und gehört deren Landesvorstand seit 1946
an. 1949–52 war er Generalsekretär der CSU,
1952–61 stellvertretender Vorsitzender, seit
1961 ist er Vorsitzender der CSU. 1948/49
Mitglied des Wirtschaftsrates der Bizone, gehörte Strauß von 1949 bis 1978 dem Bundestag an.
Adenauer berief ihn 1953 in sein zweites Kabinett als Bundesminister für besondere Aufgaben und betraute ihn 1955 mit dem neugeschaffenen Ministerium für Atomfragen. Im
Oktober 1956 übernahm Strauß das Verteidi-
gungsministerium und leitete nun den Aufbau der Bundeswehr, deren atomare Bewaffnung er in den damaligen Debatten befürwortete. Der Vorwurf, in der *Spiegelaffäre*
(▷ 14.1) den Bundestag belogen zu haben,
führte Ende 1962 dazu, daß Strauß sein Ministeramt verlor. 1963–66 Vorsitzender der
CSU-Landesgruppe im Bundestag, war

Strauß als Finanzminister 1966–69 zusammen mit Wirtschaftsminister Karl Schiller
(SPD) maßgeblich am wirtschafts- und finanzpolitischen Erfolg der *Großen Koalition*
(▷ 14.7) beteiligt.
In der Opposition zählte Strauß, der 1971 fi-
nanzpolitischer Sprecher der Unionsfraktion
wurde, zu den schärfsten Gegnern der Ostpolitik der sozialliberalen Koalition. Bei hervor-
ragenden Wahlergebnissen der CSU in Bayern konnte er sich stets auf die Geschlossenheit seiner Partei stützen. Seine strategischen
Überlegungen zur Wiedergewinnung der Regierungsmacht durch die Union lösten immer
wieder Konflikte mit der CDU aus. Strauß
lehnte das vom CDU-Vorsitzenden Kohl verfolgte Konzept einer Koalition mit der FDP
ab und setzte stattdessen auf eine absolute
Mehrheit der CDU/CSU oder auf eine bundesweite „Vierte Partei", die entweder durch
eine von der CSU unterstützte Neugründung
oder durch Ausdehnung der CSU über Bayern hinaus entstehen sollte. Diese Überlegungen bildeten 1976 auch den Hintergrund für
den kurzlebigen Beschluß der CSU-Bundes-
tagsabgeordneten, eine eigene Fraktion zu
bilden.

Nach der Landtagswahl von 1978 übernahm Strauß das Amt des bayerischen Ministerpräsidenten. Für die Bundestagswahl 1980 gelang es der CSU, seine Kanzlerkandidatur in der Union durchzusetzen. Er unterlag jedoch dem amtierenden Bundeskanzler Schmidt. Nach dem Regierungswechsel im Herbst 1982 blieb er außerhalb der neuen Regierung Kohl, übte aber weiterhin großen Einfluß auf die Politik der Bundesregierung aus.

15.27 Die „Wende" in Bonn 1982

In der Auseinandersetzung mit der CDU/CSU unter ihrem Kanzlerkandidaten *Franz Josef Strauß* (▷ 15.26) hatten SPD und FDP die Bundestagswahl vom 5. Oktober 1980 gewonnen und die sozialliberale Koalition fortgesetzt. Die FDP hatte mit ihrem engagierten Kampf gegen Strauß und mit der Zusage, die Koalition mit Bundeskanzler *Helmut Schmidt* (▷ 15.9) in der kommenden Legislaturperiode weiterzuführen, ihren Stimmenanteil von 7,9 % (1976) auf 10,6 % steigern können. Die SPD hatte von 42,6 % unwesentlich auf 42,9 % zugenommen, während die CDU/CSU von 48,6 % auf 44,5 % abgerutscht war – ihr schlechtestes Wahlergebnis seit 1949.

In der FDP-Führung, vor allem bei dem Parteivorsitzenden und Außenminister *Genscher* (▷ 15.10), begann sich die Auffassung durchzusetzen, daß die nächste Bundestagswahl von der sozialliberalen Koalition nicht mehr zu gewinnen sei. Genscher sah die Gefahr, daß der sich abzeichnende Niedergang der SPD für die FDP die Existenzvernichtung bedeuten könnte. Seit langem in freundschaftlichem Kontakt mit dem CDU-Vorsitzenden Kohl verbunden, bereitete Genscher allmählich den Boden für den Koalitionswechsel.

Im Gegensatz zu Strauß, der ein Zusammengehen mit den Liberalen ablehnte, vertrat Kohl seit längerer Zeit das Konzept eines Bündnisses mit der FDP, da die Union kaum in der Lage sei, eine absolute Mehrheit zu gewinnen. Zudem sollte das Bündnis mit der FDP den Einfluß der CSU in der Union begrenzen.

In der SPD-FDP-Koalition ergaben sich nach 1980 bei der Bekämpfung der anhaltenden Wirtschafts- und Beschäftigungskrise

(▷ 15.24) zunehmend Meinungsverschiedenheiten zwischen den Koalitionspartnern. Die FDP wollte die staatliche Kreditaufnahme stärker begrenzen, massive Einschnitte bei den Sozialausgaben vornehmen und lehnte die von der SPD beabsichtigte Ergänzungsabgabe für höhere Einkommen ab. In wesentlichen Teilen der SPD wuchs der Unmut über den Koalitionspartner, aber auch über die Sparpolitik der Regierung Schmidt insgesamt, in der man sozialdemokratische Politik nicht mehr zu erkennen glaubte. Bereits der Verabschiedung des Bundeshaushalts für das Jahr 1982 ging 1981 ein „Sommertheater" voraus, in dem Politiker der Koalition mit einander widersprechenden Vorschlägen auftraten. Genscher forderte in einem Brief an die FDP-Mitglieder eine „Wende" der deutschen Politik.

Bei der Beratung des Bundeshaushalts für 1983 kam es dann zum Bruch der sozialliberalen Koalition, beschleunigt durch ein Thesenpapier des FDP-Wirtschaftsministers Otto Graf Lambsdorff, in dem dieser abweichend vom bisherigen Koalitionskurs härteste Eingriffe in den Sozialstaat forderte. Als Bundeskanzler Schmidt zu erkennen gab, daß er an die Entlassung des Wirtschaftsministers denke, traten die vier FDP-Minister am 17. September 1982 zurück. Schmidt, der selbst zusätzlich das Außenministerium übernahm, war nun Kanzler einer Minderheitsregierung. In der Partei und in der Bundestagsfraktion der FDP kam es zu schweren Auseinandersetzungen zwischen denen, die an der Koalition mit der SPD festhalten bzw. eine SPD-Minderheitsregierung dulden wollten, und den Anhängern Genschers, die das Bündnis mit der CDU/CSU anstrebten. Die Linie Genschers setzte sich durch, und nach kurzen Verhandlungen mit der CDU/CSU wurde eine Koalitionsvereinbarung abgeschlossen. Im konstruktiven Mißtrauensvotum wählte der Bundestag am 1. Oktober 1982 den CDU-Vorsitzenden und bisherigen Oppositionsführer Helmut Kohl zum neuen Bundeskanzler. – Abb. S. 421.

15.28 Helmut Kohl

Geboren am 3. April 1930 in Ludwigshafen am Rhein, studierte Kohl nach dem Abitur (1950) in Frankfurt und Heidelberg Ge-

*Bundeskanzler Helmut Kohl
mit Hans-Jochen Vogel,
dem Kanzlerkandidaten der
SPD (1982)*

schichte und Staatswissenschaften und war nach seiner Promotion in der Industrie tätig. Er war 1946 Mitbegründer der Jungen Union in Ludwigshafen, schloß sich 1947 der CDU an und übernahm in der Folgezeit verschiedene Ämter in der Jungen Union und in der CDU. 1959 in den Landtag von Rheinland-Pfalz gewählt, wurde Kohl 1963 Fraktionsvorsitzender der CDU. Seit 1966 auch Landesvorsitzender der CDU (bis 1973), setzte er 1969 die Ablösung des bisherigen Regierungschefs Peter Altmeier durch und wurde selbst Ministerpräsident von Rheinland-Pfalz.

Dem Bundesvorstand der CDU gehörte Kohl seit 1964 an, dem Parteipräsidium seit 1969. Nachdem er bereits 1971 erfolglos gegen Rainer Barzel für das Amt des CDU-Vorsitzenden kandidiert hatte, wurde er nach dem Rücktritt Barzels von diesem Amt im Juni 1973 zum Vorsitzenden der CDU gewählt. Zusammen mit den Generalsekretären K. H. Biedenkopf (bis 1977) und H. Geißler hat Kohl energisch die organisatorische Stärkung der CDU und ihre Entwicklung zu einer modernen, mitgliederstarken Volkspartei betrieben. Für den Bundestagswahlkampf 1976 wurde Kohl von CDU und CSU als Kanzlerkandidat aufgestellt. Die Union erreichte zwar mit 48,6 % der Stimmen das zweitbeste Wahlergebnis ihrer Geschichte, doch blieb die Mehrheit der sozialliberalen Koalition erhalten. Kohl gab das Amt des Ministerpräsi-

denten von Rheinland-Pfalz auf und ging als Vorsitzender der CDU/CSU-Fraktion nach Bonn. Für den Bundestagswahlkampf 1980 verzichtete Kohl auf die Kanzlerkandidatur, blieb aber nach der Wahl Oppositionsführer im Bundestag.

Im Gegensatz zu Franz Josef Strauß hatte Kohl seit langem die Strategie verfolgt, die FDP aus dem Bündnis mit der SPD herauszulösen und für eine Koalition mit der Union zu gewinnen. Diese Pläne reiften, als nach der Wahl von 1980 die Konflikte innerhalb der sozialliberalen Koalition zunahmen und der FDP-Vorsitzende Genscher eine politische „Wende" forderte. Nach dem Bruch der sozialliberalen Koalition ermöglichte der Koalitionswechsel der FDP die Wahl Helmut Kohls zum Bundeskanzler am 1. Oktober 1982. Bei den vorgezogenen Neuwahlen zum Bundestag am 6. März 1983 blieb die CDU/CSU mit 48,8 % nur knapp unter der absoluten Mehrheit. Kohl wurde erneut zum Kanzler einer CDU/CSU-FDP-Koalition gewählt.

15.29 Friedensbewegung

Anfang der 80er Jahre entstand in der Bevölkerung westlicher Staaten eine politische Massenbewegung, die angesichts der weltweiten nuklearen Aufrüstung die Regierungen zur Friedenssicherung durch Rüstungsstopp, Rüstungskontrolle und Abrüstung drängte. In

Demonstration der Friedensbewegung gegen die Stationierung amerikanischer Mittelstreckenraketen am 22. Oktober 1983 in Bonn

der Bundesrepublik Deutschland entwickelte sich die Friedensbewegung in Reaktion auf den Ende 1979 verabschiedeten *NATO-Doppelbeschluß* (▷ 15.30), der für den Fall erfolgloser Verhandlungen mit der Sowjetunion die Stationierung amerikanischer Mittelstreckenraketen – überwiegend in der Bundesrepublik – vorsah. Die nur locker organisierte Friedensbewegung umfaßte ein breites Spektrum von Gruppen unterschiedlicher sozialer und politischer Orientierung: u. a. kirchliche und gewerkschaftliche Gruppen, Initiativen von Wissenschaftlern, Ärzten, Juristen, Parteien wie die Grünen, die DKP und Teile der SPD, auch Gruppen der CDU. Stark verflochten war die Friedensbewegung mit der Umweltschutz-, der Frauen- und der alternativen Bewegung. Mitentscheidend für die Breitenwirkung in der Bevölkerung wurden die vielen lokal bezogenen Aktivitäten der örtlichen Friedensgruppen sowie die Tatsache, daß die Anhänger der Friedensbewegung aus nahezu allen sozialen Schichten stammten.

An den großen Demonstrationen in Bonn nahmen 250000 Menschen (am 10. Oktober 1981) bzw. 300000 bis 350000 Menschen (10. Juni 1982) teil. Kurz vor der Schlußentscheidung über die Raketenstationierung veranstalteten die Gruppen der Friedensbewegung im Oktober 1983 im ganzen Bundesgebiet eine Aktionswoche, an der sich nach

Schätzungen der Veranstalter rund 3 Millionen Menschen beteiligten und deren Abschluß mehrere überregionale Demonstrationen und eine geschlossene Menschenkette von Stuttgart nach Neu-Ulm bildeten.

Der starke Widerhall, den die Friedensbewegung in der Bevölkerung fand, entstand zweifellos auch dadurch, daß die lange verdrängte Angst vor der atomaren Katastrophe wieder bewußt wurde. Die Aussagen zahlreicher Wissenschaftler über die Folgen eines atomaren Konflikts, von Ärzten über ihre eigene Hilflosigkeit in einer nuklearen Katastrophe fanden öffentliche Resonanz. Die Annahme, daß die technischen Vorkehrungen gegen einen zufällig ausgelösten Atomkrieg vollkommen zuverlässig seien, stieß zunehmend auf Zweifel. Hinzu kam, daß aus Kreisen der amerikanischen Regierung Überlegungen bekannt wurden, die auf die Führbarkeit und Gewinnbarkeit eines Atomkrieges sowie auf die Begrenzung einer solchen Auseinandersetzung auf Europa hinausliefen. Die Vorstellung, daß in einem atomaren Konflikt, über den in Washington und Moskau entschieden wird, die beiden deutschen Staaten zuerst und am stärksten betroffen sein würden, verlieh dem Protest gegen die Rüstung zusätzliche Schubkraft und mobilisierte einen politischen Willen zur Selbsterhaltung.

Auch wenn die Friedensbewegung in der Erreichung ihres vordringlichen Ziels mit dem ergebnislosen Abbruch der Genfer Verhandlungen und mit der Stationierung der amerikanischen Mittelstreckenraketen seit November 1983 zunächst gescheitert ist, sind ihre politischen Wirkungen doch beträchtlich. Aus bescheidenen Anfängen ist in Opposition zu sämtlichen vor 1983 im Bundestag vertretenen Parteien eine Massenbewegung entstanden, die schließlich die öffentliche Diskussion über die Sicherheitspolitik maßgeblich bestimmte und – wie zahlreiche Umfragen belegen – die Meinung einer breiten Mehrheit in der Bevölkerung wiedergab.

In der DDR kam es als einzigem kommunistischem Staat zu nennenswerten Ansätzen einer autonomen Friedensbewegung, die neben den offiziellen, ausschließlich gegen die westliche Rüstung gerichteten Friedensaktivitäten stand. Hier arbeiteten meist christlich geprägte Friedensgruppen („Schwerter zu Pflugscharen") für Abrüstung in Ost und West; sie unterlagen jedoch unterschiedlichen Repressionsmaßnahmen seitens des Staates.

15.30 NATO-Doppelbeschluß und Stationierungsdebatte

1976/77 hatte die Sowjetunion begonnen, ihre auf Westeuropa gerichteten älteren Mittelstreckenraketen durch moderne SS-20-Raketen mit jeweils drei Sprengköpfen zu ersetzen. Die deutsche Bundesregierung unter Helmut

Schmidt hielt dies für eine Gefährdung des strategischen Gleichgewichts in Europa und eröffnete im NATO-Bündnis eine Diskussion über westliche Gegenmaßnahmen. Bei der US-Regierung, die dem Problem zunächst wenig Beachtung geschenkt hatte, wuchs nun das Interesse, die eigene strategische Position gegenüber der Sowjetunion durch die erstmalige Aufstellung amerikanischer Mittelstreckenraketen in Europa zu verbessern. Der am 12. Dezember 1979 von den Außen- und Verteidigungsministern der NATO zur „Nachrüstung" gefaßte Doppelbeschluß bestand aus zwei Elementen: 1. Stationierung bodengestützter atomarer Mittelstreckenwaffen (108 Pershing-II-Raketen und 464 Cruise-Missiles) in Europa Ende des Jahres 1983; 2. Angebot an die Sowjetunion zu Verhandlungen mit den USA über die Mittelstreckenwaffen in Europa; das Ergebnis dieser Verhandlungen sollte über die Durchführung von Teil 1 entscheiden.

Die amerikanisch-sowjetischen Verhandlungen begannen am 30. November 1981 in Genf. Unterdessen hatte in den meisten Ländern der NATO eine breite *Friedensbewegung* (▷ 15.29) begonnen, die Regierungen zur Aufgabe der Nachrüstung zu drängen. Auch innerhalb der SPD wuchs die Opposition gegen die Nachrüstung und verstärkte sich nach dem Bonner Regierungswechsel vom Herbst 1982 erheblich. Auf dem Kölner SPD-Parteitag vom November 1983 sprach sich dann eine überwältigende Mehrheit gegen die Rake-

Am 30. November 1981 beginnen in Genf die amerikanisch-sowjetischen Verhandlungen über die Mittelstreckenraketen in Europa. Im Vordergrund die beiden Delegationsleiter Paul Nitze (USA; links) und Juli Kwisinski (UdSSR)

tenstationierung aus. CDU/CSU und FDP hielten demgegenüber am NATO-Doppelbeschluß fest. Die deutsche Bundesregierung hoffte auf einen Verhandlungserfolg in Genf, war aber im Falle des Scheiterns zur Stationierung der amerikanischen Raketen entschlossen, auch um den Zusammenhalt des westlichen Bündnisses zu sichern. Die Grünen, seit März 1983 im Bundestag, hatten von Anfang an die Friedensbewegung mitgetragen und bekämpften kompromißlos die Nachrüstung. Die Genfer Verhandlungen brachten keine Annäherung der amerikanischen und der sowjetischen Position. Ein Lösungsvorschlag, den die Verhandlungsführer beider Seiten auf einem Waldspaziergang skizziert hatten (75 sowjetische SS-20-Raketen mit insgesamt 225 Sprengköpfen und 75 amerikanische Abschußgestelle mit je vier Cruise-Missiles, d. h. insgesamt 300 Sprengköpfe) wurden von den Regierungen in Washington und Moskau verworfen.

Der Deutsche Bundestag entschied sich am 22. November 1983 nach einer zweitägigen leidenschaftlichen Debatte mit der Mehrheit

,,Beendigung der Abrüstungsgespräche in Genf oder ,Abschied von der Vernunft' ''. Federzeichnung von Hans-Georg Rauch (1983)

von CDU/CSU und FDP für die Raketenstationierung. Während schon am nächsten Tag die USA mit der Aufstellung von Pershing-II-Raketen in der Bundesrepublik begannen, brach die Sowjetunion die Genfer Verhandlungen ab.

15.31 Flick-Spendenaffäre

Die Flick-Gruppe, eine der bedeutenden Unternehmensgruppen in der Bundesrepublik, hatte 1975 beim Verkauf von Daimler-Benz-Aktien einen Erlös von 1,9 Milliarden DM erzielt – regulär mit einem Steuersatz von 56 % zu versteuern –, von dem jedoch 1,5 Milliarden DM wieder angelegt wurden, zum Teil in eigenen Unternehmen, 800 Millionen DM im amerikanischen Chemiekonzern Grace. Für diese Wiederanlage beantragte die Flick-Gruppe gemäß dem Gesetz Steuerbefreiung. Den Anträgen wurde stattgegeben, nachdem die Bundeswirtschaftsminister Hans Friderichs und – ab 1977 – Otto Graf Lambsdorff bescheinigt hatten, daß die Investition „volkswirtschaftlich besonders förderungswürdig" sei. Nachdem in den Medien bereits ausführlich über die Angelegenheit berichtet worden war, erhob im November/Dezember 1983 die Bonner Staatsanwaltschaft Anklage gegen Lambsdorff und Friderichs wegen Bestechlichkeit und gegen den ehemaligen persönlich haftenden Flick-Gesellschafter Eberhard von Brauchitsch wegen Bestechung. Die Anklagebehörde legte von Brauchitsch zur Last, Bargeldbeträge von 375 000 DM an Friderichs und 135 000 DM an Lambsdorff gegeben zu haben, um hierdurch auf die im Ermessen der Minister stehenden Entscheidungen über die Steuerbegünstigung Einfluß zu nehmen. Die Politiker stehen nach Auffassung der Staatsanwaltschaft in hinreichendem Verdacht, den Zweck der Bargeldzuwendungen erkannt zu haben. Nach der Eröffnung des Hauptverfahrens trat Lambsdorff im Juni 1984 von seinem Amt als Bundeswirtschaftsminister zurück. In dem Ende August 1985 begonnenen Prozeß bestritten alle drei Angeklagten die erhobenen Vorwürfe.

Die Flick-Affäre, die im Herbst 1984 auch zum Rücktritt von Bundestagspräsident Barzel führte, steht im größeren Zusammenhang mit der Parteispendenaffäre, in deren Verlauf sich herausstellte, daß CDU, CSU, FDP und

Eberhard von Brauchitsch vor dem Flick-Untersuchungsausschuß des Bundestages (Februar 1984)

SPD entgegen den gesetzlichen Vorschriften unversteuerte Spenden – häufig auf dem Umweg über gemeinnützige Organisationen – entgegengenommen und gegen die Vorschriften zur Veröffentlichung der Namen von Großspendern verstoßen haben. Der Versuch der christlich-liberalen Koalition, im Frühjahr 1984 im Schnellverfahren ein Gesetz zur Amnestierung von Spendern und Parteifunktionären zu verabschieden, scheiterte am Protest der FDP-Basis.

Am Beispiel der Firma Flick, die schon in der Weimarer Republik durch Geldzahlungen auf politische Entscheidungen Einfluß genommen hatte, wurde in der Öffentlichkeit und im Parlament auch grundsätzlich die Verflechtung von Wirtschaft und Politik diskutiert. Dabei wurde kritisch gefragt, ob die demokratische Willensbildung im Staat durch finanzielle Einflußnahme von Einzelinteressenten verfälscht werden darf.

15.32 Richard von Weizsäcker

Richard Freiherr von Weizsäcker wurde am 15. April 1920 in Stuttgart als Sohn des Diplomaten Ernst von Weizsäcker geboren. Sein Bruder ist der Physiker und Philosoph Carl Friedrich von Weizsäcker. Nach dem Abitur begann Weizsäcker 1937/38 mit dem Studium in Oxford und Grenoble und war 1938–45 Soldat, zuletzt Hauptmann. Er studierte nach

dem Krieg Jura und Geschichte in Göttingen und war dann bis 1967 als Manager in der Industrie tätig, anschließend als Rechtsanwalt in Bonn. Weizsäcker engagierte sich in der evangelischen Kirchentagsbewegung und im Weltkirchenrat; 1964–70 und 1979–81 war er Präsident des Deutschen Evangelischen Kirchentages.

Seit 1950 Mitglied der CDU, wurde Weizsäcker 1969 in den Bundestag gewählt, dem er bis 1981 angehörte. Er war 1973–79 stellvertretender Vorsitzender der CDU/CSU-Fraktion und 1979–81 Vizepräsident des Bundestags. 1974 kandidierte er für die CDU/CSU erfolglos gegen Walter Scheel bei der Wahl des Bundespräsidenten. Bereits 1979 Spitzenkandidat der CDU in Berlin, wurde er nach der vorgezogenen Wahl zum Abgeordnetenhaus vom Mai 1981 Regierender Bürgermeister von Berlin. Er regierte zunächst mit einem von Teilen der FDP geduldeten CDU-Minderheitssenat, der im März 1983 in eine CDU-FDP-Koalitionsregierung umgewandelt wurde. Weizsäcker führte mit Erfolg die von seinem Vorgänger Hans-Jochen Vogel (SPD) begonnene Politik fort, in Berlin einen Ausgleich der verschiedenen gesellschaftlichen Gruppen unter Einbeziehung der *alternativen Bewegung* (▷ 15.21) zu suchen. Er trat im Februar 1984 zurück, nachdem er von CDU und CSU zum Kandidaten für das Amt des Bundespräsidenten nominiert worden

Bundespräsident Richard von Weizsäcker bei seinem Staatsbesuch in Israel (Oktober 1985)

war. Von der Bundesversammlung wurde er am 23. Mai 1984 mit einer breiten Mehrheit (832 von 1017 gültigen Stimmen) zum Bundespräsidenten gewählt; seine Gegenkandidatin war die von den Grünen aufgestellte Schriftstellerin Luise Rinser.

Als Bundespräsident (seit 1. Juli 1984) hat sich Richard von Weizsäcker schnell hohes Ansehen erworben, nicht zuletzt auf Grund seiner Fähigkeit, integrierend zu wirken und gleichzeitig wichtige Denkanstöße zu geben. Besondere Beachtung im In- und Ausland fand seine Rede vom *8. Mai 1985* (▷ 15.33), in der er 40 Jahre nach der deutschen Kapitulation auf überzeugende Weise den geschichtlichen Standort der Deutschen beschrieb.

15.33   8. Mai 1985 – der sperrige Gedenktag

Anders als in früheren Jahren wurde 1985 in aller Welt bei Siegern und Besiegten des 2. Weltkrieges dem Jahrestag der deutschen Kapitulation am 8. Mai 1945 besondere Beachtung geschenkt.

In der Bundesrepublik sollte sich dieser 40. Jahrestag als „sperriger Gedenktag" erweisen, wie die Wochenzeitung „Die Zeit" eine Artikelserie zum 8. Mai überschrieb. Das durch den Nationalsozialismus gebrochene Geschichtsbewußtsein der Deutschen mani-

festierte sich in einer Diskussion, in die die unterschiedlichsten Interpretationen dieses historischen Datums eingebracht wurden. Während von seiten der SPD und der Gewerkschaften der 8. Mai 1945 als Tag der Befreiung vom Nationalsozialismus bezeichnet wurde, hoben Konservative hervor, daß von diesem Tag die Unfreiheit der östlichen Hälfte Europas ausgehe. Andere sahen am 8. Mai vornehmlich das Ende des deutschen Nationalstaats und den Beginn der deutschen Teilung.

Belastend für die Beziehungen der Bundesrepublik zu den USA, aber auch zu anderen Ländern wirkten sich in diesem Zusammenhang die Peinlichkeiten bei der Vorbereitung des Staatsbesuchs von US-Präsident Reagan in der Bundesrepublik (Anfang Mai 1985) aus. Der von Reagan zunächst gewünschte Besuch des ehemaligen Konzentrationslagers Dachau wurde von der Bundesregierung für unpassend gehalten. Reagan seinerseits lehnte es ab, am 8. Mai eine Rede in der Bundesrepublik zu halten, und zog es schließlich vor, an diesem Tag vor dem Europäischen Parlament in Straßburg zu sprechen. Schließlich erreichte das Bundeskanzleramt, daß Reagan zusammen mit Bundeskanzler Kohl am 5. Mai den deutschen Soldatenfriedhof in Bitburg in der Eifel besuchte. Als bekannt wurde, daß dort auch SS-Angehörige begraben sind, löste dies einen Sturm der Entrüstung in der amerikanischen Öffentlichkeit aus; der US-Präsident geriet in seine bisher schwerste innenpolitische Krise. In vielen Zeitungen der Welt wurde über Deutschland wieder unter dem Aspekt der von der SS begangenen Verbrechen berichtet. Schließlich wurde in das Besuchsprogramm des US-Präsidenten noch ein Besuch im ehemaligen KZ Bergen-Belsen (am Vormittag des 5. Mai) aufgenommen. Den Staatsbesuch selbst absolvierte Reagan nach dem Urteil der meisten Beobachter mit Würde und mit Respekt vor der Vergangenheit.

Nach all diesen Beklemmungen wirkte die Rede, die Bundespräsident Richard von Weizsäcker am 8. Mai 1985 im Plenarsaal des Bundestages hielt, in der deutschen und internationalen Öffentlichkeit befreiend. Mit seiner Fähigkeit zur politischen Integration, die nicht zu Lasten der Eindeutigkeit seiner Aussagen ging, gelang es dem Bundespräsidenten, den geschichtlichen Standort der Deutschen 40 Jahre nach Kriegsende auf eine Art zu bestimmen, die weithin als verbindlich betrachtet wurde.

Weizsäcker erklärte: „Der 8. Mai war ein Tag der Befreiung. Er hat uns alle befreit von dem menschenverachtenden System der nationalsozialistischen Gewaltherrschaft. Niemand wird um dieser Befreiung willen vergessen, welche schweren Leiden für viele Menschen mit dem 8. Mai erst begannen und danach folgten. Aber wir dürfen nicht im Ende des Krieges die Ursache für Flucht, Vertreibung und Unfreiheit sehen. Sie liegt vielmehr in seinem Anfang und im Beginn jener Gewaltherrschaft, die zum Krieg führte. Wir dürfen den 8. Mai 1945 nicht vom 30. Januar 1933 trennen."

Der Bundespräsident hob die Bedeutung der Erinnerung hervor, die Versöhnung erst möglich mache. Zur historischen Bedeutung des Jahres 1945 für die Deutschen sagte er: „Es gab keine ,Stunde Null‘, aber wir hatten die Chance zu einem Neubeginn. Wir haben sie

Oben: US-Präsident Ronald Reagan und seine Frau vor dem jüdischen Gedenkstein im ehemaligen Konzentrationslager Bergen-Belsen (5. Mai 1985). Unten: Reagan (rechts) und Bundeskanzler Kohl (2. von rechts) am 5. Mai 1985 auf dem Soldatenfriedhof von Bitburg. Die pensionierten Generale Johannes Steinhoff (links) und Matthew Ridgeway reichen sich die Hand

genutzt, so gut wir konnten. An die Stelle der Unfreiheit haben wir die demokratische Freiheit gesetzt." Und bezugnehmend auf die deutsche Teilung äußerte Weizsäcker „die Zuversicht, daß der 8. Mai nicht das letzte Datum unserer Geschichte bleibt, das für alle Deutschen verbindlich ist."

Daten

1. Jan. 1973	Großbritannien, Irland und Dänemark EG-Mitglieder
11. Mai 1973	Verabschiedung des Grundlagenvertrags im Bundestag
18. Sept. 1973	Aufnahme beider deutscher Staaten in die UN
3. Okt. 1973	Willi Stoph wird Vorsitzender des DDR-Staatsrats
11. Dez. 1973	Deutsch-Tschechoslowakischer Vertrag
6. Mai 1974	Rücktritt Brandts wegen Guillaume-Affäre
16. Mai 1974	Helmut Schmidt wird Bundeskanzler
1. Juli 1974	Walter Scheel wird Bundespräsident
7. Okt. 1974	Änderung der DDR-Verfassung („deutsche Nation" getilgt)
1975–1981	Majdanek-Prozeß in Düsseldorf
21. Mai 1975	Beginn der Baader-Meinhof-Prozesse
1. Aug. 1975	Schlußakte von Helsinki
18. Dez. 1975	Ständige Vertreter in Bonn und Berlin (Ost)
1. Juli 1976	Mitbestimmungsgesetz in Kraft
3. Okt. 1976	Bundestagswahl
29. Okt. 1976	Erich Honecker wird Staatsratsvorsitzender
15. Dez. 1976	2. Kabinett Schmidt
7. April 1977	Generalbundesanwalt Siegfried Buback ermordet
30. Juli 1977	Bankier Jürgen Ponto ermordet
5. Sept. 1977	Arbeitgeberpräsident Hanns-Martin Schleyer entführt
13.–18. Okt. 1977	Anschlag auf Lufthansamaschine in Mogadischu
29. Nov. 1978	Verkehrsabkommen mit der DDR
1. Jan. 1979	Europäisches Währungssystem in Kraft
10. Juni 1979	1. Direktwahl zum Europäischen Parlament
28. Juni 1979	Direktwahl der Ost-Berliner Volkskammerabgeordneten beschlossen
1. Juli 1979	Karl Carstens wird Bundespräsident
3. Juli 1979	Verjährung von Mord abgeschafft
12. Dez. 1979	NATO-Doppelbeschluß
5. Okt. 1980	Bundestagswahl
5. Nov. 1980	3. Kabinett Schmidt
1. Jan. 1981	Griechenland EG-Mitglied
21. Mai 1981	Gesetz zur Änderung der Montan-Mitbestimmung
11.–13. Dez. 1981	Treffen Schmidt–Honecker in der Schorfheide
25. März 1982	neues Wehrdienstgesetz in der DDR
17. Sept. 1982	Bruch der sozialliberalen Koalition
1. Okt. 1982	Mißtrauensvotum gegen Schmidt/Wahl Helmut Kohls zum Bundeskanzler
Febr. 1983	2,5 Millionen Arbeitslose
6. März 1983	Bundestagswahl
30. März 1983	2. Kabinett Kohl
19. Mai 1983	Flick-Untersuchungsausschuß eingesetzt
22. Nov. 1983	Bundestagsbeschluß zur Stationierung von Pershing-II-Raketen
22. Dez. 1983	grundlegende Änderung der Parteienfinanzierung
Mai/Juni 1984	Arbeitskampf in der Metall- und Druckindustrie (38,5-Stunden-Woche ab 1. April 1985)
26. Juni 1984	Rücktritt von Wirtschaftsminister Otto Graf Lambsdorff
1. Juli 1984	Richard von Weizsäcker wird Bundespräsident
25. Okt. 1984	Rücktritt von Bundestagspräsident Rainer Barzel
1.–6. Mai 1985	Staatsbesuch von US-Präsident Ronald Reagan
1. Jan. 1986	Spanien und Portugal EG-Mitglieder

Bibliographie

Vorbemerkung:

Um die Literatur einem größeren Leserkreis zugänglich zu machen, haben wir auf fremdsprachige Titel verzichtet. Ebenso haben wir keine Zeitschriftenaufsätze angegeben. Folgende Abkürzungen wurden verwendet: Abt. = Abteilung; Bd., Bde., Bden. = Band, Bände, Bänden; bearb. v. = bearbeitet von; dt. Übers. = deutsche Übersetzung; hg. v. = herausgegeben von; Nachdr. = Nachdruck; Neuaufl. = Neuauflage; Neuausg. = Neuausgabe; Neubearb. = Neubearbeitung; Neudr. = Neudruck; Sonderausg. = Sonderausgabe; Tb. = Taschenbuch; Tl., Tle., Tlen. = Teil, Teile, Teilen; Ts. = Tausend.

Allgemeines

Die Arbeiter. Lebensformen, Alltag und Kultur. Von der Frühindustrialisierung bis zum „Wirtschaftswunder". Hg. v. *W. Ruppert.* München 1986.
Bechtel, H.: Wirtschafts- und Sozialgeschichte Deutschlands. München 1967.
Berbig, H.J.: Kleine Geschichte der deutschen Nation. Düsseldorf 1985.
Biographisches Wörterbuch zur deutschen Geschichte. Begründet v. *H. Rössler* und *G. Franz.* Bearb. v. *K. Bosl, G. Franz* und *H.H. Hofmann.* 3 Bde. München [2]1973–75.
Boockmann, H. – Schulze, H. – Schilling, H.: Mitten in Europa. Deutsche Geschichte. Berlin 1984.
Deutsche Agrargeschichte. Hg. v. *G. Franz.* 6 Bde. Stuttgart [1–3]1967–84.
Deutsche Geschichte im Überblick. Begründet v. *P. Rassow.* Hg. v. *Th. Schieffer.* Stuttgart [3]1973.
Deutsche Geschichte der neuesten Zeit vom 19. Jahrhundert bis zur Gegenwart. Hg. v. *W. Benz, M. Broszat* und *H. Graml.* Auf 30 Bde. berechnet. München 1984 ff.
Ennen, E. – Janssen, W.: Deutsche Agrargeschichte. Vom Neolithikum bis zur Schwelle des Industriezeitalters. Wiesbaden 1979.
Europäische Wirtschaftsgeschichte. Hg. v. *C. M. Cipolla.* Deutsche Ausgabe hg. v. *K. Borchardt.* 5 Bde. Stuttgart – New York 1976–80.
Fischer Weltgeschichte. 36 Bde. Teilweise dt. Übers. Frankfurt am Main u.a. 1966 ff.
Freund, M.: Deutsche Geschichte. Aktualisierte Sonderausg. München 1979.
Gebhardt, B.: Handbuch der deutschen Geschichte. Hg. v. *H. Grundmann.* 4 Bde. Stuttgart [9]1970–73 (als Tb. München 1973 ff.).

Geschichte der deutschen Länder. Territorien-Ploetz. Hg. v. *G. W. Sante* und dem Ploetz-Verlag. 2 Bde. Würzburg 1964–71.
Geschichte in Quellen. Hg. v. *W. Lautemann* und *M. Schlenke.* 7 Bde. München [1–2]1976–80.
Die Großen Deutschen. Hg. v. *H. Heimpel* u.a. 4 Bde. und 1 Ergänzungs-Bd. Berlin u.a. Neuausg. 1956–60.
Der Große Ploetz. Auszug aus der Geschichte. Jubiläumsausgabe 100 Jahre Verlag Ploetz. Begründet v. *K.J. Ploetz.* Hg. v. Verlag Ploetz. Freiburg im Breisgau u.a. [29]1980.
Haller, J.: Die Epochen der deutschen Geschichte. Esslingen [5]1959.
Handbuch der deutschen Geschichte. Begründet v. *O. Brandt,* fortgeführt v. *A. O. Meyer,* neu hg. v. *L. Just.* 5 Bde. in 9 Tlen. Konstanz [1–4]1956–80.
Handbuch der deutschen Wirtschafts- und Sozialgeschichte. Hg. v. *H. Aubin* und *W. Zorn.* 2 Bde. Stuttgart 1971–76, Bd. 1: Nachdr. 1978.
Handbuch der europäischen Geschichte. Hg. v. *Th. Schieder.* 7 Bde. (Band 2 noch nicht erschienen). Stuttgart 1968 ff.
Henning, F.-W.: Wirtschafts- und Sozialgeschichte Deutschlands. 3 Bde. Paderborn [3–6]1977–85.
Heuss, A.: Versagen und Verhängnis. Vom Ruin deutscher Geschichte und ihres Verständnisses. Berlin 1984.
Jaeckel, G.: Die deutschen Kaiser. Oldenburg 1980.
Kellenbenz, H.: Deutsche Wirtschaftsgeschichte. 2 Bde. München 1977–81.
Kindlers Kulturgeschichte des Abendlandes. Hg. v. *F. Heer.* 22 Bde. Teilweise dt. Übers. München 1974–79.
Kindlers Kulturgeschichte Europas. 20 Bde. München 1983.
Lexikon der deutschen Geschichte. Hg. v. *G. Taddey.* Stuttgart 1977, 2. überarbeitete Aufl. 1983.
Lütge, F.: Deutsche Sozial- und Wirtschaftsgeschichte. Berlin u.a. [3]1966, Neudr. 1979.
Meyers Illustrierte Weltgeschichte. Hg. v. der Redaktion Geschichte des Bibliographischen Instituts unter Leitung von *W. Digel.* Dt. Übers. und Neubearb. 20 Bde. Mannheim u.a. 1979–81.
Moderne deutsche Sozialgeschichte. Hg. v. *H.-U. Wehler.* Königstein im Taunus [8]1981.
Moderne deutsche Wirtschaftsgeschichte. Hg. v. *K. E. Born.* Köln u.a. 1966.
Mottek, H.: Wirtschaftsgeschichte Deutschlands. 2 Bde. Berlin [2–4]1964–73.

431

Propyläen Geschichte Europas. Hg. v. *H. Diwald.*
6 Bde. Teilweise dt. Übers. Frankfurt am Main u. a.
1975–78 (als Tb. Berlin 1982).
Propyläen Geschichte Deutschlands. 5 Bde. (Bd. 1
noch nicht erschienen). Berlin 1983.
Propyläen Weltgeschichte. Hg. v. *G. Mann* u. a.
11 Bde. Berlin u. a. 1960–65 (als Tb. 1976).
Raff, D.: Deutsche Geschichte. Vom Alten Reich
zur Zweiten Republik. München 1985.
Sachße, Ch. – Tennstedt, F.: Geschichte der Armenfürsorge in Deutschland. Vom Spätmittelalter bis
zum 1. Weltkrieg. Stuttgart 1980.

**Kapitel 1: Von der römisch-germanischen
Zeit bis zur Teilung des Frankenreiches 843/
870**

Gesamtdarstellungen:

Barloewen, W.-D. von: Geschichte der Germanen bis
376 n. Chr. In: Abriß der Geschichte antiker Rand-
kulturen. Hg. v. *W.-D. von Barloewen.* München
1961.
Dannenbauer, H.: Die Entstehung Europas. Von der
Spätantike zum Mittelalter. 2 Bde. Stuttgart
1959–62.
Dülmen, A. van – Grimm, G. – Schmidt-Liebich, J.:
Deutsche Geschichte in Daten. 3 Bde. München
1979–86.
Die Entstehung des deutschen Reiches. Deutsch-
land um 900. Hg. v. *H. Kämpf.* Darmstadt ⁵1980.
Fleckenstein, J.: Grundlagen und Beginn der deut-
schen Geschichte. Göttingen ²1980.
Grant, M.: Der Untergang des Römischen Reiches.
Dt. Übers. Bergisch Gladbach 1977.
Kornemann, E.: Geschichte der Spätantike. Mün-
chen 1978.
Prinz, F.: Grundlagen und Anfänge. Deutschland
bis 1056. München 1985.
Schlette, F.: Germanen zwischen Thorsberg und Ra-
venna. Nachdr. Köln 1977.
Schneider, Reinhard: Das Frankenreich. München –
Wien 1982.

Einzeldarstellungen:

Baatz, D.: Der römische Limes. Berlin 1974.
Delperrié de Bayac, J.: Karl der Große – Leben und
Zeit. Dt. Übers. Wien u. a. 1976 (als Tb. München
1979).
Diesner, H.-J.: Die Völkerwanderung. Gütersloh
1976.
Entstehung und Verfassung des Sachsenstammes.
Hg. v. *W. Lammers.* Darmstadt 1967.
Fleckenstein, J.: Karl der Große. Göttingen u. a.
²1967.
Ganshof, F. L.: Was ist das Lehnswesen? Dt. Übers.
Darmstadt ⁶1983.
Jarnut, J.: Geschichte der Langobarden. Stuttgart
u. a. 1982.
Maenchen-Helfen, O.: Die Welt der Hunnen. Dt.
Übers. Wien u. a. 1978.
Mildenberger, G.: Sozial- und Kulturgeschichte der
Germanen. Stuttgart ²1977.
Pirenne, H.: Mahomet und Karl der Große. Unter-
gang der Antike am Mittelmeer und Aufstieg des
germanischen Mittelalters. Frankfurt am Main –

Hamburg 1963. Neuausg. unter dem Titel Moham-
med und Karl der Große. Frankfurt am Main 1985.
Schieffer, Th.: Winfrid-Bonifatius und die christli-
che Grundlegung Europas. Freiburg im Breisgau
1954, Nachdr. Darmstadt 1980.
Sieburg, H.-O.: Geschichte Frankreichs. Stuttgart
³1983.
Steinen, W. von den: Chlodwigs Übergang zum
Christentum. Darmstadt ³1969.
Wenskus, R.: Stammesbildung und Verfassung. Das
Werden der frühmittelalterlichen gentes. Köln u. a.
1977.
Wolfram, H.: Geschichte der Goten. Von den An-
fängen bis zur Mitte des sechsten Jahrhunderts.
München ³1983.
Zöllner, E.: Geschichte der Franken bis zur Mitte
des sechsten Jahrhunderts. München 1970.

**Kapitel 2: Von der Entstehung des Deut-
schen Reiches bis zum Ende der Stauferzeit
1254**

Gesamtdarstellungen:

Bosl, K.: Die Gesellschaft in der Geschichte des
Mittelalters. Göttingen ³1975.
Boockmann, H.: Einführung in die Geschichte des
Mittelalters. München ³1985.
Borst, A.: Lebensformen im Mittelalter. Frankfurt
am Main u. a. 1979.
Fuhrmann, H.: Deutsche Geschichte im hohen Mit-
telalter. Von der Mitte des 11. bis zum Ende des
12. Jahrhunderts. Göttingen ²1983.
Hampe, K.: Das Hochmittelalter. Geschichte des
Abendlandes 900–1250. Berlin 1932, Köln u. a.
⁶1977.
Hampe, K.: Deutsche Kaisergeschichte in der Zeit
der Salier und Staufer. Leipzig 1909. Bearb. v.
F. Baethgen. Darmstadt ¹²1969. 5. unveränderter
Nachdr. 1986.
Haverkamp, A.: Aufbruch und Gestaltung. Deutsch-
land 1056–1273. München 1984.
Holtzmann, R.: Geschichte der sächsischen Kaiser-
zeit 900–1024. München ⁶1979.
Jakobs, H.: Kirchenreform und Hochmittelalter.
München 1984.
Mitteis, H.: Der Staat des hohen Mittelalters.
Köln – Wien ⁹1974.
Schieffer, Th.: Die deutsche Kaiserzeit. Frankfurt
am Main 1973.
Die Zeit der Staufer. Geschichte – Kunst – Kultur.
Hg. v. *R. Haussherr.* Katalog der Ausstellung im
Württembergischen Landesmuseum. Stuttgart 1977.
Zimmermann, Harald: Das Mittelalter. Tl. 1: Von
den Anfängen bis zum Ende des Investiturstreites.
Braunschweig 1975.

Einzeldarstellungen:

Adel und Bauern im deutschen Staat des Mittelal-
ters. Hg. v. *Theodor Mayer.* Leipzig 1943. Nachdr.
Darmstadt 1980.
Blumenthal, U. R.: Der Investiturstreit. Stuttgart
1981.
Boockmann, H.: Der Deutsche Orden. 2. verbesserte
Aufl. München 1982.

Bosl, K.: Die Reichsministerialität der Salier und Staufer. Ein Beitrag zur Geschichte des hochmittelalterlichen deutschen Volkes, Staates und Reiches. 2 Bde. Stuttgart 1950–51.

Brunner, K. – Jaritz, G.: Landherr, Bauer, Ackerknecht. Der Bauer im Mittelalter: Klischee und Wirklichkeit. Köln 1985.

Brunner, K. – Daim, F.: Ritter – Knappen – Edelfrauen. Ideologie und Realität des Rittertums im Mittelalter. Wien 1981.

Canossa als Wende. Hg. v. *H. Kämpf.* Darmstadt ³1976.

Eike von Repgow: Der Sachsenspiegel. Hg. v. *C. Schott.* Zürich 1984.

Engels, O.: Die Staufer. 3. erweiterte Aufl. Stuttgart 1983.

Geschichte Thüringens. Hg. v. *H. Patze* und *W. Schlesinger.* 6 Bde. Köln – Wien 1967–79.

Jordan, K.: Heinrich der Löwe. 2. durchgesehene Aufl. München 1980.

Kuhn, W.: Vergleichende Untersuchungen zur mittelalterlichen Ostsiedlung. Köln 1974.

Kupisch, K.: Kirchengeschichte. Bd. 2: Das christliche Europa. Größe und Verfall des Sacrum Imperium. Stuttgart ²1984.

Ludat, H.: An Elbe und Oder um das Jahr 1000. Skizzen zur Politik des Ottonenreiches und der Slawischen Mächte in Mitteleuropa. Köln 1971.

Masson, G.: Das Staunen der Welt. Friedrich II. von Hohenstaufen. Neuausg. Stuttgart 1985.

Mayer, Hans E.: Geschichte der Kreuzzüge. Stuttgart ⁶1985.

Mensch und Umwelt im Mittelalter. Hg. v. *Bernd Hermann.* Stuttgart 1986.

Raumer, F. von: Geschichte der Hohenstaufen und ihrer Zeit. Nachdr. Königstein/Ts. 1977.

Das Rittertum im Mittelalter. Hg. v. *A. Borst.* Darmstadt 1979.

Runciman, St.: Geschichte der Kreuzzüge. 22. Ts. München 1983.

Schwineköper, B.: Königtum und Städte bis zum Ende des Investiturstreits. Sigmaringen 1977.

Stingl, H.: Die Entstehung der deutschen Stammesherzogtümer am Anfang des 10. Jahrhunderts. Aalen 1974.

Wippermann, W.: Der deutsche Drang nach Osten. Ideologie und Wirklichkeit eines politischen Schlagworts. Darmstadt 1981.

Zimmermann, Harald: Der Canossagang von 1077. Wiesbaden 1975.

Kapitel 3: Spätmittelalter – Vom Interregnum (1254) bis zum Anbruch der Neuzeit

Gesamtdarstellungen:

Alltag im Spätmittelalter. Hg. v. *H. Kühnel* u. a. Graz – Wien – Köln 1984.

Baethgen, F.: Deutschland und Europa im Spätmittelalter. Berlin 1968.

Conrad, H.: Deutsche Rechtsgeschichte. 2 Bde. Karlsruhe ²1962–1966, Nachdr. Bd. 1: 1982, Bd. 2: 1981.

Europa 1400: Die Krise des Spätmittelalters. Hg. v. *F. Seibt* und *W. Eberhard.* Stuttgart 1984.

Heimpel, H.: Deutschland im späteren Mittelalter. Konstanz 1957.

Kaisergestalten des Mittelalters. Hg. v. *H. Beumann.* München 1984.

Leuschner, J.: Deutschland im späten Mittelalter. Göttingen ²1983.

Meuthen, E.: Das 15. Jahrhundert. München – Wien ²1985.

Thomas, H.: Deutsche Geschichte des Spätmittelalters 1250–1500. Stuttgart 1983.

Einzeldarstellungen:

Abel, W.: Agrarkrisen und Agrarkonjunktur. Hamburg – Berlin ³1978.

Abel, W.: Strukturen und Krisen der spätmittelalterlichen Wirtschaft. Stuttgart 1980.

Andreas, W.: Deutschland vor der Reformation. Stuttgart ⁷1972.

Angermeier, H.: Die Reichsreform 1410–1555. München 1984.

Benker, G.: Ludwig der Bayer. München 1980.

Bielfeldt, E.: Der Rheinische Bund von 1254. Ein erster Versuch einer Reichsreform. Berlin – Speyer 1937.

Castorph, B.: Die Ausbildung des römischen Königswahlrechtes. Göttingen u. a. 1978.

Dollinger, Ph.: Die Hanse. Dt. Übers. Stuttgart ²1976.

Ennen, E.: Die europäische Stadt des Mittelalters. Göttingen ³1979.

Fritze, K. – Schildhauer, J. – Stark, W.: Die Geschichte der Hanse. Berlin 1985.

Gerlich, A.: Habsburg – Luxemburg – Wittelsbach im Kampf um die deutsche Königskrone. Wiesbaden 1960.

Grundmann, H.: Vom Ursprung der Universität im Mittelalter. Darmstadt ²1960, Nachdr. 1964.

Handbuch der Schweizer Geschichte. 2 Bde. Zürich ²1980.

Judentum im Mittelalter. Hg. v. *P. Wilpert.* Berlin 1966.

Kaiser Karl IV. (1316–1378). Staatsmann und Mäzen. Katalog zur Ausstellung in der Kaiserburg Nürnberg. Hg. v. *F. Seibt.* München 1978.

Das Konstanzer Konzil. Hg. v. *R. Bäumer.* Darmstadt 1977.

Das Konzil von Konstanz. Hg. v. *A. Franzen* u. *Wolfgang Müller.* Freiburg im Breisgau 1964.

Lambert, M. D. L.: Ketzerei im Mittelalter. Häresien von Bogumil bis Hus. Dt. Übers. München 1981.

Lhotsky, A.: Geschichte Österreichs seit der Mitte des 13. Jahrhunderts, 1281–1358. Wien 1967.

Meuthen, E.: Nikolaus von Kues. 1401–1464. Münster ⁵1982.

Meyer, Bruno: Die Bildung der Eidgenossenschaft im 14. Jahrhundert. Zürich 1972.

Press, V.: Kaiser Karl V., König Ferdinand und die Entstehung der Reichsritterschaft. Mainz ²1980.

Redlich, O.: Rudolf von Habsburg. Das deutsche Reich nach dem Untergang des alten Kaisertums. Innsbruck 1903, Neudruck Aalen 1965.

Schlesinger, W.: Die Entstehung der Landesherrschaft. Neudr. der Ausgabe von 1941. Nachdr. Darmstadt 1983.

Seibt, F.: Karl IV. Ein Kaiser in Europa 1346–1378. München ³1978. Neuaufl. 1985.

Seibt, F.: Revolution in Europa. Ursprung und Wege innerer Gewalt. München 1984.

Stellung und Wirksamkeit der Bettelorden in der städtischen Gesellschaft. Hg. v. *K. Elm*. Berlin 1981.
Treichler, W.: Mittelalterliche Erzählungen und Anekdoten um Rudolf von Habsburg. Bern – Frankfurt am Main 1971.
Tuchman, B.: Der ferne Spiegel. Düsseldorf 1980 (als Tb. München 1982).
Universitäten und Hochschulen in Deutschland, Österreich und der Schweiz. Hg. v. *L. Böhm* u. *R. A. Müller.* Düsseldorf – Wien 1983.
Willoweit, D.: Rechtsgrundlagen der Territorialgewalt. Landesobrigkeit, Herrschaftsrechte und Territorium in der Rechtswissenschaft der Neuzeit. Köln – Wien 1975.
Zanetti, W.: Der Friedenskaiser. Friedrich III. und seine Zeit 1440–1493. Herford 1985.

Kapitel 4: Reformation und Glaubenskriege (1517–1648)

Gesamtdarstellungen:

Brandi, K.: Reformation und Gegenreformation. Deutsche Geschichte im Zeitalter der Reformation und Gegenreformation. Frankfurt am Main [5]1979.
Hartung, F.: Deutsche Geschichte im Zeitalter der Reformation, der Gegenreformation und des 30jährigen Krieges. Berlin – New York [3]1971.
Heckel, M.: Deutschland im konfessionellen Zeitalter. Göttingen 1983.
Lutz, H.: Reformation und Gegenreformation. München – Wien [2]1982.
Moeller, B.: Deutschland im Zeitalter der Reformation. Göttingen [2]1981.
Schoeps, H.-J.: Deutsche Geistesgeschichte der Neuzeit. 5 Bde. Mainz 1976–80.
Stupperich, R.: Die Reformation in Deutschland. Gütersloh [2]1980.
Wohlfeil, R.: Einführung in die Geschichte der deutschen Reformation. München 1982.

Einzeldarstellungen:

Aland, K.: Die Reformatoren. Luther, Melanchthon, Zwingli, Calvin. Mit einem Nachwort zur Reformationsgeschichte. Gütersloh [3]1983.
Barudio, G.: Gustav Adolf – der Große. Eine politische Biographie. Frankfurt am Main 1982 (als Tb. 1985).
Barudio, G.: Der Teutsche Krieg 1618–1648. Frankfurt am Main 1985.
Blickle, P.: Die Revolution von 1525. München [2]1983.
Brandi, K.: Kaiser Karl V. Werden und Schicksal einer Persönlichkeit und eines Weltreiches. Frankfurt am Main [8]1985.
Burdach, K.: Reformation, Renaissance, Humanismus. Berlin – Leipzig [2]1926, Nachdr. Darmstadt [2]1978.
Der deutsche Bauernkrieg. Hg. v. *H. Buszello* u. a. Paderborn 1984.
Dickmann, F.: Der Westfälische Frieden. Münster [5]1985.
Döbler, H.: Hexenwahn. München 1977 (als Tb. Bergisch Gladbach 1979).
Droysen, G.: Geschichte der Gegenreformation. Essen 1983.

Ehrenberg, R.: Das Zeitalter der Fugger. Geldkapital und Creditverkehr im 16. Jahrhundert. 2 Bde. Jena 1896, Nachdr. Hildesheim 1963.
Fiedler, S.: Kriegswesen und Kriegführung im Zeitalter der Landsknechte. München 1985.
Franz, G.: Der deutsche Bauernkrieg. München – Berlin 1935. Nachdr. Hauptbd. Darmstadt [12]1984, Aktenbd. Darmstadt [5]1980.
Friedenthal, R.: Luther. Sein Leben und seine Zeit. München – Zürich [13]1985.
Gäbler, U.: Huldrych Zwingli. Eine Einführung in sein Leben und sein Werk. München 1983.
Hammes, M.: Hexenwahn und Hexenprozesse. Frankfurt am Main [5]1983.
Hroch, M. – Skybová, A.: Die Inquisition im Zeitalter der Gegenreformation. Stuttgart 1985.
Die Humanisten in ihrer politischen und sozialen Umwelt. Hg. v. *O. Herding* und *R. Stupperich*. Boppard 1976.
Iserloh, E.: Luther zwischen Reform und Reformation. Der Thesenanschlag fand nicht statt. Münster [3]1968.
Leiber, R.: Die mittelalterliche Inquisition. Wesen und Unwesen. Kevelaer 1963.
Loewenich, W. von: Martin Luther. Der Mann und das Werk. München 1982.
Mann, G.: Wallenstein. Sein Leben erzählt. Frankfurt am Main 1979 (als Tb. 1983).
Manns, P. – Loose, H. N.: Martin Luther. Freiburg u. a. [2]1983.
Möller, H. M.: Das Regiment der Landsknechte. Untersuchungen zu Verfassung, Recht und Selbstverständnis in deutschen Söldnerheeren des 16. Jahrhunderts. Wiesbaden 1976.
Pölnitz, G. Freiherr von: Die Fugger. Tübingen [4]1981.
Pusch, M.: Der Dreißigjährige Krieg 1618–48. München 1978.
Rassow, P.: Karl V. Der letzte Kaiser des Mittelalters. Göttingen u. a. [3]1979.
Ogger, G.: Kauf dir einen Kaiser. Die Geschichte der Fugger. München 1979.
Ranke, L. von: Geschichte Wallensteins. Hg. und eingeleitet v. *H. Diwald.* Düsseldorf 1967, Nachdr. als Tb. Kronberg – Düsseldorf 1978.
Die Renaissance: die Rückwende zur Antike. Hg. v. *D. Hay.* München – Zürich 1980.
Ritter, G.: Luther – Gestalt und Tat. Neuausg. Stuttgart 1983 (als Tb. Frankfurt am Main 1985).
Schormann, G.: Der Dreißigjährige Krieg. Göttingen 1985.
Schormann, G.: Hexenprozesse in Deutschland. Göttingen 1981.
Schulze, Winfried: Reich und Türkengefahr im späten 16. Jahrhundert. München 1978.
Srbik, H. Ritter von: Wallensteins Ende. Salzburg [2]1952.
Wedgwood, C. V.: Der Dreißigjährige Krieg. Dt. Übers. München 1976 (als Tb. Bergisch Gladbach 1978).
Von Zauberei und Hexenwahn. Grundschriften zur Geschichte der Hexenprozesse in Deutschland. 3 Bde. München 1986.
Zeeden, E. W.: Das Zeitalter der Gegenreformation von 1555–1648. München 1979.
Zimmermann, Wilhelm: Der große deutsche Bauernkrieg. Berlin [7]1982.

Kapitel 5: Das Zeitalter des Absolutismus (1648–1789)

Gesamtdarstellungen:

Ashley, M.: Das Zeitalter des Absolutismus: von 1648 bis 1775. Dt. Übers. München 1978.
Erbe, M.: Deutsche Geschichte, 1713–1790. Dualismus und aufgeklärter Absolutismus. Stuttgart 1985.
Hazard, P.: Die Herrschaft der Vernunft. Das europäische Denken im 18. Jahrhundert. Dt. Übers. Hamburg 1949.
Hubatsch, W.: Das Zeitalter des Absolutismus 1600–1789. Braunschweig ⁴1975.
Oestreich, G.: Geist und Gestalt des frühmodernen Staates. Berlin 1969.
Aus den Tagebüchern des Grafen Lehndorff. Hg. v. *H. von Kuenheim.* Berlin 1982 (als Tb. München 1984).
Vierhaus, R.: Deutschland im Zeitalter des Absolutismus (1648–1763). Göttingen ²1984.
Das Zeitalter des Absolutismus und der Aufklärung. 1648–1779. Hg. v. *G. Barudio.* Frankfurt am Main 1981.

Einzeldarstellungen:

Aretin, K. O. von: Friedrich der Große. Bilder und Gegenbilder. Freiburg 1985.
Beuys, B.: Der große Kurfürst. Der Mann, der Preußen schuf. Reinbek 1979 (als Tb. 1984).
Blaich, F.: Die Epoche des Merkantilismus. Wiesbaden 1973.
Carsten, F. L.: Die Entstehung Preußens. Dt. Übers. Köln u. a. 1968 (als Tb. 1981).
Fussenegger, G.: Maria Theresia. Wien u. a. 1980 (als Tb. München 1986).
Haas, R.: Die Pfalz am Rhein. 2000 Jahre Landes-, Kultur- und Wirtschaftsgeschichte. Mannheim ³1974.
Heer, F.: Der König und die Kaiserin. Friedrich und Maria Theresia – ein deutscher Konflikt. München 1981.
Henderson, N.: Prinz Eugen. Der edle Ritter. Dt. Übers. Bergisch Gladbach 1986.
Hubatsch, W.: Grundlinien preußischer Geschichte. Königtum und Staatsgestaltung 1701–1871. Darmstadt ²1985.
Die Hugenotten 1685–1985. Hg. v. *R. v. Thadden* und *M. Magdelaine.* München 1985.
Kathe, H.: Der Soldatenkönig. Friedrich Wilhelm I., 1688–1740, König in Preußen. Köln 1981.
Kötzschke, R. – Kretzschmar, H.: Sächsische Geschichte. 2 Bde. Dresden 1935, Nachdr. Frankfurt am Main 1965 (2 Bde. in 1 Bd.).
Krockow, Ch. Graf von – Jürgens, K.-H.: Friedrich der Große. Lebensbilder. Bergisch Gladbach 1986.
Maria Theresia und ihre Zeit. Hg. v. *W. Koschatzky.* Salzburg 1979.
Mikoletzky, L.: Kaiser Joseph II. Herrscher zwischen den Zeiten. Göttingen u. a. 1979.
Mitford, N.: Der Sonnenkönig Ludwig XIV. und sein Hof. Dt. Übers. München 1966.
Mittenzwei, I.: Friedrich II. von Preußen. Köln ³1983.
Möller, H.: Deutsche Aufklärung 1740–1815. Frankfurt am Main 1985.

Oestreich, G.: Friedrich Wilhelm I. Göttingen u. a. 1977.
Oestreich, G.: Geschichte der Menschenrechte und Grundfreiheiten im Umriß. Berlin ²1978.
Pönicke, H.: August der Starke. Göttingen u. a. 1972.
Ranke, L. von: Preußische Geschichte. Hg. v. *W. Andreas.* 2 Teile in 1 Bd. München ³1977 (als Tb. 1981); zuerst Berlin 1847/48 und Leipzig 1874.
Schieder, Th.: Friedrich der Große. Ein Königtum der Widersprüche. Frankfurt am Main u. a. 1983.
Simányi, T.: Kaunitz. Staatskanzler Maria Theresias oder Die diplomatische Revolution. Wien – München 1984.
Wandruszka, A.: Maria Theresia. Göttingen u. a. 1980.
Zeitgeist der Aufklärung. Hg. v. *H.-J. Schoeps.* Paderborn 1972.

Kapitel 6: Deutschland in der Zeit der französischen Vorherrschaft (1789–1815)

Gesamtdarstellungen:

Fehrenbach, E.: Vom Ancien Régime zum Wiener Kongreß. München – Wien 1981.
Griewank, K.: Die französische Revolution 1789–1799. Köln ⁸1984.
Hartung, F.: Deutschlands Zusammenbruch und Erhebung im Zeitalter der französischen Revolution 1792–1815. Bielefeld 1922.
Rudé, G.: Europa im Umbruch. Vom Vorabend der Französischen Revolution bis zum Wiener Kongreß. Dt. Übers. München 1981.
Schnabel, F.: Deutsche Geschichte im 19. Jahrhundert. 4 Bde. Freiburg im Breisgau u. a. ²⁻⁵1948–59 (als Tb. 1964/65).
Willms, J.: Nationalismus ohne Nation. Deutsche Geschichte 1789–1914. Düsseldorf 1983 (als Tb. Frankfurt am Main 1985).

Einzeldarstellungen:

Der Befreiungskrieg 1813. Hg. v. *P. Hoffmann, K. Obermann, H. Scheel* u. a. Berlin (Ost) 1967.
Die Befreiungskriege in Augenzeugenberichten. Hg. v. *E. Klessmann.* Düsseldorf 1966.
Bosl, K.: Bayerische Geschichte. München 1971.
Freund, M.: Napoleon und die Deutschen. Despot oder Held der Freiheit? München 1969.
Göhring, M.: Napoleon I. Vom alten zum neuen Europa. Göttingen u. a. ³1975.
Griewank, K.: Der Wiener Kongreß und die europäische Restauration 1814/15. Leipzig ²1954.
Herre, F.: Freiherr vom Stein. Köln 1973 (als Tb. 1979).
Hinrichs, E.: Die französische Revolution von 1789. Frankfurt am Main 1986.
Jaggi, A.: Der Befreiungskampf Europas zur Zeit Napoleons I. Bern 1944.
Klein, Ernst: Von der Reform zur Restauration. Finanzpolitik und Reformgesetzgebung des preußischen Staatskanzlers Karl August von Hardenberg. Berlin 1965.
Koselleck, R.: Preußen zwischen Reform und Revolution. Allgemeines Landrecht, Verwaltung und soziale Bewegung von 1791–1848. Stuttgart ³1981.

Meinecke, F.: Das Zeitalter der deutschen Erhebung. 1795–1815. Göttingen ⁷1963.
Preußische Reformen 1807–1820. Staat und Gesellschaft im Wandel. Hg. v. *B. Vogel.* Königstein/Ts. 1980.
Ritter, G.: Stein. Eine politische Biographie. Stuttgart 1958. Neuausg. Stuttgart 1981.
Taack, M. van: Königin Luise. Tübingen 1978 (als Tb. München 1981).
Thielen, P. G.: Karl August von Hardenberg 1750–1822. Stuttgart u. a. 1967.
Weis, E.: Montgelas. 2 Bde. Bd. 1: 1759–1799, zwischen Revolution und Reform. München 1971. (Bd. 2 noch nicht erschienen).
Der Wiener Kongreß in Augenzeugenberichten. Hg. v. *H. Spiel.* München 1978.

Kapitel 7: Restauration und Revolution (1815–1850)

Gesamtdarstellungen:

Aretin, K. O. von: Vom Deutschen Reich zum Deutschen Bund. Göttingen 1980.
Boldt, H.: Deutsche Staatslehre im Vormärz. Düsseldorf 1975.
Die deutschen Parteien im Überblick. Von den Anfängen bis heute. Hg. v. *W. Schlangen.* Düsseldorf – Königstein/Ts. 1979.
Görtemaker, M.: Deutschland im 19. Jahrhundert. Leverkusen 1983.
Langewiesche, D.: Restauration und Revolution 1815–1849. München – Wien 1985.
Nipperdey, Th.: Deutsche Geschichte 1800–1866. Bürgerwelt und starker Staat. München ³1985.
Rürup, R.: Deutschland im 19. Jahrhundert. 1815–1871. Göttingen 1984.
Sternberger, D.: Panorama oder Ansichten vom 19. Jahrhundert. Hamburg ³1955 (als Tb. 1974).
Winkler, H. A.: Geschichte der Arbeiter und der Arbeiterbewegung in Deutschland seit dem Ende des 18. Jahrhunderts. Auf 7 Bde. berechnet. Hg. v. *G. A. Ritter.* Bonn 1985 ff.

Einzeldarstellungen:

Alter, P.: Nationalismus. Frankfurt am Main 1985.
Baumgart, F.: Die verdrängte Revolution. Düsseldorf 1976.
Borchardt, K.: Die industrielle Revolution in Deutschland. München 1972.
Bülow, F.: Friedrich List. Göttingen u. a. 1959.
Büssem, E.: Die Karlsbader Beschlüsse von 1819. Die endgültige Stabilisierung der restaurativen Politik im Deutschen Bund nach dem Wiener Kongreß von 1814/15. Hildesheim 1974.
Eyck, F.: Deutschlands große Hoffnung. Die Frankfurter Nationalversammlung 1848–49. Dt. Übers. München 1973.
Fischer, Wolfram: Wirtschaft und Gesellschaft im Zeitalter der Industrialisierung. Göttingen 1972.
Gollwitzer, H.: Die Standesherren. Die politische und gesellschaftliche Stellung der Mediatisierten. Ein Beitrag zur deutschen Sozialgeschichte. Göttingen ²1964.
Grebing, H.: Geschichte der deutschen Arbeiterbewegung. München ²1970 (als Tb. ¹¹1981).

Hardtwig, W.: Vormärz. Der monarchische Staat und das Bürgertum. München 1985.
Ideen und Strukturen der deutschen Revolution 1848. Hg. v. *W. Klötzer, R. Moldenhauer* und *D. Rebentisch.* Frankfurt am Main 1974.
Lemberg, E.: Nationalismus. 2 Bde. Reinbek 1964.
Liberalismus. Hg. v. *L. Gall.* Köln ²1979.
Marschalck, P.: Deutsche Überseewanderung im 19. Jahrhundert. Stuttgart 1973.
Näf, W.: Zur Geschichte der Heiligen Allianz. Bern 1928.
Palmer, A.: Metternich. Der Staatsmann Europas. Dt. Übers. Düsseldorf 1977 (als Tb. 1980).
Ritter, G. A.: Die deutschen Parteien 1830–1914. Parteien und Gesellschaft im konstitutionellen Regierungssystem. Göttingen 1985.
Schieder, W.: Anfänge der deutschen Arbeiterbewegung. Die Auslandsvereine im Jahrzehnt nach der Julirevolution von 1830. Stuttgart 1963.
Schivelbusch, W.: Geschichte der Eisenbahnreise. Zur Industrialisierung von Raum und Zeit im 19. Jahrhundert. München u. a. ²1978 (als Tb. Berlin 1979).
Schraepler, E.: Handwerkerbünde und Arbeitervereine 1830–1853. Die politische Tätigkeit deutscher Sozialisten von Wilhelm Weitling bis Karl Marx. Berlin 1972.
Schule-Westen, K.: Das Vermächtnis der Urburschenschaft. Bochum ³1952.
Siemann, W.: Die deutsche Revolution 1848/49. Frankfurt am Main 1985.
Srbik, H. Ritter von: Metternich. Der Staatsmann und Mensch. 3 Bde. Bd. 1. u. 2 München 1925, Nachdr. Graz 1979. Bd. 3 München 1954, Nachdr. Graz 1985.
Staat und Gesellschaft im deutschen Vormärz 1815–1848. Hg. v. *W. Conze.* Stuttgart ³1978.
Valentin, V.: Geschichte der deutschen Revolution von 1848 bis 1849. 2 Bde. Neuaufl. Köln – Berlin 1970.
Vorgeschichte und Begründung des deutschen Zollvereins 1815–1834. Akten der Staaten des Deutschen Bundes und der europäischen Mächte. Hg. v. *H. Oncken* und *F. M. Saemisch.* 3 Bde. Berlin 1934.
Vossler, O.: Die Revolution von 1848 in Deutschland. Frankfurt am Main ²1967.
Walter, G.: Der Zusammenbruch des Heiligen Römischen Reichs deutscher Nation und die Problematik seiner Restauration in den Jahren 1814/15. Heidelberg 1980.
Wende, P.: Radikalismus im Vormärz. Untersuchungen zur politischen Theorie der frühen deutschen Demokratie. Wiesbaden 1975.

Kapitel 8: Reaktion und Bismarckzeit (1850–1890)

Gesamtdarstellungen:

Craig, G. A.: Deutsche Geschichte 1866–1945. Dt. Übers. München ²1981, 50.–58. Ts. 1985.
Europa und der Norddeutsche Bund. Hg. v. *R. Dietrich.* Berlin 1968.
Fischer, Fritz: Bündnis der Eliten. Zur Kontinuität der Machtstrukturen in Deutschland 1871–1945. Düsseldorf ²1985.

Gall, L.: Europa auf dem Weg in die Moderne. 1850–1890. München – Wien 1984.
Grundfragen der deutschen Außenpolitik seit 1871. Hg. v. *G. Ziebura.* Darmstadt 1975.
Hillgruber, A.: Die gescheiterte Großmacht. Eine Skizze des Deutschen Reiches 1871–1945. Düsseldorf ⁴1984.
Kehr, E.: Primat der Innenpolitik. Gesammelte Aufsätze zur preußisch-deutschen Sozialgeschichte im 19. und 20. Jahrhundert. Hg. und eingeleitet von *H.-U. Wehler.* Berlin ²1970 (als Tb. Frankfurt am Main 1976).
Mayer, Arno J.: Adelsmacht und Bürgertum. Die Krise der europäischen Gesellschaft 1848–1914. München 1984.
Schulze, Hagen: Der Weg zum Nationalstaat. Die deutsche Nationalbewegung vom 18. Jahrhundert bis zur Reichsgründung. München 1985.
Stürmer, M.: Das ruhelose Reich. Deutschland 1866–1918. Göttingen 1983.
Wehler, H.-U.: Das deutsche Kaiserreich 1871–1918. Göttingen ⁵1983.

Einzeldarstellungen:

Becker, Josef: Liberaler Staat und Kirche in der Ära von Reichsgründung und Kulturkampf. Geschichte und Strukturen ihres Verhältnisses in Baden 1860–1876. Mainz 1973.
Engelberg, E.: Bismarck. Urpreuße und Reichsgründer. Berlin 1985.
Fischer-Fabian, S.: Preußens Gloria. Der Aufstieg eines Staates. München 1979 (als Tb. 1982).
Fontane, Th.: Der Krieg gegen Frankreich 1870–1871. Berlin 1873–76. Nachdr. Zürich 1984.
Friedenthal, R.: Karl Marx. München 1981 (als Tb. 1983).
Gall, L.: Bismarck. Der weiße Revolutionär. Berlin – Frankfurt am Main 1980 (als Tb. Berlin 1983).
Gall, L.: Der Liberalismus als regierende Partei. Wiesbaden 1968.
Gladen, A.: Geschichte der Sozialpolitik in Deutschland. Wiesbaden 1974.
Grebing, H.: Arbeiterbewegung. Sozialer Protest und kollektive Interessenvertretung bis 1914. München 1985.
Grundbegriffe des Marxismus. Hg. v. *I. Fetscher.* Hamburg 1976.
Henning, F.-W.: Die Industrialisierung in Deutschland 1800–1914. Paderborn ⁶1984.
Herre, F.: Moltke. Der Mann und sein Jahrhundert. Stuttgart 1984.
Das kaiserliche Deutschland. Hg. v. *M. Stürmer.* Düsseldorf 1970 (als Tb. 1977).
Kolb, E.: Der Kriegsausbruch 1870. Politische Entscheidungsprozesse und Verantwortlichkeit in der Julikrise 1870. Göttingen 1970.
Lill, R.: Die Wende im Kulturkampf: Leo XIII., Bismarck und die Zentrumspartei 1876–1880. Sonderausg. Tübingen 1973.
Miller, S. – Potthoff, H.: Kleine Geschichte der SPD. Darstellung und Dokumentation 1848–1983. 5. überarbeitete und erweiterte Aufl. Bonn 1983.
Moderne deutsche Sozialgeschichte. Hg. v. *H.-U. Wehler.* Köln – Berlin 1973 (als Tb. Königstein/Ts. 1981).

Raddatz, F. J.: Karl Marx. Hamburg 1975 (als Tb. München 1977).
Reichsgründung 1870/71. Tatsachen, Kontroversen, Interpretationen. Hg. v. *Th. Schieder* und *E. Deuerlein.* Stuttgart 1970.
Rosenberg, H.: Große Depression und Bismarckzeit: Wirtschaftsablauf, Gesellschaft und Politik in Mitteleuropa. Berlin 1967.
Ruppert, W.: Die Fabrik. Geschichte von Arbeit und Industrialisierung in Deutschland. München 1984.
Sheehan, J. J.: Der deutsche Liberalismus. Von den Anfängen im 18. Jahrhundert bis zum 1. Weltkrieg 1770–1914. Dt. Übers. München 1983.
Solidarität und Menschenwürde. Etappen der deutschen Gewerkschaftsgeschichte von den Anfängen bis zur Gegenwart. Hg. v. *E. Matthias* u. *K. Schönhoven.* Bonn 1984.
Stürmer, M.: Die Reichsgründung. Deutscher Nationalstaat und europäisches Gleichgewicht im Zeitalter Bismarcks. München 1984.
Wehler, H.-U.: Bismarck und der Imperialismus. Köln ³1972. Neuaufl. als Tb. Frankfurt am Main ²1985.
Winkler, H. A.: Preußischer Liberalismus und deutscher Nationalstaat. Studien zur Geschichte der Deutschen Fortschrittspartei 1861–1866. Tübingen 1964.
Wunderer, H.: Arbeitervereine und Arbeiterparteien. Frankfurt am Main 1980.

Kapitel 9: Wilhelminisches Zeitalter und Erster Weltkrieg

Gesamtdarstellungen:

Balfour, M.: Der Kaiser Wilhelm II. und seine Zeit. Dt. Übers. Berlin ²1973 (als Tb. Frankfurt am Main u. a. 1979).
Baumgart, W.: Deutschland im Zeitalter des Imperialismus (1890–1914). Stuttgart ⁴1982.
Baumgart, W.: Vom Europäischen Konzert zum Völkerbund. Friedensschlüsse und Friedenssicherung von Wien bis Versailles. Darmstadt 1974.
Dehio, L.: Gleichgewicht oder Hegemonie. Krefeld 1948, ³1974.
Fischer, Fritz: Griff nach der Weltmacht. Düsseldorf 1961, Sonderausg. 1967. Nachdr. als Tb ²1979.

Einzeldarstellungen:

Deist, W.: Flottenpolitik und Flottenpropaganda. Das Nachrichtenbureau des Reichsmarineamtes 1897–1914. Stuttgart 1974.
Eyck, E.: Das persönliche Regiment Wilhelms II. Politische Geschichte des deutschen Kaiserreiches von 1890 bis 1914. Erlenbach – Zürich 1948.
Fischer, Fritz: Krieg der Illusionen. Die deutsche Politik von 1911 bis 1914. Düsseldorf ²1969 (als Tb. 1978).
Hallgarten, G. W. F.: Imperialismus vor 1914. 2 Bde. München ²1963.
Herzfeld, H.: Die deutsche Rüstungspolitik vor dem Weltkrieg. Bonn – Leipzig 1923.
Janßen, K.-H.: Macht und Verblendung: Kriegszielpolitik der deutschen Bundesstaaten 1914–1918. Göttingen u. a. 1963.

Bibliographie

Janßen, K.-H.: Der Kanzler und der General. Die Führungskrise um Bethmann Hollweg und Falkenhayn (1914–1916). Göttingen u. a. 1967.
Julikrise und Kriegsausbruch. Hg. v. *I. Geiss.* 2 Bde. Hannover 1963–64.
Kaelble, H.: Industrielle Interessenpolitik in der Wilhelminischen Gesellschaft. Berlin 1967.
Kruck, A.: Geschichte des Alldeutschen Verbandes 1890–1939. Wiesbaden 1954.
Meinecke, F.: Geschichte des deutsch-englischen Bündnisproblems 1890–1901. München – Berlin 1927, Nachdr. München 1972.
Reiners, L.: In Europa gehen die Lichter aus. Der Untergang des wilhelminischen Reiches. München 1981.
Ritter, G.: Staatskunst und Kriegshandwerk. Das Problem des „Militarismus" in Deutschland. 4 Bde. München 1954 ff. (Bd. 1 ⁴1970, Bd. 2 ³1973).
Schwabe, K.: Deutsche Revolution und Wilsonfriede. Düsseldorf 1971.
Stegmann, D.: Die Erben Bismarcks. Parteien und Verbände in der Spätphase des Wilhelminischen Deutschlands. Sammlungspolitik 1897–1918. Köln 1970.
Tuchman, B.: August 1914. Dt. Übers. Bern – München 1979 (als Tb. Bergisch Gladbach 1981).

Kapitel 10: Weimarer Republik

Gesamtdarstellungen:

Eschenburg, Th.: Die Republik von Weimar. Beiträge zur Geschichte einer improvisierten Demokratie. Überarbeitete Neuaufl. München 1984.
Eyck, E.: Geschichte der Weimarer Republik. 2 Bde. Zürich ⁴⁻⁵1973.
Heiber, H.: Die Republik von Weimar. München ⁵1971.
Jasper, G.: Von der Auflösung der Weimarer Republik zum NS-Regime. Frankfurt am Main 1985.
Kolb, E.: Die Weimarer Republik. München – Wien 1984.
Mann, G.: Deutsche Geschichte 1919–1945. Frankfurt am Main ¹⁶1984.
Overesch, M. – Saal, F. W.: Chronik deutscher Zeitgeschichte. Daten-Lexikon Politik, Wirtschaft, Kultur. Bd. 1: Die Weimarer Republik. Düsseldorf 1980.
Die Republik von Weimar. Hg. v. *J. Flemming* u. a. 2 Bde. Königstein/Ts. – Düsseldorf ²1984–85.
Rosenberg, A.: Entstehung und Geschichte der Weimarer Republik. Neuaufl. Frankfurt am Main 1984.
Schulz, Gerhard: Deutschland seit dem Ersten Weltkrieg 1918–1945. Göttingen ²1982.
Tormin, W.: Die Weimarer Republik. Hannover 1977 (völlig neu bearb. Auflage).
Weimar. Selbstpreisgabe einer Demokratie. Hg. v. *K. D. Erdmann* und *Hagen Schulze.* Düsseldorf 1980 (als Tb. 1984).
Die Weimarer Republik. Belagerte Civitas. Hg. v. *M. Stürmer.* Meisenheim ²1980 (als Tb. Düsseldorf ²1985).

Einzeldarstellungen:

Bach, J. A.: Franz von Papen in der Weimarer Republik. Aktivitäten in Politik und Presse 1918–1932. Düsseldorf ²1978.

Besson, W.: Friedrich Ebert. Göttingen u. a. ²1970.
Bracher, K. D.: Die Auflösung der Weimarer Republik. Villingen/Schwarzwald 1955 ⁵1971 (Neuaufl. als Tb. Königstein/Ts. ²1984).
Braunthal, G.: Der Allgemeine Deutsche Gewerkschaftsbund. Zur Politik der Arbeiterbewegung in der Weimarer Republik. Dt. Übers. Köln 1980.
Brüning, H.: Memoiren 1918–1934. Stuttgart 1970.
Caspar, H. u. a.: Deutsche Arbeiterbewegung vor dem Faschismus. Berlin 1981.
Die deutsche Revolution 1918–1919. Hg. v. *G. A. Ritter* und *S. Miller.* Hamburg ²1975 (als Tb. Frankfurt am Main 1983).
Feldman, G. D. – Steinisch, I.: Industrie und Gewerkschaften 1918–1924. Dt. Übers. Stuttgart 1985.
Gordon, H. J. jr.: Hitlerputsch 1923. Machtkampf in Bayern 1923–1924. Dt. Übers. München 1978.
Hirsch, F.: Stresemann. Ein Lebensbild. Göttingen u. a. 1978.
Holtfrerich, C. L.: Die deutsche Inflation 1914–23. Ursachen und Folgen in internationaler Perspektive. Berlin 1980.
Holzbach, H.: Das „System Hugenberg". Die Organisation bürgerlicher Sammlungspolitik vor dem Aufstieg der NSDAP 1918–1928. Stuttgart 1981.
Horn, W.: Der Marsch zur Machtergreifung. Die NSDAP bis 1933. Königstein/Ts. 1980.
Industrielles System und politische Entwicklung in der Weimarer Republik. Hg. v. *H. Mommsen* u. a. Düsseldorf 1974 (als Tb. in 2 Bden. 1977).
Kluge, U.: Die deutsche Revolution 1918/1919. Frankfurt am Main 1985.
Lee, M. – Michalka, W.: Geschichte der deutschen Außenpolitik 1917–1933. Stuttgart 1979.
Locarno und die Weltpolitik 1924–1932. Hg. v. *H. Rössler.* Göttingen u. a. 1969.
Matthias, E.: Zwischen Räten und Geheimräten. Die deutsche Revolutionsregierung 1918/19. Düsseldorf 1970.
Neumann, S.: Die Parteien der Weimarer Republik. Stuttgart u. a. ⁴1977.
1933. Wie die Revolution der Diktatur erlag. Hg. v. *V. Rittberger.* Stuttgart 1983.
Petzina, D.: Die deutsche Wirtschaft in der Zwischenkriegszeit. Wiesbaden 1977.
Ritter, F.: Theorie und Praxis des Demokratischen Sozialismus in der Weimarer Republik. Frankfurt am Main 1981.
Schneider, Werner: Die Deutsche Demokratische Partei in der Weimarer Republik 1924–1930. München 1978.
Schönhoven, K.: Die Bayerische Volkspartei 1924–1932. Düsseldorf 1972.
Schulin, E.: Walther Rathenau. Göttingen u. a. 1979.
Sontheimer, K.: Antidemokratisches Denken in der Weimarer Republik. München ²1968 (als Tb. 1983).
Sozialdemokratische Arbeiterbewegung und Weimarer Republik. Hg. v. *W. Luthardt.* 2 Bde. Frankfurt am Main 1978.
Stürmer, M.: Koalition und Opposition in der Weimarer Republik 1924–1928. Düsseldorf 1967.
Tyrell, A.: Vom „Trommler" zum „Führer". Der Wandel von Hitlers Selbstverständnis zwischen 1919 und 1924 und die Entwicklung der NSDAP. München 1975.

Weber, Hermann: Die Wandlung des deutschen Kommunismus. Die Stalinisierung der KPD in der Weimarer Republik. Köln 1971.
Zwischen Revolution und Kapp-Putsch. Militär und Innenpolitik 1918–1920. Hg. v. der Kommission für die Geschichte des Parlamentarismus und der politischen Parteien. Düsseldorf 1977.

Kapitel 11: Das Dritte Reich

Gesamtdarstellungen:

Bracher, K. D.: Die deutsche Diktatur. Entstehung, Struktur, Folgen des Nationalsozialismus. Köln [6]1980 (als Tb. Frankfurt am Main u. a. 1979).
Fest, J. C.: Das Gesicht des Dritten Reiches. München [7]1980.
Hildebrand, K.: Das Dritte Reich. München – Wien [2]1981.
Malek-Kohler, I.: Im Windschatten des Dritten Reiches. Freiburg im Breisgau 1986.
Nationalsozialistische Diktatur 1933–1945. Eine Bilanz. Hg. v. *K. D. Bracher, M. Funke* und *H.-A. Jacobsen.* Düsseldorf 1982.
Neumann, Franz: Behemoth. Struktur und Praxis des Nationalsozialismus. Frankfurt am Main 1984.
Overesch, M. – Saal, F. W.: Chronik deutscher Zeitgeschichte. Daten-Lexikon Politik, Wirtschaft, Kultur. Bd. 2 (in 2 Tlen.): Das Dritte Reich. Düsseldorf 1982–83.
Schoenbaum, D.: Die braune Revolution. Eine Sozialgeschichte des Dritten Reiches. Dt. Übers. Neuaufl. Köln 1980 (als Tb. München 1980).

Einzeldarstellungen:

Antisemitismus. Von der Judenfeindschaft zum Holocaust. Hg. v. *H. A. Strauss* u. *N. Kampe.* Frankfurt am Main 1985.
Auschwitz – „Direkt von der Rampe weg". Kaduk, Erber, Klehr: Drei Täter geben zu Protokoll. Hg. v. *E. Demant.* Reinbek 1979.
Backes, U. – Janßen, K.-H. u. a.: Reichstagsbrand – Aufklärung einer historischen Legende. München 1986.
Braunsted, E. K.: Goebbels und die nationalsozialistische Propaganda 1925–1945. Frankfurt am Main 1971.
Broszat, M.: Der Staat Hitlers. München 1969.
Bullock, A.: Hitler. Eine Studie über Tyrannei. Dt. Übers. Neuaufl. als Tb. Kronberg 1977.
Cartarius, U.: Opposition gegen Hitler. Berlin 1984.
Churchill, W.: Der Zweite Weltkrieg. Bern u. a. 1948. Neuausg. Bern 1985.
Denzler, G.: Widerstand oder Anpassung. Katholische Kirche und Drittes Reich. München 1984.
Das Deutsche Reich und der Zweite Weltkrieg. Hg. v. Militärgeschichtlichen Forschungsamt, Freiburg im Breisgau. Auf 10 Bde. berechnet. Stuttgart 1979 ff.
Deutschkron, I.: Ich trage den gelben Stern. München [4]1983.
Dusek, P. – Pelinka, A. – Weinzierl, E.: Zeitgeschichte im Aufriß. Österreich von 1918 bis in die achtziger Jahre. Wien 1981.
Fest, J. C.: Hitler. Berlin 1973 (als Tb. 2 Bde. Frankfurt am Main u. a. [8]1975).

Fleming, G.: Hitler und die Endlösung. München 1983.
Das Gewissen steht auf. Lebensbilder aus dem deutschen Widerstand 1933–1945. Hg. v. *K. D. Bracher.* Nachdr. Mainz 1984.
Gilbert, M.: Auschwitz und die Alliierten. Dt. Übers. München 1982.
Haffner, S.: Anmerkungen zu Hitler. München 1978 (als Tb. Frankfurt am Main [5]1985).
Hanser, R.: Deutschland zuliebe. Leben und Sterben der Geschwister Scholl. München 1982.
Hillgruber, A.: Hitlers Strategie. Politik und Kriegführung 1940–1941. München [2]1982.
Hillgruber, A. – Hümmelchen, G.: Chronik des Zweiten Weltkriegs. Königstein/Ts. 1978.
Hoffmann, P.: Widerstand, Staatsstreich, Attentat. Dt. Übers. München [4]1985.
Kehrig, M.: Stalingrad: Analyse und Dokumentation einer Schlacht. Stuttgart 1974.
Kogon, E.: Der SS-Staat. Das System der Konzentrationslager. München [15]1985.
Laqueur, W.: Was niemand wissen wollte. Die Unterdrückung der Nachrichten über Hitlers Endlösung. Berlin 1981.
Leonhard, W.: Der Schock des Hitler-Stalin-Paktes. Freiburg im Breisgau 1986.
Martens, St.: Hermann Göring. Paderborn 1985.
Müller, Klaus J.: Armee, Politik und Gesellschaft in Deutschland 1933–1945. Paderborn [2]1980.
Pingel, F.: Häftlinge unter SS-Herrschaft. Widerstand, Selbstbehauptung und Vernichtung im Konzentrationslager. Hamburg 1978.
Richardi, H.-G.: Schule der Gewalt. Die Anfänge des Konzentrationslagers Dachau 1933–34. München 1983.
Ritter, G.: Carl Goerdeler und die deutsche Widerstandsbewegung. Neuausg. Stuttgart 1984.
Roon, G. van: Widerstand im Dritten Reich. München [3]1984.
Smith, Bradley F.: Heinrich Himmler 1900–1926. München 1979.
Trevor-Roper, H.: Hitlers letzte Tage. Neuaufl. Berlin – Frankfurt am Main 1985.
„Unternehmen Barbarossa". Der deutsche Überfall auf die Sowjetunion. Hg. v. *G. R. Überschär* u. *W. Wette.* Paderborn 1984.
Wegner, B.: Hitlers politische Soldaten: Die Waffen-SS 1933–1945. Paderborn [2]1983.

Kapitel 12 bis 15: 1945–1985

Übergreifende Darstellungen:

Abelshauser, W.: Wirtschaftsgeschichte der Bundesrepublik. Frankfurt am Main 1983.
Adenauer, K.: Erinnerungen. 4 Bde. Stuttgart 1965–68.
Die Auswärtige Politik der Bundesrepublik Deutschland. Hg. v. Auswärtigen Amt unter Mitwirkung eines wissenschaftlichen Beirats. Köln 1972.
Baring, A.: Außenpolitik in Adenauers Kanzlerdemokratie. München (als Tb. 2 Bde. 1971).
Behr, W.: Bundesrepublik Deutschland – Deutsche Demokratische Republik. Systemvergleich Politik-Wirtschaft-Gesellschaft. Stuttgart [3]1985.

Bibliographie

Besson, W.: Die Außenpolitik der Bundesrepublik. Erfahrungen und Maßstäbe. München 1970.
Bruns, W.: Deutsch-deutsche Beziehungen. Prämissen – Probleme – Perspektiven. Opladen ⁴1984.
Buchheim, H.: Deutschlandpolitik 1949–1972. Der politisch-diplomatische Prozeß. Stuttgart 1984.
Die Bundesrepublik Deutschland. Entstehung, Entwicklung, Struktur. Hg. v. W.-D. Narr und D. Tränhardt. Meisenheim 1979 (als Tb. Königstein/Ts. 1984).
Die Bundesrepublik Deutschland. Hg. v. W. Benz. 3 Bde. Frankfurt am Main 1985.
Bundesrepublik Deutschland – DDR. Die Wirtschaftssysteme. Soziale Marktwirtschaft und Sozialistische Planwirtschaft im Systemvergleich. Hg. v. H. Hamel. München ⁴1983.
DDR-Handbuch. Wissenschaftliche Leitung: H. Zimmermann unter Mitarbeit von H. Ulrich u. M. Fehlauer. 2 Bde. Köln ³1985.
Deutsche Geschichte 1962–1983. Dokumente. Hg. v. I. Wilharm. 2 Bde. Frankfurt am Main 1983.
Deutschland 1945–1963. Hg. v. H. Lilge. Hannover ¹¹1979.
Dönhoff, M. Gräfin: Deutsche Außenpolitik von Adenauer bis Brandt. Hamburg 1970.
Dönhoff, M. Gräfin: Von gestern nach übermorgen. Zur Geschichte der Bundesrepublik. München 1981 (als Tb. 1984).
Drei Jahrzehnte Außenpolitik der DDR. Hg. v. H.-A. Jacobsen u.a. München ²1980.
Nach dreißig Jahren. Die Bundesrepublik Deutschland – Vergangenheit, Gegenwart, Zukunft. Hg. v. W. Scheel. Stuttgart 1979.
Ellwein, Th.: Das Regierungssystem der Bundesrepublik Deutschland. Opladen ⁵1983.
Eschenburg, Th.: Staat und Gesellschaft in Deutschland. München 1965.
Eschenburg. Th.: Zur politischen Praxis in der Bundesrepublik. 3 Bde. München ¹⁻²1966–72.
Freudenhammer, A. – Vater, K.: Herbert Wehner. Ein Leben mit der deutschen Frage. München 1978.
Geschichte der Bundesrepublik Deutschland. Hg. v. K. D. Bracher u.a. 5 Bde. Stuttgart – Wiesbaden 1981–86.
Görtemaker, M.: Die unheilige Allianz. Die Geschichte der Entspannungspolitik 1934–1979. München 1979.
Greiffenhagen, M. u. S.: Ein schwieriges Vaterland. Zur politischen Kultur Deutschlands. München 1979 (als Tb. Frankfurt am Main 1981).
Griffith, W. E.: Die Ostpolitik der Bundesrepublik Deutschland. Dt. Übers. Stuttgart 1981.
Grosser, A.: Deutschlandbilanz. Geschichte Deutschlands seit 1945. Sonderausg. München ⁷1980 (als Tb. 1974).
Grosser, A.: Das Deutschland im Westen. München – Wien 1985.
Handbuch DDR-Wirtschaft. Hg. v. Deutschen Institut für Wirtschaftsforschung. Reinbek ⁴1984.
Handbuch der deutschen Außenpolitik. Hg. v. H.-P. Schwarz. München ²1976.
Hanrieder, W. F. – Rühle, H.: Im Spannungsfeld der Weltpolitik: 30 Jahre deutsche Außenpolitik (1949–1979). Hg. v. der Konrad-Adenauer-Stiftung e. V. Stuttgart 1980.

Harpprecht, K.: Willy Brandt. Porträt und Selbstporträt. München – Zürich 1971.
Hillgruber, A.: Deutsche Geschichte 1945–1985. Die „deutsche Frage" in der Weltpolitik. Stuttgart ⁵1984.
Hillgruber, A.: Europa in der Weltpolitik der Nachkriegszeit 1945–1963. München – Wien ²1981.
Hornung, K.: Staat und Armee. Studien zur Befehls- und Kommandogewalt und zum politisch-militärischen Verhältnis in der Bundesrepublik Deutschland. Mainz 1975.
Kleßmann, Chr.: Die doppelte Staatsgründung. Deutsche Geschichte 1945–1955. 3. ergänzte Aufl. Göttingen 1984.
Lehmann, Hans Georg: Chronik der Bundesrepublik Deutschland 1945/49–1983. München ²1983.
Ludz, P. Ch.: Die DDR zwischen Ost und West. München ⁴1980.
Die Nationale Front der DDR. Geschichtlicher Überblick. Berlin (Ost) 1984.
Nawrocki, J.: Bewaffnete Organe in der DDR. Nationale Volksarmee und andere militärische sowie paramilitärische Verbände. Berlin 1979.
Nolte, E.: Deutschland und der kalte Krieg. Stuttgart ²1985.
Obst, W.: DDR-Wirtschaft. Modell und Wirklichkeit. Hamburg 1973.
Overesch, M.: Die Deutschen und die deutsche Frage 1945–1955. Darstellung und Dokumente. Düsseldorf 1985.
Parteien-Handbuch. Die Parteien der Bundesrepublik Deutschland 1945–1980. Hg. v. R. Stöss. 2 Bde. Opladen 1983–84.
Pröll, B.: Bundeswehr und Nationale Volksarmee in Staat und Gesellschaft. Frankfurt am Main 1983.
Rovan, J.: Geschichte der deutschen Sozialdemokratie. Dt. Übers. Frankfurt am Main 1980.
Rovan, J.: Zwei Völker – eine Zukunft. Deutsche und Franzosen an der Schwelle des 21. Jahrhunderts. München 1986.
Schäfers, B.: Sozialstruktur und Wandel in der Bundesrepublik Deutschland. Stuttgart ³1981.
Schmid, Carlo: Erinnerungen. Bern – München – Wien 1979 (als Tb. München 1985).
Schuster, D.: Die deutschen Gewerkschaften seit 1945. Stuttgart ²1974.
Sontheimer, K.: Die verunsicherte Republik. Die Bundesrepublik nach 30 Jahren. München 1979.
Sontheimer, K.: Grundzüge des politischen Systems der Bundesrepublik Deutschland. München 1984.
Staritz, D.: Geschichte der DDR 1949–1984. Frankfurt am Main 1984.
Steininger, R.: Deutsche Geschichte 1945–1961. Darstellung und Dokumente. 2 Bde. Frankfurt am Main 1983.
Stern, C.: Porträt einer bolschewistischen Partei. Entwicklung, Funktion und Situation der SED. Köln 1957.
Weber, Herrmann: Von der SBZ zur DDR. 2 Bde. Hannover ¹⁻²1966–68.
Weber, Hermann: 25 Jahre SED. Chronik einer Partei. Köln ²1971.
Weber, Hermann: SED. Chronik einer Partei. 1971–1976. Köln 1976.
Weber, Hermann: DDR. Grundriß der Geschichte 1945–1981. Hannover 1982.

Weber, Hermann: Geschichte der DDR. München 1985.
Der Weg der Bundesrepublik. Von 1945 bis zur Gegenwart. Hg. v. *Franz Schneider.* München 1985.
Weizsäcker, R. von: Die deutsche Geschichte geht weiter. Berlin 1983 (als Tb. München 1985).
Die zweite Republik. 25 Jahre Bundesrepublik Deutschland – eine Bilanz. Hg. v. *R. Löwenthal* und *H.-P. Schwarz.* Stuttgart ³1979.

Kapitel 12: Neuanfang 1945–1949

Gesamtdarstellungen:

Benz, W.: Von der Besatzungsherrschaft zur Bundesrepublik. Stationen einer Staatsgründung 1946–1949. Frankfurt am Main 1984.
Glaser, H.: Kulturgeschichte der Bundesrepublik Deutschland. 3 Bde. Bd. 1: Zwischen Kapitulation und Währungsreform 1945–1948. München – Wien 1985 (Bd. 2 u. 3 noch nicht erschienen).
Graml, H.: Die Alliierten und die Teilung Deutschlands. Konflikte und Entscheidungen 1941–1948. Frankfurt am Main 1985.
Heuss, Th.: Aufzeichnungen 1945–1947. Hg. v. E. Pikart. Stuttgart 1966.
Neubeginn und Restauration. Dokumente zur Vorgeschichte der Bundesrepublik Deutschland 1945–1949. Hg. v. *K.-J. Ruhl.* München 1982.
Schwarz, H.-P.: Vom Reich zur Bundesrepublik. Stuttgart ²1980.
Westdeutschlands Weg zur Bundesrepublik 1945–1949. München 1976.
Vorgeschichte der Bundesrepublik Deutschland. Zwischen Kapitulation und Grundgesetz. Hg. v. *Josef Becker, Th. Stammen* und *P. Waldmann.* München 1979.

Einzeldarstellungen:

Balfour, M.: Vier-Mächte-Kontrolle in Deutschland 1945–1946. Dt. Übers. Düsseldorf 1959.
Blum, J. M.: Deutschland ein Ackerland? Morgenthau und die amerikanische Kriegspolitik 1941–1945. Aus den Morgenthau-Tagebüchern. Dt. Übers. Düsseldorf 1968.
Deuerlein, E.: Deklamation oder Ersatzfriede? Die Konferenz von Potsdam. Stuttgart 1970.
Gimbel, J.: Amerikanische Besatzungspolitik 1945–1949. Dt. Übers. Frankfurt am Main 1971.
Gniffke, E. W.: Jahre mit Ulbricht. Köln 1966.
Kaden, A.: Einheit oder Freiheit. Die Wiedergründung der SPD 1945/46. Bonn ²1980.
Lehrjahre der CSU. Hg. v. *K.-D. Henke* und *H. Woller.* Stuttgart 1984.
Meinecke, F.: Die deutsche Katastrophe. Zürich 1946, Wiesbaden ⁶1965.
Müchler, G.: CDU/CSU. Das schwierige Bündnis. München 1976.
Müller-Marein, J.: Deutschland im Jahre 1. Reportagen aus der Nachkriegszeit. München 1986.
Pünder, H.: Von Preußen nach Europa. Lebenserinnerungen. Stuttgart 1968.
Pünder, T.: Das bizonale Interregnum. Die Geschichte des Vereinigten Wirtschaftsgebietes 1946–1949. Köln 1966.

Roeper, H.: Die D-Mark. Vom Besatzungskind zum Weltstar. Eine deutsche Wirtschaftsgeschichte der Gegenwart. Frankfurt am Main ²1979.
Smith, Arthur L.: Heimkehr aus dem Zweiten Weltkrieg. Die Entlassung der deutschen Kriegsgefangenen. Dt. Übers. Stuttgart 1985.
Smith, Bradley F.: Der Jahrhundertprozeß. Die Motive der Richter von Nürnberg. Anatomie einer Urteilsfindung. Dt. Übers. Frankfurt am Main 1977 (als Tb. 1979).
Suckut, S.: Blockpolitik in der SBZ/DDR 1945–1949. Die Sitzungsprotokolle des zentralen Einheitsfront-Ausschusses. Köln 1986.
Das Urteil von Nürnberg. 1946. Hg. v. *L. Gruchmann.* München ⁴1979.
Die Vertreibung der Deutschen aus dem Osten. Ursachen, Ereignisse, Folgen. Hg. v. *W. Benz.* Frankfurt am Main 1985.

Kapitel 13: Adenauerzeit (1949–1961)

Gesamtdarstellungen:

Die fünfziger Jahre. Beiträge zu Politik und Kultur. Hg. v. *D. Bänsch.* Tübingen 1985.
Die fünfziger Jahre. Als das Leben wieder anfing. Hg. v. *D. Franck.* München 1981.
Vogelsang, Th.: Das geteilte Deutschland. München 1966.

Einzeldarstellungen:

Baring, A.: Der 17. Juni 1953. Berlin 1965. Neuaufl. Stuttgart 1983.
Berlinkrise und Mauerbau. Hg. v. *H.-P. Schwarz.* Bonn 1985.
Blum, R.: Soziale Marktwirtschaft. Wirtschaftspolitik zwischen Neoliberalismus und Ordoliberalismus. Tübingen 1969.
Dittmann, K.: Adenauer und die deutsche Wiedervereinigung. Die politische Diskussion des Jahres 1952. Düsseldorf 1981.
Die Europäische Verteidigungsgemeinschaft. Im Auftrag des Militärgeschichtlichen Forschungsamtes hg. v. *H.-E. Volkmann* und *W. Schwengler.* Boppard 1985.
Fischer, Per: Die Saar zwischen Deutschland und Frankreich. Politische Entwicklung 1945–59. Frankfurt am Main – Berlin 1959.
Herzfeld, H.: Berlin in der Weltpolitik 1945–1970. Berlin – New York 1973.
Neumann, Franz: Der Block der Heimatvertriebenen und Entrechteten 1950–1960. Meisenheim 1968.
Prowe, D.: Weltstadt in Krisen. Berlin 1949–1958. Berlin – New York 1973.
Schubert, K. von: Wiederbewaffnung und Westintegration. Die innere Auseinandersetzung um die militärische und außenpolitische Orientierung der Bundesrepublik 1950–1952. Stuttgart 1970.
Stern, C.: Ulbricht. Eine politische Biographie. Köln – Berlin 1963 (als Tb. Frankfurt am Main – Berlin 1966).
Verteidigung im Bündnis. Planung, Aufbau und Bewährung der Bundeswehr. Hg. v. Militärgeschichtlichen Forschungsamt. Boppard 1975.

Bibliographie

Kapitel 14: Vom Mauerbau zum Grundvertrag (1961–1972)

Gesamtdarstellungen:

Borowsky, P.: Deutschland 1963–1969. Hannover 1983.
Deuerlein, E.: Deutschland 1963–1970. Hannover [7]1979.

Einzeldarstellungen:

Baring, A.: Machtwechsel. Die Ära Brandt – Scheel. Stuttgart [2]1982 (als Tb. München 1984).
Bender, P.: Neue Ostpolitik. Vom Mauerbau bis zum Moskauer Vertrag. München 1986.
Dönhoff, M. Gräfin: Die deutsche Ostpolitik. Erlenbach – Zürich – Stuttgart 1968.
Erhard, L.: Deutsche Wirtschaftspolitik. Der Weg der Sozialen Marktwirtschaft. Düsseldorf – Wien [2]1962.
Fetscher, I.: Terrorismus und Reaktion. Köln – Frankfurt am Main [2]1978.
Habermas, J.: Protestbewegung und Hochschulreform. Frankfurt am Main 1969.
Oberreuter, H.: Notstand und Demokratie. Vom monarchischen Obrigkeits- zum demokratischen Rechtsstaat. Anhang: Dokumente zum Notstandsrecht in der deutschen Geschichte. München 1978.
Otto, K. A.: Vom Ostermarsch zur APO. Geschichte der außerparlamentarischen Opposition in der Bundesrepublik 1960–1970. Frankfurt am Main – New York 1977.
„Provokationen". Die Studenten- und Jugendrevolte in ihren Flugblättern 1965–1971. Hg. v. *J. Miermeister* und *J. Staadt.* Darmstadt – Neuwied 1980.
Schmidt, Helmut: Verteidigung oder Vergeltung. Stuttgart [4]1965.
Schmidt, Helmut: Strategie des Gleichgewichts. Deutsche Friedenspolitik und die Weltmächte. Stuttgart [5]1970.
Schreiber, H. – Sommer, F.: Gustav Heinemann, Bundespräsident. Frankfurt am Main 1969.

Kapitel 15: Deutsch-deutsche Verantwortung (1972–1985)

Gesamtdarstellungen:

Abrüstungsplanung in der Bundesrepublik. Hg. v. *V. Rittberger.* Baden-Baden 1979.
Bahr, E.: Was wird aus den Deutschen? Reinbek 1982.
Borowsky, P.: Deutschland 1970–1976. Hannover 1980.
Buchbender, O. – Bühl, H. – Quaden, H.: Sicherheit und Frieden: Handbuch der weltweiten sicherheitspolitischen Verflechtungen: Militärbündnisse, Rüstungen, Strategien, Analysen zu den globalen und regionalen Bedingungen unserer Sicherheit. 2. überarbeitete und erweiterte Aufl. Herford 1985.
Glaeßner, G. J. – Holz, J. – Schlüter, Th.: Die Bundesrepublik in den siebziger Jahren. Versuch einer Bilanz. Opladen 1984.

Einzeldarstellungen:

Brandt, K.-W. u. a.: Aufbruch in eine andere Gesellschaft. Neue soziale Bewegungen in der Bundesrepublik. Frankfurt am Main [2]1984.

Die Bundesrepublik Deutschland – Mitglied der Vereinten Nationen. St. Augustin [4]1981.
Europäische Sicherheit und der Rüstungswettlauf. Hg. v. der Hessischen Stiftung Friedens- und Konfliktforschung. Frankfurt am Main – New York 1979.
Europäische Sicherheitskonferenz. Hg. v. *H. Haftendorn* und *H.-P. Schwarz.* Opladen 1970.
Everling, U.: Das europäische Gemeinschaftsrecht im Spannungsfeld von Politik und Wirtschaft. Baden-Baden 1985.
Extremismus im demokratischen Rechtsstaat. Hg. v. *M. Funke.* Düsseldorf 1978.
Filmer, W. – Schwan, H.: Helmut Kohl. Düsseldorf 1985.
Gaus, G.: Wo Deutschland liegt. Eine Ortsbestimmung. München 1986.
Guggenberger, B.: Bürgerinitiativen in der Parteiendemokratie: Von der Ökologiebewegung zur Umweltpartei. Stuttgart 1980.
Hart am Wind. Helmut Schmidts politische Laufbahn. Einführung v. *M. Gräfin Dönhoff.* München 1978.
Herre, F.: Deutsche und Franzosen. Der lange Weg zur Freundschaft. Bergisch Gladbach 1983.
Honecker, E.: Aus meinem Leben. Kronberg u. a. 1980.
Keiner schiebt uns weg: Zwischenbilanz der Frauenbewegung in der Bundesrepublik. Hg. v. *L. Doormann.* Weinheim u. a. 1979.
Krause-Burger, S.: Helmut Schmidt – Aus der Nähe gesehen. Wie er arbeitet, wie er lebt, was er denkt. Düsseldorf 1980.
Krause-Burger, S.: Wer uns jetzt regiert. Die Bonner Szene nach der Wende. Stuttgart 1984.
Kriegsverhütung im Atomzeitalter. Hg. v. der Gesellschaft für Humanwissenschaft u. a. Erlangen – Wien 1984.
Krockow, Ch. Graf von: Gewalt für den Frieden? Die politische Kultur des Konflikts. München [3]1983.
Laqueur, W.: Terrorismus. Dt. Übers. Kronberg 1977.
Mechtersheimer, A.: Zeitbombe NATO. Auswirkungen der neuen Strategien. Köln 1984.
Neue soziale Bewegungen. Konservativer Aufbruch in modernem Gewande? Hg. v. *W. Schäfer.* Frankfurt am Main 1983.
Rudzio, W.: Die organisierte Demokratie. Parteien und Verbände in der Bundesrepublik. Stuttgart [2]1982.
Schenk, H.: Die feministische Herausforderung. 150 Jahre Frauenbewegung in Deutschland. München [3]1983.
Schmidt, Helmut: Der Kurs heißt Frieden. Düsseldorf 1979.
Spaich, H.: Fremde in Deutschland. Weinheim 1981.
Sontheimer, K.: Zeitenwende? Die Bundesrepublik Deutschland zwischen alter und alternativer Politik. Hamburg 1983.
Die soziale Marktwirtschaft erneuern. Arbeit – Wachstum – Umwelt. Hg. v. der Konrad-Adenauer-Stiftung e. V. Mainz 1983.
Richard von Weizsäcker. Profile eines Mannes. Hg. v. *W. Filmer* u. *H. Schwan.* Düsseldorf [2]1984.
Zündorf, B.: Die Ostverträge. München 1979.

442

Register

Register

Bahr, Egon Karl-Heinz, * 1922, Politiker (SPD),
Bundesminister für besondere Aufgaben
(1972–74), Bundesminister für wirtschaftliche
Zusammenarbeit (1974–76) 369, 387, 390, 392 f.,
394
Bahro, Rudolf, * 1935, Journalist und
Wirtschaftsfunktionär 357, 397
Balduin von Hennegau, 1150–95, Markgraf von
Namur (1188–95) 55
Baldung, Hans, genannt Grien, 1484/85–1545,
deutscher Maler und Kupferstecher *101*
Barth, Emil, Politiker (SPD, USPD,
Spartakusbund) 229
Barzel, Rainer Candidus, * 1924, Politiker (CDU),
Bundesminister für gesamtdeutsche Fragen
(1962–63), für innerdeutsche Beziehungen
(1982–83), Parteivorsitzender (1971–73),
Bundestagspräsident (1983–84) 369, 391, 397,
423, 426, 430
Bauer, Gustav, 1870–1944, sozialdemokratischer
Politiker, Reichskanzler (1919–20) 257
Bebel, August, 1840–1913, sozialdemokratischer
Politiker 170, **189**, *189*, **190**
Beck, Ludwig, 1880–1944, Generaloberst,
Stabschef des Heeres (1935–38), Angehöriger des
militärischen Widerstands gegen Hitler 279, 295
Behrens, Fritz, * 1909, Wirtschaftswissenschaftler
357
Belisar, um 550–565, oströmischer Feldherr 22, 25
Bell, Hans (Johannes), 1868–1949,
Zentrumspolitiker 235
Benary, Arne, * 1929, Wirtschaftswissenschaftler
357
Benedetti, Vincent, 1817–1900, französischer
Botschafter in Berlin (1864–70) 181
Benedikt XV., 1851–1922, Papst (1914–22) 219
Ben Gurion, David, 1886–1973, israelischer
Ministerpräsident (1948–53, 1955–63) *342*
Bennigsen, Rudolf von, 1824–1902, liberaler
Politiker *178*
Berg, Fritz, 1901–79, Vorsitzender des
Bundesverbands der Deutschen Industrie
(1949–71) *378*
Berlichingen, Götz von, 1480–1562, Reichsritter
und Bauernführer 97
Bernhard, hl., um 1090–1153, Abt von Clairvaux
(1115–53) 49
Berthold von Henneberg, 1441/42–1504,
Erzbischof von Mainz (1484–1504) 84
Bethmann Hollweg, Theobald von, 1856–1921,
deutscher Reichskanzler (1909–17) 205, 211, 216,
222, 225
Biedenkopf, Kurt Hans, * 1930, Generalsekretär
der CDU (1973–77), Vorsitzender der CDU in
(Nordrhein-)Westfalen (seit 1977/86) 412, 423
Biermann, Wolf, * 1936, Lyriker und Kabarettist
357, 397
Bismarck, Otto von, 1815–98, preußischer
Ministerpräsident (1862–72 und 1873–90),
deutscher Reichskanzler (1871–90) 154, 160,
162 f., 165, 170 f., **172**, **173**, *173*, 174–186, *186*,
187, 190–195, *195*, 196–198, 200 f., 209, 263, 295,
305, 308
Bloch, Ernst, 1885–1977, Philosoph 357
Blomberg, Werner von, 1878–1946,
Reichswehrminister (1933–38) 261, 277
Blücher, Gebhard Leberecht Fürst, 1742–1819,
preußischer Generalfeldmarschall 139 f.

Blum, Robert, 1807–48, linksliberaler Politiker 158,
161
Böckler, Hans, 1875–1951, Vorsitzender des DGB
(1947–51) 345
Boethius, Anicius Manlius Severinus, um 480–524,
römischer Philosoph und Staatsmann 24
Boger, Wilhelm, * 1902, Angehöriger der
Wachmannschaft des KZ Auschwitz *373*
Bonaventura, hl., um 1221–74, italienischer
Mystiker 61
Bonifaz VIII., um 1235–1303, Papst (1294–1303) 85
Bora, Katharina von, 1499–1552, Luthers Frau 91
Bormann, Martin, 1900–?, Leiter der Parteikanzlei
der NSDAP und Hitlers Sekretär (1941/43–45)
314
Borsig, August, 1804–54, deutscher Industrieller
154
Boyen, Hermann von, 1771–1848, preußischer
Generalfeldmarschall 137
Brandt, Willy, * 1913, Regierender Bürgermeister
von Berlin (1957–66), Bundesaußenminister
(1966–69), Bundeskanzler (1969–74),
Vorsitzender der SPD (seit 1964) *360*, 361, 365,
368 f., 375, 377, 383, **384**, *384*, **385**, *385*, 386 f.,
387, 388, *388*, 390–392, *392*, 393, 395 f., 398–400,
402, *403*, 404, *404*, 405, 412 f., 430
Brauchitsch, Eberhard von, * 1926, Industrieller,
Gesellschafter der Flick KG 426, *427*
Brauer, Max, 1887–1973, Politiker (SPD),
Oberbürgermeister von Altona (1924–33), Erster
Bürgermeister von Hamburg (1946–53 und
1957–61) 325
Braun, Eva, 1912–45, Lebensgefährtin und Ehefrau
Adolf Hitlers 303
Braun, Otto, 1872–1955, sozialdemokratischer
Politiker, preußischer Ministerpräsident
(1920–32) 234, 256
Brenner, Otto, 1907–72, Vorsitzender der IG Metall
(1952–72) *378*
Breschnew, Leonid Iljitsch, 1906–82, Vorsitzender
des Präsidiums des Obersten Sowjets
(Staatsoberhaupt) der Sowjetunion (1960–64 und
1977–82), Erster Sekretär bzw. Generalsekretär
der KPdSU (1964–82) *385*
Briand, Aristide, 1862–1932, französischer Politiker
(1906–32 mehrfach Ministerpräsident bzw.
Außenminister) 245, *245*, 247, 250
Brockdorff-Rantzau, Ulrich Graf von, 1869–1928,
Staatssekretär bzw. Reichsminister des Äußeren
(1918–19), Botschafter in der Sowjetunion
(1922–28) 235
Brüning, Heinrich, 1885–1970, Zentrumspolitiker,
Reichskanzler (1930–32) 227, 234, 248, 251, **252**,
252, **253**, 254 f., 257, 276
Buback, Siegfried, 1920–77, Generalbundesanwalt
(1974–77) 398, 407, 430
Bulganin, Nikolai Alexandrowitsch, 1895–1975,
sowjetischer Verteidigungsminister (1947–49),
Ministerpräsident (1955–58) *335*
Bullinger, Heinrich, 1504–75, schweizerischer
evangelischer Theologe 98
Bülow, Bernhard Heinrich Martin Fürst von,
1849–1929, deutscher Reichskanzler (1900–09)
204, 208, 225
Burckhardt, Jacob, 1818–97, schweizerischer
Historiker 86
Burgkmaier der Ältere, Hans, 1473–1531, deutscher
Maler und Holzschneider *103*

Register

Bildquellennachweis

Allgemeiner Deutscher Nachrichtendienst, Berlin (Ost). – Archiv für Kunst und Geschichte, Berlin (West). – The Associated Press, Frankfurt am Main. – Bavaria-Verlag Bildagentur, Gauting. – Bibliographisches Institut & F. A. Brockhaus, Mannheim. – Bibliothèque Nationale, Paris. – Bildarchiv Foto Marburg, Marburg. – Bildarchiv Preußischer Kulturbesitz, Berlin (West). – O. Boldt, Berlin (West). – Burgerbibliothek Bern. – dpa Bildarchiv, Frankfurt am Main und Stuttgart. – Gamma, Paris. – Germanisches Nationalmuseum, Nürnberg. – Gesamtdeutsches Institut, Bundesanstalt für Gesamtdeutsche Aufgaben, Bonn. – K. Heinemann, Ottobrunn. – Historia-Photo, Hamburg. – IBA-Internationale Bilderagentur, Oberengstringen, Schweiz. – J. G. Jung, Berlin (West). – KNA-Katholische Nachrichten-Agentur, Frankfurt am Main. – Kunsthistorisches Museum, Wien. – Kunstmuseum Winterthur. – National Gallery of Scotland, Edinburgh. – Presse- und Informationsamt der Bundesregierung, Bundesbildstelle, Bonn. – Rheinisches Landesmuseum, Bonn. – Presse-Foto Röhnert, Berlin (West). – Rosgartenmuseum, Konstanz. – Sven Simon Fotoagentur, Bonn und Essen. – Staatsbibliothek Bamberg. – Stephan, Berlin (West). – Süddeutscher Verlag-Bilderdienst, München. – Ullstein Bilderdienst, Berlin (West). – Universitätsbibliothek Basel. – F. Graf von Waldburg-Zeil, Hohenems/Vorarlberg, Schweiz. – I. Weyrauch, Berlin (West). – Württembergisches Landesmuseum, Stuttgart.